# Edition Centaurus – Psychologie

Mit der Übernahme des Centaurus-Verlags durch Springer wurde zu Beginn des Jahres 2015 nicht nur ein veritables sozialwissenschaftliches Programm, das unter Springer VS fortgeführt wird, sondern auch ein der Psychologie nahestehendes Fachbuchprogramm übernommen. In der Reihe „Edition Centaurus – Psychologie" sollen unter der Marke Springer Titel erscheinen, die praxisrelevantes Fachwissen wie auch Forschungsergebnisse spezielleren thematischen Zuschnitts einem möglichst breiten Leserkreis zugänglich machen. Interdisziplinäre Verknüpfungen sind ausdrücklich gewünscht. Besonderes Augenmerk gilt der Dokumentation von Erfahrungen aus Therapie und Beratungspraxis.

Weitere Bände in der Reihe http://www.springer.com/series/13754

Ludger Kowal-Summek

# Neurowissenschaften und Musikpädagogik

## Klärungsversuche und Praxisbezüge

2., korrigierte und erweiterte Auflage

Springer

Ludger Kowal-Summek
Köln, Deutschland

Edition Centaurus – Psychologie
ISBN 978-3-658-21003-8 ISBN 978-3-658-21004-5 (eBook)
https://doi.org/10.1007/978-3-658-21004-5

Die Deutsche Nationalbibliothek verzeichnet diese Publikation in der Deutschen Nationalbibliografie; detaillierte bibliografische Daten sind im Internet über http://dnb.d-nb.de abrufbar.



Gedruckt auf säurefreiem und chlorfrei gebleichtem Papier

Springer ist ein Imprint der eingetragenen Gesellschaft Springer Fachmedien Wiesbaden GmbH und ist Teil von Springer Nature
Die Anschrift der Gesellschaft ist: Abraham-Lincoln-Str. 46, 65189 Wiesbaden, Germany

„Bildung ist nicht das Befüllen von Fässern, sondern das Entzünden von Flammen.“
Heraklit

Inhaltsverzeichnis

**Abbildungsverzeichnis**

# Einleitung

„Neuro ist ‚in'" (Herrmann 2008, 44), eine Feststellung, die den Sachverhalt wohl auf den Punkt trifft. Etwas anders formuliert: „Die Erforschung des menschlichen Gehirns gehört derzeit weltweit zu den wissenschaftlichen Schwerpunkten" (BMBF 2007, 5). Nach Baer (2005d, 5) verdoppelt sich „das Wissen der Neurowissenschaften [...] alle paar Jahre", was nicht zuletzt an der stetigen Weiterentwicklung der bildgebenden Verfahren liegt (vgl. Lenzen 2013; Roth 2013[8], 65 ff). Dieses Wissen gibt einen Einblick in die Funktionsweise des Gehirns. Doch: „Je mehr wir Menschen von der Funktionsweise des Gehirns bzw. des gesamten Körpers verstehen, umso komplexer erscheint uns das Ineinanderwirken der unterschiedlichen Faktoren, desto deutlicher wird die Vielschichtigkeit der Wirkungsweise des Gehirns bzw. des gesamten Körpers" (Baer 2005d, 6).

Andererseits ist immer noch davon auszugehen, dass sich die „Befunde der neurophysiologischen Lernforschung (BMBF 2007, 5), um die es hier gehen wird, bisher nicht eindeutig interpretieren lassen. D. h., Versuche, die entsprechenden Ergebnisse jener Forschung pädagogisch relevant zu machen, erscheinen nicht selten als Schnellschüsse.

Die Erkenntnisse der Neurowissenschaften haben sowohl vor der Musikpädagogik, der Musiktherapie als auch der MusikMedizin nicht Halt gemacht. Die „Entdeckungsreise durch die Neurowissenschaften" (Baer 2005d, 8), die auch ich hier angetreten bin, bringt vieles ans Tageslicht, was sowohl musikpädagogisch (als auch musiktherapeutisch) von Relevanz ist. Dennoch: „Verstehendes Lernen ist das Resultat der Zusammenführung und Umstrukturierung von unterschiedlichen Wissensbereichen" (BMBF 2007, 5). Soweit ist es allerdings noch nicht. Wir befinden uns erst am Anfang der Verstehensprozesse.

Zatorre/Peretz (2001a, ix) sehen seit den 1990er Jahren eine Explosion innerhalb der neurowissenschaftlich orientierten Musikforschung, auch wenn die Wurzeln dieses Forschungszweiges schon viel früher, im 19. Jahrhundert anzusiedeln sind (vgl. ebd.). Das letzte Jahrzehnt des 20. Jahrhunderts wurde häufig als *The*


L. Kowal-Summek, *Neurowissenschaften und Musikpädagogik*,
Edition Centaurus – Psychologie, https://doi.org/10.1007/978-3-658-21004-5_1

*Decade of the Brain* (Lerch 2000; vgl. Schleim 2014, 50) bezeichnet. Die Fülle der Forschungsaktivitäten und der oftmals daraus resultierenden Veröffentlichungen der Ergebnisse der nationalen, aber besonders der internationalen Forschung sind mittlerweile kaum noch überschaubar. Nahezu stündlich kommen neue Erkenntnisse hinzu, die zur Kenntnis zu nehmen und wohlmöglich noch hinsichtlich ihrer Erkenntnisse für die Musikpädagogik zu verarbeiten kaum mehr möglich ist. Insofern kann eine Arbeit, wie ich sie hier anstrebe, letztlich nur unvollständig sein. Unter Berücksichtigung einer möglichst großen Zahl von Quellentexten, ich betreibe hier wie auch andere Autoren „keine eigene Grundlagenforschung“ (Hartung 2014, 15), mag es sein, dass die Lesbarkeit der vorliegenden Arbeit an manchen Stellen leidet.

Nach Koelsch (2012, xiii) und anderen Forschern braucht man die Neurowissenschaften nicht, um die Musik zu verstehen oder zu erklären, vielmehr brauchen die Neurowissenschaften die Musik, um die Organisation des menschlichen Gehirns zu verstehen (vgl. Zatorre/Peretz 2001a, ix; Münte et al. 2002; Andrade 2003, 284; Bangert/Altenmüller 2002, 4; Schlaug 2009, 373; Barrett et al. 2013; Ericsson/Pool 2016, 77 ff). Warum ist das so? Eine mögliche Antwort darauf liefert Pantev (2009, 131):

> „Music relates to many brain functions, such as perception, action cognition, emotion, learning, and memory and therefore is an ideal tool to investigate how the human brain is working and how different brain functions interact. “

Majno/Osborne (in Altenmüller et al. 2012, 3) sprechen in diesem Zusammenhang davon, dass Musik „neuroscience friendly“ ist. Sie sehen in der Musik eine „whole-brain, whole-body information“ (ebd.) und erhoffen sich letztlich eine wechselseitige Beeinflussung zwischen den Neurowissenschaften, der Musikpädagogik, der Musiktherapie, von Musik und Medizin und der (Musik-)Praxis (vgl. Osborne 2012, 69; Overy 2012, 67).

Nach Altenmüller (2014c) sind Musiker „optimale Kandidaten für die Erforschung der Neuroplastizität“, weil sie nicht nur die Grundbedingungen erfüllen, „sondern man kann ihr Verhalten sogar gut messen“ (ebd.). Zudem bieten sie „sehr gute Vergleichsmöglichkeiten zwischen Experten“ (ebd.), Amateur-Musikern, Laien und Nichtmusikern. Ein weiterer Grund besteht darin, dass „Musikforschung [...] fast jeden (interessiert), denn für die meisten ist Musik ein wichtiger Bestandteil des Lebens“ (ebd.).

In einer weiterführenden Beantwortung dieser Frage wird u. a. das schon vielfach und über historische Zeiten hinweg immer wieder diskutierte Verhältnis von Musik zur Sprache deutlich (vgl. Mithen 2009, 5), denn wie Sprache so existieren Musik und Gesang in allen Kulturen (vgl. Stadler Elmer 2015a, 14) und wie Sprache sind Musik und Gesang komplexe, regelgeleitete Aktivitäten, die nur dem Menschen eigen sind (vgl. Zatorre/Peretz 2001a, ix; Brattico et al. 2009; Dalla Bella 2009, 97; Schulkind 2009, 216; Wong et al. 2009; Sorensen 2008).

> „There are no known societies, and as far as historians and archaeologists can tell, there never have been any societies that did not have cultural practices that we would categorize as music" (Mithen 2009, 3; vgl. Grahn 2009, 35; Wilson 2010).

Sorensen (2008, 1) verweist in Anlehnung an Levitin darauf, dass die Menschen in Amerika, und bei den Europäern dürfte es wohl kaum anders sein, für Musik mehr Geld ausgeben als für Drogen oder Sex. Ob dieser Vergleich allerdings die Bedeutung der Musik wirklich wiedergibt, bleibt dahingestellt.
Cross (2001, 28) als auch Dalla Bella (2009) sehen sowohl in der Sprache wie auch in der Musik und dem Gesang Produkte unserer biologischen Wurzeln als auch unserer Fähigkeit zur sozialen Kommunikation. Brattico et la. (2009) verweisen allerdings darauf, dass die Erklärungen hinsichtlich der Wurzel der ästhetischen Erfahrung mit Musik zwar auf biologische Wurzeln zurückzuführen sind, dass aber dennoch beachtet werden muss, dass die zugrundeliegenden biologischen Mechanismen heterogener sind als bisher angenommen.

Da innerhalb der sozialen Kommunikation auch die Emotionen eine nicht unwesentliche Rolle spielen, ist es vielleicht gar nicht so verwerflich, hier auch den Grundstein für das Verhältnis von Musik und Emotion zu suchen (vgl. Mithen 2009, 7). Insofern ist Musik insgesamt ein notwendiger und integraler Bestandteil der menschlichen Entwicklung (vgl. a. a. O., 4 ff). Zudem scheint Musik verbunden zu sein mit einer spezifischen Hirnstruktur. Nach Mithen (a. a. O., 5) ist es die biologische Basis der Musik, die diese bedeutsam macht für Untersuchungen des menschlichen Gehirns. Des Weiteren entwickelt sich Musikalität in allen Menschen, ist eine universale menschliche Kompetenz und doch wird sich nur ein kleiner Teil der Menschen der Musik professionell zuwenden. Genau in diesen Tatsachen spiegelt sich die privilegierte Stellung der Musik in der Forschung (vgl. Zatorre/Peretz 2001a, ix; Cross 2001, 28).

Das Verständnis des menschlichen Gehirns bleibt solange unvollständig, wie die Kenntnisse über die Auswirkungen der Musik auf das menschliche Gehirn nicht hinreichend geklärt sind. Die Verhältnisse scheinen sich hier umzukehren. Während man zurzeit eher den Eindruck bekommen kann, dass sich die Musik und besonders die Musikpädagogik ihre Existenzberechtigung aus den Erkenntnissen der Neurowissenschaften ableitet, dreht sich das Verständnis in der Sichtweise von Koelsch um. Letztlich ist allerdings davon auszugehen, dass beide Bereiche hinsichtlich ihrer Erkenntnisse wechselseitig voneinander profitieren.

Die wohl eindrucksvollsten Erkenntnisse und Gedanken hinsichtlich des Verhältnisses von Neurowissenschaften und Musik(pädagogik) stammen, zumindest für den deutschsprachigen Raum, aus den wissenschaftlichen Arbeiten von Altenmüller, Gruhn/Rauscher, Hüther, Jäncke, Jourdain, Koelsch, Levitin, Spitzer, Schlaug und vielen anderen. Einblicke in die Internationale Forschung vermitteln, neben vielen in unterschiedlichen deutsch- und englischsprachigen Zeitschriften erschienenen Aufsätzen, die Kongress-Bände *The Biological Foundations of Music* (vgl. Zatorre/Peretz 2001), *The Neurosciences and Music Bd. 1-V* (vgl. Avanzini et al. 2003; Avanzini et al. 2005; Dalla Bella et al. 2009; Overy et al. 2012; Bigand et al. 2015). Auf diese Kongress-Bände und auf eine Vielzahl von Aufsätzen, die ab 1999 erschienen sind, werde ich mich hier beziehen. Hier zeigt sich auch der Einfluss der Neurowissenschaften für die Bereiche Musiktherapie und MusikMedizin, auf die ich in diesem Zusammenhang allerdings nicht speziell eingehen werde (vgl. Altenmüller/Willich 2014; Gehirn und Geist 2015). Mit geht es hier darum, die neurowissenschaftlichen Erkenntnisse hinsichtlich ihrer Bedeutung für die Musikpädagogik zu hinterfragen.

Auf jeden Fall lässt sich sagen, dass sich mittlerweile das Feld Neurowissenschaften und Musik hinsichtlich der Forschungsperspektiven erheblich erweitert (vgl. Altenmüller et al. 2012a, 1) und das Interesse sowohl von wissenschaftlicher Seite als auch von Seiten der Öffentlichkeit her stark zugenommen hat, was sich z. B. in der Fülle an Literatur – Aufsätze, Zeitschriften, Bücher – zum Themenbereich niederschlägt.

Doch bevor ich mich diesen Erkenntnissen und im Weiteren ihrer Bedeutung für die Musikpädagogik zuwende, geht es im ersten Kapitel darum, sich mit den Grundlagen und der Funktionsweise der Hirnanatomie, den Aspekten der Neurogenese und der Neuroplastizität und den daraus folgenden allgemein pädagogischen Konsequenzen auseinanderzusetzen und vertraut zu machen, bevor es überhaupt zu einer Betrachtung der Bedeutung der Neurowissenschaften für die Musikpädagogik kommen kann.

Im zweiten Kapitel wird deutlich, welche besondere Bedeutung der Bindung und dem Bindungsverhalten, eventuellen Bindungsstörungen und den diesbezüglichen Erkenntnissen der Neurowissenschaften in diesem Zusammenhang nicht zuletzt mit Blick auf den Erziehungs- und Bildungsprozess zukommt.

Im dritten Kapitel stehen die wesentlichen Erkenntnisse der Neurowissenschaften im Vordergrund, die sich wesentlich auf die allgemeine Pädagogik beziehen.

Die Musik ist ein, wenn nicht der beliebteste Forschungsgegenstand der Neurowissenschaften. In einigen Längs-, aber besonders in einer nahezu unüberschaubaren Fülle von Querschnittuntersuchungen fördern die Neurowissenschaften nahezu täglich neue Erkenntnisse ans Licht. Die wesentlichen diesbezüglichen Sachverhalte bilden den Inhalt des vierten Kapitels, während es im fünften Kapitel um die Bedeutung der Neurowissenschaften für die Musikpädagogik geht.

*Was bleibt* lautet die zentrale Frage des sechsten Kapitels. Hier geht es nicht nur darum die Inhalte der Neurowissenschaften mit Blick auf die Pädagogik, sondern besonders im Hinblick auf die Musikpädagogik zu hinterfragen und einem Resümee zu unterziehen.

# 1 Zu den Grundlagen und der Funktionsweise des Gehirns

Grundlage des menschlichen Denkens, Lernens und Fühlens ist ein möglichst optimal funktionierendes Gehirn (vgl. Pauli 2015, 14). Es ist „das Kostbarste, was wir besitzen“ (ebd.). Nach Jäncke ($2016^2$, 23) findet sich die älteste Erwähnung des Wortes Gehirn „in den Edwin Smith Papyrus-Rollen, die wahrscheinlich bereits um 1700 v. Chr. erstellt worden sind.“

Frances (2014, 33) bezeichnet das menschliche Gehirn vom Aufbau her als „das bei Weitem komplizierteste Gebilde im bekannten Universum.“ Es besteht kein Zweifel daran, dass alle psychischen Funktionen durch das Gehirn kontrolliert werden (vgl. a. a. O., 24).

Das Gehirn wiegt bei einem erwachsenen Menschen ca. 1,4 kg und macht insgesamt ca. 2 % des Körpergewichts aus und es verbraucht mehr als 20 % der Energie des gesamten Körpers. Von der Nahrung, die wir zu uns nehmen, „geht ein Fünftel in das Gehirn“ (Spitzer $2009^6$, 13 f).

Wenn auch der Grundbauplan des Gehirns bei jedem Menschen gleich zu sein scheint, auch wenn sie sich vielleicht hinsichtlich der Größe und der Form individuell unterscheiden (vgl. Damasio 2011, 313), so ist im Endeffekt das Gehirn eines jeden Menschen einzigartig, weil es sich den jeweils individuellen Erfahrungen anpasst (vgl. Finn et al. 2015; Pauli 2015, 14).

## 1.1 Aufbau der Hirnstruktur

Ganz allgemein gilt erst einmal, dass das menschliche Gehirn „ein typisches Primatengehirn und darüber hinaus ein typisches Säugetier- und Wirbeltiergehirn (ist), und es gibt, abgesehen von seiner Größe, nur ganz wenige Merkmale, die es von den Gehirnen unserer nächsten stammesgeschichtlichen Verwandten, den Schimpansen und den Gorillas, unterscheiden“ (Roth/Strüber 2014, 45).


L. Kowal-Summek, *Neurowissenschaften und Musikpädagogik*,
Edition Centaurus – Psychologie, https://doi.org/10.1007/978-3-658-21004-5_2

Ohne Grundkenntnisse in der Hirnanatomie lassen sich die im Weiteren zu beschreibenden Abläufe im Gehirn nicht erklären und nicht verstehen (vgl. Gassen 2008, 26). Ganz allgemein gilt: „Das entscheidende und fundamentale des Gehirns ist, dass es aus verschiedenen Bereichen besteht" (Greenfield 2003², 29 f) und dass diesen Bereichen unterschiedliche Funktionen im Leben eines Menschen zukommen (vgl. Singer 2003a, Teil 1 und 2). Erste Versuche, einen Atlas des menschlichen Gehirns zu erstellen, reichen bis zum Anfang des 20 Jahrhunderts zurück (vgl. Wolf 2017a). Dass solche Versuche letztlich nicht bzw. nur grob gelingen können, weiß man heute: „Denn die Gehirne von Menschen sind wie ihre Besitzer: höchst individuell" (a. a. O., 48). Dennoch scheint ein solcher Atlas, in dem zumindest der Versuch einer Kartografie unternommen wird, für Neurowissenschaftler sinnvoll zu sein, da er Hirnforschern „einen gemeinsamen, detaillierten Referenzrahmen für ihre Daten (bietet)" (a. a. O., 52).

Die Phrenologie als die Lehre von der Zuordnung menschlicher Eigenschaften zu bestimmten Hirnarealen ist schon älteren Datums und beginnt als wissenschaftliche Lehre mit den Erkenntnissen von F. J. Gall im 18. Jahrhundert. Seine Untersuchungen und die seiner Nachfolger stellen wichtige Vorläufer und Bezugspunkte der modernen Neurowissenschaften dar (vgl. Wikipedia Stichwort: Phrenologie). Untersuchungen, die sich speziell mit dem Gehirn von Musiker auseinandersetzen, gibt es sein Beginn des 20. Jahrhunderts (vgl. Bentivoglio 2003, 240 f).

Hinsichtlich der Erforschung des Gehirns ist zwischen der Neuroanatomie und der Neurophysiologie zu unterscheiden. Die Neuroanatomie untersucht die „Gehirnstruktur im statischen Zustand" (Hickok 2015, 80), während die Neurophysiologie „das Gehirn während seiner Tätigkeit untersucht" (ebd.).

Mit Hilfe bildgebender Verfahren ist es inzwischen möglich geworden, Bilder vom lebenden Gehirn zu machen, die sich zunehmend verfeinern (vgl. Bareither 2014; Geyer/Turner 2014) und zunehmend eine individuelle Hirnkartierung ermöglichen. Besonders in dem hier angesprochenen Feld der Neurowissenschaften und der Musik greift man immer wieder auf diese bildgebenden Verfahren zurück, wie sich später zeigen wird.

Die wichtigsten neuroanatomischen Strukturen des menschlichen Gehirns in der Seitenansicht aus heutiger Sicht zeigen folgende Grafiken von Gassen (1998). Die erste Abbildung (Abb. 1) zeigt eine Seitenansicht der linken Gehirnhälfte, auf der die wichtigsten Areale (Assoziationsfelder) farblich markiert und bezeichnet sind (topografische Organisation). Die farbliche Markierung der unterschiedlichen Areale könnte nahelegen, dass sich die einzelnen Funktionsbereiche klar voneinander abgrenzen lassen. Bis zu einem gewissen Maß ist dies wohl auch möglich, doch gibt Greenfield (2003[2], 31 ff) zu bedenken, dass es auch Bereiche gibt, z. B. am Hinterkopf, wo dies nicht der Fall ist.

Nicht zuletzt durch die (Weiter-)Entwicklung bildgebender Verfahren lässt sich heute sagen, dass sich das Gehirn zwar „aus anatomisch gegeneinander abgegrenzten Arealen auf(baut), doch diese Areale sind keine autonomen Minigehirne; sie stellen ein zusammenhängendes und integrierendes System dar, das größtenteils auf noch unbekannte Weise organisiert ist“ (a. a. O., 50; vgl. Rizzolatti/ Sinigaglia 2012[4], 35 ff; Hickok 2015, 81). Hickok (2015, 81) spricht von Systemen, „die einer bestimmten Funktion dienen, in gestreuten Netzwerken verteilt, die sich über Dutzende miteinander verschaltete Unterregionen erstrecken, dort wechselseitig miteinander kommunizieren [...] und häufig mit anderen funktionellen Netzwerken interagieren.“ Zudem sind dies Netzwerke nicht wahllos im Gehirn verteilt, sondern sie sind „in breiten Verarbeitungsströmen organisiert“ (a. a. O., 82) und wie schon gesagt nur teilweise voneinander abgegrenzt.

Die Areale entwickeln sich zu unterschiedlichen Zeiten unterschiedlich schnell. „Teile des Frontallappens des Menschen sind aufgrund dieser Entwicklung erst zur Zeit der Pubertät funktionell voll mit dem Rest des Gehirns verbunden“ (Spitzer 2012a, 161). Während man früher in der langsamen Reifung des Gehirns eher einen Nachteil sah, weiß man heute, „dass *die Reifung des Gehirns letztlich einen guten Lehrer ersetzt*“ (a. a. O., 162): Die Entwicklung läuft vom Einfachen zum Komplexeren. Zu erwähnen ist noch, dass das menschliche Gehirn in seinen wesentlichen Strukturen „den typischen Aufbau eines Säugetiergehirns (zeigt)“ (Roth 2011[4], 315).

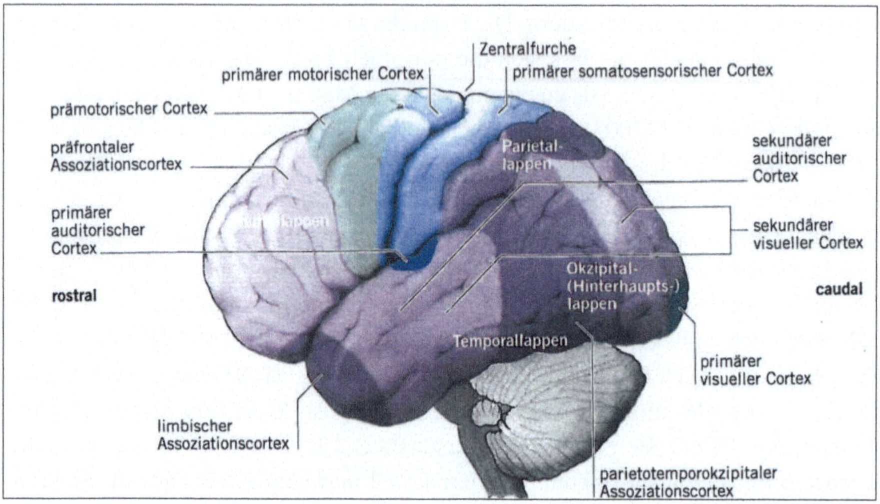


Abbildung 1: Gassen 2008, 30

Die zweite Abbildung (Abb. 2) zeigt einen Sagittalschnitt, d. h. einen Schnitt durch das Gehirn entlang der Mittelachse (Schichtorganisation). Auch hier sind die wichtigsten Segmente und Schichten, auf die im Anschluss einzeln eingegangen werden soll, gekennzeichnet.

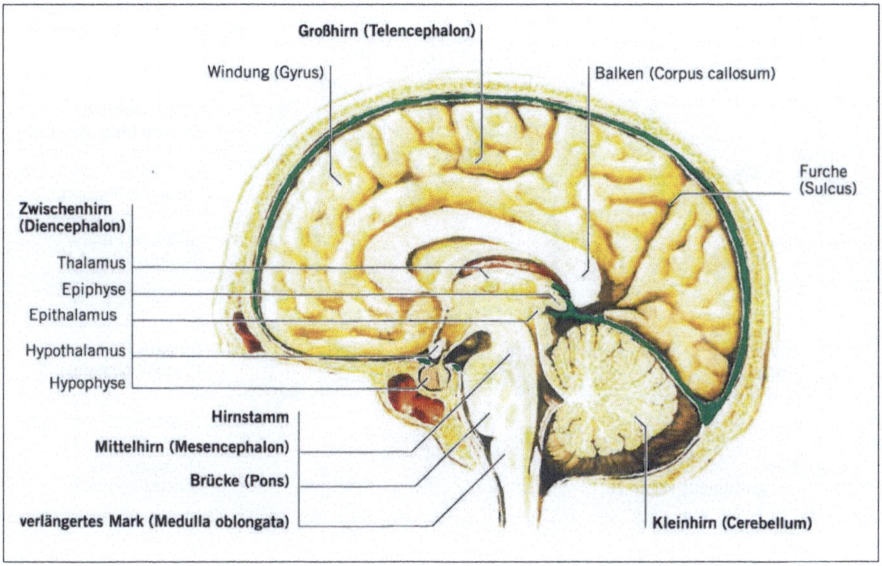


Abbildung 2: Gassen 2008, 28

Eine dritte Grafik (Abb. 3) zeigt einen Horizontalschnitt durch das menschliche Gehirn. Die entsprechenden Areale sind ebenfalls gekennzeichnet.

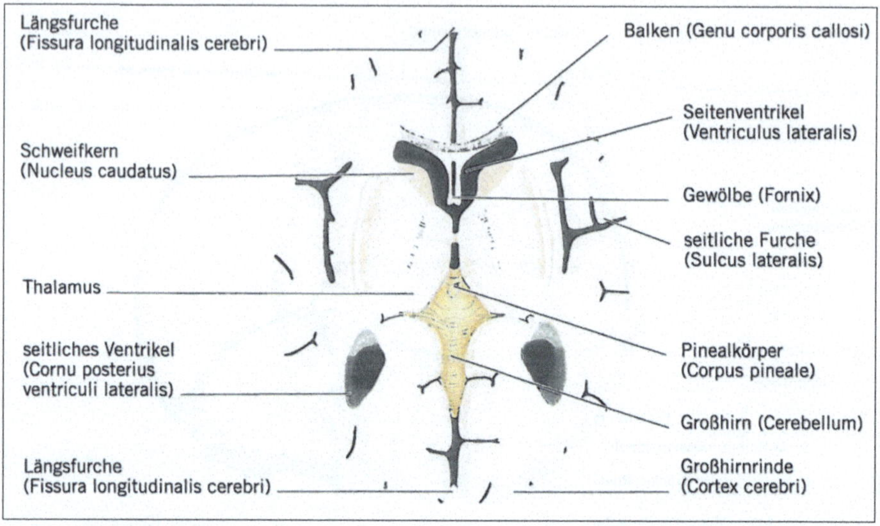


Abbildung 3: Gassen 2008, 32

Das *Großhirn*, „der wichtigste Bestandteil des *Zentralnervensystems*" (Damasio 2011, 320) und zugleich entwicklungsgeschichtlich jüngste Teil unseres Gehirns, ist beim Menschen besonders stark ausgebildet. Roth (2011[4], 321) bezeichnet das Großhirn als den Sitz des Bewusstseins, da nur die hier ablaufenden Prozesse uns bewusst werden können. Er besteht aus Gründen ökonomischer Verarbeitung (vgl. Jourdain 2001, 83) aus zwei Hemisphären, „die vorwiegend sensorische und motorische Prozesse der gegenüberliegenden Körperseite kontrollieren" (Gassen 2008, 31), was als funktionelle Symmetrie bezeichnet wird (vgl. Edelmann 2000[6], 4 f; Edelmann/Wittmann 2012[7], 21 f; Jäncke 2013, 159 ff). Hinsichtlich einiger wichtiger funktionaler Merkmale unterscheiden sich die beiden Hirnhälften jedoch voneinander. Sie „sind keine spiegelbildlichen Duplikate" (Jäncke 2008, 295) und sie verarbeiten Informationen unterschiedlich, was „als funktionelle Hemisphärenasymmetrie oder funktionelle Lateralisierung bezeichnet (wird)" (a. a. O., 296; vgl. Edelmann 2000[6], 5; Edelmann/Wittmann 2012[7], 22 f; Jäncke 2016[2], 96 ff). Von funktioneller Asymmetrie spricht man dann, wenn bestimmte Funktionen nur einer Hirnhälfte zugeordnet werden können (vgl. Edelmann/Wittmann 2012[7], 22 f). Trotz diverser Asymmetrien (vgl. Jäncke 2013, 183 ff, 197 ff) ist eine Interaktion zwischen den beiden Hemisphären die Regel (vgl. a. a. O., 191).

Auch wenn immer wieder auf die unterschiedlichen Funktionen der beiden Hirnhälften verwiesen wird (vgl. Edelmann/Wittmann 2012[7], 23 ff) – in der linken Hemisphäre dominiert das Sprachzentrum, die Logik und die Liebe zum Detail, in der rechten die nicht verbalen Leistungen, „die Dinge, die in Beziehungen zu bestimmten Situationen stehen" (Taylor 2010, 43), und die räumliche Wahrnehmung – für eine optimale Leistungsfähigkeit des Gehirns, egal in welchem Bereich, also auch für die Musik, ist das Zusammenwirken beider Hirnhälften unerlässlich, ja, es besteht sogar eine wechselseitige Abhängigkeit (vgl. Springer/Deutsch 1998[4]; Zimmer 2005[4], 38). Des Weiteren müssen die Unterschiede und die u. U. damit verbundenen Problematiken zwischen Links- und Rechtshändigkeit berücksichtigt werden (vgl. Jäncke 2013 161 ff). Die Aktivierung beider Hirnhälften im pädagogischen Bereich geht gedanklich mit einer „*Steigerung des Lernpotentials*" (Edelmann/Wittmann 2012[7], 30) einher.

Der Balken (corpus callosum) (vgl. Abb. 2 u. 3), die Verbindung zwischen den beiden Hemisphären, ermöglicht eine rasche Kommunikation zwischen beiden Hirnhälften und verstärkt so die Fähigkeiten des Individuums (vgl. Taylor 2010, 41 f). Einschränkend ist hier zu sagen, dass die genaue Funktion des Balkens noch nicht endgültig erforscht ist. Zwar weiß man um den Informationsaustausch, doch ist bisher nicht bekannt welche Informationen ausgetauscht werden (vgl. Jäncke 2013, 180). Was sich zeigt, ist ein Zusammenhang zwischen der Größe eines Gehirns und der des Balkens: großes Gehirn – kleiner Balken, kleines Gehirn – großer Balken. „Daraus kann man schließen, dass große Gehirne verglichen mit kleinen über eine relativ reduzierte interhemisphärische Kommunikation verfügen" (a. a. O., 181). Der Grund dafür scheint darin zu liegen, dass bei größeren Gehirnen „die interhemisphärische Distanz" (ebd.) zu groß zu werden scheint für einen raschen Informationsaustausch. Die Folge ist die Bevorzugung einer „intrahemisphärischen Kommunikation" (a. a. O., 182), der Informationsaustausch innerhalb einer Hemisphäre bevorzugt wird.

Das wesentliche Element innerhalb des Großhirns ist die *Großhirnrinde*. Ihre Bedeutung spiegelt folgendes Zitat:

> „The human cerebral cortex in involved in perception, cognition, an emotion, including attention, action, volition, reasoning, decision making, learning and memory. Due to its modulatory influence on subcortical structures, the cerebral cortex is potentially involved in all psychological and physiological phenomena originating in the brain" (Koelsch 2012, 40).

Die Großhirnrinde (Cerebral Cortex), die ca. zwei bis fünf Millimeter dick ist, kennzeichnet sich durch eine zerfurchte Oberfläche, eine evolutionär bedingte Form der Oberflächenvergrößerung, die sich allerdings nicht nur beim Menschen, sondern auch bei höheren Tierarten findet. Wegen dieser Zerfurchung konnte sich die Oberfläche vergrößern, „ohne mit dem beschränkten Raum in einem relativ kleine(n) Schädel in Konflikt zu kommen" (Greenfield 2003[2], 30).

Die Größe der Cortexoberfläche steht im Zusammenhang mit den differenzierten Möglichkeiten des Menschen, auf die unterschiedlichen Anforderungen des Lebens reagieren zu können. Die Großhirnrinde selbst „ist zu 96 Prozent gleich aufgebaut. Man bezeichnet diese 96 Prozent als Neokortex […] oder auch als Isokortex" (Spitzer 2009[6], 99; vgl. Spitzer 2000, 96 f, 123).

Die Großhirnrinde, die sozusagen den „Mantel des Großhirns" (Damasio 2011, 323) bildet, lässt sich in vier große Bereiche unterteilen: den Frontallappen (Stirnlappen), den Parientallappen (Scheitellappen), den Temporallappen (Schläfenlappen) und den Okzipitallappen (Hinterhauptlappen) (vgl. Abb. 4). Jedem dieser Bereiche fallen unterschiedliche Bedeutungen zu. Der Scheitellappen ist nicht nur für symbolisch-analytische Informationsverarbeitung (Mathematik, Schrift und Sprache) zuständig, sondern auch für räumliche Vorstellung und Orientierung und das Körperschema. Der Schläfenlappen sorgt sich um die auditive Wahrnehmung, der Hinterhauptlappen sorgt sich vornehmlich um die visuelle Wahrnehmung und die emotionale Bewertung der Mimik (vgl. a. a. O., 320; Minimayr 2012, 30 f).

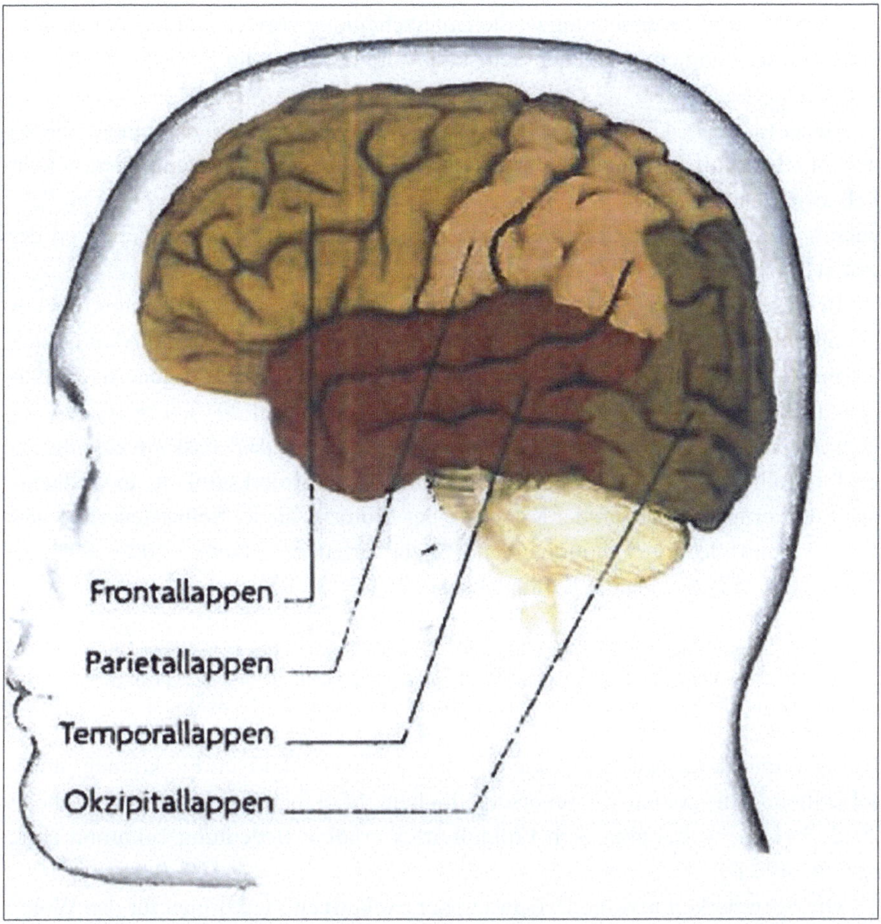


Abbildung 4: Minimayr 2012, 30

Der Frontalkortex, der Stirnlappen, der Bereich hinter der Stirn, ist von großer Bedeutung für „die enorme Kulturfähigkeit des Menschen“ (Jäncke 2009, 89). Bauer (2015, 47) zufolge ist dieser Bereich bei Kindern schon angelegt, aber dennoch ein „weitgehend unbeschriebenes Blatt.“ Er entwickelt sich erst im Laufe der Zeit auf der Grundlage eines guten Bindungsverhaltens in Abhängigkeit von den in erster Linie sozialen Erfahrungen, die ein Kind besonders ab dem dritten Lebensjahr macht. Voraussetzung ist die Unterscheidung von Ich und Du, der Beginn der Herausbildung eines eigenen Selbst als Voraussetzung für Selbstkontrolle und Selbststeuerung.

Bauer (a. a. O., 47 ff) unterscheidet zwischen einem unteren und einem oberen präfrontalen Kortex. Der untere Teil entwickelt sich schon in den ersten beiden Lebensjahren, der obere aber erst nach der Trennung von Ich und Du. Die Entwicklung des präfrontalen Kortex insgesamt ist abhängig von dem Gelingen der ersten Stufe, dem unteren Teil.

In diesem Bereich (Frontalkortex) werden besonders die sogenannten ‚exekutiven Funktionen' kontrolliert (vgl. Bauer a. a. O., 52, 212). Dabei handelt es sich um mentale Funktionen, „mit denen Menschen [...] ihr Verhalten steuern und planen" (Jäncke 2009, 88; vgl. Jäncke 2013, 387 ff; Mischel 2015, 138 ff, 294 ff). D. h., es handelt sich um Prozesse, die dem menschlichen Bewusstsein zugänglich sind. Beteiligt sind sie „auch an der Steuerung der Aufmerksamkeit, an Gedächtnis- und Lernprozessen, an der Kontrolle der Motorik, an der Selbststeuerung und an der Kontrolle von Emotionen und Sozialverhalten" (Jäncke 2009, 89; vgl. Bauer 2015, 52; Jäncke 2013, 388; Mischel 2015, 138 ff).

> „Exekutive Funktionen (EF) sind Kontrollprozesse, die es einem Individuum erlauben, sein Verhalten situationsgerecht zu optimieren, indem die grundlegenden psychischen Funktionen zielführend eingesetzt werden" (Jäncke 2013, 388).

Hirnanatomisch ist davon auszugehen, dass an den exekutiven Funktionen unterschiedliche Hirngebiete in unterschiedlichem Maß beteiligt sind (vgl. Jäncke 2013, 394 ff), wobei aber dem Frontalkortex erhöhte Bedeutung zukommt (vgl. a. a. O., 403 ff).

Die Formbarkeit und die Bedeutung der exekutiven Funktionen für das Wohlbefinden, den Erfolg im menschlichen Leben und für die Entwicklung der Selbstkontrolle stehen für Mischel (2015, 295) außer Frage. „Ohne Exekutive Funktionen haben wir keine Chance, unsere Ziele zu formulieren und zu verfolgen" (a. a. O., 344 f). Untersuchungen, auf die sich auch Mischel (a. a. O., 297) beruft, konnten zeigen, dass sich die exekutiven Funktionen bereits im Vorschulalter „verändern und gezielt stärken lassen" (vgl. a. a. O., 297 ff; Riggs et al. 2006; Diamond et al. 2007).

> „Der Prozess der Entwicklung und Formung des Präfrontalen Cortex durch soziale Erfahrungen hat einen Namen: Erziehung [...], Bildung und Ausbildung“ (Bauer 2015, 39; vgl. a. a. O., 69 ff; Mischel 2015, 140).

Die Ausbildung der beiden Stufen des präfrontalen Kortex, besonders der exekutiven Funktionen ist, nach Bauer (2015, 56), Voraussetzung zur Ausübung eines freien Willens. Er bezeichnet sie als „die entscheidenden Werkzeuge des freien Willens“ (ebd.) und den präfrontalen Kortex als deren „neurobiologischer Werkkasten“ (ebd.). Und das sei hier mal vorweggenommen: In den Disziplinen Sport und Musik sieht er besonders hinsichtlich der Entwicklung von Selbstkontrolle und Sozialkompetenz und damit mit Blick auf die Entwicklung des präfrontalen Kortex ein „Intensivtrainingslager für die Entwicklung exekutiver Funktionen“ (a. a. O., 66; vgl. a. a. O., 215 f; Mischel 2015, 142 ff, 150).

Der Frontalkortex unterliegt in den ersten 18 Jahren der Entwicklung eines Menschen „erheblichen Veränderungen“ (Jäncke 2009, 90; vgl. Bauer 2015, 55 ff) und erreicht „bis zum 11.-13. Lebensjahr seinen Volumenhöhepunkt“ (Jäncke 2009, 90). Diesen Prozess beschreibt Jäncke als Optimierungsprozess, bei dem in der Folgezeit in Abhängigkeit von der Nutzung „überschüssiges Frontalkortexgewebe reduziert wird“ (ebd.). Oder anders ausgedrückt: je mehr genutzt wird, desto mehr bleibt erhalten. Man spricht in diesem Zusammenhang auch von „erfahrungsbedingter Reifung“ (ebd.). Andererseits bleibt dieses Hirngebiet „bis ins Alter plastisch“ (ebd.).

Die Großhirnrinde besteht aus unterschiedlichen Schichten, von denen die oberste Schicht, die graue Substanz, nur wenige Millimeter dick ist. Sie enthält „sämtliche Neuronen und Synapsen sowie einen großen Teil der Verschaltung“ (Aamodt/Wang 2012, 107). Die darunterliegende Schicht, die weiße Substanz, besteht „hauptsächlich aus Nervenfasern [...], die von Nervenzelle zu Nervenzelle laufen“ (Jourdain 2001, 79). Einen dritten Teil bildet die Zerebrospinalflüssigkeit, die sich in den Ventrikeln befindet (vgl. Abb. 3; Jäncke 2013, 41 f). „Die graue Substanz macht ca. 55 %, die weiße Substanz ca. 27 % und die Zerebrospinalflüssigkeit 18 % der gesamten Hirnmasse aus“ (Jäncke 2013, 41). Die entsprechenden Verschaltungen sind dabei relativ komplex. „Das Volumen und die Dichte der weißen Substanz nimmt kontinuierlich vom 5. Lebensjahr an zu“ (Jäncke 2009, 90). Der Zeitpunkt, an dem die beiden Substanzen ihren Wachstumshöhepunkt erreichen, ist unterschiedlich (vgl. Aamodt/Wang 2012, 106 f).

Mit Hilfe bildgebender Verfahren konnte gezeigt werden, dass „die Großhirnrinde […] bei Neugeborenen ähnlich kompliziert gefaltet (ist) wie bei Erwachsenen. Sie besitzt aber nur ein Drittel der Oberfläche. Die Entwicklung nach der Geburt ist uneinheitlich: Große Teile der Schläfen-, Scheitel- und Stirnlappen, die maßgeblich mit der Steuerung der Aufmerksamkeit und der Verarbeitung kultureller Zeichen zu tun haben, erweitern sich fast um das Doppelte im Vergleich zu anderen Hirnzentren“ (Zimpel 2012[2], 92). Die Gründe für diese Erweiterung sind in den Erfahrungen zu suchen, die ein Kind im Laufe seines Lebens macht, wobei hier besonders die Beziehungserfahrungen hervorgehoben werden soll.

Sie, die Großhirnrinde, „repräsentiert die oberste Ebene der Informationsverarbeitung“ (Gassen 2008, 32) und steuert das Denken, die Sprache, die Bewegung und das Verhalten (vgl. Edelmann/Wittmann 2012[7], 19). Sie ist „modular und vernetzt aufgebaut“ (Spitzer 2010, 60). D. h., dass nicht alles überall, sondern bestimmte Informationen in eben auch in bestimmten Arealen (Modulen) verarbeitet werden. Die Modularisierung und Vernetzung ermöglicht es aber, dass neue Informationen unter Einbezug des gespeicherten Wissens rasch verarbeitet werden können (vgl. a. a. O., 62).

Schädigungen der Großhirnrinde haben in der Regel massive Auswirkungen auf die jeweils betroffene menschliche Existenz. Das Wort Schädigung im letzten Satz bezieht sich darauf, dass es zumindest einen wissenschaftlich belegten Fall gibt, bei dem eine komplette Hirnhälfte wegoperiert wurde, ohne dass es im Anschluss an die Operation zu Funktionsausfällen gekommen wäre. Die Funktionen wurden einfach von der verbleibenden Hirnhälfte übernommen (vgl. Spitzer 2006a, 24; 2009[6], 15 f). Die hier abgelaufenen Prozesse sind nicht vollständig geklärt. Der Sachverhalt als solcher aber spricht für eine enorme Plastizität neuronaler Strukturen.

Auch der präfrontale Kortex (vgl. Abb. 1) steht in einem engen Zusammenhang mit der Empathie des Menschen und mit seinen sozialen Netzwerken und der Bewertung tatsächlicher sozialer Aktivitäten (vgl. Spitzer 2012a, 119 ff).

Abb. 5 zeigt an, wie sich die unterschiedlichen Körperteile landkartenförmig auf der Großhirnrinde abbilden (vgl. Edelmann 2000[6], 5; Spitzer 2000, 115 ff; 2003, 25 ff; 2; Altenmüller/Grossbach 2003a; 2003b; Gruhn/Rauscher 2008[2], 270; Edelmann/Wittmann 2012[7], 21; Jäncke 2013, 423 ff). Unterschieden wird hierbei zwischen einem motorischen und einem sensorischen ‚Homunculus‘. Die Abbildung des jeweiligen Körperteils oder der jeweiligen Funktion auf der Großhirnrinde ist abhängig von dessen bzw. deren Gebrauch (Nutzungsabhängigkeit): Je mehr ein Körperteil oder eine Körperfunktion zum Einsatz kommt, desto größer ist der entsprechende Abbildungsbereich (vgl. Bangert 2006; Jäncke 2006c; Spitzer 2006a, 25 f; Levitin 2009a, 246; Jäncke 2013, 434). Deutlich wird in der Abbildung auch, dass „die Hände [...] in der motorische Repräsentation des Gehirns den größten Platz ein(nehmen), vor Rückgrat, Schulter, Ellenbogen und Handgelenk" (Jourdain 2001, 255). Dass dies so ist, ist das Ergebnis evolutionärer und kultureller Entwicklung.

Die landkartenförmige Repräsentation im Kortex besagt, dass „ähnliche Signale [...] nahe beieinander (liegen)" (Spitzer 2009⁶, 102), und „häufige Eingangssignale [...] einen größeren Raum ein(nehmen) als seltene" (ebd.). Wichtig zu wissen ist, dass solche Karten aufgrund gemachter und verarbeiteter Erfahrungen entstehen, „dass neuronale Netzwerke bestimmten Typs Muster verarbeiten" (ebd.), die letztlich „auf drei Funktionsprinzipien beruhen:

1. Synapsen sind plastisch
2. im Gehirn herrscht hohe Konnektivität
3. Neuronen sind auf ganz bestimmte Weise verbunden, die dafür sorgt, dass bei Erregung an einer Stelle die nahe gelegenen Zellen mit erregt werden" (ebd.).

Bei Informationseingabe entstehen aus der Erregung von Aktivitätsmustern neuronale Repräsentationen und in deren Folge kommt es zu kartenmäßigen Anordnungen „nach den Prinzipien der *Häufigkeit* und *Ähnlichkeit*" (a. a. O., 103; vgl. Spitzer 2000, 111 ff; 2003, 25; Jourdain 2001, 259 ff; Baer 2012, 341). Diese Karten, Baer (2012, 341) spricht von Trampelpfaden, werden umso deutlicher, je häufiger ein Weg gegangen, eine Verbindung genutzt oder eine Erfahrung gemacht wird.

Wichtig für das Verständnis der kortikalen Karten ist, dass sie, aufgrund ihrer Erfahrungsabhängigkeit, einer ständigen Umorganisation unterliegen (vgl. Spitzer 2009⁶, 105; Gruhn 2008³, 58 f; Schlaug/Bangert 2008², 109; Jäncke 2006a, 79 f; Baer 2012, 341; Jäncke 2013, 431 ff), was mit dem noch zu besprechenden Begriff Neuroplastizität beschrieben wird (vgl. Kap. 1.4). Sie werden daher auch als plastische Karten bezeichnet. So weiß man, dass sich z. B. die kortikale Repräsentation der Hände eines Geigers von der eines Gitarristen unterscheidet (vgl. Spitzer 2009⁶, 106, 119).

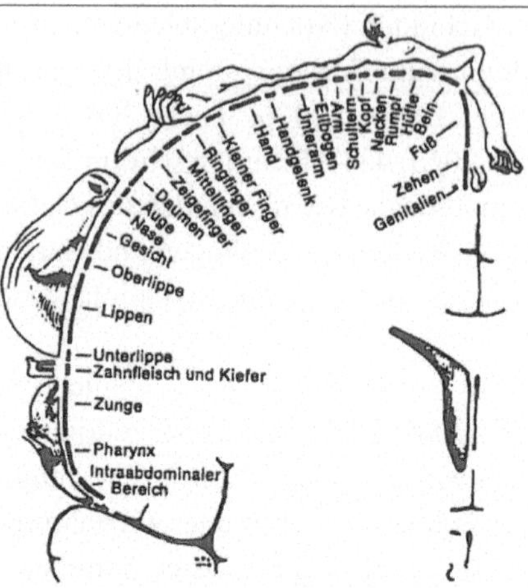


**Abb. 4 Sensorischer Homunculus**
(aus: Montagu 2004, 12)

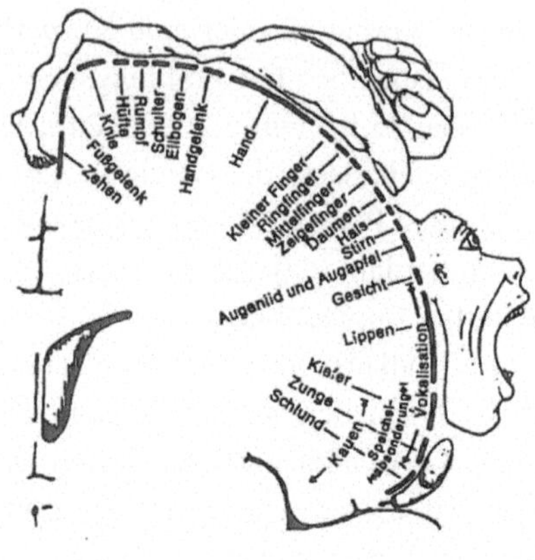


**Abb. 5 Motorischer Homunculus**
(aus: Montagu 2004, 13)

Abbildung 5: Zimmer 2005[4], 37

Die in Abb. 1 dargestellten Assoziationsfelder machen den größten Teil der Großhirnrinde aus. Ihre Aufgabe besteht erstens darin, die vielen Informationen, die ein Mensch aufnimmt, zu sinnvollen Einheiten und Handlungen zusammenzuführen. Neue Informationen werden hier mit bisher gemachten Erfahrungen abgeglichen. Zweitens sind sie aber auch an Aufgaben „wie Wahrnehmung, Bewegung und Motivation beteiligt“ (Gassen 2008, 32). Gemeint sind hier nicht nur intellektuelle Leistungen, sondern auch „die Fähigkeit, soziale Normen zu erkennen und diese in Handlungen zu integrieren“ (ebd.). Des Weiteren werden die bisher genannten Leistungen auch durch den limbischen Assoziationscortex einer emotionalen Bewertung unterzogen.

Primäre Kortizes werden die Bereiche genannt, die sich grundlegend mit sensorischen oder motorischen Funktionen beschäftigen. Sekundäre oder tertiäre Kortizes befassen sich dagegen nur mit einzelnen Aspekten. In den Assoziationskortizes, es lassen sich insgesamt 47 solcher Areale unterscheiden (vgl. Wicht 2010e, 63), also weit mehr als etwa in Abb. 1 abgebildet, laufen „Informationsstränge aus sämtlichen sensorischen und motorischen Systemen“ (a. a. O., 62) zusammen.

Spitzer (2002, 184 ff; 2009[6], 103) geht davon aus, dass sich auch diese hier als Assoziationsfelder bezeichneten Areale (vgl. Abb.1) als kartenförmige Repräsentationen darstellen lassen. Er unterscheidet zwischen primären, solchen, die ihren Input von außen bekommen, und sekundären Arealen, die ihren Input „*von anderen kortikalen Arealen*“ (Spitzer 2009[6], 104) erhalten.

Wenn sich einzelne kortikalen Areale erfahrungsabhängig vergrößern, so ließe sich vermuten, dass die weniger benutzen Felder sich verkleinern. Dies aber scheint nicht der Fall zu sein. Stattdessen wird davon ausgegangen, dass sich der Überlappungsbereich beider Areale vergrößert (vgl. a. a. O., 109 f). Eine gewisse Unsicherheit besteht allerdings noch. Es ist auch nicht klar, was passiert, wenn z. B. zwei nebeneinander liegende kortikale Areale gleichzeitig gereizt werden.

Bezogen auf die musikalische Wahrnehmung existiert auch eine Tonlandkarte, auf der „die Töne relativ gleichmäßig [...] verteilt (sind)“ (Spitzer 2002, 186), jedoch kann sich der Platz, den ein einzelnes Ereignis, der einzelne Ton einnimmt, erfahrungsmäßig verändern. „Je mehr man sich in einem bestimmten Sachgebiet auskennt, umso genauer verarbeitet man eine dieses Sachgebiet betreffende Information“ (a. a. O., 187), umso mehr werden bereits bestehende Informationen automatisch miteinander verknüpft, was ja auch erst einmal nicht weiter verwunderlich ist.

Schon Mitte der 1990er Jahre konnte gezeigt werden, dass bereits nach fünf Tagen Instrumentalspiel, sich die kortikalen Strukturen (Areale) dauerhaft verändern. Des Weitern konnte gezeigt werden, dass sich die kortikalen Strukturen (Areale) auch dann ändern, wenn z. B. die Finger eines Gitarristen nicht tatsächlich von ihm bewegt wurden, sondern sich die Bewegung lediglich vorgestellt wurde (vgl. Gruhn 2008[3], 62).

Unterhalb des Großhirns, unter dem Balken, zwischen Hirnstamm und Großhirn liegt das aus drei Schichten bestehende *Zwischenhirn* (vgl. Abb. 2), dessen Kernstück der Thalamus oder Thalamos ist, der verschiedentlich als das „Tor zum Bewusstsein“ (Wicht 2010b, 46) bezeichnet wird. Sinneseindrücke, die ein Mensch hat, treffen hier auf die sogenannten Relaisneurone. Es handelt sich hierbei um Nervenzellen, deren Aufgabe darin besteht, die eintreffenden Informationen an die zuständige Stelle im Großhirn weiterzuleiten. Die entsprechenden Bereiche der Großhirnrinde stehen mit dem Zwischenhirn in ständigem Kontakt. „Diese Verbindungen sind entscheidend für unser bewusstes Denken!“ (ebd.). Andere Funktionen, die ebenfalls im Zwischenhirn verankert sind, die hier aber lediglich erwähnt werden sollen, betreffen die Bewegung, die Hormonbildung und unseren Biorhythmus (vgl. a. a. O., 46 f). Eine wesentliche Rolle spielt hier auch das noch zu besprechende limbische System, das die Gefühle regelt und ankommende Sinneseindrücke gefühlsmäßig einfärbt. Des Weiteren kommt es hier zum Vergleich der ankommenden Sinneseindrücke mit bisher gemachten Erfahrungen.

Ein weiteres wesentliches Element unserer Gehirnstruktur ist der *Hirnstamm* (vgl. Abb. 2), der das Gehirn mit dem Rückenmark verbindet und der einerseits sensorische Impulse „aus der Haut, von den Gelenken, von den Hals- und Wirbelpartien" (a. a. O., 35) empfängt, andererseits aber auch lebenswichtige Körperfunktionen wie Schlafen und Wachen, Atmung und Blutkreislauf kontrolliert. Eine dritte Aufgabe besteht darin, eingehende Nervenimpulse nach der Wichtigkeit zu ordnen. Wicht (2010a, 38) zufolge dient der Hirnstamm auch „als Verkehrsknoten des Nervensystems." Zum Hirnstamm gehören des Weiteren das verlängerte Mark, das Mittelhirn und die Brücke (vgl. Abb. 2; Gassen 2008, 37). Wicht (2010a, 38) bezeichnet den Hirnstamm zudem als Technikzentrale des Gehirns, womit er ausdrücken will, dass im Hirnstamm alle wichtigen Regler zu finden sind, die das Gehirn als Ganzes am Laufen halten. Auch der Schall auf seiner Reise zu den weiter verarbeitenden Hirnstrukturen durchläuft diese Station (vgl. Jourdain 2001, 47). Die Hauptaufgabe des Hirnstamms besteht in der Ortung der Schallquelle. Eine weitere Aufgabe besteht in „der Identifikation einzelner Töne aus dem vielfältigem Gemisch, das aus der Chochlea (der Hörschnecke im Innenohr – L. K.-S.) kommt" (a. a. O., 51).

Das *Kleinhirn* (vgl. Abb. 2), das wie das Großhirn in zwei Hemisphären unterteilt ist, „empfängt sensorische Informationen aus dem Rückenmark, motorische Informationen aus der Großhirnrinde" (Gassen 2008, 38) und stellt den Koordinator der Bewegungen hinsichtlich der Kraft, des Ausmaßes, der Geschicklichkeit und der Präzision dar (vgl. ebd.). Einmal gelernte Bewegungsabläufe werden hier gespeichert, sodass sie für uns im Folgenden unbewusst bzw. unterbewusst ablaufen. Des Weiteren ist das Kleinhirn mit dem Verstibulärapparat, dem Gleichgewichtssinn in unserem Ohr verbunden. Nach neusten Erkenntnissen ist das Aufgabenfeld des Kleinhirns größer als bisher gedacht (vgl. Retzbach 2017c). Demnach ist es nicht nur an der Motorik, sondern „auch am Denken und Fühlen beteiligt" (a. a. O., 40).

Das *limbische System* (vgl. Abb. 6), das sich aus unterschiedlichen Teilen zusammensetzt und das „das gesamte Gehirn im Bereich Groß-, Zwischen- und Mittelhirn“ (Gassen 2008, 39) durchzieht, ist verantwortlich für die emotionale Färbung unserer Gedanken und Wahrnehmungen und für die Motivation (vgl. Edelmann/Wittmann 2012[7], 19, 30 f). Roth (2006[2], 59) bezeichnet es als „das *zentrale Bewertungssystem* unseres Gehirns“ und es „legt diese Bewertungen im *emotionalen Erfahrungsgedächtnis* nieder, das weitgehend unbewusst arbeitet“ (ebd.). Es unterhält intensive Beziehungen zum vegetativen Nervensystem, durch das unsere affektiven und emotionalen Gefühlszustände ausgelöst werden (vgl. Gassen 2008, 39; Taylor 2010, 30). Mischel (2015, 61) zufolge besteht das limbische System „aus einfachen Hirnstrukturen [...], die sich in einer frühen Phase unserer Evolution entwickelten.“ Bezogen auf den noch zu besprechenden Lernprozess konstatiert Roth (2006[2], 58): „Dieses System vermittelt Affekte, Gefühle und Motivation und ist auf die Weise einer der Hauptkontrolleure des Lernerfolgs.“

Zum limbischen System gehört u. a. auch die Amygdala, „ein Spezialist für Emotionen“ (Wicht 2010c, 50). Mischel (2015, 62) sieht in ihr eine Struktur, die den Körper schnell in eine Handlungsbereitschaft versetzt, „sie hält nicht inne, um nachzudenken, zu reflektieren oder langfristige Folgen abzuwägen.“ Im Gegensatz zum kühlen Denken sieht er in ihr ein heißes System (vgl. a. a. O., 49 ff, 61 ff). Taylor (2010, 29) verweist darauf, „dass das limbische System zwar ein Leben lang funktioniert, aber nicht reifer wird.“ Dass wir uns aber nicht von den Reaktionen des limbischen Systems bestimmen lassen, liegt an den höher entwickelten Nervenzellen, deren Informationen mit denen des limbischen Systems verglichen werden, und uns die Möglichkeit geben, „uns bewusst für eine reifere Reaktion zu entscheiden“ (ebd.). Es handelt sich hierbei allerdings um einen lang andauernden Lernprozess, der in Verbindung steht mit der Entwicklung des präfrontalen Kortex (vgl. Mischel 2015, 63 ff).

Es bleibt die Tatsache, dass aufgrund von Erfahrungen neutrale Inhalte mit Emotionen belegt werden können. Entscheidend ist dabei, dass diese Inhalt in Abhängigkeit von den jeweiligen Emotionen „in jeweils anderen Bereichen des Gehirns gespeichert werden“ (Spitzer 2010, 140). Während also Dinge, die emotional negativ besetzt sind, in der Amygdala abgespeichert werden, gelangen positiv bewertete Sachverhalte in Teile des Hippokampus (vgl. Spitzer 2003, 82; Taylor 2010, 29 f).

Neuere Untersuchungen (vgl. Spitzer 2012a, 119) zeigen zudem, dass die Größe der Amygdala in einem Zusammenhang steht mit dem sozialen Denken und Handeln eines Menschen. Je größer deren Volumen, desto größer die sozialen

Aktivitäten. Störungen im Bereich des limbischen Systems, besonders des temporoamygdalären Systems in der Nähe der Amygdala „führen beim Menschen zu schwerwiegenden emotionalen Störungen und Verhaltensauffälligkeiten" (Edelmann/Wittmann 2012[7], 31).

Die Bedeutung des limbischen Systems fasst Taylor (2010, 30) wie folgt zusammen: „Obwohl die meisten Menschen glauben, sie seien *denkende Geschöpfe, die fühlen,* sind wir biologisch gesehen *fühlende Kreaturen, die denken.*"

Das limbische System

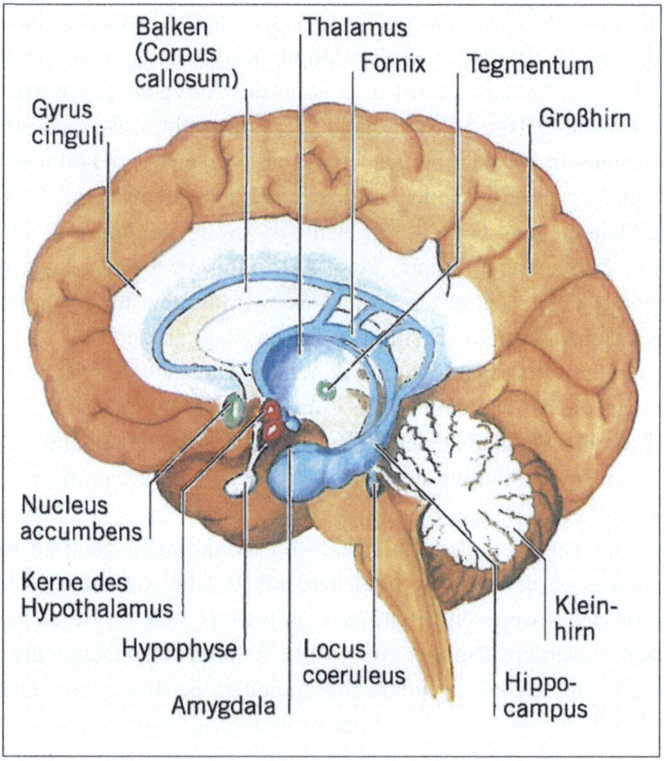


Abbildung 6: Gassen 2008, 34

Der *Hippocampus* (wörtlich übersetzt: Seepferdchen) liegt zwischen Tegmentum und Kleinhirn (vgl. Abb. 5). Ausgehend von einer Unterscheidung in deklarative und prozedurale Gedächtnisanteile, gehört der Hippocampus zu den deklarativen Gedächtnisanteilen. Seine Bedeutung für den Lernprozess ist erst seit ca. 50 Jahren bekannt. „Soll ein neuer Sachverhalt gelernt werden, so muss er erst einmal vom Hippokampus aufgenommen werden" (Spitzer 2009[6], 22). Oder anders ausgedrückt: „Der Hippokampus ist zum Lernen einzelner Ereignisse unabdingbar" (a. a. O., 23, 76; vgl. Spitzer 2010, 63 f). Er speichert die Dinge dann, „wenn sie zwei Qualitäten *aufweisen*: Neugier und Bedeutsamkeit" (Spitzer 2010, 64) und wenn sie mit Emotionen verbunden sind. Die Einzelerlebnisse sind wichtig, um aus ihnen allgemeine Verknüpfungen herstellen zu können. „Das Herstellen von Verknüpfungen nennt man auch *Denken*" (ebd.). Die vom Hippocampus im Laufe des Tages gelernten Dinge, werden in der Nacht „zum Kortex übertragen" (Spitzer 2009[6], 125; a. a. O., 133). Sein Umfang wächst in Abhängigkeit von Nutzung und Erfahrung (vgl. Spitzer 2009[6], 32; 2012, 30 ff). Zumindest beim Menschen, aber auch bei Tieren, entstehen hier ein Leben lang neue Nervenzellen (vgl. Akers et al. 2014).

Aber nicht nur das. Im Hippokampus werden Informationen hinsichtlich ihres Neuheitsgrades und ihrer Bedeutsamkeit bewertet (vgl. Spitzer 2006[2], 25; 2010, 64). Ist eine Information vollkommen neu und interessant, wird hier eine neuronale Repräsentation erstellt.

Aufgabe des Hippokampus ist es auch, die am Tag gelernten Inhalte jeweils nachts über einen längeren Zeitraum letztlich in die Gehirnrinde zu transferieren und dort langfristig zu speichern (vgl. Spitzer 2010, 141; 2012, 34). Das Gehirn schläft also auch in der Nacht nicht, es schottet sich in Schlaf lediglich von der Außenwelt ab und verankert nachts die Erfahrungen des Tages (vgl. Spitzer 2012a, 259; Monyer/Gessmann 2015a). Bildlich gesprochen sieht das wie folgt aus:

> „Ein voller Briefkasten (Zwischenspeicher Hippocampus) wird geleert, die sortierten Briefe werden in einen Ordner (Gehirnrinde) abgelegt, und dann folgen das Abarbeiten und Beantworten der Briefe (im REM-Schlaf)" (Spitzer 2012a, 260).

Der Verlust des Hippocampus bewirkt, und dadurch wird seine Bedeutung für Gedächtnisleistungen insgesamt deutlich, dass sich die entsprechende Person nichts Neues mehr merken kann (vgl. Wicht 2010f, 67; Spitzer 2009[6], 22, 35 f), ohne dass dabei aber bisher erworbene Wissensbestände verloren gehen.

Die Aufgabe des Gehirns eines jeden Menschen besteht in der „Aufrechterhaltung und Wiederherstellung der inneren Ordnung des Körpers, also de(m) Schutz der inneren Organisation gegenüber von außen kommenden oder im Inneren entstehenden Störungen der bisherigen Ordnung“ (Hüther 2008[4], 62). Von daher sind die wichtigsten Bilder, die das Gehirn „als innere Repräsentanzen“ (ebd.) erzeugt, Bilder über den Zustand des eigenen Körpers, sogenannte Körperbilder. Eindrücke aus der äußeren Welt bewirken eine Ergänzung der inneren Bilder und ermöglichen so einen Anpassungsprozess mit dem Ziel der Wiederherstellung der inneren Ordnung. An anderer Stelle spricht Hüther (in Korittko 2011, 140) davon, dass sich das menschliche Gehirn aus unterschiedlichen Schichten zusammensetzt. Die inneren, strukturierten, angepassten und optimal abgestimmten Schichten konzentrieren sich dabei auf die Entwicklung im Körperinneren, während sich die Strukturierung der höheren Schichten, denen, die den Menschen ausmachen, auf Erfahrungen basieren, die ein Mensch in seinem Leben macht.

Hinsichtlich der Zusammenarbeit der unterschiedlichen Bereiche des Gehirns unterscheidet man die horizontale Integration, die Zusammenarbeit zwischen den beiden Hirnhälften von der vertikalen Integration, der Zusammenarbeit kortikaler und subkortikaler Strukturen, wobei hier besonders auf eine Integration von Strukturen des limbischen Systems verwiesen wird (vgl. Edelmann/Wittmann 2012[8], 33).

Die Hirnentwicklung insgesamt muss „als ein sich selbst organisierender, durch Interaktionen mit der äußeren Welt gelenkter Prozess verstanden werden“ (Hüther 2008[4], 65). Gerade diese Sichtweise trägt wesentlich zum Verständnis von Lernprozessen bei. Ich werde zu einem späteren Zeitpunkt darauf zurückkommen.

Letztlich stellt sich das Gehirn als „ein System aus Systemen“ (Damasio 2011, 328) dar, wobei jedes System aus unterschiedlichen kleinen und großen Schaltkreisen besteht, die ihrerseits wiederum aus Neuronen und deren Verknüpfungen, den Synapsen bestehen (vgl. ebd.). Was diese unterschiedlichen Systeme letztendlich tun und für das Gesamtsystem leisten, hängt von ihrer Stellung im Gesamtsystem ab (vgl. ebd.).

## 1.2 Aufbau und Funktionsweise der Nervenzellen (Neuronen)

Das menschliche Nervensystem lässt sich je nach Gesichtspunkt unterschiedlich einteilen. So besteht für Edelmann/Wittmann (2012[7], 17 f) das menschliche Nervensystem aus dem Zentralnervensystem (ZNS) und dem peripheren Nervensystem, während für Klöppel/Altenmüller (2013[6], 181 f) das Nervensystem eigentlich aus zwei Nervensystemen, dem vegetativen und dem somatischen besteht. Während das vegetative Nervensystem für die Ordnung der inneren Funktionen verantwortlich zeichnet, besteht die Hauptaufgabe des somatischen Nervensystems in „der Auseinandersetzung des Individuums mit der Umwelt" (a. a. O., 182). Welcher Einteilung ich auch folge, die Nervenzelle gilt „als die kleinste funktionelle Einheit des Gehirns" (Gassen 2008, 48).

Der Mensch besteht aus Billiarden von Zellen, die sich in 210 verschiedene Typen einteilen lassen (vgl. a. a. O., 49; Koelsch 2012, 40 ff), die sich aber trotz unterschiedlicher Struktur und Funktionsweise in ihrem Grundaufbau ähneln. Zu diesen Zellen gehören auch, je nach Literaturangabe, bis zu 100 Milliarden in den unterschiedlichen Teilen des Gehirns befindlichen Nervenzellen, „die *Bausteine* unseres Nervensystems" (Edelmann/Wittmann 2012[7], 18). Gewisse Unterschiede in der Anzahl der Neuronen bestehen zwischen Frauen und Männer und zwischen Jungen und Alten (vgl. Spitzer 2009[6], 51).

Von diesen bis zu 100 Milliarden Nervenzellen sind es ‚nur' „etwa 25 Millionen [...], (die – L. K.-S.) die Peripherie unseres Körpers mit dem ZNS (verbinden)" (Edelmann/Wittmann 2012[7], 18). Die einzelnen Zellen sind mit bis zu 500 Billiarden oder mehr Kontakten miteinander verknüpft. „Die Anzahl der möglichen Kombinationen [...] übersteigt die Zahl der bekannten Partikel im gesamten bekannten Universum" (Levitin 2009a, 100). Und dies macht es ziemlich unwahrscheinlich, „dass wir jemals alle möglichen Verknüpfungen im Gehirn oder deren Bedeutung verstehen" (ebd.; Lichtman u. a. 2016).

Die Nervenzellen bilden untereinander diverse Netzwerke (vgl. Brose/Kolb 2011, 6; Levitin 2009a, 99; Spitzer 2012b, 26). Diese sind „informationsverarbeitende Systeme, die aus einer großen Zahl einfacher Schalteinheiten, den Neuronen, zusammengesetzt sind" (Spitzer 2002, 73; vgl. Damasio 2011, 317 ff; Bauer 2013, 53; Seung 2013).

Neben den Neuronen gibt es im Gehirn noch die Gliazellen, die Virchow bereits 1856 entdeckte (vgl. Donner 2012). Auch sie sind für die Informationsübertragung von Relevanz, was Virchow damals so nicht erkannte. Die Aufgabe von Gliazellen besteht u. a. darin, den Neuronen energiereiche Substanzen zu liefern (vgl. Damasio 2011, 319). Ihre Hauptaufgabe liegt allerdings in ihrer Existenz „als Stütz- und Versorgungseinheiten für Nervenzellen“ (Stern et al. 2007, 59), z. B. bei der Informationsübertragung an den Synapsen (s. u.) oder bei der Bildung der Myelinschicht, wodurch sich die neuronale Informationsgeschwindigkeit erhöht (vgl. Spitzer 2012a, 160; Damasio 2011, 315; Donner 2012; Minimayr 2012, 22 f; Klöppel/Altenmüller 2013[6], 184 f; Gehirn & Geist 2015b, 50 f). Die letztendliche Bedeutung und Funktion der Gliazellen scheint noch nicht geklärt zu sein (vgl. Donner 2012). Man geht aber mittlerweile davon aus, dass ihre Hauptaufgabe eine Mittlerfunktion ist, die, wenn sie verloren geht, schwere Krankheiten auslösen kann (vgl. ebd.).

Frances (2014, 33) zufolge durchlaufen in jeder Sekunde „1000 Signale jede Synapse; jedes Signal wird von 1500 Proteinen gesteuert und von einem bis mehreren Dutzend Neurotransmittern übertragen.“ Ein ungeheuerlicher, für den Laien kaum vorstellbarer Vorgang.

Allgemein lässt sich sagen, dass 99,9 % der Neuronen bei der Geburt des Menschen vorhanden sind. Entwicklung besteht also „in Veränderungen der sogenannten ‚Verdrahtung‘ der Neuronen“ (Spitzer 2009[6], 52), sie werden dicker und können die Aktionspotentiale schneller weiterleiten und somit den Informationsverarbeitungsprozess beschleunigen. Gruhn (2008[2], 55) sieht in „einer Änderung der synaptischen Übertragung“ die „neurobiologische Grundlage für Lernen“ (vgl. Edelmann/Wittmann 2012[7], 18).

> „Das Grundprinzip, nach dem sich unser Gehirn in seiner individuellen Einzigartigkeit herausformt, ist eigentlich sehr einfach: Es wird am Anfang immer mehr bereitgestellt, als irgendwo auf dieser Welt von irgendeinem Menschen jemals tatsächlich gebraucht wird. Schon vorgeburtlich ist bei uns allen ein beträchtlicher Überschuss an Nervenzellen produziert worden, von denen schließlich aber nur diejenigen erhalten geblieben sind, die auf irgendeine Weise in funktionalen Netzwerken eingebunden werden konnten. Der Rest wurde wieder abgebaut. Das war im Durchschnitt etwa ein Drittel. Die meisten Nervenzellen hatten wir also in unserem Gehirn, als wir noch in einem embryonalen Zustand waren“ (Hüther 2011, 37; vgl. Röder 2015).

Die Nervenzelle

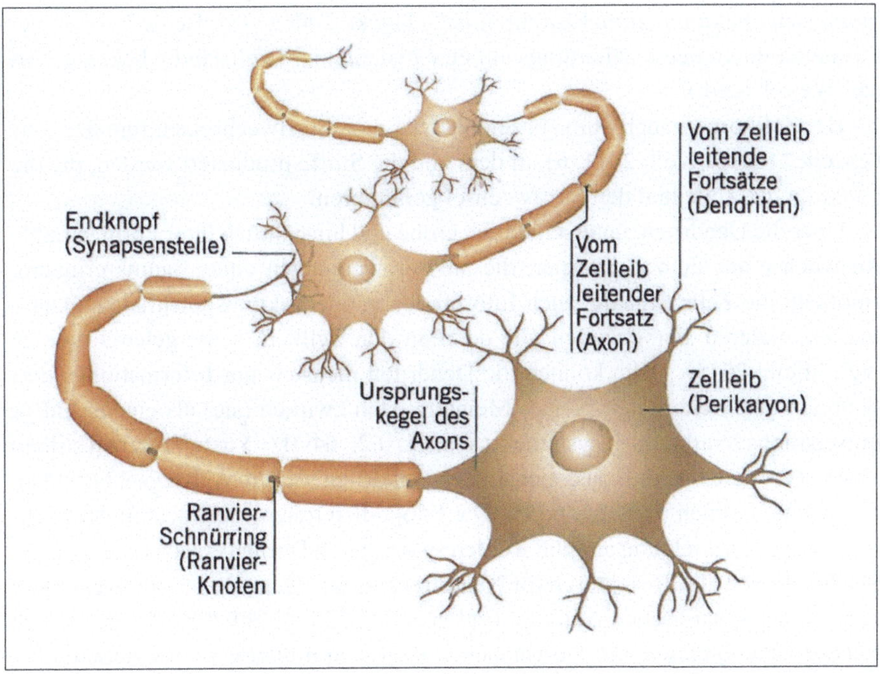


Abbildung 7: Gassen 2008, 49

„Jede Nervenzelle ist eine in sich abgeschlossene Einheit“ (Dermietzel 2011, 11). Neurone sind nicht fest miteinander verknüpft, sondern passen sich in ihren Kontakten den jeweiligen Gegebenheiten aufgrund externer Einflüsse an, was mit dem Begriff Neuroplastizität gemeint ist (vgl. Spitzer 2000, 148 ff; 2009[6], 105, 119; Jäncke 2006a, 78). Je häufiger bestimmte Kontaktmuster genutzt werden, die sich aber dadurch immer wieder verändern (vgl. Monyer/Gessmann 2015, 45 f), „immer dann, wenn Lernen stattfindet“ (Spitzer 2009[6], 75), je stärker also die neuronale Repräsentation ist (vgl. Monyer/Gessmann 2015, 44), desto mehr verstärken sich die dafür benutzen Bahnen. Aus Trampelpfaden werden bildlich gesprochen allmählich erst Wege, dann Straßen und vielleicht sogar Autobahnen.

Hinsichtlich der Plastizität lässt sich zwischen einer erfahrungsbedingten und einer reifungsbedingten Plastizität unterscheiden, „die auf genetische oder andere biologische Faktoren zurückzuführen ist" (Jäncke 2006a, 78). Beide Formen der Plastizität interagieren „allerdings auf eine bislang nicht vollständig bekannte Art und Weise" (ebd.).

Der Zellkörper, auch Soma bezeichnet, ist das „Stoffwechselzentrum der Nervenzelle" (Brose/Kolb 2011, 6), in dem alle die Stoffe produziert werden, die die Funktion der Zelle und den Stoffwechsel garantieren.

Über die Dendriten, unterschiedlich große und hinsichtlich ihrer Form variable Auswüchse aus dem Zellkörper, die an Verzweigungen eines Baums erinnern, empfängt die Zelle Signale, auch Informationen oder Aktionspotentiale genannt, aus den anderen Nervenzellen, die dann an den Zellkern weitergeleitet werden (vgl. Stiefel 2015). Doch können die Dendriten mehr als nur Informationen einsammeln und weiterleiten. Seiner Meinung nach „wirken (sie) als eigenständige Informationsverarbeitungssysteme" (a. a. O., 62, 64 ff). Yuste/Portera Cailliau (2005) verweisen darauf, dass sich an den Dendriten weitere Anhängsel befinden, sogenannte Dornen und Filopodien. Die Filopodien treten besonders in der Frühzeit der Hirnentwicklung auf und werden später durch Dornen ersetzt (vgl. a. a. O., 68). Sie dienen als „Rezeptoren für Neurotransmitter" (a. a. O., 69) und verändern sich mit der synaptischen Aktivität (vgl. a. a. O., 72; vgl. Stiefel 2015, 62). Nach neusten Erkenntnissen aus Tierversuchen lässt sich mittlerweile feststellen, dass „die Dendriten Signale nicht nur weiter(leiten), sondern (sie) erzeugen sie auch – und zwar weit häufiger als der Zellkörper, dem diese Aufgabe bisher zugeschrieben wurde" (Fischer 2017).

Über die Axone, die ebenfalls aus dem Zellkörper wachsen, werden Informationen von einer Zelle an die nächste weiter gegeben. Zudem transportiert ein Axon „gleichzeitig im Zellkörper produzierte Substanzen wie Aminosäuren, Neurotransmitter und Proteine zu den Synapsen am Ende des Axons" (Gassen 2008, 50). Die Geschwindigkeit, mit der Signale weiter geleitet werden, steht im Verhältnis zur Dicke der Axone, je dicker, desto schneller. Sind die Axone zusätzlich mit einer Isolierschicht, dem Myelin, überzogen (vgl. Minimayr 2012, 22), läuft die Signalgebung hundertmal schneller ab (vgl. Gassen 2008, 50). Was hier sehr einfach und plausibel klingt, kann u. U. aber sehr anfällig sein, denn es scheint so zu sein, dass Axone nicht komplett ummantelt sind, was durchaus negative Auswirkungen haben kann (vgl. Stiefel 2017). Das Ende eines Axons, der Endkopf, stellt die Kontaktstelle dar, über die der Kontakt zu einer weiteren Nervenzelle mittels der chemischen Botenstoffe, der Neurotransmitter, hergestellt wird. „Nervenzellen übermitteln Informationen in Form von elektrische Impulsen, so genannten Aktionspotentialen“ (Brose/Kolb 2011, 7).

Nach neusten Forschungen (vgl. Gehirn & Geist 2014, 12; Thome et al. 2014) scheint es aber auch möglich zu sein, dass Axone nicht vom Zellkörper ausgehen, sondern direkt an den Dendriten wachsen, wodurch eine neuronale Abkürzung entsteht, welche die Reizweiterleitung verkürzt und dadurch erleichtert und beschleunigt. Zellen dieser Bauart, Pyramidenzellen genannt, befinden sich im Hippokampus. Unklar ist allerdings bisher, welche Reize über diese Zellen weitergeleitet werden.

Die Stellen, an der die Informationen normalerweise weitergegeben werden, sind die Synapsen (s. o.), deren Anzahl im menschlichen Gehirn auf 100 – 500 Billionen geschätzt wird und die die Grundlage unseres Gedächtnisses und des Lernens bilden (vgl. Damasio 2011, 317; Essmann/Acker-Palmer 2011, 56; Spitzer 2012b, 26; Klöppel/Altemüller 2013[6], 188 ff).

Zwischen einer Synapse einer gebenden oder sendenden und einer nehmenden oder empfangenden Zelle besteht aber kein direkter Berührungskontakt, sondern beide sind durch einen sogenannten synaptischen Spalt voneinander getrennt. In Folge dessen muss der ankommende elektronische Impuls, will er die nächste Zelle erreichen, in einen chemischen umgewandelt werden, was mit Hilfe der Neurotransmitter geschieht. Erreichen die Neurotransmitter schließlich über den synaptischen Spalt die neue Zelle, werden sie dort erneut in elektronische Signale umgewandelt. Hierbei handelt es sich um einen Prozess, der „etwa eine halbe Millisekunde (dauert)“ (Dermietzel 2011, 12).

Erregender Kreislauf

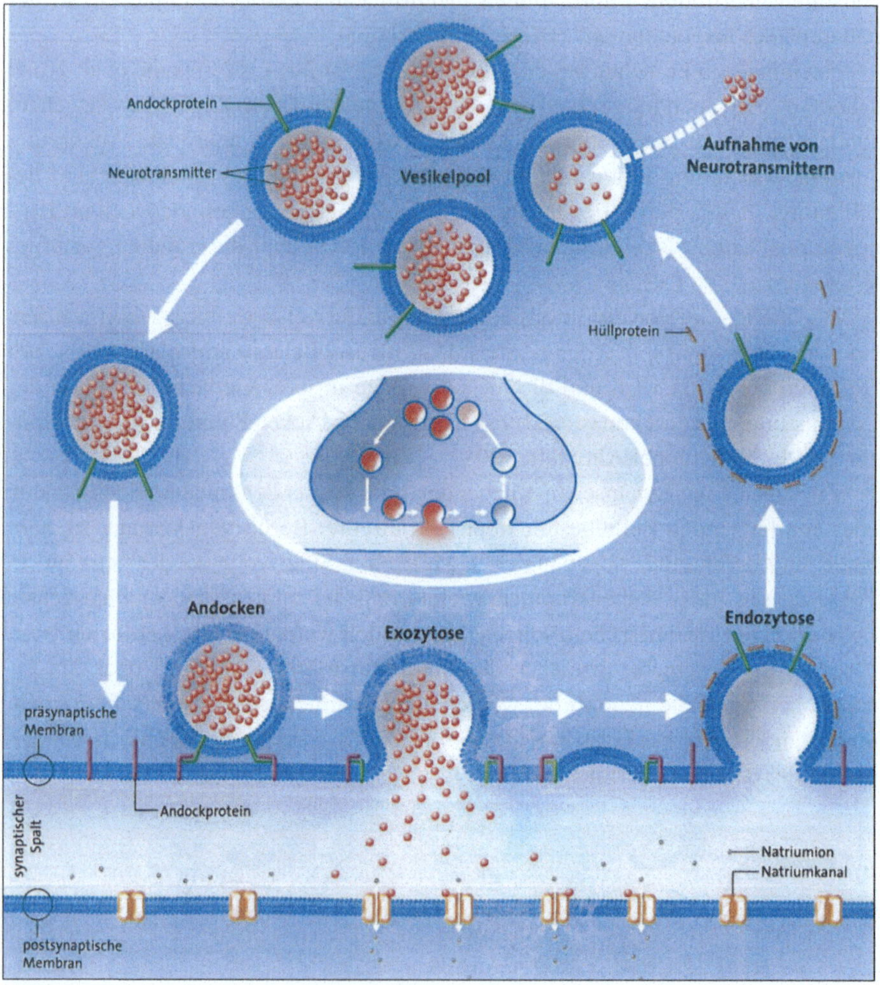


Abbildung 8: Wilhelm et al. 2011, 19

Interessant in diesem Zusammenhang ist, dass es beim Menschen neben den chemischen auch „rein elektrische Synapsen (gibt)“ (Brose/Kolb 2011, 7; vgl. Dermietzel 2011; Wilhelm et al. 2011, 16; Monyer/Gessmann 2015, 38 ff), etwa im menschlichen Herzen, bei denen die Signalübertragung extrem schnell ohne eine Ausschüttung von Botenstoffen funktioniert (vgl. Dermietzel 2011, 12; Wilhelm et al. 2011, 16). Sie kommen immer dann zum Einsatz, wenn es darum geht, „die Aktivität größerer Nervenzellgruppen zu synchronisieren" (Brose/Kolb 2011, 7). Darüber hinaus scheinen elektrische Synapsen eine Bedeutung bei epileptischen Anfällen und bei Schlaganfall zu haben (vgl. Dermietzel 2011, 15).

Bezogen auf die menschliche Entwicklung allgemein ist zu sagen, dass elektrische Synapsen die Hauptzeit ihres Wirkens in der pränatalen Zeit haben. Erst nach der Geburt eines Menschen gewinnen die chemischen Synapsen an Bedeutung.

Der Vorteil chemischer Synapsen liegt in dem, was allgemein als ‚synaptische Plastizität' bezeichnet wird. Gemeint ist damit die Fähigkeit, sich den jeweiligen individuellen Bedürfnissen anzupassen. An diesem Prozess sind sowohl die sendenden (präsynaptischen) als auch die empfangenden (postsynaptischen) Anteile der Signalübertragung beteiligt.

„Unsere Fähigkeit, die Welt zu meistern, steckt in den synaptischen Verbindungen zwischen den Nervenzellen in unserem Gehirn" (Spitzer 2009$^{6}$, 77; vgl. Klöppel/Altenmüller 2013$^{6}$, 190). Synapsen leiten den Impuls, den sie erhalten, nicht einfach weiter, sondern modellieren ihn (vgl. Spitzer 2012b, 26). Alles funktioniert umso schneller, je häufiger eine Synapse benutzt wurde (vgl. ebd.). Die synaptischen Verbindungen insgesamt bilden „die Grundlage, auf der das lebenslängliche Lernen stattfindet" (Klöppel/Altenmüller 2013$^{6}$, 190; vgl. Jäncke 2016$^{2}$, 294 ff). Der oben angesprochene Vorgang der Vernetzung ist ein Wechselspiel zwischen Anlage und Umwelt.

Solange die synaptischen Verbindungen gebraucht bzw. beansprucht werden, werden sie dicker. Werden sie irgendwann nicht mehr gebraucht, verkümmern sie und sterben schließlich ab (vgl. Spitzer 2012a, 48). Da es sich um einen fortlaufenden Prozess wechselseitiger Anpassung handelt, spricht Spitzer (a. a. O., 49) von einer „Art Dauerbaustelle."

## 1.3 Neurogenese

Es kann hier im Weiteren nicht darum gehen, den gesamten Entwicklungs- und Differenzierungsprozess zu beschreiben, sondern Berücksichtigung finden hier nur die Sachverhalte, die für ein Verständnis der Neurogenese notwendig sind. Fest steht jedenfalls, dass sich das Gehirn „während des gesamten Lebens sowohl auf grob- als auch auf feinmotorischer Ebene (verändert)“ (Roth/Strüber 2014, 153) und dass diese Veränderungen der Entwicklung in jungen Jahren schneller voranschreiten als in späteren Lebensphasen.

Will man den Weg der Evolution in der Herausbildung der unterschiedlichen Hirnstrukturen beim Menschen nachvollziehen, so sei hier z. B. auf die Darstellungen bei Hüther (2010[9], 33 ff), Aamodt/Wang (2012, 30 ff), (Roth/Strüber 2014, 153 ff) und Jäncke (2013, 81 ff) verwiesen. Entscheidend bleibt dabei für mich erst einmal der Satz Hüthers, der sich auch auf die menschliche Hirnentwicklung anwenden lässt:

> „Je unfertiger das Gehirn zum Zeitpunkt der Geburt ist, je langsamer es sich anschließend entwickelt und je länger es dauert, bis all seine Verschaltungen endgültig geknüpft und festgelegt sind, desto umfangreicher sind die Möglichkeiten, eigene Erfahrungen und individuell vorgefundene Nutzungsbedingungen in seiner Matrix zu verankern“ (Hüther 2010[9], 52)

Umso bedeutsamer wird das, was Hüther (ebd.) in diesem Zusammenhang als Bindung im Gegensatz zur Prägung bezeichnet, Bindung als emotionaler Faktor, als „Sicherheit und Geborgenheit bietende Gegebenheiten“ der umgebenden Gruppe (vgl. Kap. 2).

Das Leben des Menschen beginnt bekanntlich mit der Befruchtung der Eizelle. Der sich daran anschließende Prozess der Zellteilungen und des beginnenden Wachstums und der beginnenden Differenzierungen läuft relativ rasch ab (vgl. Greenfield 2003[2], 121 ff; Hüther/Krems 2008, 45; Hüther 2015a, 90 ff). „Bei oberflächlicher Betrachtung erscheint es so“, so Hüther (2008[4], 63), „als entwickle sich das menschliche Gehirn von alleine.“ In jedem Fall ist „die Entwicklung des Nervensystems […] ein kontinuierlicher Prozess, der pränatal beginnt und sich bis ins hohe Erwachsenenalter vollzieht“ (Jäncke 2913, 82).

Erste Ansätze eines zukünftigen Gehirns des entstehenden Menschen lassen sich um den 12. Tag der Schwangerschaft herum ausmachen (vgl. Greenfield 2003[2], 123). Bestimmte Zellschichten beginnen chemische Signale an andere Zellen auszusenden, die sich dann im weiteren Verlauf zu Nervenzellen auszudifferenzieren. „Gegen Ende des ersten Schwangerschaftsmonats hat sich bereits ein primitives Gehirn gebildet“ (ebd.; vgl. Lenroot/Giedd 2006; Saccuman/Scifo 2009, 302 ff). Die Zellteilung und damit die Bildung neuer Neuronen verläuft rasch: „Wenn sich die Zellen mit Höchstgeschwindigkeit teilen, können 250.000 neue Neuronen pro Minute entstehen“ (Greenfield 2003², 124). Bruer (2000, 92) spricht hier von 580.000 Neuronen pro Minute. Wichtig für das Gehirnwachstum ist aber nicht nur eine allgemeine Zunahme an Neuronen, sondern auch die Tatsache, dass diese Zellen am richtigen Ort gebraucht werden (Zellwanderung).

Auch wenn es so aussieht, als ginge die embryonale Entwicklung insgesamt sehr schnell vor sich, so ist doch klar, „dass das ungeborene Kind in vieler Hinsicht nach den ersten acht Wochen Schwangerschaft bereits weitgehend fertig ist“ (Hüther/Krems 2008, 52) und sich im weiteren Verlauf nur noch „'übend' auf sein nachgeburtliches Leben“ (ebd.; vgl. Hüther 2015a, 93 f, 100 ff) vorbereiten muss. Nach Hüther (2015a, 94) zeigt sich bereits hier das sichtbar werdende „Grundprinzip der funktions- und nutzungsabhängigen Strukturierung“ des Gehirns, wodurch deutlich wird, „dass ‚lernen' und ‚sich entwickeln' nicht voneinander zu trennen sind“ (ebd.).

Die menschliche Entwicklung im Allgemeinen und die neuronale im Besonderen, verglichen mit der anderer Säugetiere, kennzeichnet sich im Weiteren durch einen Prozess der Entschleunigung, in dem Hüther/Krems (2008, 55) „eine entscheidende ‚Errungenschaft'“ des Menschen bzw. der menschlichen Entwicklung sehen, die es ermöglicht, sich stärker als bisher den „modellierende(n) Einflüsse(n) von außen zu öffnen“ (ebd.) und zu lernen (vgl. Hüther 2015a, 94).

> „Die Entwicklung des Nervensystems während der Embryonalentwicklung ist in gewisser Weise vergleichbar mit der allmählichen Herausbildung und fortwährenden Anpassung des Verkehrswege- und Kommunikationssystems in einer immer größer werdenden Stadt“ (Hüther/Krems 2008, 57; vgl. Hüther 2015a, 95).

Der Prozess der Herausbildung der Nervenzellen ist einer der zunehmenden Spezialisierung der Zellen für bestimmte Aufgaben. Hierbei handelt es sich um eine qualitative Zunahme (Pauen 2004, 522). Hüther (2009²b, 100) spricht davon, dass sich die Nervenzellen „zu deutlich voneinander abgegrenzten Verbänden, sogenannten Kerngebieten, (formieren).“ Die Strukturen sowohl innerhalb als auch zwischen den einzelnen Kerngebieten werden dichter. Im Zuge dieser Orientierung und Spezialisierung der einzelnen Nervenzellen kommt es auch nach und nach zur Herausbildung der wesentlichen Hirnstrukturen, des Stammhirns, des Mittelhirns, des Zwischenhirns, der Großhirnhemisphären und letztlich auch des Kleinhirns (vgl. Abb.2)., wobei die Komplexität der Entwicklung in den einzelnen Bereichen vom Stammhirn ausgehend hin zur Herausbildung im Großhirn zunimmt. Die Teilungsfähigkeit der Nervenzellen im Vorder- oder Großhirn endet erst mit dem Zeitpunkt der Geburt.

Hüther (2015a, 102 f) beschreibt diesen Prozess als einen für den Embryo teils bewusst ablaufenden Prozess, in dem bereits genetische und Umweltfaktoren ineinander greifen und so die Einzigartigkeit eines jeden neugeborenen Säuglings begründen.

Inzwischen ist es in der Forschung gelungen, Bindegewebszellen, d. h. körpereigene Zellen in ihrer Form und ihrem Verhalten zu verändern, sodass sie sich letztlich zu Nervenzellen umwandeln konnten. Unter Umstanden ist damit eine Möglichkeit gegeben, „zerstörte oder degenerierte Neuronen zu ersetzen“ (Gehirn & Geist 2012, 13).

Doch zurück zur Neurogenese: „Nach einer neunmonatigen Schwangerschaft verfügt unser Gehirn über den größten Teil der Neuronen, die es jemals haben wird“ (Greenfield 2003[2], 131). Singer (2002, 82) zufolge ist das Nervensystem zum Zeitpunkt der Geburt „noch sehr unreif. Nur die Basisfunktionen, die für die Aufrechterhaltung von Lebensprozessen benötigt werden, sind schon ausgebildet.“

Folta, (2010, 39) zufolge kommt es pränatal zu einer „Ausbildung von grundlegenden Verbindungen (Axonen und Dendriten) zwischen einzelnen Neuronen“, doch ist das Netz noch so unstrukturiert, dass es bei der Geburt des Kindes für eine „bewusste Verarbeitung von Umweltreizen und zielgerichteten Handlungen noch nicht“ (ebd.) fähig ist. Eine Stabilisierung bereits bestehender und weiterer Netzwerke geschieht erst in aktiver Auseinandersetzung mit der jeweiligen Umwelt besonders in den ersten Lebensjahren.

Zum Zeitpunkt der Geburt ist der „Kopf eines Neugeborenen […] etwa halb so groß wie der eines Erwachsenen“ (Spitzer 2009[6], 229) und das Gehirn hat ein Gewicht von ca. 350g, doch besitzt es jetzt schon „alle Furchen und Windungen des ausgereiften Gehirns“ (Roth 2013[8], 61). Sein postnatales Wachstum reicht bis zum 21. Lebensjahr. Aamodt/Wang (2012, 100) verweisen allerdings darauf, „dass das maximale Volumen der meisten Hirnstrukturen (bei Mädchen – L. K. S.)

ein bis drei Jahre früher erreicht wird.“ Das Gehirn hat am Ende der Wachstumsperiode ein Gewicht von ca. 1300g (Frau) bis 1400g (Mann) (vgl. Stern et al. 2007, 59; Spitzer 2010, 103). Die Größen- und die Gewichtszunahme des Gehirns beruht „vor allem auf der Zunahme der Dicke der Faserverbindungen zwischen den Neuronen“ (Spitzer 2009[6], 229; vgl. Pauen 2004, 522). Es handelt sich hier erst einmal um eine quantitative Zunahme (vgl. v. Hopffgarten/ Müller 2013, 48 f).

Neuste Untersuchungen legen nahe, dass wohl nur der Mensch ein bestimmtes Gen besitzt, das schon im embryonalen Stadium die Vermehrung neuronaler Stammzellen anregt, was sich wiederum auf das Wachstum der Hirnrinde auswirkt (vgl. Florio et al. 2015).

Hirnreifung

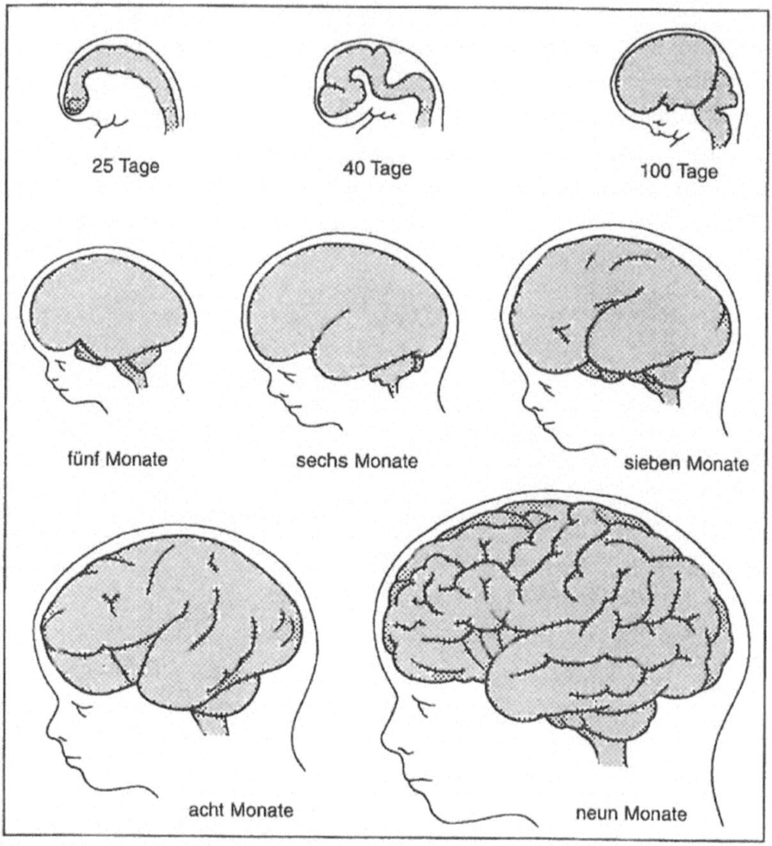


Abbildung 9: Greenfield 2003², 131

„Was für die endgültige Anzahl an Neuronen gilt, mit denen das menschliche Gehirn zum Zeitpunkt der Geburt ausgestattet ist, gilt auch für die zwischen den Nervenzellen der verschiedenen Hirnbereiche und der innerhalb der sich herausformenden regionalen Netzwerken entstehenden Verschaltungen. In jeder dieser Regionen wird zunächst von den auswachsenden Nervenzellfortsätzen ein erheblicher ‚Überschuss' an Vernetzungen und synaptischen Verbindungen produziert. Anschließend werden all jene ‚synaptischen Angebote' wieder aufgelöst und eliminiert, die nicht in funktionelle Netzwerke integriert und durch synaptische Erregungsübertragung stabilisiert werden können. Auf diese Weise bleiben nur diejenigen Verschaltungsmuster zwischen den Nervenzellen erhalten, die häufig genug benutzt, das heißt, immer wieder aktiviert werden“ (Hüther 2008[4], 64; vgl. Singer 2002, 83 ff; Gebauer/Hüther 2003, 10; Hüther/Hauser 2012, 57).

Die so pränatal entstandenen oder postnatal entstehenden Regelkreise und Netzwerke funktionieren umso besser, „je häufiger sie aktiviert und entsprechend eingeübt und dabei eingefahren und gebahnt“ (Hüther/Krems 2008, 63; vgl. Altenmüller 2015b, 27) werden. Wesentlich ist das Ineinandergreifen von Anlage und Umwelt. Das gilt auch für das Hören (vgl. Altenmüller 2015c; 2015d). Singer (2002, 87) spricht hier von einem interaktiven Dialog (Lern- und Erfahrungsprozess) zwischen Anlage und Umwelt auf der Grundlage einer sicheren Bindung (vgl. Hüther 2015a, 103). Zuschauen allein reicht nicht, Selbermachen ist wesentlich entscheidend.

Der Entwicklungsprozess, der nach der Geburt folgt und der wesentlich zur Größenzunahme des Gehirns beiträgt (vgl. Jäncke 2006a, 79), bezeichnen Hüther/Krems (2008, 62) als Ausreifung, als Herausbildung und anschließender Ausweitung von Kerngebieten durch Bildung synaptischer Kontakte (vgl. Abb. 9 und 10; Hüther 2006[2], 74; Pauen 2009[2], 35; Minimayr 2012, 23). Tatsache bleibt, dass das Nervensystem „beim Nesthocker Mensch zum Zeitpunkt der Geburt noch sehr unreif (ist)“ (Singer 2002, 82). Nach Stern et al. (2007, 60) ist es ein allgemeines Prinzip der Hirnentwicklung, dass Erfahrungen und Ereignisse die darauf folgenden, aber nicht die vorangegangenen beeinflussen können. Insofern gilt: „Je früher in der Entwicklung ein bestimmtes Ereignis stattfindet, desto größer ist der potentielle Einfluss auf spätere Ereignisse und desto wahrscheinlicher ist es, dass es einen Einfluss auf die Hirnstruktur des Erwachsenen hat“ (ebd.).

Die Entwicklung des Ausbaus der neuronalen Verschaltungen im Gehirn eines Menschen vollzieht sich mit einer hohen Geschwindigkeit. Aamodt/Wang (2012, 53) zufolge kommt es unmittelbar vor und nach der Geburt pro Sekunde (!) zu 40.000 neuen synaptischen Verknüpfungen (vgl. Minimayr 2012, 23 ff). Verantwortlich hierfür ist anscheinend nicht der Einfluss der Umwelt, sondern es handelt sich hierbei um „genetische und der Entwicklung inhärente Prozesse“ (Bruer 2000, 114, 117).

> „Aufgrund von Verhaltensbeobachtungen, Intelligenztests und unserer Lernfähigkeit gibt es keinen eindeutigen Zusammenhang zwischen synaptischen Dichten oder Synapsenzahlen und Intelligenz“ (a. a. O., 113).
> „Zwar nehmen die Gehirne der Kinder in den ersten Jahren eine enorme Menge an Informationen auf, doch lernen sie am meisten, nachdem sich das Synapsenniveau stabilisiert hat. Vom Schuleintritt des Kindes bis zu der Zeit, da es die Universität besucht, gibt es nur noch einen geringe Veränderung in der Zahl der Synapsen“ (Goldman-Rackic in Bruer 2000, 113).
>
> „In der Zeit also, in der nur noch eine geringe oder gar keine Synapsenbildung mehr erfolgt, findet der größte Lernzuwachs statt“ (Bruer 2000, 113 f).

Der von Hüther oben angesprochenen Prozess der Ausdünnung ist für die älteren Hirnregionen schon mit der Geburt weitgehend abgeschlossen (vgl. Hüther 2008[4], 64).

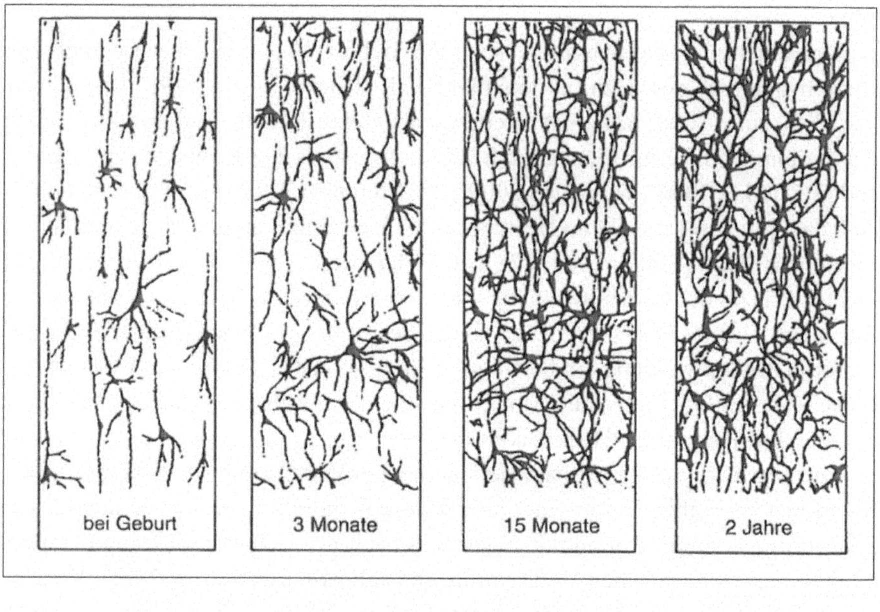


Abbildung 10: Greenfield 2003[2], 141

Die Ausreifung betrifft auch „eine massive Zunahme der Isoliersubstanz Myelin“ (Greenfield 2003[2], 132; Spitzer 2010, 103 ff), die sich um die Axiome legt, wodurch deren Leitungsfähigkeit wesentlich verbessert wird. Hierbei handelt es sich um einen Prozess, der sich bis ins sechste Lebensjahrzehnt erstrecken kann (vgl. Greenfield 2003², 133)! Pöppel (2012, 112) geht sogar davon aus, dass das Gehirn eines Menschen überhaupt nicht altert. Was sich allerdings verändert, ist die Anzahl der chemischen Botenstoffe. Dies kann aber auch daran liegen, dass das Gehirn zu wenig genutzt wird.

Die neuronale Entwicklung des Kindes- und Jugendalters lässt sich erst einmal in drei Phasen einteilen. Die erste Phase umfasst den Zweitraum von drei bis sechs Jahren und ist gekennzeichnet durch eine deutliche Volumenzunahme im Frontalhirn. Im Alter von sechs bis zwölf Jahren schließt sich eine weitere Phase des Ausbaus der Verschaltungen an, während es nach der Pubertät erneut zu einer Umstrukturierungsphase kommt, die im Wesentlichen gekennzeichnet ist durch eine nutzungsabhängige Strukturierung der Verschaltungen im Frontalhirn oder Stirnlappen (vgl. Gebauer/Hüther 2002, 23). D. h. entscheidend für die weitere Entwicklung ist nicht nur die Phase der frühen Kindheit, wie oftmals behauptet wird, sondern die gesamte Zeit der Jugend (vgl. ebd.; Bruer 2000, 99 ff, 102 ff; Singer 2002, 83).

Die Strukturen, die für uns Menschen kennzeichnend sind und die erst nach der Geburt an Bedeutung gewinnen, bilden sich zuletzt aus. Zu finden sind sie im Frontal- oder Stirnlappen (vgl. Hüther 2006², 80; 2011, 41; 2015, 105ff; Stern et al 2007, 71 ff; Roth 2013⁸, 62), „was sich in der sequenziellen Ausreifung kognitiver Leistungen widerspiegelt" (Singer 2002, 87 f). Es handelt sich dabei um die Region, „in der all diese komplexen, nutzungsabhängigen neuronalen Verschaltungen letztlich zusammenlaufen" (Gebauer/Hüther 2002, 22) und es ist die Region, in der wir uns von allen anderen Lebewesen unterscheiden. Zudem ist es „die Hirnregion, die in besonderer Weise durch den Prozess strukturiert wird, den wir Erziehung und Sozialisation nennen" (a. a. O., 23; vgl. Hüther 2009²b, 101; Singer 2003c, 97 f; 2004). Angesprochen sind die Bereiche der Selbstwirksamkeit, der Motivation und Impulskontrolle, der Empathiefähigkeit, der sozialen und emotionalen Kompetenz (vgl. Hüther 2009²b, 101). Nach Hüther (2015a, 105) handelt es sich hierbei um Metakompetenzen, die nicht unterrichtet werden können, sondern die sich in Auseinandersetzung mit der Umwelt bilden, vor allem im Spiel.

Betrachtet man diese zentralen Entwicklungsvorgänge im Einzelnen, so lassen sich „drei unterschiedliche(n) Regionen des Stirnlappens" (Hüther 2009²b, 105) ausmachen. Der dorsolaterrale Präfrontalkortex, der entscheidend ist für die Entwicklung einer Handlungskompetenz, der orbitale Präfrontalkortex, der für die

Entwicklung und Steuerung der Aufmerksamkeit verantwortlich zeichnet und der dorsomediale Präfrontalkortex, der entscheidend an der Regulation der Motivation beteiligt ist (vgl. a. a. O., 105 f).

Ging man lange Zeit davon aus, dass sich nach der Geburt des Menschen keine neuen Neurone mehr bilden, so lässt sich heute, eigentlich schon seit den 1960er Jahren (vgl. Kheirbek/Hen 2015, 50) erwiesenermaßen feststellen, dass diese Meinung dann doch spätestens seit Ende der 1990er Jahre überholt ist (vgl. Bruer 2000, 34; Jäncke 2006a, 78; Berninger/Götz 2011; Spitzer 2012a, 56 f; Bergmann/Huttner 2015; Elbers 2015; Kheirbek/Hen 2015; Monyer/Gessmann 2015b, 192 f; Skaggs 2015).

Nachgewiesen ist die Neurogenese, die Entstehung neuer Nervenzellen nicht nur bei Tieren, sondern auch beim Menschen. Genauer gesagt beim erwachsenen Gehirn für die Geruchswahrnehmung als auch für den Gyrus dentatus, einem Teil des Hippocampus, „der eine wichtige Rolle bei Lernen und Gedächtnis spielt" (Berninger/Götz 2011, 44, 49; vgl. Jäncke 2006a, 78; Müller 2015; Bergmann/Huttner 2015, 54; Elbers 2015, 60; Kheirbek/Hen 2015, 50; Monyer/Gessmann 2015b, 193 f; Skaggs 2015, 61). In diesem Zusammenhang wird von der AHN (Adulte Hippocampale Neurogenese) gesprochen (vgl. Elbers 2015, 61). Hinzu kommt, „dass neu gebildete Nervenzellen besonders lernfähig sind" (Spitzer 2012a, 56), wenn sie erst einmal in die entsprechenden Netzwerke eingebunden sind. Allerdings müssen sie gefordert werden, wenn ihre Eingliederung in die vorhandenen Netzwerke mit einer gewissen Anstrengung verbunden ist (vgl. a. a. O., 57 f), wenn sie lernen. „Die Entstehung neuer Nervenzellen unterliegt einem komplexen Regulationsmechanismus, der von verschiedenen Wachstumsstoffen, Neurotransmittern und Hormonen abhängt und somit an vielen Punkten gestört oder gefördert werden kann" (Elbers 2015, 62).

Folta (2010, 40) gibt zu bedenken, dass „nicht die Förderung von einzelnen Teilfähigkeiten ein für das spätere Erleben und Verhalten des Kindes tragfähiges neuronales Fundament auf(baut)", sondern dass eine „kontrollierte Integration von vielfältigen sensorischen Körper- und Umwelterfahrungen"(ebd.) das beste Mittel ist.

Nach weiteren neueren Erkenntnissen könnte der Ernährungsweise hier eine besondere Bedeutung zukommen. Nicht nur die Nährstoffe, die Gesamtzusammensetzung der Nahrung, sondern auch die Häufigkeit, die Menge der Nahrung, die man täglich zu sich nimmt, und das, was man isst, könnte hierbei von Bedeutung sein (vgl. a. a. O., 62 ff).

Nach Skaggs (2015, 61) geht man zurzeit davon aus, dass die Neubildung von Nervenzellen im Hippokampus dazu beiträgt, „die Abermillionen an Erinnerungen, die sich während unseres Lebens ansammeln, zu erschaffen und zu filtern.“ Mittlerweile geht die Forschung davon aus, „dass die Neurogeneserate beim Menschen [...] (bei) etwa 1400 Zellen pro Tag“ (a. a. O., 65; vgl. Kheirbek/Hen 2015, 50) liegt. Jedoch nimmt sie mit zunehmendem Alter ab. Dieser Alterungsprozess lässt sich allerdings beeinflussen einerseits durch körperliche Aktivitäten und Sozialkontakte auch und besonders zu jüngeren Menschen (vgl. Monyer/Gessmann 2015b, 198 f), andererseits durch beständiges Lernen, wobei auch das Erlernen eines Instruments hervorgehoben wird (vgl. a. a. O., 2015, 196), und Stressvermeidung (vgl. a. a. O., 194 ff; Skaggs 2015, 65). Wesentlicher Faktor ist hier die dazu gehörende Motivation.

## 1.4 Neuroplastizität und der Einfluss der Erfahrung/Exkurs

„The only source of knowledge is experience“
(Albert Einstein)

Trotz aller wissenschaftlicher Forschung in den letzten 20 Jahren lassen sich bestimmte Neuromythen bis heute nicht ausschließen. Als Neuromythen werden dabei die Sachverhalte bezeichnet, die Mißinformationen, Vereinfachungen oder Übertreibungen beschreiben (vgl. Falkenberg 2012; Hasler 2012). Als solche werden z. B. die Zeitfenster, die Lokalisierung von Funktionen in einem bestimmten Areal des Gehirns und die Tatsache, dass es links- bzw. rechtslastige Individuen gibt, genannt. Prinzipiell lässt sich nicht sagen, dass diese Mythen falsch sind, aber sie sind noch nicht am Menschen erforscht, bzw. sie werden in ihrer Bedeutung derzeitig über- oder unterbewertet (vgl. Flohr 2010, 14). Ein anderer Punkt, der ebenfalls in die Richtung geht, betrifft die Interpretation der Fülle von Daten (vgl. ebd.). Dies gilt es im Folgenden mit zu berücksichtigen. Generell lässt sich erst einmal sagen, dass menschliche Entwicklung insgesamt als eine Wechselspiel zwischen Anlage und Umwelt gesehen werden muss (vgl. a. a. O., 16).

Neurogenese und Neuroplastizität, letzterer ein Begriff, der bereits 1923 belegt werden konnte (vgl. Schwing 2011, 14), gehen eigentlich Hand in Hand und der Einfluss der äußeren Welt oder der Umwelt äußert sich bereits im embryonalen Stadium und betrifft selbst die Gehirne eineiiger Zwillinge (vgl. Jäncke 2017).

> „Keine der Milliarden neu gebildeten Nervenzellen im künftige Gehirn ‚weiß', wann sie aufhören muss, sich zu teilen, wohin sie anschließend zu wandern und ihre Fortsätze auszuwachsen hat, mit welchen anderen Nervenzellen sie Verbindung aufnehmen und Synapsen ausbilden soll. Ihr genetisches Programm setzt sie lediglich in die Lage, sich zu teilen, solange die äußeren Bedingungen dafür günstig sind, entlang bestimmter Signalstoffgradienten zu wandern, Fortsätze auszuwachsen und synaptische Verbindungen herzustellen. Es handelt sich um ein Programm von Optionen, das lediglich festlegt, was unter gewissen Bedingungen möglich ist und was zu geschehen hat, wenn sich diese Gegebenheiten ändern, entweder als zwangsläufige Folge einer Wachstumsdynamik […] oder durch äußere Faktoren […]. *Jede Veränderung der äußeren Welt, die stark genug ist, um das in der ‚Innenwelt' des sich entwickelnden Gehirns herrschende Bedingungsgefüge zu verschieben, kann die dort stattfindenden Wachstums- und Differenzierungsprozesse in eine bestimmte […] Richtung lenken.*" (Hüther 2008[4], 57; vgl. Hüther 2008; Damasio 2011, 314; Aamodt/Wang 2012, 17 f; Hervorhebung: L. K.-S).

Dieser Prozess, der sich bei jedem einzelnen Menschen zeigt, begleitet die Evolution der Menschheit von Anfang an. Hüther spricht hier von einer inneren Notwendigkeit, denn ohne diese Möglichkeit zur Öffnung der genetischen Programme wäre eine Anpassung oder ein Lernen nicht möglich.
Doch selbst heute, wo man über die Neuroplastizität weiß und nachdenkt, stellt sich immer wieder auch die Frage nach der Bedeutung bzw. der Wertung der Genetik. Was ist nun wichtiger für die Entwicklung des Gehirns Umwelt oder Genetik (vgl. Jäncke 2014, 228 f)? Nach zwischenzeitlichen Kämpfen lässt sich heute sagen, dass sie „miteinander interagieren" (a. a. O., 228).

*Exkurs kritische Phasen bzw. Zeitfenster*
Hinsichtlich der Hirnentwicklung, und nicht zuletzt auch mit Blick auf die musikalische Entwicklung, spricht man oft von *sensiblen oder kritischen Phasen oder Zeitfenstern.*

> „Von einem kritischen Zeitfenster oder einer sensiblen Entwicklungsphase spricht man immer dann, wenn Erfahrungen in einem gegebenen Alter prägende Wirkung für das ganze weitere Leben haben und zu unumkehrbaren Veränderungen des Verhaltens führen" (Bailey et al. 2001 in Pauen 2004, 524).

Wichtig zu wissen ist, dass es sich hierbei um eine Theorie aus der Verhaltensforschung bei Tieren handelt, die mit der Vermutung einher geht, dass es ein Ähnliches auch in der Entwicklung des Menschen gibt. Sicher ist, dass es eine der Entwicklung der Tiere ähnliche Prägephase beim Menschen nicht gibt bzw. sie bisher nicht festgestellt wurde (vgl. ebd.). Dem widerspricht Becker (2010, 30). Kritische Phasen in der Entwicklung des Menschen sieht sie in der Entwicklung des Sehens als auch in der des Hörens. Sie räumt aber ein, dass die Annahme einer kritischen Phase für die Entwicklung höherer kognitiver Funktionen durchaus umstritten ist (vgl. ebd.), weshalb man in diesem Zusammenhang nicht von kritischen, sondern eher von sensitiven Phasen spricht (vgl. a. a. O., 31). Sensitive Phasen besitzen demnach einen optimalen Zeitraum der Entwicklung, doch führt „eine nicht optimale Nutzung dieser Phasen nicht zwangsläufig zu irreversiblen Schäden“ (ebd.).

Diese schon ältere Diskussion um die kritischen Phasen hat durch die Entwicklung der Neurowissenschaften, die ihre Erkenntnisse ebenfalls überwiegend aus Tierversuchen zieht, erneut Auftrieb bekommen (vgl. Röder 2015).

> „Diese (neuerliche – L. K.-S.) Feststellung hat Eltern und Pädagogen hellhörig gemacht – wohl auch deshalb, weil wir alle Angst haben, sensible Lernphasen in der Entwicklung zu übersehen und damit die Chance zu vergeben, unseren Kindern zur rechten Zeit das richtige ‚Gehirnfutter' zu geben“ (Pauen 2004, 524).

Dem widersprechen verschiedene Forschungsergebnisse, die nachgewiesen haben, dass es durchaus möglich ist, Entwicklungsfester wieder zu öffnen (vgl. Bardin 2013) bzw. erst gar nicht schließen, was sich übrigens mit dem o. g. Zitat von Hüther (2008[4], 57) deckt. Selbst „Umlernen scheint bei vielen Säugetieren zwar schwierig, aber immerhin möglich zu sein“ (Sachser 2004, 480). Damit soll nicht geleugnet werden, dass für bestimmte Bereiche Zeitfenster existieren (vgl. E. Stern 2004, 533; Kral 2012, 40 ff; Jäncke 2013, 82, 108 ff). Aber nicht jede Entwicklung ist auf solche Zeitfenster angewiesen, auch wenn sie zu einem bestimmten Zeitpunkt abläuft (vgl. Bruer 2000, 133 ff, 159 ff, 163 ff; Sachser 2004, 480; Aamodt/Wang 2012, 66 ff). Selbst in den sogenannten kritischen Phasen oder sensiblen Perioden sieht Spitzer (2009[6], 216 f) eine „Wechselwirkung von Erfahrung und Reifung, da die Bildung und Freisetzung neuronaler Wachstumsfaktoren, die bei kritischen Perioden sicherlich eine Rolle spielen, ihrerseits von der Erfahrung des Organismus abhängig zu sein scheinen“ (vgl. Sachser 2004, 480).

Nach Pauen (2004, 524) handelt es sich bei der Vorstellung von kritischen Zeitfenstern um eine Vereinfachung wie sie anhand der Entwicklung des Sehens plastisch belegt. Es ist vielmehr so, wie auch Spitzer es sieht, dass „immer viele Entwicklungsschritte ineinander greifen und voneinander abhängen, damit Erfahrungen in einer gegebenen Phase der Entwicklung tatsächlich prägende Wirkung haben“ (ebd.) und dass Entwicklung letztlich einen lebenslang andauernden Wechselwirkungsprozess zwischen Reifung und Umwelt darstellt.

> „Alles in allem gleicht das sich entwickelnde Gehirn einer Großbaustelle mit vielen verschiedenen Bauabschnitten, die alle etwas miteinander zu tun haben. […] Die Vorstellung von *einem* kritischen Zeitfenster für eine Funktion bleibt letztlich immer eine Vereinfachung“ (a. a. O., 529).

Unabhängig von der Frage nach der Existenz von Zeitfenstern ist zu fragen, was man mit dieser Erkenntnis zum Beispiel mit Blick auf Lernprozesse will. „Das ist eine Wertfrage – nicht alles was lernbar ist, ist auch sinnvoll zu lernen“ (a. a. O., 530). Lernen besteht ja gerade darin, Wichtiges von Unwichtigem zu unterscheiden, auch mit Blick auf die Energie, die man zur Verarbeitung von Informationen benötigt (vgl. ebd.).

Bruer (2000) sieht denn auch in der Diskussion über die Bedeutung und Wichtigkeit ersten drei Jahre einen Mythos. Kagan (in Bruer 2000, 42) sieht in dem Kindheitsdeterminismus, zu dem auch die Diskussion um die Bedeutung der ersten drei Jahre gehört, „einen der drei Grundirrtümer“ in unserer Auffassung über die kindliche Entwicklung.

> „Der Mythos der ersten drei Lebensjahre verbreitet eine zutiefst falsche Auffassung von der Beziehung zwischen Synapsen und ‚Hirnleistung‘. […] Der Irrtum besteht in der Annahme, dass es einen linearen Zusammenhang zwischen der Anzahl der Synapsen im Gehirn und der Leistungsfähigkeit des Hirns bzw. der Intelligenz gebe. Noch schlimmer ausgedrückt suggeriert der Mythos, dass mehr Synapsen gleichbedeutend mit mehr Hirnleistung seien. […] So verführerisch diese Ansicht auch sein mag, das neurowissenschaftliche Beweismaterial, über das wir verfügen, bietet keinerlei Legitimation dafür“ (Bruer 2000, 110 f).

Zudem stellt Bruer klar, dass die gesamte diesbezügliche Diskussion nichts Neues darstellt, sondern sich bis in das 18. Jahrhundert zurückverfolgen lässt (vgl. a. a. O., 43, 185).

Hinsichtlich kulturell vermittelter Fähigkeiten wie Lesen, Rechnen oder Musizieren ist davon auszugehen, dass sie nicht auf kritische Phasen beschränkt sind, sondern über die gesamte Lebensspanne erlernt werden können (vgl. a. a. O., 237). Becker (2010, 36) betont, dass das Konzept der kritischen Phasen dann sinnlos erscheint, wenn es sich auf jegliche Entwicklungsprozesse bezieht, wenn es also zu einer Generalisierung kommt.

Doch nun zurück zur Neuroplastizität. Sachser (2009[2], 23) gibt zu bedenken, dass sich sowohl das Erleben als auch das Verhalten der Mutter auf die pränatale Entwicklung des Embryos niederschlagen. Dieser Prozess ist kein passiver, sondern wird von dem Embryo aktiv mit gestaltet (vgl. Hüther 2015a, 89 ff). Dies steht im Zusammenhang mit der Ausschüttung bestimmter Hormone, „die durch die Plazenta in den Blutkreislauf des Embryos gelangen und die Gehirndifferenzierungen" (Sachser 2009[2], 23) mit Auswirkungen auf das postnatale Leben beeinflussen. Dennoch gilt:

> „Das Zentralnervensystem ist in der frühen Phase seiner Entwicklung durch externe Reize besonders leicht zu modifizieren" (ebd.).

Andererseits ist davon auszugehen, dass „neue Erfahrungen, die ein Mensch im Laufe seines Lebens macht [...] bis auf die Ebene der Gene (wirken). [...] Neue Erfahrungen verändern also die Genexpression [...] bis ins hohe Alter und bilde(n) die Grundlage für die lebenslange Plastizität und Lernfähigkeit dieses Organs" (Hüther 2008[4], 59; vgl. Hüther 2001[3], 107; 2008, 71; Spitzer 2002, 174; Gruhn 2008[3], 61; Bauer 2009[2]a, 49; Sachser 2009[2], 23 f; Flohr 2010, 13 f; Hüther/Hauser 2012, 58; Jäncke 2014; 2017). Und die Bedeutung früher eigener Erfahrungen ist besonders in der Kindheit und Jungend nicht zu unterschätzen (vgl. Flohr 2010, 16). Spitzer (2006a, 33) formuliert es so: „*Unser Gehirn lernt immer! Das kann gar nichts anderes und tut nichts lieber. Sie müssen es schon ins Koma legen, damit es damit aufhört*" (vgl. Spitzer 2006b, 51; Flohr 2010, 13; Keck et al. 2013; Hervorhebung L. K.-S.).

Dies gilt unabhängig davon, dass Menschen ihre größten Erfahrungen nicht im hohen Alter, sondern in jungen Jahren machen, denn „während dieser Phase ist *die erfahrungsabhängige Neuroplastizität* [...] zumindest im Gehirn am stärksten ausgeprägt" (ebd.; Hervorhebung L.K.-S.; vgl. Spitzer 2006b, 56 f; Hüther 2015a, 10). Was so letztlich entsteht, ist eine lebenslange „*nutzungsabhängige Strukturie-*

*rung des Gehirns*“ (Hüther 2008[4], 62; Hervorhebung L. K.-S.; vgl. Blakemore/ Frith 2006, 22; Bauer 2013, 58 f; Ericsson/Pool 2016, 68 ff; Gruhn 2008[3], 61; Hüther 2001, 1, 4 f; 2003; 2006[2], 75; 2008, 71; 2008[4], 70; 2009[2]b, 100; 2010[9]a, 8 f, 17, 34 ff; 2009[2]b, 100; 2011, 73, 83; 2012[7], 16 f; 2013, 50 ff; 2015, 10; Hüther/Bonney 2010[11], 25, 60 f; Hüther/Hauser 2012, 46, 84 f; Jäncke 2006a, 79; 2013, 595 ff; 2016[2], 26; Koelsch 2003, 71 f; Schwing 2011, 12, 14; Spitzer 2002, 174 ff; 2003, 23 f; 2009[6], 94; 2010, 50; 2012, 14 f; Stern et al 2007, 68 ff; Singer 2002, 83). Oder wie Spitzer es ausdrückt: „Das Gehirn ist ein Protokoll seiner Benutzung“ (Spitzer in Kahl 2006, 20). Alles, was wir tun, „Wahrnehmen, Denken, Erleben, Fühlen und Handeln – all dies hinterlässt so genannte *Gedächtnisspuren*“ (Spitzer 2012a, 14 f). Die Plastizität ist im Kindes- und Jugendalter verständlicherweise größer als im Erwachsenenalter, doch sie bleibt ein Leben lang vorhanden (vgl. Bherer 2015) und bildet „wahrscheinlich auch die Grundlage für die enorme Lernfähigkeit des Menschen“ (Jäncke 2015, 50). Aufgrund der Disposition und der individuellen Erfahrungen folgt logischerweise: „Kein Gehirn gleicht dem anderen“ (Müller 2013, 46; Hüther 2015a, 10).

Gruhn/Rauscher (2008[2], 269) weisen darauf hin, dass innerhalb der Neuroplastizität zwischen zwei Typen unterschieden werden muss: einer erfahrungserwartenden und einer erfahrungsabhängigen Neuroplastizität. Erstere bezieht sich auf den Überschuss an synaptischen Verbindungen zu Beginn der Entwicklung, letztere bezieht sich auf die oben angesprochene Erfahrungsabhängigkeit (s. o.). Jäncke (2014, 229 ff, 231 ff; 2015, 50) unterscheidet zwischen einer Funktionellen und einer strukturellen Neuroplastizität. Erstere bezieht sich auf „Veränderungen der neurophysiologischen Aktivität in neuronalen Zellgruppierungen (cell assemblies) als Folge von Erfahrung und Lernen“ (Jäncke 2015, 50). Letztere meint „strukturelle Veränderungen des Gehirns als Resultat von Erfahrungen“ (ebd.). Diese Veränderungen können sich auf die graue oder weiße Substanz beziehen oder auch Veränderungen der Kortexoberfläche (vgl. ebd.). Nur kurz sei an dieser Stelle darauf verwiesen, dass sich im Laufe der Entwicklung Veränderungen vollziehen (vgl. Gennatas et al. 2017).

Nach Becker (2010, 31 f) lässt sich ebenfalls zwischen einer adaptiven und eine kompensatorischen Plastizität unterscheiden. Während die adaptive Plastizität „an die je vorgefundene Umwelt“ (a. a. O., 31) meint, ermöglicht die kompensatorische Plastizität eine Anpassung auch unter erschwerten Entwicklungsbedingungen, so z. B. bei komplett ausbleibender Stimulierung eines Sinnes. Mit Blick auf die kritische Phase (s. o.) kommt es dadurch zu einer Verlängerung derselben.

Neuroplastizität bezieht sich aber nicht nur auf eine nutzungsabhängige Verbindung und Stärkung von Neuronenverbindungen und einer darauf zurückzuführenden nutzungsabhängigen Ausformung der Gehirnstrukturen (Repräsentationen), sondern beinhaltet auch, dass in Abhängigkeit von einer anregenden Umgebung und den damit verbundenen Lernprozessen seitens des Individuums es zu Neubildungen von Nervenzellen kommen kann (vgl. Bauer 2013, 59 ff; Spitzer 2002, 176 f).

Auch für die neuronalen Verknüpfungen gilt, dass am Anfang der Entwicklung mehr neuronale Netzwerke und synaptische Verknüpfungen entstehen, als tatsächlich letztlich gebraucht werden. Die Synapsendichte im Stirnhirn, der Bereich, der uns Menschen mit Blick auf Wahrnehmung des Selbst, Motivation und Empathiefähigkeit ausmacht, ist im Alter zwischen drei und sechs Jahren „so groß wie niemals wieder im späteren Leben" (Gebauer/Hüther 2003, 10; vgl. Hüther/Hauser 2012, 58). Allerdings ist zu beachten: „Stabilisiert und in funktionelle Netzwerke eingebunden werden davon aber nur all jene Verknüpfungen, die tatsächlich benutzt werden. Der Rest wird wieder abgebaut" (Hüther 2011, 38). In diesem Zusammenhang sprechen Gebauer/Hüther (2003, 10) von einer *„nutzungsabhängige(n) Stabilisierung synaptischer Netzwerke"* (Hervorhebung L.-K.-S.; vgl. Spitzer 2009$^{6}$, 210; Hüther 2008, 71; 2009$^{2}$b, 100, 103 f; Hüther/Hauser 2012, 58). Das betrifft auch die Auseinandersetzung mit Musik. Entscheidend dafür sind nicht frühzeitig Schulungen intellektueller Fähigkeiten, sondern Freiräume und Gelegenheiten, sich selbst erproben zu können. Die entscheidenden Erfahrungen, die ein Mensch in seinem Leben macht, sind „Erfahrungen mit anderen Menschen" (Hüther 2015a, 11). Allgemein gesprochen gilt erst einmal:

> „Was für ein Gehirn ein Kind ‚bekommt', hängt also davon ab, wie und wofür es sein Gehirn benutzt" (Hüther 2011, 45).

Synaptische Verbindungen, die einmal geschaltet wurden (erfahrungserwartende Neuroplastizität), dann aber in der darauf folgenden Zeit nicht mehr genutzt werden, verschwinden nicht so einfach, sondern ruhen, es handelt sich um sogenannte stille Verbindungen, d. h. sie sind bei Bedarf, z. B. im Erwachsenenalter, wieder reaktivierbar (vgl. Spitzer 2002, 178 f; 2009$^{6}$. 217 ff). Dies ist von Bedeutung, wenn es um frühkindliche Lernprozesse geht. Insofern erscheint es sinnvoll, Kinder mit vielen für sie interessanten Dingen, unter dem Stichwort angemessene Reizzufuhr, in Verbindung zu bringen, weil sich ja nicht vorhersagen lässt, ob und wann die ehemals gemachten Erfahrungen erneut gebraucht werden. „Bezogen auf die Musik heißt dies, dass jede Form von gehörter oder gemachter Musik zu Veränderungen im Zentralnervensystem führt, die entweder bereits jetzt nachweisbar sind […] oder in nicht allzu ferner Zukunft messbar sein werden“ (Spitzer 2002, 179; vgl. Hüther 2008).

In Abhängigkeit von den im Laufe des Lebens unter Berücksichtigung des jeweiligen sozialen und kulturellen Raums gemachten Erfahrungen (vgl. Hüther 2011, 120) und der Nutzung des Gehirns entstehen sich immer weiter stabilisierende Nervenverbindungen. „Neurons that fire together, wire together“ (Hebb 1949 in Schwing 2011, 14; vgl. Spitzer 2002, 176; Baer 2012, 341; Monyer/Gessmann 2015, 41 ff). Singer (2002, 86) spricht hier von den Grundlagen assoziativen Lernens. Entscheidend ist in diesem Zusammenhang die „Verarbeitungstiefe“ (Spitzer $2009^6$, 6) einer Information oder einer Erfahrung. Je intensiver die Auseinandersetzung mit einer Information erfolgt, desto besser ist es für die Verarbeitung im Gehirn, desto breiter der Weg, die Straße, die Autobahn. Nur Dinge, die mich wirklich emotional berühren, führen dazu, dass sie in meinem Gehirn Spuren hinterlassen.

In jedem Fall aber entstehen Muster und Strukturen, neuronale Repräsentationen, an denen viele Neuronen beteiligt sind (vgl. Spitzer $2009^6$, 81), die Orientierungen im Leben, Vertrauen und Sicherheit bieten, die im schlimmsten Fall aber auch dazu führen können, dass sich die erfahrungs- und nutzungsabhängigen herausgebildeten Muster und Strukturen verhärten und der Mensch in seinem Denken, Handeln und Fühlen seine Flexibilität verliert (vgl. Hüther $2012^{11}$, 57 ff). Dem gegenüber stehen die von Hüther (2011, 121, 125) so bezeichneten „Musterbrecher“, die die überlieferten und erstarrten Muster knacken, erst bei sich, dann später auch bei anderen und dadurch neue Erfahrungsräume öffnen, was dann wiederum zur Herausbildung neuer Haltungen führen kann (vgl. Hüther $2012^{11}$, 71 ff).

Hüther (2011, 126 f) stellt in diesem Zusammenhang die Frage, was denn passieren müsste, damit sich eben neue Wege auftun und sich neue Vorstellungen entwickeln können. Seine Antwort auf diese Frage klingt bestechend einfach: „Es muss etwas passieren, d. h. eine Person muss etwas erleben oder erfahren, was 'unter die Haut geht'. [...] Es müsste etwas sein, was sie im Innersten berührt oder anrührt" (ebd.). Das ist die eine Seite, die Wiederentdeckung der verloren gegangenen Kreativität. Die andere Seite besteht darin, die Denkstrukturen der Kulturgemeinschaft, in der man lebt, zu durchschauen und soweit sie sich als hinderlich erweisen zu knacken als „entscheidende Voraussetzung für die Wiederentdeckung von Kreativität, Entdeckerlust und Neugier" (a. a. O., 131).

Bei der Betrachtung der beim Menschen wirksamsten Einflüsse auf die weitere Entwicklung im Allgemeinen und auf die Hirnentwicklung im Besonderen kommt dem Begriff *Erfahrung*, der gerade auf den letzten Seiten auch immer wieder auftaucht, eine besondere Rolle zu (vgl. Hüther 2001, 1; 2015, 42).

> „Der beim Menschen wichtigste und hinsichtlich seiner Bedeutung für die Nutzung der im Gehirn angelegten neuronalen Netzwerke und synaptischen Verschaltungen am nachhaltigsten wirksame Einfluss [...] lässt sich am Zutreffendsten mit dem Begriff 'Erfahrung' umschreiben. [...] *Erfahrung ist das im Gedächtnis eines Individuums verankerte Wissen über die in seinem bisherigen Leben entweder besonders erfolgreich oder besonders erfolglos eingesetzten, in dieser Weise immer wieder bestätigt gefundenen und deshalb auch für die Lösung zukünftiger Probleme als besonders geeignet bzw. ungeeignet bewerteter Strategien des Denken und Handelns*" (Hervorhebung L. K.-S.; vgl. Hüther 2001[3], 108)

> „Keine andere Spezies kommt mit einem derart offenen, lernfähigen und durch eigene Erfahrungen in seiner weiteren Entwicklung und strukturellen Ausreifung gestaltbaren Gehirn zur Welt wie der Mensch" (Hüther 2004, 489; vgl. Baer 2005d, 13; Spitzer 2012b, 28).

> „Es gibt keine genetischen Programme, die die Hirnentwicklung in der Baby- und Kleinkindphase steuern" (Hüther 2015b, 23). Vielmehr ist es so, dass neue Verschaltungen durch soziale Erfahrungen entstehen (vgl. ebd.).

Deutlich wird in den sich anschließenden Zitaten von Hüther sowohl der subjektive und kulturabhängige als auch der kulturtradierende Bedeutungscharakter von Erfahrungen aufgrund subjektiver Bewertungen und Reaktionen auf individuell zu betrachtende Ereignisse.

> „Neue Erfahrungen, die ein Mensch im Laufe seines Lebens macht, wirken [...] bis auf die Ebene der Gene. Sie führen dazu, dass z. B. Nervenzellen damit beginnen, neue Gensequenzen abzuschreiben und andere stillzulegen. Neue Erfahrungen verändern also die Genexpansion. Im Gehirn geschieht das bis ins hohe Alter und bildet die Grundlage für die lebenslange Plastizität und Lernfähigkeit dieses Organs" (Hüther 20092b, 99 f; vgl. Hüther 2015a, 57, 134 ff).

> „Gemeint ist damit das im Gedächtnis eines Individuums verankerte Wissen über die in seinem bisherigen Leben entweder besonders erfolgreich oder besonders erfolglos eingesetzten, in dieser Weise immer wieder bestätigt gefundenen und deshalb auch für die Lösung zukünftiger Probleme als entweder besonders geeignet oder eben ungeeignet bewerteter Strategien des Denkens und Handelns. Solche Erfahrungen sind immer das Resultat der subjektiven Bewertung der eigenen Reaktionen auf wahrgenommene und als bedeutend eingeschätzte Veränderungen der Außenwelt" (Hüther 20109, 11; vgl. Hüther 2001, 1; Hüther 20013, 108; Hüther 2015a, 108 ff).

Oder anders ausgedrückt:

> „Es sind strukturgewordene Erfahrungen, also im Lauf des Lebens erworbene und im Gehirn verankerte Verschaltungsmuster zwischen den Nervenzellen. Immer dann, wenn eine solche Verschaltung aktiviert wird, entsteht ein Erregungsmuster, das Denken, Fühlen und Handeln eines Menschen bestimmt" (Hüther 2011, 67).

Wesentlich ist dabei die Erkenntnis, dass

> „Erfahrungen immer gleichzeitig auf der kognitiven, auf der emotionalen und der körperlichen Ebene in Form entsprechender Denk-, Gefühls- und körperlicher Reaktionsmuster verankert und aneinander gekoppelt (werden) (‚Embodiment')" (a. a. O., 132 f; Weigmann 2013; Macedonia 2013).

Die Bedeutsamkeit der emotionalen Komponente tritt in dem folgenden Zitat noch einmal besonders deutlich hervor:

> „Nur wenn Menschen neue Erfahrungen von Selbstwirksamkeit, Gestaltungskraft und Entdeckerfreude am eigenen Körper und unter Aktivierung ihrer emotionalen Zentren machen, können diese Erfahrungen auch nachhaltig in Form entsprechender neuronaler Verschaltungsmuster in ihrem Gehirn verankert werden" (Hüther 20013, 134; vgl. Hüther 2003; Hüther/Bonney 201011, 26; Berndt 201410, 78 ff).

> „Das entscheidende Merkmal all dieser aus eigenen Erfahrungen abgeleiteten oder von wichtigen Bezugspersonen übernommenen ‚Metakognitionen' ist ihre untrennbare Verknüpfung mit emotionalen Strukturen" (Hüther 2015a, 42, 108).

Auch Erfahrungen, die Menschen von Anbeginn der Entwicklung an, also auch schon während der pränatalen Phase der Entwicklung, machen, führen bereits zu Verknüpfungen im Gehirn (vgl. Hüther 2001[3], 112; 2008, 72 f, 74; Aamodt/Wang 2012, 30 ff; Altenmüller 2015b; Webb et al. 2015).

> „Jedes Kind hat, wenn es zur Welt kommt, Vernetzungen in seinem Gehirn herausgebildet, die nicht nur genau zu seinem Körper passen, sondern auch durch die Sin-

> neseindrücke und Einflüsse von seiner Mutter und ihren körperlichen Reaktionen geprägt und gelenkt worden sind“ (Hüther/Hauser 2012, 89; vgl. Hüther 2015a, 116 f).

Es haben sich also schon pränatal mentale Repräsentanzen herausgebildet, die die Einzigartigkeit eines jeden menschlichen Gehirns ausmachen. Diese pränatalen Erfahrungen sind bereits mit Gefühlen verknüpft, was auch postnatale Auswirkungen zeigen (vgl. a. a. O., 89 ff). Ganz deutlich soll hier nochmals hervorgehoben werden, dass es sich ganz allgemein um Erfahrungen handelt, die sowohl gut als auch schlecht sein können. Selbst im Fall schlechter Erfahrungen geht Hüther (2011, 56) davon aus, dass sich diese neuronal verankern und „oft zeitlebens als gedrückte und verkrampfte Haltungen sichtbar (bleiben).“ Andererseits gilt und das erscheint dann doch wieder sehr beruhigend:

> „Keines der vorgeburtlich entstandenen Verschaltungsmuster ist so fest verankert, dass es sich nicht mehr durch spätere Erfahrungen verändern könnte“ (Hüther/Hauser 2012, 60; vgl. Sachser 20092, 24; Baer 2005d, 15).

Das wiederum gilt auch für schlechte Erfahrungen. Gemeint sind all solche Erfahrungen, gute wie schlechte, aus der bisherigen Entwicklung, an deren Zustandekommen das Individuum aktiv beteiligt war. Insofern unterscheiden sie sich auch von Erlebnissen (passiv) und eher „(passiv) übernommenen Kenntnissen und Fertigkeiten“ (Hüther 2001[3], 108). Alle Erfahrungen, die ein Individuum macht, sind subjektiv, sind individuell und bilden zusammen genommen dessen Erfahrungsschatz. Sie legen zumindest vorübergehend fest wie sich der Mensch in der Welt bewegt, welche Vorstellungen und Erwartungen er entwickelt. Doch:

> „Nichts im Hirn bleibt so, wie es ist, wenn es nicht immer wieder so genutzt wird wie bisher. Und nichts im Hirn kann sich weiterentwickeln und zunehmend komplexer werden, wenn es keine neuen Aufgaben zu lösen, keine neuen Anforderungen zu bewältigen gibt“ (Hüther 20109, 25). Dies ist ein individuell zu betrachtendes Ereignis, denn „jedes Kind hat seine eigene Entwicklungsgeschwindigkeit“ (Renz-Polster in Musall/Pieper 2014, 14).

Das genetische Programm des Menschen, das zu 99, 5 % mit dem der Menschenaffen übereinstimmt und das seit ca. 4000 Generationen oder ca. 100.000 Jahren unverändert ist (vgl. a. a. O., 22, 60; 2011, 34, 156; 2012, 110; Hüther/Bonney 2010[11], 27), liefert hier lediglich ein mögliches Repertoire an Handlungsmöglichkeiten, das aber den jeweiligen äußeren Gegebenheiten angepasst werden muss.

> „Entscheidend geändert hat sich seitdem aber all das, was bestimmte, wie und wofür Menschen ihr Gehirn brauchen. […] Sie (die Menschen – L. K.-S.) konnten zeitlebens […] neue Erfahrungen machen und in Form bestimmter neuronaler Verschaltungsmuster in ihrem Gehirn verankern. Damit war auch ihr durch diese Verschaltungen gelenktes Denken, Fühlen und Handeln prinzipiell bis ins hohe Alter veränderbar geworden“ (Hüther 20106, 61; vgl. Hüther 2015b).

Ergänzend sei hinzugefügt, wir Menschen, als Mitglieder einer Spezies, uns in der genetischen Ausstattung „bis auf 0,01 Prozent (gleichen)“ (Taylor 2010, 24). D. h. im Umkehrschluss 0,01 Prozent reichen aus für „signifikante Unterschiede in Aussehen, Denken und Verhalten“ (ebd.).

Einer der wesentlichen Punkte, die Denken, Fühlen und Handeln maßgeblich mitbestimmen, ist das Interesse und die Begeisterung für eine Sache oder eine Idee.

> „Wer sich für eine bestimmte Idee begeistert, bekommt auch ein Hirn, mit dem er seinen Begeisterung für diese Idee besonders gut nachgehen, mit dem er diese Idee besonders gut verfolgen kann“ (Hüther 2011, 82).

Die Zusammenhänge gehen aber noch weiter, denn „unser Denken ist enger mit unserem Fühlen verbunden, als wir das bisher zuzugeben bereit waren“ (a. a. O., 84). Doch die Ergebnisse der Neurowissenschaften zeigen, dass nur die Einheit von „Denken, Fühlen und Handeln, von Rationalität du Emotionalität, von Geist, Körper und Seele“ (a. a. O., 87) den Menschen weiterbringen.

Und dennoch lässt sich sagen, dass die Neuroplastizität des Gehirns auch sehr stark von den äußeren Bedingungen abhängt, „in die ein Mensch hineingeboren wird und unter denen er sein Leben zu gestalten hat“ (Hüther 2010[6], 63; 2011, 92). Auf diese äußeren Bedingungen aber hat der neugeborene Mensch erst einmal keinen Einfluss, dennoch bestimmen sie seine weitere Entwicklung maßgeblich mit. Je enger diese Bahnen sind, auf denen sich die Entwicklung bewegt, desto eingeschränkter wird auch die anfängliche Entwicklung des Kindes sein.

> „Erst wenn diese einseitigen, von uns selbst geschaffenen Programmierungen schrittweise geöffnet werden, können wir die genetischen Potenzen zur Ausbildung eines zeitlebens lernfähigen, komplex vernetzten menschlichen Gehirns nutzen, zu einer subtileren Wahrnehmung und Verarbeitung von Veränderungen unserer äußeren Welt und zu immer intensiverem Austausch mit anderen Menschen, zur effizienteren Aufrechterhaltung unserer inneren Welt und nicht zuletzt zur Gestaltung optimaler Entwicklungsbedingungen für unsere Kinder“ (Hüther 20106, 67).

Spitzer beschreibt den Vorgang so, dass sich durch Erfahrungen, die Menschen im Laufe ihres Lebens machen, die Landkarten auf der Großhirnrinde ausbilden und stetig verändern (vgl. Kap. 1.1). „Damit ist gemeint, dass Neuronen, die auf ähnliche Inputmuster ansprechen, nahe beieinander liegen und dass Häufiges durch mehr Neuronen repräsentiert wird als Seltenes“ (Spitzer 2006b, 54).

Bei der Herausbildung der individuellen Hirnstruktur handelt es sich um einen Prozess, der nur in Auseinandersetzung mit anderen Menschen gelingen kann, der auf soziale Erfahrung und vertrauensvollen Beziehungen basiert.

> „Die wichtigsten Erfahrungen, die einen heranwachsenden Menschen prägen und in Form komplexer neuronaler Verknüpfungen und synaptischer Verschaltungen in seinem Gehirn verankert werden, sind solche, die in lebendigen Beziehungen mit anderen Menschen gemacht werden. […] Unser Gehirn ist also ein soziales Produkt. […] Es ist ein Sozialorgan“ (Hüther 2011, 44; vgl. Hüther 2001, 1; 2004, 489; 2015, 11, 35; Hüther/Bonney 201011, 45; Bauer 20115, 8, 10 ff, 23 ff, 35 ff; Renz-Polster in Musall/Pieper 2014, 14; Parianen 2017).

> „Das menschliche Gehirn […] ist ein soziales Organ. Es entwickelt sich über Beziehungserfahrungen“ (Hüther/Hauser 2012, 180; vgl. Bauer 20115, 37; 2013, 10; 2015, 37 ff; Hüther 2015a, 81 ff). Da diese sozialen Beziehungserfahrungen sich für jeden anders gestalten, „bekommt auch jede und jeder ein anderes Hirn“ (Hüther 2015b, 25; vgl. Hüther 2008, 74 f).

> „Alles, was wir lernen, erfahren und erleben, vollzieht sich im Zusammenhang mit zwischenmenschlichen Beziehungen. Zwischenmenschliche Beziehungserfahrungen und das, was sie sowohl an Emotionen als auch an Lernerfahrungen mit sich bringen, werden in Nervenzell-Netzwerken des Gehirns gespeichert“ (Bauer 2013, 7; vgl. Hüther 2016, 9).

Die Erkenntnis, dass es sich bei unserem Gehirn um ein soziales Organ handelt, bezeichnet Hüther (2011, 44 f) als

> „das wohl erkenntnistheoretisch folgenreichste, unser bisheriges Weltbild am nachhaltigsten erschütternde und in seinen praktischen Auswirkungen auf unser künftiges Zusammenleben kaum zu überschätzende Ergebnis der neueren Gehirnforschung“ (vgl. Hüther/Bonney 201011, 25; Gebauer/Hüther 2002, 23).

Und weiter heißt es:

> Die Tatsache, „dass das menschliche Gehirn ein sich erfahrungs- und nutzungsabhängig entwickelndes Organ ist, bedeutet empirisch nicht weniger, als dass die soziokulturelle Entwicklungsumwelt, in die eine Mensch hineinwächst, die neuronale

> Architektur seines Gehirns ganz entscheidend bestimmt" (Hüther 2011, 45; vgl. Hüther 2004, 489 ff; Hüther/Hauser 2012, 108).

Wie schon eingangs der Abhandlung betont, lässt sich die Strukturierung des Gehirns in innere Schichten, die sich um die körperlichen Prozesse bemühen, und solche, die darüber lagern, unterteilen. Die Bildung dieser höheren Schichten beruht auf den in erster Linie sozialen Erfahrungen, die ein Mensch in seinem Leben macht.

> „Und damit wird deutlich, dass diese höheren Erfahrungen des menschlichen Gehirns eigentlich gar nicht entwickelt werden können, wenn man nicht mit anderen Menschen in Beziehung tritt. Wir sind zu einem viel größeren Ausmaß, als uns das selbst bewusst ist, soziale Wesen und unser Hirn ist eigentlich ein soziales Konstrukt" (Hüther in Korittko 2011, 140; vgl. Hüther 20092a, 42 f).

Da der Mensch in unterschiedlichen sozialen und kulturellen Zusammenhängen heranwächst, ist auch sein Gehirn nach seinen Erfahrungen, die er in diesen Zusammenhängen macht, konstruiert. Aus diesen durch Vorbilder gemachten Erfahrungen „erwachsen dann unterschiedliche Kompetenzen" (Hüther in Korittko 2011, 141; vgl. Hüther 2004, 488; 2009$^2$b, 102), die letztlich auch für schulisches Lernen relevant sind.

Es bleibt aber mit zu berücksichtigen, dass die mit anderen Menschen in sozialen Situationen gemachten Erfahrungen nicht immer nur gut sein müssen. „Ungünstige Erfahrungen mit anderen Personen zwingen Kinder dazu, sich von anderen abzugrenzen, um sich vor Ihnen zu schützen" (Hüther/Hauser 2012, 56).

Der Mensch scheint das einzige Wesen zu sein, das in der Lage ist, die gemeinsam oder auch einzeln in der Gesellschaft gemachten Erfahrungen, Fähigkeiten und (Er-)Kenntnisse an die nachfolgende Generation weiterzugeben. Hüther (2011, 49) spricht in diesem Zusammenhang von „diese(r) einzigartige(n) Fähigkeit zur transgenerationalen Weitergabe einmal entwickelter Vorstellungen." Die so entwickelten Vorstellungen dienen dem Menschen „als innere Orientierungen, als Selbstwirksamkeitskonzepte und eigene Leitbilder" (a. a. O., 67), als Denkmuster und Gefühlstrukturen, die sich unter den jeweiligen Bedingungen so und nicht anders entwickelt haben. „Die in jedem menschlichen Gehirn herausgeformte Bilder- bzw. Vorstellungswelt (ist) ein einzigartiges Konstrukt" (a. a. O., 68). Sie sind es, die unser Leben entscheidend bestimmen.

> „Entscheidend dafür, was eine Person von der Welt wahrnimmt, worum sie sich kümmert, was sie als bedeutsam erachtet, wie sie sich äußert oder verhält [...] sind [...] die jeweils subjektiven Bewertungen dieser Gegebenheiten durch die betreffende Person. Und diese wird eben maßgeblich bestimmt durch die von dieser Person im Lauf ihres bisherigen Lebens gemachten Erfahrungen und die daraus entstandenen inneren Einstellungen, Haltungen und Vorstellungen" (a. a. O., 71; vgl. a. a. O., 73).

Die Tatsache, dass wir uns von unseren „nächsten äffischen Verwandten" (a. a. O., 156) hinsichtlich des genetischen Materials nur um 0,5 % unterscheiden, macht deutlich, dass die Kulturleistungen des Menschen nicht auf der genetischen Ebene liegen können. Sie sind

> „vielmehr Ausdruck des Umstandes, dass es in diesem langen Zeitraum unseren Vorfahren von Generation zu Generation gelungen ist, diese genetischen Potentiale so zu nutzen, dass schließlich das aus uns werden konnte, was wir heute sind: aufrecht gehende, der Sprache mächtige, des Lesens, Schreibens, Rechnens kundige, die Welt entdeckende und unsere Lebenswelt gestaltende, sogar in einem gewissen Maße einsichtsfähige, aus Fehlern lernende und selbstreflexive, mit einem Ich –Bewusstsein angestattete Nachfahren derjenigen, die sich damals, vor etwa 100000 Jahren, mit diesem nur geringfügig von dem der Affen unterschiedenen genetischen Potential auf den Weg einer kulturellen Evolution gemacht hatten" (a. a. O., 156 f).

Was sich bisher erst einmal als positiver Prozess darstellt, hat durchaus auch Schattenseiten. Die Erfahrungen des Einzelnen und die der Gesellschaft stehen oftmals nicht widerspruchsfrei nebeneinander, sondern es ist eher davon auszugehen, dass von dem Einzelnen mit Blick auf die Vorstellungen und Erfahrungen der jeweiligen Gesellschaft ein Anpassungsprozess zu leisten ist, der den Einzelnen zu Gunsten des gesellschaftlich Gewollten in der vollen Entfaltung seiner (neuronalen) Freiheit und Möglichkeiten einschränkt. „Anpassung ist eine konservative Strategie" (a. a. O., 62).

Entwicklung aber ist nicht Anpassung, sondern beruht auf eigenen Erfahrungen. Die wichtigsten Erfahrungen machen Menschen dann, wenn sie gezwungen sind, eigene Probleme zu lösen (vgl. a. a. O. 71). Das Lösen eigener Probleme bewirkt immer eine Störung des inneren emotionalen Gleichgewichts. Neurowissenschaftlich betrachtet werden dabei individuell zu betrachten „im Gehirn tieferliegenden Zentren aktiviert und bestimmte Botenstoffe ausgeschüttet, die dazu beitragen, all jene Nervenzellverschaltungen zu festigen und zu stabilisieren, die von der betreffenden Person zur Lösung des Problems und damit zur Wiederherstellung ihres emotionalen Gleichgewichts besonders intensiv genutzt werden" (ebd.).

Erfahrungen, die neue Nervenzellverschaltungen ermöglichen lassen sich aber nur dann machen, wenn einem die Gelegenheit dazu geboten wird, wenn man die Gelegenheit hat, mit anderen

> „in Beziehung zu treten, sich auszutauschen, sich an anderen Personen anzuschließen oder sich von ihnen abzugrenzen, Wissen, Fähigkeiten und Fertigkeiten von anderen zu übernehmen und dabei immer wieder neue, eigene Erfahrungen zu machen" (a. a. O., 141).

Hüther (2015a, 13) stellt heraus, dass es zwischen den im Gehirn eines Menschen ablaufenden und den gesellschaftlich ablaufenden Prozessen Parallelen gibt, die wiederum darauf hinweisen, dass ein übergeordnetes Prinzip gibt, das beiden Prozesses zugrunde liegt, „das ‚Prinzip der Selbstorganisation'." Daraus entsteht ein sich stetig veränderndes und weiter entwickelndes Beziehungsgefüge, das durch die Begriffe Autonomie und Bindung gekennzeichnet ist. Für den Menschen geschieht das durch die „Lust am eigenen Denken" (a. a. O., 14).

Einen Begriff, den man im Zusammenhang mit den neurobiologischen Niederschlägen von Erfahrungen nicht vergessen sollte, ist der der *Epigenetik*. Dahinter steht nichts anderen, als dass sich die Erfahrungen, die ein Mensch macht, wie schon oben beschrieben, genetisch niederschlagen. „Biologen nennen die Epigenetik […] das Gedächtnis des Körpers" (Berndt 2014[10], 145). Die epigentischen Veränderungen schlagen sich in einer Veränderung des Erbguts nieder. Dies trifft sowohl für positive als auch für negative Erfahrungen zu. Sie sind umso dauerhafter, je früher sie stattfinden.

> Und derzeit „mehren sich die Belege dafür, dass Menschen mache Veränderungen […], die sie selbst erworben haben, an ihre Nachkommen weitergeben. Umwelteinflüsse und Lebenserfahrungen wären demnach erblich" (a. a. O., 151; vgl. Hüther 2015a, 116 ff).

Aber die Gene sind und bleiben durch weitere Erfahrungen im Laufe des Lebens form- und veränderbar (vgl. Berndt 2014[10], 153 ff).

## 1.5 Zur weiteren Entwicklung, Lernen und Gedächtnis aus neurowissenschaftlicher Sicht

Wie schon gesagt: Mit der Geburt des Menschen ist die Entwicklung des Gehirns keineswegs abgeschlossen. Im Gegenteil: die wesentlichen für den Menschen kennzeichnenden Strukturen bilden sich eben erst nach der Geburt aus. Trotzdem lässt sich sagen, dass auch schon vor der Geburt „bestimmte Verschaltungen im Hirn entstanden sind“ (Hüther 2010[9], 70), die auch unser heutiges Fühlen, Wollen und Denken maßgeblich mitbestimmen (vgl. ebd.).

> „Die Region, in der sich während der Kindheit besonders intensive Nervenzellkontakte herausbilden und darauf warten, dass sie möglichst komplex benutzt und stabilisiert werden, ist [...] die Hirnrinde, und hier ganz besonders der vordere, zuletzt ausreifende Bereich, der sogenannte Stirnlappen. Diese für unser menschliches Hirn besonders typische Region brauchen wir, wenn wir uns ein Bild von uns selbst und unserer Stellung in der Welt machen wollen (Selbstwirksamkeitskonzepte), wenn wir unsere Aufmerksamkeit auf bestimmte Wahrnehmungen richten, Handlungen planen und die Folgen von Handlungen abschätzen (Motivation, Impulskontrolle) oder wenn wir uns in andere Menschen hineinversetzen und Mitgefühl entwickeln (Empathiefähigkeit, soziale und emotionale Kompetenz). Genau diese Fähigkeiten brauchen Kinder mehr als alles andere, wenn sie sich später in der Schule und im Leben zurechtfinden, lernbereit, wissensdurstig und neugierig bleiben und mit anderen gemeinsam nach brauchbaren Lösungen suchen wollen. Die für diese Fähigkeiten verantwortlichen hochkomplizierten Nervenverschaltungen [...] stabilisieren sich jedoch nicht von allein. Sie müssen [...] durch eigene Erfahrungen anhand entsprechender Vorbilder herausgeformt und gefestigt werden“ (Hüther 20084, 70; vgl. 2011, 53 f; Hüther/Bonney 201011, 45 f).

Überall dort, wo die Ausreifung langsam erfolgt, kommt den äußeren Einflüssen eine erhöhte Bedeutung zu. Diese wirken auf das innere Beziehungsgefüge ein und lenken „die weiteren Entwicklungsprozesse in eine bestimmte Richtung“ (a. a. O., 71). Diese Zeiträume einer besonderen Differenzierungsfähigkeit und eines erhöhten Einflusses äußerer Faktoren ist in „der Phase der Hirnreifung, also bei Kindern und Jugendlichen, besonders groß“ (a. a. O., 77; Hüther/Bonney 2010[11], 46 f). Inzwischen weiß man aber auch, dass das menschliche Gehirn „auch im Erwachsenenalter noch in hohem Maß strukturell formbar ist“ (Hüther 2010[9], 11). D. h., die Neuronen sind „zeitlebens in der Lage, ihre komplexen Verschaltungen an neue Nutzungsbedingungen anzupassen“ (ebd.; vgl. Hüther 2010[9], 17 f).

Im Endeffekt bildet sich das Gedächtnis somit aus den Spuren, „die sich als Folge der Interaktion eines Lebewesens mit der äußeren Welt in seiner Struktur und seiner inneren Organisation eingegraben haben" (Hüther 2008[4], 72). Diese abgespeicherten Erinnerungsbilder können allerdings erst dann wieder bewusst abgerufen werden, wenn der Mensch zur sprachlichen Äußerung fähig ist. Bis es soweit ist, besteht allerdings die Möglichkeit, dass sich diese Erinnerungsbilder auf andere Weise äußern, z. B. körperlich, vielleicht auch musikalisch?

Hüther (a. a. O., 73) spricht davon, dass es in den ersten drei Lebensjahren im Gehirn aufgrund der Verschaltungen zu einer umfassenden Reorganisation kommt, die auch die Elemente umfassen kann, die bis dahin nicht mehr erinnerbar waren, sodass es im Anschluss möglich sein kann, dass die frühen Bilder dann doch wieder bruchstückhaft oder verschwommen abrufbar sind.

Eine große Rolle in der weiteren Entwicklung des Menschen im Allgemeinen und des Gehirns im Besonderen spielt die *Wahrnehmung* (vgl. Kap. 3.1). Sie bildet die Grundlage, auf der die Reaktionen eines Menschen auf Veränderungen beurteilt werden können und sie ist entscheidend für die Veränderungen des inneren Beziehungsgefüges.

> „Diese Fähigkeit, neue Wahrnehmungen zu machen und diese neuen Wahrnehmungen für die Herausforderungen neuer innerer Bilder in Form bestimmter synaptischer Verschaltungsmuster im Gehirn zu verankern, ist beim menschlichen Gehirn besonders gut entwickelt. Wir sind mit unserem Gehirn in der Lage, die bereits angelegten inneren Bilder mit den neuen […] zu vergleichen und unsere bisherige Vorstellung […] zu verändern." (a. a. O., 76).

> „Wenn wir etwas wahrnehmen, feuert bei einem bestimmten Reiz ein ganz bestimmtes Muster von Neuronen auf eine ganz bestimmte Weise […], wodurch eine geistige Repräsentation des betreffenden Objekts aus der realen Welt entsteht" (Levitin 2009a, 189).

Wahrnehmungen lassen sich unterscheiden in unimodale, solche, die aus einer Sinnesmodalität, und multimodale, solche, die aus unterschiedlichen Modalitäten aufgrund Netzwerk-Verbindungen stammen, unterteilen (vgl. Zimmer 2005[4]; Minimayr 2012, 41 ff). Supramodale Wahrnehmungen sind solche, bei denen sich mehrere große Netzwerk-Verbindungen zusammengeschlossen haben (vgl. Bauer 2013, 53 f).

Wahrnehmungen, die im Gehirn ankommen, werden in der Regel verglichen mit bereits vorhandenen Strukturen und inneren Bildern. Existieren bereits solche Strukturen, auch innere Repräsentanzen genannt, an die die Wahrnehmung anknüpfen kann, kommt es zu deren Modifizierung. Die Wahrnehmung wird integriert, „man hat was dazugelernt“ (Hüther 2008[4], 77; vgl. Taylor 2010, 31). Anzumerken bleibt hier, dass der Wahrnehmungsprozess ein individuell zu betrachtender ist.

Je häufiger solche inneren Bilder, Vorstellungen oder Erinnerungen durch neue Erlebnisse aktiviert werden, desto stärker werden die damit im Zusammenhang stehenden „synaptischen Verbindungen und neuronalen Verschaltungen gefestigt und stabilisiert“ (Hüther 2008[4], 87). Insofern ist es auch nicht verwunderlich, wenn durch das Imaginieren von Musik die zugehörigen kortischen Areale aktiviert werden (vgl. Sacks 2008, 47). Eine solche Stabilisierung ist umso intensiver, je mehr die Verarbeitung neuer Erlebnisse oder Erinnerungen durch eine emotionale Erregung begleitet ist. Die auf diese Weise entstandenen synaptischen Verbindungen und neuronalen Verschaltungen sind nicht nur leichter abrufbar, sondern „können unter Umständen bestimmend für das gesamte Denken, Fühlen und Handeln der Person werden“ (Hüther 2008[4], 87). Aber: „Ein zeitlebens lernfähiges Gehirn ist auch lebenslang veränderbar“ (Hüther 2010[9], 24), einmal entstandene Muster sind, soweit sie nicht erstarrt sind, lebenslang formbar, überformbar und umgestaltbar. Letztlich gilt:

> „All das, was Ihre Persönlichkeit ausmacht, das, worauf Sie stolz sind, ebenso wie das, was Sie an sich selbst nicht mögen, worunter Sie vielleicht sogar leiden, Ihre Schwächen und Stärken, Ihre Fähigkeiten und Kenntnisse, Ihre Wünsche und Erwartungen, sind das Ergebnis und Ausdruck der Installationen, der neuronalen Verschaltungsmuster, die bisher in Ihrem Hirn entstanden sind. Sie sind ein Produkt von Zufälligkeiten, von zufällig in Ihrem Genom vermischten Anlagen und von zufällig vorgefundenen Bedingungen, unter denen sich manche dieser Anlagen besonders gut, andere nur sehr schlecht entfalten konnten“ (a. a. O., 71).

Der Mensch ist nicht das Objekt, sondern das Subjekt seiner eigenen Entwicklung. Die Berücksichtigung neurowissenschaftlicher Erkenntnisse im Rahmen der Entwicklung des Menschen dürfen richtig verstanden nicht dazu führen, dass er sich als Objekt seiner genetischen Anlagen oder seiner Hormone betrachtet, denn dann gibt es nichts mehr an sich selbst zu entdecken und zu erkennen.

> „Wer aber ein Suchender bleiben will, der müsste sich selbst auf diesen wunderbaren Prozess einlassen, in dessen Verlauf er, je mehr er erkennt und entdeckt, umso weniger der bleiben kann, der er einmal war. Und in diesem Prozess müsste er mit dem, was er erkennen und entdecken will, in eine Beziehung treten, in eine Beziehung, die dem zu Erkennenden und zu Entdeckenden genügend Möglichkeiten bietet, sich zu zeigen und sich zu entfalten“ (Hüther 2011, 65).

Wie schon gesagt, passen sich die neuronalen Strukturen im Gehirn eines Kindes den „Besonderheiten, Anforderungen und Notwendigkeiten an“ (Hüther 2011, 92), wofür sie genutzt werden. Dennoch reicht es nicht aus, einmal geschaltete Verbindungen häufig zu nutzen. Wäre dem so, „könnten wir ja alles lernen, wenn wir es nur lange genug trainieren“ (Hüther 2011, 92). Wesentlich aber ist, dass wir uns für die Sache begeistern, also echtes Interesse zeigen müssen. Dieses Interesse zu wecken, ist schon auch eine Sache, die durch die Umwelt initiiert werden kann, doch letztlich entscheidet ein Mensch ganz allein, was ihn interessiert und für was er sich begeistert. „Immer dann, wenn man sich so richtig für etwas begeistert, wenn es einem unter die Haut geht und man etwas besonders gut hinbekommen hat, wird im Mittelhirn eine Gruppe von Nervenzellen erregt“ (a. a. O., 92 f) mit der Folge einer Ausschüttung von Glückshormonen, wodurch die Begeisterung für eine Sache Auswirkungen bis in die Nervenzellen hat.

> „Nur für das, was einem Menschen wichtig ist, kann er sich auch begeistern, und nur wenn sich ein Mensch für etwas begeistert, kommt in seinem Gehirn die Gießkanne mit dem Dünger in Gang, werden all jene Netzwerke ausgebaut und verbessert, die der betreffende Mensch in diesem Zustand der Begeisterung nutzt“ (a. a. O., 94).

Oder anders ausgedrückt:

> „Nur wenn die emotionalen Zentren in Gehirn aktiviert werden, geht auch die Gießkanne der Begeisterung an. Und nur dann wird das, was das Vorbild macht, nicht nur einfach nachgemacht, sondern auch richtig fest in Form entsprechend gedüngter und gewachsener Verschaltungsmuster im Gehirn verankert“ (a. a. O., 102).

Begeisterung ist gekoppelt mit Entdeckerfreude (vgl. Kap. 3.4: 5.6). Beides bedeutet eine Aktivierung der emotionalen Zentren im Gehirn (vgl. Kap. 3.5; 4.8). Am Anfang der Entwicklung bezieht sich diese Begeisterung vornehmlich auf die Entdeckung der Funktionen des eigenen Körpers. Diese Begeisterung will mitgeteilt werden. D. h., es ist genauso wichtig, dass jemand da ist, der diese Begeisterung teilen kann. Die, die dies können, sind die primären Bezugspersonen und die Bindung an diese (vgl. Kap. 2). Erst später gewinnen die Dinge außerhalb des Körpers an Bedeutung. Gleichzeitig erweitert sich der Radius der Kinder, sodass sie auch unter andere Einflüsse geraten, die nicht immer nur von Vorteil sind.

## 1.6 Zusammenfassung

Damit die wesentlichen Erkenntnisse der jeweiligen Kapitel deutlich werden, werden die jeweils relevanten Fakten in der Regel stichwortartig und mit Spiegelstrichen versehen aufgeführt.

- Der Grundbauplan des Gehirns eines jeden Menschen ist gleich (vgl. Abb.1, 2 u. 3), die Ausformung ist individuell, ist einzigartig und unterliegt in allen Bereichen der Entwicklung als Wechselspiel zwischen genetischer Ausstattung und Umwelteinflüssen.
- Der Mensch besteht aus Billiarden von Zellen. Die 100 Milliarden Nervenzellen sind über 500 Billiarden Kontakte zu Netzwerken miteinander verknüpft. 99,9 % der Nervenzellen sind bei der Geburt vorhanden. Ihre Entwicklung, die bereits pränatal einsetzt, besteht in einer stetigen Veränderung der Verdrahtung. Die Neurogenese hält bis ins Alter an.
- Kennzeichen eines lebenslang lernenden Gehirns ist eine lebenslang anhaltende erfahrungs- uns nutzungsabhängige Plastizität. Hierin ist die Individualität eines jeden Gehirns begründet.
- Die lebensbestimmenden Erfahrungen macht der Mensch in sozialen Beziehungen. Das Gehirn ist also ein soziales Produkt.
- Die Wirkung der massiver individuellen Erfahrungen schlägt sich genetisch nieder und wird dadurch vererbbar.
- Der Mensch ist insgesamt gesehen Subjekt nicht Objekt seiner Entwicklung.

# 2 Bindung

„Nichts kann einen Menschen mehr stärken als
das Vertrauen, das man ihm entgegenbringt."
Paul Claudel (in Berndt 2014[10], 164)

## 2.1 Grundlagen der Bindungstheorie und des Bindungsverhaltens

Das Bindungssystem eines Menschen „hat die Aufgabe, Fühlen, Denken und Handeln so zu organisieren, dass das übergeordnete Ziel, nämlich Schutz und Fürsorge, erreicht wird" (Roth/Strüber 2014, 167). Zudem ist davon auszugehen, dass gute Beziehungserfahrungen, zu denen auch die Bindungserfahrungen gehören, „eine unabdingbare Voraussetzung für die neurobiologische Entwicklung des Gehirns (sind)" (Bauer 2015, 69; vgl. Kap. 3.8).

Die noch zu besprechende Qualität eines Bindungsverhaltens zeigt sich eigentlich nur unter Belastung. Ist alles okay, wird das Bindungsverhalten inaktiv. Des Weiteren ist davon auszugehen, dass „die *Bereitschaft* [...] zur Bindung weitgehend angeboren" (Roth/Strüber 2014, 168) und im limbischen System verankert ist. Das Bindungsverhalten als solches unterliegt einer Entwicklung und ist im Kindesalter besonders intensiv. Auch bei Erwachsenen ist es weiterhin vorhanden (vgl. a. a. O., 174 ff), aber weniger intensiv, „bleibt aber weiterhin Bestandteil des menschlichen Verhaltensrepertoires" (a. a. O., 168).

Nach Hüther (2011, 45 f) macht jedes Kind zwei Grunderfahrungen, die für die eigene Weiterentwicklung entscheidend sind und die im Gehirn verankert werden:

> „Die Erfahrung engster Verbundenheit und die Erfahrung eigenen Wachstums und des Erwerbs eigener Kompetenzen. Diese beiden Grunderfahrungen bestimmen als Grundbedürfnisse seine zukünftigen Erwartungen." (vgl. v. Korff 2014; Hüther 2015a, 103 ff).

> „Bindung schafft Resilienz. Und Resilienz ist das eigentliche Rüstzeug fürs Leben" (Berndt 2014[10], 165)


L. Kowal-Summek, *Neurowissenschaften und Musikpädagogik*,
Edition Centaurus – Psychologie, https://doi.org/10.1007/978-3-658-21004-5_3

Grossmann/Grossmann (2012[7], 37) zufolge ist aus phylogenetischer Sicht „das Bindungsbedürfnis eines Menschen genauso grundlegend wie sein Bedürfnis nach Nahrung, Erkundung, Sexualität und Fortpflanzung.“ Der Mensch ist mit Verhaltenssystemen ausgestattet, die ihn befähigen über die Kommunikation mit der primären Bezugsperson eine Befriedigung der Bedürfnisse herbeizuführen. „Er ist abhängig davon, dass die Mutter den Ausdruck von Emotionen erkennt und für seine Bedürfnisse sorgt“ (ebd.).

Nach dem Bindungsforscher Briesch (2014, 22) ist Bindung eine „emotionale Nahrung, die uns am Leben hält. Sie ist gleichberechtigt mit lebenswichtigen Bedürfnissen wie Hunger, Schlaf, Luft und Bewegung.“ Ob Kinder eine sichere Bindung (s. u.) entwickeln, „entscheidet sich in den ersten drei Lebensjahren“ (Hauschild 2013, 11; vgl. Puig et al. 2012).

Damit Kinder sich entwickeln können, brauchen sie Wurzeln, mit denen sie sich „fest im Erdreich verankern und ihre Nährstoffe aufnehmen“ (Renz-Polster/Hüther 2013, 27). Diese Wurzeln „sind sichere emotionale Beziehungen zu den Menschen, bei denen sie aufwachsen“ (ebd.).

Keine oder zu wenig Bindung zu haben, schädigt den Menschen in seiner gesamten Entwicklung. Konnten diese Grundbedürfnisse im bisherigen Leben nicht ausreichend befriedigt werden, konnte keine ausreichend tragfähige Beziehung und kein Vertrauen entwickelt werden, konnte das Kind sich aufgrund seiner bisherigen Beziehungen nicht fest verwurzeln (vgl. Gebauer/Hüther 2012[7]a, 7), keine Geborgenheit, keinen Schutz, keine (Beziehungs-)Wärme und kein Vertrauen spüren (vgl. Baer/Frick-Baer 2012) und hat infolge dessen keinen oder zu wenig Halt, leidet der entsprechende Mensch, das Kind an einem Mangel, den er oftmals anderweitig zu kompensieren versucht. Als Folge davon verliert er bzw. es jedoch seine ursprüngliche Offenheit, seine Neugier, sein Vertrauen und fällt u. U. in frühere, sicher verschaltete Verhaltensmuster zurückfällt, sucht aktiv nach Geborgenheit und Bindung oder bildet u. U. Lern- und Verhaltensstörungen aus. Es handelt sich hierbei um Konsequenzen, die auch „die Gesundheit als Erwachsener“ (Hauschild 2013, 11; vgl. Puig et al. 2012), besonders aber das Beziehungsverhalten prägen.

Was hier von Hüther und anderen Autoren angesprochen wird, wird im Rahmen der Entwicklungspsychologie seit René Spitz unter dem Begriff Bindung bzw. Bindungserfahrung diskutiert.

> „Spitz erkannt als erster, dass die Art der emotional-nicht-verbalen Kommunikation zwischen dem Säugling und seiner Bezugsperson, vornehmlich der leiblichen Mutter, entscheidend für die weitere psychisch-kognitive Entwicklung des Säuglings und des Kindes ist" (Roth 2013[8], 23)

Doch was bezeichnet eigentlich der Begriff Bindung?

> „Bindung bezeichnet eine enge emotionale, länger andauernde Beziehung zu bestimmten Menschen, die nach Möglichkeit sowohl Schutz bieten als auch unterstützend wirken, z. B. wenn ein Kind verunsichert oder traurig ist und sie dem Kind helfen, seine Emotionen zu regulieren" (Lengning/Lüpschen 2012, 11).

Der Bindungsforschung als Teil der Entwicklungspsychologie „geht es um die Erfassung sicherer und verschiedener Formen unsicherer Bindungen bei Personen verschiedenen Alters" (Gloger-Tippelt 2004, 82), auch wenn das Hauptfeld der Bindungsforschung sich auf das Bindungsverhalten in der frühen Kindheit bezieht. Unter dem Begriff Bindungsverhalten werden dabei all die Verhaltensweisen subsummiert, „die darauf abzielen, die physische und psychische Nähe zu Bindungspersonen herzustellen bzw. aufrecht zu erhalten" (Lengning/Lüpschen 2012, 11). Die entscheidenden Personen, die sich der Bindungsforschung widmeten waren René Spitz (1887-1974), John Bowlby (1907-1990) und Mary Ainsworth (1913-1999) (vgl. Roth 2011[4], 69).

Der theoretische Begriff als solcher ist nicht direkt beobachtbar, sondern er kann „je nach Entwicklungsstand auf unterschiedlichen Ebenen zugänglich gemacht werden" (ebd.). In erster Linie geht es um das Bindungsverhalten innerhalb von Familien. Nach Bowlby (vgl. Grossmann u. a. 2003[3]a, 239) wird deutlich, dass Säuglinge und kleine Kinder nicht besonders viele Bindungspersonen haben und dass sich diese häufig auf den engeren und weiteren Familienkreis beziehen. Bowlby spricht in diesem Zusammenhang von einer „Hierarchie von Bindungspersonen" (ebd.). Gemeint ist damit, dass sich das Kind, wenn die primäre Beziehungsperson nicht greifbar ist, an weitere Personen seines Vertrauens wenden kann (vgl. Briesch 2014, 22). Hinzu kommt, dass die Anzahl der Bezugspersonen im Zusammenhang zu sehen ist mit dem Wohlfühlen des Kindes. Je unwohler sich ein Kind fühlt, desto weniger Bezugspersonen hat es. Wie wichtig allerdings Bindungspersonen sind, wird in dem Zitat von Ahnert (2007, 44) deutlich:

> „Im Leben eines Kindes sind die Bindungen, die es mit anderen Menschen eingeht, der Angelpunkt seiner Entwicklung."

Nach Hüther/Bonney (2010[11], 31 ff) wird die Qualität einer nachgeburtlichen Bindung sowohl während der Schwangerschaft, durch den Geburtsvorgang selbst als auch durch das Einschießen der Milch nach der Geburt mit beeinflusst. Das Einschießen der Milch in die mütterliche Brust bewirkt, „dass im Gehirn der Mutter bestimmte Nervenzell-Netzwerke aktiviert werden, die den Prozess der frühen Bindung unterstützen und festigen“ (a. a. O., 32). Sowohl beim Stillen als auch beim Kuscheln, bevorzugt auf nackter Haut, werden bei der Mutter „vermehrt Prolaktin und Oxytocin ausgeschüttet“ (Hüther 2011, 52) Es handelt sich hierbei um Hormone, die die Fähigkeit haben sowohl einfache als auch „komplexe Wahrnehmungen im Gehirn zu verankern und abzuspeichern“ (ebd.), weshalb sie auch „Bindungshormone“ (ebd.) genannt werden.

Aamodt/Wang (2012, 216) zufolge geht das Bindungsverhalten zuerst von den erwachsenen Bezugspersonen aus. Bindungsverhalten seines des Babys tritt demnach erst dann auf, wenn sich das Baby „aus eigener Kraft bewegen kann“ (ebd.). Der Bindungsprozess steht demnach mit dem Ausreifen der vorderen Hirnrinde im Zusammenhang (vgl. ebd.; Bauer 2015, 47 ff). Im Gegensatz zu den bisherigen Angaben hebt Bauer (2015, 63) die dyadische Beziehungsstruktur für ein Gelingen der neuronalen Entwicklung hervor, denn nur so könne das Kind in den ersten zwei Jahren „die unersetzliche Grunderfahrung verlässlicher zwischenmenschlicher Verbundenheit machen“ (ebd.).

Nicht nur für Rollett (2002[5], 718) steht fest: „Die Qualität der frühen Eltern-Kind-Beziehung und die der resultierenden Bindung stellt eine [...] wichtige Einflussgröße der Persönlichkeitsentwicklung dar.“ Klar ist, dass es sich dabei um ein Wechselverhältnis handelt. Dem Bindungsverhalten des Kindes steht die Fürsorge der Eltern gegenüber. Aus diesem Wechselverhältnis wächst letztlich das Vertrauen in sich selbst und in die Umwelt. Baer/Frick-Baer (2012, 89) sprechen hier in Anlehnung an Fuchs vom Prozess der „Einhausung.“ Dieser (Entwicklungs-)Prozess des Vertrautwerdens weist sowohl eine innere als auch eine äußere Seite auf. Das Eine bezieht sich auf die Umgebung an sich, das Andere auf die Menschen in dieser Umgebung (vgl. a. a. O., 91).

Die emotionale Bindung zwischen Bezugsperson und Säugling ist kein Prägungsvorgang, sondern resultiert aus einer intensiven und herzlichen Beziehung in dieser frühen Zeit. Insofern ist es verständlich, dass ein Kind aufgrund unterschiedlicher Bindungen zu unterschiedlichen Personen verschiedene Bindungsqualitäten haben kann. Hauptbindungsperson wird dabei immer diejenige sein, die sich am meisten und intensivsten um das Kind kümmert (vgl. Lengning/Lüpschen 2012, 11).

Stern (1995³, 72) zufolge entstehen unsere Bindungen „überwiegend aus Erinnerungen, inneren Bildern und Vorstellungen von dem, was sich zwischen uns und dem anderen ereignet und wie wir uns dabei fühlen", wobei der Berührung, also dem körperlichen Kontakt eine besondere Bedeutung zukommt.

Laut Ahnert (2004, 17) sind Bindungen „ausgeprägte affektive, ‚innige' Beziehungen", die nicht nur bei Menschen, sondern auch im Tierreich zu finden sind (vgl. Ahnert 2004a, 63), und „insbesondere durch Mutterliebe und Mutter-Kind-Bindung geprägt werden." Neuere Untersuchungen, aber auch schon Untersuchungen von Bowlby (1973 in Ahnert 2004b, 76) in den 1970er Jahren zeigen allerdings, dass auch die Bedeutung der Vater-Kind-Bindung für die Entwicklung des Kindes ebenfalls nicht zu unterschätzen ist (vgl. Grossmann 2004, 38; Kindler/Grossmann 2004; Ahnert 2004b, 76; Grossmann u. a. 2002; Grossmann u. a. 2003³a, 255 ff). In einem ihrer Beiträge spricht Ahnert (2006, 79) noch davon, dass die aktuelle Bindungsforschung die unterschiedlichen Aspekte der Mutter-Kind- bzw. Vater-Kind-Beziehung erst gerade wirklich wahrzunehmen beginnt.

Bevor man das Bindungsverhalten näher betrachtet, sollte man sich klar machen, dass es sich dabei um ein offenes, wechselseitig bestimmtes System handelt (vgl. Beebe u. a. 2002, 52 ff, 73 ff), das in seiner Entwicklung nicht nur genetischen Faktoren unterliegt, Ahnert (2004a, 63) spricht von „genetisch prädisponierten Verhaltenstendenzen" (vgl. auch Fonagy 2002), sondern dessen Entwicklung maßgeblich auch von sozio-kulturellen Faktoren (vgl. Grossmann 2004, 24; Schölmerich/Lengning 2004, 209), aber auch vom Temperament des Kindes und dem Verhalten der Beziehungspersonen mitbestimmt ist (vgl. Zentner 2004; Schölmerich/Lengning 2004, 208; Lengning/Lüpschen 2012, 27 f). Letztlich geschieht Bindungsentwicklung, und das ist auch die Überzeugung der Bindungstheorie, durch die Verfügbarkeit und Sensitivität (Feinfühligkeit) von Bezugspersonen. Gemeint ist damit deren Fähigkeit, adäquat die Signale des Kindes wahrzunehmen, zu deuten und entsprechend darauf zu reagieren, wobei die ersten Lebensmonate des Kindes die entscheidenden sind (vgl. Grossmann u. a. 2003³a, 236 ff; Grossmann 2004, 26; Ahnert 2004b; Keller 2004, 113 ff; Lengning/Lüpschen 2012, 24 ff). Aamodt/Wang (2012, 218) und Schumacher/Calvet (2008) sprechen in diesem Zusammenhang von synchroner Interaktion bzw. von der Notwendigkeit einer Synchronisation, deren Fehlen u. a. relevant ist für tief greifende Entwicklungsstörungen.

Aus der Sicht der Temperamentenforschung (vgl. Asendorpf 2003[3]; Dornes 2006[8], 221), die hier in Gänze nicht weiter verfolgt werden soll, kommt den Begriffen Passung (vgl. Zentner 2004, 181, 191 ff) und Fehlpassung (vgl. a. a. O., 191 ff) eine große Bedeutung zu. Nur so viel: Auch unter Berücksichtigung des kindlichen Temperaments liegt es in erster Linie in der Hand der Betreuungspersonen, was aus dem Bindungsverhalten im Laufe der Entwicklung wird. Gerade unter Berücksichtigung des Temperaments fällt es schwer, „konstitutionelle Anlagen […] für die beobachteten Verhaltensunterschiede im Bereich der Bindung verantwortlich zu machen“ (Grossmann u. a. 2003[3]a, 240).

Noch einmal: „Die Entwicklung einer Bindung ist […] in ihrer phänotypischen Ausprägung […] abhängig von der Qualität des Umgangs von Bindungspersonen mit den Bindungsbedürfnissen des Kindes von der Geburt bis zum Erreichen psychologischer Reife im Erwachsenenalter“ (Grossmann 2004, 30) unter Berücksichtigung des jeweiligen anthropologischen und soziokulturellen Kontextes.

Ein weiterer wesentlicher Faktor, der innerhalb des Bindungsgeschehens eine wichtige Rolle spielt, ist der der Sprache und hier insbesondere das Timing, die zeitliche Abstimmung. Das Timing umfasst „das Innehalten, die Unterbrechungen und ihre Folgen, das abwechselnde Sprechen, die Sprachgeschwindigkeit (und – Kadenz) und die Pause im Wechsel vom Ende des Beitrags der eigenen Person bis zum Beginn des Beitrags der anderen“ (Beebe u. a. 2002, 49). Des Weiteren gehören dazu die An/Aus- sowie die Laut/Stille-Rhythmen. Es handelt sich hierbei um ein System, das außerhalb unseres Bewusstseins liegt, dessen Wurzeln aber in pränataler Zeit vermutet werden und das selbst das Timing bei Dialogen in der Erwachsenenzeit beeinflusst (vgl. a. a. O., 51). Die Bedeutung dieses Systems wird am ehesten deutlich in der Aussage Sterns (1994 in Beebe 2002, 49), wonach die zeitliche Abstimmung das Rückgrat jeglicher interpersonellen Repräsentation sei.

Nur kurz: Die Bedeutung der Musik im Rahmen der Bindungstheorie wird hier mehrfach angedeutet, bei Fitch (2005, 41 f) entwicklungspsychologisch und evolutionsbiologisch aber ausführlicher belegt. Altenmüller/Kopiez (2013, 53) heben hervor, dass Musik z. B. in Form von Wiegenliedern und eher rhythmisch gestalteten Interaktionen mehrerer Funktionen ausfüllen kann:

- Stärkung der Bindung zwischen Kind und primärer Bezugsperson
- Unterstützung des Spracherwerbs
- Steuerung des Erregungszustandes des Kindes (vgl. ebd.).

Die wesentlichen Aussagen zum Bindungsverhalten insgesamt gehen aus von der Bindungstheorie, „eine(r) umfassende(n) Konzeption der emotionalen Entwicklung des Menschen als Kern seiner lebensnotwendigen sozialen Erfahrungen" (Grossmann u. a. 2003[3]a, 224), die John Bowlby (1969) ursprünglich „auf der Grundlage seiner klinischen Erfahrungen und Beobachtungen [...] entwickelt (hat)" (Brisch u. a. 2002, 7; vgl. Grossmann 2004, 21). Schore (2003[3], 54) sieht in der Bindungstheorie „die dominante Theorie der emotionalen Entwicklung in der internationalen Entwicklungspsychologie." Erste Ansätze dazu, die nach Keller (2004, 110) ethnologische, psychoanalytische und systemtheoretische, nach Bretherton (2002, 13) auch evolutionsbiologische, kontrollsystem-theoretische und auch entwicklungspsychologische Annahmen vereinen (vgl. Grossmann u. a. 2003[3]a, 223 ff; Stern 2006, 341), entwickelte Bowlby bereits Ende der 1940er Jahre (vgl. Endres 2001[4], 7), verstärkt und systematisiert aber hat er sie in den 1950er und 1960er Jahren. Spätestens seit dieser Zeit wird „die Ausbildung der emotionalen Bindung [...] als grundlegendes Motivationssystem eines jeden Menschen von Geburt an betrachtet" (Brisch u. a. 2002, 7). Für Dornes (2006[8], 221) stellt das Bindungssystem „ein eigenständiges Motivationssystem dar, das mit anderen Motivationssystemen interagiert, nicht aber aus ihnen abgeleitet werden kann." In Anlehnung an die Aussagen von Dornes bezeichnet Endres (2001[4], 7) Bowlby und Ainsworth, auf die ich noch zu sprechen komme, als Eltern der Bindungstheorie.

Aufgrund der individuellen Bindungsmuster entstehen zwischen den Bindungspartnern *'innere Arbeitsmodelle'* (vgl. Grossmann/Grossmann 2012[7], 49 ff), die als „frühe kommunikative Erfahrungen des Kindes den Prozess der intrapsychischen Kommunikation beeinflussen" (Klann-Delius 2002, 87). Sie dienen auch dazu, das Verhalten der am Bindungsgeschehen beteiligten Personen einerseits zu interpretieren und andererseits Verhalten vorherzusagen und das eigene Bindungsverhalten zu regulieren (vgl. Lengning/Lüpschen 2012, 28 ff). Es scheint so zu sein, dass sich diese inneren Arbeitsmodelle mit zunehmendem Alter, besonders aber nach dem Erwerb der Sprache, „im Dialog mit den Eltern, durch Erklärungen und Geschichten über gemeinsame Erlebnisse erheblich" (Bretherton 2002, 40) erweitern. Mit einzubeziehen sind neben Erwartungen, Wünschen, Hoffnungen, Befürchtungen und eigenen Verhaltensplanungen auch die Phantasien der Kinder, deren Wurzel selbst Bowlby in tatsächlichen Beziehungserlebnissen vermutete (vgl. ebd.).

Der theoretische Ansatz von Bowlby geht im Weiteren davon aus, dass sich das System des Bindungsverhaltens komplementär, vielleicht später auch in Konkurrenz zum System der motorischen Erkundung, zum Explorationsverhalten entwickelt und dafür sorgt, dass sich parallel dazu beim Erwachsenen ein Fürsorgeverhalten, das allerdings von Bezugsperson zu Bezugsperson und mit Blick auf die Geschlechter unterschiedlich sein kann, einstellt (vgl. Rauh 2002[5], 197; Gloger-Tippelt 2004, 82; Lohaus u. a. 2004, 151 ff). Klann-Delius (2004, 169) betont, dass nach Auffassung der Bindungstheorie „das Explorationsverhalten und somit die Möglichkeit des Lernens an emotionale Sicherheit gekoppelt (ist).“ Die Bindungstheorie bietet hier zwei Modelle an: das Bild der „Bindungs-Explorations-Balance“ (Schölmerich/Lengning 2004, 203) und das Konzept der „sicheren Basis“ (ebd.). Bei dem ersten Modell handelt es sich um eine wechselseitige Beeinflussung zweier Systeme, bei dem anderen geht es um die emotionale Sicherheit als Ausgangsbasis für eigenes Explorationsverhalten (vgl. Grossmann u. a. 2003[3]a, 230; Lengning/Lüpschen 2012, 12).

Nach Bowlby handelt es sich bei der Bindung „ein psychologisches Konstrukt, das Emotionen, Motivationen und Verhalten des Kindes je nach den Erfordernissen der Situation strukturiert“ (Rauh 2002[5], 197). Die Bindungsbeziehung ist „ein Ziel korrigierendes Kontrollsystem, das ein kindliches Verhalten reguliert und dabei das Gefühl der Sicherheit herstellt und aufrecht erhält“ (Ahnert 2004a, 71). Es handelt sich also um einen dynamischen Prozess, der die Wechselwirkung zur Umwelt immer berücksichtigt. In für das Kind sicheren Situationen genügt oftmals ein Rückversicherungsblick, während das eigentliche Bindungsverhalten eher in unsicheren Situationen greift, dort, wo das Kind die Nähe der Bezugsperson zum Herstellen der eigenen Sicherheit braucht. Auf Dauer entwickelt das Kind mit zunehmender Bindungserfahrung und zunehmender Kompetenzerweiterung ein Modell mentaler Repräsentationen der Bindungsbeziehung, „die als Resultat eines Optimierungsprozesses handlungsleitend für aktuelle Bindungskontexte werden kann“ (ebd.).

Lengning/Lüpschen (2012,13) weisen allerdings darauf hin, dass kulturvergleichende Studien, sie erwähnen hier amerikanische und japanische, eine Verallgemeinerung der Sichtweisen für die Entwicklung generell nicht zulassen.

Wenn auch Bowlbys Untersuchungen die fundamentale Bedeutung frühkindlicher Bindung für die weitere psychosoziale Entwicklung des Kindes betonen, so ist doch auch kritisch anzumerken, dass seine Überbetonung der Mutter-Kind-Beziehung „zu einem Muttermythos sowie einer Überbewertung der mütterlichen Betreuung geführt und eine inadäquate Wahrnehmung und Bewertung nicht-mütterlicher Betreuungsarrangements bewirkt (haben)" (Ahnert/Schnurrer 2006, 303; Ahnert 2007, 44). Die teils heftig immer wieder neu geführten Diskussionen um das Für und Wider institutionalisierter frühkindlicher Erziehung haben auch hier ihre Wurzeln.

Folgt man der Literatur lassen sich prinzipiell zwei Formen des Bindungsverhaltens unterscheiden:

- *Bonding* bezeichnet die emotionale Bindung der Eltern an das Kind, während
- *Attachement* die emotionale Bindung des Kindes an seine Bezugsperson meint (vgl. Rauh 1998[4], 183, 239 ff; Rauh 2002[5], 142; Grossmann u. a. 2003[3]a, 223).

In der ersten Zeit, d. h. bis zum zweiten Lebensjahr überwiegt wohl eher das Bonding, während ab dem zweiten Lebensjahr das Attachement zunehmend an Bedeutung gewinnt.

Obwohl beim Bonding die Wirksamkeit hormoneller und neuronaler Prozesse nicht ausgeschlossen wird, „wird die Mutter-Kind-Beziehung insbesondere als interaktive dyadische Regulation von Emotionen verstanden" (Ahnert 2004a, 66), die letztlich dafür verantwortlich ist, dass sich die neuronalen Schaltkreise der Emotionsregulation des Kindes entwickeln und zunächst dessen sozial-emotionale Entwicklung prägen (vgl. ebd.), die dann aber im Zuge der weiteren Entwicklung vom Kind selbst übernommen wird.

Das personenbezogene Bindungsverhalten vollzieht sich, in Anlehnung an Mary Ainsworth, einer späteren Mitarbeiterin von Bowlby, in drei bzw. vier Etappen oder Phasen (vgl. Rauh 2002[5], 197), die in einer ähnlichen Form auch bei Bowlbys Beschreibungen selbst zu finden sind (vgl. Bowlby 2006, 256 ff):

1. Das Kind reagiert grundsätzlich auf andere Personen; eine spezifische Bindung ist noch nicht vorhanden;
2. das Kind reagiert zunehmend – etwa ab dem dritten Monat – auf spezifische Personen;
3. die eigentliche Bindung – im siebten bis achten Monat – geht einher mit einer zunehmenden Motorik einerseits und der Entwicklung von Objektpermanenz andererseits;
4. eine vierte Etappe, „die der zielkorrigierenden Partnerschaft" (Rauh 2002[5], 197), wird mit ca. drei Jahren erreicht.

Schon im Alter von ca. 12 Monaten wird dem Baby die Bindung an die Mutter immer bewusster. Dies zeigt sich u. a. in der Verlagerung des Bedürfnisses nach körperlicher Befriedigung hin zu einem Gefühl nach Geborgenheit (vgl. Stern 1995[3], 95). Stern betont, dass sich die Bindung nicht verändert hat, nur dass das Baby „jetzt diese Bindung selbst erleben" (ebd.) und sich aufgrund der fortschreitenden Entwicklung anders darauf einstellen und einlassen kann.

Während Bowlby den theoretischen Zugang zur Bindung eröffnet hat, gilt dies für Mary Ainsworth hinsichtlich des empirischen Weges (vgl. Bruer 2004, 74 ff; Grossmann 2004, 21; Main 2002, 173 ff; Lengning/Lüpschen 2012, 15 ff). Sie entdeckte auf Grundlage der *‚Fremden Situation'* bei 12 - 24 Monate alten Kindern insgesamt vier Strategien mit Interaktionsgeschehen umzugehen: „Nähesuchen, Kontakthalten, Widerstand gegen Körperkontakt und Vermeidungsverhalten" (Rauh 2002[5], 199; vgl. Ahnert 2004a, 67 ff). Aus skalierten Messungen, in erster Linie aus den Untersuchungen von Ainsworth, resultierten letztlich drei, seit den 1980er Jahren (vgl. Roth 2011[4], 70; 2013[8], 25) vier Bindungsstile, die immer wieder ähnlich beschrieben werden: der unsicher-vermeidende (A), der sicher-gebundene (B), der ambivalent-unsichere Bindungsstil (C) und letztlich noch der desorganisierte-desorientierte Bindungsstil (D). Zulauf-Logoz (2004, 297) zufolge etablierte sich dieses System „als ein wichtiges diagnostisches Verfahren zur Bestimmung der Bindungsqualität."

Anzumerken bleibt, dass Kinder, sobald sie den dritten Geburtstag hinter sich haben, besser mit einer zeitweiligen Abwesenheit der primären Bezugsperson umgehen können (vgl. Bowlby 2006, 201). In solchen Fällen wenden sie sich untergeordneten, ihnen allerdings bekannten Bindungsfiguren zu. Damit es zu einem ‚gesunden' Verhalten des Kindes kommt, muss es selbst aber gesund sein und muss zudem wissen, wo sich die primäre Bezugsperson momentan aufhält und dass es jederzeit zu ihr Kontakt aufnehmen kann. Trotz alledem ist Bowlby (a. a. O., 203) der Meinung, dass das Bindungsverhalten auch nach dem dritten Geburtstag „weiterhin ein Hauptaspekt ihres Verhaltens bleibt", der sich auch noch bis in die Schulzeit verfolgen lässt und sich erst in der Adoleszenz abschwächt, aber wohl nie ganz auflöst.

Als unsicher-vermeidend wird ein Bindungsstil (A) dann bezeichnet, wenn keine ausreichende Bindung zwischen Mutter und Kind besteht. Das Verhalten der Mutter gegenüber dem Kind ist dann wenig herzlich, das Kind ist sozusagen auf sich zurückgeworfen. Ein Weggehen der Mutter nimmt ein solches Kind anscheinend kaum zur Kenntnis. Auch ihr Zurückkehren wird kaum beachtet, es meidet den Blickkontakt und sucht nicht ihre Nähe (vgl. Dornes 2006[8], 178, 223). „Der Organismus gerät aus dem Gleichgewicht" (Gerhardt 2006, 37). Die Situation insgesamt kennzeichnet sich durch mangelnde Kontingenz und Reaktionsbereitschaft und trägt letztlich nicht zu einer positiven Identitätsentwicklung des Kindes bei. Das Kind lernt, seine Gefühle gegebenenfalls zu unterdrücken und auszublenden. Kennzeichen dieser Kinder ist es, das sie sich weniger an Personen, sondern mehr an Objekten orientieren, „um ihren negativen Effekt zu minimieren" (Schölmerich/Lengning 2004, 206). In anderen Untersuchungen konnte gezeigt werden, dass unsicher-vermeidende Kinder bei Erziehern ein ähnlich negatives Verhalten, wie das, was sie zu Hause erfahren, auslösen. D. h. familiär bekannte Muster werden in außerhäusliche Erziehungssituationen übertragen bzw. dort reproduziert (vgl. Suess/Hantel-Quitmann 2004, 337; Lorenzer 2006).

Sicher gebundene Kinder (B) reagieren beim Weggang der Mutter intensiv und zeigen ihren Kummer deutlich. Sie suchen die Mutter und lassen sich nur ungern von anderen trösten. Sobald sie zurückkehrt, suchen sie „Kuschelkontakt" (Rauh 2002[5], 199), suchen ihre Nähe, beginnen aber dann bald wieder zu spielen (vgl. Dornes 2006[8], 178, 223). Eine sichere Bindung zu haben bedeutet für den Erwachsenen, in erster Linie für die Mutter, „an den Erfahrungen des Kindes teilzuhaben und positive Emotionen zu verstärken, unangenehme Emotionen dagegen zu reduzieren" (Ahnert 2004b, 74). Letztlich lernt das Kind so „Dialogstrukturen sowie deren Abweichungen kennen, erfährt Umstände, unter denen Störungen auftreten und beseitigt werden und erhält damit eine grundlegend positive Ausrichtung seiner Identität in einem Beziehungsgefüge" (ebd.). Somit hat eine gute Bindung einen erheblichen Einfluss auf die soziale Identität des Kindes. Bezogen auf das

Verhalten zu anderen Kindern, sind die B-Kinder diejenigen, die im Kontakt zu anderen Kindern offen sind, die Blickkontakt halten (vgl. Stern 1979, 46 ff), ein geselliges Verhalten, Interesse und Aufmerksamkeit an neuen Objekten und eine längere Aufmerksamkeitsspanne und ein intensiveres Explorationsverhalten zeigen. Hüther/Hauser (2012, 47) zufolge ist eine solche Bindung notwendig und entscheidend dafür, „dass ein Neugeborenes die von ihm mitgebrachte und in seinem Gehirn angelegt Offenheit für alle möglichen Erfahrungen nicht verliert."

Nach Krenz (2014, 9) führen sichere Bindungen „zu nachhaltigen Selbstbildungsprozessen." Aus einer sicheren emphatischen Bindung und eine sicheren Bindungserleben heraus entsteht eine Lebensfreude, die sich in „Lernfreude, Lernmotivation, Anstrengungsbereitschaft und Selbstbildungsaktivitäten" (ebd.) niederschlägt. Hieraus entwickeln sich wiederum ein positives Selbstkonzept, ein ebensolches Selbstwertgefühl und eine Selbstwirksamkeitsüberzeugung. Deren Folge sind Neugier, Explorationsfreude und Selbstorganisation (vgl. Renz-Polster/Hüther 2013, 16 ff). Nach neusten Angaben gelten in Deutschland rund 60 % der Kinder als sicher gebunden (vgl. Briesch 2014, 22).

Ambivalent-unsichere Kinder (C) reagieren intensiv und zeigen Kummer, wenn die Mutter den Raum verlässt, suchen von sich aus Kontakt sobald die Mutter zurückkehrt, widersetzen sich aber deren Kontaktwünschen. „Sie sind hin und her gerissen zwischen Nähesuchen und Distanzierung" (Dornes 2006[8], 178, 223). Den Grund vermutet Ainsworth in einem inkonsistenten Interaktionsverhalten seitens der Mütter, ihr Verhalten war und ist letztlich für die Kinder nicht berechenbar. Das Verhalten der Kinder ist, nach Dornes (a. a. O., 180), „die Konsequenz und Begleiterscheinung der Qualität vergangener (und gegenwärtiger) Beziehungserfahrungen." Die Kinder dieses Typs wirken eher sozial zurückgezogen bzw. zeigen weniger Selbstbehauptung in der sozialen Interaktion und ein schwächeres Selbstwertgefühl, sind oftmals in ihrem Erkundungsverhalten stark eingeschränkt, was sich wiederum im sozialen Spiel und in der Manipulation an Objekten zeigt, und zeigen weniger Aufmerksamkeit während der Exploration (vgl. Schölmerich/Lengning 2004, 205 ff). Ihnen fehlt letztlich das Rüstzeug, „um sich vertrauensvoll auf die Deutung eigener und fremder Gefühle einzulassen" (Gerhardt 2006, 38).

Ein vierter Bindungsstil, desorganisiert-desorientiert (D), konnte erst Mitte der 1980er Jahre beobachtet und beschrieben werden (vgl. Lengning/Lüpschen 2012, 20 ff). Den Anteil mit 15-30 % bezeichnen Hesse/Main (2002, 225) als „erschreckend hoch.“ Diese Kinder zeigen selbst in Gegenwart ihrer Mutter auffällige Verhaltensweisen (vgl. Zulauf-Logoz 2004, 300). Hesse/Main (2002, 222) ermittelten in sieben Bereichen anormale Verhaltensweisen, die letztlich auch auf ein desorganisiertes, feindseliges, ängstliches, verschlossenes, gehemmtes oder hilfloses Verhalten der Mutter, zurückzuführen sind (vgl. Stern 1979, 134 ff; Hesse/Main 2002, 239 ff; Lyons-Ruth u. a. 2002, 249 ff).

Desorganisiertes Bindungsverhalten wurde besonders beobachtet bei Risikokindern in Folge von Missbrauch, unangemessenem elterlichen Verhalten oder mütterlicher Depression infolge unverarbeiteter Verlust- oder Missbraucherlebnisse oder anderer traumatisierender Erlebnisse oder Hilflosigkeit (vgl. Grossmann 2004, 37; Ahnert 2004a, 69; Zulauf-Logoz 2004, 297 f, 301, 303 ff; Gerhardt 2006, 38; Hesse/Main 2002; Lyons-Ruth u. a. 2002; Buchheim u. a. 2002). Unverarbeitete Traumata stellen wohl das größte Risiko dar. Allerdings können auch ungünstige individuelle Verhaltensdispositionen seitens des Kindes mit entscheidend sein (vgl. Grossmann 2004, 37; Zulauf-Logoz 2004, 298). Dem widerspricht aber folgende Aussage: „Desorganisation des Bindungsverhaltens ist [...] nicht als Eigenschaft des Kleinkindes, sondern als Merkmal der Beziehung zu einer Bindungsfigur zu verstehen“ (Zulauf-Logoz 2004, 299). Desorganisiertes Verhalten kann aber auch Folge einer neurologischen Beeinträchtigung sein oder aus einer pharmakologischen Intervention herrühren und es kann Ergebnis einer länger andauernden Phase der Isolation sein (vgl. Hesse/Main 2002, 224). Des Weiteren kann es eine Reaktion auf widersprüchliches oder schambehaftetes Verhalten oder Folge einer schwerwiegenden Trennung sein (vgl. ebd.).

Desorganisierte Kinder sind sowohl im Vor- und Grundschulalter als auch als Jugendliche häufig auffällig. Merkmale sind Ängstlichkeit, Aggressionen, Tagträume, Unfallneigungen und Selbstverletzungen als Beispiele „eine(r) grundlegende(n) Störung in der Fähigkeit zur Emotionsregulation“ (a. a. O., 311). Eine desorganisierte Bindung stellt insgesamt einen entwicklungspsychologischen Risikofaktor dar. In weiteren Untersuchungen bestätigte sich, dass dieses Bindungsverhalten auch über Generationen aufrechterhalten werden kann, wenn keine Verarbeitung stattfindet (vgl. Hesse/Main 2002, 220, 226; Lyons-Ruth 2002, 250).

Die vier Bindungsstile gelten, trotz einiger Kritik (vgl. Bruer 2000, 77; Spangler u. a. 2002; Grossmann u. a. 2003[3]a, 267 ff), allgemein hin als wissenschaftlich bestätigt und konnten auch im Verhalten zu anderen Bezugspersonen, unabhängig vom Geschlecht des Kindes, nachgewiesen werden (vgl. Rauh 1998[4], 243 ff;

Grossmann u. a. 2003[3]a, 264 f; Lengning/Lüpschen 2012, 23 f). Bruer (2000, 77 f) führt unter Berufung auf neuerer Forschungsergebnisse dagegen an, dass die Bindungsstile nur dann zeitlich überdauern, wenn sich die Lebenssituation für Mutter und Kind, in der sie einst entstanden sind, sich nicht wesentlich ändert.

Mittlerweile existieren für die Gruppen A-C noch Untergruppen, auf die ich hier aber nicht gesondert eingehen will (vgl. Dornes 2006[8], 223 f). Kulturübergreifende Studien (vgl. Lengning/Lüpschen 2012, 22 f) zeigen, dass sich auch die Bindungsstile und besonders deren Wertung nicht allgemein auf andere wenn nicht sogar alle Kulturen übertragen lassen. Lenging/Lüpschen (2012, 23) gehen sogar so weit zu behaupten, dass zumindest die Bindungsstile A-C durchaus auch positive Aspekte aufweisen.

Mittlerweile gilt es zumindest von psychotherapeutischer Seite aus als gesicherte Erkenntnis, dass viele der in der Kindheit erlebten belastenden Erfahrungen aufgrund unsicherer Bindungen zu u. U. zu chronischen Erkrankungen im Erwachsenenalter führen können (vgl. Wilhelm 2014a). Dahinter steht die Annahme, dass sich frühe negative Beziehungserfahrungen negativ auf spätere Beziehungserfahrungen und späteres –verhalten auswirken (vgl. a. a. O., 28 f).

Nach Roth (2011[4], 71) ist davon auszugehen, „dass der so ermittelte frühkindliche Bindungstyp mit dem erwachsenen Bindungsverhalten eng zusammenhängt.“ Wie bei kindlichen Bindungsverhalten lassen sich auch beim Erwachsenen vier Bindungstypen unterscheiden, die hier nur kurz genannt werden sollen, ohne intensiv darauf einzugehen. Unterscheiden lassen sich sicher-autonom, bindungsdistanzierte, bindungsverstrickte Erwachsen und solche, die eine unverarbeitetes Trauma mit sich tragen (vgl. ebd.). Wichtig ist hier, dass sich das jeweilige Bindungsmuster des Erwachsenen auf das Bindungsverhalten der eigenen Kinder auswirkt (vgl. ebd.; vgl. Roth 2013[8], 25 f). Man spricht in diesem Zusammenhang von einem „trans- oder intergenerationellen Transfer von Bindungserfahrungen“ (Roth 2011[4], 71; vgl. 2013[8], 26). „Die Übereinstimmung zwischen dem Bindungsmuster der Mutter und dem der Kinder beträgt ungefähr 75 Prozent, bei Vätern ungefähr 65 Prozent“ (Briesch 2014, 23).

Fragt man nach der Prävalenz der einzelnen Bindungsstile, so zeigt eine Studie für Deutschland aus dem Jahr 2000, die bei Lengning/Lüpschen (2012, 23) zitiert wird, „eine Verteilung von 44,9 % sicher Gebundenen, 27,7 % unsicher-vermeidend Gebundenen und 6,9 % unsicher-ambivalent Gebundenen sowie 19,9 % Personen mit desorganisierter Bindung“ (vgl. Briesch 2014, 22). Fragt man nach der

Stabilität von Bindungsmustern, so lässt sich sagen, dass sie grundsätzlich stabil sind, auch wenn sie keinesfalls als unveränderlich erscheinen, wenn sich z. B. gravierende Veränderungen innerhalb der Lebensumstände ergeben (vgl. a. a. O., 30 ff).

Aus den unterschiedlichen Bindungsstilen resultieren unterschiedliche emotionale Gewohnheiten, die sich bereits in einem Alter von einem Jahr messen lassen (vgl. Gerhardt 2006, 40). Lengning/Lüpschen (2012, 57) verweisen hier auf eine Untersuchung von Ulich aus dem Jahr 2003, wonach sowohl die Qualität, die Feinfühligkeit als auch die Intensität der Interaktionen sowohl die Intensität des Erlebens von Emotionen als auch die Breite des Spektrums an Emotionen und die Strategien sowohl zur inter- als auch zur intrapsychischen Emotionsregelungen beeinflussen. Deutlich wird dadurch auch, dass ein Zusammenhang besteht zwischen der individuellen Emotionsregelung und dem entsprechenden Bindungsverhalten (s. o.) (vgl. a. a. O., 63 ff).

Was sich auch immer wieder deutlich zeigt, ist, dass in jedem Fall selbst erfahrene Bindung mit in das gegenwärtige Geschehen einfließt (vgl. Bretherton 2002, 20). So konnten Untersuchungen Ende der 1980er und Anfang der 1990er Jahre zeigen, dass sich bei fast 70 Prozent der untersuchten Vorschulkinder „eine eindeutige Übereinstimmung zwischen den vier Klassifikationen in der Fremden Situation im Kleinkindalter [...] und den vier entsprechenden [...] Klassifikationen im Vorschulalter“ (a. a. O., 21) ergaben. Nach Dornes (1993, 205) zeigen sicher gebundenen Kinder im Kindergarten und in der Schule adäquateres Sozialverhalten, mehr Fantasie, positivere Affekte beim freien Spiel, haben eine größere Aufmerksamkeitsspanne, ein höheres Selbstwertgefühl und wesentlich weniger depressive Symptome (vgl. Grossmann u. a. 2003[3]a, 252 ff). Auch als Erwachsenen sind sie in der Regel offener und aufgeschlossener. Diese Ergebnisse, besonders aber die Tatsache einer weitreichenden Wirkung des Bindungsverhaltens über die Kindheit, das Jugendalter und das Erwachsenenalter bis ins Alter, konnten in ähnlichen Untersuchungen auch aus neuerer Zeit immer wieder bestätigt werden (vgl. Bowlby 2006, 203 f; Schumacher u. a. 2004, 148 ff; Grossmann u. a. 2003[3]b, 1157 ff, 1163 ff; Albani u. a. 2002, T67 ff). Allerdings ist zu berücksichtigen, dass sich mit zunehmendem Alter sowohl die Zielrichtung als auch die Intensität der Bindung verändert. Prinzipiell lässt sich dennoch sagen, dass sicher gebundene Kinder sich auch später, je nach Untersuchung, bis ins Erwachsenenalter hinein, in vielen sozial relevanten Situationen sicherer und kompetenter fühlen als solche mit unsicheren Bindungsmustern.

Wichtig aber ist, dass ein spezifisches Bindungsverhalten kein Persönlichkeitsmerkmal eines Kindes ist, „sondern das Charakteristikum einer spezifischen personenbezogenen Bindung“ (Rauh 2002[5], 201; vgl. Ahnert 2004a, 70). In verschiedenen Untersuchungen (vgl. Spangler u. a. 2002; Ahnert 2004a, 64ff; Gerhart 2006) konnten zudem Zusammenhänge zwischen biologischen bzw. physiologischen Prozessen und dem Bindungsverhalten differenziert nachgewiesen werden. Die besondere Bedeutung des Stresshormons Cortisol wird darin belegt (vgl. Gerhardt 2006). In verschiedenen Längsschnittuntersuchungen (vgl. Rauh 2002[5], 201 f) konnte zudem nachgewiesen werden, dass sich das Bindungsverhalten bzw. die Bindungsqualität bis ins Schulalter „als vergleichsweise stabiles Merkmal herausstellt“ (a. a. O, 201), dass durch bedeutsame emotionale Erfahrungen sich dieses aber auch sowohl zum Guten als auch zum Schlechten verändern kann. Nicht zuletzt deshalb kommt dem Aspekt der Frühintervention zentrale Bedeutung zu (vgl. Suess/Hantel-Quitmann 2004). Diese aber sollte unbedingt das familiäre Umfeld mit einbeziehen.

Nach Keller (2004, 117) besteht „eine weitere zentrale Aussage der Bindungstheorie [...] darin, Zusammenhänge zwischen der Bindungsqualität und der späteren sozialen und kognitiven Kompetenz der Kinder aufzuweisen.“ Gerade hinsichtlich der Zusammenhänge zur kognitiven Kompetenz bestehen jedoch einige Zweifel. So lassen sich wohl Zusammenhänge zwischen dem Bindungsverhalten, dem Explorationsverhalten, der sprachlichen Entwicklung, dem Erwerb einer ‚Theory of Mind’ (ToM) und dem non-verbalen und verbalen Kommunikationsverhalten nachweisen (vgl. Klann-Delius 2002, 92 ff; 2004,172 f), doch möglicherweise können diese „auch direkt auf den familiären Diskursstil zurückgeführt werden“ (Keller 2004, 117). Anzeichen unsicherer Bindung sehen Gebauer/ Hüther (2002, 15) in aggressivem Verhalten, in einer Abschottung gegenüber fremden Einflüssen, in einem „Rückgang an Motivation, Verstehen, Behalten, Erinnern, Erkennen von Zusammenhängen und eine(r) eingeschränkte(n) Fähigkeit beim Erkennen und lösen von Konflikten.“ Auch durch Gerhardt (2006, 103 ff) konnte aufgezeigt werden, welche Folgen instabile Fundamente im Bindungsverhalten haben können. Hinsichtlich weiterer Aussagen zum Verhältnis von Bindung und Kompetenz ist auch der kulturellen Komponente wesentliche Beachtung zu schenken (vgl. a. a. O., 113).

In einer weiteren Abhandlung von Ahnert (2004b) geht es um Bindungserfahrungen in erweiterten Beziehungsnetzen, z. B. in der Tages- oder Fremdbetreuung. Ein Bereich, der auch für das Arbeiten z. B. im Grundbereich der Musikschule interessant ist, denn Bindungsbeziehungen „sollten entscheidend dafür sein, dass das Kind auch motiviert ist, die fertigkeits- und fähigkeitsfördernden Anregungen der Curricula anzunehmen" (a. a. O., 275).

Es zeigt sich, dass Kinder durchaus in der Lage sind, zu mehreren Personen Bindungsbeziehungen aufzubauen, die sich aber dennoch unterscheiden (vgl. Lengning/Lüpschen 2012, 36 ff). So kann eine Erzieherin schon zur Bindungsperson werden, aber sie kann nicht an die Stelle z. B. der Mutter treten (vgl. Ahnert 2004b, 246). Ob es zu einer Bindung zu der Erzieherin kommt, hängt im Wesentlichen von dem Verhalten der Erzieherin und den Erzieherin-Kind-Interaktionen ab (vgl. a. a. O., 267). Ergänzt werden muss allerdings, dass die Beziehung zu dem einzelnen Kind nicht unabhängig zur Beziehung der Gruppe als Ganzes zu sehen ist. „Damit erscheint ein emphatisches, gruppenbezogen ausgerichtetes Erzieherverhalten, das die wichtigsten sozialen Bedürfnisse eines Kindes unter der Einbeziehung der Anforderungen der Gruppe zum richtigen Zeitpunkt bedient, konstitutiv für die Bindungssicherheit eines Kindes zu seiner Erzieherin" (a. a. O., 268). Die Bedeutung der Bindungen im Kindergartenbereich erstreckt sich auch auf den darauf folgenden Schulbereich (vgl. Target u. a. 2002), auch wenn dieser Bereich insgesamt einer differenzierten Betrachtung bedarf.

Die weiteren Untersuchungen zeigen also Zusammenhänge zwischen früher institutionalisierter Kindererziehung (Krippe), z. B. eine Abhängigkeit von dem Bildungsstand der Eltern insbesondere der Mutter, der Qualität der Betreuung und der Qualität der Eingewöhnung. Nach Ahnert (2004b, 75) zeigen sowohl sicher als auch unsicher gebundene Kinder bei längerer Trennung einen hohen Stresspegel, was theoretisch mit Blick auf eine (zu) frühe Unterbringung in einer Krippe zu denken geben könnte. Mit Ahnert (2004b, 78) lässt sich daher die Frage stellen, ob ein so wichtiges System wie das Bindungssystem „nicht mehrfach abgesichert sein muss und deshalb multipel determiniert ist." Sie verweist in diesem Zusammenhang auf eine Arbeit von MacDonald aus dem Jahr 1992, in der das Bindungssystem in ein Sicherheits- und ein Zuneigungs- bzw. Wärmesystem differenziert wird (vgl. Lohaus u. a. 2004, 157 ff). Während das erste für eine Verhaltensregulierung zur Verfügung steht, geht es in dem zweiten um positive Affekte und liebevolle Beziehungen. Beide Systeme müssen nicht unbedingt Hand in Hand gehen. So kann durchaus ein Sicherheitsbedürfnis befriedigt werden, „ohne dass emotionale Wärme gezeigt wird“ (ebd.). Lohaus u. a. verweisen in diesem Zusammenhang erneut auf bestehende kulturelle Unterschiede. Hier könnte aber auch eine Möglichkeit bestehen, verschiedene Bindungen „unter unterschiedlichsten Betreuungsbedingungen zu entwickeln und aufrechtzuerhalten“ (Ahnert 2004b, 78). Letztlich konnte Ahnert in eigenen Untersuchungen aber zeigen, dass sich zwischen hausbetreuten und tagesbetreuten Kindern keine wesentlichen Unterschiede zeigten. Vielleicht liegt es auch daran, dass viel Mütter tagesbetreuter Kinder eine Art kompensatorische Betreuung vor und nach der Tagesbetreuung zeigen (vgl. a. a. O., 79; vgl. Aamodt/Wang 2012, 218).

Ohne die Quelle näher zu bestimmen, schreiben Hüther/Hauser (2012, 147) mit Bezug auf Untersuchen von Ahnert, dass sich die Beziehungen zwischen Erwachsenen und Kindern im Laufe der letzten 30 Jahre dahin gehend verändert haben, dass sich heute eher die Kindern an den Bedürfnissen der Eltern orientieren als andersherum. Sie folgern daraus, dass Kinder mit der Bewältigung ihrer Gefühlswelt eher auf sich zurückgeworfen werden, woraus sich ein „distanziertes Beziehungsmuster“ (a. a. O., 148) entwickelt, das sich dadurch kennzeichnet, dass Kinder in Laufe der Entwicklung eine „Angst vor Nähe und Ablehnung“ (ebd. ) entwickeln, gepaart mit der „Furcht, mit (ihren – L. K.-S.) Sorgen nicht ernst genommen zu werden“ (ebd.). Sie machen das auch daran fest, dass mittlerweile jedes zweite Kind zum Bindungstyp A (unsicher-vermeidend) zu rechnen ist. Folgen sehen sie in der „enorme(n) Zunahme psychischer (und physischer – L. K.-S.) Erkrankungen“ (ebd.).

Ausgehend von der Bindungsforschung bei Kleinkindern stellt sich die Frage nach der Bedeutung der Bindung zum Beispiel im Rahmen der Schule. Spitzers Antwort in diesem Zusammenhang: „Die Person des Lehrers ist das Wichtigste“ (Spitzer in Kahl 2006, 21). Was für den Bereich der Schule gilt, gilt auch für den der Therapie. Egal welche Form einer Therapie gemacht wird, das Verhältnis von Klient und Therapeut bestimmt den Erfolg einer Therapie mit.

Die Bedeutung des Bindungsstils als überdauerndes Kriterium wird mittlerweile aber auch kritisch gesehen (vgl. Fraley et al. 2013; Reinhardt 2014). Im Rahmen einer Längsschnittstudie konnte nachgewiesen werden, dass der Bindungsstil eines jungen Erwachsenen wohl nur um 30 % auf das frühkindliche Bindungsverhalten zurückzuführen ist. Dem gegenüber scheinen die späteren Bindungserfahrungen an Einfluss zu gewinnen. Des Weiteren scheint es auch so zu sein, dass das Bindungsverhalten insgesamt flexibler ist, als bisher angenommen (vgl. Kap. 3.5).

## 2.2 Bindungsstörungen

Im negativen Fall, wenn also Möglichkeiten, eine sichere Bindung herzustellen, nicht funktionieren, entsteht eine unsichere Bindung, die sich in den oben beschriebenen Bindungsverhalten A – D niederschlägt. Die Gründe hierfür liegen wie oben dargelegt oftmals in einer eigenen Bindungsunsicherheit der Primärpersonen. „Die Folgen […] für die weitere Entwicklung des kindlichen Gehirns sind umso schwerwiegender und nachhaltiger, je weniger einem Kind Gelegenheit geboten wird, auch enge emotionale Bindungen mit anderen Personen einzugehen" (Hüther/Bonney 2010[11], 37). Die Defizite, die Kinder u. U. so entwickeln, treten u. U. nicht sofort in Erscheinung, sondern zeigen sich oftmals erst dann, „wenn die Anforderungen gesteigert werden, wenn Menge und Komplexität der zu verarbeitenden Informationen anwachsen, wenn Geschwindigkeit Ausdauer und Gründlichkeit gefordert werden" (a. a. O., 52 f).

Von Bindungsstörungen wird erst dann gesprochen, wenn Menschen durch ein „völlig verändertes Bindungsverhalten" (Briesch 2012[7], 70), das auch nicht den Bindungsstilen A –D entspricht, auffallen. Die daraus resultierenden Verhaltensweisen erlangen dann das Bild eines „behandlungsbedürftigen Störungsmuster" (ebd.) oder kennzeichnen sich durch „undifferenziertes Bindungsverhalten" (a. a. O., 71), häufige Unfälle, Trennungsängste, übermäßige Anpassung, Aggressionen, Rollentausch zwischen Eltern und Kind und/oder diverse psychosomatische Reaktionen (vgl. a. a. O., 70 ff)

Die wohl wichtigste Ursache für eine Entstehung von Bindungsstörungen sieht Hüther (2012[7], 27) in einer emotionalen Vernachlässigung. Die daraus resultierende Folgen schätzt er als so schwerwiegend ein, dass sich diese auch im späteren Leben nur schwer korrigieren lassen (vgl. a. a. O., 29). Aus der neurologischen Forschung zu Beziehungs- und Bindungsverhalten ist mittlerweile bekannt, dass direkt körperliche Berührungen oder andere indirektere Formen emotionaler Anteilnahme die allgemeine Gesundheit, die Möglichkeiten zur Stressbewältigung, die Lernbereitschaft, die Motivation und das Leistungsverhalten insgesamt positiv beeinflussen können (vgl. Schwing 2011, 20 ff; Aamodt/Wang 2012, 274 ff; Grossmann/Grossmann 2012[7], 60 ff).

Grossmann/Grossmann (2012[7], 44 ff) verweisen darauf, dass negative vorsprachliche Bindungserfahrungen die sprachliche Kohärenz negativ beeinflussen. Sie sprechen von einem „Mangel an ‚metakognitiver Selbstkontrolle'" (a. a. O., 45).

Hirnphysiologisch äußert sich ein daraus resultierendes Verhalten dahingehend, dass Erfahrungen im Gehirn nicht abgespeichert und mentale Repräsentationen nicht gebildet werden können und, wie schon gesagt, dadurch das gesamte Lernverhalten der Kinder einschließlich der Motivation geschädigt wird.

Weitere Auswirkungen betreffen das Sozialverhalten. Die Kinder ziehen sich einerseits auf sich zurück und sind andererseits sehr angstbesetzt. Ein anderer Punkt betrifft ihre Orientierungslosigkeit, wodurch sie zum Spielball für andere werden können. Auf den Punkt gebracht: „*Wenn der Boden, auf dem die Kinder stehen, zu dünn wird, brechen sie irgendwann ein*" (Hüther 2012[7], 29).

Auch wenn sich der Beitrag von Schwing auf das therapeutische Geschehen bezieht, lassen sich die dort angesprochenen Kriterien für ein Gelingen einer therapeutischen Beziehung durchaus auch auf den Lernprozess beziehen (vgl. Schwing 2011, 22 ff).

Nach Krenz (2014, 9) ist davon auszugehen, dass unsicher gebundene Kinder (A , C und D) oftmals Verhaltensauffälligkeiten zeigen. Seiner Theorie nach haben diese Auffälligkeiten auch immer was mit den Beziehungen der entsprechenden Kinder zu Erwachsenen zu tun und sind somit auch als „Mangel an Bindungsnähe" (ebd.) zu sehen: „Auffällige Verhaltensweisen des Kindes sind ein Spiegelbild für pathogene Beziehungsstrukturen" (ebd.) und wirken hinderlich auf das Entwicklungsgeschehen und „führen zu nachhaltigen Bildungsstörungen" (ebd.).

Nur am Rande sei hier darauf hingewiesen, dass eine frühe musikalische Kommunikation durchaus in der Lage ist, Bindungsverhalten zu stärken (vgl. Hendricks/McPherson 2010).

## 2.3 Zur Neurobiologie des Bindungs- und Lernverhaltens

„Die Forschung der letzten Jahre hat uns klar vor Augen geführt, wie stark zwischenmenschliche Beziehungen die Biologie des Gehirns beeinflussen" (Bauer

2007, 62; vgl. Hüther 2009[2]a, 43; Hüther/Bonney 2010[11], 43 f; Gebauer/Hüther 2012[7]). Der Begriff des ‚sozialen Gehirns', der vor einigen Jahren von T. Insel, Dirktor des amerikanischen National Institute of Mental Health (NIMH), geprägt wurde, sieht im Gehirn, wie bereits oben dargestellt, ein Organ, „das auf soziale Interaktionen spezialisiert und gleichzeitig durch diese in hohem Maß formbar ist" (Bauer 2007, 63).

Nach Schore (2003[3], 49) zeigt sich, „dass neuste Ergebnisse der Neurowissenschaften, die sehr gut mit der Bindungstheorie zusammenpassen, aussagekräftige Modelle dafür liefern, wie die Grundlage für gesunde und ungesunde Startbedingungen für Entwicklungsverläufe der Persönlichkeit über die Lebensspanne entstehen." Kausale Zusammenhänge zwischen Bindungstheorie und Erkenntnissen der Neurowissenschaften bezüglich der frühkindlichen Hirnentwicklung lassen sich nach Bruer (2000, 72, 80 f) nicht finden.

„Die Bindungstheorie geht von der Hypothese aus, dass es ein phylogenetisch erworbenes Bindungssystem gibt" (Braun/Helmeke 2004, 282), das dann aktiviert wird, wenn eine Gefahr eintritt, die durch das Neugeborene selbst nicht behoben werden kann. Schon eine kurze Erfahrung mit der Bindungsperson genügt, „um dieses Bindungserlebnis dauerhaft im Gedächtnis zu verankern" (ebd.).

Hüther/Bonney (2010[11], 33) sehen in dem Geburtsvorgang die erste tief greifende Angst, die ein Kind zu bewältigen hat, was durchaus dem analytischen Denken entspricht. Wie von Seiten der primären Bezugsperson damit umgegangen wird, wie schnell also das innere Gleichgewicht beim Säugling wieder hergestellt werden kann, ist mitbestimmend für die weitere Entwicklung. Das sich im positiven Fall daraus entwickelndes Gefühl der Geborgenheit durch beruhigende Aktivitäten der Bezugsperson, später auch weiterer Bezugspersonen, führt zu entsprechenden Verankerungen im neuronalen Netzwerk und bildet somit eine Grundlage für weitere eigene Erfahrungen und vor allem für die Entwicklung des Selbstvertrauens, „Vertrauen in die eigene Kompetenz bei der Bewältigung von Problemen" (a. a. O., 41), der Selbstwahrnehmung und der Selbstwirksamkeit. Aufbauend auf dieser Basis ist davon auszugehen, dass für einen sicher gebundener Menschen sich durch die Zunahme an Wissen, Fähigkeiten und Fertigkeiten „die frühen Bindungen ihre ursprüngliche sicherheitsbietende Bedeutung (verlieren)" (ebd.). Frühkindliche Bindungen sind eben „nur der erste Schritt eines langen und komplizierten Sozialisationsprozesses" (a. a. O., 44). Sie sind aber auch Grundlage für frühkindliche Lernprozesse. Zudem geht selbst die Psychoanalyse heute davon aus, dass Bindungsstörungen in früher Kindheit aufgrund negativer Erlebnisse sich durchaus durch nachfolgende positive Erlebnisse korrigieren lassen.

## 2.4 Zusammenfassung

- Bindungen sind ausgeprägte affektive innige Beziehungen, die es nicht nur bei Menschen, sondern auch bei Tieren gibt.
- Der Mensch ist ein soziales Wesen und seine Bindungsbereitschaft ist angeboren, doch seine Ausprägung unterliegt auch sozio-kulturellen Faktoren.
- Bindungsbereitschaft, –verhalten und -qualität unterliegen einer lebenslangen dynamischen Entwicklung.
- Bindungsstörungen können sich sowohl im Sozialverhalten als auch in Verhaltensauffälligkeiten zeigen und wirken sich negativ auf die Entwicklung aus. Aus Bindungsstörungen können Bildungsstörungen resultieren.
- Die Bedeutung des Bindungsverhaltens für die spätere Entwicklung wird uneinheitlich beurteilt. Demnach kann kindliches Bindungsverhalten Auswirkungen auch noch bei Erwachsenen zeigen, andererseits tritt seine Bedeutung mit zunehmender Selbstwirksamkeit in den Hintergrund.

# 3 Neurodidaktik – Neurowissenschaften und Pädagogik

Bevor es im Folgenden darum geht, die wesentlichen Elemente einer Neurodidaktik näher zu betrachten, möchte ich mich zuerst der Warnung von Flohr/Trevarthen (2008[2], 74) besonders im Hinblick auf eine pädagogische Nutzbarmachung neurowissenschaftlicher Erkenntnisse anschließen:

> „The pace of technological development in brain science is so fast that there is no time to correct errors of over simplification, and educational policies are often misguided by part truth."

Auch wenn Wikipedia in wissenschaftlichen Kreisen als nicht zitierfähig eingestuft wird, möchte ich doch diese Definition an den Anfang stellen, da sie zumindest als Arbeitsdefinition klar und deutlich erscheint. Neurodidaktik ist demnach „ein Sammelbegriff für verschiedene praxisorientierte Ansätze, die für sich in Anspruch nehmen, didaktische bzw. pädagogische Konzepte unter wesentlicher Berücksichtigung der Erkenntnisse der Neurowissenschaften und insbesondere der neueren Hirnforschung zu entwickeln" (Wikipedia, Stichwort: Neurodidaktik).

Der Begriff Neurodidaktik als solcher ist nicht wie sich vermuten ließe neueren Ursprungs, sondern existiert schon seit Ende der 1980er Jahre (vgl. Roth 2011[4], 281) und wurde seiner Zeit „eingeführt für ein neues methodisches Vorgehen im sonderpädagogischen Bereich bei Schülern mit Lern- und Verständnisschwierigkeiten" (Herrmann 2009[2], 9; vgl. Westerhoff 2008, 37).

Allein die Begriffswahl selbst ist heute nicht unumstritten. Während Stern (in Hanser/Ayan 2011, 46) den Begriff Neurodidaktik als Unwort bezeichnet, weil es sich demnach um ein in der Schule zu lernendes Fach handeln würde, schlägt Herrmann den Begriff der Neuromethodik vor, da es in erster Linie ja um die Vermittlungs- und Aneignungsprozesse geht, nicht aber um Inhalte. Neuropädagogik, ein weiterer Begriff in diesem Zusammenhang, bezeichnet eine Pädagogik, die in ihre Überlegungen nicht nur wie bisher die relevanten Ergebnisse der Psychologie, sondern auch die der Neurowissenschaften mit einbezieht.


L. Kowal-Summek, *Neurowissenschaften und Musikpädagogik*,
Edition Centaurus – Psychologie, https://doi.org/10.1007/978-3-658-21004-5_4

Obwohl die Neuropädagogik eine junge Disziplin ist, hat sie schon eine Geschichte. Vielleicht etwas zu sarkastisch formuliert Madeja (2015): „Es ist die Geschichte einer mit zu großen Versprechungen und zu hohen Erwartungen belastete Disziplin.“ Diese Geschichte lässt sich nach Madeja in drei Phasen einteilen, die kurz mit drei Stichworten gefasst werden: Euphorie, Enttäuschung, Normalisierung.

Es geht bei aller Klärung der Begrifflichkeiten und Verantwortlichkeiten letztlich nicht „um einen Kampf der Disziplinen, sondern um eine interdisziplinären Dialog“ (Caspary 2006$^2$a, 9). Denen, die sich ernsthaft mit der Bedeutung der Neurowissenschaften für die Pädagogik im Allgemeinen und auch der Musikpädagogik im Besonderen auseinandersetzen, ist klar: „Die Hirnforschung kann Hilfestellung leisten, aber die Pädagogik nicht ersetzen“ (Roth 2006$^2$, 55). Sie kann dem Pädagogen weder sagen wie noch was er zu lehren hat, dennoch können Basisinformationen über neurowissenschaftliche Erkenntnisse hilfreich sein (vgl. Gruhn/ Rauscher 2008$^2$b, 276, Madeja 2015).

Stern (in Hanser/Ayan 2011, 46) vertritt die Meinung, dass mit Blick auf bereits bestehende Lernforschung die Neurowissenschaften nichts Neues bringen. Auch Herrmann (2008, 45) und Kollegen (Scheich, Hüther) bestätigen, „dass die aktuelle Neurowissenschaft auf dem Gebiet der praktisch-pädagogischen Erfahrung bisher nicht mehr herausgebracht hat, als erfahrene Pädagogen schon wussten – mit dem Unterschied: Nunmehr kann mit neurowissenschaftlichen Befunden und Argumenten belegt werden, *warum* sie mit dem, was sie wussten Recht hatten“ (vgl. Herrmann 2004, 471 f; 2008, 45; 2011, 41; Roth 2004, 496). Die von Herrmann (2004) angesprochenen erfahrenen Pädagogen sind nicht die aus heutiger Zeit, sondern er denkt dabei an Herder (1744-1803) und Salzmann (1744-1811). Beiden bescheinigt er sozusagen posthum eine Auffassung von gehirngerechtem Lehren und Lernen.

Es kann auch nicht darum gehen, Erkenntnisse der Hirnforschung unmittelbar in eine Unterrichtspraxis zu übertragen, denn „empirische Forschung kann nicht ohne weiteres in praktisches Handeln übersetzt werden“ (Gruhn 2010, 61; vgl. Gruhn 2008$^3$, 200; Gruhn/Rauscher 2008$^2$a, viii; Gruhn/Rauscher 2008$^2$b, 268 f; Herrmann 2008, 45). Die entsprechenden Erkenntnisse können auch „keine pädagogisch-erzieherischen Fragen beantworten“ (Herrmann 2008, 46), aber sie können helfen bzw. dazu beitragen, pädagogisch relevante Entwicklungsvorgänge besser zu verstehen und in pädagogisch akzentuierten Planungen zu berücksichtigen (vgl. Flohr/Trevarthen 2008[2], 74).

Des Weiteren sollte man sich im Klaren darüber sein, dass jede Art und Weise des Lernens die Gehirnaktivität beeinflusst. Die, Art und Weise des Lernens, aber ist zudem abhängig von der Lehrmethode. D. h. also, dass die Lehrmethode einen Einfluss darauf hat, wie sich z. B. musikalische Strukturen im Gehirn verankern (vgl. Gruhn/Rauscher 2008[2]b, 274 f). Zugespitzt besteht, bei falsch verstandenem Umgang mit neurowissenschaftlichen Erkenntnissen, nach Hartogh (2005a, 41) die Gefahr, dass „der Mensch als Bildungssubjekt" nicht mehr vorkommt, sondern auf sein Gehirn reduziert wird, das durch entsprechende Maßnahmen jeweils neu konfiguriert wird.

Unter Berufung auf E. Stern warnen Gruhn/Rauscher (2008[2]b, 269) sogar davor, dass durch die Berücksichtigung neurowissenschaftlicher Erkenntnisse im Bereich der Pädagogik falsche Hoffnungen geweckt werden könnten. Mit Gruhn (2013, 5) gilt, dass „neurobiologische Erkenntnisse [...] der Grundlagenforschung (entstammen), und [...] nicht anwendungsbezogene Ansprüche im Sinnen von Hilfswissenschaften (bedienen)" (vgl. Madeja 2015). Diese Bedenken, die übrigens nicht neu sind, sondern schon in den 1980er Jahren u. a. von Chipman (1986, 220 ff) geäußert wurden (vgl. Bruer 2000, 53, 54 ff), beziehen sich nicht nur auf die Schulpädagogik, sondern bereits auch auf die Früh- und Vorschulpädagogik (vgl. a. a. O., 202 ff).

Trotz dieser oben selbst ausformulierten Warnungen befürworten Gruhn/Rauscher (2008[2]b, 271) letztlich eine neurobiologische Grundlegung der Pädagogik, die sich Neurodidaktik nennt. Es geht um eine „brain-based learning strategy" (a. a. O., 272, 275; vgl. Dartsch 2013, 9; Kapitel 6; Westerhoff 2008, 37), deren Ziel darin besteht, Lehr- und Lernmethoden an der kindlichen Hirnentwicklung zu orientieren, anstatt die Kinder entlang eines Curriculums zu unterrichten (kritisch dazu Roth 2011[4], 278 ff). Diese Aussage leitet sich merkwürdigerweise nicht aus dem vorher Gesagten ab und ist zudem als Unterstellung dahingehend zu werten, dass Pädagogik bisher nicht wissenschaftlich begründbar gewesen sei, was unter Berücksichtigung einer sehr ausdifferenzierten Pädagogik schlichtweg falsch ist.

Unabhängig davon ist zu sagen, dass zumindest in den USA bereits in der ersten Hälfte der 1980er Jahre „verschiedene Konzepte des *brain-based learning and teaching* entwickelt" (Braun 2009[2], 143; vgl. Chipman 1986, 222 f; Blakemore/Frith 2006, 36 ff; Spitzer 2010, 63; Dartsch 2013, 9 f) und in der Praxis erprobt wurden (vgl. Braun 2009[2], 143 ff; Arnold 2009[2]; Schirp 2006[2], 120). Spitzer meint dazu:

> „An dieser Stelle sei vor allzu einfachen Floskeln, die wie so oft aus Amerika kommen, gewarnt: Brain-based learning (gehirngerechtes Lernen) ist ein etwa so sinnvoller Ausdruck wie leg-based running (beingerechtes Laufen). Natürlich lernt das Gehirn! Aber daraus folgt – für sich genommen – noch gar nichts. Die Frage ist vielmehr: Welche Erkenntnisse hat die Gehirnforschung und was bedeuten diese für unsere Institutionen des Lernens? Diese Frage ist bislang unbeantwortet, weswegen aus meiner Sicht auch Wörter wie ‚Neuropädagogik' oder gar ‚Neurodidaktik' nichts sagen, sondern das Problem eher verschleiern. Wir brauchen diese Wörter ebenso wenig wie das Wort ‚Neurofußball' – obwohl auch beim beliebtesten Spiel der Deutschen das Gehirn ganz sicher immer mitspielt!" (Spitzer 2010, 63).

Das Ganze lässt sich aber noch differenzierter betrachten (vgl. Roth 2011[4], 273). So unterscheidet Roth (ebd.) zwischen einer pädagogischen Neurobiologie, einem hirngerechten Lernen und neuropädagogisch-neurodidaktischen Konzepten. Aus der Sicht einer pädagogischen Neurobiologie ist zu sagen, dass die von Neurobiologen „präsentierten ‚praxisrelevanten' Ergebnisse der Hirnforschung [...] meist von großer Allgemeinheit (sind)" (ebd.) und „über hinlänglich bekannte Ziele der Reformpädagogik nicht hinaus(gehen)" (a. a. O., 276). Die Erkenntnisse erlangen erst an Bedeutung, wenn die hier gewonnen Forschungsergebnisse im Zusammenhang mit anderen Forschungsergebnissen anderer relevanter Fachdisziplinen gesehen werden. Ähnlich negativ beurteilt Roth die beiden anderen Konzepte. Allerdings wehrt er sich auch gegen eine pauschale Ablehnung, sondern ruft auf zu einer fruchtbaren Zusammenarbeit mit den anderen Disziplinen (vgl. a. a. O., 248).

Herrmann (2008, 45) warnt vor falschen Erwartungen hinsichtlich der Erkenntnisse der Neurowissenschaften für die Pädagogik: „Neurowissenschaftler können keine konkret auf den Inhalt des Unterrichts bezogene Fragen beantworten" und auch pädagogisch-erzieherische Fragen können von ihnen nicht beantwortet werden (vgl. a. a. O., 46; vgl. Herrmann 2011, 41 f; Herrmann in Hanser/Ayan 2011, 50). Worum geht es denn dann überhaupt, könnte man fragen. Die Antwort bleibt Herrmann nicht schuldig:

> „Es (geht) um die Optimierung von Lernen. Das ist der sachliche Kern von Neurodidaktik, nicht mehr und nicht weniger" (Herrmann 2008, 46; vgl. Herrmann 2011, 42).

Dies erfordert eine Zusammenarbeit zwischen Neurowissenschaft und Pädagogik, wobei es den Pädagogen obliegt, die Problem- und Fragestellungen vorzugeben (vgl. Herrmann 2008, 46). Die Neurowissenschaft hilft mit ihren Erkenntnissen den bisherigen Begründungsansätzen innerhalb der Pädagogik (in Hanser/Ayan 2011, 47).

Es steht wohl außer Frage, dass sich erfolgreiches Lernen auch neurobiologisch niederschlägt.

> Aber damit es soweit kommt, „muss zunächst einem durch pädagogisch-didaktische Anstöße – durch Anregungen, Weckung von Neugier und Interesse, Anknüpfung an Vorwissen, durch eine förderliche Lernumgebung usw. – die Voraussetzung dafür geschaffen werden, dass die *stand-by*-Schaltung des Gehirns überwunden wird: im schulischen Kontext durch anregenden Unterricht, angemessenen Herausforderungen, angstfrei Atmosphäre usw." (Herrmann 2004, 473).

Auch Egle äußert sich verschiedentlich (Egle 2009, 2010, 2011, 2013) zu Aspekten gehirngerechten Lehren und Lernens und kommt dabei u. a. zu folgenden Impulsen, die berücksichtigt werden sollten (Egle 2010):

1. Lernen ist ein einzigartiger, individueller Prozess
2. Lernen braucht Gefühle/Emotionen
3. Lernen impliziert Anstrengungen/Bemühung
4. Lernen braucht Belohnung (Reward)
5. Lernen braucht Bewegung
6. Lernen braucht Beziehung
7. Lehre(n) braucht Beratung und erfordert Kenntnis über unterschiedli che Gedächtnissysteme
8. Lehre(n) und Lernen brauchen Überblick und Struktur von Details
9. Lernen braucht Zeit
10. Lehre(n) und Beratung erfordern Wissen über die Gehirnreifung
11. Lehre(n) und Lernen erfordern gehirngerechte Methoden

Doch ist das alles wirklich neu? Eines ist jedenfalls klar: Die Berücksichtigung neurowissenschaftlicher Erkenntnisse in der Pädagogik „ist eine große Herausforderung und dürfte eine längerfristige Aufgabe werden" (ebd.).

Auch Westerhoff (2011, 33) stellt die Frage nach der Leistungsfähigkeit der Neurodidaktik mit Bezug auf das schulische Lernen und bezieht sich dabei auf fünf Kritikpunkte (vgl. a. a. O., 33 ff):

- *Kritikpunkt 1: Alles schon bekannt:* Ein Blick in die Geschichte der Pädagogik zeigt, dass die durch die Neurowissenschaften eingebrachten Fakten nicht wirklich neu sind und die Auffassungen über das menschliche Lernen nicht revolutionieren.
- *Kritikpunkt 2: Keine Praxisrelevanz:* Die bisherigen Erkenntnisse der Neurowissenschaften haben keine wirkliche Praxisrelevanz. Mögen sie vielleicht das Grobe erklären können, die Feinheiten des Lernens können sie nicht erklären.
- *Kritikpunkt 3: Unzulässige Umkehrschlüsse:* Hier spielt besonders die Frage eine Rolle, ob sich die häufig in Tierexperimenten gewonnen Erkenntnisse eins zu eins auf die Arbeit mit Menschen übertragen lassen.
- *Kritikpunk 4: Emotionen sind kein automatischer ‚Lernturbo':* Zwar sieht Westehoff es als Verdienst der Neurowissenschaften an, dass sie die Beteiligung der Emotionen am Lernprozess betonen, doch gleichzeitig bringt er ein Zitat von Comenius aus dem 17. Jahrhundert, in dem schon die emotionale Beteiligung am Lernprozess und der Abspeicherung im Gedächtnis positiv hervorgehoben wird.
- *Kritikpunkt 5: Lernphasen gelten nicht pauschal:* Jenseits der Diskussion um mögliche Lernfenster bleibt festzustellen, dass lebenslanges Lernen möglich ist (vgl. Westerhoff 2008).

Madeja (2915) beschreibt die Grenzen der Neuropädagogik in drei Punkten:

- „Die Schule erzieht Menschen, keine Gehirne" (ebd.).
- „Das Lernen des Kindes ist ein individueller Prozess des Lebens" (ebd.).
- „Die Experimentalsituation als Grundlage der neurowissenschaftlichen Erkenntnis ist eine fragwürdige Vereinfachung" (ebd.).

Was bleibt, ist die Erkenntnis, dass Neurowissenschaften einiges zum Grundlagenwissen beitragen können, dass diese aber nicht den pädagogischen Alltag bestimmen können (vgl. Becker 2010, 36). Becker (a. a. O., 36 f), Stern (in Hanser/Ayan 2011, 51) und Madeja (2015) zufolge liegt die Bedeutung der Neurowissenschaften in der Pädagogik besonders dort, wo es um z. B. um die Diagnose von Lernstörungen geht (vgl. Kap. 3.2).

Innerhalb der Lehr-Lern-Forschung wird z. B. unterschieden zwischen privilegiertem und unprivilegiertem Lernen (E. Stern 2004, 533; Schumacher 2006, 178; Dartsch 2013, 10; 2014 9 ff). Frith (2001 in Schumacher 2006, 178; vgl. BMBF 2007, 31) unterscheidet hier analog zwischen *fast route und slow route learning*, während Geary (1996 in Schumacher 2006, 178; vgl. BMBF 2007, 31) von *primary und secondary abilities* spricht.

Ersteres bezeichnet Lernvorgänge, die weitestgehend durch biologische Entwicklungsprogramme festgelegt sind (vgl. Schumacher 2006, 178; BMBF 2007, 30). Letzteres bezeichnet Lernvorgänge, die allein durch biologische Entwicklungsprogramme nicht festgelegt werden können. Dazu zählen all die Dinge, die wir im schulischen Unterricht lernen (vgl. BMBF 2007, 31), die zum einen kulturabhängig (vgl. Schumacher 2006, 178 f), zum anderen aber auch von der jeweiligen Umwelt des lernenden Menschen abhängig sind (vgl. a. a. O., 179 f). Als dritter Punkt sei erwähnt, dass es sich bei der neurowissenschaftlichen Begrifflichkeit um deskriptive, also beschreibende Begriffe handelt, aus denen sich prinzipiell keine psychologischen oder pädagogischen Konzepte direkt ableiten lassen (vgl. a. a. O., 181). Dennoch: „Die prinzipielle Unterbestimmtheit der Neurophysiologie in Bezug auf die Gestaltung von Lernangelegenheiten mindert natürlich deren Wert in keiner Weise […] Vielmehr ist diese Unterbestimmtheit lediglich Ausdruck der Autonomie der verschiedenen Erklärungsebenen“ (a. a. O., 184). Was die Neurowissenschaft leistet ist, dass sie „wichtige Einsichten für die Lehr-Lern-Forschung bereit(stellt), indem sie die neurophysiologischen Rahmenbedingungen beschreibt, unter denen erfolgreiches Lernen stattfinden kann“ (ebd.).

Baer (2005d, 9) zufolge lassen sich „die Erkenntnisse der Neurowissenschaften […] am fruchtbarsten auf das Lernen anwenden.“ Lernen allerdings ist ein Prozess, der sich nicht nur auf die Pädagogik, die hier im Zentrum der Betrachtung steht, sondern auch auf die Therapie anwenden lässt, denn auch der Therapie wohnt ein Lernprozess inne. So wie es gilt, in der Pädagogik neue Lernwege oder Wege des Lernens zu gehen, so gilt es auch in der Therapie, neue Wege gehen zu lernen. Hier wie dort sind es Wege, die zu Veränderungen führen. Oftmals sind diese Wege gar nicht so weit voneinander entfernt. Beiden geht es um Beziehungen, denn ohne sie funktioniert weder das eine noch das andere. Beide sind prozesshaft und beide finden, soweit es sich bei der Pädagogik um Schulpädagogik handelt, in Schonräumen statt, mit dem Ziel, die dort gewonnenen Erkenntnisse sachlich-fachlicher oder beziehungsmäßiger Art in das reale Leben zu übertragen.

Herrmann (2008, 46) beantwortet die Frage nach dem, was „wir über das lernende Gehirn wissen – und was nicht" in sieben Punkten:

- „Wie dasjenige, was wir Lernen nennen, in den Hirnzellen und ihren Verknüpfungen funktioniert, wissen wir nicht – nur das und wann.
- Wie Informationen abrufbar gespeichert werden, ist ebenso unbekannt wie der Prozess ihrer Verknüpfung zu ‚Sinnesstrukturen' (‚neuronale Repräsentationen').
- Wie höhere kognitive Leistungen des Gehirns (beispielweise Begriffe bilden) zu Stande kommen, ist unbekannt. […] Neuromodulatoren erklären nicht das kognitive Konzept des Dreisatzes.
- Es ist in Ansätzen experimentell überprüft, dass und zum Teil auch wodurch Informationsaufnahme und -verarbeitung durch bestimmte Umstände unterbunden, erschwert oder begünstigt werden kann.
- Natürliches Lernen – vor allem durch Nachahmen – geht sehr langsam, in der Regel aber auch sehr erfolgreich vor sich; das Gelernte ist erst nach vielen Wiederholungen im Langzeitgedächtnis dauerhaft verfügbar.
- Details ohne Bedeutungskontexte vergisst das Gehirn rasch, abgesehen von Einmalereignissen, die deshalb auch ‚unvergesslich' genannt werden: eine besondere Überraschung, ‚das erste Mal', eine Verletzung, Muster und Bilder speichert es hingegen sehr lange, weil sie für die Erkennung und Bewertung neuer Informationen unerlässlich sind.
- Das unterrichtlich-organisierte Lernen geht wie das natürliche langsam vor sich und ist in der individuellen und kaum beeinflussbaren Informationsverarbeitung und Bedeutungsgenerierung hinsichtlich einer normierten Zielerreichung höchst störanfällig" (ebd.).

Aus alledem folgt für ihn die Erkenntnis, dass es bei der Zusammenarbeit von Neurowissenschaften und Pädagogik „zumindest derzeit nur um *elementare* Lernprozesse und deren Optimierung gehen (kann)" (ebd.). Und: „Insofern sind Berührungsängste ganz unangebracht" (Herrmann 2004, 474).

Im Folgenden geht es besonders um die pädagogischen, später besonders um die musikpädagogischen Aspekte und Prozesse. Es geht darum, diese Aspekte hinsichtlich neurodidaktischer Impulse für ein letztlich erfolgreiches Lernen zu durchforsten.

Vieles von dem, was nun folgt, ließe sich bei entsprechender Sach- und Fachkenntnis auch auf therapeutische Prozesse beziehen. Doch soll dieser Strang, das Verhältnis von Musiktherapie und Neurowissenschaften näher zu betrachten, hier nicht weiterverfolgt werden.

## 3.1 Grundlagen der Wahrnehmung

Signale aus der Umwelt müssen vom Menschen erkannt und verarbeitet werden. Zudem muss er darauf in irgendeiner angemessenen Form reagieren. Für das Erkennen der Signale aus der Umwelt ist der Wahrnehmungsapparat verantwortlich, der „durch Lernen und Erfahrung verändert bzw. optimiert werden kann" (Jäncke 2013, 208). Eine Wahrnehmung ist immer subjektiv. Das allerdings heißt nicht, „dass unsere Wahrnehmungen unabhängig von der objektiven Welt sind und unsere Wahrnehmung ein reines Fantasieprodukt ist" (ebd.).

Grundlage und wesentlicher Bestandteil der Wahrnehmung ist das Zentralnervensystem (ZNS) (vgl. Kap. 1). Die Wahrnehmung ist in der Regel „ein aktiver Prozess" (Zimmer 2005[4], 16), bei dem sich der Mensch „mit allen Sinnen seine Umwelt aneignet und sich mit ihren Gegebenheiten auseinander setzt" (ebd.). Die Wahrnehmung ist zudem ein selektiver Prozess, bei dem „Außenreize als Informationsangebote in sinnvollem Bezug zu vorhandenen Strukturen (ge)setzt" (Quester 2008, 88) werden. Es werden aber nicht alle Informationen verarbeitet, sondern nur die, „auf die sich die Aufmerksamkeit fokussiert" (a. a. O., 89; vgl. Kap. 3.3, 3.5, und 3.6).

Folgt man Schneider/Lindenberger (2012[7], 127) so erfolgt die Reihenfolge der Entwicklung der Sinne bei allen Wirbeltieren gleich: „Zuerst entwickelt sich der Tastsinn, dann der Geruchs- und Geschmackssinn, der Hörsinn, und zuletzt der Sehsinn." Wie auch die anderen Sinne, entwickelt sich der Hörsinn bereits pränatal. Pränatales Hören ist also möglich (vgl. Parncutt 1997, 225 ff; Kowal-Summek 2006, 133 ff), auch wenn die volle Entwicklung des Hörsinns wie auch die sensorische Integration postnatal erfolgt. Ab der 28. Schwangerschaftswoche kann der Fetus Geräusche aus der Umwelt aufnehmen und darauf reagieren, was zugleich auf eine pränatale Lernfähigkeit hinweist (vgl. a. a. O., 130).

Der Wahrnehmungsprozess ist zudem ein komplexer und vielschichtiger Prozess, der sich in mehrere Schritte unterteilen lässt und bei dem sich, wie schon eingangs gesagt, objektive von subjektiven Anteilen unterscheiden lassen:

Objektiver Teil (Objektive Sinnesphysiologie):

- Reizaufnahme von Informationen aus der Umwelt oder dem Körper durch die Sinne
- Reizweiterleitung zum Gehirn über mehrere Stufen
- Speicherung in den unterschiedlichen sensorischen Zentren
- Vergleich mit dem bisher Wahrgenommenen

Subjektiver Teil (subjektive Sinnesphysiologie):

- Koordinierung und Verarbeitung der Reize auf der Grundlage individueller Erfahrungen, Erlebnisse und subjektiver Bewertungen
- Reaktion auf den Reiz
- Rückmeldung über eine Reaktion (vgl. Knauf u. a. 2006, 18; Zimmer 2005[4], 32).

Der Wahrnehmungsprozess „kann modellhaft als eine sequenzielle Abfolge" (Jäncke 2013, 208) mit folgenden Stufen verstanden werden: Reiz – Transduktion in den Rezeptoren – neuronale Verarbeitung – bewusste Wahrnehmung – Wiedererkennung und Verständnis – Handlung – neuer Reiz (vgl. ebd.; Goldstein 2015[9], 3). Modellhaft heißt hier, dass nicht jeder Wahrnehmungsprozess alle Stufen und in der Reihenfolge durchlaufen muss (vgl. Goldstein 2015[9], 4).

Ein Faktor, der im Rahmen des Wahrnehmungsprozesses nicht zu unterschätzen ist, ist das (Jahre zuvor erworbene) Wissen. Dieses führt dazu, dass z. B. wahrzunehmende Objekte nicht mehr alle Stufen des gesamten Prozesses durchlaufen, sondern in bereits gebildete Kategorien eingeteilt bzw. einsortiert werden.

In der Regel besteht eine Wahrnehmung aus mehreren Wahrnehmungsaspekten, die von verschiedenen Modulen be- und verarbeitet werden. Um eine Wahrnehmung in all ihren Aspekten wahrnehmen zu können, müssen unterschiedliche Module miteinander verbunden werden (Binding). Nach Jäncke (2013, 222) handelt es sich hierbei um einen Prozess, der in seiner Gesamtheit noch nicht vollständig verstanden wird. Man geht aber davon aus, dass über einen Synchronisationsprozess die entsprechenden Module miteinander verbunden und synchronisiert werden.

Ein Spezialfall der Wahrnehmung, der auch in der Musikwahrnehmung eine Rolle spielt, ist die Synästhesie, bei der es sozusagen zu einer Doppelwahrnehmung kommt. Im Gegensatz zur einfachen Wahrnehmung kommt es hier zu einer Doppelbindung, die automatisch erfolgt und nicht unterdrückt werden kann. Der Prozess des Zustandekommens einer Synästhesie ist noch nicht bis ins Letzte geklärt (vgl. a. a. O., 225 ff).

Wahrnehmung ist zudem immer selektiv. Verantwortlich sind der Wachheitszustand und die Aufmerksamkeitsbereitschaft, die Erwartungshaltung und die jeweilige Motivation einer Person (vgl. Treue 2015).

Des Weiteren lässt sich zwischen bewussten und unbewussten Wahrnehmungen unterscheiden. Bewusste Wahrnehmungen sind solche, auf die ich in Abhängigkeit vom jeweiligen Reiz meine Aufmerksamkeit richte, unbewussten dagegen gehört nicht meine Aufmerksamkeit (vgl. Guski 1989, 11; Treue 2015).

„Wahrnehmungsverarbeitung ist die Grundlage aller komplexen Tätigkeiten“ (Friederichs 2014, 12). Der neuronale Verarbeitungsprozess ist „ein enger verwobener zum Teil hierarchischer Prozess“ (ebd.), bei dem unterschiedliche Nervenzell-Netzwerke in Wechselwirkung miteinander arbeiten. Die Gehirnstrukturen unterliegen dabei einer ständigen Neu- und Umorganisation. „Jedes Signal, das von einem Rezeptor kommt, durchläuft ein komplexes Netzwerk von miteinander verbundenen Neuronen und begegnet dabei auf seinem Weg oft anderen Signalen, die es selbst beeinflussen“ (Goldstein 2015[9], 52).

Zu Wahrnehmungs- und Wahrnehmungsverarbeitungsstörungen, auf die ich hier aber nicht gesondert eingehe, kann es auf nahezu allen Stufen besonders der neuronalen Verarbeitung kommen (vgl. Quester 2008, 223 ff). Nur so viel: „Als Wahrnehmungsstörungen werden Beeinträchtigungen der zentralen Verarbeitung von Sinneseindrücken bezeichnet“ (a. a. O., 223). Sie können hinsichtlich der Art und des Ausmaßes recht unterschiedlich sein. Hinsichtlich möglicher Wahrnehmungsstörung lassen sich zudem objektive von subjektiven Anteilen unterscheiden (vgl. Knauf u. a. 2006; Kindernetzwerk e. V. 2014).

Da für den Bereich der Musikwahrnehmung (vgl. Kap..4.6) das Hören von zentraler Bedeutung ist, werde ich mich im Folgenden zuerst mit der Hörwahrnehmung (vgl. Kap. 3.1.1) und anschließend kurz mit der auditiven Wahrnehmungs- und Verarbeitungsstörung (vgl. Kap. 3.1.2) auseinandersetzen.

### *3.1.1 Auditive Wahrnehmung*

Auditive Wahrnehmung oder Hörwahrnehmung „umfasst das Entdecken, Lokalisieren, Unterscheiden und Erkennen von akustischen Reizen" (Wirth/Zihl 2012, 47). Eine gut funktionierende Hörwahrnehmung und ein dem entsprechendes Handeln ist nicht nur wichtig für die Sprache sondern auch für die Musik. Wirth/Zihl (ebd.) sehen in der Musik „ein zweites, für den Menschen spezifisches lautliches Kommunikationssystem, das der sozialen Bindung dient und Gefühle hervorruft." Der Hörsinn ist ein wichtiger Sinn für die Entwicklung der menschlichen Kommunikation sowohl hinsichtlich der Sprache als auch der Musik (vgl. Klöppel/ Altenmüller 2013$^{6}$, 202).

Der Hörsinn ist „ein *komplizierter* Sinn: Er entwickelte sich langsam, wurde immer wieder durch evolutionäre Entwicklungen modifiziert und verändert und ist auf sehr komplexe und empfindliche mechanische Strukturen innerhalb des Körpers angewiesen. Der Gehörsinn hat sich in hundert Millionen Jahren natürlicher Selektion herausgebildet." (Jourdain 2001, 20; vgl. a. a. O., 35 ff) und bei uns Menschen eine gewisse Perfektion erreicht.

> „Die primäre Aufgabe des Gehörsystems besteht [...] darin, Schallquellen und ihre Aktivitäten zu identifizieren und unter Einbeziehung kognitiver und emotionaler Verarbeitungsprozesse hinsichtlich ihres Bezugs und ihrer Bedeutung für das Individuum und seine Handlungen zu bewerten. Durch das Hören wird ein Individuum unmittelbar in seine Umwelt eingebettet. Es ermöglicht ihm Orientierung und Sicherheit, alarmiert oder beruhigt und stimmt auf eine Verhalten ein" (Hellbrück 2008, 19).

Während der evolutionäre Vorteil der Entwicklung der Sprache unbestritten ist, „ist die Frage, warum der Mensch die Fähigkeit zur Musikwahrnehmung und -produktion entwickelt hat, weiterhin rätselhaft und Gegenstand von Spekulationen" (a. a. O., 20). Eine unter einer Reihe von verschiedenen Theorien betrifft dabei den „Gemeinschaft stiftende(n) Aspekt der Musik" (ebd.).

> „Musik könnte sich […] als eine Form der akustischen Kommunikation von Emotionen entwickelt haben, begründet im sozialen Verhalten, das von der differenzierten Mitteilung von Emotionen profitiert" (ebd.).

Auch wenn andere Lebewesen ebenfalls über Laute oder Töne kommunizieren können, so handelt es sich dabei nicht um Musikwahrnehmungen. Der Mensch ist das einzige Lebewesen, das aufgrund seiner Verarbeitung komplexer Klangmuster im Gehirn, Musik wahrnehmen kann. „Unser Gehirn bildet nicht ein Netz von akustischen Beziehungen, das wir dann ‚hören'; vielmehr *ist* das Hören selbst jener Akt, Beziehungen in Klängen herzustellen" (Jourdain 2001, 22). Genau diese Beziehungen sind es, die für uns Menschen aus Klängen Musik machen und bloßen Schallwellen Empfindungen zuschreiben. Was der Mensch also braucht, um aus Schallwellen Musik zu hören, ist „ein leistungsstarkes *Gehirn* für *Musik,* eines, das in der Lage ist, gleichzeitig erklingende Melodien, Rhythmen oder Harmonien zu hören" (a. a. O., 23). Die grundlegenden Mechanismen dafür sind angeboren, alles andere muss erlernt werden und basiert damit auch auf individuellen Erfahrungen (vgl. Kap. 4.6).

„Unser Gehör dient fast ausschließlich der Identifikation von Geräuschquellen" (Jourdain 2001, 41) und diese Funktion ist auch evolutionsgeschichtlich die wichtigste Aufgabe und stellt somit „den ältesten Teil unseres auditorischen Cortex dar" (ebd.; vgl. Abb. 1). Die meisten „Vorgänge zur Schalllokalisation finden unbewusst statt" (a. a. O., 44). Während im primären auditorischen Cortex „Momentaufnahmen des ankommenden Schalls" (a. a. O., 82) angefertigt werden, findet eine weitergehende Differenzierung im sekundären auditorischen Cortex statt. Die sich genau abspielenden Prozesse sind bisher nur teilweise bekannt (vgl. ebd.). Der primäre Cortex dient dazu, sich auf Merkmale einzelner Töne zu konzentrieren, während der sekundäre für die Beziehungen zwischen einzelnen Tönen verantwortlich ist (vgl. a. a. O., 84).

Das Gehör schläft nie. „Durch ein voll funktionsfähiges Gehör ist der Mensch ununterbrochen in seiner akustischen Umwelt eingebettet" (Leonhardt 2003, 304; vgl. Jourdain 2001, 80). Funktionsfähig meint, dass sowohl das periphere Hörorgan – äußeres Ohr (Ohrmuschel und Gehörgang), Mittelohr (Trommelfell, Gehörknöchelchen, Mittelohrmuschel und pneumatisches System des Schläfenbeins) und Innenohr (Gleichgewichtsorganen und Cochlea) – als auch das zentrale auditorische System – Hörbahn und Hörzentrum – jeweils für sich genommen und in ihrem Zusammenspiel vollständig funktionieren. Beide Systeme zusammengenommen bilden das auditorische Gesamtsystem. Dass das Gehör in ständiger Bereitschaft ist, heißt nicht, dass sich die Nervenzellen sich gegenseitig permanent erregen. Vielmehr sind die Nervenzellen auch damit beschäftigt, ankommende Informationen zu vereinfachen, zu hemmen und Hintergrundgeräusche zu unterdrücken (vgl. Goldstein 2015[9], 285 ff).

Die pränatale Entwicklung des Hörens (vgl. auch McMahon et al. 2012, 17 f; Wirth/Zihl, 2012, 53 ff) beginnt in der achten Schwangerschaftswoche und findet mit der „Verdrahtung des Innenohrs mit dem Gehirn" (Spitzer 2002, 149) in der 28. Schwangerschaftswoche ihr vorläufiges Ende. Ab dem siebten Schwangerschaftsmonat lassen sich bei allen Föten Reaktionen auf äußere Reize feststellen. Also: „Auditorisches Lernen beginnt schon während der Schwangerschaft" (Aamodt/Wang 2012, 128). Nach der Geburt nimmt aufgrund des Einsetzens akustischer Stimulationen in erster Linie durch die Aufnahme der Stimmen der primären Bezugspersonen die Verarbeitung von Gehörtem auch hinsichtlich der Genauigkeit rasch zu (vgl. Spitzer 2002, 151; Kowal-Summek 2006, 133 ff). Die Plastizität des auditorischen Cortex steht dabei in einem Zusammenhang mit der frühkindlichen Wahrnehmung. Dass pränatal Gehörtes postnatal wiedererkannt wird, gilt inzwischen als gesichert (vgl. Spitzer 2002, 154 ff; Gruhn 2010, 21 ff). Die postnatale Entwicklung des Gehörs lässt sich als ein über mehrere Stufen verlaufender Prozess der Verfeinerung beschreiben (vgl. Gruhn 2003, 31; Goldstein 2015[9], 267 ff, 280 ff).

Das Ohr als solches lässt sich in drei Teile gliedern: das äußere, das mittlere und das innere Ohr (vgl. Leonhardt 2012, 16 ff; Jäncke 2013, 296 ff). „Das äußere Ohr (hat) die Funktion einer Antenne" (Leonhardt 2003, 304) und bildet einen Schalltrichter durch den die Schallwellen in das Mittelohr gelangen, von wo aus sie möglichst verlustarm als Druckwellen zum Innenohr weitergeleitet werden, wo sie letztlich die äußeren und inneren Sinneshaare der Cochlea (vgl. Koelsch 2012, 4 ff), ca. 3500 Reihen (vgl. Marozeau et al. 2014, 132), in den unterschiedlichen Bereichen in Bewegung versetzen, in Nervenimpulse umgewandelt und über Hörbahnen an den Hörnerv weitergeleitet werden. Physikalische Schwingungen werden hier in physiologische Informationen umgewandelt (vgl. Jourdain 2001, 33; Levitin 2009, 119 f; Aamodt/Wang 2012, 126 ff; Koelsch 2012, 3; Abb. 2; Marozeau et al. 2014). Sind diese Sinneshärchen beschädigt, ist Hören nicht möglich.

Zwei Grundfunktionen, die sich letztlich ergänzen, sind dabei von Bedeutung: die Schalllokalisation und die Schallbilderkennung. Erstere fragt nach dem Woher, nach der Schallquelle, letztere sondiert aufgrund von Erfahrung und Lernen erwünschte von unerwünschten, störenden Schallquellen, z. B. Sprache in geräuschvoller Umgebung (vgl. Leonhardt 2003, 305; Spitzer 2002, 49 ff; Jourdain 2001, 35).

Von hier aus geht der „mühsame Weg" (Jourdain 2001, 46) der Reise des Schalls weiter zum auditiven Cortex (vgl. Koelsch 2012, 6 ff, 12 ff; Jäncke 2013, 303 ff; Goldstein 2015[9], 292 ff), der sich in unmittelbarer Nähe zur Körpergefühlsnähe, zum Broca-Sprachzentrum und zum akustischen Sprachzentrum befindet. Aufgabe des zentralen Hörsystems ist es, die dort ankommenden Signale zu trennen und zu erkennen und das eigentliche Hören zu ermöglichen (vgl. Levitin 2009, 157). Dabei kommt es zur Zusammenarbeit unterschiedlicher Abteilungen im auditorischen Cortex (vgl. Kraus et al. 2009, 543; 2012; Koelsch 2012, 12 f). Die Verarbeitung des Gehörten umfasst sieben Prozesse, innerhalb derer es auch zu Störungen kommen kann (vgl. Altenmüller 2002, 19 f; Brattico et al. 2003). Des Weiteren ist davon auszugehen, dass im links- und im rechtsseitigen auditorischen Cortex Informationen unterschiedlich verarbeitet werden. Nach Kraus et al. (2012, 105) ist es wichtig zu erkennen, dass die Kognitionen, insbesondere die Merkfähigkeit, einen nicht zu unterschätzenden Einfluss auf den Hörprozess hat.

Mit Blick auf die Tonhöhenwahrnehmung ist zu sagen, dass die eigentliche Wahrnehmung einer Tonhöhe nicht im Ohr stattfindet, „sondern erst dann, wenn die Information von dort zum Gehirn übermittelt worden ist" (Goldstein 2015[9], 277). Als Töne werden auch nur Schwingungen wahrgenommen, deren Frequenzen unter 5000 Hz liegen. Entscheidend ist eine Phasenkopplung, „das Auftreten von Salven von neuronalen Impulsen beim größten Schalldruck" (ebd.). Diese aber tritt nur auf bei Frequenzen unter 5000 Hz. Frequenzen, die darüber liegen, werden als fremdartig wahrgenommen, eine Phasenkopplung findet nicht mehr statt (vgl. Kap. 4.6).

„Obwohl die Hörbahnen überwiegend kreuzweise verlaufen, d. h. die Information aus dem rechten Ohr zu linken Temporallappen und die aus dem linken Ohr zum rechten Temporallappen geleitet wird, kommt es wegen der multiplen kon- und divergenten Verschaltung aber doch sowohl zu ipsilateralen (rechts – rechts bzw. links – links) als auch zu kontrerlateralen (links – rechts bzw. rechts – links) Projektionen, d. h. die aus einem Ohr stammende Information gelangt an die Rindenareale beider Hemisphären, wobei allerdings die kontralaterale Projektion stärker ist als die ipsilaterale" (Gruhn 2008[3], 13).

Die Qualität der Wahrnehmung über das Ohrs beschreibt Spitzer (2002, 50) wie folgt:

> „Das Ohr könnte gar nicht besser sein: Es ist so empfindlich, dass es dann, wenn es noch ein kleines bisschen empfindlicher wäre, die Wärmebewegung der Luftteilchen und damit ein dauerndes Rauschen [...] an das Gehirn weiterleiten würde."

Hören und Verstehen sind also komplexe Vorgänge, die sich als Disposition (70-75 %) bereits pränatal entwickeln, der Mensch kommt hörend zur Welt. In seiner vollen Funktion (100 %), in seiner Feinorganisation aber bildet sich das Gehör postnatal durch ständige Interaktion aus. D. h. die vollen Funktionen müssen in einem Ineinandergreifen von Anlage und Umwelt gelernt werden. „Hören und Verstehen sind Prozesse, die den durch Auge und Ohr empfangenen Sinnesdaten erst im Bewusstsein Bedeutung *geben*" (Gruhn 2008[3], 17). Entscheidend für die volle Ausgestaltung neuronaler Prozesse ist das frühkindliche Alter.

Unterschiedlichen Forschungen zufolge muss es für die Hörentwicklung kritische Phasen geben, doch „beim Menschen ist es schwer, die kritischen Phasen zeitlich abzugrenzen" (Leonhardt 2003, 306). Dass diese kritischen Phasen zu einem sehr frühen Zeitpunkt der Entwicklung liegen müssen, lässt sich vielleicht am besten daran ablesen, dass mittlerweile jedes Neugeborene kurz nach der Geburt einem Hörscreening unterzogen wird (vgl. Aamodt/Wang 2012, 129; Keilmann 2012; Neumann 2012). Seit dem 01.01.2009 besteht zudem ein gesetzlicher Anspruch auf ein solches Hörscreening. Je früher ein möglicher Hörschaden entdeckt wird, desto geringer sind die Verluste, die der Säugling bisher zu verzeichnen hat (vgl. Keilmann 2012; Meier 2012). Besonders im Mittelpunkt der Betrachtung steht natürlich die Sprachentwicklung. Während hörende Kinder die Sprache durch indirektes Lernen erlernen, muss eben beim hörgeschädigten Kind die Aufmerksamkeit für akustisches Geschehen geweckt und gefördert werden. Eine Hörgeräteversorgung ist schon im Säuglingsalter möglich.

### *3.1.2 Auditive Wahrnehmungsstörung*

Das Ohr ist ein sehr empfindliches Organ, bei dem manchmal auch nur kleine Außeneinwirkungen genügen, um negativ auf seine Funktionen einzuwirken (vgl. Hellbrück 2008, 21).

> „Wenn Schall lästig wird, weil er die Kommunikation beeinträchtigt, die Muße, die Erholung oder den Schlaf stört, die Konzentration bei geistiger Arbeit behindert oder gar Schwerhörigkeit verursacht, bezeichnet man ihn als Lärm“ (ebd.).

Im Zusammenhang mit Lernprozessen ist zu konstatieren, dass sich Lärm generell äußerst negativ auf Lernprozesse und den kommunikativen Austausch bis hin zur Retardierung des auditorischen Kortex auswirkt und das nicht nur auf die laut- und schriftsprachliche Entwicklung. Diese negativen Auswirkungen zeigen sich aber umso mehr, je mehr bei Menschen bereits andere Beeinträchtigungen wie z. B. Aufmerksamkeitsstörungen vorliegen (vgl. a. a. O., 22).

Ein anderes Faktum ist das des Alterns des Ohrs. Der Alterungsprozess betrifft als erstes die hohen Frequenzbereiche, die zunehmend schwer zu erregen sind bis hin zu dem Punkt, an dem sie gar nicht mehr erregbar sind. Dieser Alterungsprozess beginnt ca. ab dem 35. Lebensjahr. „Was den Ohren verlorengeht, ist nicht der ‚Ton', sondern die musikalische Reichhaltigkeit“ (Jourdain 2001, 38). In Verbindung damit steht dann auch der Verlust der akustischen Differenzierung der Konsonanten. „Konsonanten sind jedoch sehr wichtig für das Gehirn, um die einzelnen Vokale voneinander unterscheiden zu können“ (a. a. O., 39).

Die Altersschwerhörigkeit, auch Presbycusis genannt, zeigt sich darin, dass die inneren Haarzellen der Chochlea geschädigt werden, was in erster Linie durch erhöhte Lärmeinwirkung (umweltbedingt oder in der Freizeit) in Kombination mit „Ohr schädigenden Medikamenten oder alterabhängiger Degeneration“ (Goldstein 2015[9], 279) passieren kann. Eine abnehmende Hörsensibilität betrifft vor allem die hohen Frequenzen und sie betrifft Männer mehr als Frauen.

Von einem altersbedingten Hörverlust ist eine pathologische Hörbeeinträchtigung oder Hörstörung abzugrenzen. Dem Begriff der Hörstörung stehen noch andere Begriffe gegenüber. Die ICF (Internationale Klassifikation der Funktionsfähigkeit, Behinderung und Gesundheit) von 2005 unterscheidet zwischen einer Hörschädigung und einer Hörbeeinträchtigung. Während sich die Hörschädigung auf eine Beeinträchtigung der Körperfunktionen (primär), also des Ohres, bezieht, werden mit dem Begriff Hörbeeinträchtigung die Auswirkungen auf andere Bereiche (sekundär) beschrieben, z. B. soziale Auswirkungen.

Hörstörungen lassen sich nach qualitativen und quantitativen Gesichtspunkten einteilen. Folgende Formen einer qualitativen Hörstörung (Hörbeeinträchtigung), die in ihrem Ausmaß natürlich individuell verschieden sind, lassen sich unterscheiden:

- *Schallleitungsschwerhörigkeit:* Der ins Ohr eindringende Schall kann das Innenohr infolge einer Schädigung des Gehörgangs, des Mittelohrs oder des Trommelfells nicht ungehindert erreichen. Schädigung könnten entstanden sein „als Folge von Mittelohrentzündungen oder Infektionskrankheiten, die auf das Mittelohr übergegriffen haben“ (Leonhardt 2003, 308). Die Schallleitungsschwerhörigkeit ist medizinisch „in fast allen Fällen so weit zu therapieren, dass auch ohne technische Hilfen (Hörgerät) ein soziales Gehör vorhanden ist. Daher besitzen sie sonderpädagogisch kaum Bedeutung“ (a. a. O., 309).

  Im Fall einer Schallleitungsschwerhörigkeit ist bezogen auf die Wahrnehmung von Musik „(lediglich) die Lautstärke, also Quantität, eingeschränkt“ (Rother in Jeismann 2013, 29). Abhilfe kann hier ein individuell angepasstes Hörgerät leisten.
- *Schallempfindungsschwerhörigkeit:* Es besteht eine pathologische Veränderung der Cochlea (Innenohrschwerhörigkeit) und/oder der neuronalen Hirnstrukturen (neuronale Schwerhörigkeit). Sprache, besonders die hohen Frequenzen, wird verzerrt wahrgenommen. Es besteht eine Beeinträchtigung auditiver Differenzierungsfähigkeit, die sich auf den Komplex Sprache auswirken und eine sorgfältige Hörgeräteanpassung verlangen. Förderpädagogische Maßnahmen müssen individuell abgestimmt sein.

  Bei der Schallempfindungsschwerhörigkeit dagegen ist im Fall der Wahrnehmung von Musik „neben der Lautstärkenbeeinträchtigung vor allem die Qualität beeinträchtigt“ (ebd.), wodurch es vor allem zu einer verzerrten Melodie- und Harmoniewahrnehmung kommt.
- *Kombinierte Schallleitungs-Schallempfindungsschwerhörigkeit:* Dominanz der Schallempfindungsschwerhörigkeit.
- *Gehörlosigkeit:* Sie bezeichnet zum einen „das *Fehlen* der Hörfähigkeit. Sie liegt bei Menschen vor, bei denen im frühen Kindesalter (prä-, peri- oder postnatal) vor Abschluss des Lautspracherwerbs (also prälingual) eine schwere Schädigung des Gehörs vorliegt, dass seine Funktionstüchtigkeit hochgra-

dig bis total beeinträchtigt ist“ (Leonhardt 2003, 310). 98 % der gehörlosen Menschen besitzen noch Hörreste, die aber so gering sind, dass gesprochene Sprache nur bei Verwendung von Hörgeräten und intensiver Förderung erlernt werden kann. Inwieweit sie in der Lage sind, Musik zu hören, wird nicht angegeben.

Der zweite Fall einer Gehörlosigkeit betrifft die *Ertaubung*, den Verlust der Hörfähigkeit. Für postlingual Ertaubte stellt das CI eine große Hilfe dar (vgl. Pressnitzer et al. 2005; Gruhn 2008[3], 64 f; Adamek/Darrow 2010[10], 240 f; Facius 2014; Hey/Müller-Deile 2014), um durch eine direkte Stimulation des Hörnervs bei nahezu tauben Patienten das Hörzentrum zu aktivieren.

Die quantitative Einteilung der Hörstörung befasst sich mit dem messbaren Ausmaß des Hörverlusts. Es ist allerdings dabei zu berücksichtigen, der Zeitpunkt des Eintretens der Hörstörung, das eventuelle Vorhandensein mehrfacher Beeinträchtigungen und die sozialen Entwicklungsbedingungen. Es gilt folgende Einteilung:

Tabelle 1 (vgl. Leonhardt 2003, 311)

| Ausmaß der Hörstörung | Hörverlust in dB | Hörverlust in % |
|---|---|---|
| normales Gehör gering | < 20 | 0-20 |
| geringer Hörverlust | 20-40 | 20-40 |
| mittlerer Hörverlust | 40-60 | 40-60 |
| hochgradiger Hörverlust | 60-90 | 60-80 |
| nahezu taub | 90-110 | 80-95 |
| Taubheit | > 110 | 100 |

Auch wenn manche Angaben strittig sind, klar ist, dass in Abhängigkeit von der Dauer 85 dB ausreichen, „die äußeren Haarzellen im Innenohr irreversibel zu schädigen und damit eine Lärmschwerhörigkeit auslösen“ (Hellbrück 2008, 28) können. Des Weiteren bestehen Auswirkungen auf den Verstibulärapparat (vgl. a. a. O., 29).

Es ist weiterhin unstrittig, dass der Zeitpunkt des Eintretens eines Hörschadens, prä- oder postlingual, für die Gesamtentwicklung der betroffenen Person in mehrfacher Hinsicht von großer Bedeutung ist. Eine möglichst frühe Versorgung mit Hörgeräten und/oder CI ist dabei von entscheidender Bedeutung.

Mehrfachbehinderungen treten in unterschiedlichem Umfang auf, wobei die Kombination mit einer Beeinträchtigung des Lernens die größte Gruppe darstellt.

Großen Einfluss auf die Auswirkung des Hörschadens haben die Bedingungen des sozialen Umfelds. Neben einer adäquaten Gestaltung der häuslichen Bedingungen kommt dabei der Frühförderung und der Zusammenarbeit mit den primären Bezugspersonen des Kindes große Bedeutung zu. Neben einer altersorientierten Frühförderung geht es vor allem darum, Sekundärschädigungen im psychosozialen Bereich möglichst zu vermeiden oder gering zu halten.

Genauso wichtig wie eine frühzeitige individuelle Versorgung mit entsprechenden Hörhilfen ist die Weckung, der Aufbau und eventuell der Erhalt des Interesses der betroffenen Kinder an akustischen Erscheinungen.

Bisher nicht angesprochen ist der Faktor des emotionalen Hörens. Unabhängig von einer physiologischen Betrachtung der Verarbeitung von Gehörten, wird dieses auch emotional bewertet. „Die Gefühlselemente entstehen durch das Entdecken von Symmetrien, Regelmäßigkeiten, aber auch durch Überraschungseffekte [...]. Die ausgelösten emotionalen Muster sind Entspannung – Erregung – Anspannung – Erleichterung – Entspannung“ (Stelzhammer-Reichhardt 2006, 108).

Von den bisher genannten Hörstörungen sind die zentralen Hörstörungen (vgl. Quester 2008, 159 f; Wirth/Zihl 2012, 57 ff) oder auch zentralen Wahrnehmungs- und Verarbeitungsstörungen (vgl. Böhme 2008[2]) zu unterscheiden. Gemeint sind damit Störungen, „die durch eine Schädigung subkortikaler und (vor allem) kortikaler Strukturen und ihrer Verbindungen verursacht sind“ Wirth/Zihl 2012, 57). Allerdings weisen die Autoren darauf hin, dass „die zuverlässige differentialdiagnostische Abgrenzung“ (ebd.) zu peripheren Hörstörungen im Einzelfall schwierig sein kann, wenn diese z. B. schon pränatal eingetreten sind. Eine kognitive Funktionsstörung kann sich somit im Bereich der Aufmerksamkeit dahingehend auswirken, dass Schwierigkeiten auftreten, akustische Reize z. B. zu lokalisieren. Zentrale Hörstörungen können sich schon pränatal ausbilden oder postnatal durch unterschiedliche Erkrankungen oder Entwicklungsstörungen.

## 3.2 Lernen

*„Aus biologischer Sicht heißt Lernen nichts anderes, als lebendig bleiben. Wer nichts mehr lernen kann, ist tot"*
(Hüther 2016, 7)

Lernen ist erst einmal ein „Sammelbegriff für eine Vielzahl von Prozessen, durch die es zu Verhaltensänderungen kommt" (Trautner 1992[2], 84). Zu Verhaltensänderungen kann es kommen aufgrund der Zunahme von Wissen oder Erfahrung und Beobachtung. Nach Lefrançois (2015[5], 6) ist eine Verhaltensänderung lediglich das äußere sichtbare Zeichen dafür, dass Lernen im Organismus stattgefunden hat, dass sich das Verhaltenspotenzial verändert hat. Hinzu kommt, dass sich das Ergebnis einer Veränderung nicht immer sofort nach außen zeigen muss, sondern es kann auch zur Veränderung einer Disposition kommen, „also der Neigung, ein Verhalten zu zeigen" (ebd.).

Es geht also nicht nur um einen Zuwachs an Wissen und Fertigkeiten, sondern auch um mögliche Verhaltensänderungen und Gewohnheiten (vgl. ebd.) und um die Veränderung von bereits Bestehendem.

Des Weiteren ist festzuhalten, dass die jeweilige Sichtweise des Lernens unterschiedlichen Theoriebildungen der Erziehungswissenschaften, der Entwicklungspsychologie und der Pädagogischen Psychologie, um nur drei zu nennen, unterliegt (vgl. a. a. O., 84 ff; Mietzel 2007[8], 33 ff). Wissenschaftliche Theoriebildungen dienen dazu, „Beobachtungen zusammenzufassen und zu erklären" (Lefrançois 2015[5], 8) bzw. „Struktur in die Beobachtungen, Hypothesen, Ahnungen, Gesetze, Prinzipien und Vermutungen zum Thema menschlichen Verhaltens zu bringen" (a. a. O., 21, 27).

Auch nach Roth (2011[4], 92) ist Lernen „eine universell verbreitete Fähigkeit zur mittel- und langfristigen Anpassung eines Organismus an seine Umwelt" mit dem Ziel des Erwerbs neuen Wissens und der Herausbildung neuer Gedächtnisinhalte. Nach der o. g. Definition von Trautner ist diese Begriffsfassung eher als eng zu bezeichnen. Beim Lernen geht es eben nicht nur um den „Erwerb und die Aneignung von Kenntnissen, Fertigkeiten, Fähigkeiten und Wissen" (Quester 2008, 103), sondern es handelt sich um einen Prozess, „der dazu dient, im Verlauf des Lebens zur Bildung von Einstellungen, Verhaltensweisen und Wertvorstellungen zu gelangen, die sich auf der Grundlage von Erfahrungen und Einsichten geformt haben" (ebd.).

Auf der Basis eines solchen Verständnisses kommt es zur Bildung von Lernmodellen und Lerntheorien. Sie sollen klären helfen „wie Lernen zustande kommt, welche Prozesse sich abspielen und welche Bedingungen für erfolgreiches Lernen verantwortlich zu machen sind“ (ebd.). Ungeklärt bleibt dabei die Frage, ob ältere durch neuere Lernmodelle ersetzt werden oder ob sie sich eventuell wechselseitig ergänzen. Tatsache bleibt, dass es unterschiedlich Modelle gibt, die von unterschiedlichen Professionen entwickelt wurden und werden.

Bezeichnend ist, dass viele Pädagogen ihr Handeln nicht mehr nur pädagogisch bzw. auf Grundlage der Entwicklungspsychologie oder der Pädagogischen Psychologie begründet sehen, sondern sie greifen vermehrt zu neurowissenschaftlichen Begründungen, so, als würden die ‚alten' Begründungen nicht mehr reichen (vgl. Becker 2010, 26).

Lernen ist zudem „ein Sammelbegriff für eine Vielzahl von Prozessen, die im zentralen Nervensystem ablaufen“ (BMBF 2007, 108) und eine Anpassung an bereits bestehende Strukturen ermöglichen (vgl. Quester 2008, 108). Durch die Evolution wurde das menschliche Gehirn für das Lernen optimiert. Was, wie, wann und wo gelernt wird, ist zum einen sehr stark umweltabhängig, zum anderen beruht es auf der genetischen Ausstattung und den individuellen Erfahrungen (vgl. BMBF 2007, 108).

> „Festzuhalten ist zunächst, dass Gene nie alleine, sondern immer in einer Umwelt eingebettet sind, dass es Signale aus der Umwelt sind, die das Auslesen der genetischen Information initiieren und die Entwicklung vom Ei zum Organismus maßgeblich koordinieren“ (Singer 2002, 80).
>
> Es lässt sich „im Einzelfall nie angeben, inwieweit eine bestimmtes Verbindungsmuster von genetischen oder erfahrungsbedingten Faktoren abhängig ist“ (a. a. O., 93 f).

Dabei handelt es sich um einen Wechselwirkungsprozess auf der Grundlage der Neuroplastizität. Singer (ebd.) schreibt:

> „Spezifische Umgebungsbedingungen bestimmen die Expression ausgewählter Gene und deren Produkte verändern die Umgebung, so dass wiederum neue Gene exprimiert werden und so fort.“ Es handelt sich hierbei um einen selbst organisierten Prozess, „der, getragen von einem kontinuierlichen Dialog zwischen Genom und umgebenden Milieu, zur Bildung zunehmend komplexerer Strukturen führt“ (ebd.).

Für den Lernprozess folgt daraus erst einmal, „dass kein Kind dem anderen gleichen kann“ (a. a. O., 94). Für den Erziehungs- und in erster Linie institutionalisierten Bildungsprozess folgt daraus,

> „dass Förderung in hohem Maße auf die individuellen Bedingungen abgestimmt sein muss. Wegen unterschiedlicher Anlagen und Entwicklungsgeschwindigkeiten ist kaum damit zu rechnen, dass Kinder gleichen Alters gleiche Bedürfnisse und Fähigkeiten haben. Dies stellt das fast ausschließlich altersorientierte Klassensystem in Frage“ (a. a. O., 95).

„Das Gehirn ist ein Organ des Lernens“ (Spitzer 2002, VII) oder wie Baer (2005d, 20) es ausdrückt: „Das Gehirn ist ein lernendes System.“ Den entscheidenden Faktor bildet hierbei die Neuroplastizität des Gehirns und Gehirne von Musikern sind nicht nur nach Edwards/Hodges ($2008^2$, 12) *die* Modelle für Neuroplastizität. Doch ganz allgemein gilt: „Wenn es etwas gibt, was Menschen vor allen anderen Lebewesen auszeichnet, dann ist es die Tatsache, dass wir lernen können und dies auch zeitlebens tun“ (Spitzer $2009^6$, XIII; vgl. a. a. O., 227 ff; Bruer 2000, 222 ff; Altenmüller 2008c, 10).

> „Unser Gedächtnis ist nichts anderes als die Summe der Spuren vergangener Erlebnisse, durch die Synapsen in ihrer Stärke verändert wurden“ (Spitzer 2010, 55; vgl. Aamodt/Wang 2012, 228).

Lernen aus neurowissenschaftlicher Sicht geht also immer einher mit einer „Änderung der synaptischen Übertragung“ (Gruhn 2013, 6; vgl. Spitzer $2009^6$, 75; 2010, 51; Hartung 2014, 73; Hüther 2016, 34, 36 ff), wodurch das Gesamtsystem immer wieder verändert, wächst und (wieder) stabiler wird (vgl. Spitzer $2009^6$, 210). Und: „Aufgrund der Veränderung der Stärke neuronaler Verbindungen durch deren Benutzung entstehen im Gehirn neuronale *Repräsentationen*“ (Spitzer 2010, 51), es entstehen Gebrauchsspuren wie beim Gehen im Schnee oder im Sand (vgl. a. a. O., 55). Diese Veränderungen sind es letztlich, die das Gehirn eines jeden Menschen auf der Grundlage der jeweils individuellen Erfahrungen „zu etwas Einzigartigen“ (Spitzer $2009^6$, 94) machen.

Mittlerweile ist längst wissenschaftlich erwiesen, dass dieser Lernprozess bereits vor der Geburt beginnt (vgl. Tramo 2001b; Kowal-Summek 2006, 133 ff; Altenmüller 2008c, 10; Spitzer $2009^6$, 201 ff, 225). D. h., dass sich eine Einwirkung von Umweltreizen bereits vor der Geburt zeigt (Blakemore/Frith 2006, 17).

Beim Säugling gehen „Wachstum, Entwicklung, Reifung und Lernen [...] Hand in Hand“ (Spitzer 2009[6], 205) und es wird immer schwieriger, diese Prozesse bei der Entstehung und Entwicklung bestimmter Fähigkeiten zu trennen.

Voraussetzung des Lernens ist neben „dem Erwerb neuen Verhaltens oder Wahrnehmungsformen auch die Fähigkeit zur Erinnerung und zum Abruf“ (Altenmüller 2008c, 10). Vieles von dem, „was wir gelernt haben, wissen wir nicht. Aber wir *können* es“ (Spitzer 2010, 59; vgl. Gruhn 1999, 60). Gelernt haben wir es z. B. nach den Prinzipien der Wiederholung und der Nachahmung (vgl. Spitzer 2010, 55 f, 58; Rizzolatti/Sinigaglia 2012[4], 148 ff; Kap. 5.6.1). Die Hirnforschung „lehrt uns, dass das Allgemeine an Beispielen gelernt wird und gerade nicht durch das Auswendiglernen von Regeln“ (Spitzer 2010, 60).

Wir besitzen demnach implizites Wissen, das wir uns durch implizites Lernen angeeignet haben (vgl. Blakemore/Frith 2006, 197 ff; Schirp 2006[2], 104, 108; Altenmüller 2008c, 10; Lalitte/Bigand 2008; Spitzer 2010, 60). Dem impliziten steht das explizite Lernen gegenüber, bei dem wir uns Fähigkeiten und Fertigkeiten aktiv, bewusst, strukturiert und gezielt aneignen und aufnehmen und genau wissen, dass wir sie uns angeeignet und aufgenommen haben (vgl. Blakemore/Frith 2006, 200; Altenmüller 2008c, 10; Ayan 2013, 33). Ayan (2013, 33) weist darauf hin, dass „beide Gedächtnisformen [...] funktional und anatomisch weitgehend getrennt voneinander (sind).“ Während für das explizite Lernen in erster Linie der Hippocampus im mittleren Schläfenlappen die Verantwortung übernimmt, sind die Hirnareale, die das implizite Lernen steuern, weiter verteilt. Ayan nennt hier die Amygdala, die Basalganglien, den prämotorischen und den präfrontalen Kortex, sowie den Parientalkortex. (vgl. ebd.; Abb. 1 und 2). Eines ist für das Lernen allerdings in jedem Fall klar:

> „Ein Gehirn lernt immer, aber auf seine individuelle Weise, und es ist kein Datenspeicher, in dem nur etwas eingefüllt werden muss, sondern ein autonomer Datenerzeuger, der auf seine Weise Informationen bewertet und zu Bedeutungszusammenhängen verknüpft“ (Herrmann 20092, 15; vgl. Herrmann 20062, 88, 92; Spitzer 20062, 23; Roth 2004, 497 f; 20062, 56 ff).

Daraus folgt aber auch, dass Bedeutungen im Rahmen von Lernprozessen nicht übertragen werden können, sondern in Abhängigkeit von dem bisher Gelernten, von der bisherigen Erfahrung „vom Gehirn des Lernenden konstruiert werden (müssen)“ (Roth 2004, 497; vgl. Hüther 2015a, 46).

Gerade sowohl in dem aktiven und bewussten als auch auf Einsicht basierenden Herstellen neuer Bedeutungszusammenhänge lässt sich „die besondere geistige Kompetenz des Menschen“ (BMBF 2007, 110) erkennen, die „die Besonderheit des menschlichen Lernens aus(macht)“ (a. a. O., 111), wodurch sich der Mensch von den Tieren unterscheidet. Es gibt typisch menschliche Lernformen und damit Ressourcen im menschlichen Gehirn, die „die Nutzung von Symbolsystemen als Werkzeuge zur Konstruktion von Bedeutungen“ (a. a. O., 114) ermöglichen.

Der große Unterschied beim Lernen zwischen Kindern und Erwachsenen ist der, dass Kinder erst einmal Strukturen ausbilden müssen, während Erwachsenen beim Lernen neuer Inhalte auf bereits gebildete Strukturen zurückgreifen und Sachverhalte miteinander verknüpfen können (vgl. Spitzer 2012a, 159). Lernprozesse sind also erfahrungsabhängig (vgl. Kap. 1.4; Hüther 2016, 47 ff).

Neurowissenschaftliches Nachdenken um die Möglichkeiten des Lernens gehen auf Hebb zurück. „Im Jahr 1949 stellte Hebb eine Regel der Funktionsweise von Nervenzellen auf, die sehr einfach ist und bis heute Gültigkeit bewahrt hat:

> „Sofern ein Axon der Zelle A einer Zelle B nahe genug ist, um sie immer wieder zu erregen bzw. dafür zu sorgen, dass sie feuert, findet ein Wachstumsprozess oder eine metabolische Veränderung in einer der beiden Zellen oder in beiden statt, sodass die Effektivität der Zelle A, die Zelle B zu erregen, gesteigert wird“ (Hebb 1948/1988, 50 in Spitzer 2000, 44; vgl. Jäncke 2007, 62).

Der damals noch von Hebb als Vermutung formulierte Satz gilt heute als bewiesen (vgl. Spitzer 2000, 44 ff). Das aber heißt, dass nur das gleichzeitige Feuern von mindestens zwei Neuronen zu einer Verstärkung, einer „*Langzeitpotenzierung*“ (Aamodt/Wang 2012, 231; vgl. Hüther 2016, 37) führt, also Lernen möglich macht. Für den Lernprozess der Neurone unterscheidet Spitzer (2000, 52 ff) zwischen einem selbstorganisierten spontanen und einem angeleiteten Lernen. Wesentlich für das angeleitete Lernen ist, dass es „in kleinen Schritten“ (a. a. O., 54), dem Individuum angemessen erfolgt.

Lernen an sich bedeutet, wie schon gesagt, „Modifikation synaptischer Übertragungsstärke“ (Spitzer 2009[6], 146; vgl. Spitzer 2012a, 65 f; Aamodt/Wang 2012, 228) und „je aktiver neuronales Gewebe in einem bestimmten Bereich der Gehirnrinde ist, desto eher findet in ihm eine Veränderung von Synapsenstärken und damit Lernen statt“ (Spitzer 2009[6], 146; vgl. Spitzer 2010, 51). Genau genommen geschieht dieses durch die wiederholte Nutzung auf der Grundlage eigener, individueller Erfahrungen. Dabei entstehen Spuren, Repräsentationen oder auch kognitiver Karten im Gehirn, die sich wie schon gesagt durch weitere Nutzung zu Strukturen verfestigen. Hüther (2016, 38) hebt hervor, dass es nicht ausreicht, sich mit einem Phänomen mal kurz oder auch wiederholt in Beziehung zu setzen, sondern dass dieser oder jener Sachverhalt die betreffende Person emotional berühren und wirklich wichtig, also „subjektiv bedeutsam" sein muss (vgl. a. a. O., 41 ff). Nur dann werden die eben beschriebenen neuronalen Prozesse in Gang gesetzt.

Wesentlich ist dabei, dass das Gehirn weniger an Einzelheiten interessiert ist, sie dienen lediglich als Material, aus denen sich „allgemeine(n) Regeln, Zusammenhängen, Fertigkeiten, Fähigkeiten, Einstellungen und Haltungen" (Spitzer 2000, 59) bilden lassen. Diese aber werden nicht gelernt durch pures Auswendiglernen, sondern anhand von Bespielen, besonders aber durch praktisches Tun, auf Grund individueller Erfahrungen (vgl. Spitzer 2010, 56).

Die Bedeutung von Lernprozessen für die menschliche Entwicklung wird besonders in folgendem Zitat deutlich:

> „Keine dieser Fähigkeiten, auf die wir als Menschen so besonders stolz sind und die unser Selbstverständnis ausmachen, ist angeboren, geschweige denn durch ein genetisches Programm gesteuert. Sie alle müssen in einem ziemlich langwierigen und auch sehr schwierigen Entwicklungs- und Sozialisationsprozess von einer Generation zur nächsten weitergegeben werden" (Gebauer/Hüther 2002, 12).

Lernen ist letztlich kein passiver Prozess im Sinne einer Berieselung von außen, „sondern ist ein aktiver Vorgang, in dessen Verlauf sich Veränderungen im Gehirn des Lernenden abspielen" (Spitzer 2009[6], 4; vgl. Braun 2009[2], 134; Ayan 2013, 32). Diese Veränderungen sind umso größer, je jünger der Lernende ist und je häufiger ähnliche Erregungsmuster erzeugt werden.

Wie schon gesagt, ist Lernen ein Prozess, der bereits pränatal beginnt. Die pränatale Entwicklung des Menschen verläuft bei jedem Menschen individuell und ist von vielen Faktoren abhängig. Sie ist das Ergebnis einer genetischen Entwicklung in Verbindung äußerlich einwirkenden Faktoren. Zusammen führen sie zu den „individuellen Besonderheiten der im Gehirn angelegten neuronalen Verschaltungen" (Hüther/Bonney 2010[11], 28; vgl. Aamodt/Wang 2012, 231 ff), mit denen jeder Mensch geboren wird. Diese Individualität ist es, die den wichtigsten Motor bildet für eine weiterführende Entwicklung, für ein Lernen von- und miteinander. Diese Individualität ist es auch, die Hüther/Hauser (2012, 95) dazu veranlassen davon zu sprechen, dass „jedes Kind, jedes auf seine besondere Weise, hoch begabt (ist)."

Die Frage nach der Bedeutung des genetischen Programms beantworten Hüther/Bonney (2010[11], 28) dahingehend, dass es „bereits unmittelbar nach der Geburt [...] schon nicht mehr auseinanderzuhalten (ist), was von dieser Einzigartigkeit von den genetischen Programmen der Eltern und was von den Einflüssen herrührt, denen das Neugeboren während seiner sehr langen und äußerst komplizierten Entwicklung im Mutterleib ausgesetzt war." Voraussetzung für den sich anschließenden Lernprozess ist also ein nicht mehr zu trennendes Zusammenwirken genetischer Faktoren, äußerer Einflüsse und individueller Erfahrungen. Genetische und epigenetische Faktoren treten mit der Geburt des Menschen in eine nicht mehr zu lösende Wechselwirkung. Deshalb ist auch „eine strenge Unterscheidung zwischen Angeborenem und Erworbenen unmöglich" (Singer 2002, 83, 93 f; vgl. Spitzer 2009[6], 205 f). Der Vorteil dieser Wechselwirkungsprozesse liegt darin, dass so und nur so Funktionen ausgebildet werden können, „die auf Verschaltungsmuster beruhen, die durch genetische Instruktionen alleine nicht realisiert werden können" (Singer 2002, 85).

> „In dem Maß, wie das sich entwickelnde Gehirn zunehmend Verbindungen zur Außenwelt erlangt, werden die bereits etablierten Verschaltungen und Erregungsmuster über die entsprechenden sensorischen Eingänge zunehmend von außen beeinflussbar" (Hüther/Bonney 201011, 29).

Grafisch gefasst, lässt sich der Wechselwirkungsprozess, der in allen Entwicklungsstadien von Bedeutung, aber unterschiedlich gewichtet ist, wie folgt darstellen (vgl. Braun 2009[2], 137; vgl. Braun/Meier 2004, 510; Braun/Bock 2008[2], 29):

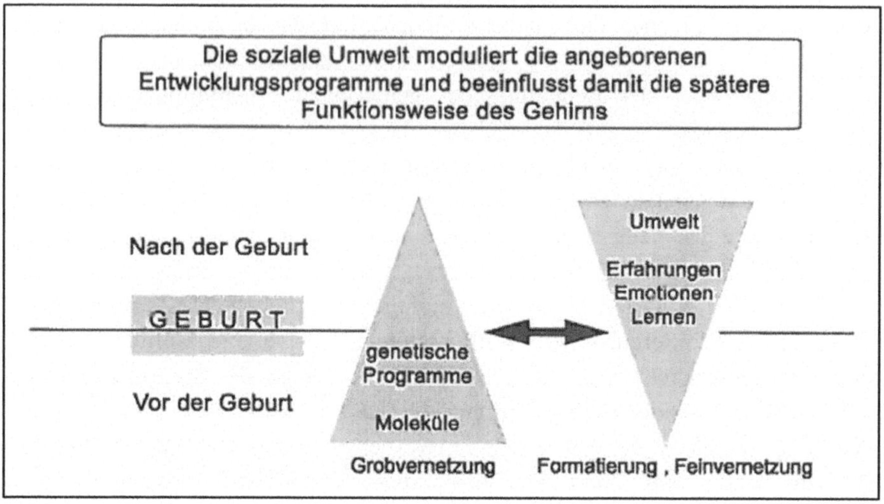


Abbildung 11: Braun 20092, 137

Die Grafik verdeutlicht zum einen den Wechselprozess, zum andern aber zeigt sie auch, dass sich die Balance der beiden Faktoren im Laufe der Gehirnentwicklung verschiebt (vgl. Braun 2009[2], 139). Der Einfluss der genetischen Faktoren geht zurück, der der Umwelt wächst. „Ein solch weitreichender Einfluss von Lern- und Erfahrungsprozessen bei der Gehirnentwicklung wurde jahrzehntelang gewaltig unterschätzt" (ebd.). Fragt man dann jedoch nach den Umweltfaktoren, die die Gehirnentwicklung positiv beeinflussen, stellt Braun (a. a. O., 140) fest, dass diese weitgehend unbekannt sind. Auch Hüther/Bonney (2010[11], 27) zeigen auf, dass die Bedingungen, die ein optimales Lernen ermöglichen sollen, letztlich nicht so einfach zu fassen sind.

> „Unsere genetischen Anlagen zeichnen sich eben nur dadurch aus, dass sie die Herausbildung eines hochkomplexen, zeitlebens lernfähigen Gehirns ermöglichen. Ob aber unsere Kinder ein solches Gehirn tatsächlich entwickeln […] hängt […] davon (ab), ob und wie gut es uns gelingt, die zur optimalen Entfaltung dieser Anlagen erforderlichen Voraussetzungen zu schaffen und aufrechtzuerhalten" (a. a. O., 27).

Während jeder Interaktion kommt es bereits im Gehirn des Neugeborenen zu neuronalen Verschaltungen, aufgrund der sich neuronale Strukturen bilden, die das hirnbiologische Substrat „für alle weiteren Lernprozesse [und „die mit jedem

Lernprozess untrennbar verknüpfte emotionale Erlebniswelt“ (Braun/Helmeke 2004, 284)] bis hin zum Erwachsenenalter bilden“ (Braun/Helmeke 2004, 282; vgl. Braun 2009$^{2}$, 134). Nochmals ganz deutlich und unmissverständlich: „Gefühle […] sind untrennbar mit dem Lernen verknüpft, denn nur wenn man gefühlsmäßig beteiligt ist, empfindet man Dinge als interessant und kann sie besser im Gedächtnis abspeichern“ (Braun/Helmeke 2004, 284; vgl. Gerhardt 2006, 15; Braun 2009$^{2}$, 135; Spitzer 2009$^{6}$, 157 ff). Weil das Lernen gefühlsmäßig gebunden ist, muss „größter Wert auf das soziale und emotionale Umfeld gelegt werden“ (Braun 2009$^{2}$, 135).

Die frühen emotionalen, meist unbewusst erworbenen Erfahrungen mit den engsten Bezugspersonen, die dem sich entwickelnden Menschen als Vorbild (vgl. Hüther/Hauser 2012, 75 f) dienen, sind positiv wie negativ maßgeblich an der funktionellen Reifung des Gehirns beteiligt (vgl. Schore 2003$^{3}$, 53, 62 ff; Braun 2009$^{2}$, 135; Hüther/Hauser 2012, 68; Hüther 2016, 57 ff, 62 ff, 68 ff). Hüther (2011, 124 f) schreibt dazu:

> „Nichts ist in der Lage, die zum Lernen erforderliche Offenheit und innere Ruhe effektiver herzustellen als dieses Gefühl von Vertrauen. […] Vertrauen ist das Fundament, auf dem alle unsere Entwicklungs-, Bildungs- und Sozialisationsprozesse aufgebaut werden. […] Dieses Vertrauen muss während der Kindheit auf drei Ebenen entwickelt werden:
> als Vertrauen in die eigenen Möglichkeiten, Fähigkeiten und Fertigkeiten zur Bewältigung von Problemen,
> als Vertrauen in die Lösbarkeit schwieriger Situationen gemeinsam mit anderen Menschen und
> als Vertrauen in die Sinnhaftigkeit der Welt und das eigene Geborgen- und Gehaltenseins in der Welt“ (vgl. Hüther 2004, 492; 20092a, 46; Folta 2010, 40; Hüther/Hauser 2012, 61, 63, 154 ff).

Das von Hüther hier angesprochen Vertrauen in andere oder das Zutrauen zu sich selbst (vgl. Ayan 2013, 32) lässt sich nur in einer positiven Beziehung entwickeln. Damit diese Entwicklung auch gelingen kann, brauchen Kinder zur Orientierung „äußere Vorbilder und innere Leitbilder“ (Hüther 2004, 493). Es geht nicht um eine neutral-distanzierte, sondern um die bewusste Gestaltung „eine(r) positive(n) affektiv-emotionalen Beziehung“ (Schwing 2011, 22; vgl. Hüther 2009$^{2}$a, 45; Gebauer/Hüther 2003, 8 f), um die Motivation und damit die Bereitschaft zur Mitarbeit zu stärken. Forschungsergebnisse in dieser Richtung belegen, dass durch „die Aktivierung des Bindungssystems […] zu kognitiver Weite, höherer Kreativität, sozialer Zuwendung und engagierten Handeln führ(t)en“ (a. a. O., 23; vgl. 2002, 13 ff; Kap. 2). Es geht letztlich um Ermutigung und Inspiration, nicht um Dressur.

> Aus „neurobiologischer Perspektive kann das Erziehungsziel nur sein, Kinder dabei zu unterstützen, (dass sie ihre primäre Entdeckerfreude nicht verlieren – L.-K.-S.) damit das Selbstverständliche geschieht: die Ausbildung vielfältiger Kompetenzen“ (Hüther/Hauser 2012, 96).

Das ebenfalls hier von Hüther angesprochene Selbstvertrauen in die eigenen Fähigkeiten und Fertigkeiten scheint eine notwendige, aber keine hinreichende Bedingung zu sein. Was weiterhin notwendigerweise entwickelt werden muss, sind Bezüge zu anderen Menschen und die Entwicklung einer Stressbewältigungskompetenz (vgl. Kap. 3.9).

> „Hierzu zählt die Fähigkeit zur Selbstregulation und zur Selbstreflexion. Gut ausgebildete Kontrollüberzeugungen und Selbstwirksamkeitskonzepte, Frustrationstoleranz und Flexibilität“ (Hüther 2011, 133; vgl. Bauer 2015). Des Weiteren Konfliktlösungskompetenz, Planungs- und Handlungskompetenz und eine Fähigkeit zur konstruktiven Beziehungsgestaltung (vgl. ebd.; Aamodt/Wang 2012, 274 ff).

Ganz wesentlich innerhalb der beschriebenen Entwicklungsprozesse ist, dass sich das Kind als selbstwirksam, als Subjekt und nicht als Objekt des Erziehungsprozesses sieht und Zutrauen in die eigene Leistung gewinnt. Denn: „Wo kein Zutrauen ist, bleibt auch weniger hängen“ (Ayan 2013, 32).

Wichtig für den Lernprozess insgesamt ist des Weiteren die Erkenntnis, dass sich verschiedene Anteile der Großhirnrinde unterschiedlich schnell entwickeln (vgl. Kap. 1). Für den Lernprozess bedeutet das, dass die Kenntnis, welche Bereiche sich zu welchen Zeiten entwickeln, Auswirkungen hat bzw. haben sollte auf das Angebot aus der Umwelt, „um seine Entwicklung optimieren zu können“ (Singer 2002, 88; vgl. Braun 2009², 135 f). Diesbezügliche Erkenntnisse sind aber noch nicht in ausreichendem Maße vorhanden. Die beste Strategie ist es deshalb, „sorgfältig zu beobachten, wonach die Kinder fragen“ (Singer 2002, 95), wofür sie sich interessieren, wonach sie verlangen, was sie glücklich macht (vgl. Singer 2003d, 112 f). Lernen jedenfalls ist ein individueller Prozess, der Zeit braucht, Zeit, um Erfahrungen zu machen. Eine sichere Schlussfolgerung aus dem bisher Gesagten ist,

> „dass kein Kind dem anderen gleichen kann, und das gilt auch für eineiige Zwillinge, weil im Laufe der Entwicklung eine riesige Zahl von Verzweigungen durchlaufen werden müssen und Entscheidungen darüber, welche Gabelung gewählt wird, oft von kleinen, mitunter zufälligen Fluktuationen der Umgebungsbedingungen abhängen. Ferner gibt es gewaltige, interindividuelle Unterschiede in der Entwicklungsgeschwindigkeit, selbst zwischen Geschwistern. Und auch hier wirken genetische und epigenetische Faktoren zusammen. […] Dies legt nahe […], dass Förderung in hohem Maße auf die individuellen Bedingungen abgestimmt sein muss. Wegen unterschiedlicher Anlagen und Entwicklungsgeschwindigkeiten ist kaum damit zu rechnen, dass Kinder gleichen Alters gleiche Bedürfnisse und Fähigkeiten haben. Dies stellt das fast ausschließlich altersorientierte Klassensystem in Frage“ (Singer 2002, 94 f).

.

Zur optimalen Entwicklung bedarf es einer „abwechselungsreiche(n), interessante(n) und anregende(n) Umwelt“ (Braun 2009[2], 139; vgl. Blakemore/Frith 2006, 53 ff). Singer (2002. 94) rät dazu, „darauf zu vertrauen, dass die jungen Gehirne selbst am besten wissen, was sie in verschiedenen Entwicklungsphasen benötigen, und dank ihrer eigenen Bewertungssysteme kritisch beurteilen und auswählen können“ (vgl. Hüther/Hauser 2012, 99 f). Spitzer (2009[6], 233 f) verdeutlicht das an der Sprachentwicklung, die sich von einfachen Strukturen ausgehend sukzessiv aufbaut. Und: „*Gerade weil das Gehirn reift und gleichzeitig lernt, ist gewährleistet, dass es in der richtigen Reihenfolge lernt*“ (a. a. O., 235; vgl. Spitzer 2010, 108). Die Tatsache der Gehirnentwicklung nach der Geburt, wobei besonders die des frontalen Kortex gemeint ist, ist somit „kein Mangel, sondern eine *notwendige Bedingung* höherer geistiger Leistungen“ (Spitzer 2009[6], 235; 2010, 108; vgl. Kap. 1).

Bezogen auf die Aktivität des Pädagogen sprechen Blakemore/Frith (2006, 211) in diesem Zusammenhang von einer Minimalform des Lehrens. Was dagegen wenig hilfreich ist, ist Kinder frühzeitig mit einer Überfülle an Angeboten zu überschütten (vgl. Singer 2002, 95 f; Spitzer 2006b, 56; Braun/Bock 2008[2], 42; Zimpel 2012[2], 93; Renz-Polster in Musall/Pieper 2014, 17).

Krenz (2014, 9) spricht in diesem Zusammenhang von einem „aktuelle(n) Bildungswahn in bundesdeutschen Kindertageseinrichtungen.“ Auf den Punkt gebracht:

> „Es macht keinen Sinn, Entwicklungen forcieren zu wollen. Die Kinder werden aufgezwungene Angebote nicht annehmen, unnütze Zeit mit Abwehr verbringen und es schwer haben, das für sie Wichtige herauszufiltern. […] Entscheidend ist nicht, was die Eltern wollen, sondern was das Kind mitbringt und will“ (Singer 2002, 96).

Krenz (2014, 9) geht sogar soweit, dass er in der „zunehmend kognitiv orientierten, funktionsausgerichteten Förderpädagogik“ eine Gefahr sieht, die Kinder in Beziehungsnöte bringt und u. U. sogar Ohnmachtsgefühle erzeugt, soweit die Programme gegen die originären Interessen der Kinder laufen und die Kinder an deren Planung nicht aktiv mitwirken können (vgl. a. a. O., 10), was letztlich eher zu Bildungsstörungen führen kann.

Weiterhin mit entscheidend ist das Maß an Förderung. So wie berücksichtigt werden soll, was das Kind will (vgl. Singer 2003d, 113), so soll auch berücksichtigt werden, in welchem Maß es dieses oder jenes will. Hier sehen Hüther/Hauser (2012, 100) ein Problem für eine funktionierende Frühförderung dann, wenn nicht die Individualität, sondern das ‚Rasenmäherprinzip‘ im Vordergrund steht (vgl. Krenz 2014).

Blakemore/Frith (2006, 57 f) gehen sogar noch einen Schritt weiter. Aus den bisherigen Ergebnissen der Hirnforschung ergibt sich für sie „keinerlei Beleg für die These von der Notwendigkeit einer ausschließlichen Konzentration auf *gezielte* Frühfördermaßnahmen in den ersten Lebensjahren von Kindern. [...] Es gibt keine Belege dafür, dass gezielte Frühförderung gut für die Gehirnentwicklung ist“ (vgl. Gruhn 2008[3], 206).

Spitzer (2010, 112) zufolge ist das Frontalhirn von Kindern „noch nicht so weit ausgereift wie das der Erwachsenen, weswegen es mit besonnenem, zielgerichtetem, planvollen Lernen nicht gut bestellt ist.“ Deswegen fällt es ihnen auch schwer, wenn sie „irgendetwas Bestimmtes lernen sollen“ (ebd.).

Auch Gruhn (2008[3], 221 f) vertritt die Meinung, dass ein Lernen aus neurowissenschaftlicher Sicht nicht beschleunigt werden kann, da es sich „um intrazelluläre und neuronale Prozesse handelt, die sich entwickeln müssen und dann zu plötzlichen Erkenntnisschüben führen können.“ Was wir als Pädagogen tun können, ist Voraussetzungen für einen günstigen Lernprozess zu schaffen, in dem es zur Ausbildung mentaler Repräsentationen kommt.

Im Idealzustand nähert sich das Tun des Kindes unter Vermeidung der oben genannten Schwachpunkte einem Zustand, den Dalcroze bereits 1921 (vgl. Flohr/Trevarthen 2008[2], 73) und Csikszentmihalyi (vgl. Csikszentmihalyi/Schiefele 1993) Mitte der 1970er Jahre als Flow bezeichneten. Es handelt sich dabei um eine Zustand, in dem „Handlung und Bewusstsein so miteinander verschmelzen, dass eine selbstvergessene Hingabe an die Tätigkeit um ihrer selbst Willen geschieht“ (Gruhn 2008[3], 205; vgl. Csikszentmihalyi/Schiefele 1993, 209 ff; Renz-Polster/

Hüther 2013, 71 f). Walzer (2012, 173) bezeichnet Flow „als Gefühl der völligen Vertiefung und des Aufgehens in eine Tätigkeit." Es handelt sich um einen „Bewusstseinszustand, in welchem Bewegungsabläufe und Intuition in vollem Einklang stehen. Flow ist ein Zustand voller Synchronisation von Herz und Verstand" (ebd.). Es handelt sich allerdings nicht um einen Zustand, der auf einmal da ist, sondern um einen Lernprozess.

Für den, der einen solchen Zustand erlebt, ist dieser Prozess mit Lust, Freude, eben mit emotionalem Erleben verbunden, das sich auch als Struktur im Gehirn niederschlägt. Erreicht wird dieser Zustand am ehesten dann, „wenn der Leistungsanspruch der jeweiligen Herausforderung im Bereich der Leistungsfähigkeit des Ausführenden liegt" (ebd.; vgl. Petrat 2014, 32 ff, 40 ff). Zu einem solchen Erleben kommt es trotz alledem erst dann, wenn mindestens zwei Bedingungen erfüllt sind (vgl. Csikszentmihalyi/Schiefele 1993, 211):

> Eine Passung von Fähigkeit und Anforderung: „Die Leistungsfähigkeit des Handelnden und die Anforderungen einer Tätigkeit müssen einigermaßen im Gleichgewicht sein" (ebd.).
> Eine Eindeutigkeit der Handlungsstruktur: „Die handelnde Person (muss) ein klares Ziel vor Augen haben" (ebd.). Um dieses gewährleisten zu können, ist es notwendig, „dass die Handlung eine eindeutige Struktur ausweist" (ebd.), aus der „die Handlungsanforderungen und -möglichkeiten eindeutig" (ebd.) hervorgehen. Zu dieser Eindeutigkeit gehört im Weiteren eine „Eindeutigkeit der Rückmeldungen" (ebd.).

Die Autoren betonen aber, dass diese Bedingungen „zentrale Voraussetzungen des Erlebens von Flow" (ebd.) sind, aber nicht hinreichend, denn was von Seiten des Erlebenden hinzukommen muss, sind „Einstellungen, Interessen, Motive, Fähigkeiten und andere Persönlichkeitsmerkmale" (ebd.; vgl. Krapp u. a. 2014[6], 208). Genau diese Faktoren aber unterliegen Entwicklungsprozessen und verweisen somit wieder zurück auf einen Lernprozess (vgl. Csikszentmihalyi/Schiefele 1993, 216 ff).

Nach Peifer u. a. (2017, 15) stellt sich ein Flow-Erleben eher ein, wenn die Anforderungen und die eigene Leistungsfähigkeit hoch sind. Die oben angesprochene Passung oder Balance verändert sich zudem mit wachsendem Können und mehr Erfahrung. Flow entsteht zudem eher, wenn es sich um abwechslungsreiche Aufgaben mit einem gewissen Spielraum handelt. „Es gibt sogar Hinweise darauf, dass Flow ansteckend ist" (a. a. O., 16). Interessant ist in diesem Zusammenhang, dass die Beispiele hierzu aus der Musikpädagogik stammen.

Das menschliche Gehirn „verfügt über zwei verschiedene Modi, Wissen und Fähigkeiten zu speichern und abzurufen: eine explizites und ein implizites System“ (Dietrich/Ayan 2017, 19). Im Fall des Flow ist das implizite System besonders aktiv, sodass die Aktivität des Präfrontalkortex herabgesetzt ist, während das Kleinhirn und die Basalganglien aktiv sind (vgl. a. a. O., 19 f). Wesentlich ist, dass Flow nur bei motorischer Aktivität entsteht (vgl. a. a. O., 20). Flow ist nichts für Anfänger, sondern Flow entsteht in erster Linie bei Experten, wobei hier Sportler und Künstler als erstes zu nennen sind. „Was den Flow am besten fördert, ist die Automatisierung von Bewegungen – sprich: Übung – und ein mittleres Anspruchsniveau“ (a. a. O., 21; vgl. Kap. 5.8.4).

Eine weitere wichtige Voraussetzung dafür ist die Entwicklung differenzierter Kommunikationsfähigkeiten. Dies allerdings verweist zurück auf die frühkindliche Entwicklung, in der Informationen in erster Linie über „Mimik, Gestik und Intonation“ (Singer 2002, 97) vermittelt werden.

> „Auch ist wohl bekannt, dass durch bildnerische, musikalische, mimische, gestische und tänzerische Ausdrucksformen Information transportiert werden kann, die sich in rationaler Sprache nur schwer fassen lässt“ (Singer 2002, 97 f; vgl. Singer 2003c, 99, 103; 2003d, 113).

Ergänzend soll hier nochmals angefügt werden, dass dies am besten dann gelingt, wenn diese Ausdrucksformen gefühlsmäßig angebunden sind (vgl. Hüther 2015a, 41). Konflikte innerhalb des Lernprozesses beruhen nur allzu häufig „auf der Unfähigkeit, sich in kognitive Schemata der jeweils anderen hineinzuversetzen“ (Singer 2002, 98; vgl. Spitzer 2006b, 55 f). Die Bedeutung eigener positiver Erfahrungen für das menschliche Lernen habe ich schon hervorgehoben (vgl. Kap. 1.4).

Von neurowissenschaftlicher Seite wird betont, dass es sich bei unserem Gehirn um ein soziales Organ handelt (vgl. Kap. 1.4). Was liegt also näher als die Überzeugung, dass sich menschliches Lernen am besten in der Gemeinschaft vollzieht.

> „Menschliches Lernen vollzieht sich immer schon in der Gemeinschaft, und gemeinschaftliche Aktivitäten bzw. gemeinschaftliches Handeln ist wahrscheinlich der bedeutsamste „'Verstärker'“ (Spitzer 20096, 181; vgl. Zimpel 20122, 73).

Zwei weitere wesentliche Faktoren für erfolgreiches Lernen sind, wie oben beschrieben, positive Bindungen und konstante Bezugspersonen (vgl. Krause 2014, 21; vgl. Kap. 2). Des Weiteren gilt es Folgendes zu berücksichtigen:

> *„Die Begeisterung am Lernen kann niemand erzwingen oder anordnen. Sie lässt sich nur wecken*“ (Hüther/Hauser 2012. 174; Hervorhebung L. K.-S.).

Die Zauberworte, die die Lust und den Spaß am Lernen (wieder)erwecken können, heißen: „Vertrauen, Ermutigung und Wertschätzung“ (a. a. O., 175), Beziehung herstellen und Motivation schaffen, denn *„ohne Beziehung keine Motivation“* (Bauer 2011[5], 212; vgl. Kap. 2; 3.6). Erst dann, wenn diese Zauberworte in die Realität überführt sind, kommt es auch zur Ausbildung jener Kompetenzen, Hüther (2009[2]b, 105) spricht hier von Metakompetenzen, die ein Mensch braucht, um im Leben, in der Schule und später auch im Beruf zu bestehen: Strategische Kompetenz, Handlungskompetenz, Umsicht, Motivation, Konzentrationsfähigkeit, Einsichtsfähigkeit, Flexibilität, Frustrationstoleranz, Impulskontrolle (vgl. a. a. O., 104). Dazu braucht es aber in erster Linie Vorbilder, Bezugspersonen als verlässliche „Dialogpartner, ermutigende Unterstützer, herausfordernde Begleiter“ (ebd.). Damit sich die im Kind neu anlegenden Verschaltungsmuster im Weiteren festigen können, brauchen Kinder außerdem „viel Ruhe und Zeit zum aufmerksamen Beobachten und zum intensiven Üben und Ausprobieren“ (Hüther 2006[2], 82; vgl. Friedrich 2014).

Dass diese Zusammenhänge z. B. für das Erlernen eines Instruments gleich wichtig sind, darauf verweist Spitzer (2002, 328 f). Verschiedene Untersuchungen konnten demnach zeigen, dass gerade zu Beginn der Instrumentalausbildung „Wärme, Zuwendung und Verständnis für den langfristigen Erfolg entscheidend sind“ (a. a. O., 328).

Was Lernende am wenigsten brauchen ist Druck, denn Druck erzeugt Angst und „wer Angst hat, kann nicht mehr klar denken“ (Hüther 2012[2], 7). Druck führt dazu, dass sich neuronale Verschaltungen auf die eingefahrenen Verschaltungsmuster zurückziehen. Je größer der Druck, desto größer der Rückzug, desto einfacher und robuster die entsprechenden Reaktionen (vgl. Hüther 2009[2]b, 107). Erst wenn der Druck wieder nachlässt, „können wieder hochvernetzte, subtilere und fragilere Beziehungsmuster“ (ebd.) aktiviert und aufgebaut werden (vgl. Hüther 2006[2], 80 f).

Druck kann sich äußern z. B. als Leistungsdruck oder aber auch als sozialer Druck in Form von Ausgrenzung und Demütigung. Bauer (2009²b, 111) zufolge kommt es dabei zu einer „biologischen Lähmung des Motivationssystems." Die neurologischen Wirkungen ähneln denen eines absichtlich zugefügten Schmerzes. Schmerz wiederum gilt als Auslöser von Aggressionen. Daraus lässt sich mit Bauer folgern, dass soziale Ausgrenzung und Demütigungen auch seitens der Pädagogen aggressives Verhalten begünstigen. Andersherum lässt sich aggressives Verhalten auf soziale Ausgrenzung, erlittene Demütigungen oder Bindungslosigkeit zurückführen.

Stern et al. (2007, 89) geben zu bedenken, dass Lernen im Sinne einer Automatisierung, einer Musterbildung, also durch Training, zur „Abnahme der Aktivierung in mehreren Gehirnregionen (führt)", wobei diese Zusammenhänge individuell zu betrachten sind. Die Frage, die sich hier stellt, ist die nach der Begründung, wieso es trotz einer Abnahme der Aktivierung zu besseren Leistungen kommen kann. Die Antwort liegt in der „Steigerung der neuronalen Effizienz" (a. a. O., 90), d. h. die Aktivierung neuronaler Strukturen erfolgt bedarfsorientiert. Nochmals: Zu berücksichtigen ist hierbei, dass es sich dabei um einen individuellen Prozess handelt, der Möglichkeiten einer Vergleichbarkeit beeinträchtigt, wenn nicht sogar ausschließt (vgl. a. a. O., 91).

Unabhängig von einer berechtigten Betonung der Individualität des Lernenden, lassen sich dennoch unter Berücksichtigung individueller Sinngebung, Relevanz und Bedeutung (vgl. Schirp 2ßß6², 110 ff) und Emotionalität und Kognition (vgl. a. a. O., 117) „Konsequenzen für ein hirngerechtes Lernen" (a. a. O., 105) benennen, die es individuumübergreifend zu berücksichtigen gilt (vgl. a. a. O., 105 ff):

1. Je ähnlicher die Darbietung der Muster ist, desto mehr prägt sich die mentale Repräsentanz im Gehirn aus.
2. Je intensiver solche Inputs unter Berücksichtigung einer leichten Varianz sind, desto größer die Repräsentanzflächen auf der Großhirnrinde.
3. Wiederkehrende Beispiele verdichten sich zu neuronalen Netzwerken, die sich zu Mustern verdichten.

4. Unterschiedliche Muster, die aber aufeinander bezogen sind, führen „zu einer Ausweitung neuronaler Repräsentanz“ (a. a. O., 106).
5. Einfach neuronale Muster, die sich aufeinander beziehen, führen zu komplexeren Mustern.
6. Explizite Muster bilden sich bewusst aufgrund einer intensiven Beschäftigung mit einem Sachverhalt. Implizite Muster bilden sich über einen längeren Zeitraum unbewusst und erreichen dadurch eine größere Stabilität.

In verschiedenen Untersuchungen konnte zudem gezeigt werden, dass Lernen dann besser funktioniert, wenn mit den zu lernenden Objekten handelnd umgegangen wird, wodurch ein Sachverhalt mindestens zweimal abgespeichert wird, als begriffliche Struktur und als Handlungsaktivierungsmuster (vgl. Spitzer 2012a, 179).

Ein weiterer wichtiger Faktor, der Lernprozesse von Kindern nachhaltig beeinflusst, der z. B. beim Üben eines Instruments zum Tragen kommt, ist das elterliche Interesse an den Lernfortschritten ihrer Kinder (vgl. Spitzer 2002, 329 ff). Bleibt die Frage, welche neurodidaktischen Impulse für erfolgreiches Lernen angemessen sind. Herrmann (2011, 42 f; vgl. Herrmann in Hanser/Ayan 2011, 50) nennt folgende Punkte:

- Die Aufnahme neuer Informationen/Lerninhalte sollte mit angenehmen Gefühlen verbunden sein.
- Das Neugierverhalten sollt aufrecht erhalten werden.
- Lernen sollte in entspannter Atmosphäre stattfinden.
- Zeit zur Speicherung neuer Informationen/Lerninhalte sollte gegeben sein.
- Emotion und Kognition sollten Hand in Hand gehen. Angesprochen ist hier eine positive aktive innere Beteiligung der Schüler.
- „Nichts ist […] erfolgreicher als eine neurodidaktisch begründete ‚Spaßpädagogik‘: eine lust- und spaßbesetzte Leistungsanforderung, die Erfolgserlebnisse vermittelt“ (a. a. O., 43).

- Nachhaltiges Lernen geschieht am besten „auf der Grundlage des Angebots und der Aneignung von Mustern (Schemata)“ (ebd.).
- „*Beziehungen stiften* muss [...] ein Kerngeschäft des Lehrens sein, weil Beziehungslosigkeit und Nichtbeachtung als psychische Verletzung vom menschlichen Gehirn registriert werden“ (a. a. O., 44).

Noch ein Zitat zum Schluss: „Die Freude am Lernen ist Ausdruck der Freude am Leben“ (Hüther 2016, 67).

## 3.3 Aufmerksamkeit/Konzentration

Lapidar könnte man sagen, dass alle über Aufmerksamkeit, vielleicht auch über Aufmerksamkeitsstörung reden. Aber was ist damit gemeint? Nach Jäncke (2013, 332) „verfügen wir noch nicht über ein kohärentes Verständnis von Aufmerksamkeit. Keines der vielen Modelle kann das psychische Konstrukt Aufmerksamkeit vollständig erklären. Mittlerweile setzt sich die Erkenntnis durch, dass der ‚Aufmerksamkeit' kein einheitlicher Mechanismus und damit auch keine einzelne definierte anatomische Struktur zugrunde liegt.“ Dennoch lässt sich nicht zuletzt nach den neusten Erkenntnissen der Neurowissenschaften sagen, „dass die Aufmerksamkeit ein wesentliches Element aller kognitiven Funktionen ist“ (ebd.).

Anstatt von einer Theorie der Aufmerksamkeit zu sprechen, wird innerhalb der Forschung „von Metaphern bzw. Metaphern der Aufmerksamkeit gesprochen“ (a. a. O., 336). Dabei handelt es sich um „eine konzeptionelle Zuordnung von Eigenschaften, Strukturen und Beziehungen bezüglich eines bestimmten Aspekts“ (ebd.). Auf diese Weise entstehen unterschiedliche Konzepte, mit denen dann wiederum bestimmte Aufmerksamkeitsphänomen untersucht werden können. Eine einheitliche Sicht kommt dadurch allerdings nicht zustande.

„Aufmerksamkeit ist ein Zustand erhöhter Wahrnehmung“ (Roth 2011$^{4}$, 129). Neurophysiologisch gesehen, „ist es ein Mittel unseres Gehirns bzw. unseres Geistes, mit der großen Fülle von Informationen fertigzuwerden, die in jeder Sekunde über die Sinnesorgane auf uns einstürzen“ (ebd.). Bezogen auf Lernprozesse sieht er in der Aufmerksamkeit „in Form von Konzentration [...] die vielleicht stärkste Form von Bewusstsein“ (a. a. O., 131; vgl. a. a. O., 135 ff; Jäncke 2013, 333).

„Von Aufmerksamkeit spricht man, wenn sich das Gehirn auf bestimmte Reize oder Aktivitäten konzentriert“ (Jourdain 2001, 308). Die Aufmerksamkeitskontrolle auf das Wesentliche zu lenken ist ein Prozess, der viel Übung und Selbstdisziplin erfordert. Die dafür notwendigen Entscheidungsprozesse beanspruchen unterschiedliche Hirnregionen, die letztlich nicht nur für das Musizieren, sondern auch „für alle komplexen menschlichen Tätigkeiten eine große Bedeutung haben“ (Jäncke 2008, 317). Es wird deutlich, dass durch das Musizieren die entsprechenden Hirnregionen und die darin ablaufen Mechanismen trainiert werden.

Die Bedeutung der Aufmerksamkeit geht weit über seine Bedeutung für (schulische) Lernprozesse hinaus:

> „Aufmerksamkeit entscheidet darüber, wie wir mit unseren Nächsten umgehen, in Familie und Partnerschaft, wie wir unsere Lebenswelt gestalten, wie genau wir Informationen unseres Körpers und unserer Seele registrieren, was in unser Langzeitgedächtnis eingeht und damit letztlich unserer Lebensgeschichte konstituiert“ (Ernst 2014, 23).

Spitzer (2009[6], 141, 155 f) unterschiedet zwei Arten der Aufmerksamkeit, die allgemeine und die selektive Aufmerksamkeit. Die allgemeine Aufmerksamkeit (Vigilanz) betrifft die Wachheit des Organismus, während die selektive Aufmerksamkeit sich auf bestimmte Sachverhalte richtet (vgl. Spitzer 2009[6], 141; 2012a, 68; Jäncke 2013, 339 ff; Ernst 2014). Selektive Aufmerksamkeit bedeutet eine intensivere Aktivierung der neuronalen Strukturen oder Netzwerke, in denen der Gegenstand meiner Aufmerksamkeit repräsentiert ist, auf den ich mich konzentriere. Montessori nannte das „Polarisation der Aufmerksamkeit“ (Montessori in Zimpel 2012[2], 38). Zimpel (2012[2], 38) selbst bezeichnet die Polarisation als einen „Zustand der entspannten Wachheit.“ Nach Ernst (2014, 22) bezeichnen Neuropsychologen dies als „Aufmerksamkeitsblindheit.“ Roth (2011[4], 131) spricht in diesem Zusammenhang von einer „Unaufmerksamkeits-Blindheit.“

Roth (a. a. O., 129 f) unterscheidet zwischen einer außen- und einer innengeleiteten Aufmerksamkeit. Wie der Name schon sagt, orientiert sich die außengeleitete Aufmerksamkeit an äußeren Dinge, während sich die innengeleitete Aufmerksamkeit auf alles richten kann, was für uns Bedeutung hat. Faktoren, die hier eine Rolle spielen können, sind die Neugier, die Erwartung und die damit verbundene Aufregung, also der emotionale Anteil.

Eine weitere Differenzierung der Aufmerksamkeit besteht in der „Einteilung in eine räumliche und eine geistige Aufmerksamkeit“ (a. a. O., 131). Die räumliche Aufmerksamkeit bezieht sich auf das Fokussieren eines Objektes oder eines Geschehens, während sich die geistige Aufmerksamkeit, wie der Name schon sagt, auf geistige Prozesse bezieht, z. B. das Hören bzw. auch das Zuhören. Hier zeigt sich dann, dass die Aufmerksamkeitsspanne in Abhängigkeit von der Intensität auf 3 -5 Minuten begrenzt ist. Ein Sachverhalt, der besonders auch für Lehr-Lernprozesse von Relevanz ist. „Es gehört zur hohen Kunst guter Lehrender, diesen Umstand in Rechnung zu stellen“ (a. a. O., 133; vgl. a. a. O., 146 f).

Jäncke (2013, 333) stellt heraus, dass eine Gleichsetzung zwischen Bewusstsein und Aufmerksamkeit nicht legitim ist, dass Aufmerksamkeitsprozesse auch zwischen unbewussten und bewussten unterschieden werden können. Mit Blick auf die Aufmerksamkeit lässt sich auch zwischen automatischen und kontrollierten Prozessen unterscheiden. Erstere brauche weniger Aufmerksamkeit, letztere viel. „Wie kontrollierte Prozesse zu automatisierten Prozessen werden, ist nicht genau bekannt“ (a. a. O., 335). Ein wesentlicher Aspekt aber betrifft mit Sicherheit intensives Üben (vgl. a. a. O., 335 f; Kap. 5.8.4).

Interessant in diesem Zusammenhang ist, dass solche Polarisationen Auswirkungen auf „qualitative Änderungen im Nervennetzwerk“ (Zimpel 2012², 39) im Stirnhirn zeigen und somit intensiveres oder auch besseres Lernen ermöglichen. Auswirkungen dieses Lernens zeigen sich sowohl hinsichtlich der Verarbeitungstiefe als auch der Speicherung.

> „Wenn ich mich mit einem Sachverhalt eingehend beschäftige, dann werden alle seine Aspekte und Eigenschaften von verschiedenen Gehirnarealen erfasst. Diese intensive Bearbeitung nach allen möglichen Aspekten bewirkt die Veränderung sehr vieler Synapsen und damit das bessere Speichern dieses Inhalts“ (Spitzer 2012a, 69; vgl. Ernst 2014, 23).

Noch spezifischer lässt sich dank der bildgebenden Verfahren der „*Grad* der Aktivierung“ (Spitzer 2009⁶, 147) unterschiedlicher neuronaler Strukturen bestimmen. Aufmerksamkeit zeigt sich somit nicht nur als physiologischer oder psychologischer, sondern auch als neuronaler Prozess (vgl. a. a. O., 147 f). Letztlich konnte in unterschiedlichen Untersuchungen gezeigt werden, „dass die Zuwendung der Aufmerksamkeit zu einer Aktivitätszunahme in den jeweils relevanten Arealen führt, deren Ausmaß zumindest prinzipiell ausreicht, um das Behalten der Information zu bewirken“ (a. a. O., 151) und dies unabhängig davon, ob ich eine

Bewegung oder ein Objekt fixiere. Entscheidend für den Erfolg im Sinne des Behaltens und Abspeicherns von Informationen ist das Maß an selektiver Aufmerksamkeit, das ich auf die Sache, das Objekt, den zu lernenden Gegenstand richte. Helfer auf diesem Weg ist das Neurotransmittersystem, das „auch der allgemeinen Lernfähigkeit und Lernbereitschaft zugrunde (liegt)“ (Roth 2006[2], 63).

In unterschiedlichen Versuchen konnte also gezeigt werden, „dass Aufmerksamkeit Auswirkungen auf das Gehirn hat“ (Spitzer 2000, 159). Ein Richten der Aufmerksamkeit auf einen Gegenstand führt zu einer erhöhten Aktivierung und damit zu einer besseren Leistung des betreffenden Areals und ermöglicht somit verstärktes Lernen, das sich wiederum in einer Verstärkung der synaptischen Übertragung äußert (vgl. ebd.; Spitzer 2009[6], 146). An andere Stelle konstatiert Spitzer (2001, 67 in Baer 2005d, 23):

> „Im Grunde genommen hat man es schon immer gewusst: Wer aufmerksam ist, der lernt auch mehr. Heute wissen wir, warum dies so ist: Die Aufmerksamkeit auf einen bestimmten Ausschnitt dessen, was gerade unsere Sinne affiziert, bewirkt eine Aktivierung derjenigen neuronalen Strukturen, die für die Verarbeitung eben dieses Ausschnitts zuständig sind“ (vgl. Spitzer 20096, 147 ff).

Verantwortlich für die Aufmerksamkeit sind nach Zimpel (2012[2], 137) „zwei kleine Hirnwülste in den beiden Scheitellappen.“ Roth (2011[4], 142) zufolge gibt es kein oberstes Bewusstseinszentrum. Allerdings können Dinge nur dann bewusstwerden, „wenn sie von Aktivitäten der *assoziativen Großhirnrinde* begleitet sind“ (a. a. O., 143). Dazu gehören neben den von Zimpel erwähnten Scheitellappen (parietaler Cortex) noch die mittleren und unter Schläfenlappen (temporaler Cortex), sowie der Stirnlappen (präfrontaler Cortex) (vgl. ebd.; vgl. Kap. 1). Aufmerksamkeitsprozesse bewirken eine Umstrukturierung kortikaler neuronaler Netzwerke durch eine „Veränderung synaptischer Übertragungsstärken“ (a. a. O., 144; vgl. Jäncke 2013, 346 ff).

In Experimenten konnte gezeigt werden, „dass in unser Aufmerksamkeitsfenster (Arbeitsgedächtnis) auf Dauer nur drei bis vier Gegenstände passen“ (Zimpel 2012[2], 137; vgl. Ernst 2014, 26). Diese Aussage korrespondiert mit den Erkenntnissen von Spitzer (2012a, 233), wonach Multitaskingnutzer, d. h. die gleichzeitige Nutzung unterschiedlicher Medien, „Probleme bei der Kontrolle ihres Geistes aufweisen.“ Diese Probleme äußerten sich darin, dass die betreffenden Personen Schwierigkeiten hatten, wichtige von unwichtigen Reizen zu unterscheiden bzw. unwichtige Reize auszublenden. Auch wenn sich bisher nicht klären lässt wie diese Unterschiede zustande kommen, vermutet Spitzer, dass sich Multitasker „Oberflächlichkeit und Ineffektivität aktiv antrainieren“ (Spitzer 2012a, 235; vgl. Ernst 2014, 26; Psychologie heute 2014; Spitzer 2014, 177 ff). Hinzu kommt eine mangelnde Selbstkontrolle, die ihrerseits Aufmerksamkeitsstörungen begünstigt (vgl. Spitzer 2012a, 248 f).

Ernst (2014, 23) verweist darauf, dass es sich bei dem Aufmerksamkeitsprozess um einen individuell zu betrachtenden Prozess handelt, der im Prinzip aus drei Teilwelten besteht:

- „die innere Welt der Intuitionen, der Werte und der höheren Verstandestätigkeit,
- die äußere Welt, die uns durch eine zunehmende Zahl von Reizen und Ablenkungen immer mehr Fokussierung und Auswahl abverlangt,
- die soziale Welt, in der wir uns auf Menschen, auf die Sprache, ihre Ideen, ihre Mimik und Gestik konzentrieren.“

Unser Gehirn kann „Aufmerksamkeit mit zwei weitgehend voneinander unabhängigen Systemen herstellen und managen“ (a. a. O., 26):

- das Bottom-up-System: älteren subcortical liegende Strukturen des Gehirns entscheiden, welche Informationen zugelassen werden und welche nicht. Dieses geschieht instinktiv (unbewusst), schnell und ist mit Emotionen verbunden.
- das Top-down-System: alle Entscheidungen werden bewusst, reflektiert und mit einem Maß an Selbstkontrolle getroffen.

Gefragt ist das Top-down-System, d. h. die bewusste Lenkung der Aufmerksamkeit. In ihm sieht Ernst (a. a. O., 27) den „Schlüssel zum gelingenden Selbstmanagement.“

Grundvoraussetzung aller Aufmerksamkeit aber ist die Konzentration, die allerdings sowohl in sensorischer als auch in emotionaler Hinsicht gefährdet zu sein scheint und somit die Fokussierung auf das Wichtige verflüssigt: „Unsere Fähigkeit, konzentriert, interessiert und fokussiert ein Gespräch zu führen, sich auf ein Musikstück einzulassen, ein Buch so zu lesen, dass man völlig absorbiert ist, schein allmählich verlorenzugehen“ (a. a. O., 24; vgl. Kullmann 2015).

Neurobiologisch gesehen geht es hier um die Synchronisation der an der Aufmerksamkeit und der Konzentration beteiligten Prozesse und die Selektion von

Reizen (vgl. Spitzer 2009[6], 155). Gelingt das nicht, ist die Aufmerksamkeit u. U. massiv gestört. Für ein Gelingen der Konzentration schlägt Ernst (2014, 27) die fünf Ps vor:

- Performance: Schaffen guter äußerer Bedingungen
- Prozess: Erreichen und Aufrechterhalten eines Flow-Zustands
- Präsenz: Konzentration auf das Hier und Jetzt
- Produktivität: Konzentration auf die unmittelbare Tätigkeit.
- Pausen: Konzentration erfordert Kraft. Deshalb sind ausreichend Pausen notwendig.

Berücksichtigt werden sollte aber in jedem Fall, dass sich die Aufmerksamkeit und die auf die Konzentration entwickelnden Hirnareale langsam entwickeln und dass ihre Entwicklung „bis zum Alter von 25 Jahren andauert" (Leconte-Lambert 2011, 28). Konsequenz der langsamen aber lang anhaltenden Entwicklung der Aufmerksamkeit ist, dass jüngere Kinder „über eine eher flüchtige Aufmerksamkeit verfügen" (ebd.), was hinsichtlich der Lernmethoden zu berücksichtigen wäre (vgl. Stadler Elmer 2015a, 155).

Bis hierher sollte klar geworden sein, dass die Aufmerksamkeit in unterschiedlichen Arealen verwoben ist. Insofern gibt es auch nicht *die* Quelle einer Aufmerksamkeitsstörung, sondern was erforderlich ist, ist eine genaue Diagnose. Zudem sollte klar sein, dass auch „psychiatrische Erkrankungen, Hirnreifungsprobleme, aber auch das Fehllernen mit Aufmerksamkeitsstörungen" (Jäncke 2013, 376) einhergehen können (vgl. Quester 2008, 240 ff).

Der Frage nach der Bedeutung der Aufmerksamkeit für die Musikpädagogik soll an dieser Stelle kurz nachgegangen werden, auch wenn die wesentlichen Erkenntnisse der Neurowissenschaften für die Musik (vgl. Kap. 4) und für die Musikpädagogik (vgl. Kap. 5) erst später folgen.

Der Aufmerksamkeit bzw. der Entwicklung der Aufmerksamkeit kommt auch im Rahmen musikalischer Aktivitäten, die nicht nur das Instrumentalspiel betreffen, eine besondere Bedeutung zu.

Nach Stadler Elmer (ebd.) ist die Aufmerksamkeit bei jüngeren Kindern stark affektiv gesteuert und ist daher zu sehen in einem „Zusammenhang mitmusikalische(n) Erfahrungen überwiegend Sinneswahrnehmung, Neugier, Interesse und soziale(r) Zugehörigkeit." Diesem „*primären Bewusstsein*" (a. a. O., 155 f) folgt entwicklungsmäßig betrachtet das sekundäre oder reflexive Bewusstsein, das die Aufmerksamkeit ausschließlich auf den Gegenstand lenkt.

Trehub (2012) weist darauf hin, dass das Richten der Aufmerksamkeit auf bestimmte Aspekte der Musik und des Musizierens einschließlich des Singens sich schon bei Kindern zeigt, die erst wenige Monate alt sind. Wichtig ist ihr hierbei, dass sich diese Unterschiede nicht erst mit bildgebenden Verfahren zeigen, sondern sich bereits mit Methoden der Verhaltensbeobachtung feststellen lassen (vgl. Raschle et al. 2012).

Mit Blick auf das Instrumentalspiel kann es nicht nur im Rahmen eines musikalischen Vortrags, sondern auch schon beim Üben eines Instruments zu Fehlern kommen (vgl. Kap. 5.8.4). Hinsichtlich des Versuchs einer wissenschaftlichen Erklärung für das Auftreten von Fehlern existieren allerdings unterschiedliche Theorien (vgl. Palmer et al 2012, 185 f). Im Prinzip ist davon auszugehen, dass es im Bereich der Wahrnehmung und der Motorik zu Unstimmigkeiten kommt, die sich mit Hilfe neurowissenschaftlicher Methoden nachweisen lassen (vgl. a. a. O., 186 ff). Die Gründe sind also weniger in einem Aufmerksamkeitsdefizit zu suchen.

Was das Hören von Musik angeht, so hat „jeder seinen eigenen Hörstil. Also den Hang, seine Aufmerksamkeit auf einen bestimmten Aspekt der Musik zu richten und andere nicht so bedeutsam zu finden“ (Jourdain 2001, 315). Man spricht in diesem Zusammenhang von kognitiven Präferenzen beim Hören, die mit Sicherheit auch erfahrungsabhängig sind.

Jäncke (2006a, 89) zufolge müssen besonders Dirigenten eine sehr hohe Aufmerksamkeitsleistung erbringen. Von daher ist es auch nicht verwunderlich, „dass Dirigenten besondere auditorische räumliche Fertigkeiten ausgebildet haben“ (ebd.), was sich wiederum durch entsprechende Untersuchungen bestätigen lässt.

Wegen scheinbar unüberwindlicher Schwierigkeiten bei der Versuchsanordnung gibt es so gut wie keine Messungen der Hirnaktivitäten beim aktiven Musizieren. „Gerade dies wäre aber von besonderem Interesse, denn wenn man musiziert, müssten eigentlich viele Hirngebiete simultan aktiv sein“ (Jourdain 2001, 318). Es ist davon auszugehen, dass diese Aktivität beeinflusst ist vom „Talent, Übungsgrad und Zugang zum Musikstück“ (ebd.) und dem Bewusstseinszustand während des Spielens (vgl. a. a. O., 319). Hinzu kommen noch weitere Aspekte, die besonders im sozialen Umfeld zu suchen sind.

Insgesamt gesehen kann allerdings festgestellt werden, „dass intensives Musiktraining viele musikrelevanten Leistungen verbessert und dass diese Verbesserungen auch mit charakteristischen neurophysiologischen und neuroanatomischen Kennwerten einhergehen“ (Jäncke 2006a, 94; vgl. Fadiga et al. 2009, 452 ff; Zimmermann/Lahav 2012).

Eine von Jäncke initiierte und seit 2003 laufende Studie konnte dagegen für den Bereich der Aufmerksamkeit bei Musikern, verglichen mit der bei Profisportlern, nach Anwendung von „Standardaufmerksamkeitstests“ (Jäncke 2009, 92) keine signifikanten Unterschiede feststellen (vgl. Jäncke 2009, 92). Feststellbar war allenfalls, dass die Profisportler den Musikern ein wenig überlegen waren (vgl. Kap. 4.6.2).

## 3.4 Spiel

Um der Bedeutung des Spiels letztlich mit Blick auf die Musikpädagogik gerecht zu werden, erscheint es mir unausweichlich, sich im Vorfeld Gedanken um eine grundlegende Bedeutung des Spiels zu machen (vgl. Kowal-Summek 2006, 13 ff).

Die Erforschung der Bedeutung des Spiels und die Herausbildung unterschiedlicher Theorien kann auf eine lange Tradition zurückblicken (vgl. Kowal-Summek 2006, 17 ff; Hüther/Quarch 2016, 41 ff).

Die Bedeutung des in erster Linie kindlichen Spiels zeigt sich für uns heute in den unterschiedlichen Humanwissenschaften. Röhrs (1987, 228) beispielsweise sieht im Spiel „eine zentrale Funktion des Lebendigen“, die sowohl für die körperliche als auch die seelisch-geistige Entwicklung bedeutsam ist. Buland (1995, 25) geht vielleicht noch einen Schritt weiter, wenn er „Spielen als Grundbewegung des Lebens“ bezeichnet. Nach Müller-Bech (1995, 83) ist Spielen ein anthropologisches Grundphänomen, „ein tief im Menschsein wirkendes Bedürfnis“ (vgl. auch Maurer 1992, 165, 171). Spielen ist zwar die wichtigste Aktivität und Ausdrucksform der Kinder (vgl. Kreuzer 1983a, 8) behält aber als Grunderscheinung des Lebens auch in späteren Zeiten seine Bedeutung (vgl. Röhrs 1987, 236; 242).

Zudem ist das Spiel als die Form der (kindlichen) Aneignung von Welt und Kultur unumstritten. Das Spiel ist nicht nur Mittel zur Aneignung von Kultur, sondern es ist selbst Ausdruck einer Kultur. Es ist, „soweit es lebendig bleibt, durchaus ihre schöpferische Mitte“ (Röhrs 1987, 237). Insofern spielen Kinder auch „nicht Historisches, sondern Typisches und durchaus Gegenwärtiges“ (Flitner

1976, 31). Huizinga (in Maurer 1992, 173) formuliert: „Kultur beginnt nicht *als* Spiel und nicht *aus* Spiel, vielmehr *im* Spiel."

Bezogen auf die Entwicklung des Kindes ist zu sagen, dass es sich im Spiel nicht nur seine Umwelt aneignet, sondern es wirkt in seinem Spiel auf diese zurück (vgl. Hetzer 1975[5], 76). Es handelt sich also um eine Wechselwirkung von spielendem Kind und Umwelt.

Denkt man an die „Funktionen des Kinderspiels" (Schäfer 2001[2], 1806), so dient das Spiel der Persönlichkeitsentwicklung in individueller sowie in sozialer Hinsicht (vgl. Oerter 1982[19], 219 ff; 1987[2]a, 214 ff). Aber das Spiel dient nicht nur der Entwicklung von Kommunikations- und Kooperationsbereitschaft, es übt nicht nur die motorische Koordination und die Konzentrationsfähigkeit, es entwickelt die mimischen, gestischen und sprachlichen Fähigkeiten, es trägt ebenso zum Erkennen und Herstellen von Sinnzusammenhängen bei, fördert besonders die emotional betonte Aussprachefähigkeit, hilft bei der Überwindung von Ängsten und sensibilisiert die Wahrnehmung (vgl. Fritz 1993[3], 41).

Aus (spiel-)pädagogischer Sicht scheint es gerechtfertigt im Spiel sowohl einen methodisch-didaktischen Ausgangspunkt sowohl der Elementarpädagogik als auch der elementaren Musikpädagogik als auch der (Musik-)Pädagogik der Primar-, der Orientierungs- und auch der Sekundarstufe I und II zu sehen (vgl. Kowal-Summek 2006, 13 ff).

Versucht man im Rahmen einer solchen Betrachtung eine begriffliche Klärung des Spiels an den Anfang zu stellen, so stößt man auf ungeahnte Schwierigkeiten, die einem letztendlich klarmachen, dass sich „das Spiel [...] keinem begrifflichen Schema (fügt) und [...] sich nicht eindeutig abgrenzen (läßt)" (Höltershinken 1977a, 150). Der Spielbegriff bleibt ein vager Begriff, der ein „Durcheinander von Verhaltensweisen" (Millar in Höltershinken 1977a, 150) beinhaltet, „welche jeweils gesondert erforscht werden müßten" (ebd.). Mit Blick auf eine wissenschaftliche Auseinandersetzung, z. B. im Fall einer empirischen Untersuchung, reicht es allerdings aus, sich vorher darüber zu verständigen, was „zum Spiel zu rechnen (ist – L. K.-S.)" (van der Kooij 1994, 244). Des Weiteren vertritt van der Kooij die Meinung, in Ermangelung einer klaren und eindeutigen Definition des Spiels „nicht über Spiel, sondern über Spiel*verhalten* (zu – L. K.-S.) sprechen" (van der Kooij 1994, 244).

Buland (1995, 26 ff) versucht, sich dem Spielbegriff über Abgrenzungen zu nähern. Spiel bezeichnet er als Pseudo-Spiel, wenn es als versteckter Test daherkommt. Des Weiteren grenzt er Spiel von Spielerei ab. Spielerei ist dennoch eine eher kurzlebige Aktion, die zwar auch Spaß und Spannung enthält, die jedoch letztlich häufig in Langeweile mündet. „Unsere heutige Lebenswelt ist dazu angetan, Spielerei zu fördern und das Spiel zu verhindern“ (a. a. O., 28). Einen Zwischenbereich sieht er in den spielerischen Elementen, die durchaus in der Lage sind, einen Wissensstoff zu beleben.

Die Sichtweise und die Bedeutung des Spiels an sich sind nicht einheitlich. Insofern ist es auch nicht verwunderlich, wenn sich im Laufe der letzten Jahrhunderte unterschiedliche Spieltheorien gebildet haben (vgl. Kowal-Summek 2006, 16 ff).

Nach van der Kooij (1994, 241) gibt es inzwischen „mehr als 25 differenzierte Theorien über das Spiel.“ Ausgehend von diesem Sachverhalt muss der folgenden Darstellung nur vorübergehende Bedeutung beigemessen werden. Jedoch zeigt auch die Abhandlung von van der Kooij (1994), dass bei einem Gang durch die Theoriegeschichte des Spiels immer wieder denselben Theorien historischer Wert zugesprochen wird. Zudem ist zu berücksichtigen, dass Spieltheorien „Denkmodelle mit einem hohen Grad von spekulativem Charakter (sind)“ (Richter 1975, 27). Nach Oerter/Montada (1998[4], 250) wird bei einer Betrachtung der Spieltheorien deutlich, dass „Spielerklärungen auf zwei Ebenen gegeben werden, die eine fragt nach der Funktion und den Auswirkungen des Spiels, die andere nach dem tieferen Sinn des Spiels.“

Die Vielzahl von Theorien, die sich wiederum nicht fein säuberlich trennen lassen, sondern die sich durchweben und ergänzen, lassen sich in verschiedene Hauptrichtungen unterscheiden:

Die *phänomenologische* Betrachtungsweise beschäftigt sich mit der Beobachtung und der Beschreibung der Spiele, wobei sich ihre Deutungen und Erklärungen den beobachteten Erscheinungen unterordnen (vgl. Hüther/Quarch 2016, 118 f).

Die zweite Hauptrichtung ist die *entwicklungs-* und *lernpsychologische* Betrachtungsweise, bei der einerseits Theorien der kognitiven Entwicklung im Vordergrund stehen und andererseits am Spiel- bzw. am Lernvorgang beteiligte Faktoren und deren Zusammenhänge erforscht werden (Bühler; Hetzer; Piaget).

Die *tiefenpsychologische* Betrachtungsweise, ausgehend von den Klassikern Freud, Adler und Jung, stellt die dritte Betrachtungsweise dar, der es vor allem, aber nicht nur, um die therapiewirksamen Faktoren des Spiels auf dem Hintergrund der jeweils spezifischen Sichtweise des Menschen geht.

Die vierte Hauptrichtung ist die *sozialpsychologisch-gruppendynamische* Betrachtungsweise, der es vor allem um die sozialen Faktoren und deren Entwicklung geht.

Eine fünfte Theorie, die sich seit dem Ende der 80er Jahre verstärkt Geltung verschafft, deren Ansätze aber bis in die 1950er Jahre (vgl. van der Kooij 1983, 325) bzw. in die 1930er Jahre zurückreichen (vgl. Schäfer 1995, 178), steht unter der *ökologischen* Perspektive. Bei Heimlich (2001, 12) heißt es dazu: „*Ökologisch ist diese Spielpädagogik insofern zu nennen, als sie über die personalen und sozialen Aspekte des kindlichen Spiels hinaus auch die leiblich-sinnliche Verknüpfung von Kindern mit ihrer Umwelt in die Gestaltung von Spielsituationen miteinbezieht.*" Die ökologischen Ansätze des Spiels sind keineswegs einheitlich, sondern sie sind dabei öfters auch mit anderen Theorien verbunden (vgl. Heimlich 1993, 33 ff).

Als sechste und letzte Theorie sei hier der *handlungsorientierte* Ansatz von Oerter (1993a) erwähnt. Dieser entstand aus der Zusammenführung „von theoretischen Überlegungen zu einer psychologischen Handlungstheorie und der Analyse von Spielszenen von Kindern" (Oerter 1993a, IX).

Wichtig für eine tiefgreifende Betrachtung der unterschiedlichen Sichtweisen ist, dass pädagogische Reformer seither „*Modelle* didaktischer und erzieherischer Spielförderung" (Scheuerl 1973, 40) entwickelten und entwickeln, die teilweise gegensätzliche Wertungsakzente beinhalten, die aber insgesamt der Vielschichtigkeit des Spielbegriffs gerecht werden, und von daher die verschiedenen Forschungsansätze rechtfertigen, die sich mit dem Spiel beschäftigen.

Ein weiterer Punkt ist, dass sich aus den unterschiedlichen Sichtweisen und Theorien des Spiels charakteristische Wesensmomente des Spiels ableiten lassen (vgl. Kowal-Summek 2006, 22 ff; Hüther/Quarch 2016, 119 ff). Scheuerl (1990[11], 67 ff) lassen sich sechs solcher Momente benennen:

1. Das Moment der Freiheit
„Spiel verfolgt keinen außerhalb seiner selbst liegenden Zwecke" (a. a. O., 67) oder Absicht. Um spielen zu können, muss der Spieler frei sein, frei von „Notdurft und Sorge" ebd.), frei von Absicht und Zweck und frei von Trieben. Nur dann gelingt das Spiel, weil der Spieler fähig ist zu „selbst- und weltvergessene(r) Hingabe" (ebd.).

2. Das Moment der inneren Unendlichkeit

„Die Spannung des Spiels“ (a. a. O., 71), die sich z. B. von allen Spannungen des Daseinskampfes „grundsätzlich unterscheidet“ (ebd.), soll möglichst unendlich lange erhalten bleiben. „Das Spiel (will) Ewigkeit“ (a. a. O., 72). Wäre der Mensch innerlich frei von Trieben, Absichten, Zwängen, Nöten und Sorgen, würde er „fort und fort spielen“ (a. a. O., 74). Schranken würden dem Spiel lediglich von außen gesetzt.

3. Das Moment der Scheinhaftigkeit

In keinem Spiel „kommt es auf das Faktische als solches an“ (a. a. O., 78). Wichtig sind die Bilder, der Schein und das damit verbundene „Schwebende, Schwerelose des Spiels“ (ebd.). Die Feststellung des Schwebenden kann dabei „einen abwertenden Unterton“ (a. a. O., 80) oder einen positiven Unterton, indem ich das in der Schwerelosigkeit und Erlebte als in sich Geschlossenes, als Eigenes, ohne dass ich den Bezug zur Realität suche, haben. Beide Aspekte des Schwebens oder des Scheins „können im Spiel gegeben sein“ (a. a. O., 81).

4. Das Moment der Ambivalenz

Hierher gehören die Diskussionen um Gegensatzpaare wie z. B. Spiel/Ernst, aber auch Spannung/Entspannung im Spiel. „Die Freiheit des Spiels besteht geradezu darin, dass jede Festlegung und Fesselung an einen eindeutigen ‚Aktionstunnel‘ fehlt“ (a. a. O., 87).

5. Das Moment der Geschlossenheit

Hierbei ist „die zeitliche Begrenzung zwischen Anfang und Ende [...] von der gestalthaften Geschlossenheit zu unterscheiden“ (a. a. O., 94). Als Gestalt aber „begrenzt es sich selbst wie ein Organismus“ (ebd.). Und nur durch seine Gestalt kann es Formen annehmen, kann diese weiterentwickeln und verändern, kann es sich tradieren.

6. Das Moment der Gegenwärtigkeit
„Das Moment zeitloser Gegenwärtigkeit ist nur die Kehrseite der Momente der Zweckfreiheit, der ‚inneren Unendlichkeit' [...] des scheinhaften Schwebens" (a. a. O., 95) und „auch das Moment der Geschlossenheit" (ebd.) scheint sich hier einzufügen.

Trotz einer Herausstellung dieser sechs Merkmale sieht Scheuerl (a. a. O., 102) letztlich die Frage nach dem was Spiel ist dennoch nicht beantwortet.

Im Rahmen einer frühkindlichen Entwicklung kommt es nicht auf eine frühzeitige Intellektualisierung an, sondern auf ein Schaffen von Frei-, Fantasie- und Spielräumen, damit sich Kinder frühzeitig in ihren vielfältigen Fähigkeiten und Fertigkeiten erproben, eine zunehmende Selbstkontrolle aufbauen und sich entsprechende Hirnstrukturen aufbauen können (vgl. Glomp 2014). Dies alles geschieht nicht zuletzt auch mit Blick auf eine „allgemeine(n) Sicherung der Teilhabe von Kindern" (Wörster 2014, 132) am gesamtgesellschaftlichen Geschehen. Im Spiel sieht Wörster (a. a. O., 133) deshalb auch den „Generalschlüssel zur Entwicklung der gesellschaftlichen Teilhabe von Kindern auf einem dem Kind angemessenen Niveau."

> „Das Spiel der Kinder trägt zur Entwicklung der allerwichtigsten Basisfunktionen des Gehirns bei: der Fähigkeit, das eigene Verhalten so zu steuern, dass ein bestimmtes Ziel erreicht wird. [...] Die dafür zuständigen neuralen Schaltkreise zählen zu den Teilen des Gehirns, die sich am spätesten entwickeln" (Aamodt/Wang 2012, 150; vgl. Glomp 2014).

Der Weg zu einer altersangemessenen Selbstkontrolle ist durch den Erwerb von drei Fähigkeiten gekennzeichnet, die spielerisch erworben werden können: eine bewusste Kontrolle, eine kognitive Flexibilität und das Kurzzeitgedächtnis (vgl. Aamodt/Wang 2012, 152 f). Alle drei Fähigkeiten zusammen bilden die sogenannten Exekutivfunktionen (vgl. a. a. O., 153). Auch wenn die Fähigkeit zur Selbstkontrolle bis zu einem gewissen Maße vererbbar erscheint und mit den Neurotransmittern Dopamin und Serotonin im Zusammenhang zu sehen ist, so weisen die Autoren dennoch darauf hin, dass es sich um einen lernbaren Prozess handelt, der auch im Alter noch zu Erfolgen führt. Der Leitsatz heißt: „Man braucht Disziplin, um Disziplin zu lernen" (a. a. O., 154). Bezogen auf das kindliche Spiel sehen sie hier das strukturierte und das Kind begeisternde Spiel.

Entscheidend ist dabei aber auch das Gewinnen eigener Erfahrungen auf der Basis einer widerstandsfähigen Bindung (vgl. Kap.2). Angesprochen ist somit das soziale Klima. Eigene Erfahrungen ermöglichen, dass Selbstbewusstsein und Selbstkontrolle wachsen, auf dessen Basis weitere Herausforderungen des Lebens angenommen werden können, unter der Prämisse von Wygotskis‘ *Zone der nächsten Entwicklung*, d. h., dass die Probleme nicht zu klein sein dürfen, da sie sonst Langeweile erzeugen, dass sie aber andererseits nicht zu groß sein dürfen, sodass sie überfordernd sind und eher Angst und Stress erzeugen (vgl. E. Stern 2004, 536 f; Gebauer/Hüther 2003, 12; Hüther 2012[11]; Oerter 2008[6], 96 f; Lilienfeld et al. 2011, 59; Hüther/Hauser 2012, 100, 106; Zimpel 2012[.2], 77 ff; Spitzer 2014, 1 ff; Kap. 3.7). Diesen Anspruch zu verwirklichen, gelingt am besten im Spiel und in allen kreativen Prozessen (vgl. Hüther/Hauser 2012, 52 ff, 100; Zimpel 2012[2], 10, 105 ff).

> „Der Erfahrungsraum, in dem all das möglich wäre, wo sie (die Kinder – L. K.-S.) ihrer Fantasie freien Lauf lassen können, wo sie sich und ihre Möglichkeiten erkunden, ihre eigene Fähigkeiten erproben, ihre Entdeckerfreude und Gestaltungslust unbekümmert und absichtslos nachgehen können, ist das freie Spiel. Nur dort, wo Kinder frei und unbekümmert spielen können, haben sie Gelegenheit, die in Ihnen angelegten Potentiale zu entfalten. Aus sich selbst heraus und mit der einhergehenden Begeisterung über sich selbst“ (Hüther 20122, 8; vgl. Baer 2005d, 25 f; Ranz-Polster in Musall/Pieper 2014, 19).

Die Probleme mit sich und anderen, auf die die Kinder während des Spiels stoßen, bereiten sie auf das Leben vor.

> „Dabei erwerben sie neue Fähigkeiten und machen wichtige Erfahrungen. Im Spiel begegnen sie den anderen Kindern, mit denen sie sich verbunden und denen sie sich zugehörig fühlen. Sie lernen, Konflikte zu lösen und gemeinsam neue Herausforderungen zu meistern“ (Hüther 2015a, 105).

Zu den eben angesprochenen kreativen Prozessen zählen nach Gebauer/Hüther (2003, 13) nicht nur die Künste, sondern auch der Erziehungsprozess als solcher, den sie als künstlerischen Prozess bezeichnen.

> „Erziehung als Kunst heißt auch innehalten, sich im anderen spiegeln, dem anderen ein Spiegel sein, heißt sich betrachten und sich betrachten lassen, heißt sprechen und hören, agieren und reagieren, heißt Bewegung von innen und außen bringen und umgekehrt. […] Kunst ist die spielerische Suche nach Lösungen (a. a. O., 14).

Fragt man nach der im Schulalter „hirngerechte(n) und sinnvolle(n) Arbeit“ (Hüther 2011, 159) für die Kinder, so ist dies nicht in der schulischen Ausbildung zu sehen, sondern im Spiel, wie folgende Zitate belegen:

> „Im spielerischen Umgang mit den Problemen, die wir Erwachsenen unseren Kindern gewollt oder ungewollt bereiten, finden für Kinder die Schule fürs Leben statt“ (ebd.).

> „Dass Kinder bei jeglichem Spiel lernen, ist längst keine Frage mehr, sondern eindeutig nachgewiesen“ (Spitzer 2012a, 187).

> „From an evolutionary point of view, play is he oldest form of learning, and psychologists as well as biologists acknowledge that play and learning are inseparable. […] The assumption that learning is almost a synonym for playing implies that learning is fun, and it is not necessarily associated with being ‚imprisoned‘ at school“ (Braun/Bock 20082, 41).

> “Spiel besitzt bis zur Schulzeit die führende Funktion für alle Entwicklungsbereiche. […] Die gesamte Existenz eines Kindes ist geprägt vom spielerischen offenen Verhältnis zur sinnlich erfahrbaren Welt. Man kann auch sagen, dass die spielerische Form das Leben des Kindes prägt und trägt. Kinder leben und erleben mit dem Spiel“ (Wörster 2014, 133). Spiel ist der „Königsweg des Lernens der Kinder“ (ebd.).

Hier machen sie die wichtigsten Erfahrungen und lernen mit Lust. Im Spiel finden sie immer wieder neue Herausforderungen, an denen sie sich weiter entwickeln können. Aus dem Spiel heraus erwächst für sie auch der Mut, sich immer wieder neuen Herausforderungen zu stellen, wodurch sie Selbstvertrauen und Vertrauen zu anderen gewinnen und Selbstkontrolle und Selbstbeherrschung entwickeln (vgl. Spitzer 2012a, 241 ff).

Auch für Braun ($2009^2$, 134) ist „aus psychologischer, pädagogischer, aber noch mehr aus biologischer Sicht […] seit langem klar, das Spielen und Lernen zusammengehören. […] Lernen bedeutet also auch Spielen.“ Insofern ist nachvollziehbar, wenn Aamodt/Wang (2012, 170) das Spiel der Kinder als deren Arbeit bezeichnen, als „die wohl effektivste Methode für sie, lebenswichtige Fertigkeiten zu lernen und herauszufinden, was ihnen gefällt.“

In Anlehnung an Panksepp, der sich verschiedentlich mit der Bedeutung des Spiels insbesondere bei Tieren auseinandergesetzt hat, heben Schwing (2011, 26 ff) und Fichtner (2014, 140 ff) besonders die soziale Bedeutung des Spiels hervor. So konnte er zeigen, dass ausgiebiges gemeinsames, motorisch akzentuiertes, mit positiv-freudigen Emotionen verbundenes Spiel das soziale Gehirn positiv beeinflusst und zudem „lernfähiger, stressresistenter und sozial beliebter“ (a. a. O., 27) macht. Des Weiteren werden Konzentration, Ausdauer, Leistungsfähigkeit und Kreativität gefördert. Was Panksepp an Tieren erforscht hat, wurde mittlerweile auch für das Spiel beim Menschen bestätigt (vgl. ebd.).

> „Aus neurowissenschaftlicher Sicht spricht alles dafür, dass die nutzloseste Leistung, zu der Menschen befähigt sind – und das ist neben dem freien Spiel und dem Märchenerzählen zweifellos das unbekümmerte, absichtslose Singen – , den günstigsten Einfluss auf die Entwicklung von Kinderhirnen hat“ (Hüther/Hauser 2012, 107; vgl. Hüther Quarch 2016, 21 ff).

Sachser (2009[2], 20) zufolge zeigt das Neugierverhalten, dass sich nicht nur bei Menschen, sondern auch bei Tieren zeigt, „viele Übereinstimmungen mit dem Spielverhalten, und beide Verhaltenssysteme lassen sich häufig nicht klar voneinander trennen.“ Beide Systeme sind aber nicht automatisch in Kraft, sondern um sie zu aktivieren, bedarf es eines sogenannten „‚entspannten Feldes’, das sowohl Anregung als auch Sicherheit bietet“ (a. a. O., 21 f, vgl. a. a. O., 26 ff; Sachser 2004, 482 ff) und zwar in einem angemessenen Maß (vgl. Sachser 2009[2], 27 f). Ein intrinsisch motivierter Lernprozess ergibt sich daraus automatisch (vgl. a. a. O., 22, 26 ff). Wesentlich für Sachser ist, dass in diesem Feld nicht nur gespielt wird, sondern auch experimentiert und Neues im Sinne eines problemlösenden Verhaltens gefunden wird (vgl. Sachser 2004, 483).

Im Zuge der Entwicklung geht es ebenso darum, die sich im Spiel eröffnenden Freiräume sinnvoll zu gestalten. Es geht darum, die Erfahrungen zu vermitteln, die für das weitere Leben von Relevanz sind. Dies geschieht nach Hüther (2011, 163) am besten, wenn der Funke „der eigenen Begeisterung über das, was man für wichtig hält, auf das Kind“ überspringt (vgl. Hüther/Hauser 2012, 100 f).

Ein wesentlicher Faktor, der gerne vergessen oder auch heruntergespielt wird, ist der Spaß am Spiel und der damit verbundene Genuss (Lust). Gerade der Genuss „einer Tätigkeit ist ein lebenswichtiger Faktor“ (Aamodt/Wang 2012, 164, vgl. a. a. O., 170). Auch Ribke (2003, 64) betont mit Blick auf ästhetische Bildungsprozesse den Faktor Spaß als „eine qualitative Komponente im Prozess von Arbeit und Leistung.“ Die qualitative Komponente des Begriffs verdeutlicht sich in der Grafik von Ribke (2003, 65):

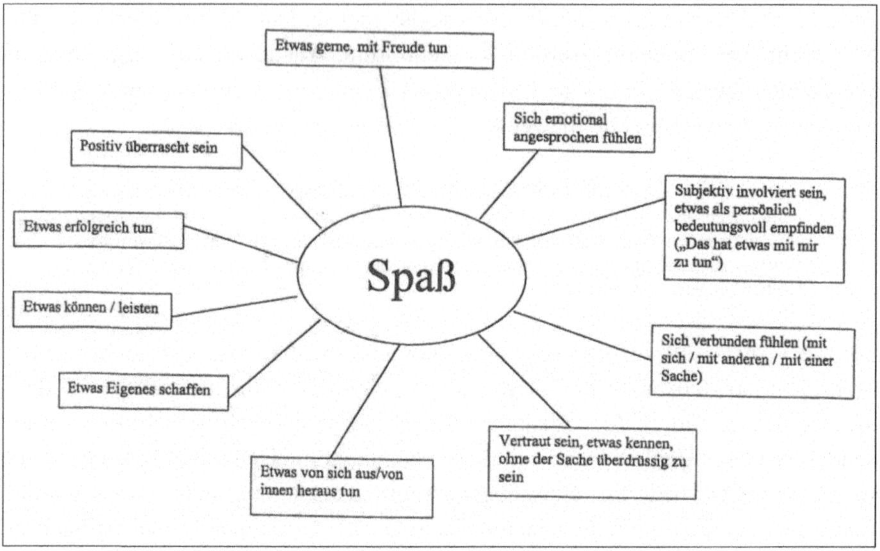


Abbildung 12. Ribke: 2003, 65

Besonders deutlich wird hier der Einfluss einer spaßbetonten Vorgehensweise sowohl auf das Erleben der Kinder als auch auf andere Bereiche nicht nur der kindlichen Entwicklung.

Spaß und Freude sind es, die nicht nur den Kindern, sondern auch Jugendlichen und Erwachsenen einen Anreiz bieten dieser oder jener freudvollen „Tätigkeit immer wieder nachzugehen" (Aamodt/Wang 2012, 165). Diese Freude bei der Arbeit und beim Lernen ist es, die letztlich auf den gesamten Prozess zurückstrahlt (vgl. Ribke 2003, 64; Hüther/Quarch 2016, 36 ff).

Die Erwachsenen sollten im freudvollen und spaßbetonten Tätigsein Vorbilder sein, an denen sich die Kinder orientieren können. Die pädagogische Aufgabe liegt darin, einen Sachverhalt so zu vermitteln, dass bei den Lernenden mit Bezug auf den Lerngegenstand eine positive Resonanz geweckt wird. Darüber hinaus aber müssen sie sich auch emotional mit ihnen verbunden fühlen.

> „Solche Menschen sind die einzigen, die die geistige, seelische und moralische Entwicklung von Kindern – oder hirntechnisch: die Ausformung und Stabilisierung hochkomplexer Verschaltungsmuster im kindlichen Gehirn – wirklich nachhaltig fördern können" (Hüther 2011, 163).

Letztlich geht es darum, dass die Inhalte und die sie vermittelnden Personen in eine emotionale Beziehung treten, damit über die Inhalte hinaus Nähe und Verbundenheit entstehen kann. Denn nur aus einem solchen positiven Stimmungsbild heraus, das sich im Wesentlichen prägt durch Ermutigung, Einladung und Inspiration (vgl. a. a. O., 170), kann sich „Gestaltungslust und Entdeckerfreude" (a. a. O., 169) und Fantasie entwickeln. Und nur so können sich die gelernten Inhalte als Strukturen im Gehirn verankern und zu mentalen Repräsentationen werden.

> „Man kann aber keinen Menschen motivieren, sein kreatives Potential zu entfalten, man kann ihn nur einladen, ermutigen, vielleicht auch inspirieren. Die Lust, sich einzubringen, mitzudenken und mitzugestalten, lässt sich nicht anordnen oder Verordnen, nur wecken" (a. a. O., 180).

Neurowissenschaftlich gesprochen, brauchen Kinder solche Menschen als Vorbilder, die „die geistige, seelische und moralische Entwicklung von Kindern – oder hirntechnisch gesprochen: die Ausformung und Stabilisierung hochkomplexer Verschaltungsmuster im kindlichen Frontalhirn – wirklich nachhaltig fördern" (Gebauer/Hüther 2003, 16). Dies geschieht am besten zum einen in der Gemeinschaft, zum anderen durch die „unbezahlbaren Zaubermittel [...] gemeinsames Singen, gemeinsam erlebte Märchenstunden, gemeinsames Spielen, gemeinsames Tanzen, Musizieren, Malen oder Basteln" (Hüther/Hauser 2012, 102) in einer emotional anregenden Atmosphäre (vgl. H. Papoušek 2000, 46 ff). Letztlich stellt all das, was Kindern hilft eine gute funktionierende Gemeinschaft aufzubauen, „die wichtigste ‚Entwicklungshilfe'" (a. a. O. 105) dar. Dass diese Vorstellungen zum Teil aus dem Wunschdenken herrühren und den Vergleich mit der Realität nicht immer standhalten, ist den Autoren dabei schon klar (vgl. a. a. O., 150 ff).

Sachser ($2009^2$, 22) Untersuchungen zeigen, dass „Sicherheit gebende Strukturen" und das Zur-Verfügungstellen eines geeigneten Raums nicht ausreichen, sondern ein wesentlicher Aspekt in der Gestaltung, der Strukturierung des Raums liegt. Je reichhaltiger der Raum gestaltet ist, desto größer die Neugier und das Spielverhalten, mit entsprechenden Auswirkungen auf die neuronale Netzwerkbildung.

Gewarnt sei hier allerdings vor einer Reizüberflutung. „Typische Reaktionen auf Reitüberflutung sind schnelle Ermüdung, Gereiztheit und Aggressivität. Langzeitfolgen sind Halluzinationen, Orientierungsverlust, Hyperaktivität und Konzentrationsstörungen“ (Zimpel 2012$^2$, 111). Es geht also wie so oft um das richtige Maß.

Neurowissenschaftlich lässt sich nachweisen, dass es beim Spielen zu einer Verringerung des Sauerstoffverbrauchs kommt. Den Grund dafür sehen Hüther/ Quarch (2016, 19) in „einer verminderten Aktivität der Nervenzellverbände im Bereich der Amygdala.“ Gleichzeitig tritt eine verstärkte Aktivität in den Zellverbänden auf, die benötigt werden, das Spiel zu meistern. „Je komplexer das Spiel, desto mehr solcher regionalen Netzwerke werden gleichzeitig aktiv“ (a. a. O., 20), was zu neuen synaptischen Verschaltungen führt. Je nach Spielaufgabe werden auch noch „bestimmte Neuronenverbände im Mittelhirn“ (ebd.) aktiviert (vgl. a. a. O., 36 f.

Die Grundlage des Spielens beim Menschen sehen Hüther/Quarch (a. a. O., 25) in der Neuroplastizität des Gehirns und der Mutationsfähigkeit der menschlichen Erbanlage:

> „Die Herausbildung lernfähiger und zum Herumspielen und Ausprobieren aller möglichen Ideen geeigneter Gehirne ist die Folge dieser schon bei den ersten Lebewesen angelegten ‚Spielfreudigkeit' ihrer Erbanlagen.“

Zu einer Entwicklung kreativen Verhaltens kann es aber nur dann kommen, wenn Spielräume existieren, die möglichst frei von äußerem Druck sind, wenn die Energie „im Gehirn weder zu hoch noch zu niedrig ist“ (a. a. O., 32; vgl. a. a. O., 33, 35 ff).

Auch wenn hier viel und vieles über das Spiel und besonders das kindlich Spiel gesagt worden ist, so bleibt doch zu bedenken, dass der hinter den Aussagen sich versteckende Spielbegriff nicht so eindeutig zum Vorschein tritt wie es erscheint. Das Gleiche gilt für die Gedanken, die die Natur des Spiels betreffen und es gilt ganz besonders dort, wo Gedanken hinsichtlich einer Spielpädagogik ins Spiel kommen (vgl. Kowal-Summek 2006, 13 ff, 48 ff; vgl. Kap. 6.3.6.2).

## 3.5 Emotionen

„Sprache beschreibt die Welt um uns herum mit großer Genauigkeit“ (Jourdain 2001, 359). Jedoch ist sie unzureichend, wenn es um Gefühle, Stimmungen, Affekte, Emotionen und Körperempfindungen geht. „Das Problem liegt dabei darin, dass innere Vorgänge anders strukturiert sind als die meisten äußeren“ (a. a. O., 360). Diese „innere Welt der Gefühle […] ist eher eine Welt ‚beständigen Wandels‘, wo verschiedene Motive durch die Kanäle unseres Nervensystems geistern“ (ebd.), der sich nur schlecht sprachlich fassen lässt.

Ob man nun von Stimmungen, Gefühlen oder Emotionen redet, sicher ist das all diese Begrifflichkeiten affektive Zustände beschreiben. Dennoch stellt sich die Frage nach gemeinsamen Aspekten genauso wie die nach möglichen oder notwendigen Abgrenzungen, denn „dies ist eine Grundvoraussetzung für die wissenschaftliche Exploration von affektiven Phänomenen“ (Seibert 2016, 122). Eine besondere Schwierigkeit zeigt sich darin, dass die Begrifflichkeiten nicht nur zwischen den Disziplinen, sondern sogar innerhalb einer Disziplin uneins sind, was wiederum auf unterschiedliche Theoriebildungen verweist (s. u.).

Nach Altenmüller/Bernatzky (2015, 222) sind für Fachleute *Gefühle* „nur das subjektive Erleben innerhalb einer Emotion“ (vgl. Seibert 2016, 130, 216 ff). Vielleicht ist es auch deshalb so schwer, seine Gefühle auszudrücken. Sicher ist jedoch, dass „Gefühle […] überlebenswichtig (sind). Nichts hat so viel Einfluss auf unseren Körper, das Denken, das Handeln“ (Zeug 2017, 25). Je stärker die Gefühle sind, desto eher dominieren sie das Denken.

Eine *Stimmung* dagegen ist ein Zustand, der längerfristig wirkt, manchmal nur über Stunden, dann aber wieder über Tage oder Wochen (vgl. Altenmüller/Bernatzky 2015, 223; Jäncke 2016[2], 99; Seibert 2016, 130 f). Friedrich u. a. (2015, 339) zufolge handelt es sich dabei aber um einen Zustand, der „globaler, weniger intensiv, diffus“ erscheint. Sie werden selten durch einen spezifischen Reiz hervorgerufen, sind weniger objektbezogen und sind oftmals nicht am Gesichtsausdruck ablesbar (vgl. Seibert 2016, 131).

Ein weiter Begriff, der in diesem Zusammenhang des Öfteren auftaucht, ist der des *Affekts*. „Wenn Emotionen starke Handlungsimpulse vermitteln oder gar spontane Handlungen auslösen, die wir nicht kontrollieren, spricht man von Affekten“ (ebd.; vgl. Jäncke 2016[2], 99; Seibert 2016, 124 ff). Auch für den Bereich Musik gelten die eben beschriebenen Unklarheiten. Das Verhältnis von Musik zu Emotionen ist ebenfalls nicht eindeutig. Ich komme darauf noch zu sprechen (vgl. Altenmüller/Bernatzky 2015, 225; Kap. 4.8). Neben anderen Autoren betont auch Seibert (2016, 132 f), dass es sowohl im Alltag als auch innerhalb der Wissenschaften zur Vermischung der Begrifflichkeiten kommt.

Die positive Sichtweise und die Bedeutung von Emotionen besonders im pädagogischen Raum haben sich im Allgemeinen in letzter Zeit verstärkt, was sich nicht zuletzt an der stetig wachsenden Zahl der Veröffentlichungen zum Thema ablesen lässt (vgl. Wassmann 2010$^{2}$, 11).

Emotionen haben „einen zentralen Platz in unserem Leben“ (ebd.) eingenommen. Nicht nur, dass sie unsere Persönlichkeit und Entwicklung mitbestimmen, nein, sie sind letztlich sogar „das Zünglein an der Waage, wenn wir eine Entscheidung treffen“ (ebd.). Der Aussage von Ekman (2010$^{2}$, XIII), „Emotionen sind für die Qualität unsers Lebens von ausschlaggebender Bedeutung. In keiner Beziehung, an der uns etwas liegt, kommen wir ohne sie aus“ wird von wissenschaftlicher Seite heute eigentlich kaum noch widersprochen.

Krenz (2012, 50) zufolge sind Gefühle „ein zu uns gehörender und lebensnotwendiger Teil unseres Daseins. Sie zeigen anderen Menschen, soweit diese sie auch hinsichtlich der oftmals damit verbundenen Mimik erkennen und richtig deuten, wer und wie wir sind, wie es uns geht, was wir von uns und unserem Gegenüber halten, was wir ‚vom Leben halten‘ und wie wir aktuelle Situationen einschätzen“ (vgl. Gielas/Traue 2014).

Die Bedeutung von Emotionen wird auch bei Aamodt/Wang (2012, 198) deutlich, wenn sie schreiben: „Emotionen organisieren unseren Verstand.“ Roth (2011$^{4}$, 73 ff) hebt zudem hervor, dass viele unserer Emotionen mit körperlichen Zuständen und Reaktionen einhergehen. Emotionen, so bestätigt auch Bethge (2003, 55), „haben ihren Ursprung nicht nur im Kopf allein. Sie sind vielmehr aufs Engste mit dem Körper verwoben.“

Trotz alledem bleibt zu berücksichtigen, dass „wir [...] nicht auf alles emotional (reagieren), [...] uns nicht unausgesetzt im Würgegriff unserer Gefühle (befinden)“ (Ekman 2010$^{2}$, 25). Der wahre Siegeszug der Emotionen aber begann „erst mit der Verbreitung der funktionalen Kernspintomographie (fMRI)“ (Wassermann 2010$^{2}$, 12; vgl. Spitzer 2003, 84 ff).

Gehen wir kurz noch einmal einen Schritt zurück: Was sind eigentlich Emotionen? Die Schwierigkeiten beginnen eigentlich schon da, wo man gezwungen ist, aus verschiedenen Disziplinen heraus den Begriff Emotion zu definieren. Denn selbst die Literatur sagt, dass es bis heute keine einheitliche wissenschaftliche Definition gibt (vgl. Juslin/Sloboda 2004$^{4}$a, 73; Sloboda/Juslin 2005, 770; Egermann 2009, 37; Spitzer 2009$^{6}$, 157; Wassmann 2010$^{2}$, 12). Definitionen sind letztlich an entsprechende Theorien gebunden (vgl. Rötter 2005, 268, 285 ff). Sinngemäß und auf das Alltagswissen bezogen lässt sich sagen, dass eigentlich jeder weiß, was eine Emotion ist, bis er den Begriff definieren soll. Ganz allgemein lässt sich sagen, dass Emotionen „genetisch fixiert und von der Kultur geformt (sind). Sie sind universell und höchst individuell zugleich“ (Wassmann 2010$^{2}$, 141; vgl. Frazzetto 2012, 58, 61). Weder die ausschließlich individuelle noch die gesellschaftlich-kulturelle Perspektive wird für sich allein der Komplexität des Sachverhalts Emotionen und deren Wirkung gerecht.

Ganz allgemein gesprochen, sind Emotionen Reaktionen auf Reize (vgl. Jäncke 2013, 682). Jede Emotion „ist mit Veränderungen der physiologischen Erregung, der Kognition, des empfundenen Gefühls und der aktuellen Verhaltensbereitschaft verbunden“ (ebd.). Hier wird dann auch schon deutlich, dass Emotionen auf unterschiedlichen Ebenen ablaufen (vgl. ebd.).

Nach Spitzer (2009$^{6}$, 157) haben Emotionen „eine Stärke […] und eine Valenz“ (vgl. Spitzer 2003, 80), d. h. es ist mit ihnen eine positive und/oder negative Wahrnehmung oder Empfindung verbunden. Emotionen besitzen zudem sowohl einen kognitiven, einen qualitativ-gefühlsmäßigen als auch einen körperlichen Anteil, wobei sich der körperliche Aspekt einerseits auf die (äußerlich wahrnehmbare) Bewegung als auch auf innerlich ablaufende Prozesse bezieht. Oder anders formuliert: „Ihren äußerlich sichtbaren Aspekten steht die innere Erfahrung gegenüber“ (Frazzetto 2012, 58).

Bezogen auf die Theorie lassen sich sowohl Alltagstheorien als auch wissenschaftliche Konstrukte unterscheiden. Die Sache wird nur bedingt vereinfacht, wenn man mit Altenmüller/Kopiez (2005, 164) davon ausgehen kann, dass sich die zahlreichen Theorien zur Emotion u. U. auf drei Ursprungstheorien zurückführen lassen (vgl. Jäncke 2013, 686 ff). Denn Spitzer (2003, 80) beispielsweise gibt hinsichtlich der Theoriedebatte zu bedenken, „dass es bis heute keine allgemein akzeptierte Theorie der Emotionen gibt.“

Man kann heute davon ausgehen, dass es bezogen auf die letzten 100 Jahre nahezu 100 Definitionen (!) gibt (vgl. Harrer 1993, 590, 579; Juslin/Sloboda 2004$^{4}$a, 75), die den Begriff Emotion zu definieren versuchen, woraus auch eine gewisse Konfusion erklärbar ist. Diese Konfusion wird noch dadurch verstärkt, dass – wie schon gesagt – unterschiedliche Begriffe, wie z. B. Affekt, Empfindung, Stimmung etc., teilweise synonym benutzt werden (vgl. Spitzer 2003, 80; Willms 2004, 114; Lehmann 2005; 186 ff; Rötter 2005, 268; Sloboda/Juslin 2005, 771; Juslin/Västfjäll 2008, 561; Ekman 2009, 128 ff; Rittner 2009$^{2}$ c; Krause/Oberhaus

2012, 11; Stadler Elmer 2015a, 14 f), obwohl sie sich inhaltlich unterscheiden (vgl. Ekman 2010[2], 71 f; Levitin 2009a, 228; Roth 2011[4], 74 f; 2013[8], 141 ff; Seibert 2016, 119 ff). Ebenso muss man festhalten, dass es *die* Emotionstheorie nicht gibt.

Trotz aller Konfusion kommt man auch in den Wissenschaften nicht umhin, sich zumindest eine Arbeitsdefinition von Emotion zuzulegen oder aber nach einer Definition zu forschen, die den eigenen Ansprüchen genügt.

Ganz allgemein gesprochen trifft folgende Definition von Sloboda/Juslin (2005, 770) zu:

> „Emotionen stellen einen die gesamte menschliche Existenz hochgradig beherrschenden Aspekt mit Beziehungen zu nahezu jeder Art menschlichen Verhaltens dar; sie treten in Zusammenhang mit dem Handeln, Wahrnehmen, Gedächtnis, Lernen und Entscheiden auf."

Die Komplexität von Emotionen lässt sich meiner Ansicht nach allerdings besser mit der Definition von Gerber/Kropp (2007, 190 in Rittner 2009[2] c, 497) wiedergeben: Demnach sind Emotionen

> „Reaktionsmuster, die auf drei Ebenen (subjektiv-verbal, motorisch-verhaltensmäßig, biologisch) des menschlichen Verhaltens ablaufen und nach dem Grad der Aktiviertheit (erregend-desaktivierend) und der Valenz (Annäherung-Vermeidung) unterschieden werden".

Eine weitere, in sich stimmige Definition zur Emotion, die noch einmal die Komplexität verdeutlicht, stammt von Altenmüller/Kopiez (2005, 163):

> „Beim Menschen versteht man unter einer Emotion ein Reaktionsmuster, das auf vier Ebenen wirksam wird:
> als subjektives Gefühl,
> als motorische Äußerung, zum Beispiel als Ausdrucksverhalten in Mimik, Gestik, und Stimme,
> als physiologische Reaktion des autonomen Nervensystems zum Beispiel in einer Gänsehaut und
> als kognitive Bewertung" (vgl. auch Quester 2008, 121; Ekman 20102, 82 ff, 89 ff; Krüger 2011, 17 ff; Altenmüller/Bernatzky 2015, 225; Friedrich u. a. 2015, 340; Jäncke 20162, 97 ff; Seibert 2016, 127, 216 ff).

Verschiedentlich findet sich eine Unterscheidung in Basisemotionen und komplexere Emotionen. Bei Basisemotionen handelt es sich dabei um „physiologisch determinierte, diskrete, automatisch ablaufende und universell – das heiß kulturübergreifend – gültige emotionale Reaktionen auf spezifische Reize“ (Seibert 2016, 128). Zudem treten diese ontogenetischen Emotionen „plötzlich auf und gehen mit charakteristischen Körperveränderungen und Gesichtsausdrücken einher“ (ebd.). Als Basisemotionen gelten weithin Freude, Trauer, Furcht, Wut und Ekel. Doch scheint auch hier keine Einigkeit zu bestehen (vgl. a. a. O., 129).

Jäncke (2016², 106, 137 f) verweist darauf, dass emotionale Reaktionen eine Reaktion sowohl auf eine inneren als auch einen äußeren Reiz sein können und dass diese beiden Reaktionen durchaus gegensätzlicher Natur sein können. Entscheidend ist hier, was auch oben schon deutlich geworden ist, die subjektive Reaktion aufgrund von Vorerfahrungen etc.

Wer über Emotionen spricht, sollte vielleicht auch über Möglichkeiten der Emotionsregulation im Auge behalten. Nach Friedrich u. a. (2015, 340) beschreibt die Emotionsregulation „die Anpassung und Kontrolle dieser verschiedenen Emotionskomponenten an die jeweilige Situation.“ Eine Emotionsregulation kann bereits vor einem Ereignis eintreten oder einem solchen folgen (vgl. a. a. O., 340 f). Ziel der Emotionsregulation, die sich erlernen lässt, ist in jedem Fall eine angemessene Reaktion auf ein Verhalten oder einen Sachverhalt, die eben zeigt, dass man sich und sein Verhalten unter Kontrolle hat.

Hier wir am ehesten deutlich, was Roth (2013⁸, 142) als *„emotionale Konditionierung“* bezeichnet. Handeln oder Erleben zieht immer Konsequenzen nach sich, die bewusst oder unbewusst von unserem Gehirn registriert werden und die, wenn sie in gleicher oder ähnlicher Form häufiger gemacht werden oder emotional sehr stark besetzt sind (Traumata), „fest verbunden mit den Ereignissen oder Handlungen in unserem Erfahrungsgedächtnis abgespeichert (werden)“ (ebd.). Sie erhalten dadurch eine Bewertung und beeinflussen damit unsere Entscheidungen. Es handelt sich hierbei insgesamt gesehen um einen Prozess, der schon vor der Geburt beginnt, das ganze Leben über andauert und unser Handeln gefühlsmäßig beeinflusst (vgl. ebd.). „Lernen in Form von emotionaler Konditionierung gehört zu unserem täglichen Leben“ (a. a. O., 143, 145 ff).

Deutlich wird bei der Definition von Altenmüller/Kopiez auch, dass nur ein Teil der Faktoren objektiv messbar erscheint, während andere Komponenten das subjektive Erleben berühren und von daher vor allem über die Sprache (vgl. Rötter 2005, 278 ff) oder andere Medien, z. B. eine musikalische Improvisation, kommunizierbar sind.

Jourdain (2001, 378 f; 2007, 161) zufolge sind Emotionen nie neutral, sondern sie sind negativ, wenn die Realität die Erwartung, egal auf welchem Feld, also auch der Musik, nicht erreicht. Sie sind positiv, wenn die Realität die Erwartungen erfüllt oder sogar übertrifft.

Nach Roth/Strüber (2014, 165 ff), die sich in ihrer Darstellung der emotionalen Entwicklung auf das „*Internalisierungsmodell der Emotionsentwicklung* von Holodynski (2004)" beziehen, lässt sich die emotionale Entwicklung demnach in drei Phasen gliedern:

1. Die erste Phase betrifft den Zeitraum des Säuglings- und Kleinkindalters. Hier kommt es zum Aufbau eines differenzierten Repertoires an Emotionen unter Berücksichtigung eines feinfühligen Bindungsverhaltens.
2. Die zweite Phase betrifft das Kleinkind- und Vorschulalter. Hier kommt es erstmals zu „interpersonale(n) Regulationsstrategien mit selbständigen Bewältigungshandlungen" (a. a. O., 166). Zudem entwickelt sich „die Fähigkeit zur *reflexiven Emotionsregulation*" (ebd.) mit Blick auf soziale Normen und situative Anforderungen. Es entsteht so etwas wie eine Frustrationstoleranz.
3. Die dritte Phase betrifft das frühe Schulalter. Hier geht es besonders um eine „*Internalisierung* des emotionalen Ausdrucks" (a. a. O., 167). Emotionen sind nun nicht mehr direkt im Ausdruck des Kindes ablesbar.

Neurophysiologisch betrachtet sind Emotionen und die Intensität individuellen emotionalen Erlebens das Ergebnis eines Zusammenspiels zwischen verschiedenen Hirnzentren (vgl. Altenmüller/Kopiez 2005, 165 ff; Quester 2008, 121; Roth 2011[4], 186; Jäncke 2013, 703 ff), vielleicht vornehmlich, aber eben nicht nur im limbischen System (vgl. Jourdain 2001, 377; Roth 2011[4], 80 f, 186 ff; Davidson 2013; Aamodt/Wang 2012, 1999; Davidson/Begley 2012; Roth 2013[8], 144 ff), „das ab der sechsten Schwangerschaftswoche entsteht" (Roth 2007, 124; vgl. Kap.1). Ab dieser Zeit entstehen demnach dann auch „die ersten emotionalen Konditionierungen" (ebd.), die das Gehirn „für das ganze Leben prägen" (ebd.; vgl. Roth 2013[8], 145 f). Der Begriff der Prägung ist hier bei Roth (2007, 124) allerdings nicht so zu verstehen, als sei eine Veränderung nicht mehr möglich. Hinzu kommen nämlich nach der Geburt die Bindungserfahrungen mit den primären Bezugspersonen und deren Einfluss auf Elemente weiterer Entwicklung und Erfahrungen (vgl. Kap.2).

Ebenfalls neurophysiologisch betrachtet ist es das limbische System und hier die Amygdala (Mandelkern) (vgl. Abb. 6), in der Dinge primär emotional bewertet werden (vgl. Aamodt/Wang 2012, 199; Jäncke 2013, 701 f, 703 f), wo Verhalten prädisponiert wird und schnelle Entscheidungen gefragt sind (vgl. Damasio 2001$^{6}$, 183 ff; Jourdain 2001, 374 ff; Spitzer 2003, 81; 2009$^{6}$, 163; Altenmüller/Kopiez 2005, 164 ff, 172 ff; Baer/Frick-Baer 2009$^{2}$d, 107; Paetsch 2010, 31; Wassmann 2010$^{2}$, 114 ff). Das, was hier entsteht, nennt Damasio (2001$^{6}$, 183 ff) primäre Gefühle wie z. B. Überraschung, Ekel, Kummer, Wut und Traurigkeit. Allgemein gesprochen hat die Amygdala die Aufgabe „den eingehenden Reizen einen Wert zu(zuteilen) und bereitet so das Gehirn darauf vor, aufgrund von bereits vorhandenen Erfahrungen mit einer bestimmten Situation, sich einer Person oder einem Objekt gegenüber angemessen zu verhalten“ (Aamodt/Wang 2012, 200). Wie die Ergebnisse dieser Bewertung auch ausfallen, sie sind nicht sehr differenziert (vgl. a. a. O., 201 f).

Jäncke (2103, 704 ff) verweist darauf, dass schon seit längerer Zeit die Einsicht besteht, dass unterschiedliche Emotionen in unterschiedlichen Hemisphären verarbeitet werden und dass diesbezüglich unterschiedliche Theorien existieren, auf die ich hier aber nicht gesondert eingehen will.

Nachgewiesen ist mittlerweile auch, dass Kinder aus sozial schwachen Familien noch im Erwachsenenalter Probleme ausweisen hinsichtlich der Gefühlskontrolle und hinsichtlich des Erkennens von Gefühlen. Das Gehirn der Probanden reagiert dann einfach anders. Statt dass der präfrontale Kortex sich einschaltete, behält die Amygdala die Oberhand. (vgl. Kim et al. 2013).

Gleichzeitig machen Aamodt/Wang (2012, 199 f) allerdings deutlich, dass das limbische System und besonders die Amygdala nicht das einzige Hirnareal ist, dass an der Kontrolle und Auswertung von Emotionen beteiligt ist. Die Verbindungen zu weiteren Hirnarealen sind so weitreichend, dass man durchaus sagen kann, dass Emotionen „auf so gut wie jedes System im Gehirn Einfluss (nehmen)“ (a. a. O., 200).

Das Verhalten eines Menschen an sich ist aber nicht ein einfaches Reiz-Reaktions-Verhalten, sondern durch die Tatsache der Empfindung der Gefühle ist der sich entwickelnde Mensch zunehmend in der Lage, seine Reaktionsfähigkeit auf der Grundlage seiner individuellen Interaktion mit der Umwelt flexibel zu handhaben. Der Mensch braucht zwar die „angeborene(n) Mechanismen, um diesen Erkenntnisprozess in Gang zu setzen, doch die Empfindungen bieten mehr" (Damasio 2001[6], 186).

Sekundäre Gefühle, die sich bereits in der Mitte des zweiten Lebensjahres herausbilden (vgl. Aamodt/Wang 2012, 202), entstehen durch eine Verknüpfung der primären Mechanismen mit weiterführenden geistigen Prozessen. Sie beruhen auf Empfindungsprozessen, die sich auf Grund von Erfahrung, besonders in sozial relevanten Beziehungen, gebildet haben. In gewisser Weise kritisch hinsichtlich der Untersuchungen von Emotionen mit bildgebenden Verfahren äußert sich Ekman (2010[2], 25), da diese Verfahren lediglich messen welche Gehirnstrukturen aktiv sind (vgl. Spitzer 2009[6], 165 f), aber keine Aussage darüber machen können worin diese Aktivität besteht. Dass die diesbezüglichen Erkenntnisse mittlerweile fortgeschritten sind, zeigt sich nicht nur im folgenden Kapitel (3.5.1), sondern ist auch anderweitig dokumentiert (vgl. Aamodt/Wang 2012, 204).

Die Bedeutung der Emotionen in der individuellen menschlichen Entwicklung (vgl. Altenmüller 2009, 87) nicht nur aber besonders hinsichtlich der Regulierung der sozialen Beziehung ist nicht zu unterschätzen. Rizzolatti/Sinigaglia (2012[4], 176) heben in diesem Zusammenhang hervor, dass „unsere Interaktionen mit der Umwelt und unsere emotionalen Verhaltensweisen [...] weitgehend von der Fähigkeit ab(hängen), die Emotionen anderer wahrzunehmen und zu verstehen." Im Erkennen der Emotionen anderer mit Hilfe der Spiegelneuronen (vgl. Kap. 3.7) sehen sie „die notwendige Voraussetzung für das empathische Verhalten, das einem Großteil unserer interindividuellen Beziehungen zugrunde liegt" (a. a. O., 189).

Krüger (2009, 42) zufolge muss das Phänomen der Emotionen unter zwei Gesichtspunkten betrachtet werden:

1. „Emotionen sind das gefühlsmäßige Korrelat zu den Wahrnehmungen eines äußerlichen oder von uns vorgestellten Sachverhalts.
2. Emotionen werden durch körpersprachliche Zeichen der sozialen Umwelt mitgeteilt, um unsere emotionalen Erlebnisse in

den Speicher gesellschaftlich organisierten Wissens einzutragen."

Entwicklungsmäßig betrachtet entwickeln sich die späteren komplexen Gefühle aus einfachen elementaren Entscheidungen. Auch wenn einige Forscher von teilweise bis zu sieben Grundgefühlen (primären Gefühlen) ausgehen, die weltweit und in allen Kulturen zu finden sind (vgl. Ekman 2010²) und sich bereits in der frühkindlichen Entwicklung nachweisen lassen (vgl. Rittner 2009²c, 497), macht folgendes Zitat die Sache nicht einfacher: „Derzeit geht man davon aus, dass man beim Menschen wenigstens 412 verschiedene Emotionen identifizieren kann" (Krüger 2009, 43). Zudem ist davon auszugehen, „dass Emotionen nur selten allein, das heißt in reiner Form, vorkommen" (Ekman 2010², 100).

Aufgrund von Forschungsergebnissen (vgl. Jäncke 2008, 259) ist erwiesen, dass „Emotionen auch beim Menschen unbewusst wirksam werden können." Dennoch hinterlassen auch diese unbewusst wirkenden Emotionen Spuren in unserem Gedächtnis und werden auch in andere Prozesse eingebunden.

Die Bedeutung, die Gefühlen für das Handeln beigemessen wird, spiegelt sich am besten in dem Zitat von Roth (in Kast 2009, 132): „Alle Entscheidungen sind letztlich Gefühlsentscheidungen." Spitzer (2009⁶, 160) formuliert den Sachverhalt bzw. die Bedeutung der Emotionen für den Menschen wie folgt: „Was den Menschen umtreibt, sind nicht Fakten oder Daten, sondern Gefühle, Geschichten und vor allem andere Menschen." Auch Ekman (2009, 113) räumt der emotionalen Bewertung einer Situation und/oder einer daraus folgenden Handlung eine Bedeutung ein, die rationale Erklärungsprozesse überlagert. Dennoch: Die Steuerung unseres Verhaltens durch Gefühle ist und bleibt letztlich ein recht komplizierter Vorgang (vgl. a. a. O., 114 ff; vgl. Ekman 2010²), der sich nach Krüger (2009, 45) in folgende Schritte zerlegen lässt:

1. „Erzeugen und Absenden des Gefühls als Zeichen an die neuronalen Systeme der Verhaltenssteuerung;
2. Interpretation des Zeichens und Disposition des Verhaltens zu entsprechender Handlung;
3. Kommunikation – oder Inszenierung – des Gefühls durch einen entsprechenden Körperausdruck;

4. Vollzug der Handlung gemäß der Interpretation des emotionalen Zeichens."

Allein die Komplexität dieses Sachverhalts macht die Störanfälligkeit des Systems deutlich. Auch wenn man davon ausgeht, dass es ein reichhaltiges angeborenes bzw. prädisponiertes Repertoire an Gefühlen gibt (vgl. Willms 2004, 114; Klüwer 2009, 10; Ekman 2010[2], 36; Hüther 2010[9], 109; Rizzolatti/Sinigaglia 2012[4], 177 ff), was sich nachgeburtlich nachweisen lässt (vgl. Bethge 1999, 55 f; Kowal-Summek 2006, 133 ff), so kann man auf der anderen Seite davon ausgehen, dass die Fähigkeit, die Emotionen eines anderen Menschen zu erkennen und zu verstehen und emotionales Verhalten zu steuern, kulturübergreifend ist und sich mit den Jahren entwickelt (vgl. Willms 2004, 116; Ekman 2009, 122 ff; 2010[2], 35, 44 ff) und anscheinend ihren Höhepunkt im Alter zwischen zehn und elf Jahren erreicht (vgl. Capps et al. 1992, 1170; Kuusikko et al. 2009, 938). Dem jedoch widerspricht Ekman (2010[2], 100): „Das ganze Leben hindurch werden unausgesetzt neue emotionale Verhaltensweisen erlernt und den bereits vorgegebenen hinzugefügt." D. h., unsere emotionalen Reaktionen sind auch „von unserer persönlichen Vergangenheit und Gegenwart (geprägt)" (ebd.). Doch auch die Möglichkeit, dass Emotionen verkümmern oder verlernt werden, muss in Betracht gezogen werden (vgl. Ekman 2010[2], 36, 41; Hüther 2010[9], 109 f).

Um diese Fähigkeit emotionalen Verhaltens zu haben bzw. lernen und letztlich generalisieren zu können, muss der Mensch in der Lage sein, seine Aufmerksamkeit zu teilen und sich auf die relevanten Informationen zu konzentrieren. Das ist aber nur eine Seite. Folgt man Rittner (2009[2]c, 497) so sieht man, dass Emotionen komplexe Gebilde sind, „Ergebnisse komplexer biologischer, sozialer und kultureller Interaktion." Infolge dessen kann ihre Entwicklung nicht mit elf Jahren abgeschlossen sein, sondern es ist von einer lebenslangen Formung und Formbarkeit auszugehen.

„Ganz allgemein gilt, dass Emotionen Lernvorgänge stark beschleunigen" (Spitzer 2010, 137; vgl. Roth 2011[4], 178 ff). Emotionen haben somit einen nicht zu unterschätzenden Einfluss auf Lehr-Lernprozesse (vgl. Krapp 2005). Roth (ebd.) unterscheidet hierbei zwischen direkten, z. B. Lehrerverhalten, und indirekten Einflüssen. Letztere liegen z. B. in der Persönlichkeit des Menschen begründet.

Bezogen auf Lernprozesse jedweder Art lässt sich zudem sagen, dass die Beziehungen zwischen Emotion und Kognition, zwischen Denken und Fühlen im

Allgemeinen und im Besonderen so stark sind, dass „(man) das eine […] nicht untersuchen (kann), ohne das andere in Betracht zu ziehen“ (Spitzer $2009^{6}$, 167; vgl. Roth $2011^{4}$, 180 ff; Jäncke 2013, 699 ff). Des Weiteren legen so gut wie alle Untersuchung dar, dass Lernprozesse dann und nur dann stattfinden, wenn sie mit positiven Emotionen verbunden sind (vgl. Spitzer 2003, 81; $2006^{2}$, 28 f). An anderer Stelle bezeichnet Spitzer (2001, 69 in Baer 2005d, 23) emotionale Prozesse als „eine wesentliche Komponente für Aufmerksamkeit, Verarbeitungstiefe und Motivation.“ Gefühle „wirken quasi als Schleuse, durch die neues Wissen ins Gehirn gelangen kann“ (Caspary $2006^{2}$a, 9).

Spitzer ($2006^{2}$, 28 f) zeigt anhand eines Beispiels auf wie die unterschiedlichen Bausteine des menschlichen Gehirns beim Lernen zusammenwirken. So wird positiv emotional besetzter Lernstoff im Hippokampus, neutral präsentierter Lernstoff dagegen im Mandelkern abgespeichert (vgl. Spitzer 2003, 82). Die im Hippokampus abgespeicherten Fakten, die allmählich in die Großhirnrinde gelangen, werden zu verfügbarem und abrufbaren Wissen, während dagegen ein weiterer kreativer Umgang mit den im Mandelkern abgespeicherte Fakten unmöglich wird.

In den Emotionen, der Aufmerksamkeit (vgl. Kap. 3.3) und der Motivation (vgl. Kap. 3.6) sieht Spitzer (2003, 83) wichtige integrale Bestandteile der menschlichen Lernfähigkeit. Sie sind auf keinen Fall „Widersacher des Verstandes“ (Spitzer $2009^{6}$, 171). Die generalisierende Schlussfolgerung für Spitzer bezüglich des Lernens im Allgemeinen lautet daher: „Wenn wir wollen, dass unsere Kinder und Jugendlichen in der Schule (und anderswo – L. K.-S.) für das Leben lernen, dann muss eines in der Schule stimmen: die emotionale Atmosphäre“ (Spitzer $2006^{2}$, 29; vgl. Spitzer 2010, 141).

### *3.5.1 Der emotionale Stil*

Die Theorie von Davidson weicht von dem herkömmlichen Verständnis der Emotionen ab, weshalb ich ihr hier ein eigenes Kapitel widmen möchte.

Davidson (2013, 20) zufolge besitzt jeder Mensch einen ausgeprägten und individuellen emotionalen Stil auf die Dinge des Lebens zu reagieren, der sich an sechs Stildimensionen festmachen lässt. Dieser individuelle Stil entscheidet auch darüber, „mit welcher Häufigkeit und Wahrscheinlichkeit bestimmte Emotionen, Launen und Veranlagungen in uns zum Ausdruck kommen“ (ebd.). Des Weiteren bestimmen sie die Emotionalität in unserem sozialen Verhalten und den Grad der Selbstwahrnehmung.

Als die sechs Dimensionen des Systems der emotionalen Stile, die jeder Mensch in sich trägt (vgl. Davidson/Begley 2012, 31) und die „Ausdruck von Aktivitäten in spezifischen, genau identifizierbaren neuronalen Netzen (sind)" (a. a. O., 116), nennt Davidson (2013, 22; vgl. Davidson/Begley 2012, 14) folgende:

1. Resilienz: Die Fähigkeit, auf die Unwegsamkeiten des Lebens zu reagieren. „Am einen Ende der Skala befindet sich der schnelle Regenerationstypus, den praktisch nichts umwerfen kann, am anderen der langsame, der sich von Widrigkeiten auf lange Sicht lähmen lässt" (Davidson/Begley 2012, 29). Diese, wie jeder der anderen Dimensionen, kennt zwei Extreme, die im Zusammenhang stehen mit neuronalen Aktivitäten.

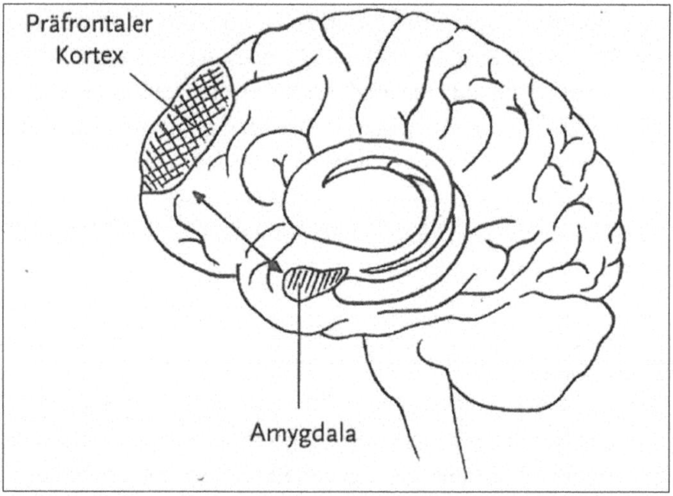


Abbildung 13: Davidson/Begley 2012, 122

Was die Resilienz angeht, ist für ihre Stärke der präfrontale Kortex verantwortlich. Die Stärke liegt links, die Schwäche rechts. Anzumerken ist, dass es von dem präfrontalen Kortex ausgehend, eine neuronale Verbindung zur Amygdala gibt, die darüber Auskunft gibt, „wie schnell sich das Gehirn von (z. B. – L. K.-S.) verstörenden Erlebnissen erholt“ (a. a. O., 122). Je kürzer die Zeit, je stärker die neuronale Verbindung, desto resilienter der Mensch (vgl. Kap. 3.8).

2. Grundeinstellung: Die Fähigkeit, auf die Dinge des Lebens eher positiv oder negativ zu reagieren. Aber es geht nicht allein um das Empfinden an sich, sondern auch darum, wie lange z. B. positive Emotionen aufrechterhalten werden können (vgl. a. a. O., 138). Neuronal betrachtet spielt hier der Nucleus accumbens eine wesentliche Rolle.

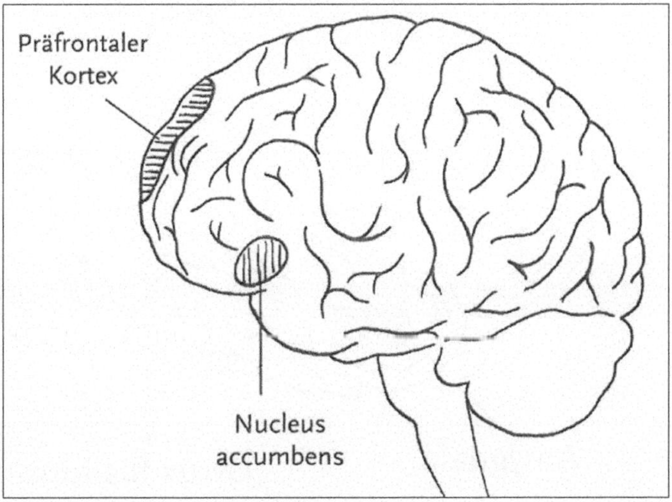


Abbildung 14: Davidson/Begley 2012, 141

Er ist gefüllt mit dem Neurotransmitter Dopamin und steht in Verbindung mit dem präfrontalen Kortex. “Je aktiver der Nucleus accumbens ist […], desto mehr tendiert der Mensch zum positiven Skalenende der Dimension Grundeinstellung" (a. a. O., 143).

3. Soziale Intuition: Die Fähigkeit, die Stimmungslage eines Mitmenschen zu erfassen, z. B. über die Körpersprache, die Stimmlage, Gemüts- oder Gefühlregungen (vgl. a. a. O., 30).

   Neuronal betrachtet steht die soziale Intuition im Zusammenhang mit dem „Aktivitätsniveau im Gyrus fusiformis, also der Sehrinde" (a. a. O., 125) und dem in der Amygdala. Mangel an sozialer Intuition kennzeichnet sich durch ein niedriges Niveau im Gyrus fusiformis und hoher Amygdalabeteiligung. Bei hoher sozialer Intuition drehen sich die Werte um.

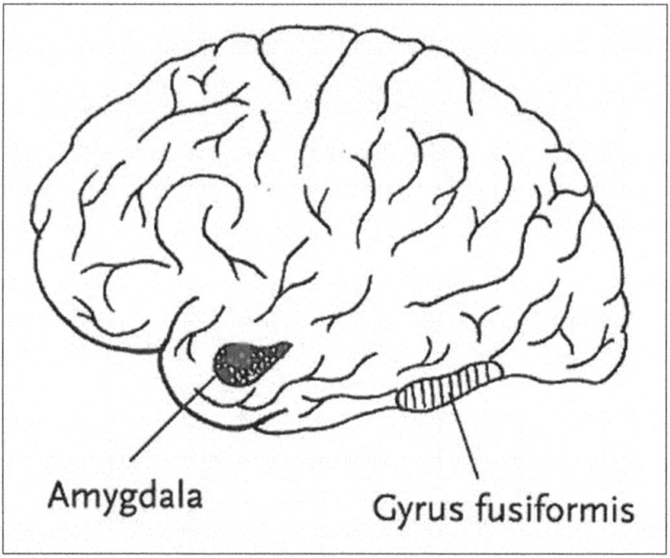


Abbildung 15: Davidson/Begley 2012, 125

4. Selbstwahrnehmung: Die Fähigkeit, eigene Gedanken und Gefühle, eigene Körpersignale auch hinsichtlich des eigenen Handelns zu erkennen (vgl. a. a. O., 14).

Neuronal gesehen hat der Inselkortex eine Schlüsselrolle hinsichtlich der Selbstwahrnehmung inne, der sich zwischen Schläfen und Stirnlappen befindet (vgl. a. a. O., 133). Davidson sieht in ihm eine Äquivalent zum senso-motorischen Homunkulus (vgl. Abb. 5), mit dem Unterschied, dass hier nicht die Aktivitäten, die sich nach außen richten abgebildet werden, sondern die inneren Organe, weshalb er hier von einer „Art ‚viszerotopischer Landkarte'" (a. a. O., 134) spricht. Je größer das Areal des Inselkortex ist, desto größer ist sowohl die körperbezogene Selbstwahrnehmung als auch das emotionale Empfinden (vgl. a. a. O., 135).

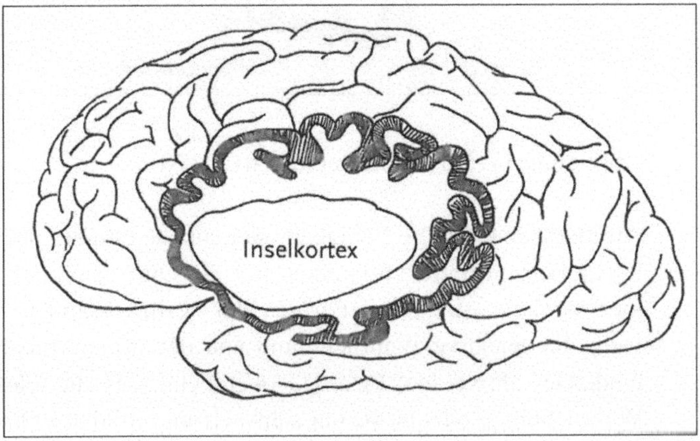


Abbildung 16: Davidson/Begley 2012, 134

5. Kontextsensibilität: Die Fähigkeit, situationsangemessen reagieren zu können. Neuronal betrachtet ist hierfür der Hippocampus verantwortlich und hier besonders der Bereich, der der Amygdala am nächsten liegt. Er ist in Verbindung mit dem präfrontalen Kortex auch verantwortlich für die Verhaltensregulierung und Reaktionen in unterschiedlichen Kontexten (Kontextsensibilität). Je kleiner dieses Feld, desto größer die Kontextblindheit. Zu große Kontextaffinität, das Gegenteil,

dagegen bewirkt, dass die emotionale Spontaneität blockiert wird (vgl. a. a. O., 130 f).

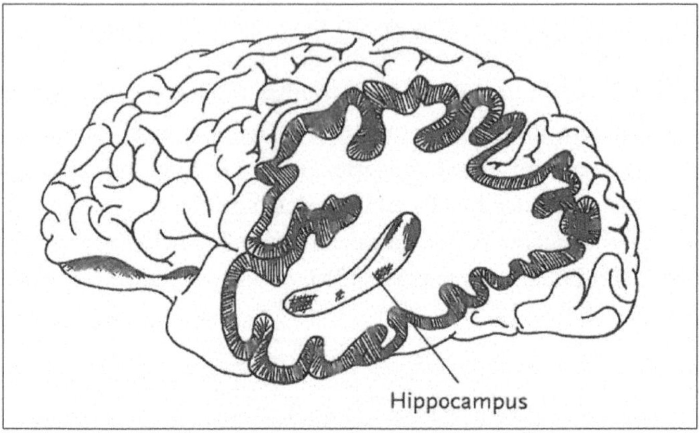


Abbildung 17: Davidson/Begley 2012, 128

6. Aufmerksamkeit: Die Fähigkeit, sich auf den Punkt, auf eine Sache konzentrieren zu können. Für die Dimension der Aufmerksamkeit „sind zwei Formen der Aufmerksamkeit relevant: die selektive Wahrnehmung und das offene, nichtwertende Gewahrwerden“ (a. a. O., 144). Fehlt z. B. die selektive Wahrnehmung oder ist sie nur schwach ausgebildet, so hat das Auswirkungen sowohl auf die Emotionalität als auch auf die Dimensionen Selbstwahrnehmung und Kontextsensibilität. Neuronal gesehen ist für die Steuerung der selektiven Wahrnehmung der präfrontale Kortex verantwortlich. Anhand von versuchen und bildgebenden Verfahren konnten Davidson/Begley (a. a. O., 146 f) zeigen, dass sich die Fähigkeit zur Konzentration trainieren lässt.

   Unter dem offenen, nichtwertenden Gewahrwerden verstehen Davidson/Begley (a. a. O., 144) „die Fähigkeit […], Signale aus dem äußeren Umfeld ebenso wie die im Kopf auftauchenden Gedanken und Gefühle zu empfangen, das Aufmerksamkeitsfeld zu weiten und die oftmals subtilen Botschaften, die unablässig an uns herangetragen werden, sensibel entgegenzunehmen [...] ohne an irgendeinem bestimmten Reiz festzuhalten und um seinetwillen andere zurückzustellen." Letztlich geht es hier um eine Ausgewogenheit einer Reizzuwendung. Die neuronale Basis hierfür bildet „ein ereignisspezifisches Potenzial" (a. a. O., 147), das P300. Ist es zu stark, ist die Mühe zu groß, ist es zu schwach, ist die Mühe zu gering

Diese sechs Dimensionen „sind wie die Zutaten eines Rezepts, aus denen unser persönlicher emotionaler Stil zusammengebaut ist" (a. a. O., 31) und jede dieser Dimensionen hat ihren Ursprung „in einem bestimmten Aktivitätsmuster im Gehirn" (a. a. O., 33), nicht eben nur in der Amygdala (vgl. Aamodt/Wang 2012, 204). Zusammenfassen lässt sich sagen, dass

> „die bewusste Wahrnehmung eines emotionalen Zustands [...] beeinflusst (wird) durch Erinnerungen, durch Schlüsse auf kausale Zusammenhänge, durch Vorstellungen darüber, wie man auf eine Situation reagieren soll, und durch den sozialen Kontext" (ebd.)

Dass es sich hierbei um einen Jahre dauernden Entwicklungsprozess handelt, muss eigentlich nicht gesondert erwähnt werden.

Die einzelnen emotionalen Stile werden bestimmt durch unterschiedliche individuelle Kombinationen dieser sechs Dimensionen, deren Inhalte nicht festgeschrieben sind, sondern dem Prinzip der Neuroplastizität unterliegen und somit erfahrungsabhängig sind (vgl. Davidson 2013, 22; Davidson/Begley 2012, 35, 37; Winerman 2013, 29). D. h., dass der emotionale Stil veränderbar ist, durch Erfahrungen von außen, aber auch durch „Geistestraining" (Davidson/Begley 2012, 37). „Es gibt weder einen perfekten emotionalen Stil noch irgendeine Idealposition einer – geschweige denn aller – sechs Dimensionen" (Davidson 2013, 23; Davidson/Begley 2012, 38). Weiter heißt es: „In allen Menschen sind diese Dimensionen auf individuell einmalige Weise kombiniert, und sie entscheiden in ihrer Gesamtheit darüber, wie wir die Welt wahrnehmen und auf sie reagieren" (Davidson 2013, 26). Die Veränderungen innerhalb der sechs Dimensionen sind aber nicht schicksalsgegeben, sondern wir können sie auch bewusst "mit bestimmten Formen des geistigen Trainings" (Davidson/Begley 2012, 38) beeinflussen, bis zu einem gewissen Maß justieren und trainieren (vgl. Davidson 2013, 27). Doch dies ist kein Spiel, sondern es sollte nur dann geschehen, wenn „Ihr emotionaler Stil Sie in ihrem Alltag tangiert und Ihrem Glück im Wege steht" (Davidson/Begley 2012, 39).

Das Sein des Menschen, so wie Davidson es sieht, ist gekennzeichnet durch eine Überschneidung des Emotionalen und des Rationalen. „Emotion und Kognition greifen in einem interagierten, nahtlosen Zusammenspiel ineinander ein und versetzen uns so in die Lage, in unseren Beziehungen, in unserer Arbeit und in unserem spirituellen Wachstum unseren Weg zu finden" (a. a. O., 148).

### *3.5.2 Die Sichtweise der Kreativen Leibtherapie (KL)*

Die Sichtweise der KL wird hier nicht berücksichtigt als therapeutische Intervention, sondern es geht hier um die Grundlagen des der KL zugrundeliegenden Menschenbildes, in dem die Sichtweise der Emotionen eine nicht zu verachtende Rolle spielt.

„Gefühle sind Kernimpulse menschlichen Erlebens" (Baer/Frick-Baer 2014, 8), des individuellen Erlebens. Von daher sind sie einzigartig. Dass der gesunde Mensch nicht nur gefühls- oder verstandesmäßig reagiert, ist eigentlich eine Betrachtungsweise, die die meisten Menschen ohne weiteres teilen. Allerdings in einer rational orientierten Leistungsgesellschaft wie der unsrigen, geraten die Gefühle oder besser das Verständnis für gefühlsmäßige Reaktionen oftmals ins Hintertreffen. Heftige Gefühlsäußerungen einzelner Menschen in bestimmten Situationen erzeugen Irritationen bei denen, die damit konfrontiert werden. Viele Menschen bezeichnen sich als Rationalisten, denen die Gefühlswelt und die damit für sie häufig verbundene Gefühlsduselei suspekt erscheinen.

Die Sichtweise der KL will die Rationalität im menschlichen Handeln nicht ausschließen, sondern durch eine gleichwertige Betrachtung der Gefühlswelt ergänzen, um zu zeigen, was auch schon eben bei Davidson deutlich wurde, dass der Mensch sowohl rational als auch gefühlsmäßig reagiert (vgl. Baer/Frick-Baer 2009², 12).

Sowohl rationale Gedanken, die sich in erster Linie über die Sprache äußern, als auch besonders gefühlsmäßige Reaktionen bestimmen unseren Alltag mehr „als die meisten Menschen vermuten" (a. a. O., 7). Baer/Frick-Baer (ebd.) sehen sowohl in der Sprache als auch in der Gefühlswelt eines jeden Menschen „ein schier unerschöpfliches Potential an Lebendigkeit […], aber ebenso in erschreckenden Ausmaß eines der Verkümmerung und Erstarrung.“ Des Weiteren ist zu beachten: „Gefühle sind nie von den anderen, v. a. den körperlichen und sozialen Aspekten des Lebens und Erlebens zu trennen“ (a. a. O., 10).

Es kann und soll hier nicht darum gehen, sich einzelnen Gefühlen explizit zu widmen, sondern hier geht es darum, „das Verständnis der menschlichen Gefühlswelt zu vertiefen“ (a. a. O., 11) auf der Basis des Verständnisses der KL. Zu diesem Zweck formulieren Baer/Frick-Baer (a. a. O., 105) eine Grammatik der Gefühle, der es nicht „um streng formale Logik, sondern um die inneren Strukturen des Gefühllebens“ (a. a. O., 11 f) geht (vgl. Baer 2012, 158 ff; Frick-Baer 2009, 68 ff). An anderer Stelle heißt es dazu:

> „Wir sprechen von Grammatik, weil grammatikalische Regeln Ausnahmen zulassen und flexibler sind als die mathematisch orientierte Logik“ (Baer/Frick-Baer 2014, 11).

Die Gefühlswelt des Menschen entsteht mit dessen Geburt.

> „Der sich und seine Welt erlebende Mensch, ist die Grundlage, auf der sich Gefühle und ähnliche Regungen entwickeln“ (Baer/Frick-Baer 2009², 105).

Nach Auffassung der phänomenologischen Philosophie, an der sich die KL orientiert (vgl. a. a. O., 173 ff), gehören Gefühle wie Weinen und Gehen zu den „unwillkürlichen Lebensvollzügen“ (Fuchs 2008, 97 in Baer/Frick-Baer 2009², 106). Als spontane Lebensregungen sind immer schon da, manchmal groß, manchmal klein. So wie wir Menschen das Gehen lernen müssen, so müssen wir auch lernen, unsere Gefühle zu entwickeln, zu verstehen, anderen mitzuteilen. Letztlich heißt das nichts anderes, als dass wir unsere Gefühle beeinflussen können, dass wir ihnen keinesfalls hilflos ausgeliefert sind. Doch was sind Gefühle?

> „Gefühle sind Kernimpulse menschlichen Erlebens, hilfreich und notwendig, um in der Welt zu Recht zu kommen und – soweit wie möglich – glücklich zu werden“ (Baer/Frick-Baer 2002, 11). „Gefühle sind der Mittelpunkt, der Kern des affektiven Erlebens“ (Baer 2012, 159).

Ein Einblick in die alltägliche Formulierung gefühlsmäßiger Wirkung zeigt, dass Gefühle mit körperlichen Sensationen einhergehen: „Der Zorn rast, die Furcht ist beklemmend, der Neid nagt an jemanden, die Trauer zerreißt das Herz" (Baer/Frick-Baer 2009[2], 106 f; vgl. 2014, 13), die Angst wirkt beklemmend etc. Damasio (1997, 213 in Baer/Frick-Baer 2009[2], 107) bezeichnet daher den Körper „als ‚Bühne der Gefühle'" (vgl. Baer/Frick-Baer 2014, 13). Doch ist der Körper nicht lediglich eine unbewegliche Plattform zum Austoben der Gefühle, sondern „es gibt Rückkoppelungen zwischen den körperlichen und den emotionalen Aspekten der Lebendigkeit" (Baer/Frick-Baer 2009[2], 107; vgl. 2014, 13).

Wie auch Davidson hervorhebt, so ist auch für Baer/Frick-Baer (ebd.) das Zentrum der Gefühle nicht die Amygdala (das limbische System), sondern es bestehen Verbindungen zu anderen Bereichen des Gehirns.

Doch welchen Sinn, welchen Nutzen hat die Existenz der Gefühle für den einzelnen Menschen?

> „Gefühle ermöglichen ein differenziertes Verhalten, differenzierte Reaktionen und verhelfen damit zu größeren Überlebenschancen in einer Komplexen Umwelt" (Baer/Frick-Baer 2009[2], 108; vgl. 2014, 14).

Und was bewirken Gefühle?

- *„Gefühle regulieren Beziehungen zu anderen Menschen"* (Baer/Frick-Baer 2009[2], 108; vgl. 2014, 14 f): Gefühle sind keine im Menschen isolierte Regungen, sondern sie entfalten ihre Bedeutung in sozialen Bezügen. Sie können aus diesen entspringen, wie z. B. Neid oder Eifersucht, sie können aber auch Wirkungen sozialer Verhaltensweisen sein, wie z. B. der soziale Rückzug, das Sich-Verloren-Fühlen etc.
- *„Gefühle verhelfen zu Bewertungen"* (Baer/Frick-Baer 2009[2], 109; vgl. 2014, 15): Jede Verhaltensäußerung, jedes Erleben eines Menschen hat auch eine emotionale Basis, einen emotionalen Anteil.
- *„Gefühle stoßen Entscheidungen an, vor allem spontane Entscheidungen"* (Baer/Frick-Baer 2009[2], 110; vgl. 2014, 16): Spontane Freude, wer kennt das nicht? Spontaner Rückzug auf Grund einer abfälligen Bemerkung, wer kennt das nicht? Solche emotionalen Spontanreaktionen sind gesellschaftlich nicht immer erwünscht, doch zeigt sich hier eher eine Angst „vor

Spontaneität und Emotionalität als Beschreibung der Wirklichkeit“ (Baer/Frick-Baer $2009^2$, 110; vgl. 2014, 16).

Über diese Spontaneität hinaus haben solche Gefühläußerungen eine „Anstoß-Qualität“ (Baer/Frick-Baer $2009^2$,110; vgl. 2014, 16), indem sie ein Verhalten anstoßen, das Auswirkungen über eine längere Zeit haben kann, im positiven Sinn einer Zielperspektive, im negativen Sinn einer emotionalen Erstarrung.

- *„Gefühle regulieren Intensität“* (Baer/Frick-Baer $2009^2$, 111; vgl. 2014, 16 f): Am besten lässt sich dieser Sachverhalt am Arbeitsprozess verdeutlichen. Eine positive Gestimmtheit sowohl meiner selbst als auch der den Arbeitsprozess bestimmenden Faktoren erleichtert den Arbeitsprozess und bestimmt mein persönliches Erleben.
- *„Gefühle ermöglichen Prozesse“* (Baer/Frick-Baer $2009^2$,111; vgl. 2014, 17): Gefühle als Ausdruck des subjektiven Erlebens bestimmen z. B. Erinnerungsprozesse und prägen so die persönliche Biografie.

Gefühle gehorchen, wie schon eingangs gesagt, einer eigenen Logik, die Baer/Frick-Baer (Baer/Frick-Baer $2009^2$, 120 ff) in zwölf Regeln zusammenfassen (vgl. Baer 2012, 160 ff; Frick-Baer 2009, 68 ff; Baer/Frick-Baer 2014, 318 ff):

1. Gefühle sind maßlos, subjektiv, nicht messbar, nicht vergleichbar, nicht quantifizierbar: Es gibt keine objektivierbaren Messlatten für die Empfindung von Gefühlen. Das Maß der Gefühle, das Leiden ist „radikal subjektiv“ (Baer/Frick-Baer $2009^2$, 121; vgl. a. a. O., 161), auch wenn der emotionale Ausdruck den Maßregelungen der Gesellschaft insgesamt und der gesellschaftlichen Schicht und dem gesellschaftlichen Anlass im Besonderen unterliegt (vgl. a. a. O., 160 f). Dennoch: „Jede Regelung der Gefühle und ihres Ausdrucks (von außen – L. K.-S.) ist eine Maßregelung“ (a. a. O., 122).

2. „Gefühle brauchen keinen Grund, allenfalls Anlässe“ (a. a. O., 123). Gefühle stehen oftmals im Zusammenhang mit vergangenem, gegenwärtigem und zukünftigem Erleben. Insofern gibt es „keine eindeutig zuzuordnenden Ursachen für ein bestimmtes Gefühl“ (a. a. O., 124), wohl aber die eben angesprochenen nicht immer direkt verstehbaren Zusammenhänge im subjektiven Erleben. Insofern reichen oftmals ganz bestimmte Signale oder Anlässe, wie z. B. ein bestimmter Duft, aus, um ein heftiges Gefühl auszulösen, das u. U. nach außen hin auf Unverständnis stößt. Dennoch: Gefühle „leiten ihre Existenzberechtigung aus der Tatsache her, dass sie da sind“ (a. a. O., 125).

3. Gefühle haben, wenn sie „aktuell gelebt werden“ (a. a. O., 128), mehrdimensionale Wirkungen in verschiedene Richtungen und in unterschiedliche Dimensionen, z. B. auf sich selbst, auf den anderen, auf die eigene Wahrnehmung, auf das Verhalten, auf die Kommunikation und Interaktion etc. Werden diese Wirkungen der Gefühle jedoch unterdrückt, kann dieser Umgang langfristig zu Krankheiten, zu chronischen Krankheiten führen.

4. „Gefühle verschwinden aus der Wahrnehmung – und bleiben doch“ (a. a. O., 129). Gefühle, die ins Leere laufen, die keine Beachtung finden, verschwinden, „gehören ab da nicht mehr zum emotionalen Repertoire“ (ebd.) des jeweiligen Menschen. Dennoch sind sie da und zeigen sich auf andere Weise. Sie zeigen sich z. B. im Verhalten anderen Personen oder in psychischen oder psychosomatischen Krankheiten.

5. „Eine besondere Form, wie Gefühle verschwinden und doch bleiben, besteht darin, dass sie konvertieren, das heißt umgewandelt, umtauscht werden“ (a. a. O., 130). So kann aus Zorn Angst werden oder der Zorn richtet sich gegen sich selbst z. B. in Form von Schuldgefühlen. In erster Linie passiert so etwas,

„wenn sie keine Resonanz finden“ (a. a. O., 131), wenn sie auf Dauer oder im wiederholten Fall keine Reaktion im anderen erzeugen.

6. Gefühle ordnen sich nicht der Logik des Entweder-Oder unter, sondern beide Perspektiven stehen u. U. nebeneinander, z. B. Hass und Liebe. „Für die Grammatik der Gefühle gilt nicht die Regel des Entweder-Oder, hier ist das Sowohl-als-auch Alltag und Normalität“ (a. a. O., 132).

7. „Gefühle sind oft paradox“ (a. a. O., 133). Es entstehen Schuldgefühle dort, wo keine zu sein bräuchten, z. B. im Fall einer Vergewaltigung (vgl. Frick-Baer 2009, 68 ff).

8. Gefühle können Ketten bilden, z. B. Zorn – Angst – Trauer. D. h. Gefühle können miteinander verwoben sein. „Häufig steht am Anfang einer solchen Kette eine Unterbrechung des Auslebens eines Gefühls“ (Baer/Frick-Baer 2009[2], 137), z. B. dadurch, dass eine Gefühl aus persönlichen oder aus gesellschaftlichen Gründen nicht zulassen kann. Gefühle brauchen, um gelebt werden zu können, Raum, eine innere Haltung und Akzeptanz seitens der Umwelt (vgl. ebd.). Nur so können sie entsprechend bearbeitet werden.

   Gefühlslandschaften zeigen unterschiedliche Wege auf, die gegangen werden können, um Gefühle zu verarbeiten. Die zu gehenden Wege sind individuell.

9. Neben den eigentlichen, den sichtbaren, den manifesten bestehen latente im Unbewussten verborgene Gefühle, so genannte Subtexte oder Schattengefühle (vgl. a. a. O., 163 f). Diese äußeren sich z. B. in einem Streit über Nebensächlichkeiten, weil das eigentliche Thema unausgesprochen oder unerkannt bleibt oder bleiben soll, weil es z. B. gesellschaftlich oder zwischenmenschlich tabuisiert ist.

10. Gefühle können sich wie Schleier auf andere Gefühle legen, diese dadurch dämpfen oder sogar wegdrücken, z. B. die Angst davor, Gefühle zu zeigen. Diese Angst kann sich dann u. U. so verfestigen, „dass sie zur Grundgestimmtheit des Menschen wird" (Baer/Frick-Baer 2009[2], 142). Diese mit einem Schleier überdeckten Gefühle treten besonders dann auf, wenn der davon betroffene Mensch Veränderungen in seinem bisherigen Leben wagt (vgl. ebd.).

11. Gefühl können z. B. von Eltern an ihre Kinder delegiert werden. Diese Delegation erfolgt in der Regel unbewusst. Ist sie erkannt, kann sie bearbeitet und das entsprechende Gefühl in das eigene Repertoire aufgenommen werden.

12. Gefühle können sich auf Alltägliches, aber eben auch auf Existenzielles beziehen. „Jedes Gefühl kann existenzielle Qualität bekommen" (a. a. O., 146). Die Unterscheidung zwischen einem existenziellen und einem Alltagsgefühl ist „eine Differenzierung in der Intensität des Fühlens und in der Bedeutung, die dieses Fühlen für den Organismus hat" (ebd.).

„Wenn Menschen nicht mehr fühlen können, fehlt ihnen eine entscheidende Lebensqualität" (Baer/Frick-Baer 2014, 340). Es handelt sich dabei nicht um einen bewussten Entschluss eines Menschen, sondern es ist die Folge einer Notlage, die zum „Einfrieren oder Betäuben der Gefühle" (ebd.) geführt hat. Zwar lassen sich Gefühle verbannen und unterdrücken, „aber nie auf Dauer amputieren" (a. a. O., 348). Sie zeigen sich meistens dann, wenn der Mensch, aus welchem Grund auch immer, die Kontrolle über sich abgibt oder verliert, z. B. im Traum, im Schlaf (Freud) oder z. B. auch im Märchenerleben (Bettelheim; vgl. Kowal-Summek 2006, 440 ff). Der Weg aus der Gefühlskälte aber führt nur „über eine lebendige Beziehung" (Baer/Frick-Baer 2014, 354) zu anderen Menschen.

## 3.6 Motivation/Exkurs Neugier

„Die größte Kraft, etwas zu lernen, ist die Motivation"
(W. Kretschmann)

Nach Roth (2011[4], 82) lassen sich mit Blick auf die Motivationspsychologie zwei Motive voneinander unterscheiden: biogene und soziogene Motive. Biogene Motive beziehen sich auf biologische Motive, während sich soziogene Motive auf soziale Motive beziehen. Letztere werden im Folgenden besonders berücksichtigt.

„Motivation ist ein neurobiologisch fundiertes Geschehen" (Bauer 2009[2]b, 115), dessen Bedeutung überall dort auftritt, wo Menschen sich begegnen, in Beziehung treten, im Alltag genauso wie in pädagogischen oder therapeutischen Zusammenhängen. „Motivation (ist) im menschlichen Gehirn gewissermaßen von Natur aus eingebaut" (Spitzer 2010, 149). Menschen sind also von Natur aus motiviert. Nicht zu vergessen ist, dass „der gegenwärtige Forschungsstand [...] es nahe (legt), dass Motivation und Emotionen untrennbar miteinander zusammenhängen" (Rudolph 2013[3], 25; vgl. Schore 2003[3], 53; Roth 2011[4], 81; Schwung 2011, 23; Jäncke 2013, 681 ff).

„Das natürliche Ziel der Motivationssysteme sind soziale Gemeinschaften und gelingende Beziehungen mit anderen Individuen" (Bauer 2011[5], 36). Noch deutlicher: *„Kern aller Motivation ist es, zwischenmenschliche Anerkennung, Wertschätzung, Zuwendung oder Zuneigung zu finden und zu geben"* (ebd.). Nach Bauer (a. a. O., 39) steht dieses Ziel noch über dem Selbsterhaltungstrieb. Anders herum formuliert: Das menschliche Motivationssystem, aber eben nicht nur dieses, schaltet ab, wenn entweder die soziale Anerkennung ausbleibt oder wenn Menschen bewusst oder unbewusst sozial isoliert werden (vgl. a. a. O., 37 f).

Spitzer (2009[6], 192) zufolge sind Menschen „von Natur aus motiviert, sie können gar nicht anders, denn sie haben ein äußerst effektives System hierfür im Gehirn eingebaut. [...] Dieses System ist immer in Aktion" (vgl. Spitzer 2010, 149), außer der Mensch schläft. Daher lautet die zentrale Frage auch nicht wie jemand zu motivieren ist, sondern „warum viele Menschen so häufig *demotiviert* sind" (Spitzer 2009[6], 193).

Tenzer (2013, 38) zufolge meint Motivation im engeren Sinne „die Fähigkeit, persönliche Anliegen zu verfolgen und Ziele zu erreichen." Die Qualität der Motivation wird dabei bestimmt von Persönlichkeitsfaktoren (vgl. Rudolph 2003, 10 ff; 2013[3], 21 f) und unserer Biografie: „Alles, was im Laufe des Lebens passiert –

Erfahrungen, Unterstützung und Vorbilder, aber auch die momentane Lage – beeinflusst Motivation“ (Tenzer 2013, 38 f). Des Weiteren ist davon auszugehen, dass Faktoren wie „Eigenverantwortung, Autonomie, eine als erfüllende und interessant erlebte Tätigkeit zu den stärksten Antrieben überhaupt“ (a. a. O., 41), aber auch Disziplin im Verfolgen von Zielen zu zählen sind.

Austin et al. (2009, 213) sehen Motivation als einen dynamischen, d. h. stets in Entwicklung befindlichen Prozess, der von mindestens vier Faktoren beeinflusst wird, die sich ihrerseits ebenfalls in Entwicklung befinden: den Persönlichkeitsmerkmalen, das soziale System, den Handlungen und den Ergebnissen. Das gilt im Allgemeinen, sowie im Besonderen (Musik).

Roth (2011[4], 82) unterscheidet im Gehirn des Menschen zwei Systeme, eines, das uns befriedigt, „des Lustgewinn eines Ereignisses repräsentiert“, und eines, das uns motiviert, uns vorantreibt, „ein Ereignis erstrebenswert macht“ (ebd.).

O'Neill (2011, 34) unterscheidet zwischen einer *„mastery motivation“* und einer *„helpless motivation.“* Menschen mit einer ‚Mastery Motivation' haben ein hohes Durchhaltevermögen und versuchen selbst effektive Strategien zu entwickeln, auch wenn eine Gefahr des Scheiterns besteht. ‚Helpless' motivierte Menschen suchen im Fall des Misserfolgs nach Ausreden oder beginnen an ihrem Talent zu zweifeln (vgl. Roth 2011[4], 85 f, 89 ff). Indirekt angesprochen ist hier das für das Lernen wichtige Leistungsmotiv (vgl. a. a. O., 86 ff). O'Neill (2011) gibt des Weiteren zu bedenken, dass hier auch ein Zusammenhang besteht hinsichtlich individueller Selbsttheorien (vgl. a. a. O., 36 f) und wahrgenommener Resilienzfaktoren (vgl. a. a. O., 39 ff; Kap. 3.8). Ein weiterer Zusammenhang, der hier ebenfalls gesehen werden muss, betrifft die Unterscheidung zwischen extrinsischer und intrinsischer Motivation (vgl. Roth 2011[4], 86 ff).

*Exkurs Neugier*

Die oben angesprochene natürliche Motivation bezeichnet Spitzer als *Neugier*. Sie „ist unsere innere Antriebskraft“ (Naughton 2016, 7) und „sie ist fest im Hirn verdrahtet“ (ebd.). „Diese natürliche Motivation, die in jedem Menschen vorhanden ist und allenfalls durch falsche Bemühungen abgewöhnt werden kann, bezeichnet man als Neugier“ (Spitzer 2010, 149). Sie „ist zutiefst menschlich“ (Wilhelm 2017, 30). Neugier ist „das Streben des Menschen, Grenzen auszuloten und zu überschreiten, in Erfahrung zu bringen, was er noch nicht kennt, zu denken, was er noch nicht gedacht hat. […] Neugier ist […] eine ganz allgemeine Eigenschaft, […] die aber bei jedem (mehr oder weniger) grundlegend vorhanden ist" (Spitzer 2010, 149). Auch wenn sie genetisch verankert ist, unterliegt sie in ihrer Ausprägung dennoch den Einflüssen der Umwelt (vgl. ebd.). Zentraler Aspekt der Neugier ist, „dass man etwas nicht weiß und es wissen will" (a. a. O., 151). Die zwei zentralen Aspekte der Neugier sind demnach „*Unsicherheit* und *Wissenwollen*" (ebd.).

Schwung (2011, 24) sieht in „eine(r) starke(n) emotionale(n) Neugieraktivierung (eine – L. K.-S.) Voraussetzung für die gelingende Aneignung der Welt" hinsichtlich der Bereiche Aktivität und Wohlbefinden. Nach Wilhelm (2017, 30) sind neugierige Menschen erfolgreicher, sie sind zufriedener (vgl. a. a. O., 32 f; Raine et al. 2002; Kashdan/Steger 2007; Hardy III et al. 2017). Die Neugier beflügelt das Lernen und macht auf Dauer klüger (vgl. Gruber et al. 2017; Wilhelm 2017, 32 f; Naughton 2ß16, 126 ff). Hinzu kommt, das neugierige Menschen länger leben (vgl. Naughton 2016, 37 ff; Wilhelm 2017, 33).

Spitzer (2010, 152) sieht in der Neugier „die Triebfeder dessen, was der Mensch von allen Lebewesen auf der Erde am besten kann, womit er deswegen auch seine meiste Zeit verbringt und was er ohnehin am liebsten macht: Lernen!" (vgl. Schwung 2011, 24; vgl. Rudolph 2013[3], 155; Naughton 2016, 16, 35 ff). Die Frage nach dem Vorteil der Neugier für den Menschen insgesamt beantwortet Naughton (a. a. O., 29) wie folgt:

> „Neugier wird als die wichtigste psychologische Stärke angesehen, wenn es um ein erfülltes und zufriedenes Leben geht. Sie ist die stärkste Triebkraft für Veränderungen und dafür, Ziele im eigenen Leben zu erreichen. Sie nützt uns beim Lernen, beim Umgang mit anderen und im Leben generell."

An anderer Stelle heißt es weiter:

> „Neugier kann also verstanden werden als das Erkennen, Aufnehmen und Suchen von Wissen und neuen Erfahrungen" (a. a. O., 78).

Neurowissenschaftlich betrachtet finden sich die Areale, die bei Neugierverhalten aktiv sind, im Frontalhirn und im Hippokampus. Diese Areale „*sind beim Merken der Lösung umso aktiver, je neugieriger man gerade auf die Antwort ist*" (Spitzer 2010, 153). Auf der Basis unterschiedlicher Untersuchungen ergibt sich für die

Bedeutung des Neugierverhaltens ein klarer „Zusammenhang mit Lernen, Erwartung und Belohnung“ (ebd.).

Naughton (2016, 11) zufolge verfügt jeder Mensch über ein gewisses Maß an Neugier. „Worin sich Menschen unterscheiden, sind die Häufigkeit, die Intensität, die Länge und das Ausmaß der Neugiermomente.“ Neugier ist, wie schon gesagt, der Wunsch, etwas wissen zu wollen. Dafür braucht es keine extrinsische Motivation oder externe Belohnung, sondern nur ein ausgeprägtes Interesse und dieses ist nicht ergebnis- sondern erlebniszentriert (vgl. a. a. O., 13). „Neugier (ist) einer der fundamentalen Mechanismen des biologisch basierten Belohnungssystems und der intrinsischen Motivation“ (a. a. O., 16).

Aber „Neugier ist nicht gleich Neugier“ (a. a. O., 65). Letztlich lässt sich eine spezifische Neugier, die sich auf ein bestimmtes Objekt oder einen bestimmten Sachverhalt richtet, von einer eher unspezifischen, die durch einen Gegenstand oder einen Sachverhalt hervorgerufen wird, unterscheiden. Die spezifische Neugier kennzeichnet sich durch „den Drang nach Wissen und Lernen“ (a. a. O., 66).

„Neugier ist erblich“ (ebd.), sie ist in Verbindung mit der Stärke der Aufmerksamkeit, der Offenheit für Neues und der Kreativität zu sehen (vgl. a. a. O., 82, 102 ff). Neugier ist für Naughton (a. a. O., 72) zwar ein neuer Begriff für Motivation, allerdings geht Neugier „nicht in Motivation auf, sondern deutlich darüber hinaus“ (ebd.). Es handelt sich hierbei allerdings um eine Sichtweise, die sich mit den Erkenntnissen der Lern- und Entwicklungspsychologie nicht unbedingt decken.

Die Lernpsychologie sprich von der Neugiermotivation als einer spezifischen Form der intrinsischen Motivation, die im Zusammenhang steht mit dem Explorationsbedürfnis (vgl. Edelmann/Wittmann 2ß12[7], 229 ff). Neugier wird demnach nur dann erregt, wenn „eine ‚optimale Inkongruenz‘ (Nicht-Übereinstimmung) zwischen der neuen Information und bisherigem Wissen besteht“ (a. a. O., 230). Optimale Inkongruenz meint, dass das Verhältnis zwischen dem Alten und dem Neuen nicht zu groß sein darf, wenn es das Interesse erregen will. Dadurch entsteht in dem Subjekt eine sogenannte *„subjektive Unsicherheit“* (a. a. O., 231), die das Explorationsverhalten auslöst. Wendet sich die Neugier immer wieder den gleichen Dingen zu, z. B. einem Musikinstrument oder dem Musizieren, so entsteht daraus ein Interesse. Dieser Prozess lässt sich durch eine entsprechende Aufbereitung des Lernstoffs intensivieren und verweist auf die Motivation.

Auch die Entwicklungspsychologie ordnet das Neugier bzw. das Neugierverhalten der Motivation zu (vgl. Schneider/Lindenberger 2012[7], 201ff, 478 ff). Sie kann zeigen, dass sich die Formen des Neugierverhaltens (Exploration) mit der Entwicklung verändern und im Zusammenhang mit der Entwicklung der Selbstwirksamkeit stehen (vgl. a. a. O., 478; Krapp u. a. 2014[6], 201, 211).

Sowohl die Lern- als auch die Entwicklungspsychologie machen deutlich, dass das jeweilige Verständnis von der zugrundeliegenden Theorie abhängt.

Doch zurück zur Motivation. Bezüglich der Motivation ist die Frage berechtigt: Was treibt uns an? Nach Bauer (2007, 64) ist „der stärkste natürliche Stimulus des Motivationssystems [...} die Zuwendung von Artgenossen" und somit das daraus resultierende Bindungsverhalten. „Je sympathischer oder bedeutsamer wir jemanden erleben, desto stärker aktiviert schon die bloße Begegnung unser Motivationssystem" (ebd.). D. h. ganz deutlich, dass frühe Beziehungserfahrungen die Basis dafür legen, wie wir als Kinder, Jugendliche und Erwachsene auf zwischenmenschliche Zuwendungen reagieren (vgl. Kap. 2). Wichtige Faktoren sowohl in therapeutischer wie auch in pädagogischer Beziehungsarbeit sind dabei eine respektvoll zugewandte Haltung des Pädagogen oder des Therapeuten, die Vermittlung von Zuversicht, Stärkung von Selbstvertrauen und Selbstwirksamkeit, das Interesse am Anderen, dessen Tun und der Glaube an die eigenen Fähigkeiten.

Hirnanatomisch gesehen liegen, laut Bauer (2009[2]b, 110), die Bereiche, die die Motivationssysteme des Gehirns sind, „im Bereich des sogenannten Mittelhirns. [...] Vitalität und Motivation, also die Lust, etwas zu tun", werden von hieraus gesteuert. Damit die Motivationssysteme aktiv werden, bedürfen sie allerdings des Anstoßes, der Gestaltung. „Was die Motivationssysteme des menschlichen Gehirns aktiviert, ist die Beachtung, das Interesse, die Zuwendung und die Sympathie anderer Menschen" (ebd.). Oder noch deutlicher: „Die stärkste Motivationsdroge für den Menschen ist der andere Mensch" (ebd.).

Nach Jäncke (2013, 708 ff) spielt die „Anatomie des Frontalkortex" (a. a. O., 709) bei der Betrachtung der Motivation eine nicht zu verachtende Rolle und stehen in einem engen Zusammenhang zu den exekutiven Funktionen (vgl. Kap. 1.1).

Die Bedeutung frühkindlicher Bindung (vgl. Kap. 2.1) vom Tag der Geburt an lässt sich mittlerweile auch hormonell nachweisen mit Hilfe des Hormons Oxytozin, das auch als „Freundschafts- und Zärtlichkeitshormon" (ebd.; vgl. Bauer 2009[2]b, 110; 2011[5], 33, 46 ff, 50 ff, 52 ff; Bartens 2015, 26 ff) bezeichnet wird, weil es u. a. einerseits durch Berührungen und Zärtlichkeiten stimuliert wird, andererseits erhöht es die anderen Personen entgegengebrachte Zuneigung und das Vertrauen und ermöglicht Bindungsverhalten. Die Personen, die eine Oxytozin-Produktion bewirkt haben, werden zusammen mit dem Erlebnis, bei dem es zu dieser Produktion kam, im Gehirn abgespeichert (vgl. Bauer 2009[2]b, 53). Jedoch ist „Oxytozin […] kein Garant für lebenslange Bindungen" (Bauer 2011[5], 51). Es handelt sich bei den genetisch bereit gestellten Stoffen um eine Möglichkeit, die aber nur aktiviert wird, wenn entsprechend positive Bindungserfahrungen mit der Umwelt gemacht werden (vgl. a. a. O., 54, 58). Bleiben diese besonders in der Kindheit und Jugend aus, *„hat das fatale Folgen für die spätere Beziehungsfähigkeit der betroffenen Individuen"* (a. a. O., 55) und für das Motivationssystem insgesamt. Zusammen mit dem Botenstoff Dopamin ist Oxytozin dafür verantwortlich, dass sich so etwas wie ein soziales Gedächtnis herausbildet (vgl. Bauer 2011[5], 48 f). Nach Untersuchungen steigt der Spiegel dieses Hormons bei Kindern z. B. nach einer halben Stunde intensives Spielens mit ihren Müttern oder anderen Menschen, zu denen sie eine positive Beziehung haben.

Durch Bindungsstörungen (vgl. Kap. 2.2), das wurde ja schon angedeutet, lässt sich das Motivationssystem ebenfalls stören, es kommt zu einer Minderaktivität im Motivationssystem mit u. U. weitreichenden neurobiologisch nachweisbaren auch somatischen Auswirkungen (vgl. a. a. O., 65 f, 67 ff).

Jeder Lernerfolg führt zu einem Glücksgefühl, infolge dessen es zur Ausschüttung körpereigener Glücksstoffe, hier Dopamin, kommt. „Das Gehirn ist quasi von Natur aus ‚lernsüchtig'; es ist immer auf der Suche nach dem ‚Kick'" (Braun/Helmeke 2004, 248). Frühe Erfahrungs- und Lernprozesse „treffen auf ein sehr hohes neuronales Platizitätspotential" (ebd.). So kommt es, dass frühe Lernprozesse tiefer greifende Spuren in Form von synaptischen Verbindungen hinterlassen, als dies bei Lernprozessen zu späteren Zeitpunkten der Fall ist.

Die genetische Anlage bildet sozusagen den individuellen Rahmen für die jeweils artspezifische Herausbildung sozialer und kognitiver Strukturen in Auseinandersetzung mit der jeweiligen Umwelt. „Die Umwelt ‚spielt' quasi auf der ‚Klaviatur' der Gene" (ebd.; vgl. Schore 2003[3], 51; Bauer 2007, 65). Eisenberg (1995 in Schore 2003[3], 52) spricht in diesem Zusammenhang von der *„sozialen Konstruktion des menschlichen Gehirns."* Sie, die Umwelt, bestimmt letztlich „die Entwicklung der Nervenzellen und die Komplexität ihrer synaptischen Vernetzungen" (Braun/Helmeke 2004, 248) auf der Basis eines adäquaten Reizangebotes.

Die Gene erweisen sich dabei als „äußerste flexibel und ‚kommunikativ'" (Bauer 2007, 65). Bauer (ebd.) spricht davon, dass wir besonders in der frühen Phase der Kindheit angewiesen sind auf stimulierende Erfahrungen und auf einfühlsame Zuwendung anderer Menschen. Letztlich konnte aber durch unterschiedliche Versuche gezeigt werden, dass die Bedeutung des Motivationssytems nur aufrechterhalten werden kann, wenn Menschen mit anderen kooperieren, Beziehungen eingehen, denn „ohne Beziehung gibt es keine dauerhafte Motivation" (Bauer 2011[5], 63; vgl. Kap. 2.1).

Wenn die Formulierung des Reizangebots hier nahelegt, dass der Hauptteil der Aktivität von der Umwelt ausgeht, so sollte doch klar sein, „dass das Kleinkind von Geburt an stimuliert werden möchte und dafür sogar aktiv tätig wird" (Stern 1979, 68; vgl. Beebe u. a. 2002, 53 f), d. h. es handelt sich um eine aktive Reizsuche, die auch als Vorläufer der Neugier gelten kann (vgl. Stern 1979, 70 ff). Letztlich handelt es sich um einen aktiven wechselseitig bedingten Prozess. Bauer (2007, 65) zufolge ist im Zuge der neusten Erkenntnisse der Hirnforschung „der über Jahrzehnte hinweg strapazierte Gegensatz [...] zwischen genetischem Erbe und Erziehungseinfluss" nur noch ein scheinbarer, denn es ist klar: die Umwelt wirkt immer auf die Gene, „und deren Rolle wiederum erschließt sich nur im Rahmen ihrer Reaktionen auf die Umwelt" (ebd.).

Reizniveau, Reizdauer und Neuheit sind allerdings in Abhängigkeit zu sehen von der Gewöhnung, die Stern (1979, 73) als „progressive Verminderung des Ansprechens auf einen mehrmals unverändert wiederkehrenden Reiz" beschreibt. Abwenden von einem Reiz hat also nichts mit Ermüdung, sondern mit Gewöhnung zu tun; das Kind hat ein Schema, ein Muster, eine Repräsentation gebildet. Die Reizquelle, so Stern (a. a. O., 76), „liegt nunmehr hauptsächlich im Deckungsdefizit von Reiz und Schema." Daraus folgt, auch bezogen auf das Lernverhalten, dass ein Reiz, soll er interessant bleiben, nicht zu oft wiederholt werden darf (vgl. a. a. O., 74 f) bzw. abgewandelt werden muss, um interessant zu bleiben. Neuheit lässt sich z. B. auch herstellen durch Variationen des Kontextes oder der Partnerzusammensetzung (vgl. Beebe u. a. 2002, 62 ff). Anzumerken ist an dieser Stelle eine Unterscheidung von Stern (1979, 119 ff), der in diesem Zusammenhang zwischen Schema und Repräsentation unterscheidet. Während er den Begriff Schema auf ein Objekt bezieht, verwendet der den Begriff Repräsentation dort, wo er sich auf Menschen (und Tiere?) bezieht. Den entscheidenden Aspekt in der unterschiedlichen Begriffswahl sieht er in einer qualitativen Unterscheidung zwischen belebter und unbelebter Natur und einer damit verbundenen affektiven Komponente (vgl. a. a. O., 131).

Ein weiteres Modell liefert die dynamische Systemtheorie (vgl. Beebe u. a. 2002, 71 ff; Schwing 2011, 29 ff), die sich mit der Frage beschäftigt, „wie komplexe, sich selbst organisierende, offene Systeme Muster bilden und diese verändern“ (Beebe u. a. 2002, 73). Zu diesen Systemen wird auch das Bindungssystem gezählt (vgl. Kap. 2.1). Die Entwicklung eines solchen offenen Systems besteht aus einem Muster wechselnder Stabilität und Instabilität; jedes sich herausbildende Muster besitzt demnach nur vorübergehende Stabilität. Ein solches System ist flexibel und variabel und diese als positiv zu betrachtenden Eigenschaften gelten als „Quelle neuer Formen“ (ebd.). Verlust der Flexibilität gilt dagegen als Zeichen einer Pathologie. Die Offenheit des Systems beinhaltet auch eine Bereitschaft, Störungen aufzugreifen und nach Maßgabe bestehender Variabilität, neue Möglichkeiten zu erkunden und neue Muster auszubilden. Die Tatsache, dass es sich um ein offenes und interaktives Modell handelt, besagt, dass sich Gehirnstrukturen und Verhalten aufgrund von Erfahrungen wechselseitig verändern. Sich bildende Repräsentationen werden aufgrund neuer Erfahrungen jeweils auf den neusten Stand gebracht, immer in Abhängigkeit zu sehen von Erregungsniveau, Kontext und Erfahrung (vgl. a. a. O., 76). Es handelt sich bei der Bildung von Repräsentationen also um einen fortwährenden Prozess der Verarbeitung von Erfahrungen.

Es gilt auch für den Menschen als nachgewiesen, dass die mütterliche Pflege die Hautquelle der taktilen Stimulation bildet, und dass sich diese nicht nur auf das körperlich, sondern auch auf das Wachstum der Nervenzellen auswirkt. So haben andersherum gesehen schon geringe negative Variationen in der Mutter-Kind-Interaktion Auswirkungen auf funktionelle Reifung des Gehirns.

Ein neurochemisches Ungleichgewicht, ausgelöst durch frühkindliche Traumata oder durch instabile emotionale frühkindliche Bindungen, „verändern langfristig die Wahrnehmung der Umwelt sowie die Verhaltens- und hormonellen Antworten auf künftige Stress-Situationen“ (Braun/Helmeke 2004, 293; vgl. Kap. 2.2). So gilt es als bewiesen, dass die verschiedenen Neurotransmitter unterschiedliche Auswirkungen auf verschiedene Aspekte der Entwicklung haben (vgl. Aamodt/Wang 2012, 276 f). Dopamin, Noradrenalin und Adrenalin sind demnach wichtig für die Motorik, die Emotionen und das Denken. Noradrenalinmangel wird in Zusammenhang gebracht mit Furcht, Orientierung und Aufmerksamkeit.

Bewiesen ist auch, dass Stress sich negativ auf die Chromosomen auswirkt und das Krankheitsrisiko erhöht (vgl. Blackburn/Epel 2013).

Störungen im Bereich des Neurotransmitters Serotonin, dem eigentlichen Glückshormon, werden in Zusammenhang gebracht mit Depression, Panikstörungen, Schmerz, Halluzinationen und der Steuerung von Schlaf- und Wachzuständen. Insgesamt gesehen ist es wohl so, „dass die funktionelle Reifung dieser modulatorischen Neurotransmittersysteme durch frühe Trennungserlebnisse beeinflusst wird“ (a. a. O., 292). Welche Wirkung das Serotonin ausübt, hängt vom Aufbau des Gens ab (vgl. Berndt 2014[10], 132 ff).

Eine wichtige Rolle im Nachdenken über die Motivation spielt, wie schon oben angedeutet, der Neurotransmitter Dopamin (vgl. Spitzer 2003, 90 ff; 2006c, 138; 2009[6], 177 ff; BMBF 2007, 96 ff; Roth 2013[8], 149 ff; Petrat 2014, 74 ff). Spitzer (2009[6], 177, 195) zufolge spielt Dopamin in vier funktionellen Systemen im Gehirn eine Rolle, eines dieser Systeme ist für Motivation verantwortlich, ein anderes die Belohnung. Gerade der Belohnungsfaktor aber spielt auch beim Lernen eine große Rolle und bewirkt eine Dopaminausschüttung. Neben Faktoren wie Schokolade, nette Worte oder ein aufmunternder Blick kann auch individuell angenehme Musik das Belohnungssystem aktivieren und damit positiv „auf das Wohlbefinden und die Leistungsfähigkeit“ (Spitzer 2009[6], 189) des Menschen wirken. Generell lässt sich also sagen, dass das Belohnungssystem „erfahrungsabhängigen Veränderungen (unterliegt)“ (a. a. O., 192).

Bauer (2011[5], 31) zufolge besteht „die zentrale Funktion von Dopamin […] darin, den Antrieb und die Energie dafür zu erzeugen, dass sich Lebewesen auf ein Ziel zubewegen.“ Des Weiteren sorgt Dopamin „für Konzentration und mentale Energie, die wir zum Handeln benötigen“ (a. a. O., 63).

Lernen, so Spitzer (2009[6], 181), findet immer nur dann statt, „wenn positive Erfahrungen gemacht werden“ oder wenn „relevante, interessante und vor allem informationstragende Stimuli“ (a. a. O., 191 f) aufgesucht werden. Nur dann tritt das Dopaminsystem als Belohnungssystem in Kraft. Und nur dann bewirkt Lernen „langfristig die Änderung kortikaler Repräsentationen“ (a. a. O., 183) in den entsprechenden Arealen (vgl. a. a. O., 183 f).

Dopaminmangel scheint Auswirkungen zu haben hinsichtlich der Schizophrenie und der Parkinsonerkrankung (vgl. a. a. O., 195; vgl. Bauer 2011[5], 31; Spitzer 2003, 90). Andererseits kann es aufgrund des Mangels und einer daraus resultierenden Lustlosigkeit, gedrückter Stimmung und sozialem Rückzug zu einer eingeschränkten Lernfähigkeit kommen (vgl. Spitzer 2009[6], 181). Ein Dopaminüberschuss dagegen kann dazu führen, dass eher belanglosen Dingen eine übermäßige Bedeutung zuerkannt wird. Außerdem kommt es zu einem Bewegungsüberschuss (vgl. a. a. O., 195). Somit können also sowohl ein Mangel als auch ein Überschuss an Dopamin „krankhafte(n) seelische(n) Zustände" (a. a. O., 182) hervorrufen (vgl. a. a. O., 196 ff; Gielas 2013, 26). Verschwiegen werden soll auch nicht, dass das Dopaminsystem „erfahrungsabhängigen Veränderungen" (Spitzer 2009[6], 192) unterliegt.

Doch zurück zur Motivation. Nach Bauer (2011[5], 71 ff) gibt es letztlich drei Kriterien, die den Menschen letztlich als Beziehungswesen kennzeichnen:

- Das Motivationssytem des Menschen ist „auf Kooperation und Zuwendung ausgerichtet" (a. a. O., 71). Fehlen dieses vermindert es seine Aktivität bis hin zur völligen Einstellung.
- Negative Beziehungen führen zu einer zunehmenden Aktivierung des biologischen Stresssystems.
- Besonderes Kennzeichen menschlicher zum Teil aber auch tierischer Beziehungsfähigkeit bildet das System der noch zu besprechenden Spiegelneuronen (vgl. Kap. 3.7).

„Anerkennung, Zugewandtheit und Vertrauen (sind) der *neurobiologische* Treibstoff der Motivationssyteme" (Spitze 2009[6], 192) und die Quelle dieses Treibstoffs ist die zwischenmenschliche Beziehung. Als die wichtigsten Komponenten einer gelingenden Beziehung nennt er (a. a. O. 192 ff, 216):

1. Sehen und Gesehenwerden
2. Gemeinsame Aufmerksamkeit, Anteilnahme
3. Emotionale Resonanz
4. Gemeinsames Handeln
5. Wechselseitiges Verstehen von Motiven und Absichten, Komplementarität.

Das Motivationssystem ist ein sich selbst belohnendes System. Die zentrale Frage, nicht zuletzt bezogen auf Lernprozesse, heißt also nicht „Wie kann ich jemanden motivieren? Es stellt sich vielmehr die Frage, warum viele Menschen so häufig *demotiviert* sind“ (a. a. O., 193). Die Antwort, die Spitzer darauf gibt, bezieht sich auf unseren gesellschaftlichen Umgang mit Belohnung, die vielleicht als Ansporn wirken soll, häufiger jedoch zu einer Form der Demotivation führt. Was nun die Lernprozesse betrifft, so steht eben nicht erst seit Hattie fest, dass der zentrale Belohnungsfaktor der von seinen Inhalten begeisterte und begeistert unterrichtende Lehrer ist, dem es gelingt, dass seine eigene Begeisterung auf den Schüler überspringt (vgl. a. a. O., 411 ff; Egle 2013, 62 ff). Nicht die im Unterricht benutzten technischen Medien sind es, die Begeisterung auslösen, „sondern ein vom Fach begeisterter Lehrer, der gelegentlich lobt und vielleicht auch mal einen netten Blick für die Schüler übrig hat“ (Spitzer 2009[6], 194), der seine Schüler schätzt und umgekehrt. Er ist es, der das Motivations- und Belohnungssystem seiner Schüler „auf Trapp (bringt)“ (ebd.). Für die Ausbildung der Lehrer folgt daraus, dass das Fach, nicht aber Vermittlungstricks im Mittelpunkt zu stehen haben. „Ein Lehrer muss in der Lage sein, über Sachverhalte seines Fachs interessante Geschichten zu erzählen“ (ebd.; vgl. a. a. O., 414 ff).

In seinem Nachdenken über die „Faktoren, die beim Lehren und Lernen eine wichtige Rolle spielen“ (Roth 2004, 500) kommt Roth auf die Bedeutung der Motivation zu sprechen. Entscheidend ist demnach:

1. „die Motiviertheit und Glaubwürdigkeit des Lehrenden,
2. die individuellen kognitiven und emotionalen Lernvoraussetzungen der Schüler,
3. die allgemeine Motiviertheit und Lernbereitschaft der Schüler,
4. die spezielle Motiviertheit der Schüler für einen bestimmten Stoff, Vorwissen und der aktuelle emotionale Zustand,
5. der spezifische Lehr- und Lernkontext“ (ebd.).

Was für diese Faktoren kennzeichnend ist, dass es sich zum großen Teil um unbewusst ablaufende Prozesse handelt und über die man, dadurch bedingt, keine willentlichen Einfluss auf den Lernerfolg ausüben kann. Der Einfluss des Lehrers auf den Schüler geht aber „nur über die Beeinflussung der *Rahmenbedingungen* des Lehren und Lernens“ (a. a. O., 501).

## 3.7 Spiegelneurone

Einen weiteren Punkt bilden die erst Anfang der 1990er Jahre in Parma in Italien bei Untersuchungen mit Affen (Makaken) zufällig entdeckten und damals (1992) noch nicht einmal so genannten Spiegel-Nervenzellen oder Spiegelneurone (vgl. di Pellegrino et al. 1992; Gallese et al. 1996; Rizzolatti/Sinigaglia 2012[4], 91; Hickok 2015, 22), die auch zur neurobiologischen Grundausstattung des Menschen gehören (vgl. Baer 2005c; 2006; Bauer 2006[2]; 2007[6], 2009[2]a, b; 2011[5], 72 f; 2013, 13 f; 2015, 103 ff; Binkofski 2007; Gruhn 2008[3], 198; Gruhn/Rauscher 2008[2], 270 f; Schlaug/Bangert 2008[2], 112 f; Fadiga et al. 2009, 450 f; Iacoboni 2009, 16 ff, 20 ff; Levitin 2009a, 345 ff; Rizzolatti/Sinigaglia 2012[4], 122 ff; Zimpel 2012[2], 66 f; Parianen 2017, 31 ff; Witte 2017), sich aber von denen bei Affen, bei denen man sie zuerst entdeckte, unterscheiden (vgl. Rizzolatti/Sinigaglia 2012[4], 124 f, 130 Hickok 2015). Sie befinden sich in all den Gehirnzentren (vgl. Rizzolatti/Sinigaglia 2012[4], 126 f), die das Erleben und das Verhalten eines Menschen in mannigfaltiger Weise mit steuern (vgl. Bauer 2009[2]a, 52; Rizzolatti/Sinigaglia 2012[4], 122 ff, 144 ff, 174 ff). Ein besonderer Verdienst der Spiegelneurone liegt darin, dass sie nicht nur „den Grundstein für die biologische Erforschung des Mitgefühls (legten)“ (Witte 2017, 75), sondern „erstmals Hirnforschung und Sozialforschung miteinander (verknüpften)“ (ebd.).

Mittlerweile ist davon auszugehen, dass Spiegelneuronen nicht nur beim Menschen anzutreffen sind, sondern bei vielen, wenn nicht sogar allen höher entwickelten Säugetieren, denen damit die Fähigkeit, sich in ihre Artgenossen hineinzuversetzen, zugesprochen wird (vgl. a. a. O., 75 f).

Der Begriff Spiegelneurone tauchte erstmals in der Veröffentlichung von 1996 auf (vgl. Gallese et al. 1996). Die Tatsache der Existenz und der Bedeutung von Spiegelneuronen beim Menschen wurde seit 1999 „frenetisch vorangetrieben“ (Hickok 2015, 29, 34) und mit immer mehr Bedeutung u. a. für das Verständnis von Handlungen, die Sprach- und Sprechentwicklung und für die verschiedensten Leiden und Krankheiten und anderen Zusammenhängen versehen (vgl. a. a. O., 38 f, 289 ff).

Anzumerken bleibt noch, dass die Beziehungen zwischen Spiegelneuronen und Musik sind bisher nicht eindeutig geklärt sind. Es liegen zwar viele Vermutungen (vgl. Levitin 2009a, 346 f) und einige Untersuchungen vor (vgl. Chen et al. 2009, 28 f), jedoch wenig Beweise (vgl. Schlaug/Bangert 2008[2], 113).

Die Frage nach dem *Warum* des Bedeutungszuwachses dieser Theorie beantwortet Hickok (2015, 290) in drei Punkten, auf die ich hier aber nicht näher eingehen will. Wichtig ist erst einmal, dass es sich um eine einfache Theorie handelt und dass sich mit ihr komplexe Probleme anscheinend schnell lösen lassen.

Was genau sind nun Spiegelneurone? Genau genommen handelt sich bei Spiegelneuronen um „Nervenzellen des Gehirns, die im eigenen Körper einen bestimmten Vorgang, zum Beispiel eine Handlung oder eine Empfindung, steuern können, zugleich aber auch dann aktiv werden, wenn der gleiche Vorgang bei einer anderen Person nur *beobachtet* wird. [...] Ihre Resonanz setzt spontan, unwillkürlich und ohne Nachdenken ein“ (Bauer 2007[6], 55; vgl. a. a. O., 23; Breuer 2002, 70 in Baer 2005d, 11; Hickok 2015, 42; Parianen 2017, 31). Resonanz meint hier, dass

> „etwas [...] zum Schwingen oder Erklingen gebracht (wird). Die Fähigkeit des Menschen zu emotionalen Verständnis und Empathie beruht darauf, dass sozial verbindende Vorstellungen nicht nur untereinander ausgetauscht, sondern im Gehirn des jeweiligen Empfängers auch aktivieret und spürbar werden können. [...] Das System der Spiegelneurone (ist) das neurobiologische Format, das diese Austausch- und Resonanzvorgänge möglich macht“ (Bauer 2007[6], 17; vgl. 2009[2]a, 51; Baer 2005d, 11).

An anderer Stelle spricht Bauer davon, dass „das System der Spiegelneurone [...] uns die neurobiologische Basis für das gegenseitige emotionale Verstehen zur Verfügung (stellt)“ (Bauer 2006[6], 50 f; vgl. a. a. O., 152). Spiegelneurone stellen eine biologische Voraussetzung, eine Basis dar, allerdings müssen sie durch entsprechende Informationen, durch vorausgegangene individuelle Erfahrungen codiert werden (vgl. Boeing/Winzer 2015/16, 45).

Spiegelneurone sind, hier aber schon auf die Menschen bezogen, allgemein gesprochen „das neuronale Format für einen überindividuellen, intuitiv verfügbaren, gemeinsamen Verständigungsraum“ (Bauer 2007[6], 106; vgl. 2006[6], 86 Rizzolatti/Sinigaglia 2012[4], 15). Sie sind „ein neurobiologisches Korrelat, welches uns vieles von dem besser verstehen lässt, was wir als ‚zwischenmenschliche Beziehung' bezeichnen“ (Bauer 2009[2]a, 50; vgl. Iacoboni 2009, 12; Bauer 2013, 13).

> „Spiegelneuronen liefern zweifellos zum ersten Mal in der Geschichte eine plausible neurophysiologische Erklärung für komplexe Formen der soziale Wahrnehmung und Interaktion. Indem sie uns die Handlungen anderer Menschen erfassen lassen, helfen Spiegelneuronen uns auch, die tieferen Beweggründe hinter diesen Handlungen, die Absichten andere Personen zu ergründen“ (Iacoboni 2009, 13 f).

Sie stellen einen gemeinsamen „sozialen Resonanzraum“ (ebd.) bereit. „Spiegel-Nervenzellen sind ein neurobiologisches Resonanzsystem“ (Bauer 2009[2]b, 112; 2015, 103; vgl. Gruhn 2008[3], 198). Sie „lassen uns fühlen, was andere fühlen, und verstehen, was andere tun“ (Bauer 2015, 103) allerdings nur dann, wenn sich die Menschen, auf die man reagiert, im eigenen Wahrnehmungshorizont befinden (vgl. ebd.).

Nur dort, wo soziale Resonanz zugelassen wird, „können uns Spiegelungsvorgänge Informationen liefern, die wir brauchen, um die Abläufe der äußeren Welt, insbesondere die Verhaltensweisen der Menschen in unserer Umgebung, innerhalb einer gewissen Bandbreite einschätzen zu können“ (Bauer 2007[6], 112; vgl. Rosa 2013). Somit stellt das System der Spiegelneurone auch ein soziales Orientierungssystem dar.

Andersherum gesehen führt ein „absichtsvolle(r) andauernde(r) Entzug der spiegelnden Wahrnehmung und der systematische Ausschluss aus dem Raum der sozialen Zugehörigkeit“ (a. a. O., 115) zu Krankheit (vgl. Bauer 2013) oder gar zu biologischen Vernichtung.

Wie wir letztlich mit alledem umgehen, ob wir das, was wir als Resonanz erfahren „als Vorstellungen in der Schwebe halten oder in uns selbst realisieren“ (Bauer 2007[6], 164), ist eine Frage der Entwicklung unserer eigenen Handlungs- und Interaktionserfahrungen. „Die zurückgespiegelten Resonanzen, die das Kind von seinen Bezugspersonen erlebt, sind das ‚Trainingsprogramm’ für die Spiegelsysteme des Kindes“ (Bauer 2009[2]a, 55) und leisten letztlich einen „Beitrag zur Selbst- und Identitätsbildung des Kindes“ (ebd.).

Wichtig zu wissen ist, dass Informationen, die wir über die Spiegelneuronen z. B. über andere erfahren, unmittelbar und sofort zur Verfügung stehen, „ohne dass unser Bewusstsein aufwendige gedankliche Analysen, Konstruktionen oder Rechenoperationen durchführen müsste“ (Bauer 2007[6], 147). So entwickelt sich ein erstes spontanes, intuitives Verstehen, das erst einmal schnelle zwischenmenschliche Abstimmungsprozesse ermöglicht, die aber zunehmend durch rationale Bezüge ergänzt werden sollten, denn die Muster, auf deren Basis sich die Intuition bildet, sind Niederschläge bisheriger Erfahrungen, die das Neue noch nicht miteinschließen.

Neurobiologische Resonanzphänomene sind, nach Bauer (2006[6], 172), „von überragender biologischer Bedeutung.“ Sie sind die Grundlage dafür, dass Menschen, als Individuen einer Art, sich untereinander verstehen, „sich als einander zugehörig erkennen und ihr Verhalten auf vielfältige Weise intuitiv aufeinander abstimmen können" (ebd.; vgl. Baer 2005d, 11), aber auch ihre Wissensbestände an nachkommende Generationen weitergeben können.

Für den Menschen als soziales Wesen stellen die Spiegelneurone eine Art soziales, überindividuelles neurobiologisches Format dar, „sie sind das gemeinsame Vielfache, in dem sich jeder Einzelne, aber auch die Gemeinschaft wiederfindet" (Bauer 2006$^{6}$, 159). Es handelt sich um ein System, „durch das ein *gemeinsamer zwischenmenschlicher Bedeutungsraum* erzeugt wird" (ebd.). Gleichzeitig bildet dieses System die intuitive Basis für ein gemeinsames Leben und Handeln in der Welt, „eine Basis dessen [...], was wir (Ur-)Vertrauen nennen" (a. a. O., 167). Hier wird schon deutlich, dass die Erkenntnisse, die durch die Entdeckung der Spiegelneurone gewonnen wurden, letztlich über die Neurobiologie hinausgehen.

Um jedoch Resonanz und Empathie in allen Varianten selbst auszubilden, bedarf es beim Kind „eigener, persönlich erlebter Erfahrungen von Mitgefühl" (a. a. O., 71), die sich in erster Linie im Spiel entwickeln. Interessant ist, dass Bauer in den „unterschiedlichen Formen des kulturellen Austausches" (a. a. O., 72) eine Fortführung des Spiels im Leben der Erwachsenen sieht. Eine Sichtweise, die auch schon von Freud vertreten wurde (vgl. Kowal-Summek 2006; Kap. 3.3).

Alle Menschen leben „in einem gemeinsamen, zwischenmenschlichen Bedeutungsraum, der es uns ermöglicht, die Gefühle, Handlungen und Absichten anderer intuitiv zu verstehen" (Bauer 2007$^{6}$, 15; vgl. Hüther 2015a, 106). Dieses Vermögen des Menschen, intuitiv Vorstellungen, Gedanken über die Gefühle, aber auch die Handlungen und Handlungsabsichten anderer Menschen zu gewinnen und diese zu verstehen, bezeichnet man „als die Fähigkeit zur ‚Theory of Mind'" (ToM) (Bauer 2007$^{6}$, 16; vgl. Seifert/Kim 2006, 1063 f; Bauer 2009$^{2}$a, 55; Binkofski 2007; Förstl 2007; Aamodt/Wang 2012, 207; Parianen 2017, 86 ff, 119 ff). Die „neuronale Hardware dieses Bedeutungsraumes (ist) das System der Spiegelneurone" (Bauer 2007$^{6}$, 15 f), oder anders ausgedrückt: Ohne die Spiegel-Neuronen gäbe es keine ToM (vgl. Bauer 2009$^{2}$a, 55).

Bei der ToM handelt es sich um eine Fähigkeit, die sich im Laufe der Entwicklung herausbildet. Ihre Anfänge reichen in der Individualentwicklung, besonders der des Kortex, zurück bis ins das Alter von drei Monaten (vgl. Aamodt/Wang 2012, 207 ff).

Für die Entwicklung des Menschen gilt, dass die Tatsache, Spiegelneuronen zu haben „zu den wichtigsten Utensilien im Gepäck für die Reise durch das Leben (gehört)“ (Bauer $2009^{2}$a, 57). D. h. sie gehören, wie schon oben gesagt, mit zur genetischen Grundausstattung eines jeden Menschen und verleihen z. B. dem Säugling die Fähigkeit, „bereits wenige Tage nach der Geburt mit seinen wichtigsten Bezugspersonen erste Spiegelaktionen vorzunehmen“ (ebd.), sofern ihm die Chance dazu gegeben wird.

Entwicklungsmäßig betrachtet sind Spiegelneurone als „die ‚Eintrittskarte‘ des Kindes in die Welt“ (Bauer $2006^{2}$, 45). Diese Fähigkeit, das Herausbilden einer ToM, die sich sowohl auf visuelle, akustische und motorische und später auch sprachliche Aktivitäten bezieht (vgl. Baer 2005d, 12), führt zu den ersten zwischenmenschlichen Bindungen. Die besten Mitspieler in diesem Prozess sind die Eltern, denn sie sind „auf Grund des Geburtserlebnisses von Natur aus mit einer Substanz gedopt [...], die ihre Bindungsfähigkeit erhöht: Oxytocin“ (Bauer $2006^{6}$, 59). Im Kind entstehen so sogenannte Resonanzmuster oder auch innere Repräsentationen der ihm nahestehenden Menschen. Wesentlich ist, dass am Entstehen dieser Repräsentationen, normalerweise in der rechten Hirnhälfte, verschiedene Nervenzellnetze beteiligt sind, aus denen sich letztlich das Bild, das wir uns von uns selbst und von anderen Personen machen, zusammensetzt (vgl. a. a. O., 88). Die linke Hirnhälfte wird erst dann aktiv, wenn das eigene Selbst als Akteur in Erscheinung tritt.

Auf Grund der Spiegelneurone hat der Säugling die Möglichkeit, mit seiner Umwelt emotional in Kontakt zu treten, sich auszutauschen und ein erstes Gefühl sozialen Sich-Verstehens, von Bindung anzubahnen, was zum verstärkten Ausstoß körpereigener Opioide führt. „Frühe Spiegelungen führen also nicht nur zu seelischem, sondern auch zu körperlichem Glück“ (a. a. O., 62). Weiter heißt es: „Das frühe Spiel mit spiegelnden Imitationen schafft die Grundlage dessen, was Daniel Goleman als emotionale Intelligenz beschrieben hat“ (a. a. O., 62 f; vgl. a. a. O., 125 ff). Mit zunehmender Entwicklung des Kindes, mit einer Erweiterung des sozialen Radius entwickelt sich auch das Spiegelsystem. Das kindliche Spiel wird nun zu einem weiteren Übungsplatz. Doch auch hier bedarf es der Hilfe der Bezugspersonen. Nach Bauer (a. a. O., 66) ist diese aus neurobiologischer Sicht sogar unerlässlich, weil sich die Systeme nur dann einspiegeln können, „wenn sie von *lebenden Vorbildern*, von *biologischen Akteuren* kommen.“ Nur so gewinnt der Säugling letztlich Sicherheit und Orientierung. „Die Entfaltung der neurobiologischen Grundausstattung des Menschen ist nur im Rahmen von zwischenmenschlichen Beziehungen möglich, Beziehungen, die aus dem persönlichen sozialen Umfeld an das Kind herangetragen werden“ (Bauer 2006[6], 118). Wichtig ist, dass die Eltern, als wichtigste Partner des Kindes, das Verhalten nicht eins zu eins reflektieren, sondern es immer wieder erweitern, was als „Markierung bezeichnet wird“ (a. a. O., 61).

An anderer Stelle geht er sogar noch weiter – meiner Meinung nach zu weit – und behauptet, dass der Säugling in den ersten zwei Jahren „eine individuelle, ganz auf ihn persönlich abgestimmte Zuwendung“ (a. a. O., 46) braucht, die nicht durch Krippe und Kindergarten ersetzt werden kann.

Werden die Spiegelneurone aber nicht genutzt, tritt im schlimmsten Fall die Grundregel unseres Gehirns in Kraft, wonach Zellen, die nicht gebraucht werden, verloren gehen. Auch wenn es nicht soweit geht, ist doch u. U. „mit der Folge von erheblichen Defiziten bei der Ausbildung eines intakten Selbstgefühls, bei der Fähigkeit, Beziehungen einzugehen, und beim Erwerb von Kompetenzen“ (a. a. O., 119) zu rechnen.

Ein ‚Zu wenig' an Spiegelneuronen führt bei den davon betroffenen Menschen zu einem Defizit an Einfühlung in Andere und einem Mangel an intuitiver Wahrnehmung. Die bezieht sich nicht nur auf den Anderen, sondern betrifft auch den Umgang mit der eigenen Emotionalität (vgl. Bauer 2009[2]a, 55 f). Spiegelneurone funktionieren nur dann, „wenn Menschen in der Prägungsphase ihres Lebens hinreichend gute Beziehungserfahrungen machen konnten und wenn spätere Traumatisierungen nicht zu einer psychischen und neurobiologischen Beschädigung dieser Systeme geführt haben (Bauer 2011[5], 73).

Mittlerweile ist klar, dass sich negative und positive Gefühlserfahrungen auch beim Menschen langfristig auf die Entwicklung des Gehirns, auf seine Gefühlswelt und auch auf sein Lernverhalten, auf das ich mich hier konzentrieren will, auswirken können. „Alles schulische Lehren und Lernen […} ist eingebettet in die anstrengende Arbeit der Beziehungsgestaltung“ (Bauer 2009[2]b, 109). Für den Fall der Spiegelneurone gilt, dass sie „von überragender Bedeutung für alle Lernvorgänge (sind)“ (Bauer 2006[6], 122). Nach Bauer (ebd.) sind sie „das entscheidende Bindeglied zwischen der Beobachtung eines Vorgangs einerseits und dessen eigenständige Ausführung andererseits.“ Sie sind „die entscheidende neuronale Basis für das seit langem bekannte und ausgiebig erforschte ‚Lernen am Modell'“ (ebd.; vgl. Bauer 2006[2], 47 ff; Flohr/Trevarthen 2008[2], 68), wobei aus neurologischer Sicht der zwischenmenschlichen Komponente, der Gestaltung einer tragfähigen Arbeitsbeziehung und letztlich einem handelnden und fühlenden Ausprobieren des Gelernten entscheidende Bedeutung zukommen.

Die eben getroffenen Aussagen stehen im krassen Widerspruch zu denen von Gruhn (2008[3], 199), wonach „im Bereich der Pädagogik und des Lernens [...] die Bedeutung der Spiegelneuronen bis heute nicht eindeutig zu bestimmen (ist)." Will man diese Aussage Gruhns als Kritik an der Bedeutung der Spiegelneurone werten, so steht er mittlerweile damit nicht mehr alleine dar (vgl. Hickok 2009; 2015). Einer der wesentlichen Kritikpunkte befasst sich damit, ob es überhaupt legitim ist, die Untersuchungsergebnisse, die mit Affen gemacht wurden, eins zu eins auf den Menschen zu übertragen (vgl. Hickok 2015, 43, 60). Hier gibt es massive Zweifel hinsichtlich der Handlungsbeobachtung und der Handlungssteuerung aber auch hinsichtlich der Interpretation von Forschungsergebnissen allgemein (vgl. a. a. O., 52, 289 ff). Ohne darauf im Weiteren einzugehen, sei hier lediglich angemerkt, dass nach Hickok (2009; 2015, 60 ff) sich die Zweifel, die er insgesamt auflistet, auf mindestens acht Felder oder Anomalien beziehen (vgl. Parianen 2017, 39 ff).

Und noch eins: „Empathie bildet das Fundament für Gutes – kann aber auch unsere dunkle Seite fördern. Denn nur wer in der Lage ist, sich in andere hineinzuversetzen, kann sein gegenüber manipulieren, belügen, betrügen" (Witte 2017, 78). Wie so vieles, hat eben auch Empathie zwei Seiten.

## 3.8 Hirnentwicklung und Stress

Eine weitere besondere Rolle in diesem Zusammenhang, aber nicht nur in diesem, kommt dem Umgang mit Stress zu, einem Begriff, der von Selye „in seiner heutigen Bedeutung erst in den 1950er Jahren in die Wissenschaft" (Retzbach 2017a, 18) eingeführt wurde. Dabei handelt es sich bei Stress nicht um einen objektiven Zustand, sondern er ist zum einen bedingt „durch das subjektive Erleben" (Spitzer 2010, 211; 2014, 34; Bauer 2013, 35 ff; Willmann 2016a, 118 f) und zum anderen dadurch, „wie wir über Stress denken und mit ihm umgehen" (Retzbach 2017a, 20). Vielleicht ist das auch der Grund dafür, dass es für den Begriff „keine klare, allseits akzeptierte Definition (gibt)" (Glomp 2015, 19).

Der Begriff, der „ursprünglich aus der Ingenieurswissenschaft (kommt) [...] und Druck auf ein Material (bezeichnet)" (Ladwig/Oswalt 2016, 4), meint heute

„alles, was Menschen in unterschiedlichen Situationen so bezeichnen" (McGonigal 2015 in Glomp 2015, 19). So gesehen ist Stress erst einmal weder positiv noch negativ. Im Prinzip geht es also um den Umgang mit Belastungen und deren Bedeutung für den Einzelnen. Eine wesentliche Rolle spielt dabei, welche Verhaltensspielräume der Einzelne für sich für möglich hält (vgl. Willmann 2016a, 131). Es handelt sich in jedem Fall um „eine akute Notfallreaktion des Körpers, die mit dem Ausschütten von Hormonen der Nebennierenrinde [...] und des Nebennierenmarks [...] einhergeht" (Spitzer 2014, 33; vgl. Roth 2011[4], 51).

Die im Körper ablaufenden Prozesse, die lange Zeit durchaus unbemerkt verlaufen und somit der menschlichen Wahrnehmung erst einmal nicht zugänglich sind, aber dennoch biologische Reaktionen in Gang setzen (vgl. Bauer 2013, 15), führen ab einem gewissen Grad zu einer situationsbezogenen erhöhten Aufmerksamkeit (vgl. Willmann 2016a, 50). Stress an sich ist also erst einmal nicht schlecht. Stress kann uns anspornen, kann eine Reaktion auf eine Herausforderung darstellen (vgl. Linneweh 2002, 12; Glomp 2015, 23, Willmann 2016b), „ist die biologische Möglichkeit, Leistung und Effizienz zu steigern" (Willmann 2016a, 87), auch die des Körpers (vgl. Willmann 2016b, 31). Letztlich kommt es aber wie so oft auf die Dosis an (vgl. Friebe 2016; Willmann 2016a, 35) und darauf, wie das Individuum den Stress „subjektiv bewertet und wie es mit ihm umgeht" (Willmann 2016b, 31 f), d. h. wie es ihn kontrollieren kann. Ein weiterer wichtiger Faktor ist die Zeit, d. h. wie lange dauert der Stress bzw. die Stresssituation. Kurzzeitiger Stress kann durchaus motivieren, während langanhaltender Stress auf Dauer dann eben doch krankmacht (vgl. Folta 2010, 41) und das Immunsystem nachhaltig schädigt (vgl. Pfau/Russo 2014, 70 ff).

Stress lässt sich unterscheiden in ungesunden (Distress) und gesunden oder positiven Stress (Eustress) (vgl. Willmann 2016a, 37, 127, 245 ff; Wolf 2017b). Auch wenn Willmann (2016a, 127) festhält, dass sich die Unterscheidung „nicht immer trennscharf bewerkstelligen (lässt)." Deutlich wird aber, dass ein gewisses Maß an Stress z. B. das Lernverhalten auch positiv beeinflussen kann (vgl. a. a. O. 144 ff).

Auch wenn oben schon gesagt wurde, dass es keine einheitliche bzw. sich stetig wandelnde Definition von Stress gibt, würde ich doch der von Willmann (a. a. O., 7) folgen wollen: „Stress ist das, was Stresssysteme aktiviert." Stresssysteme werden aktiviert durch die Wahrnehmung einer Bedrohungs- bzw. durch eine Belastungssituation. Eine solche Situation, kennzeichnet sich dadurch, dass eine

Individuum für sich „keinerlei Möglichkeit sieht, sie durch eigens Handeln zu beseitigen, an denen es mit all seinen bisher erworbenen Strategien und Reaktionen scheitert“ (Linneweh 2002, 27). In einem solchen Fall kann es zu einer unkontrollierten Stressreaktion kommen. Ursache von Stress ist „das Fehlen von Kontrolle“ (Willmann 2016a, 73). Stress ist dabei erst einmal eine kurzfristige Erregung, bei der zusätzliche Energie freigesetzt wird. Diese betrifft vor allem die Atmung, das Herz-Kreislauf-System und die Muskulatur (vgl. a. a. O., 25, 88). Doch genauer betrachtet, sind die Reaktionen ganzkörperlich (vgl. a. a. O., 87 ff). Körperliche Reaktionen auf Stress sind für Linneweh (2002, 27) ein „Frühwarnsystem, auf das wir unbedingt hören sollten.“ Bedrohlich wird das Ganze erst dann, wenn es länger anhält bzw. „ununterbrochen gegenwärtig ist“ (Willmann 2016a, 25) und die Gefahr besteht, dass der Stress chronisch wird. Trotz alledem bleiben Stressreaktionen individuell und sind nicht zuletzt eine Frage der individuellen Resilienz und der zur Verfügung stehenden Ressourcen (vgl. Linneweh 2002, 43, 88 ff; Willmann 2016a, 92). Denn es sind gerade die subjektiven „Empfindungen, Gefühle und Gedanken, die Situationen, denen wir uns nicht ohne weiteres gewachsen fühlen, unser Erleben und Verhalten bestimmen“ (Linneweh 2002, 28; vgl. a. a. O., 28 ff; Zeug 2017). Nach neueren Untersuchungen scheint es zudem so zu sein, dass sich aus überstandenen Krisen Resilienz (s. u.) aufbaut (vgl. Zeug 2017, 23 f). Dabei lohnt sich ein Nachdenken um das, was einem selbst guttut, was einem Freude macht oder vor Zeiten gemacht hat.

Heinemann (2015, 26) unterscheidet zwischen aktivem und passivem Stress. Passiver Stress besteht dann, „wenn ich nicht dazu komme, meine eigentlichen Aufgaben zu erledigen. Aktiver Stress ist, wenn ich endlich loslege und Dinge bearbeiten, erledigen und vorantreiben kann“ (ebd.). Bei passivem Stress fehlt das Gefühl von Sinnhaftigkeit. (vgl. a. a. O., 27). Bei aktivem Stress dagegen „erlebe ich ein Gefühl von Selbstwirksamkeit“ (ebd.).

Doch wie schon der Begriff Distress nahelegt, hat Stress durchaus seine negativen Seiten (s. o.) und um deren Wirkung soll es hier gehen. Untersuchungen von Arnsten (1996 in Mischel 2015, 69) konnten zeigen, dass „schon ein relativ milder, akuter, aber unkontrollierter Stress einen raschen und dramatischen Verlust der präfrontalen kognitiven Fähigkeiten bewirken kann“ (vgl. Willmann 2016a, 92 ff). Je länger die Stresssituation andauert, „desto dauerhafter ist die Schädigung“ (Mischel 2015, 69; vgl. Wolf 2017b, 16). Zentrales Areal in der Verarbeitung von Stress aber ist das limbische System (vgl. Abb. 6). Auch wenn hier bestimmte

Hirnareale besonders hervorgehoben werden, so ist letztlich doch klar, dass bei akutem Stress mehrere, ein Netzwerk von Arealen zusammenwirkt (vgl. Willmann 2016a, 136; Wolf 2017b, 15 f).

Schon seit längerem weiß man auch, dass sich Stress negativ auf die Gedächtnisleistung und damit auch auf Lernprozesse auswirkt und Lernen, wenn nicht gar verhindert, so doch erschwert. „Stress hilft […] dem Hirn – aber nur bis zu einem gewissen Punkt" (Willmann 2016a, 114). Wird dieser Punkt aber überschritten, setzt eine Denkblockade ein. Nur in Situationen unbekümmerten, spielerisch akzentuierten freien Zusammenspiels der Gedanken lässt sich Neues entwickeln, lassen sich neue Gedanken formen, lässt sich Gelerntes mit bereits Gelernten verbinden (vgl. Hüther 2015a, 65 ff). Bauer (2013, 13) sieht hier einen großen Zusammenhang nicht nur zum Bindungsverhalten (vgl. Kap. 2), sondern ganz allgemein zur Qualität zwischenmenschlicher Kommunikation. Gute zwischenmenschliche Beziehungen werden demnach auch im Gehirn abgebildet und gespeichert und stellen zudem „die am besten wirksame und völlig nebenwirkungsfreie ‚Droge' gegen seelischen und körperlichen Stress dar" (ebd.; vgl. a. a. O., 24 ff).

Generell lässt sich sagen, dass sich andauernder und zudem überhöhter Stress, dem wir uns machtlos ausgeliefert fühlen (vgl. Spitzer 2014, 3), der auf Dauer subjektiv gesehen nicht mehr kontrollierbar ist (vgl. a. a. O., 34), negativ auf die Gesamtentwicklung des Menschen und besonders negativ auf seine Gesundheit auswirkt (vgl. Linneweh 2002; Roth 2011[4], 52; Bauer 2013, 16 ff; Willmann 2016a, 117 ff, 121 ff). Des Weiteren lässt sich aber auch festhalten, dass Stress sowohl genetisch als auch umweltbedingt ist (vgl. Aamodt/Wang 2012, 281) und sich somit individuell zu betrachtende unterschiedliche Auswirkungen zeigen. Allerdings konnte in Untersuchungen Ende der 1990er Jahre schon gezeigt werden, dass Menschen in der Lage sind, Stress dadurch zu beeinflussen, indem sie aufgrund der eigenen Erfahrungen ihre Beziehung zur Umwelt neu definieren (vgl. Willmann 2016a, 131 f).

Stress, eine körperliche Empfindung, die je nach Literatur 1914 (vgl. Linneweh 2002, 22) bzw. 1936 (vgl. Berndt 2014[10], 15; Ladwig/Oswalt 2016, 4) ihren Namen bekam (s. O.), ist, wie schon gesagt, an sich erst einmal nicht negativ zu sehen. Er ist dafür da, dass wir in einer belastenden Situation zugig handeln. Entscheidend ist nur, dass die damit verbundenen körperlichen Reaktionen nachlassen sollten, sobald der Stress vorbei ist. Stressempfinden ist zum einen situationsbezogen, zum andern spätestens von Kindertagen an erlernt, wenn nicht sogar schon vorgeburtlich angelegt (vgl. Wolf 2009; Roth 2011[4], 53). Prinzipiell lässt sich sagen, dass sich Menschen hinsichtlich ihrer Stress-Resilienz individuell unterscheiden.

Bezogen auf die kindliche Entwicklung lässt sich mit Sicherheit sagen bzw. ist bereits wissenschaftlich erwiesen, dass das Stressverhalten der engsten Bezugspersonen bereits schon vorgeburtliche Auswirkungen nicht nur auf das spätere Verhalten des Kindes hat bzw. haben kann, sondern sich negativ sowohl auf die Hirnentwicklung (vgl. Donner 2017) und die geistige Leistungsfähigkeit (vgl. Folta 2010, 41) als auch auf die Persönlichkeitsentwicklung (vgl. Roth 2015) auswirken, während z. B. nachgeburtlich durch Stress die Entwicklung anderer Neurotransmittersysteme gehemmt werden kann (vgl. Bauer 2006[6], 107; Aamodt/ Wang 2012, 278; Willmann 2016a, 132 ff). Besonders die nachgeburtlich gemachten emotionalen Erfahrungen schreiben sich sozusagen in das Gehirn des Kindes ein. Mittlerweile geht man davon aus, dass fetaler Stress zu Genveränderungen führen kann, „Nervenzellen degenerieren, ja sogar abgetötet werden" (Elbert in Wolf 2009, 14). Des Weiteren gilt es als erwiesen, dass Stress den Menschen vorzeitig altern lässt (vgl. Wolf 2009, 15; Entringer 2012). Fairerweise muss man aber auch sagen, dass die Forschungen zum Stressverhalten Schwangerer nicht eindeutig sind. Nicht jede gestresste werdende Mutter hat hinterher aber auch gestresste Kinder. „Es gibt nur eine Tendenz, nicht mehr oder weniger" (Entringer in Donner 2017, 75).

Der Umgang mit Stress „ist tatsächlich ein Kernpunkt unserer psychischen Gesundheit" (Gerhardt 2006, 71; vgl. Spitzer 2014, 26; Willmann 2016a, 125 ff), ist „eindeutig ein Schlüsselelement unserer emotionalen Persönlichkeit" (Gerhardt 2006, 99). Der plakative Satz, ‚gestresste Eltern haben gestresste Kinder', gewinnt hier an Bedeutung. Was gerade für kleine Kinder die Situation so bedrohlich und angstbesetzt, ja traumatisch macht, ist die mit Dauerstress einhergehende Machtlosigkeit und eine fehlende Unterstützung bei der Bewältigung. Nachweislich führt z. B. dauernder Mangel an Zuwendung zu sogenanntem Dauerstress, der sich u. U. lebenslang festschreibt (vgl. Bauer 2006[6], 107 f). Im Klartext heißt das, dass soziales Verhalten biologische Effekte nach sich zieht. Systematischer sozialer Stress ist letztlich „chronisch biologischer Stress, und chronischer Stress ist ein Krankheits- und Selbstzerstörungsprogramm" (a. a. O., 113; vgl. Bauer-Delto 2012; Hopffgarten v. 2012; Osterkamp 2014).

Spitzer (2012a, 35 f) zufolge erhöht Stress nicht nur das Krankheitsrisiko, sondern „er führt auch […] zum Absterben von Nervenzellen im Gehirn“, zumindest aber kann er die Bildung neuer Neuronen und die Plastizität des Gehirns insgesamt negativ beeinflussen (vgl. Aamodt/Wang 2012, 277; Willmann 2016a, 123 f). Diesbezügliche Schädigungen an der Hirnstruktur beeinträchtigen dann nicht nur den Lernprozess, sondern verringern auch die Fähigkeit, mit Stresssituationen umzugehen.

Stressreaktionen bestehen aus chemischen Reaktionen im Hypothalamus, die durch biochemische Nachrichten aus der Amygdala aktiviert werden, wobei dem Stresshormon Cortisol eine besondere Bedeutung zukommt (vgl. Spitzer 2014, 33 ff; Willmann 2016a, 122; Schubert/Luerweg 2017, 41). Cortisol „wird vom Körper immer dann ausgeschüttet, wenn es aufregend wird“ (Berndt 20114[10], 125). Sowohl Angst als auch Stress schalten „das bedeutendste aller Stressgene, das CRH-Gen“ (Bauer 2007, 61) ein, woraufhin im Hypothalamus vermehrt das CRH-Protein produziert wird, was wiederum letztlich zur vermehrten Freisetzung des Cortisol führt. Der Satz, der Cortisolspiegel des Kindes „wird von den Erwachsenen in ihrem Umfeld gesteuert“ (Gerhardt 2006, 80), gewinnt hier schon an Bedeutung. Der Cortisolspiegel beeinflusst auf Dauer das Immunsystem, die Lernfähigkeit und die Fähigkeit, sich zu entspannen, was letztlich der Aussage ‚Angst und Stress machen dumm’ eine gewisse Prägnanz verleiht (vgl. Bauer 2007, 77). Bauer (2006[6], 113) zufolge ist es sogar so, dass eine überhöhte Konzentration körpereigener Alarmstoffe, zu denen das Cortisol gehört, den Tod von Nervenzellen bewirken kann. Nicht unerwähnt bleiben darf an dieser Stelle, dass fürsorgliches Verhalten aber zum Aufbau des Anti-Stress-Gens führt (vgl. Bauer 2007, 62). Soll oder kann der Stress beendet werden, „bildet das Gehirn Andockstellen für das Cortisol aus“ (Berndt 2014[10], 125). Die Zahl der Andockstellen aber ist von der Erfahrung einer liebevollen Bindung abhängig.

Es lässt sich feststellen, dass unsicher gebundene Kinder, die in der Regel einen hohen Cortisolspiegel aufweisen, wesentlich stressanfälliger sind als sicher gebundene (vgl. Gerhardt 2006, 93 f; vgl. Hüther/Hauser 2012, 106 f; Kap. 2). Ein niedriger Cortisolspiegel bei gestressten Kindern verweist eher darauf, dass bereits ein emotionaler Rückzug stattgefunden hat, der hin bis zur emotionaler Erstarrung oder sogar Dissoziation reicht. Zudem besteht ein Zusammenhang zwischen „niedrigem Cortisolspiegel und posttraumatischen Belastungsstörungen“ (Gerhardt 2006, 98; vgl. Bauer 2007, 62) und psychosomatischen Erkrankungen wie Asthma und Allergien.

Nach Roth (2015) stehen die Prozesse der Stressbewältigung und der Selbstberuhigung in einer Art Wechselwirkung. „Beide Systeme zusammen bestimmen die Bedrohungsempfindlichkeit und Frustrationstoleranz eines Menschen“ (ebd.). Die Grundlage beider Systeme wird vorgeburtlich gelegt. Das dritte System, dass nachgeburtlich hinzutritt, ist das Bindungssystem (vgl. Kap. 2).

Diese drei Systeme bzw. deren Entwicklung aber steht im Zusammenhang mit der Entwicklung von drei weiteren Systemen: der Impulskontrolle, dem Belohnungssystem und der Realitätskontrolle bzw. der Risikowahrnehmung (vgl. ebd.). Viele psychische Erkrankungen und damit verbundene Persönlichkeitsveränderungen lassen sich auf Schädigungen dieser Systeme insgesamt zurückführen.

Deutlich geworden ist, wie sehr die Steuerung des Gefühlslebens sozialen Einflüssen unterliegt. Auf die Bedeutung von Entspannungsmusik zur Regulierung des Cortisolhaushalts verweisen z. B. Khalfa et al. (2003). Ganz allgemein lässt sich sagen:

> „Fest steht, dass alles normale und krankhafte seelische Geschehen untrennbar an Hirnprozesse gebunden ist und dass sich Psyche und Persönlichkeit des Menschen in strengem Zusammenhang mit der Entwicklung seines Gehirns entwickeln, genauer: des sogenannten limbischen Systems. Zugleich steht aber auch fest, dass das Gehirn zwar der unmittelbare ‚Produzent' des Psychischen ist, als solcher aber zugleich der Ort, an dem ganz unterschiedliche Faktoren aufeinandertreffen. Das Gehirn verarbeitet diese Einflüsse und setzt sie in Zustände psychischen Erlebens und in Verhalten um“ (Roth 2015).

Trotz der Betonung der Wichtigkeit der frühkindlichen Entwicklung und der damit verbundenen Reifung des Gehirns ist klar und auch wissenschaftlich erwiesen, dass diese Reifungsprozesse nicht ausschließlich auf die Phase der frühen Kindheit beschränkt sind, sondern sich über die gesamte Lebensspanne hinziehen, sich allerdings mit zunehmendem Alter verlangsamen.

Wenn über Stress geredet wird, dann sollte man sich trotzdem klarmachen, dass man einer Stresssituation nicht grundsätzlich hilflos ausgeliefert ist, sondern dass durchaus die Möglichkeit besteht, die notwendige Selbstkontrolle zu üben, zu erlernen (vgl. Lieb 2017; Thivissen 2017). Selbstkontrolle meint die Kontrolle „die wir durch aktive Denkprozesse über unser Handeln haben können“ (Spitzer 2014, 73). Auch wenn es nach dem Zitat von Spitzer erst mal nicht so scheint, so handelt es sich doch um einen Prozess, der sich von Anfang an aufbaut. Praktisch gesehen, meint Selbstkontrolle

- „ein bestimmtes Ziel aktiv zu halten,
- etwas anderes, das einen dabei ablenken würde, nicht zu tun, und
- mit dem Ziel aktiv und flexibel umzugehen, um in jeder Situation das sinnvolle Ziel zu haben und damit das jeweils Richtige zu plane und zu tun“ (ebd.).

Als Sitz der Selbstkontrolle gilt das Frontalhirn. Die Frage: „Lässt sich das Frontalhirn trainieren?“ (a. a. O., 74) beantwortet Spitzer mit einem klaren Ja. Der Aufbau einer Selbstkontrolle, deren Disposition in jedem Menschen angelegt ist, vollzieht sich am besten, je früher damit begonnen wird. Übung macht also den Meister.

Was durch solche Übung erzeugt werden kann, ist eine sogenannte *„kognitive Flexibilität“* (a. a. O., 75), das Wissen darum, welche Aufgabe jetzt dran ist und welche ich noch aufschieben kann.

Im Laufe der gesamten Entwicklung ist es notwendig neben einer, vielleicht auch gleichzeitig mit der Entwicklung einer Selbstkontrolle, eines individuellen Stessmanagements (vgl. Linneweh 2002, 88 ff), eine Stresskompetenz zu entwickeln. Stresskompetenz zu haben heißt letztlich, „sich im Umgang mit sich selbst, seiner Umwelt und seinen Mitmenschen so zu organisieren, dass die Wirkung von Stressoren minimiert, Stresstoleranz und Stressabwehr maximier werden“ (a. a. O., 8). Das Schöne daran: Es lässt sich lernen (vgl. a. a. O., 110 ff, 208 ff).

Aus unterschiedlichen wissenschaftlichen Untersuchungen weiß man inzwischen, dass Musik ein Faktor sein kann, um Stress zu reduzieren (vgl. Jiang et al. 2016, 62 f: Linnemann u. a. 2016). Einen Hauptgrund vermuten die Forscher wegen des Verhältnisses von Musik und Emotionen. Ein nicht zu vernachlässigender Faktor ist und bleibt aber der persönliche Geschmack, die Vertrautheit mit dieser oder jener Musik (vgl. Jiang et al. 2016, 66). Unabhängig davon ist davon auszugehen, dass es unterschiedliche Methoden gibt, den Stress zu reduzieren. Daher gilt: „Wenn eine Methode zur Entspannung führt, ist sie gut. Wenn nicht, dann sollte man eine andere probieren“ (Ladwig/Oswalt 2016, 8).

*Exkurs Resilienz*

Der Begriff der Resilienz ist in dieser Arbeit schon in verschiedenen Zusammenhängen aufgetaucht (vgl. Kap. 2; 3.5.1; 3.6; 3.8). Er soll aber an dieser Stelle im Zusammenhang mit dem Stressphänomen eingehender betrachtet werden (vgl. Pfau/Russo 2014; Strahler 2017).

Eine systematische Resilienzforschung begann in den 1980er Jahren. Seit dieser Zeit „können 19 Längsschnittstudien in den USA, Europa, Australien und Neuseeland gezählt werden“ (Rönnau-Böse/Fröhlich-Gildhoff 2015, 10). All diese Studien, die sich zum großen Teil auf Tierexperimente stützen (vgl. Pfau/Russo 2014, 67), machen deutlich, dass das Phänomen Resilienz nicht direkt gemessen werden kann, „sondern sich aus der Berücksichtigung von zwei Komponenten erschließt: Risiken und positiver Bewältigung“ (Rönnau-Böse/Fröhlich-Gildhoff 2015, 11). Trotz eines gewissen Forschungsspektrums besteht weiterhin „ein großer Forschungsbedarf“ (a. a. O., 24), der sich nicht nur auf die Begriffsbestimmung, sondern auch auf die Forschung insgesamt bezieht (vgl. ebd.). Die aktuelle Forschung zeigt auch, dass sich der Begriff über unterschiedliche Disziplinen ausweitet, was einerseits die Bedeutung des Phänomens Resilienz steigert, zum anderen aber auch das Risiko einer möglichen Verwässerung beiträgt.

Aus psychologischer Perspektive lässt sich erst einmal sagen, dass das Resilienzkonzept von einem positiven Menschenbild ausgeht (vgl. Fooken 2016, 17 ff), „dass die Bedeutung von sozialen Verhältnissen, mental-kognitiven Strukturen, Handlungsfähigkeit sowie von Gen-Umwelt-Interaktionen betont“ (a. a. O., 13) und gleichzeitig einen „nachhaltigen Perspektivenwechsel einläutet“ (a. a. O., 14), indem es sich von einer eher pathologischen Betrachtungsweise abwendet.

Als erstes stellt sich aber die Frage: Was genau ist eigentlich Resilienz? Sicherlich ist es schwierig, den Begriff genau zu definieren, da es mehr als 100 unterschiedliche Definitionen gibt (vgl. Strahler 2017, 14).

Wustmann ($2003^3$, 107) zufolge bezeichnet Resilienz „allgemein die Fähigkeit, erfolgreich mit belastenden Lebensumständen und negativen Folgen von Stress umzugehen.“ Es geht dabei „um die Fähigkeit, sich von einer schwierigen Lebenssituation nicht ‚unterkriegen zu lassen‘ bzw. nicht ‚daran zu zerbrechen‘“ (ebd.; vgl. Wustmann 2004, 18). Gemeint sind in erster Linie „biologische, psychologische und psychosoziale Entwicklungsrisiken“ (ebd.), die dazu führen, ein instabil gewordenes System wieder auszubalancieren (vgl. Fooken 2016, 24m

30 f). Nach Wustmann impliziert dieses Phänomen zwei Bedingungen: Es muss sich um eine „signifikante Bedrohung“ (Wustmann 2003[3], 107) handeln und dieser muss eine „erfolgreiche Bewältigung“ (ebd.; vgl. Wustmann 2004, 18) folgen (vgl. Rönnau-Böse/Fröhlich-Gildhoff 2015, 11). Als Risikofaktoren gelten dabei Phänomene, die „die Wahrscheinlichkeit des Auftretens einer Störung im Vergleich zu einer unbelasteten Kontrollgruppe erhöhen“ (Wustmann 2003[3], 112). Solche Risiken stammen entweder aus den persönlichen Merkmalen, der Person (s. o.) oder aus Umweltbedingungen. Wichtig ist weiterhin, dass Risikofaktoren selten isoliert, sondern als Konstellation aus mehreren Faktoren gleichzeitig bestehen, wodurch sich das Risiko verstärkt (vgl. a. a. O., 113). Des Weiteren ist die Wirkung eines Risikofaktors abhängig von Entwicklungsstand der Person, der Dauer der Risikobelastung und dem sozio-kulturellen Kontext (vgl. Wink 2016, 3 ff). In jedem Fall gilt eine individualisierte Betrachtungsweise.

Strehler (2017, 14) zufolge, gehören drei Dinge zusammen, die im Fall der Resilienz eine Rolle spielen:

> „Erstens beschreibt Resilienz die Rückkehr zu einem Gleichgewichts- oder Ausgangszustand beziehungsweise sogar einen Zugewinn an seelischer Belastbarkeit. Zweitens ist sie kein stabiles Merkmal, sondern ein dynamischer Prozess: Sie verändert sich über die Lebensspanne. Und drittens entsteht Resilienz vor allem aus dem Erleben von Krisen und andere Widrigkeiten sowie deren erfolgreiche Bewältigung.“

Resilient sind also Menschen, „die sich trotz massiver Beeinträchtigung erstaunlich positiv entwickeln“ (Wustmann 2003[3], 107 f), im Vergleich zu denen, „die unter den gleichen Bedingungen […} psychische Beeinträchtigungen aufweisen“ (a. a. O., 108).

Neurobiologisch betrachtet und allgemein formuliert, ist Resilienz das Ergebnis erfolgreicher Stressbewältigung und einer Beruhigung entsprechender Hirnareale (vgl. Pfau/Russo 2014, 66 f; Strahler 2017, 14 f).

Spätestens (vgl. Fooken 2016, 25) seit den 1970er Jahren haben sich unterschiedliche Ansätze und damit einhergehend auch unterschiedliche Definitionen herausgebildet. Die Folge ist, dass von einer einhellig akzeptierten Definition nicht die Rede sein kann: „Um eine genaue Begriffsdefinition wird diskutiert […] und dieser Diskurs hält nach wie vor an“ (Rönnau-Böse/Fröhlich-Gildhoff 2015, 14). Es gibt sowohl enge als auch weite Definitionen, die in ihren Komponenten z. B. auch einer kulturellen Wertung unterliegen (vgl. a. a. O., 15 f).

Resilienz ist nicht einfach da, sondern sie wird im Laufe des Lebens erworben und es geht darum, sie im weiteren Verlauf der Entwicklung zu erhalten. Es handelt sich also um einen Prozess, nicht um eine einmal erworbene Charaktereigenschaft (vgl. a. a. O., 23 f; Fooken 2016, 31; s. o.). Der wohl wesentlichste Faktor gerade zu Beginn der Entwicklung ist „eine stabile, unterstützende und zugewandte Beziehung" (Rönnau-Böse/Fröhlich-Gildhoff 2015, 16). Für die weitere Entwicklung gilt: „Resilienz bezieht sich [...] auf eine flexible, den jeweiligen Situationsanforderungen angemessene, insofern ‚elastische' Widerstandsfähigkeit und bezeichnet keine ‚lebenslange' Fähigkeit gemäß ‚einmal erworben und damit immer präsent'" (Wustmann 2003[3], 111). Dennoch: „Die positive Bewältigung einer Entwicklungsaufgabe stellt eine entscheidende Basis dar, wie nachfolgende, spätere Aufgaben gemeistert werden" (ebd.). Zu berücksichtigen bleibt, dass man Resilienz nicht messen kann, sondern sie „wird erschlossen aus dem Verhältnis von Risiko und positiver Anpassung bzw. aus dem Zusammenwirken von Risiko- und Schutzfaktoren" (Fooken 2016, 31; vgl. Strahler 2017, 15 ff).

Strahler (2017, 15) zufolge ist auch unter Berücksichtigung von Schutzfaktoren davon auszugehen, dass Resilienz letztlich ein Produkt ist aus dem Zusammenwirken von genetischen und umweltbedingten Faktoren. Dabei scheint es nicht ausgeschlossen zu sein, dass sich Resilienz als epigenetisches Merkmal auf nachfolgende Generationen übertragen lässt.

Fragt man noch einmal konkret nach dem Ziel der Resilienz, so kann man mit Wustmann (2003[3], 109) sagen, dass sie „auf *psychische Gesundheit* trotz erhöhter Entwicklungsrisiken" zielt und somit „auf *Bewältigungskompetenz*" (ebd.; vgl. Wustmann 2004, 20; Lieb 2017).

Unter Berücksichtigung einer Entwicklung über die Lebensspanne muss nochmals betont werden, dass Resilienz kein Phänomen ist, das sich allein auf die Kindheit bezieht, sondern es handelt sich um ein solches, das in allen Altersgruppen von Bedeutung ist bzw. sein kann (vgl. Rönnau-Böse/Fröhlich-Gildhoff 2015, 31 ff, 46 ff; Fooken 2106, 37 ff; Höfler 2016). Dennoch liegt ein Schwerpunkt der Betrachtung und der Forschung eindeutig in der Kindheit (vgl. Rönnau-Böse/Frühlich-Gildhoffa.2015, 72 ff), wobei dem Schulalter besondere Bedeutung beigemessen wird (vgl. a. a. O., 74 ff).

Fragt man des Weiteren nach vor Risiko schützenden Bedingungen, so lässt sich sagen, dass diese entweder in der Person selbst, der Familie oder dem sozialen Umfeld liegen können. Es besteht allerdings ein Wechselwirkungsverhältnis dieser drei Faktoren (vgl. Wustmann 2003[3], 116). Interessant ist, dass es sich dabei um die gleichen Faktoren handelt, von denen ein erhöhtes Risiko ausgehen kann (s. o.).

Andere Autoren gehen in der Differenzierung noch weiter. Rönnau-Böse/Fröhlich-Gildhoff (2015, 17 f) zufolge handelt es sich um eine Wechselwirkung von insgesamt sechs Faktoren, die sich wie folgt grafisch darstellen lassen:

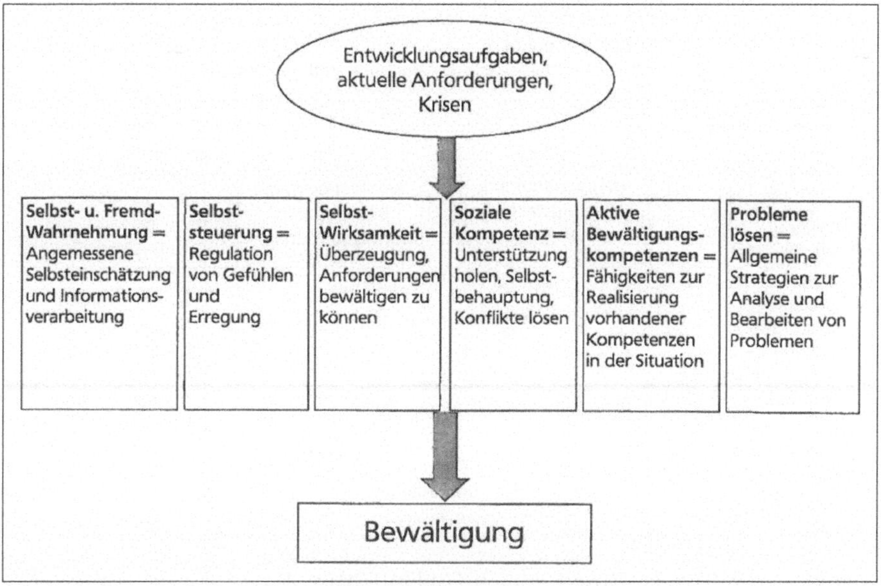


Abbildung 18: Rönnau-Böse/Fröhlich-Gildhoff 2015, 18

Bleibt noch zu fragen nach den Auswirkungen mit Blick auf die Bildungspraxis (vgl. Wustmann 2003[3], 127 ff; Wustmann 2004, 121 ff). Nach Bönnau-Böse/Fröhlich Gildhoff (2015, 12) steht eine anwendungsbezogene Resilienzforschung allerdings noch am Anfang. In Folge dessen gibt es auch nur wenige „Programme oder Ansätze, die sich mit der Förderung von Resilienz beschäftigen" (ebd.). Das mag daran liegen, dass aus der Sicht der Forschung nicht klar ist, ob eine Programm- oder eine Entwicklungsförderung sinnvoller ist (vgl. a. a. O., 13).

Neben dem Resilienzkonzept gibt es weitere Ansätze, die aber mit jenem in Verbindung stehen. Eines dieser Konzepte ist das Stresskonzept. Erste Ansätze dazu stammen von Lazerus/Folkman bzw. Lazerus/Launier (vgl. Bönnau-Böse/ Fröhlich-Gildhoff 2015, 20). Die in diesem Zusammenhang relevanten Faktoren lassen sich in folgendem Modell zusammenfassen:

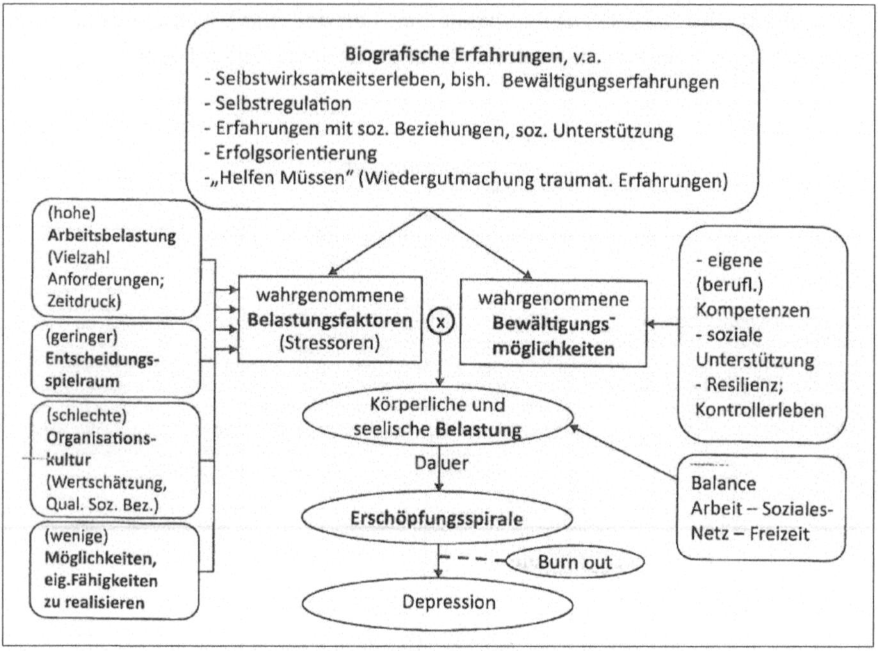


Abbildung 19: Rönnau-Böse/Fröhlich-Gildhoff 2015, 21

In diesem Modell wird zweierlei deutlich. Zum einen die subjektive Bewertung einer Situation unter Berücksichtigung subjektiver möglicher Bewältigungsmechanismen, zum anderen aber auch die Erkenntnis, dass die Wirksamkeit von Schutzfaktoren durch die Dauer des Stress bzw. der Stresssituation gekennzeichnet ist. „Je langer die Stressoren bestehen, desto stärker wirkt sich die Belastung aus, vor allem wenn auf Dauer weniger Schutzfaktoren diese kompensieren können" (a. a. O., 21).

## 3.9 Hirnentwicklung und Armut

Dass Faktoren wie Armut und auch Mangelernährung negative Auswirkungen auf die kindliche Hirnentwicklung haben, steht eigentlich schon seit den 1960er Jahren fest, auch wenn die älteren Studien methodische Schwächen aufweisen (vgl. Brown/Pollitt 1996). Mittlerweile stehen die damals schon gemachten Erkenntnisse nach einigen Langzeitstudien bzw. umfassenden Studien außer Zweifel (vgl. Luby et al 2013; Hair et al. 2015; Noble et al. 2015; Gabrieli/Bunge 2017). Dennoch soll dieser Zusammenhang hier speziell beleuchtet werden, zumal die soziale Schere bei uns in Deutschland immer weiter aufgeht mit entsprechend negativen Folgen nicht zuletzt im Bildungsbereich, im Kulturbereich, aber eben auch im Freizeitbereich, zu dem auch die außermusikalische Bildung gehört.

„Unter Entbehrungen aufzuwachsen, kann durchaus dem kindlichen Gehirn schaden" (Aamodt/Wang 2012, 314). Mit dieser Aussage durchbrechen die Autoren ihren allgemeinen Grundsatz, wonach Kinder in der Regel so widerstandsfähig sind, „dass Abweichungen bei einer normalen [...] Erziehung allem Anschein nach keinen starken Einfluss darauf haben, wie sie sich als Erwachsene entwickeln" (ebd.). Einer dieser möglichen Faktoren ist Armut bzw. deren Folgen. Die Autoren betonen, dass Armut an sich nicht das Problem ist, sondern die häufig damit im Zusammenhang bestehenden Bedingungen: Stress, Angst, wirtschaftliche Unsicherheit, desorganisierter Haushalt, instabile Familienverhältnisse, psychische Belastungen, strenge Erziehung, schlechtere Schulen etc. (vgl. a. a. O., 314 f; Gabrieli/Bunge 2017, 51). Insgesamt kommen sie zu dem Urteil, dass eine Wahrscheinlichkeit von „gesundheitlichen, emotionalen, kognitiven und verhaltensbedingten Problemen" (Aamodt/Wang 2012, 315) höher ist als z. B. bei Kindern aus der Mittelschicht. Besonderes Augenmerk wird der sprachlichen Entwicklung und der Lesefähigkeit beigemessen (vgl. Luby et al 2013; Noble et al. 2015; Romeo et al. 2017).

Welche möglichen Folgen könnte das für die Entwicklung des kindlichen Gehirns haben (vgl. Luby et al. 2013)? Soviel lässt sich sagen: Ungünstige Entwicklungsbedingungen können Auswirkungen auf unterschiedliche Bereiche des Gehirns haben. Negative Einflüsse, die sich auch mittlerweile mit Hirnscans nachweisen lassen, können, je nach Untersuchung, die Entwicklung der Neuronen, der grauen und weißen Substanz, den Hippocampus, die Amygdala, den präfrontalen Kortex, die Exekutivfunktionen betreffen und können so zu einer insgesamt höheren psychischen Belastung führen (vgl. a. a. O., 1136,1140 f; Hanson et al 2013; Hair et al. 2015;Leonhard et al. 2015; Mackey et al. 2015; Noble et al. 2015; Spitzer 2016; Gabrieli/Bunge 2017, 51 f; Romeo et al. 2017). Ein weiterer Faktor, der aber vorwiegend in afrikanischen und asiatischen Ländern anzutreffen ist, ist Kleinwüchsigkeit aufgrund mangelnder Ernährung, erhöhtem Krankheitsrisiko bereits während der Schwangerschaft und schlechten sozialökonomischen Verhältnissen (vgl. Spitzer 2016).

Man kann davon ausgehen, dass auch die Widerstandsfähigkeit, die Stressbewältigungskompetenz und die Herausbildung von Ressourcen herabgesetzt sind (vgl. Aamodt/Wang 2012, 318 ff; Folta 2010, 40 f). All diese Faktoren stehen aber auch in einem engen Zusammenhang mit der Gesundheit und dem Engagement der Eltern (vgl. Heinemann 2008).

„Frühkindliche Erfahrungen führen niemals unweigerlich zu einer vorgezeichneten Entwicklung. Sie beeinflussen aber die Wahrscheinlichkeit, mit der bestimmte Probleme auftreten" (Gabrieli/Bunge 2017, 53 f) können, müsste man ergänzen, denn auch die nachfolgende Entwicklung kann die Gesamtentwicklung auch noch positiv beeinflussen. Was hier helfen könnte, wären finanzielle Hilfen, Elternhilfen, Prävention und eine früh einsetzende intensive und auf das Kind zugeschnittene Vorschulerziehung, zu der auch die Musikerziehung beitragen kann (vgl. Kraus/Strait 2015; Gabrieli/Bunge 2017, 54 f).

## 3.10 Zusammenfassung

- Der Begriff der Neurodidaktik ist umstritten. Viele Erkenntnisse der Neurowissenschaften hinsichtlich der Pädagogik sind nicht neu. Sie können Vieles zu den Grundlagen beitragen, aber sie können den pädagogischen Alltag nicht bestimmen. Sie können nicht direkt auf die Praxis bezogen werden.
- Lernen ist ein pränatal beginnender, lebenslang andauernder, aktiv zu gestaltender, als ein individuell zu betrachtender nicht zu lösender Wechselwirkungsprozess zwischen genetischen Anlagen einerseits und einer anregenden und angemessen fördernden, aber nicht überfordernden Umwelt und Kultur andererseits.

- Lernen ist abhängig von emotionalen und bindungstheoretischen Faktoren.
- Lernen ist im Weiteren abhängig von vertrauensbildenden Maßnahmen mit Blick auf die Entwicklung des Selbst und eine damit im Zusammenhang stehende Selbstwirksamkeit. Es handelt sich um einen lust- und spaßbetonten Prozess.
- Neurowissenschaftlich betrachtet ist Lernen ein in Abhängigkeit von der Hirnentwicklung zu betrachtender Prozess, der eine Änderung der synaptischen Übertragung bewirkt, wodurch auch das Gesamtsystem verändert, stabilisiert wird. Die Wirkung ist umso größer, je früher der Prozess beginnt. Lernen bezeichnet das zunehmende Herausbilden mentaler Repräsentationen, Gebrauchsspuren auf der Grundlage von praktischen Beispielen, Wiederholungen, Nachahmung und individuellen Erfahrungen.
- Des Weiteren ist Lernen ein Prozess der Bewertung von Informationen und der Herstellung von Bedeutungszusammenhängen. Es handelt sich dabei um einen unbewussten (impliziten) und/oder bewussten (expliziten), selbstangeleiteten und/oder angeleiteten Aneignungsprozess.

- Aufmerksamkeit ist ein als individuell zu betrachtender Zustand erhöhter Wahrnehmung, um der Fülle von Informationen Herr zu werden.
- Sie lässt sich unterscheiden in eine allgemeine und selektive Aufmerksamkeit, eine außen- und innengeleitete Aufmerksamkeit und eine räumliche und geistige Aufmerksamkeit.
- Die Aufmerksamkeitsspanne umfasst 3-5 Minuten und drei bis vier Gegenstände. Aufmerksamkeit ist ein physiologischer, psychologischer und neuronaler Prozess.
- Grundvoraussetzung der Aufmerksamkeit ist die Konzentrationsfähigkeit. Beide, Aufmerksamkeit und Konzentration unterliegen einem Entwicklungsprozess und sind Prozesse selektiver Wahrnehmung.

- Spiel ist die hirngerechte Arbeit von Kindern. Es ist der Königsweg des Lernens der Kinder.
- Beim Spiel geht es nicht um frühzeitige Intellektualisierung, sondern um das Schaffen von Frei-, Fantasie- und Spielräumen zum Aufbau wichtiger und elementarer Hirnstrukturen auf der Grundlage einer sicheren emotionalen Bindung.
- Im Spiel lernen die Kinder nicht nur soziales Verhalten, sondern ebenso Konzentration, Aufmerksamkeit, Leistungsbereitschaft und Kreativität.
- Pädagogisch gesehen geht es um eine sinnvolle Gestaltung sich eröffnender Freiräume, das Ermöglichen von Erfahrung und besonders um Spaß am Spiel.
- Inhaltlich geht es um Märchen, gemeinsames Singen, Tanzen und Musizieren in einer anregenden Atmosphäre.

- Emotionen haben einen zentralen Platz in unserem Erleben und bestimmen unsere Entscheidungen maßgeblich mit.
- Emotionen sind genetisch fixiert und kulturell geformt, sie sind universell und doch individuell geformt, sie sind subjektiv.
- Emotionen sind für die Qualität unsers Lebens von ausschlaggebender Bedeutung. In keiner Beziehung, an der uns etwas liegt, kommen wir ohne sie aus.
- Es ist davon auszugehen, dass es bis heute in Anbetracht von nahezu 100 Definitionen keine einheitliche wissenschaftliche Definition gibt.
- Zudem ist es so, dass unterschiedliche Begriffe, wie z. B. Affekt, Empfindung, Stimmung etc., teilweise synonym benutzt werden obwohl sie sich inhaltlich unterscheiden.
- Neurophysiologisch betrachtet sind Emotionen das Ergebnis eines Zusammenspiels zwischen verschiedenen Hirnzentren, die zusammen das limbische System bilden.
- Ebenfalls neurophysiologisch betrachtet ist es das limbische System, speziell die Amygdala, in dem Dinge primär emotio-

nal bewertet werden und wo Verhalten prädisponiert wird (primäre Gefühle).

- Die Bedeutung der Emotionen in der individuellen menschlichen Entwicklung (vgl. Altenmüller 2009, 87) besonders hinsichtlich der Regulierung der sozialen Beziehung ist nicht zu unterschätzen.
- Entwicklungsmäßig betrachtet entwickeln sich die später komplexen Gefühle aus einfachen elementaren Entscheidungen.
- Auch wenn man davon ausgeht, dass es ein reichhaltiges angeborenes bzw. prädisponiertes Repertoire an Gefühlen gibt, was sich nachgeburtlich nachweisen lässt, so kann man auf der anderen Seite davon ausgehen, dass die Fähigkeit, die Emotionen eines anderen Menschen zu erkennen und zu verstehen und emotionales Verhalten zu steuern, kulturübergreifend ist und sich mit den Jahren entwickelt.
- Letztlich handelt es sich bei Emotionen um komplexe Gebilde, Ergebnisse komplexer biologischer, sozialer und kultureller Interaktion.
- Die Theorie des emotionalen Stils betrachtet nochmals gesondert die Vernetzung der Emotionen im Gehirn unter verschieden Dimensionen.
- Eine spezifische Sichtweise auf die Emotionen hat auch die Leiborientierung. Sie zeigt vor allem wie differenziert Emotionen zu betrachten sind und welche Bedeutung ihnen im Leben eines Menschen gebührt.
- Musik öffnet das Tor zu der Gefühlswelt. Sie ist ein ideales Medium zur Erforschung der Gefühle.
- Unabhängig vom Alter eines Menschen kann Musik helfen, Gefühle, die sich oftmals nur verbal sehr schwierig vermitteln lassen, stimmlich, instrumental oder hörend, musikalisch auszudrücken, zu vermitteln zu bewältigen, zu verfeinern, zu erregen und auszudrücken.
- Eine emotionale Berührtheit durch Musik, die sich sowohl in der Mimik als auch in der Gestik ablesen lässt, ist Bestandteil sozialer Kommunikation.

- Die Fähigkeit zum Erfassen emotionaler Bedeutung in der Musik entwickelt sich frühzeitig, ist aber abhängig vom Stellenwert der Musik im Elternhaus.
- Musikalisches Erleben ist individuell und basiert auf individuellen und kulturellen Erfahrungen (vgl. Spitzer 2006c, 136). Die Wahrnehmung und das Erleben von Musik ist an Qualitäten gebunden, die letztlich auf musikalischen Bausteinen beruht, die durchaus objektivierbar sind: Tempo, Dynamik, Rhythmus, Melodie, Harmonie, Artikulation, Klangfarbe, Phrasierung, motivische Gestalt, Agogik, Stilistik, Instrumentation.
- Einen wesentlich vertieften Einblick in die Bedeutung und die Vernetzung der Gefühle zeigen die neurowissenschaftlichen Erkenntnisse. Hier zeigt sich auch wie stark die subjektive Bedeutung und Bewertung der Emotionen zu sehen ist.

- Motivation ist im menschlichen Gehirn von Natur aus eingebaut. Die natürliche Motivation bezeichnet man als Neugier. Diese Neugier ist im Gehirn eines jeden Menschen verankert.
- Großen Einfluss auf das Motivationssystem haben die Neurotransmitter.
- Neugierverhalten unterliegt aber hinsichtlich der individuellen Ausgestaltung den qualitativen Einflüssen der Umwelt. Sie bezieht sich in erster Linie auf zwischenmenschliches Verhalten, steht aber auch in einem großen Zusammenhang mit Entwicklungs- und Lernprozessen.

- Spiegelneurone gehören zur neurobiologischen Grundausstattung des Menschen. Es handelt sich um spezifische Nervenzellen. Sie kommen in nahezu allen Gehirnzentren des Menschen vor und steuern das aktive und passive Erleben und Verhalten eines Menschen mit.
- Sie entwickeln und beziehen sich in erster Linie auf die Entwicklung zwischenmenschlichen Beziehungen und Verhal-

tens, besonders auf das Einfühlungsvermögen und Resonanzphänomene.

- Sie sind ein neurobiologisches Resonanzphänomen, das intuitives Verstehen ermöglicht, aber zunehmend durch rationale Bezüge ergänzt werden sollte.
- Spiegelneurone bilden die Grundlage der Theory of Mind (ToM).
- Sie haben eine große Bedeutung im Rahmen des Lernens.

- Eine besondere Bedeutung kommt ihnen auch in Verbindung mit Stress-Entwicklung zu.
- Stress ist kein objektiver, sondern ein subjektiv empfundener Zustand und bezieht sich auf den Umgang des Einzelnen mit Belastungen.
- Stress kann je nach Stärke positive (Steigerung der Aufmerksamkeit) oder negative Auswirkungen (Angst, Krankheit) haben.
- Stressempfinden steht im Zusammenhang mit dem Bindungsverhalten (vgl. Kap. 2).
- Der Umgang mit Stress unterliegt einem lebenslangen Entwicklungsprozess.

- Mangelernährung und Armut haben negative Folgen für die Hirnentwicklung du die Gesamtentwicklung Betroffener.
- Armut bedingt häufig Stress, Angst, psychische Belastungen und erhöht die Wahrscheinlichkeit gesundheitlicher, emotionaler, kognitiver und verhaltensbedingter Probleme.
- Die Stressbewältigungskompetenz, Die Herausbildung von Ressourcen ist herabgesetzt.
- Frühkindliche Erziehung, zu der auch eine musikalische Förderung gehört, kann dem positiv entgegentreten.

# 4 Neurowissenschaften und Musik

„The neural correlates of mental skills have been debated since the birth of the neurosciences and are still in the forefront of this field of research“ (Bentivoglio 2003, 234). Die Frage nach dem Verhältnis und der Bedeutung zwischen Neurowissenschaften und Musik, Musikpädagogik, Musikwissenschaft, MusikMedizin und Musiktherapie hat sich in den letzten 20 Jahren rasant entwickelt, auch wenn sich erste Untersuchungen zu dieser Thematik bis in die zweite Hälfte des 20. Jahrhunderts zurückverfolgen lassen (vgl. Nauck-Börner 1984; Altenmüller et al. 2000, 47; Edwards/Hodges 2008[2]). Die Frage nach dem Verhältnis von Neurowissenschaften und Musikpädagogik findet ihren Niederschlag in der Begriffspaarung neurowissenschaftliche Musikforschung (vgl. Altenmüller et al. 2000, 47).

Musikpädagogen erhoffen sich seit Beginn des 21. Jahrhunderts durch die Erkenntnisse der Neurowissenschaften über Musik ein weiteres Argument gegen weitere Einschnitte im musikpädagogischen Feld, vor allem auch hinsichtlich der Legitimation von Musikunterricht (vgl. Hartogh 1995, 33; Degé 2015). Durch den konzentrierten Blick auf neurowissenschaftliche Erkenntnisse als Begründung für wie auch immer gearteten Musikunterricht „benutzen wir etwas ‚Musikfremdes', um mehr Musikunterricht zu rechtfertigen. Das sollte eigentlich nicht passieren. Vielmehr wäre es wünschenswert, wenn wir Musikunterricht um der Musik willen hätten“ (Degé 2015, 28).

Des Weiteren wurde und wird die Hoffnung immer wieder getragen von möglichen Transfereffekten (vgl. Altenmüller et al. 2000, 51), denen ich mich jedoch erst zu einem späteren Zeitpunkt widmen werde (Kap. 6.3.1; 6.3.2). Kritisch zu einer eher unreflektierten Übernahme der Musik als Gegenstand neurowissenschaftlicher Forschung äußern sich aus der Sicht der Musikwissenschaft u. a. Seifert/Kim (2006, 1062 ff).

Startschuss für die neuere Entwicklung waren allerdings die Entwicklung bildgebender Verfahren und die Diskussion um den ‚Mozart-Effekt' (vgl. Altenmüller et al. 2000, 47; Altenmüller 2008a, 9; Jäncke 2008, 23 ff; Kap. 6.3.2), die sich


L. Kowal-Summek, *Neurowissenschaften und Musikpädagogik*,
Edition Centaurus – Psychologie, https://doi.org/10.1007/978-3-658-21004-5_5

anschließende Frage *Macht Musik schlau?* und eine sich wiederum daran anschließende und bis heute nicht endend wollende Diskussion um diese und andere insbesondere pädagogisch und psychologisch orientierte Fragen und Untersuchungen, denen hier das Hauptmerk gilt.

Zu Beginn sei angemerkt, dass es doch einige Untersuchungen zu diesem Bereich gab und gibt, die, zumindest nach Altenmüller und Jäncke, den (naturwissenschaftlich geprägten) wissenschaftlichen Standards nicht genügen, dennoch aber über die Medien verbreitet werden, und so zu einem verfälschenden Meinungsbild in der Öffentlichkeit führen und diese auch weiterhin beeinflussen (vgl. Altenmüller 2008a, 10; Jäncke 2008; 2011). Besonders tragisch wird es meiner Meinung nach dort, wo ein schulisch schwindender Musikunterricht die Rechtfertigung seiner Existenz u. a. aus möglichen Transferwirkungen zieht (vgl. Kap. 6.3.1; 6.3.2).

Gruhn/Rauscher (2008$^2$a, vii) geben an dieser Stelle zu bedenken, dass auf der „8$^{th}$ International Conference on Music Perception and Cognition (ICMPC) in Evaston, USA“ von 2004, besonders das Interesse der Musikpädagogen an der Umsetzung der Erkenntnisse der Neurowissenschaften für die Musikpädagogik so groß war, dass sie hier einen Anfangspunkt sahen, um die neurowissenschaftlichen Erkenntnisse für die Musikpädagogik nutzbar zu machen (vgl. Gruhn/Rauscher 2008$^2$b).

Unabhängig davon ist mit Jäncke (2008, 12) zu konstatieren, „dass ein enormer Wissensdurst bzgl. des Zusammenhangs zwischen Gehirn und Musik im Speziellen und zwischen Gehirn und Lernen im Allgemeinen herrscht.“ Und weiter heißt es: Es „kann festgestellt werden, dass immer mehr Querverbindungen zwischen verschiedenen Aspekten der Musik und der menschlichen Kognition festgestellt werden. Allerdings sind die Beziehungen meist komplizierter und manchmal subtiler als bislang gedacht“ (ebd.).

Den überhöhten Einfluss der Gene auf die kognitive Entwicklung des Menschen relativiert Jäncke (2008, 13), wenn er feststellt, dass Gene immer mit der Umwelt interagieren. „Unser Gehirn entfaltet sich *nur* in Abhängigkeit von den spezifischen Erfahrungen. [...] Derzeit besteht überhaupt kein Zweifel daran, *dass unsere psychischen Leistungen durch eine Wechselwirkung zwischen Anlage, Umwelt und Trainingsmöglichkeiten bestimmt wird!*“ (Hervorhebungen L. K.-S.). Letztlich entsteht für Jäncke (ebd.) unter Berücksichtigung der eben genannten Wechselwirkung folgende Formel:

> Leistung = Wollen (extrinsische, aber besonders intrinsische Motivation) x Können (angeborene Fähigkeiten) x Möglichkeiten (alle Rahmenbedingungen des Lernens)

Unabhängig von den ganzen Untersuchungen rund um den Mozart-Effekt (vgl. Kap. 6.3.2) bleibt jedoch im Allgemeinen ein großes öffentliches Interesse an der Wirkung von Musik auf kognitive Leistungen (vgl. Gruhn 2003a, 65; Jäncke 2008, 59) bestehen, dass sich wissenschaftlich betrachtet in unterschiedlichen Längs- (vgl. Jäncke 2008, 59 ff; 2015, 51) und Querschnittuntersuchungen (vgl. Jäncke 2008, 95 ff; 2015, 51) von unterschiedlicher Qualität niederschlägt. So moniert Pape (2005, 2), dass sich bei vielen Untersuchungen mit Blick auf das Forschungsdesign Zweifel ergeben hinsichtlich der Tragfähigkeit und der Interpretation der dabei ermittelten Ergebnisse.

Letztlich ist davon auszugehen, dass beide Untersuchungsmethoden sowohl Stärken als auch Schwächen aufweisen, auf die ich hier aber nicht gesondert eingehen werde (vgl. Bortz/Döring 2006[4], 565 f).

Kritik ist insofern berechtigt und ernst zu nehmen, als dass die Ergebnisse zumindest im Alltagdenken bei Eltern und auch bei (Musik-)Pädagogen schnell zu Verallgemeinerungen hinsichtlich der Wirksamkeit von Musik führten und führen.

Unabhängig davon lässt sich erst einmal feststellen, dass „Musik eine besondere komplexe Fähigkeit (ist), die an unser Gehirn höchste Ansprüche stellt" (Spitzer 2002, 138). Nach Schlaug (2009, 372) handelt es sich bei Musik um einen multimodalen Stimulus, der nicht nur die unterschiedlichen Bereiche des menschlichen Gehirns beeinflusst und miteinander vernetzt, sondern der auch in das System der Spiegelneurone eingreift (vgl. Koelsch 2009, 379 ff; Overy/Avanzini 2009; Kap. 3.7). Zudem ist er in der Lage beschädigte neuronale Prozesse zu ‚reparieren' bzw. neue Verbindungen herzustellen und Bereiche des Gehirns miteinander zu verbinden, die sonst nicht miteinander verbunden wären.

## 4.1 Längsschnittuntersuchungen

Längsschnittuntersuchungen bestehen darin, dass gleiche Versuchspersonen oder -gruppen über einen längeren Zeitraum wissenschaftlich begleitet und wiederholt untersucht werden. Dabei geht es in erster Linie darum, vorher festgelegte Parameter – einen oder mehrere – über einen längeren Zeitverlauf in ihrer Entwicklung zu beobachten, mögliche Veränderungen festzustellen und aufzuzeigen, zu vergleichen (Kontrollperson/-gruppe) und zu bewerten. Durch Längsschnittuntersuchungen lassen sich intra-, aber keine interindividuellen Entwicklungsverläufe beobachten. Längsschnittuntersuchungen sind aufwändig und teuer (s. u.).

Sie wurden bisher durchgeführt, um strukturelle Veränderungen im Gehirn durch aktives Musizieren nachzuweisen (vgl. z. B. Altenmüller et al. 2000; 49 ff; Schlaug/Bangert 2008[2], 106 f; Hyde et al. 2009a; 2009b; Jäncke 2017, 56 f) oder um Auswirkungen zusätzlichen Musikunterrichts oder des Instrumentalspiels zu belegen (Roden et al. 2012; Hille/Schupp 2013).

„Die zwölf (inzwischen sind es mehr – L. K.-S.) bislang zu diesem Thema publizierten Studien (erweiterter Musikunterricht – L.-K.-S.) deuten darauf hin, dass zusätzlicher Musikunterricht zumindest keinen negativen Einfluss auf schulische Leistungen hat“ (Jäncke 2008, 61). Soweit von (weiteren) positiven Ergebnissen berichtet wird, gibt Jäncke zu bedenken, dass die Wirkmechanismen unklar bleiben, d. h., dass man nicht mit Sicherheit sagen kann, dass positive Ergebnisse direkt auf den Musikunterricht zurückzuführen sind, sondern dass es auch Faktoren sein können, die auf andere Weise als durch den Musikunterricht hervorgerufen werden könnten.

Letztlich fasst er seine Kritik an den bisherigen Längsschnittuntersuchungen wie folgt zusammen (vgl. a. a. O., 90 ff):

- Erhebliche methodische Mängel, „die es nicht erlauben, die spezifische Wirkung des Musikunterrichts zu belegen“ (a. a. O., 90 f). Zudem konnte nie bewiesen werden, dass erzielte Wirkungen nicht auch hätten anders erreicht werden können, z. B. durch Sportunterricht.
- Untersuchungen aus anderen Kulturkreisen können nicht eins zu eins auf unsere Verhältnisse übertragen werden.
- Wenn die Intensität eines Musikunterrichts zu besseren Ergebnissen führt, ist nicht ausgeschlossen, dass auch intensiver Unterricht in anderen Fächern dort zu besseren Ergebnissen führen würde.
- „Die Bastian-Studie ist trotz erheblicher Popularität im deutschsprachigen Raum im Grunde unbrauchbar. Die metho-

dischen Probleme machen die wenigen schwachen Befunde kaum interpretierbar. Zudem sind die Befunde bezüglich der sich verändernden Intelligenzleistungen widersprüchlich" (a. a. O., 92).

- In keiner Studie wird thematisiert, ob sich der Aufwand, die Kosten mit Blick auf das Ergebnis rechtfertigen. „Man sollte deshalb schon an dieser Stelle thematisieren, welchen Zweck Musiktraining oder Musikerziehung eigentlich haben sollte. Ist es eher zur Steigerung der kognitiven Leistungsfähigkeit geeignet, oder ist es vielmehr eine wunderschöne Kulturtätigkeit, die Freude und Befriedigung unabhängig vom schulischen Leistungsaspekten schenken kann?" (ebd.).
- Wie sieht es eigentlich aus mit der Dauerhaftigkeit günstiger Effekte?
- Mit welchen theoretischen Grundlagen können mögliche positive Effekte eigentlich erklärt werden? Geht es dabei um die Musik oder um etwaige Lernstrategien, die während der Testphase erworben wurden?

Die von Jäncke aufgezeigten Defizite in den Untersuchungen zeigen bisher, dass Zweifel z. B. an der Aussage *Musik macht klug* durchaus berechtigt erscheinen.

Unabhängig von der Kritik Jänckes an den Längsschnittuntersuchungen, die sich anscheinend auf die Auswirkungen des Musikunterrichts beziehen, bleibt die Forderung nach weiteren Langzeituntersuchungen bestehen, um besonders die Auswirkungen musikalischen Verhaltens auf die Hirnentwicklung über die Zeit beobachten zu können (vgl. Edwards/Hodges 2008$^{2}$, 13).

## 4.2 Querschnittuntersuchungen

Querschnittuntersuchungen stellen sozusagen Momentaufnahmen dar. Sie werden einmalig durchgeführt und beziehen sich meistens auf eine zu untersuchende, vorher festgelegte Variable. Wenn sie eine Aussagekraft haben wollen, dann müssen ihre Ergebnisse auf einer relativ großen Stichprobe basieren (vgl. Jäncke 2008, 95;

2015, 51). Verglichen mit den Längsschnittuntersuchungen sind Querschnittuntersuchungen kostengünstiger und zeitökonomischer.

Mit Hilfe einer Querschnittuntersuchung lassen sich allerdings keine Aussagen hinsichtlich intraindividuelle Unterschiede, der Ursachen für die Unterschiede und Entwicklungsverläufe machen (vgl. Jäncke 2017, 55). Ergebnisse von Querschnittuntersuchungen haben nur Gültigkeit für den Messungszeitpunkt oder den Zeitpunkt der Erhebung und sind somit nicht auf spätere Zeitpunkte übertragbar.

Sicherlich ist es besonders unter den Aspekten Kosten und Zeit nicht verwunderlich, dass Querschnitt- den Längsschnittuntersuchungen zahlenmäßig (ca. 90:10), aber nicht hinsichtlich ihrer Aussagekraft überlegen sind und sich auf unterschiedliche Variablen beziehen (s. o.).

Im Folgenden wir es darum gehen, die bisherigen Forschungsergebnisse und die daraus resultierenden Erkenntnisse zusammenzuführen. Aufgrund der Fülle der Erkenntnisse, die immer wieder in unterschiedlichen Zusammenhängen gemacht werden, kann es passieren, dass sich Aussagen wiederholen. Ich bitte um Verständnis.

## 4.3 Verarbeitung von Musik im Gehirn

Nach Altenmüller (2014b, 155; 2015, 104 f), der sich mehrfach zu dieser Thematik geäußert hat, lässt sich die Bedeutung des Musizierens für das menschliche Gehirn wie folgt beschreiben: „Musizieren ist eine der anspruchsvollsten Leistungen des menschlichen Zentralnervensystems“ (vgl. Altenmüller 2007, 40; vgl. Altenmüller 2014c). Dabei geht es nicht nur um „die koordinierte Aktivierung zahlreicher Muskelgruppen“ (Altenmüller 2014b, 155), sondern auch um die Zusammenarbeit unterschiedlicher Sinne, immer mit Blick auf „das gerade entstandene klangliche Ergebnis“ (ebd.).

Allein das Hören von Musik bzw. die Verarbeitung des Gehörten benötigt „ungefähr 100 Milliarden Nervenzellen“ (ebd.). An anderer Stelle bezeichnet Altenmüller (in Unterstell 2012, 14) das Musikhören als einen aktiven, bedeutungsgenerierenden Vorgang.

Jäncke (2008, 279 f) beschreibt das Musikhören als eine „schnelle Abfolge von Serien-Parallel-Wandlungen“ (a. a. O., 279; vgl. Jäncke 2006a, 89). Gemeint ist damit, dass der gesamte Höreindruck innerhalb sehr kurzer Zeit, wir bewegen uns im Bereich der Millisekunden, analysiert und im semantischen Gedächtnis und in den Emotionszentren verarbeitet wird. „Diese verschieden Analysen werden in unterschiedlichen Hirngebieten durchgeführt“ (Jäncke 2008, 282; vgl. Abb. 18), was im Übrigen der normalen Hirntätigkeit entspricht (vgl. Singer 2014), die sich auch noch dahingehend unterscheiden, ob es sich bei dem Hörer um einen Profi oder einen Laien handelt. Dabei zeigt sich auch, dass eine eindeutige Zuordnung des Musikerlebens zu einer Hirnhälfte nicht funktioniert (vgl. Altenmüller 2003a; Altenmüller 2012b in Unterstell 2012, 14 f) wie auch die folgenden Darstellungen zeigen.

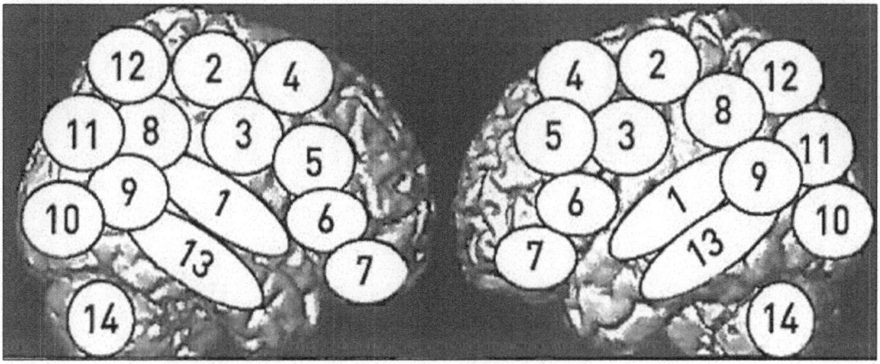


Abbildung 20: Jäncke 2008, 283

| Nr. | Hirngebiet | Hauptfunktion |
|---|---|---|
| 1 | auditorischer Kortex<br>(lateraler Heschl'scher Gyrus) | Tonhöhe<br>Lautstärke |
| 1 | auditorischer Kortex<br>(mesialer Heschl'scher Gyrus) | Tonhöhe<br>Lautstärke |
| 1 | auditorischer Kortex<br>(Planum temporale) | Klangfarbe<br>Tonintervalle<br>einfache Melodien<br>Akkorde<br>Rhythmen |
| 1 | auditorischer Kortex<br>(Planum polare) | Tonhöhen<br>auditorische Aufmerksamkeit |
| 1 | auditorischer Kortex<br>(Gyrus temporalis superior) | komplexere Melodien<br>rhythmische Muster |
| 1 | auditorischer Kortex<br>(Sulcus temporalis superior) | komplexere Melodien<br>rhythmische Muster |
| 2 | sensomotorisches Handareal<br>(Gyrus präcentralis, M1)<br>(Gyrus postcentralis, S1) | sensomotorische Kontrolle der Hand und Finger (Klopfen, Tappen, Musikinstrumente spielen) |
| 3 | sensomotorisches Gesichtsareal<br>(Gyrus präcentralis, M1)<br>(Gyrus postcentralis, S1) | sensomotorische Kontrolle des Gesichts inkl. des Mundes<br>(Singen, Sprechen, Murmeln etc.) |
| 4 | Prämotorkortex<br>(dorsaler Teil des Prämotorkortex) | Planung und Lernen von komplexen Handlungen (z. B. Klopfen, Musikinstrumente spielen, Tanzen) |
| 5 | Prämotorkortex<br>(ventraler Teil des Prämotorkortex) | Planung und Lernen von komplexen Handlungen; stärker an der mentalen Simulation von Bewegungen (z. B. Klopfen, Musikinstrumente spielen, Tanzen) beteiligt |
| 5 | in der linken Hemisphäre motorisches Sprachareal<br>nach Broca | beteiligt an der motorischen Kontrolle des Sprechens; auch Kontrolle von Grammatik, Syntax |
| 5 | unterer Teil des Frontalkortex | Aufmerksamkeit, Arbeitsgedächtnis etc.<br>(Lernen und Erinnern von Musikstücken, Erkennen von Musikregeln, konzentriertes Spielen eines Musikinstrumentes, konzentriertes Zuhören) |
| 6 | unterer Teil des Frontalkortex | semantisches Gedächtnis (links), emotionales Gedächtnis (rechts)<br>(Erinnern und Lernen des Zusammenhangs zwischen Musik und vielen anderen Inhalten) |
| 7 | Orbitofrontalkortex | Anbinden von Emotionen an gelernte Inhalte<br>(Anbinden der Musik an Emotionen) |
| 8 | unterer Teil des Scheitellappens<br>(Gyrus supramarginalis) | Ton- und Melodiegedächtnis |
| 9 | unterer Teil des Scheitellappens<br>(Gyrus angularis) | Körpergedächtnis<br>(wichtig beim Tanzen und Spielen von Instrumenten) |
| 10 | Extrastriäre Gebiete<br>(visueller Kortex) | Verarbeiten und Vorstellen komplexer visueller Muster<br>(Vorstellen von visuellen Wahrnehmungen, Lesen der Partitur) |
| 11 | dorsaler Informationsweg des visuellen Systems | Anbinden visueller Informationen an die Motorik; Raumorientierung<br>(immer aktiv beim Betätigen von Instrumenten; auch beim Lesen der Partitur) |
| 12 | oberer Teil des Scheitellappens<br>(Lobulus parietalis superior) | Raumorientierung, räumliche Kontrolle der Motorik<br>(immer aktiv beim Betätigen von Instrumenten; auch beim Lesen der Partitur) |
| 13 | mittlerer Schläfenlappen<br>(Gyrus temporalis medius) | übergeordnete Wahrnehmungen, Zusammenführen von auditorischen und visuellen Informationen, Gedächtnisspeicher etc. |
| 14 | Kleinhirn | Kontrolle automatisierter Handlungen, Wahrnehmung und Hervorbringung von Rhythmus, Zeitwahrnehmung |

Abbildung 21: Jäncke 2008, 284 f

Bei der Verarbeitung von Musik im Gehirn eines Menschen handelt es sich, wie bei vielen komplexen kognitiven Leistungen (vgl. BMBF 2007, 85), um einen Vorgang, in dem nicht zuletzt auch in Abhängigkeit individueller Voraussetzungen, individuellem Vorwissen und individuellen Fähigkeiten (vgl. BMBF 2007, 88) „viele verschiedene Hirnstrukturen ‚eingewoben' sind" (Jäncke 2008, 282; vgl. u. a. Altenmüller 2001a; 2008d; 2012a in Oehler 2012, 23 f; 2012b in Unterstell 2012, 15; 2013; Griffiths 2001; Rauschecker 2001; 2005; Evers 2005; Janter 2005; Koelsch 2005a; 2005b, 367 ff; 2005c; Koelsch et al. 2014; Langer 2005; Large/Tretakis 2005; Pallesen et al. 2005; Platel 2005; Tillmann 2005, 105 f; Ullén et al. 2005; Zarate/Zatorre 2005; Brattico/Jacobsen 2009, 311; Grimault et al. 2009; Peretz et al. 2009; Tervaniemi 2009; Altenmüller/Ayan 2012; Altenmüller et al. 2014) und dessen Auswirkungen auf Grund der Neuroplastizität individuell (vgl. Altenmüller et al. 2001) und zudem kulturspezifisch (vgl. Singer 2014) zu betrachten sind.

Wichtig dabei festzuhalten ist zudem, dass auf jeder der einzelnen Verarbeitungsstufen „schnelle Verbindungen zu motorischen Modulen (bestehen)" (Jäncke 2008, 281; vgl. Altenmüller 2006b, 5 f; Chen et al. 2009, 20 ff, 24 ff; Large/Snyder 2009, 52 ff; Jäncke 2012).

Letztlich lässt sich auf Grundlage unterschiedlichster Forschungsmethoden und Forschungsergebnisse „kein typisches Musikverarbeitungsareal identifizieren" (Jäncke 2008, 293; vgl. Petsche 1997, 89; Jourdain 2001, 116; Spitzer 2002, 208 f, 212; Altenmüller 2003a; Koelsch 2003, 87; Evers 2005, 40; Jansen-Osmann 2006, 8; Levitin 2009a, 59 f, 98), wobei aber der Unterschied zwischen Musikern und Nichtmusikern immer wieder betont werden muss und auch betont wird (vgl. Kap. 4.6.2), wie auch schon oben angedeutet (vgl. Altenmüller 2003a, 351; 2006b, 9 ff; Schlaug 2001, 367 ff; Schlaug/Bangert 2008[2], 103 ff; Chen et al. 2009, 19).

> „Wenn tatsächlich Musik bei jedem Einzelnen in etwas unterschiedlichen Hirnbereichen wahrgenommen wird, ist es schwierig, allgemein gültige Gesetze dafür zu finden. Streng genommen existieren dann nämlich derzeit etwa sechs Milliarden unterschiedliche ‚Musikzentren' auf der Erde – in jedem Gehirn ein etwas anderes" (Altenmüller 2002, 25).

Auch wenn es kein typisches Musikverarbeitungsareal gibt, so lassen sich doch erst einmal wesentliche Erkenntnisse benennen. Aktives Musizieren führt schon nach kurzer Zeit zu stabilen neuroplastischen Veränderungen und bewirkt eine Vergrößerung entsprechender Hirnareale. Des Weiteren verstärken sich die Verbindungen der beiden Hirnhälften und auch Verbindungen innerhalb der Hirnhälften. Als weiterer Punkt wäre der Einfluss von Musik(unterricht) auf das Sprachverständnis und Sprachentwicklungsstörungen zu nennen. Ganz allgemein gesprochen lässt sich sagen, „dass die neuroplastischen Veränderungen vor allem bei Musikern sichtbar werden, die eher später, das heißt nach dem Alter von sieben Jahren mit dem Instrument begonnen haben“ (Altenmüller 2014c). Bei früherem Beginn optimieren sich die entsprechenden Strukturen schon früher.

Wie es im Gehirn aufgrund etlicher Untersuchungen mit bildgebenden Verfahren kein eindeutig identifizierbaren Musikzentrum gibt, so lässt sich mit Hilfe dieser Verfahren auch kein eindeutig identifizierbares Rhythmuszentrum nachweisen (vgl. Jourdain 2001, 194; Spitzer 2002, 219; Thaut 2003; Lehmann 2007, 145 ff; Chen et al. 2009, 16; Fujioka et al. 2009; Grahn 2009, 36; Levitin 2009a, 217 ff; Snyder et al. 2009; Hannon in Altenmüller et al. 2012, 4; McAuley et al. 2012; Cameron/Grahn 2014). Stattdessen ist auch hier von einem Zusammenwirken unterschiedlicher Hirnareale auszugehen.

Das ändert aber nichts an der Tatsache, dass Musik und Bewegung aufs engste miteinander verbunden sind. So konnte nachgewiesen werden, dass „neben der akustischen Spur [...] in unserem Geiste stets eine Bewegungsspur mit(läuft), und erst diese doppelte Kodierung [...] es uns nach dieser Theorie (ermöglicht), die Form und Struktur der Musik wirklich zu erfassen“ (Saum-Aldehoff 2016; vgl. Godøy et al. 2016).

Nur am Rande sein hier bemerkt, dass sich dieser Sachverhalt nicht nur auf die Musik- oder die Rhythmusverarbeitung bezieht, sondern auch in anderen Bereichen nachweisbar ist, zeigt eine neuste Untersuchung zum Bereich der Sprachverarbeitung (vgl. Huth et al. 2016).

Interessant ist in diesem Zusammenhang, dass Untersuchungen z. B. zum Musikergehirn schon vor Untersuchungen mit bildgebenden Verfahren gemacht wurden und zwar mit Hilfe des EEG (vgl. Behne/Lehmkuhl 1987; Petsche 1987; 1997; Weber 1999, 87 ff; Grossbach/Altenmüller 2002; Altenmüller 2003b, 78; 2006b, 3 ff; Evers 2005, 47 ff; Koelsch 2012, 43 ff; Trainor 2012). Petsche verwendete für seine Messungen ein 19 poliges EEG, um die elektrische Spannungsschwankungen und deren funktionaler Vernetzung der unter der Kopfhaut liegenden Hirnareale zu messen. Seine Messungen bezog Petsche auf sechs unterschiedliche Frequenzbänder. Messungen vor, während und nach dem Hören von Musik bzw. dem Komponieren konnten Verknüpfungen zwischen den Hirnarealen verdeutlichen.

Die grafische Darstellung (Abb. 22) macht deutlich, dass auch mit Hilfe von EEG-Messungen spätestens seit Mitte der 1980er Jahre bestätigt werden konnte, dass Musik in unterschiedlichen Hirnarealen verarbeitet wird (vgl. Petsche 1997, 90 f).

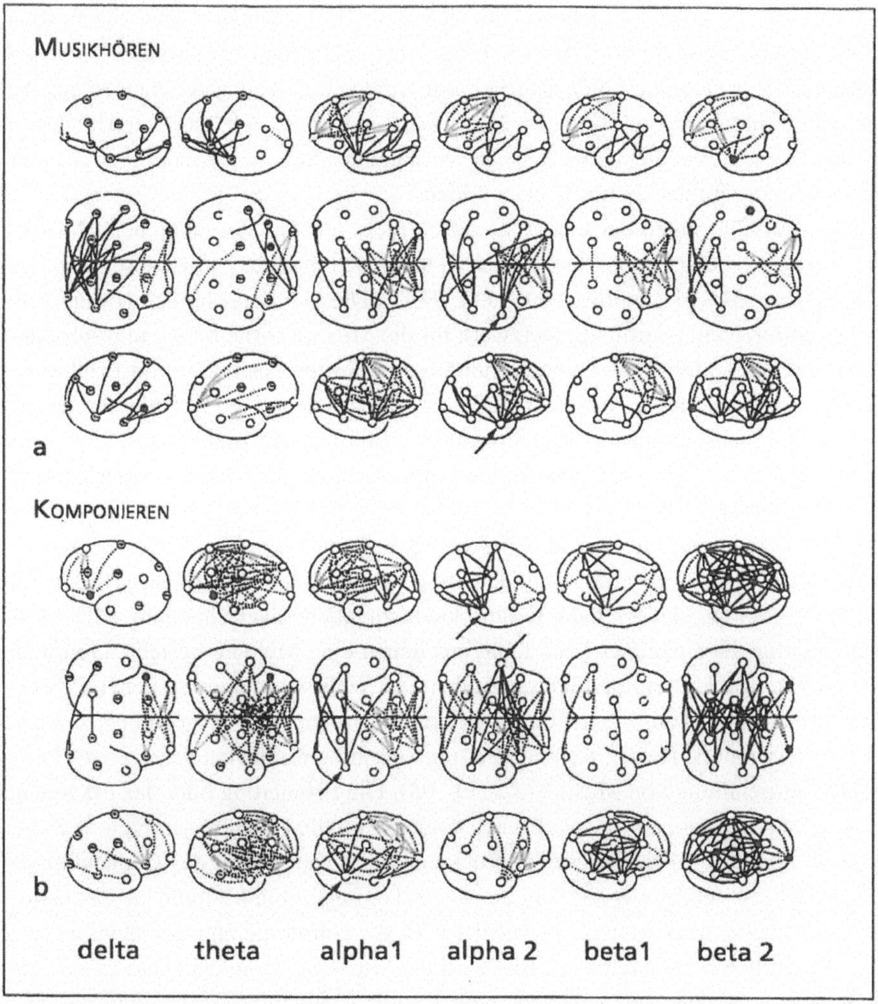


Abbildung 22: Petsche 1997, 91

Hinsichtlich der EEG- und der MEG-Messungen sieht Trainor deren Vorteil darin, dass diese schneller und vor allem aber leiser sind und somit Messungen auch bei Babys und kleinen Kindern ermöglichen, selbst dann, wenn diese sich bei den Messungen bewegen (vgl. Raschle et al. 2012; Trainor 2012, 25 f; Deeg 2016).

Mit Bezug auf die Ergebnisse für den Bereich der Musik ist zu sagen, dass diese in Abhängigkeit vom Alter und von entsprechenden Erfahrungen zu sehen sind und dass sich auch hier natürlich ein Unterschied zeigt zwischen Musikern und Nichtmusikern (vgl. Kap. 4.6.2). Es zeigt sich aber auch, dass verschiedenen Komponenten, die bei Erwachsenen vorhanden sind, bei Kindern noch sehr schwach ausgebildet sind oder ganz fehlen.

Die Ausführungen bei Jäncke betreffen nicht nur die Vorgänge beim Musikhören (vgl. Jäncke 2006a, 86 f), sondern schließen auch das Musizieren und das Singen mit ein (vgl. Levitin 2009a, 59 f, 97 f). „Die hier dargestellten Hirngebiete repräsentieren ein neuronales Netzwerk für die Musikwahrnehmung und -produktion“ (Jäncke 2008, 293). Je nach individueller Aufmerksamkeit und Erfahrung, ist das eine oder andere Areal stärker beteiligt. Jedes neue Lied, das wir hören oder lernen, verändert die neuronalen Strukturen. Auf diese Art und Weise lernen „unsere Gehirne [...] eine Art spezifischer Grammatik für die Musik unserer Kultur“ (Levitin 2009a, 128).

Die Bedeutung einer hirnspezifischen Kategorisierung von Tönen zeigt sich zum Beispiel bei der Betrachtung des Singens. Junge Kinder haben z. B. deshalb Schwierigkeiten, eine Melodie richtig wiederzugeben, „weil ihnen noch das Verständnis für die einzelnen Töne fehlt, aus denen eine Melodie besteht“ (Jourdain 2001, 93). Der Unterschied liegt zwischen der Wahrnehmung und dem (Wieder-)Erkennen eines Tons. Töne, die in den auditorischen Kortex gelangen, werden dort kategorisiert. Diese „Kategorisierung vereinfacht musikalisches Gedächtnis und Wahrnehmung von Musik“ (a. a. O., 95). Die Erinnerung oder das Erkennen, das sich nicht allein auf musikalische, sondern auf alle Gedächtnisinhalte bezieht, besteht nun darin, dass „diese Eindrücke aus den Kategorien des Gedächtnisses rekonstruiert“ (ebd.) werden. Um aus einer Tonfolge eine Melodie zu rekonstruieren, bedarf es aber weiterer Elemente, z. B. der Harmonie und des Rhythmus.

Wesentlich nicht zuletzt mit Blick auf die Musikpädagogik ist, dass es sich um jeweils individuelle und kulturbedingte Verarbeitungsprozesse handelt, die hinsichtlich der Verarbeitung des Tempos, der Effizienz und der Qualität, aber auch hinsichtlich der emotionalen Verankerung, der mentalen Repräsentation und der

Aktivitäten, die durch das Hören von Musik ausgelöst werden, z. B. Tanzen, erfahrungsabhängig sind (vgl. Spitzer 2002, 211; Jourdain 2001, 105 ff).

Bezüglich der Musik schreibt Jäncke (2011, 160), dass „Musikhören und Musizieren [...] so viele kognitive Funktionen (erfordern und stimulieren), dass es zu schade wäre, die Möglichkeiten, die mit der Musik verbunden sind, ungenutzt zu lassen." Sowohl im Musikhören als auch Musizieren sieht er „ideale Mittel für kognitive und soziale Trainings in verschiedenen Kontexten" (ebd.; vgl. Lappe et al. 2008).

## 4.4 Hemisphärenspezialisierung

Wie schon in Kap. 1.1 angemerkt, verarbeiten die beiden Hemisphären Informationen nicht gleich effizient, aber „keine Seite des Gehirns übt bei irgendeiner Funktion den ausschließlichen Einfluss aus" (Jourdain 2001, 341; vgl. BMBF 2007, 83 ff; Baer 2005d, 35 ff; Gruhn 2008[3], 13; Oehler 2012, 22). Diese Tatsache „wird als funktionelle Hemisphärenasymmetrie oder funktionelle Lateralisierung bezeichnet" (Jäncke 2008, 296; Saccuman/Scifo 2009, 301, 304). So wie dies prinzipiell auf die Verarbeitung von Sprache zutrifft, stimmt es auch prinzipiell für die Verarbeitung von Musik, doch lässt sich dieses einfache Muster nicht durchgehend bestätigen. „The neural networks for language and music processing do show a large overlap" (Besson/Friederici 2005, 57; vgl. Meyer et al. 2012, 116; Oechslin in Altenmüller et al. 2012, 5; Patel 2012, 124 ff; Tillmann 2014).

Besson/Schön (2001, 233) merken an, dass hier durch die Forschungsmöglichkeiten der Neurowissenschaften eine Diskussion wieder in Gang gesetzt wird, die Wissenschaftler unterschiedlicher Couleur vom 17. - 19. Jahrhundert beschäftigte (vgl. a. a. O., 234 ff; BMBF 2007, 83; Besson/Friederici 2005).

Sowohl aus evolutionswissenschaftlicher als auch aus kognitiver Perspektive lassen sich mit Bezug auf die Hemisphärenspezialisierung Unterschiede und Gemeinsamkeiten festmachen (vgl. Brown 2000; Hassler 2000; Riecker et al. 2000; Altenmüller 2001b, 34; 2001[3]; 2002, 21 f; Altenmüller et al. 2002; Grossmann/Altenmüller 2002, 119 ff; Brandler/Rammsayer 2003; Koelsch et al. 2002; 2003; 2004a; 2004b; Merker 2005, 19, 22 ff; Fitch 2005, 30 ff; Gaab et al. 2005; Heitkämper 2005/10; Koelsch 2005a, 1; Patel 2005; 2012; Schön et al. 2005; Arao et al. 2008; Fadiga et al. 2009, 454; Levitin 2009b; Saccuman/Scifo 2009, 301 ff;

Sammler et al. 2009; Schulkind 2009, 221; Welch 2009a; François et al. 2012; Kraus et al. 2012; Meyer et al. 2012; Klöppel/Altenmüller 2013[6], 280 ff; Kreutz 2014, 42).

Die Unterschiede, die Asymmetrie werden bzw. wird umso deutlicher, je mehr die Analyse in die Details geht (vgl. Brown 2000; Hassler 2000; Besson/Schön 2001, 236; Altenmüller 2002; Fitch 2005, 31; Passynkova et al. 2005; Saccuman/Scifo 2009, 301 ff; Kraus et al. 2012; Meyer et al. 2012, 117 f; Klöppel/Altenmüller 2013[6], 286 f; Kreutz 2014, 42). Klar ist jedenfalls, dass die Unterscheidungen und Unterschiede ein intaktes auditorisches System voraussetzen und dass die Unterschiede sowohl die Wahrnehmung als auch kognitive Aspekte wie z. B. die auditive Merkfähigkeit betreffen. Hassler (2000, 49 ff, 52 ff, 54 f) hebt Unterschiede zwischen Musiker und Nichtmusikern auf drei Gebieten hervor: dem Nervensystem, dem Hormonsystem und dem Immunsystem (vgl. Kap. 4.6.2).

### *4.4.1 Unterschiede zwischen den Geschlechtern*

Interessant ist, dass die hier angesprochenen Unterschiede sich auch zum Teil zwischen den Geschlechtern zeigen (vgl. Hutchinson et al. 2003; Ingalhalikar et al. 2014; Gehirn und Geist 2014, 12; Schaarschmidt 2015, 48 ff).

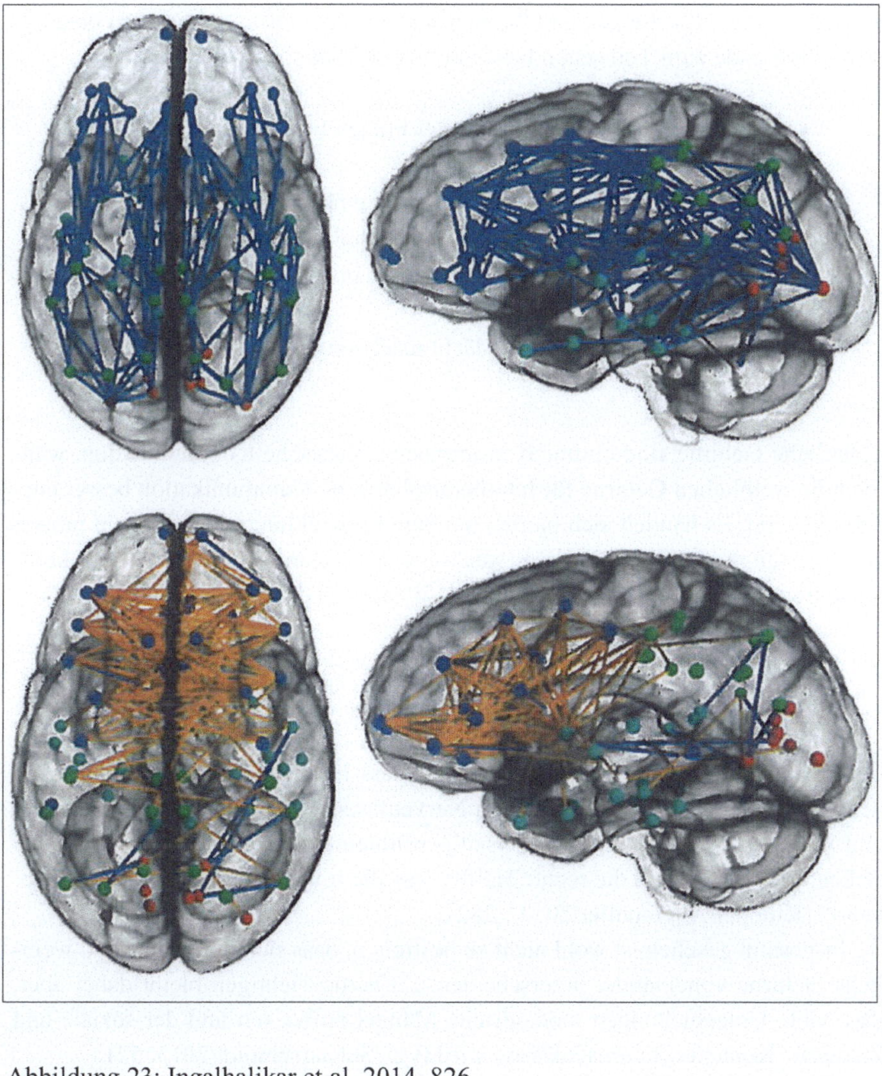

Abbildung 23: Ingalhalikar et al. 2014, 826

Die Unterschiede betreffen hauptsächlich Jugendliche und Erwachsene. Insgesamt zeigen sich als Ergebnisse der Untersuchung, an der 949 Probanden im Alter von

8 bis 22 Jahren (428 Jungen und Männer und 521 Mädchen und Frauen) beteiligt waren, folgende zum Teil schon bekannte Sachverhalte:

- die beiden Hirnhälften sind bei Frauen besser vernetzt als bei Männern
- Männer aktivieren verstärkt jeweils eine Hirnhälfte
- hinsichtlich des Kleinhirns dreht sich das Verhältnis um
- Männern zeigen bessere Fähigkeiten in motorischen und räumlichen Fähigkeiten
- Frauen zeigen höhere Gedächtnisleistungen und soziale Fähigkeiten.

Männliche Gehirne sind optimiert in intrahemisphärische Kommunikation, während die weiblichen Gehirne für interhemisphärische Kommunikation besser ausgebildet sind. Es handelt sich hierbei um eine Entwicklung, die bereits in jungen Jahren beginnt und sich bis ins Erwachsenenalter manifestiert. Insgesamt kommentieren die Autoren (Ingalhalikar et al. 2014, 823) das Ergebnis wie folgt:

> „Overall, the results suggest that male brains are structured to facilitate connectivity between perception and coordinated action, whereas female brains are designed to facilitate communication between analytical and intuitive processing modes."

Grundsätzlich lässt sich erst einmal sagen, dass bei einem gesunden Menschen beide Hirnhälften etwa 200 Millionen Nervenfasern miteinander verbunden sind und in einem permanenten wechselseitigen miteinander Informationsaustausche stehen: „Jederzeit weiß die rechte Hälfte, was die linke fühlt oder tut, und umgekehrt" (Klöppel/Altenmüller $2013^6$, 282).

Insgesamt gesehen ist wohl nicht zu bestreiten, dass sich männliche und weibliche Gehirne voneinander unterscheiden. Zu berücksichtigen bleibt dabei aber, dass viele Untersuchungen methodische Mängel aufweisen und der soziale und kulturelle Kontext oft vernachlässigt wird (vgl. Schaarschmidt 2015, 52).

Bezogen auf die Musikverarbeitung lässt sich erst einmal Folgendes sagen:

> „Als Faustregel gilt, dass frühe Verarbeitungsstufen der Musikwahrnehmung im Gehirn, etwa Tonhöhen- und Lautstärkenunterscheidung, bei allen Menschen in der primären und sekundären Hörrinde beider Hirnhälften erfolgen. Für spätere Verarbeitungsstufen und komplexere Musterkennung – wie etwa die Wahrnehmung von

> Melodien und Zeitstrukturen – sind jedoch bei jedem Menschen zumindest teilweise unterschiedliche Hirngebiete zuständig“ (Altenmüller 2002, 22).

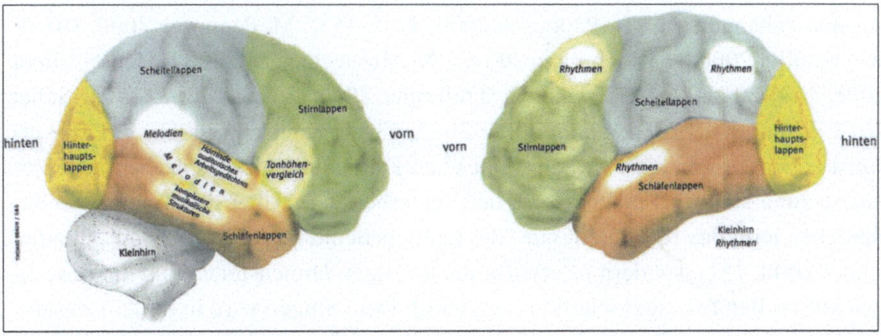


Abbildung 24: Altenmüller 2002, 22/23

Unterschiede hinsichtlich einer Schwerpunktsetzung musikalischer Verarbeitung resultieren zum großen Teil pathologischen Untersuchungen.

Weiterhin interessant ist in diesem Zusammenhang, dass sich demnach durch das Musizieren die männlichen Gehirne durch eine verstärkte Vernetzung eher dem weiblichen Standard annähern.

Unterschiede in der Verarbeitung von Musik, aber auch Sprache sind auch anderen Autoren bereits aufgefallen. So zeigen verschiedene Untersuchungen zur Lateralisierung Unterschiede zwischen den Gehirnen von Frauen und Männern (vgl. Spitzer 2002, 310 ff; Koelsch 2003, 84 f). Dass diese Lateralisierung, Frauen verarbeiten sowohl Sprache als auch Musik eher bilateral, Männer hingegen je nach Aspekten stärker links- bzw. rechtslateral, zugunsten des weiblichen Geschlechts ausfällt, lässt sich, nach Koelsch (2003, 84 f), u. a. daran ablesen, dass Sprachentwicklungsstörungen bei Jungen wesentlich häufiger auftreten als bei Mädchen und dass prinzipiell Frauen das Erlernen einer Fremdsprache leichter fällt als Männern.

### *4.4.2 Musik- und Sprachentwicklung*

Mittlerweile ist man sich darüber einig, dass Musik und Sprachentwicklung eng zusammenhängen (vgl. H. Papoušek 2000, 42 ff, 45 ff; M. Papoušek 2000, 103 ff; Altenmüller 2006a, 63; Lehmann 2007, 139; Musacchia et al. 2007; Stadler Elmer 2008, 144; 2015a, 6 f, 31 ff, 89 ff; Trollinger 2010; Bastian 2012, 15 ff; Sallat 2014; Elmer et al. 2015; Sallat 2008; 2017, 63 ff). Koelsch (2005b, 371 ff) verweist sogar darauf, „dass die musikalischen Fähigkeiten des Menschen eine Voraussetzung sind für Spracherwerb und -verarbeitung." Über das Singen und das Sprechen lernt das Kind nicht nur „die Laute bedeutungsvoll zu formen" (Stadler Elmer 2008, 151), sondern es erwirbt die geistigen Dimensionen und die jeweiligen kulturellen Errungenschaften (vgl. ebd.). Dem Singen wird in diesem Zusammenhang eine besondere Stellung zugesprochen, „da es sprachliche und musikalische Elemente vereint" (ebd.). M. Papoušek (2000, 88, 104) sieht in Neugeborenen eine starke intrinsische Motivation und Kreativität zum Gebrauch der Stimme sowohl für Stimmspiele als auch für vokale Imitationen. Nach Stadler Elmer (2015a, 6) bringt die Vokalisation des Säuglings „das Sprechen und Singen hervor." Ob es sich bei der jeweiligen Vokalisation um eine sprachliche oder eine gesangliche Äußerung handelt, unterliegt demnach kulturellen Konventionen (vgl. ebd.; a. a. O., 101 ff). Hierin sieht z. B. auch H. Papoušek (2000, 42) einen Grund, warum es schwierig ist, die Frage zu beantworten, was eher da war, die Sprache oder die Musik.

Bezogen auf das Verhältnis von Sprache und Musik zeigen Untersuchungen aus den letzten 15 Jahren, dass prinzipiell sowohl Sprache als auch Musik/Gesang links- wie rechtshemisphärisch verarbeitet werden (vgl. Jäncke 2008, 359; Altenmüller et al. 2000, 48; Besson/Schön 2001, 238; Friederici 2001[3]; Halpern 2001; Jourdain 2001, 341 f; Parsons 2001; Zatorre 2001; Spitzer 2002, 192, 199, 309 f; Altenmüller/Grossbach 2003a, 63; Altenmüller 2003a; Bey/Zatorre 2003; Koelsch 2003, 82 ff; Schlaug/Gaab 2003, 127; Schneider et al. 2005; Schön et al. 2005, 73, 75 ff, 79; Schönwiesner et al. 2005; Ackermann et al. 2006; Lehmann 2007, 139 f; Gruhn 2008[3], 14; Levitin 2009a, XVIII, 149; Marin 2009; Klöppel/Altenmüller 2013[6], 287 ff; Hickok 2015, 120 ff), auch wenn sich spezifische Funktionen einzelnen Hemisphären zuordnen lassen (vgl. Jourdain 2001, 342; Besson/Schön 2001; Liégeois-Chauvel et al. 2001; Samson et al. 2001; Lehmann 2007, 140; Levitin 2009a, 149 f; Klöppel/Altenmüller 2013[6], 288). Des Weiteren besteht ein

Unterschied darin, ob es sich bei den untersuchten Personen um Profis oder Laien handelt (vgl. Gruhn 2008[3], 14; Klöppel/Altenmüller 2013[6], 288 f; Kap. 4.6.2).

Entgegen anders lautender Aussagen sind sowohl der rechte als auch der linke Hörkortex für die Musikwahrnehmung von Relevanz. „Links werden vermehrt Zeit- und rechts vermehrt Frequenzinformationen verarbeitet" (Jäncke 2008, 283 ff). Wird nur ein Ton gehört, ist der rechtsseitige Kortex, der Tonhöhe und Klangfarbe analysiert, gefragt, während im Fall, dass zwei oder mehr Töne gehört werden, die Zeitdimension und damit die Aktivität des linksseitigen Kortex interessiert. In der Regel sind also bei der Wahrnehmung von Musik beide Seiten beteiligt (vgl. a. a. O., 286).

Auswertungen einer wissenschaftlichen Untersuchung aus dem Jahr 2006 konnte bestätigen, dass „die Wahrnehmung elementarer Musikelemente wie Tonintervalle, Tonmuster, Tonstruktur, Klangfarbe, zeitliche Intervalle und Rhythmus wesentlich von der Integrität des gesamten auditorischen Kortex (aber auch anderer Hirngebiete) abhängt" (a. a. O., 287; vgl. Stadler Elmer 2015a, 31 ff). Die kortikale Abspeicherung zwischen Musikern und Nichtmusikern ähnelt sich hier. „Nur Musiker müssen ein besonderes Expertenwissen auf diesem Gebiet ausbilden, um die vielfältigen musikalischen Informationen effizient zu speichern und auch schnell verfügbar zu machen" (Jäncke 2006a, 90). Zudem konnte durch die Untersuchung „ein klares Links-Rechts-Muster" (ebd.) nicht bestätigt werden.

Nach Altenmüller (in Oehler 2012, 24) ist es so, dass bei musikalischen Laien die rechte Hirnhälfte aktiver ist als die linke, bei musikalischen Profis ist es andersherum. Tatsache aber bleibt, dass bei beiden immer beide Hirnhälften aktiviert und somit am Geschehen beteiligt sind. Ausgegangen werden muss von einer Arbeitsteilung: „Links, im linken Schläfenlappen, wird der Rhythmus eines Stückes verarbeitet, rechts, im rechten Schläfenlappen, der Takt, das Metrum" (Oehler 2012, 25). Während auf der rechten Seite eher das Globale gesehen und verarbeitet wird, wird auf der linken Seite analytisch gearbeitet (vgl. ebd.).

In einer Fülle unterschiedlicher Untersuchungen, die im Folgenden kurz erwähnt werden, zeigt sich, dass sich Musikerfahrung bzw. langjährige Unterweisung in Musik prinzipiell nicht nur auf Musik, sondern auch auf Sprache positiv auswirkt (s. o.; vgl. Jentschke et al. 2005; Moreno/Besson 2005; Marin 2009; Wong et al. 2009; Trollinger 2010; Bailey/Penhune 2012; Elmer et al. 2012; François et al. 2012, 109 f; Meyer et al. 2012, 119; Patel 2012, 124; Schulze/Koelsch 2012; Altenmüller 2015e). Trollinger (2010, 20) verweist allerdings auch darauf, dass die Forschungsergebnisse doch sehr unterschiedlich sind und oftmals mehr Fragen aufwerfen als Antworten geben. Nach Trollinger (2010, 20) werden die beiden hauptsächlichen Sprachzentren, das Broca- und das Wernicke-Zentrum auch bei musikalischen Aktivitäten ausgelöst. Gerade hieraus wird von vielen Forschern ein Zusammenhang zwischen Sprache und Musik abgeleitet (vgl. Brown et al. 2004b). Aus den Aussagen von Altenmüller (2015e) lässt sich ablesen, dass die Zusammenhänge zwischen Sprache und Singen bisher nicht eindeutig zu beantworten sind.

Nach Sacks (2008, 51) sind „viele unserer musikalischen Assoziationen [...] sprachlicher Natur.“ Sprache und Musik weisen, unter strukturellen Aspekten betrachtet, einige Gemeinsamkeiten auf (vgl. Saffran 2003, 397). Nicht zuletzt deshalb sieht Saffran hierin zwei Stimuli, die kulturübergreifend für die Betrachtung der menschlichen Entwicklung sehr interessant sind.

Interessant im Zusammenhang mit der Hemisphärenspezialisierung ist die Verarbeitung von Liedern, die sowohl sprachliche als auch musikalische Anteile enthalten. „Je nachdem, auf welchen Aspekt des Liedes der Hörer achtet, werden bestimmte Hirngebiete stärker in die Verarbeitung miteinbezogen“ (Jäncke 2008, 360). Verallgemeinernd mit Blick auf das Singen lässt sich allerdings sagen, dass sowohl beim Singen als auch beim Sprechen „die Aktiviertheit bestimmter Gehirnzentren“ (Spitzer 2002, 278 f; vgl. Schön et al. 2005; Gruhn 2008$^3$, 191 ff; 2010, 41; Dalla Bella 2009, 97) kaum unterscheidbar ist (vgl. Kap. 5.9).

Flohr/Trevarthen (2008$^2$, 80) sehen sowohl in der Musik als auch in der Sprache ein Kommunikationssystem, das sich durch die und in der Kommunikation entwickelt. Als Kommunikationssysteme haben beide eine große Bedeutung hinsichtlich der Entwicklung zwischenmenschlicher Absichten, Interessen und Gefühle erlangt. Die Bedeutung der Musik hinsichtlich der Kommunikation liegt erst einmal im Vorsprachlichen, später dann wieder in der Musik z. B. als Mittel dramaturgischer Gestaltung. Saccuman/Scifo (2009, 298) verweisen darauf, dass die frühkindlichen musikalischen Kompetenzen eine wichtige Rolle hinsichtlich der Sprachentwicklung spielen, wobei der emotionalen Komponente besondere Bedeutung zugemessen wird (vgl. Franklin et al 2008).

Vergleiche zwischen Musikern und Nichtmusikern zeigen aber auch, dass sprachliche und musikalische Inputs von beiden Gruppen in unterschiedlichen Hirnregionen und in unterschiedlichen Arbeitsspeichern verarbeitet werden (vgl.

Jäncke 2008, 107; Schulze/Koelsch 2012, 232 ff), auch wenn erst einmal ähnliche Strukturen aktiviert werden.

Bezogen auf das Verhältnis von Sprache und Musik lässt sich als ein wichtiges Ergebnis festhalten, dass Menschen mit erhöhtem Musiktraining bessere verbale Leistungen vollbringen als solche mit keinem bzw. geringem Musiktraining. Zurückführen lässt sich dieser Sachverhalt auf erhöhte Hör- und Selektionsleistungen bei Musikern (vgl. Rauschecker 2003), was sich wiederum positiv auf das Lernen und besonders auf die Konzentration beim Lernen auswirkt. „Das Musikgedächtnis unterscheidet sich vom verbalen Gedächtnis in vielerlei Hinsicht" (Jäncke 2008, 106), doch es gibt auch Ähnlichkeiten: den Motiven in der Musik entsprechen die Wörter in der Sprache und die musikalischen Phrasen ähneln den Sätzen. Betonungen gibt es sowohl in der Musik als auch in der Sprache.

Prinzipiell ist also davon auszugehen, dass es vielfältige „Gemeinsamkeiten und Übergänge von Musik und Sprache" (Stadler Elmer 2015a, 59) gibt (vgl. a. a. O., 59 ff). Beide, „sowohl Musik als auch Sprache stellen lange, hochgradig organisierte Schallmuster dar. Es gibt keine vergleichbar komplexen Schallereignisse in der menschlichen Erfahrung oder der natürlichen Umwelt" (Jourdain 2001, 336). Des Weiteren zeigt sich, dass Musik und Sprache „mit teilweise sehr ähnlichen oder den gleichen neurophysiologischen Prozessen und in den gleichen zerebralen Strukturen und Netzwerken verarbeitet werden, je nachdem mit den gleichen oder mit unterschiedlichen hemisphärischen Gewichtungen" (Koelsch 2003, 88; vgl. Schulze/Koelsch 2012). Zum einen lässt das die Aussage zu, „dass das Gehirn keinen wesentlichen Unterschied zwischen Musik und Sprache macht" (Koelsch 2003, 88) und zum andern verstärkt es die häufig geäußerte Vermutung, „dass Musik und Sprache in frühen Stadien der Sprachentwicklung sehr eng miteinander verbunden sind" (a. a. O., 89). Nach Patel (2012, 124) hat Musiktraining dann einen positiven Einfluss auf Sprache, wenn folgende fünf Bedingungen (OPERA) zusammen kommen: „Overlap, precision, emotion, repetition, and attention." Diese fünf Bedingungen beeinflussen die Neuroplastizität und den auditorische Kortex so, dass sich Auswirkungen auf Sprache einstellen.

„Sowohl Musik als auch Sprache lernen wir durch bloßes Zuhören zu verstehen und Sätze und Melodien erzeugen wir ohne jede formale Ausbildung in den jeweils zugrunde liegenden Regeln" (Jourdain 2001, 336) und bereits mit fünf Jahren haben die meisten Menschen diese Regeln, die zudem noch kulturabhängig sind, verinnerlicht (vgl. Patel 2003).

Andere Untersuchungen (vgl. Jäncke 2008, 361 f) konnten zeigen, dass sprachliche Darbietungen von Menschen mit teils langjährigen Musikerfahrungen schon auf untergeordnete, „dem Bewusstsein vorgeschaltete Verarbeitungsstufen" (a. a. O., 362) verarbeitet werden. In einem weiteren Versuch konnte zudem bestätigt werden, dass Musikerfahrung „das Wahrnehmen von Betonungsmustern im Zusammenhang mit dem Lernen und Verstehen von Sprache fördert" (a. a. O., 363). Auch prosodische Anteile von Sprache lassen sich von Kindern mit Musikerfahrungen besser erkennen (vgl. a. a. O., 363 f; Magne et al. 2003). Gleiches gilt für das Erkennen emotionaler Anteile in Sprache (vgl. Jäncke 2008, 364).

Nachgewiesen werden konnte ebenfalls, dass sich in der Kindheit vollzogenes intensives Instrumentalspiel immer noch positiv auf Erkennen von Sprachlauten im Alter von bis zu 76 Jahren auswirkt (vgl. White-Schwoch 2013). Dahinter steht die Annahme, dass das frühe Musizieren die Wahrnehmung von Klängen dauerhaft verändert.

Sowohl für Sprache als auch für Musik gilt das Grundprinzip des statistischen Lernens. Die Häufigkeit einer sprachlichen oder musikalischen Präsentation stärkt die synaptischen Verbindungen und aktiviert damit entsprechende Zentren. Es handelt sich hierbei um eine eher unbewusste Aneignung eines Regelwerks. Insofern kann es also sein, dass musikalisch wenig oder gar nicht geschulte Kinder, musikalische Besonderheiten bewusst nicht wahrnehmen und erkennen, aber ihr Gehirn auf diese Besonderheiten aufgrund unbewusster Lernprozesse dennoch reagiert (vgl. a. a. O., 370).

Sowohl Sprache als auch Musik benötigen eine Commitment, eine implizite oder explizite Bereitschaft sich auf Sprache oder Musik einzulassen. Gemeint ist hier das die Entschlossenheit, das unbedingt Durchhaltevermögen, sich dieser Sache zu widmen (vgl. Wolf 2015).

Sowohl Sprache als auch Musik gehorchen bestimmten Regelsystemen, „die gewisse Ähnlichkeiten aufweisen" (a. a. O., 369; vgl. Jourdain 2001, 339) und somit auch ähnliche neuronale Netzwerke nutzen, „jedoch mit unterschiedlichen Schwerpunkten in der rechten oder linken Hemisphäre" (Jäncke 2008, 370; vgl. Jourdain 2001, 335).

Sowohl über Sprache als auch über Musik lassen sich semantische Verknüpfungen erstellen. Bei der Musik geschieht das über vier Wege: Koppelung mit Emotionen, Verbindung mit Objekten, implizites Lernen und Kombination unterschiedlicher Element z. B. zum Erzeugen von Spannung (vgl. Jäncke 2008, 372 ff; Levitin 2009a, 240 f).

Eine differenziertere Betrachtung des Verhältnisses von Musik und Sprache zeigt sich bei Brown (2001, 372), der zwischen unterschiedlichen Features unterscheidet, aber auch bei Schulze/Koelsch (2012). Demnach gibt es Elemente, die sowohl Sprache als auch Musik gemeinsam haben, z. B. lassen sich über beide Gefühle ausdrücken (vgl. Strait et al. 2009). Daneben aber gibt es auch Features, die zwar ähnlich, aber nicht gleich sind und es gibt drittens solche, bei denen sich Sprache und Musik klar unterscheiden. Ohne jetzt näher hierauf einzugehen, zeigt sich doch, dass die Beziehungen zwischen Sprache und Musik komplexer sind, als man gemeinhin annimmt.

Ohne jetzt hier weiter auf Einzelheiten eingehen zu wollen, erscheint es fast selbstverständlich, dass Zusammenhänge bestehen hinsichtlich der Kombination Sprache – Lesen – Musik als auch hinsichtlich der Möglichkeiten einer Kombinierten Sprache – Musiktherapie (vgl. Sallat 2008; 2014; 2017).

Laut einer Untersuchung (vgl. Jäncke 2008, 298) auf der Grundlage eines dichotischen Hörtests ist die Verarbeitung des Gehörten davon abhängig, ob sie bei einem musikalischen Laien oder einem Profimusiker durchgeführt wird (vgl. Jourdain 2001, 117, 343). Entscheidend sind nämlich die Verarbeitungsstrategien: bei den musikalischen Laien ist diese eher ganzheitlich, während sie bei den Profis eher analytisch ist. Insofern findet sie bei den Laien eher rechts-, bei den Profis dagegen linksseitig statt (vgl. ebd.; a. a. O., 347; Spitzer 2002, 196 f). Weitere Untersuchungen mit bildgebenden Verfahren konnten zeigen, dass „Musiker musikbezogene Gedächtnisinhalte während des Musikhörens“ (Jäncke 2008, 299) abrufen, sodass in ihrem Fall „kein klares Muster von Hemisphärenasymmetrie mehr auftritt“ (ebd.). Das aber heißt letztlich nichts anderes, als dass Musik erfahrungsabhängig verarbeitet wird. Je größer die musikbezogene Erfahrung ist, was durchaus einen Lernprozess beinhaltet, desto mehr Hirnareale sind an der Verarbeitung von Musik beteiligt.

Ein weiters Feld zur Kontrolle der Verarbeitung von Musik und Sprache bilden neurologische Erkrankungen oder neurologische Veränderungen auf Grund von Verletzungen und Schädigungen entsprechender Hirnzentren (vgl. Brust 2001; Jourdain 2001, 340 ff; Peretz 2001; Spitzer 2002, 192 ff, 203 ff, 205 ff; Altenmüller/Grossbach 2003b; Samson/Peretz 2005; Kreutz/Lotze 2008[2], 155 f; Sacks 2008, 12 ff, 118 ff; Fadiga et al. 2009; Gasenzer 2009, 48 ff; Levitin 2009a, 152 f,

214 f, 234 f). Eine dieser möglichen Folgen bezogen auf die Musik ist die Amusie, eine "Störung der Musikverarbeitung bei intaktem Hörvermögen“ (Altenmüller/Schuppert 2017, 3; vgl. Peretz 2001; Andrade 2003, 284; Cuddy et al. 2005; Sloboda et al. 2005; Gosselin et al. 2009; Moreau et al. 2009; Nguyen et al. 2009; Schlaug et al. 2009b; Särkämö et al. 2009; Cousineau et al. 2012; Dalla Bella et al. 2012; Zipse et al. 2012; Sallat 2014, 19 ff), wobei zwischen motorischer (Erzeugung) oder expressiver und sensorischer (Wahrnehmung) oder rezeptiver Amusie (vgl. Brust 2001; Jourdain 2001, 350; Spitzer 2002, 300; Altenmüller/Schuppert 2017) und richtiger und falscher Amusie (vgl. Sloboda et al. 2005) unterschieden werden muss. Es existieren allerdings auch andere Unterteilungen (vgl. Altenmüller/Schuppert 2017, 4). Bei einer Amusie handelt sich hierbei um eine Störung, die in erster Linie in Folge von Hirnschädigungen auftritt, jedoch zeigt sich auch ca. 4 % der Bevölkerung eine Amusie, unabhängig von einer Hirnschädigung (vgl. Altenmüller/Schuppert 2017, 4). Untersuchungen zeigen, dass ein Nicht-Erkennen und eine Nicht-Produktion von Melodien (Amelodie) eher auf eine Schädigung der rechten Hemisphäre, eine Nicht-Produktion und eine Nicht-Erkennen rhythmischer Strukturen (Arhythmie) eher Folgen auf eine Schädigung der linken Hemisphären zurückzuführen sind (vgl. Spitzer 2002 196 ff, 200, 300; Jourdain 2001, 349). Von Agnosie spricht man dann, wenn bestimmte Klänge „trotz normaler Wahrnehmung“ (Jourdain 2001, 352; Vgl. Peretz 2001) dem Klangerzeuger (Instrument) nicht zugeordnet werden können. Altenmüller/Schuppert (2017, 4) plädieren allerdings dafür, solche Unterscheidungen nicht zu treffen. Wichtig ist die Unterscheidung, dass Amusien das Ganze, aber auch nur Teilaspekte betreffen können.

„Amusie kann vom untersten Niveau der Wahrnehmung bis zur höchsten Stufe der musikalischen Analyse alle musikalischen Fähigkeiten betreffen“ (Jourdain 2001, 351). Hyde/Peretz (2003) und auch Gosselin et al. (2009) weisen darauf hin, dass Amusie nicht nur durch Hirnschädigungen erworben werden, sondern auch von Anfang an bestehen kann (Congenitale Amusie). Insofern ist es nur verständlich, wenn Jäncke vor Vereinfachungen der Darstellungen warnt: „Dafür ist die Repräsentation der Musikfunktionen viel zu komplex“ (Jäncke 2008, 301; vgl. Jourdain 2001, 349, 356; Spitzer 2002, 199 ff). Vielmehr sieht er „eine hierarchische Organisation der Musikwahrnehmung“ (Jäncke 2008, 302) dahingehend, dass Kontur und Metrik erst einmal linkshemisphärische verarbeitet werden (vgl. Abecasis et al. 2009) und dass die Informationen über den Balken auf die rechte

Seite wandern, wo dann Rhythmus und Intervalle analysiert und verarbeitet werden. „Offenbar müssen neuronale Netzwerke beider Hemisphären in die Analyse eingreifen, um eine effiziente Musikwahrnehmung zu bewerkstelligen" (Jäncke 2008, 302). Jourdain (2001, 352) zufolge entsteht wirkliche Amusie „eigentlich erst bei einer Verletzung des sekundären auditorischen Cortex" (vgl. Abb. 1). Sicher ist in jedem Fall, dass Schädigungen der Sprachzentren, in deren Folge es zu Aphasien oder Amusien kommt, Auswirkungen auf das emotionale Empfinden haben (vgl. Kreutz/Lotze 2008$^2$, 156; Patel 2005, 64 ff; Tomaino 2010). Inwieweit die Verarbeitung von Sprache und Musik betroffen ist, hängt nicht zuletzt auch davon ab, wie man diese Zusammenhänge begreift. Altenmüller/Schuppert (2017, 7) weisen darauf hin, dass die derzeitige Forschung dazu neigt, dass die Verarbeitung von Sprache und Musik „auf separaten Nervenzellverbänden zu basieren scheint." Inzwischen wird auch die Meinung vertreten, dass Amusien in gewissem Maße heilbar zu sein scheinen (vgl. ebd.). Hier sind allerdings noch weitere einschlägige Forschungen angesagt.

Fragt man nach den hirnorganischen Grundlagen der Amusie, so lassen sich eindeutige Aussagen lediglich hinsichtlich der kompletten Amusie treffen. Ansonsten ist es nur schwer eindeutige Aussagen zu treffen, da die Entwicklung „neuronaler Netzwerke der Musikwahrnehmung und Musikproduktion durch die Hör- und musikalische Biographie des Individuums plastisch verändert werden" (a. a. O., 9) und somit individuell und nicht zuletzt auch in Abhängigkeit vom Beginn einer musikalischen Entwicklung zu betrachten sind.

In diesem Zusammenhang sind auch Untersuchungen zu sehen, die sich mit dem autobiografischen musikalischen Gedächtnis infolge eines erlittenen Hirnschadens befassen (vgl. Braid/Samson 2014). Grundlage ist hier auch die Erkenntnis der Verwobenheit diverser musikalischer Areale im Gehirn und die Nähe der Musik zur Sprache. Nicht zuletzt wegen der Verbindung von Sprache und Musik (Gesang) sieht Patel (2012, 124) in der musikalischen Unterweisung auch einen Weg, die Sprache auch bei Menschen mit Entwicklungsverzögerung als Mittel der Wahl einzusetzen.

Mit Blick auf den eben erwähnten Unterschied zwischen Laien und Profis ist es nicht verwunderlich, wenn auch in diesem Fall Unterschiede vorliegen (vgl. Jourdain 2001, 302 ff; Spitzer 2002, 196). Prinzipiell lässt sich allerdings sagen, dass „der Lateralisation (im Ganzen) zu viel Bedeutung beigemessen (wird)"

(Jourdain 2001, 344). Das gilt sowohl für Sprache wie auch für Musik gleichermaßen (vgl. Schulze/Koelsch 2012, 232).

Wenn die Zentren für Musik und Sprache anscheinend so nah beieinander liegen, dass sie sich kaum voneinander unterscheiden lassen, ist davon auszugehen, dass auch die neuronalen Bahnen ähnlich, wenn nicht gleich sind.

Wenn dem so ist, „muss jeder, der sprechen lernt, auch singen können" (Gruhn 2008[3], 197; vgl. Gruhn 2010, 50; Kap. 5.9). Die Tatsache, nicht singen, aber sprechen zu können, deutet demnach dann nicht auf einen physiologischen Defekt, sondern auf Ungeübtheit hin. Diese Aussage Gruhns erscheint ein wenig problematisch, zumal Altenmüller/Grossmann (2003b, 35) davon ausgehen, dass „die Hirnphysiologie des Singens bis heute nicht gut aufgeklärt (ist)." Das liegt insbesondere daran, dass die Messungen „während des Singens durch zahlreiche Störfaktoren erschwert" (ebd.) sind, z. B. durch Atem- und Zungenbewegungen. Ein anderer Grund ist darin zu sehen, dass dem Verhältnis Sprache und Musik eine größere Bedeutung beigemessen wurde. Selbst wenn von einer Ähnlichkeit der Physiologie von Sprache und Singen ausgegangen werden kann, so kommen beim Singen noch weitere Punkte hinzu, „die für die hirnphysiologische Repräsentation bedeutsam sind" (a. a. O., 36):

1. „Gesang ist durch bewusst gestaltete Melodik (Tonhöhenstruktur) und Rhythmik (Zeitstruktur) und durch besonderen Reichtum der Ausdrucksmöglichkeiten gekennzeichnet.
2. Gesang ist durch präziseste, häufig (zumindest in der Einübungsphase) bewusst Kontrolle zahlreicher Körperfunktionen gekennzeichnet, die wiederum der Kontrolle durch den Gehörsinn unterliegen.
3. Kunstgesang muss durch Verfeinerung von Körperfunktionen mühsam erlernt werden.
4. Kunstgesang unterliegt auch im gesellschaftlichen Rahmen einer starken ‚Kontrolle', das heißt der Gesang ist in ein Belohnungs- und Bestrafungssystem eingebunden.
5. Gesang ist wohl immer und besonders an die Emotionen gebunden."

Die „Neuroanatomie des Singens" (ebd.) zeigt, dass die am Gesang beteiligten „Nervenzellen weit verstreut im Zentralnervensystem (liegen)" (ebd.). Für eine korrekte Ausführung des Gesangs müssen diese koordiniert werden. Weitere Untersuchungen zur Aktivierung der Großhirnrinde beim Sprechen und Singen ergaben, dass es sich um unterschiedliche Strukturen handelt. So liegen die Strukturen beim Singen eher rechtshemisphärisch. Zudem ist die Großhirnrindenaktivierung beim Singen hinsichtlich der „Querverbindungen der neuronalen Netzwerke" (a. a. O., 37) sehr viel variabler und ausgedehnter.

Bleibt noch die Frage zu beantworten, ob Singen die Ursprache ist (vgl. ebd.). Nach Altenmüller/Grossmann (ebd.) sprechen drei Gründe dafür:

1. „Singen erzeugt Gruppenbindung […]
2. Singen ist weltweit und in jedem Alter an emotionalen Ausdruck gebunden […]
3. Singen erzeugt weiter verzweigte und variablere Aktivierungsmuster im Großhirn als Sprechen."

Sprache, so die Annahme, entwickelte sich erst als Menschen über den Gesang als emotionales Kommunikationsmittel hinaus gezwungen waren, sich für ihre Arbeitsprozesse differenzierter zu organisieren und ein effizienteres Kommunikationsmittel benötigten (vgl. a. a. O., 39). Das würde auch der Ansicht Gruhns entsprechen, dass sich mit dem Einsetzen der Sprache „die bisher gemeinsamen Anforderungen in Sprache und Musik allmählich auseinander" (Gruhn 2010, 46) entwickeln. Eine Zusammenführung dieser beiden für den Menschen kennzeichnenden Kommunikationsmittel sehen Altenmüller/Grossmann (Altenmüller/Grossmann 2003b, 39) in den Liedern.

Unabhängig von der Auseinandersetzung um die Beziehungen zwischen Sprache und Musik scheinen Unterschiede in der Wahrnehmung von Tonhöhen bzw. Tonlagen sowohl Auswirkungen auf den Ort der neuronalen Verarbeitung als auch auf die Wahl des jeweiligen Instruments zu haben (vgl. Schneider et al. 2005; Tang et al. 2017).

In einer neueren Untersuchung von Donnay et al. (2014) konnte gezeigt werden, dass bei einer interaktiven musikalischen Improvisation im Sinne einer Kommunikation Hirnzentren aktiviert werden, die üblicherweise bei syntaktischen Sprachprozessen aktiviert werden. Die Forscher leiten daraus ab, dass neuronale

Zentren für syntaktische Prozesse nicht sprachspezifisch sind, sondern bei jeder Form von Kommunikation aktiviert werden. Für semantische Prozesse gilt das übrigens nicht (vgl. a. a. O., 8 f).

Zusammenfassend lässt sich sagen, dass die derzeitigen Forschungsergebnisse eine Zuweisung der sprachlichen und musikalischen Kompetenzen zu einer Hirnhälfte unzulässig sind.

> „First and foremost, the two hemispheres do not work in distinct isolation no matter what task they currently engaged in. It is not plausible to assume that music or speech perception is a function that merely resides in one sole hemisphere. […] Thus, it is not accurate to use the iterm „hemisphere" in a global sense in the context of functional Neuroanatomy of language and music" (Meyer et al. 2012, 118).

Nur am Rande sollen hier zwei wesentliche Fakten angefügt werden, die vielleicht in der Zukunft dazu führen könnten, auch das Verhältnis von Sprache und Musik neu zu überdenken:

1. Die Verbindung von Musik und Sprache scheint nicht ein Phänomen zu sein, das sich ausschließlich auf die menschliche Spezies bezieht. Denn Tiere, die sprechen können, interessanterweise gehören dazu nicht die Primaten (vgl. Patel 2014, 3), sondern Papageien, Elefanten und Seelöwen, haben durch „eine enge Kopplung zwischen auditorischen und motorischen Hirnstrukturen" (Weigmann 2014, 72; vgl. Wilhelm 2008; Patel 2014, 3) die Möglichkeit, sich in ihren Bewegungen dem Rhythmus einer Musik anzupassen. Nur ist diese Kopplung beim Menschen am stärksten (vgl. Patel et al. 2009; 2014; Merchant/Honing 2014).

   Der Tübinger Forscher Ackermann geht jedoch von einem ganz anderen Modell aus. Seiner Meinung nach reicht die Kenntnis über das Broca- und Wernicke-Areal nicht aus, um Sprache und Sprachverstehen beim Menschen zu erklären. Ausgangspunkt seiner Überlegungen ist ein Zwei-Kanal-Modell. Der erste Kanal, den wir mit einigen Säugetieren (s. o.) teilen, „vermittelt unwillkürliche, emotionsgesteuerte akustische Signale" (Ackermann in Rauch 2008, 31), z. B. das Lachen und das Weinen. Sein Sitz befindet sich „an der Innenseite des Stirnlappens“ (ebd.). Beim Menschen ist dieser Kanal durch einen zweiten überbaut, „dem Sprachkanal“ (ebd.), dessen Sitz in den Basalganglien und im Kleinhirn ist. Diese und weitere Areale sind beim Menschen für das Erlernen der Sprache verantwortlich.

2. Schon 2001 war es britischen Forschern im Rahmen einer pathologischen Studie gelungen das Sprachgen FOXP2, das auf dem Chromosom 7 sitzt, zu entdecken (vgl. Rauch 2008, 30). Nach bisherigen Erkenntnissen handelt es sich bei dem Gen um einen sogenannten „Transkriptionsfaktor, ein(en) Schalter, der andere Gene an- oder ausschalten kann“ (ebd.). Die Vermutung geht dahin, dass dieses Gen „sowohl bei der Installation der Basalganglien-Netzwerke als auch bei der Kleinhirn-Verbindung im Spiel (sind)“ (Rauch 2008, 31).

## 4.5 Gedächtnis – Musikgedächtnis

Ganz allgemein lässt sich erst einmal folgender Sachverhalt feststellen: „Nach neueren Erkenntnissen ist davon auszugehen, dass es einen bestimmten Sitz des Gedächtnisses ebenso wenig gibt wie ein einheitliches Gedächtnissystem. […] Vielmehr muss man sich das Gedächtnis als ein System vorstellen, das nach dem Prinzip der Selektion neuronaler Gruppen (Edelmann 1992) arbeitet“ (Gruhn 2008[3], 182). Es handelt sich also um ein dynamisches Modell. Oder anders ausgedrückt: „Es gibt nicht nur ein Gedächtnis, sondern viele. Jedes hat seine Aufgaben und eigene Regeln, nach denen es arbeitet“ (Jiménez 2015, 62). Eine wesentliche Erkenntnis der Gedächtnisforschung, die im Folgenden immer im Gedächtnis bleiben sollte, ist, dass Informationen, die emotional gefärbt sind, länger im Gedächtnis verbleiben (vgl. Jäncke 2013, 498 ff).

„Unser Gedächtnis ist ein assoziativer Speicher“ (Jäncke 2008, 219). Neue Informationen werden demnach gespeichert, indem sie Verbindungen zu bereits gespeicherten Informationen herstellen. Die spätere Erinnerung an einen Sachverhalt hängt davon ab, wie viele Verbindungen eine Information zu bereits bestehenden Informationen herstellen kann. Je mehr, desto besser. Alle Informationen, die während eines Lernprozesses präsent sind, fließen in die Verarbeitung der Information im Gedächtnis mit ein und dienen beim Abruf als Hinweisreize (kontextabhängiges Gedächtnis). „Je mehr man also mit dem Inhalt sicher und konsistent koppelt, desto stabiler ist der Gedächtnisinhalt“ (a. a. O., 228). Die Abrufstruktur besteht letztlich aus drei Informationsquellen:

- *dem Hinweisreiz:* Informationen, die beim Lernen mehr oder minder zufällig beteiligt sind (vgl. a. a. O., 222), z. B. Geräusche, eine bestimmte Musik etc.
- *der Repräsentation der Information:* Kerninformationen, „die man lernen möchte“ (a. a. O., 220), z. B. ein Gedicht.
- *dem Kontext:* Informationen, „die etwas unspezifischer sind als die Hinweisreize“ (a. a. O., 222 f), z. B. Stimmungen beim Lernen, die durch Musik hervorgerufen werden.

Sowohl Hinweisreize als auch der entsprechende Kontext sind mit den Repräsentationen gekoppelt. Die Gedächtnisstärke der Kerninformationen hängt davon ab mit wie vielen Zusatzreizen und weiteren Kerninformationen sie verbunden und emotional besetzt ist.

Hinsichtlich der Gedächtnisprozesse unterscheidet man eine zeitliche, eine inhaltliche, eine informationstheoretische und eine neurobiologische Sichtweise (vgl. Spitzer 2002, 116). „Der für die Musik wichtigste Gesichtspunkt des Gedächtnisses ist die Zeit“ (ebd.). Die zeitliche Perspektive differenziert danach, wie lange ein Inhalt im Gedächtnis bleibt. Zu unterscheiden sind hier das Ultrakurzzeit-, das Kurzzeit- und das Langzeitgedächtnis (vgl. Roth 2011$^{4}$, 107 ff; Jäncke 2013, 475 ff; Kuhbandner/Müller 2016, 52 f).

Im *Ultrakurzzeitgedächtnis, dem echotischen oder auch auditorisch sensorisches Gedächtnis* (Koelsch) liegt die ganze Information vor, aber eben nur sehr kurz. Diese verfällt nach wenigen Millisekunden, wenn sie nicht weiter verarbeitet wird. Das *Kurzzeitgedächtnis* hält die ankommenden Informationen, maximal sieben +/– zwei (Miller'sche Zahl), einige Sekunden. Es wird daher auch als das Arbeitsgedächtnis bezeichnet (vgl. BMBF 2007, 71 ff; Roth 2011$^{4}$, 140 ff; 2013$^{8}$, 139; Jäncke 2013, 573 ff; Monyer/Gessmann 2015, 58 ff; Kap. 3.1). Im *Langzeitgedächtnis* werden die Inhalte, die Fakten, das Wissen, aber auch die „die emotionalen Reaktionen auf verschiedene Aspekte der Welt gespeichert“ (Spitzer 2002, 117), wozu auch die Musik gehört (vgl. Sacks 2008, 12). Bei den drei Zeitgedächtnissen handelt es sich um unterschiedliche Informationsverarbeitungsstufen oder -prozesse, nicht aber um drei voneinander abgegrenzte Systeme. Nach Braun/Bock (2008², 43) dauert es bis zu 24 Stunden, bis sich ein zu lernender Inhalt im Langzeitgedächtnis festgesetzt hat. Nach Bednorz/Schuster (2002³. 42) ist das Kurzzeitgedächtnis sehr störanfällig. Um sicher zu gehen, dass das Gelernte auch ins Langzeitgedächtnis gelangt, sind häufige Wiederholungen notwendig.

Unser Gedächtnissystem, gemeint ist hier das Langzeitgedächtnis, lässt sich in zwei Teile unterscheiden, dem prozeduralen unbewussten (impliziten) (vgl. Bednorz/Schuster 2002³, 107 ff; Winkel et al. 2006, 209 ff) und dem bewussten (expliziten oder deklarativen) Gedächtnis. Beide Teilsysteme lassen sich noch weiter untergliedern. Zum prozeduralen Gedächtnis gehören als Unterkomponenten das perzeptuelle und das Priming-Gedächtnis, während zum bewussten das episodische und das semantische Gedächtnis gehören (vgl. Spitzer 2002, 119; vgl. Levitin 2009a, 166; Jäncke 2013, 505 ff). Sitz der impliziten Gedächtnisanteile ist das „Kleinhirn, die sogenannten Basalganglien und auch sensorische Anteile in der Gehirnrinde" (Jiménez 2015, 63).

Im *prozeduralen* Gedächtnis speichern sich unbewusste Handlungsfolgen aber auch Sprachregeln und viele Assoziationen ab, des Weiteren die frühen Erfahrungen, die uns Dinge später rascher erkennen lassen. „Die frühen Erfahrungen bahnen […] sozusagen neue Wahrnehmungserlebnisse, weswegen man diese Gedächtnisprozesse auch als Priming bezeichnet" (Spitzer 2002, 119; vgl. Guéguen 2008). Bauer (2015, 99) beschreibt Priming als „Tatsache, dass Worte, Bilder oder Szenen beim Menschen zu einer inneren Voraktivierung führen, die seine nachfolgenden Verhaltensweisen in einer bestimmten Weise beeinflussen."

Das *episodische* oder *autobiographische Gedächtnis*, speichert und bewertet mit Blick auf die Zukunft (vgl. Monyer/Gessmann 2015, 69 f) Episoden, „Handlungen, Ereignisse, Bilder und Szenen" (Jäncke 2008, 314) aus unserm und dem Leben anderer (vgl. Jiménez 2015, 63), während das *semantische Gedächtnis*, das auch als Faktengedächtnis bezeichnet wird, eben Fakten und Bezüge speichert (vgl. Jourdain 2001, 214). „Semantisches und episodisches Gedächtnis hängen eng miteinander zusammen. Das eine stellt die Basis für das andere dar" (ebd.).

Das episodische Gedächtnis verleiht uns die Fähigkeit, „mental durch die Zeit zu reisen und sich sowohl jüngste als auch lange zurückliegende Ereignisse zu vergegenwärtigen. Ohne das episodische Gedächtnis wüssten (wir) weder, wer (wir) sind, noch könnten (wir uns) die Zukunft vorstellen" (Staresina/Köhler 2017,

52). Von den Hirnstrukturen her betrachtet, ist der Hippocampus hier massiv mit eingebunden, der „über ganz spezielle neuronale Verschaltungen (verfügt)“ (ebd.) und zudem mit vielen anderen Gehirnregionen verbunden ist, die er braucht, um Detailwissen, das er aufgrund zu geringer Speicherkapazität nicht halten kann, abzugeben. Mittlerweile ist man sich sicher, dass der Hippocampus „tatsächlich Dreh- und Angelpunkt für das episodische Gedächtnis ist“ (a. a. O., 54).

Monyer/Gessmann (2015, 26 f, 31 ff) zufolge besteht die Aufgabe des Gedächtnisses nicht (nur) darin, Fakten abzuspeichern, also Vergangenes aufzubewahren. Vielmehr vertreten die Autoren die Ansicht, dass sich „bei der *Reaktivierung* der Gedächtnisspur“ (a. a. O., 36) oder des Gedächtnisinhalts sich diese oder dieser wieder verflüssigt und so einer Neubearbeitung möglich macht. „Jede Neuvorlage bringt die Möglichkeit neuerlicher Veränderung mit sich, die letzte Version ist immer nur die letzte in der Folge einer Reihe vorangegangener Modifikationen“ (a. a. O., 37).

Bezogen auf Musiker lässt sich erst einmal generell sagen, „dass Musiker (jeden Alters) über bessere verbale Gedächtnisleistungen verfügen“ (Jäncke 2006a, 90) als Nichtmusiker (vgl. Brandler/Rammsayer 2003, 132; Kap. 4.6.2).

Das Spezielle aber ist das Expertengedächtnis, das sich immer dort ausbildet, wo sich ein Mensch ganz intensiv mit einer Materie auseinandersetzt (vgl. Kap. 4.8). In diesem Expertengedächtnis ist alles mit allem verknüpft. In der kognitiven Psychologie wird dieses Netzwerk „als Abrufstruktur [...] bezeichnet“ (Jäncke 2008, 108). Dieses Netzwerk besteht aber nicht einfach so, sondern wird von einem Musiker im Laufe der Zeit in Auseinandersetzung mit der Musik gelernt, aufgebaut und durch fortlaufendes Üben immer weiter entwickelt. Es ist deshalb individuell. Die Abrufstruktur ist also veränderbar, auch wenn „die wichtigen markanten Informationen [...] in den Abrufstrukturen des Gedächtnisses fest und dominierend verankert (sind)“ (a. a. O., 111). Die Verbindungen innerhalb dieses Netzwerkes sind vergleichbar mit Wegen, die sich immer weiter ausbilden, je häufiger sie genutzt werden. Hier liegt auch die Grundlage für die Koppelung des auditiven mit dem motorischen Areal, die nicht von Geburt an existiert, sondern gelernt werden muss (vgl. a. a. O., 110 f; Jourdain 2001, 284 ff).

Sowohl das implizite als auch die beiden „expliziten Gedächtnissysteme werden beim Musizieren“ (Jäncke 2008, 314), aber auch beim Komponieren gebraucht (vgl. Jourdain 2001, 208 ff). Dabei greifen beide Systeme auf unterschiedliche Hirngebiete zurück, die auch für verbalen Informationsaustausch genutzt werden. Bezogen auf die Beteiligung beider Hirnhälften ist letztlich davon auszugehen, dass beide an dem Musikgedächtnis beteiligt sind (vgl. Jäncke 2008, 315; Spitzer 2002, 119; Groussard et al. 2009). Im Kurzzeitgedächtnis kommt es musikalisch betrachtet zur Motiv- und Phrasenbildung, wobei die Länge einer Phrase die Länge dessen, was sich auf einem Atemzug singen lässt, nicht überschreiten sollte, um für den Hörer als solche erkennbar zu sein. Im Langzeitgedächtnis haben wir nicht nur ganze Lieder und Rhythmen, sondern auch musikalische Prinzipien, z. B. Tonleitern, Harmonien, Strukturen, Schemata, Formen und Genres abgespeichert, die uns helfen, sich in der Musik zurechtzufinden und die auch die Erwartungen an neue Musik beeinflussen (vgl. Levitin 2009a, 190). Wie genau ein musikalisches Ereignis abgespeichert wird, hängt auch von der zeitlichen Auflösung ab (vgl. Jourdain 2001, 180 ff). Probleme bestehen dann, wenn ein solches Ereignis zu langsam oder aber zu schnell abläuft und in der Folge vom Gehirn nicht mehr verarbeitet werden kann, wenn also die Verarbeitungskapazität unter- oder überschritten wird.

Eine weitere Form des musikalischen Gedächtnisses sieht Gruhn (2008[3], 186) in der Audiation (vgl. Kap. 5.2). Diese wird dann interessant, wenn es darum geht, ein bisher nicht bekanntes Musikstück zu lesen und zu spielen. Genaugenommen geht es darum einen bisher unbekannten Notentext zu lesen und eine innerlichen Klang zu erzeugen ähnlich einem Text, den man stumm liest, dessen Inhalt man aber hinterher verbal wiedergeben kann. „Diese Fähigkeit geht über das bloße Erinnern hinaus und erfordert die Fähigkeit zur Audiation“ (ebd.; vgl. Pecenka/Keller 2009; Kap. 5.3.2).

Im Gegensatz zur landläufigen Vorstellung werden Fakten nicht als Ganzes abgespeichert, sondern in ihre Einzelteile zerlegt und in unterschiedlichen Arealen abgespeichert. Insofern erklärt sich zum einen die Tatsache, dass es keinen zentralen Musikspeicher gibt und zum anderen ist die Tatsache der Erinnerung nicht als ein Fakt zu verstehen, bei dem ein Sachverhalt aus einer bestimmten Ecke des Gehirns zurückgeholt wird, sondern als Prozess des Wiedererschaffens (vgl. Jourdain 2001, 210; Gruhn 2008[3], 183), d. h. dass alle Beziehungen mit Blick auf den zu erinnernden Sachverhalt neu erzeugt werden müssen. Das gilt auch für den musikalischen Bereich. Hierbei geht es nicht nur um musikalische Sachverhalte wie Dur oder Moll, sondern es geht auch um das Abspeichern und Abrufen motorischer Abläufe z. B. mit Bezug auf das Instrumentalspiel.

Jäncke (2008) und Palmer (2005) verweisen hier auf die Sequenzierung. Sequenzierung bedeutet, dass unterschiedliche Bewegungselemente, aber auch gedankliche Folgen in eine Struktur, in eine logische Abfolge gebracht werden (vgl. Palmer 2005). Noch nicht bewiesen, aber sehr stark vermutet wird, dass hier eine bestimmte Hirnstruktur existiert (GAD), die diese Ordnung herstellt. Sie wird aktiv durchblutet, wenn z. B. mit den Fingern auf einen Tisch geklopft wird oder wenn musikalische Aktivitäten geplant sind. „Es ist deshalb zu vermuten, dass Musiker dieses Hirngebiet [...] durch das Musizieren trainieren und eventuell optimieren" (Jäncke 2008, 313; vgl. Palmer 2005, 365).

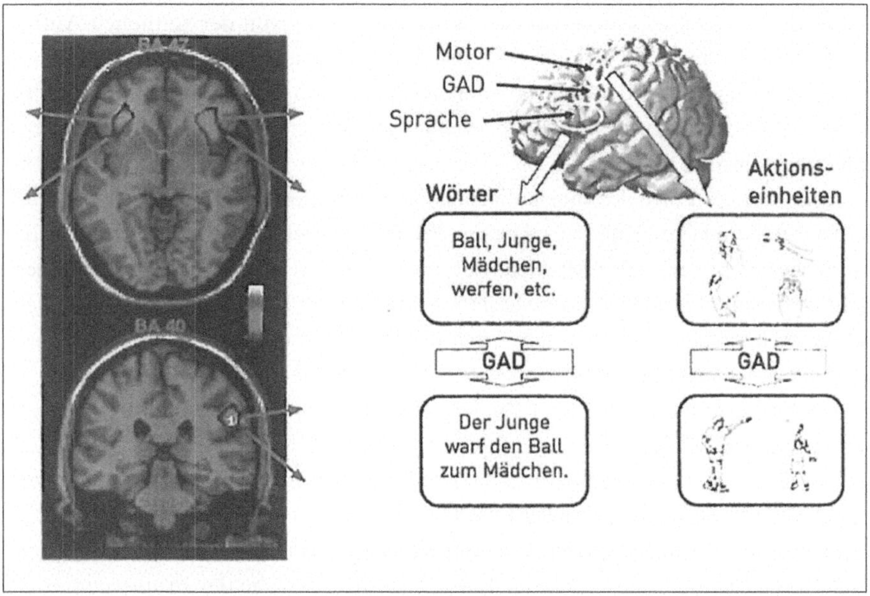


Abbildung 25: Jäncke 2008, 313

Des Weiteren bietet diese Form der Abspeicherung die Möglichkeit zur Improvisation und zur Komposition, indem die einzeln abgespeicherten Sachverhalte neu, auf eine einmalige Weise zusammengefügt werden können. „Viele Teile des Gehirns sind beteiligt, wenn die neuronalen Schaltkreise aus den Kategorisierungen Erinnerungen und neue Ideen erzeugen" (Jourdain 2001., 211). Dieser Sachverhalt verkompliziert bzw. erweitert sich, „wenn das Gehirn mit neuen und komplexeren Wahrnehmungen konfrontiert wird“ (a. a. O., 216).

Mit Blick auf die Improvisation merkt Jourdain (a. a. O., 220) an, dass „die Qualität des Ergebnisses von der Tiefe und der Flexibilität dieses strukturierten Erfahrungsschatzes abhängt sowie von der Fähigkeit; diesen spontan und schnell auszuschöpfen.“ Hier wird deutlich, dass Ergebnisse von Kompositionen, aber auch von Improvisationen von vorangegangen Erfahrungen im Umgang mit musikalischem Material abhängen und dass das scheinbar spontane Entstehen von Kompositionen auf jahrelanger Übung basiert.

## 4.6 Musikwahrnehmung

Wahrnehmungsprozesse generell und damit auch Prozesse der musikalischen Wahrnehmung entziehen sich einer unmittelbaren Beobachtung und sind in erster Linie anhand der individuellem „Reaktionen oder Äußerungen ablesbar und [...] erfahrbar“ (de la Motte-Haber 2005, 55) „Die Entwicklung der musikalischen Wahrnehmung verläuft in der Regel für den Wahrnehmenden selbst unmerklich, führt aber zu beeindruckenden musikalischen Fähigkeiten“ (Schwarzer 2000, 61). Es handelt sich also dabei um ein implizites Wissen, das sich im Laufe der musikalischen Sozialisation aufbaut und im Fall der Fälle automatisch aktiviert wird (vgl. ebd.).

An einem musikalischen Wahrnehmungsprozess sind unterschiedliche neurophysiologische Prozesse und Hirnareale beteiligt (vgl. Abb. 24und 26), die sich auch grafisch unterschiedlich darstellen lassen (vgl. Jäncke 2008, 157; Koelsch/Schröger 2008, 393 ff; Koelsch 2012, 98 ff). Entscheidend aber ist die individuelle Ausprägung der erfahrungsabhängigen Wahrnehmung (vgl. Spitzer 2006c, 136; Lalitte/Bigand 2008; Meyer 2013), denn sie führt letztlich zu einem individuellen Hörprozess und damit auch zu individuellen Reaktionen.

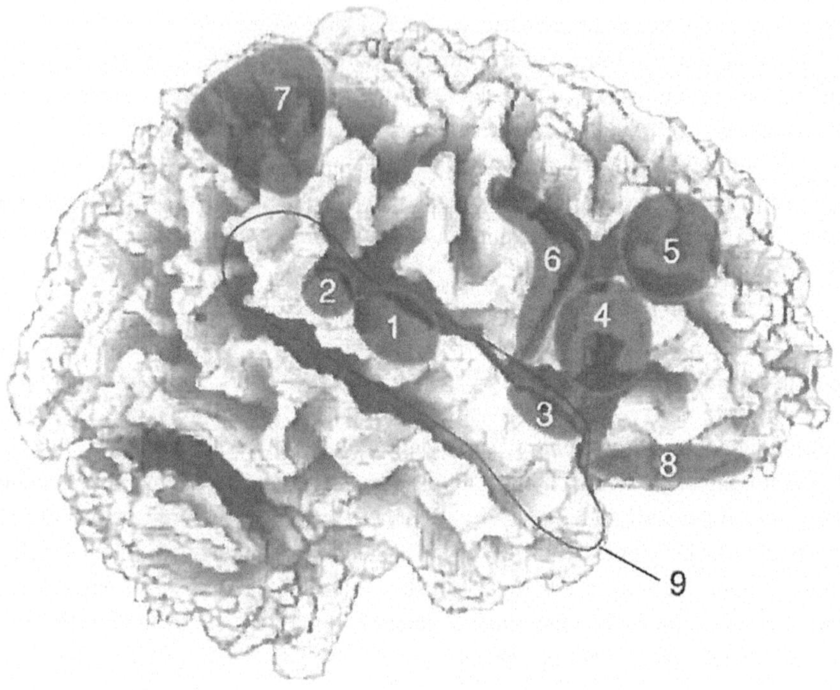


Abbildung 26: Koelsch/Schröger 2008, 401

Gruhn (2008[3], 12) weist in diesem Zusammenhang auf Parallelen zum radikalen Konstruktivismus hin, „wonach die Wahrnehmung auf einem autopoietischen, d. h. selbstorganisierten Vorgang beruht.“ Ein akustischer Reiz beispielsweise wird auch hier in Abhängigkeit von der bisherigen individuellen Erfahrung einer Person erst durch deren interpretierendes Bewusstsein zu einem Klang (vgl. a. a. O., 29).

Musikalisches Erkennen, und darin besteht der Vorteil von Musikern gegenüber Nichtmusikern, besteht darin, über dem Weg der Audiation (vgl. Kap. 5.2), d. h. der „spezifische(n) Fähigkeit der verstehenden Wahrnehmung und bewussten inneren Klangbildung" (Gruhn 2008[3], 29 Fußnote 3), kognitive Repräsentationen zu aktivieren, „das Gehörte in eine kognitive Struktur zu integrieren" (a. a. O., 29), um so dem gehörten Bedeutung zu verleihen. Oder andersherum: „Solange noch keine musikalischen Repräsentationen erworben sind, kann Musik nicht musikalische gehört werden" (a. a. O., 41), bzw. Musik kann nur soweit musikalisch gehört und verstanden werden, wie sich musikalische Repräsentationen ausgebildet haben. Ansonsten überwiegen assoziative Repräsentationen (vgl. a. a. O., 41 ff). Negative pauschale Werturteile über die gehörte Musik werden demnach nicht als generelle Ablehnung verstanden, sondern dahingehend beurteilt, „dass hier noch keine Gelegenheit bestand, Erfahrungen mit Musik zu machen und musikalische Repräsentationen aufzubauen" (a. a. O., 48; vgl. Kap. 5.3). Hierin sehe ich auch einen möglichen Erklärungsansatz zum Verstehen neuer Musik (vgl. Lalitte/ Bigand 2008, 70 ff).

In der unten angeführten grafischen Darstellung bei Jäncke (2008, 157; 2013, 325; vgl. Abb. 27), aber auch in anderen grafischen Darstellungen (vgl. Koelsch/ Schröger 2008, 395; Koelsch 2012, 90) zeigt sich ganz deutlich, dass der Prozess der akustischen Wahrnehmung weit mehr umfasst als die eigentliche Verarbeitung des Gehörten. So wird auch verständlich, dass durch die Wahrnehmung „ein dichtes Netz aktivierter Zellgruppen in den verschiedensten Arealen angeregt wird" (Gruhn 2008[3], 13; vgl. Jäncke 2013, 325 f).

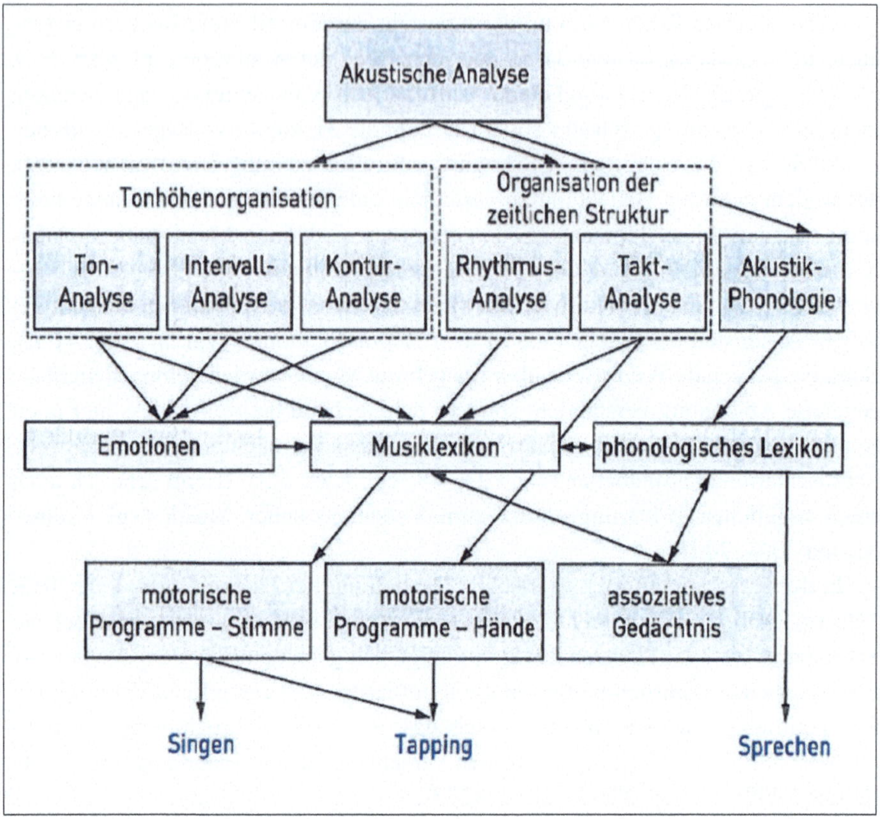


Abbildung 27: Jäncke 2008, 157; 2013, 325

Die kleinste Einheit, die notwendig ist, damit das Gehirn etwas wahrnehmen, kategorisieren und fühlen kann, wird Wahrnehmungsspanne genannt (vgl. Jourdain 2001, 177). Sie variiert in ihrer Dauer und ist sowohl erfahrungs-, wissens-, erwartungs- als auch sozial- und kulturabhängig. Je mehr das Gedächtnis über bereits bestehende Informationen verfügt, desto mehr ist es bemüht, Verbindungen herzustellen, d. h. bereits gespeicherte Repräsentationen zu aktivieren (vgl. Gruhn 2008[3], 22). „Die Anzahl möglicher Verbindungen zwischen den Beobachtungen wächst exponentiell mit der Anzahl der Beobachtungen" (Jourdain 2001, 178; vgl. Gruhn 2008[3], 11).

Aus audiologischer Sicht betrachtet geht es beim Hören von Musik und der Frage wie sich das im Gehirn niederschlägt um eine auditive Szenenanalyse (vgl. Goldstein 2015[9], 300 ff). Die Situation des Hörens einer Band oder eines Orchesters impliziert, dass sich Schallwellen, die von unterschiedlichen Quellen herrühren, im Ohr überlagern. Wie werden diese Frequenzkomponenten im auditorischen System getrennt, sodass ein differenziertes Hören möglich ist?

Eine, der von Goldstein genannten Möglichkeiten ist der *Herkunftsort*. Gemeint ist damit die Möglichkeit, Informationen „zu den verschiedenen Positionen der Schallquellen heranzuziehen" (a. a. O., 301), z. B. durch die Konzentration auf ein Instrument innerhalb einer Band oder eines Orchesters. Diese Möglichkeit besteht auch dann, wenn der Klang einer Band oder eines Orchesters aus einer Box kommt. Eine weitere Möglichkeit besteht darin, sich auf unterschiedliche Einsätze der einzelnen Instrumente zu konzentrieren (*Einsatzzeit*). Eine weitere Möglichkeit besteht darin, sich auf *Tonhöhe und Klangfarbe* zu konzentrieren. Es handelt sich hier insgesamt um Prozesse, die einerseits bereits Komponisten seit vielen Jahrhunderten bekannt waren und sind und andererseits auch um Lernprozesse, die nicht zuletzt auf *Erfahrung* basieren. Letztlich geht es um eine Wahrnehmungsorganisation.

### *4.6.1 Musikwahrnehmung bei Kindern*

Das Interesse an der kindlichen Musikwahrnehmung ist im Zusammenhang zu sehen mit einem seit Jahren zunehmenden Interesse an einer (früh-)kindlichen Musikerziehung.

Zudem begreift Altenmüller (2006a, 59) bereits das Hören von Musik, das bereits vorgeburtlich beginnt, als musikalisches Lernen, da es „auditorische Mustererkennung und Gedächtnisbildung (fördert)." Ungeborene haben also ein implizites musikalisches Wissen, auch wenn das Gedächtnis für dieses Wissen „nach der Geburt nur für etwa 14 Tage stabil" (ebd.) zu sein scheint.

Über die Musikwahrnehmung bei Kindern zu sprechen bzw. sprechen zu können, setzt im Prinzip erst einmal voraus, dass eine intakte auditorische Wahrnehmung vorhanden ist (vgl. McMahon et al. 2012), dass also frühe Erfahrungen hinsichtlich der Neuroplastizität des auditorischen Systems auf fruchtbaren Boden fallen. „The development of the auditory cortex is heavily dependent on the acoustic environment“ (a. a. O., 18).

Koelsch/Großmann (2003, 135 ff) geben zu Recht zu bedenken, dass sich die meisten Untersuchungen hinsichtlich der neurophysiologischen Unterschiede bei Musiker und Nichtmusikern auf Untersuchen bei Erwachsenen beziehen. Die von den Autoren selbst durchgeführte Untersuchung hinsichtlich der Verarbeitung von dur-moll-tonaler Musik (Akkordfolgen) kommt zu dem Ergebnis, dass Kinder im Alter von fünf Jahren bereits das dur-moll-tonale System unserer Musik soweit verinnerlicht haben (vgl. Schwarzer 2000, 65 f; Costa-Giomi 2003), dass sich Unebenheiten in der Präsentation der Akkordfolge hirnphysiologisch messen lassen. Unterschiede gibt es allerdings hinsichtlich des Geschlechts. Während Jungen eher linkshemisphärisch verarbeiten (Männer rechts), verarbeiten Mädchen wie Frauen bilateral. Da die Verarbeitung aber insgesamt der Verarbeitung von Sprache auch bei Erwachsenen folgt, gehen die Autoren davon aus, dass dieser Befund die gemeinsame Wurzel von Sprache und Musik stützt.

Nach Gruhn ($2008^3$, 21) bilden sich im auditorischen Kortex teils biologisch teils kulturell erworbene individuelle Wahrnehmungsschablonen aufgrund „bestimmter mentaler Repräsentationsmuster.“ Entwicklungspsychologisch gesehen orientieren sich Kinder demnach zuerst an der Helligkeit (z. B. einer Stimme) und erst später an der Tonigkeit als Voraussetzung harmonischen Hörens, was seiner Meinung nach erst mit der Schulreife eintritt.

Costa-Giomi (2003, 477) gibt zu bedenken, dass Kinder, schon bevor sie mit einer musikalischen Unterweisung beginnen, implizit sehr viel über Musik wissen, was wiederum für die Musikerziehung von Bedeutung ist.

In einer Studie zur Veränderung neuronaler Vernetzung bei Jugendlichen (Schülern) konnte gezeigt werden, dass die Ausbildung mentaler Repräsentationen abhängig ist von der individuellen Hörbiografie, also von der Art und Weise, wie Musik gelernt wird (vgl. Altenmüller 2006a, 60 f). „Das heißt, die durch Musik induzierte Gehirnaktivität ist individuell unterschiedlich“ (a. a. O., 61).

Eine Studie von Honing (2012) zeigt, dass sogar schon Neugeborene sensibel sind hinsichtlich der Wahrnehmung sowohl eines Rhythmus als auch eines Metrums. Unabhängig von der Frage nach der Bedeutung pränataler Wahrnehmung zeigen sich hier Möglichkeiten zur Bildung mentaler Repräsentationen aufgrund kultureller Einwirkungen als auch durch frühkindliche Lernprozesse (vgl. Kap. 5.3). Insgesamt gesehen zeigt sich die Sensibilität des auditorischen Systems (vgl.

a. a. O., 89; Hannon et al. 2012), was auch für die weitere Entwicklung von Bedeutung ist.

### *4.6.2 Musiker und Nichtmusiker*

Generell lässt sich erst einmal sagen, dass Musiker nicht nur hinsichtlich der Musikwahrnehmung Nichtmusikern in allen Belangen überlegen sind, weil sie durch aktives Musizieren und aktives Musikhören die diesbezüglichen Netzwerke kontinuierlich verändert und erweitert haben. Dies betrifft nicht nur die messbaren Wahrnehmungsleistungen als solche, sondern auch die den Wahrnehmungen zugrunde liegenden neurophysiologischen Grundlagen (vgl. Jäncke 2008, 158; 2014; 2015, 51 f; 2017; Carey et al. 2015; Ericsson/Pool 2016, 77 ff; Wolfangel 2016, 5; Kap. 4.5). Die Unterschiede betreffen nicht nur das Volumen des Gehirns, unterschiedliche Kortexareale und Nervenfasertrakte, sondern „jede Hirnregion, die in die motorische, auditive und kognitive Kontrolle des Musizierens eingebunden ist" (Jäncke 2017, 56). Interessant ist dabei, dass Experten für die Ausübung ihrer Tätigkeit weniger Neurone benötigen als Amateure. Diese ‚wenigen' Neurone sind dabei aber optimal vernetzt und leisten eine optimale Arbeit (vgl. a. a. O., 57). Die angesprochenen Unterschiede sind umso deutlicher, je früher mit dem Musizieren begonnen wurde.

Bereits Mitte der 1980er Jahre konnten Altenmüller und Mitarbeiter „als Erste die unterschiedliche Hirnaktivität beim Musikhören von Berufsmusikern und von musikalischen Laien zeigen. Musiker aktivieren beim konzentrierten Hören von Musik überwiegend des linken Schläfenlappen, Laien den rechten" (Altenmüller 2014c). Ein Sachverhalt, der damals noch nicht erklärbar war, der aber heute in der erst einmal wenig unspezifischen Erkenntnis mündet, „dass sich das Gehirn durch Musizieren verändert" (ebd.).

Anhand von Pathologien konnte erst einmal ganz allgemein nachgewiesen werden, dass sich bei Musikern auf Grund des intensiven Musiktrainings „spezifische Hirnstrukturen für die Analyse von Tonhöhe, Timbre, Musikkontur, zeitliche Struktur und Rhythmus herausgebildet haben" (Jäncke 2006a, 87). Ein ganz wesentlicher Faktor in Bezug auf die Musikwahrnehmung ist das Tempo. „Jeder Aspekt der Musikwahrnehmung – einzelne Töne, ihre Klangfarbe, ihre Gruppierung, ihre harmonische Beziehung – hängt von der Darbietungsgeschwindigkeit ab“ (Jäncke 2008, 183). Je höher das Tempo, desto eher dominiert der Gesamteindruck vor dem Detail. Einzelne Beziehungen können nicht mehr hergestellt werden. Dadurch ist „jedoch kein Vergleich mit dem Folgenden möglich, keine Entwicklung, keine Analyse von Tiefenstruktur" (vgl. a. a. O., 184).

Im Bereich der Tonhöhenwahrnehmung bestehen Unterschiede nicht nur zwischen Musikern und Nichtmusikern, sondern auch zwischen einzelnen Musikern in Abhängigkeit von Strategien der Tonhöhenwahrnehmung, der Musikausbildung der Dauer der Musikausbildung, hinsichtlich der Musik, die sie spielen oder hören und hinsichtlich der Dauer des Trainings, der Übung. Spezielle Strukturen zur Tonhöhenwahrnehmung sind bilateral abgespeichert (vgl. Jäncke 2006a, 90).

Ähnliches gilt hinsichtlich der Klangfarbe. „Musiker sind durch jahrelanges Training an den Klang ihrer eigenen Instrumente gewöhnt. Insofern ist es nicht verwunderlich, dass ein Musiker besonders gut die Klangfarbe seines eigenen Instruments erkennt und sogar im Gedächtnis behält“ (Jäncke 2008, 161; vgl. 2006, 88), was sich sogar mit Hilfe der bildgebenden Verfahren nachweisen lässt. Klänge des eigenen Instruments erzeugen „stärkere neuronale Erregungen im auditorischen Kortex“ (Jäncke 2008, 162) als Klänge anderer Instrumente. Die Intensität ist im Weiteren abhängig vom Beginn des Instrumentalspiels: Je früher damit begonnen wurde, desto stärker ist die neuronale Erregung, was wiederum einen Hinweis gibt auf die Neuroplastizität (vgl. a. a. O., 163), aber auch auf die Bedeutung eines frühen Unterrichtbeginns.

Neurophysiologische Unterschiede zeigen sich auch hinsichtlich der Wahrnehmung und Verarbeitung von Grund- oder Obertönen bei Musikern im auditorischen Kortex, was sich mit Hilfe unterschiedlicher Verfahren zeigen lässt (vgl. a. a. O., 169 ff). Noch eklatanter sind die Unterschiede zwischen Musikern und Nichtmusikern. Interessant in diesem Zusammenhang ist, dass die Wahl des zu lernenden Instruments dadurch beeinflusst sein kann, ob ich Grund- oder Obertonhörer bin. Grundtöner bevorzugen Instrumente wie Schlagzeug, Gitarre, Klavier, Querflöte oder hohe Soloinstrumente, während Obertöner Blechblas-, Streich- oder Holzinstrumente bevorzugen. Die Frage, wie und ob man ein Grund- oder Obertöner wird, scheint mit der Lern- und Lehrerfahrung zusammenzuhängen.

Unbestritten ist weiterhin, dass Musiker Nichtmusikern hinsichtlich der Wahrnehmung von Harmonie, Melodie und Takt überlegen sind (vgl. a. a. O., 176; vgl. Koelsch 2003, 72 ff), was sich mittlerweile auch durch bildgebende Verfahren nachweisen lässt. Anzumerken bleibt aber auch hier, dass es zwischen den einzelnen Musikern zu Unterschieden kommt. Fragt man nach den Gründen, so muss man allerdings feststellen, dass diese „derzeit noch ungeklärt“ (Jäncke 2008, 176) sind.

Koelsch (2003, 74) geht davon aus, dass sich die oben genannten Fakten auf eine größere Sensibilität des auditorischen Kortex als Folge frühzeitig begonnenen und intensivem Üben zurückführen lässt mit dem Ergebnis einer höheren auditorischen Diskriminationsfähigkeit, die sich im Übrigen nicht von der beim Sprachelernen und bei Blinden unterscheidet.

Untersuchungen von Koelsch (a. a. O., 82 ff) konnten zudem nachweisen, dass bei Musikern kortikale Reaktionen selbst dann ausgelöst werden, wenn sich die betreffenden Personen nicht bewusst den akustischen Wahrnehmungen zuwandten, sondern anderweitig konzentriert waren oder wenn es sich um Nichtmusiker handelt, woraus für Koelsch (a. a. O., 89) letztlich folgt, dass auch Nichtmusiker ein implizites musikalisches Wissen besitzen und somit auch „höchst musikalisch sind“ (ebd.; vgl. Koelsch et al. 2000; 2002).

Hinsichtlich der Harmonieunterscheidungen ist davon auszugehen, dass sich auch bei Nichtmusikern eine „Expertise für die abendländische Harmonielehre herausgebildet hat“ (a. a. O., 177), was durch Untersuchungen belegt werden kann (vgl. Tramo et al. 2001; Spitzer 2006c, 136). Die Tatsache, dass sich Wahrnehmung der Unterscheidungen auch neurophysiologisch und zwar schon bei Kindern nachweisen lässt (vgl. Jourdain 2001, 127), verstärkt die Annahme einer Bedeutung frühzeitlichen Trainings. „Die Erlebnisweisen von Musik sind erfahrungsabhängig“ (Spitzer 2006c, 137)

Spitzer (a. a. O., 136) hebt hervor, dass Melodie und Harmonie „weder vollkommen naturgegeben noch vollkommen beliebig (sind).“ Ihre Wurzeln aber liegen „in der Neurobiologie des menschlichen Gehörs“, das sich „in Anpassung an physikalische Gesetzmäßigkeiten der Schallausbreitung entwickelte“ (ebd.). Die Tonsysteme und die darauf basierenden Harmoniesysteme aber „sind kulturelle Ausgestaltungen“ (ebd.).

Weitere Zusammenhänge bestehen hinsichtlich der Musikwahrnehmung und dem Lesen des Notentextes (vgl. Schön/Besson 2003). Des Weiteren ist davon auszugehen, dass die Musikwahrnehmung kulturell beeinflusst ist (vgl. Drake/Ben El Heni 2003). Dabei spielt die passive Akkulturation, das Hören eine entscheidende Rolle (vgl. a. a. O., 436 f).

Eine besondere Art der multisensorischen Wahrnehmung, die sich auch neurophysiologisch niederschlägt und die ein tiefer gehendes Verständnis multisensorischer Integration zeigt, findet sich bei Dirigenten (vgl. Hodges et al. 2005).

Zusammenfassend lässt sich also feststellen: Alle bisherigen Untersuchungen über Veränderungen beim Musikergehirn haben gezeigt, dass es auf Grund der Neuroplastizität verglichen mit Nichtmusikern nicht nur im Bereich der Musikwahrnehmung zu zeitlich überdauernden „teilweise erhebliche(n) strukturelle(n) anatomische(n) Veränderungen“ (Jäncke 2006a, 80) in unterschiedlichen Bereichen des Gehirns kommt (vgl. Altenmüller 2002; Altenmüller et al. 2000, 48; Schlaug 2001, 283 ff; 2003; 2006, 141; Brandler/Rammsayer 2003; Gaser/Schlaug 2003; Pantev et al. 2001; 2003a; 2003b; Pascual-Leone 2001; 2003; Schlaug/Gaab 2003; Trainor et al. 2003; Bermudez/Zatorre 2005; Altenmüller 2006a, 60 ff; 2007, 40; Bangert 2006; Jäncke 2006c; 2011, 167 ff; Nirkko/Kristeva 2006; Schlaug/Bangert 2008[2]; Hodges 2009; Hyde et al. 2009a; 2009b; Jabusch et al. 2009; Kraus et al. 2009; Pantev 2009, 131; Pantev et al. 2009; Schlaug 2009; Schlaug et al. 2009a; Aamodt/Wang 2012, 246 ff; Altenmüller 2012b in Unterstell 2012, 16; Bailey/Penhune 2012, 164; Meyer et al. 2012, 119; Pfordresher 2012; Oehler 2012, 32 ff; Schamuhn 2012, 100 f; Skoe/Kraus 2012; Tervaniemi et al. 2012, 147; Zimmermann/Lahav 2012; Klöppel/Altenmüller 2013[6], 260; Altenmüller/Jabausch 2014, 31; Donnay et al. 2014).

Generell lässt sich sagen, dass durch die Aktivierung der unterschiedlichen Areale sich die Verbindung zwischen den Hemisphären (der Balken) hinsichtlich ihrer Stärke verändert, dicker wird, und so insgesamt gesehen eine schnellere Informationsübertragung bewerkstelligt werden kann (vgl. Petsche 1997, 90; Schlaug 2001, 284 f; Koelsch 2003, 78; Schlaug/Gaab 2003, 121; Jäncke 2006a, 84; Sacks 2008, 114; Schlaug et al. 2009a). Jäncke (2008, 342) weist darauf hin, dass sich auch am Balken unterschiedliche Areale festmachen lassen. Ein wesentlicher Teil ist dabei der Bereich, der die Stirnbeinbereiche, die verantwortlich sind für die motorische Kontrolle und die Aufmerksamkeitskontrolle, miteinander verbindet. Veränderungen, die sich sowohl auf die Anzahl der neuronalen Verbindungen, wichtig für die Informationsmenge, als auch auf deren Dicke, die Ummantelung, die wiederum die Leitungsgeschwindigkeit erhöht, beziehen, fallen hier besonders deutlich aus, vor allem bei Profimusikern, „die vor dem 7. Lebensjahr mit dem Musiktraining begonnen haben“ (ebd.; vgl. Schlaug/Gaab 2003, 121; Schlaug et al. 2009a). In einer weiteren Untersuchung (vgl. Jäncke 2008, 343 f) konnte gezeigt werden, dass die Neuroplastizität im Alter bis elf Jahren vornehmlich die Ausbildung des Balkens betrifft, während es in der Pubertät zur Ausbildung der Areale kommt.

Altenmüller (2006a, 64) nennt insgesamt vier Gründe, warum „bei Musikern die stärksten plastischen Anpassungsvorgänge des Nervensystems beobachtet werden“:

- der frühe Beginn des Musizierens
- eine hohe räumlich-zeitliche Kontrolle
- eine präzise Informationsverarbeitung unter Leistungsdruck
- ein starker emotionaler Reiz aufgrund der Selbstbelohnung durch das Musizieren (vgl. ebd.).

Diese neuronalen Veränderungen fallen, wie schon eben angedeutet, umso deutlicher aus, je früher mit einem intensiven musikalischen Training begonnen wurde (vgl. Jäncke 2006a, 85; Altenmüller 2002, 22; 2014b, 156 f; Schlaug 2001; 2003; 2006, 141; 2009; Oerter 2003; Pantev et al. 2001; 2003a; 2003b; 2009; Trainor et al. 2003; Overy et al. 2005; Penhune et al. 2005; Altenmüller 2006a, 64; Schlaug/Bangert 2008², 102; Corrigall/Trainor 2009; Huotilainen et al. 2009; Hyde et al. 2009a; 2009b; Kraus et al. 2009, 549 ff; Pantev 2009, 131; Schlaug et al. 2009a; Trainor et al. 2009, 134 f; Aamodt/Wang 2012, 253; Altenmüller 2012b in Unterstell 2012, 16; Bailey/Penhune 2012; Hannon et al. 2012, 92; Oehler 2012, 31; Schamuhn 2012, 101 f; Skoe/Kraus 2012; Vuust et al. 2012; Gärtner et al. 2013; Steele et al. 2013).

Es gibt in entsprechenden Untersuchungen Hinweise darauf, dass sich diese Unterschiede nicht erst bei Kindern im Alter von vier bis fünf Jahren feststellen lassen (vgl. Trainor et al. 2003, 512; Overy et al. 2005), sondern schon wesentlich früher, nämlich im Alter von sechs Monaten (vgl. Trainor et al. 2012, 135), wobei hier allerdings kulturelle Abhängigkeiten (Enkulturation) zu berücksichtigen sind (vgl. Wong et al. 2009; Demorest in Altenmüller et al. 2012, 7; Demorest/Osterhout 2012; Tervaniemi et al. 2012; Trainor et al. 2012, 129; Vuust et al. 2012; Wong et al. 2012), die letztlich auch Lernprozesse beeinflussen können.

Entwicklungspsychologisch ist bedeutend, dass die Tatsache des pränatalen Hörens mittlerweile belegt ist (vgl. Lecanuet 2000; H. Papoušek 2000; M. Papoušek 2000; Altenmüller 2006a, 60 f; Spitzer 2002, 143 ff; Kowal-Summek

2006, 133 ff; Decker-Voigt 2008, 12 ff; Parncutt 2009; Partanen et al. 2013; Preissl et al. 2013; Saße 2013; Bührer 2015; Altenmüller 2015b; 2015c). Parncutt (2009, 3) unterscheidet hierbei zwischen dem inneren und dem äußeren Hören, wobei die Geräusche, die von der Mutter ausgehen, die wichtigsten sind.

> „Without auditory learning and memory, there could be no prenatal psychological or musical development" (a. a. O., 8).

Damit ist jedenfalls auch klar, dass die Kinder mit Bezug auf ihre Hirnstrukturen nicht als tabula rasa auf die Welt kommen, sondern dass sich schon pränatal Hirnstrukturen gebildet haben. Über sogenannte Habituierungsstudien, wobei Reaktionen bei mehrmaligem Wiederholen zu unterschiedlichen Tageszeiten allerdings nachließen, konnte nachgewiesen werden, dass bereits Föten sowohl über ein Kurz- als auch ein Langzeitgedächtnis verfügen (vgl. Spitzer 2002, 153 f).

Die pränatal gehörte Musik und die pränatal gehörten Stimmen sind somit auch die, die Neugeborenen am vertrautesten sind. Dies bezieht sich erst einmal, so nimmt man zumindest an, auf den Herzschlag und die Stimme der Mutter. Doch konnte ebenfalls nachgewiesen werden, dass auch 'Musik aus der Konserve' von den Kindern wiedererkannt wurde (vgl. a. a. O., 154 ff). Es ist also davon auszugehen, dass sich bereits pränatal Schemata ausbilden (vgl. Levitin 2009a, 138; Parncutt 2009, 2; Partanen et al. 2013; Saße 2013; Bührer 2015; Altenmüller 2015b).

Wächst das Neugeborene anschließend in einer Umgebung auf, die zudem noch musikalisch geprägt ist, ist es eigentlich nicht verwunderlich, wenn sich durch akustische Stimulationen die neuronalen Strukturen zur Wahrnehmung von Musik verändern und verstärken. Jedes Kind schafft „sich nach und nach seine Hörwelt, seine Hörbiographie" (Altenmüller 2015d, 48).

Tritt dann noch eine frühzeitige intensive musikalische Unterweisung hinzu, verstärkt sich diese Wirkung noch mehr (vgl. Braun/Bock 2008[2]). „Hierbei wird nach statistischen Prinzipien gelernt, wobei häufig Wahrgenommenes und/oder Produziertes sich im Gehirn auf Kosten von selteneren Ereignissen etabliert" (Jäncke 2008, 331). Und weiter heißt es bei Jäncke: „Auch außergewöhnliche Spezialfertigkeiten haben häufig ihren Ursprung in extrem frühem Lernen" (ebd.). Daraus lässt sich erst einmal schlussfolgern und durch bildgebende Verfahren nachweisen, dass „frühes und intensives Training offenbar zu markanten Veränderungen der Hirnanatomie und -funktion (führt)" (ebd.; vgl. Spitzer 2002, 187 ff;

Braun/Bock 2008[2], 45), allerdings immer zu sehen in Abhängigkeit von dem zu erlernenden Instrument (vgl. Spitzer 2002, 188 f; Pantev et al. 2003b; Levitin 2009a, 59 f; Gebel et al. 2013) und den damit verbundenen Emotionen (vgl. Braun/Bock 2008[2], 45; Kap. 5.3).

Des Weiteren ist mit Bezug auf musikpädagogische Konsequenzen darauf hinzuweisen, dass sich musikalische Betätigung nicht nur in Veränderungen des kindlichen Hirns, sondern auch bei Erwachsenen niederschlägt (vgl. Schlaug 2009, 327). Dennoch ist auch hier zu beachten, dass sich Unterschiede in der Hirnstruktur aufgrund der Intensität der musikalischen Betätigung und der Erfahrung nachweisen lassen (vgl. Loritz 2011, 319; Bailey/Penhune 2012, 164).

Verschiedentlich wird außerdem darauf hingewiesen, dass die neuroplastischen Veränderungen im Gehirn sich auch danach unterscheiden lassen, ob es sich um Klassik spielende Musiker oder um Pop- oder Jazzmusiker handelt (vgl. Tervaniemi et al. 2012; Vuust et al. 2012).

Wie dem auch sei, in jedem Fall gilt: „Wenn Musik auf uns wirkt, dann hinterlassen diese Wirkungen ihre Spuren in unserem Gehirn“ (Spitzer 2002, 169) und das bereits nach kurzer Zeit (vgl. Sacks 2008, 114). Es bilden sich sogenannte innere Repräsentationen, Vorstellungen, Abbilder. Aufgrund der Technik bildgebender Verfahren (vgl. Frahm 2001[3]; Spitzer 2002, 180 ff; Pantev et al. 2003b; Stewart et al. 2003; Koelsch 2012, 79 ff) haben Forscher einen neuen Einblick in Strukturen des Gehirns bekommen, sodass z. B. die Frage, ob „die Gehirne von Musiker anders sind als die von Nichtmusikern“ (Jäncke 2008, 328), zum einen ihre Berechtigung hat und zum anderen bejaht werden kann. Des Weiteren lässt sich mit Hilfe der bildgebenden Verfahren durch wiederholte Messungen die Frage klären, ob sich die Strukturen z. B. durch intensives Musizieren auf Dauer verändern (vgl. Altenmüller 2006a, 62; Gärtner et al 2013). Auch das kann bejaht werden.

Bigand (2003, 311) warnt jedoch davor, dass die auf Grund der Neuroplastizität gefundenen Erkenntnisse prinzipiell alle Bereiche der Musik erfassen. Abweichungen zeigt Bigand z. B. auf mit Blick auf den Lernprozess des musikalischen Hörens (vgl. Altenmüller 2001b; 2001[3]; Krumhansl 2003, 416; Koelsch 2005b, 370).

Duke et al. (2009) beziehen sich in ihrer Untersuchung auf das Merken einer Melodie. Es scheint eigentlich wenig verwunderlich zu sein, dass die auditive Merkfähigkeit sowohl für das Lang- als auch für das Kurzzeitgedächtnis bei Musikern nicht zuletzt aufgrund eben der musikalischen Ausbildung und der damit einhergehenden Neuroplastizität ausgebildet ist als bei Nichtmusikern (vgl. Kraus et al. 2012, 102).

Hinsichtlich der Sprachwahrnehmung unter Geräuscheinwirkung zeigen neuere Untersuchungen, dass unabhängig vom Alter der Versuchspersonen, musikalische geschulte Kinder und Erwachsene nicht Geschulten in allen Belangen überlegen sind, wobei noch auffällig ist, dass musikalische geschulte Kinder sogar musikalische geschulten Erwachsenen überlegen sind. Insgesamt aber lässt sich immer wieder feststellen, dass diese Fähigkeiten besonders von der musikalischen Erfahrung abhängig sind (vgl. Carlile 2014; Kraus et al. 2012, 101; 2014a; 2014b; Salat 2014, 21).

## 4.7 Das absolute Gehör

Was ist eigentlich ein absolutes Gehör? Es handelt sich dabei entweder um die Fähigkeit, die Tonhöhe eines gehörten Tones zu bestimmen oder einen genannten Ton in seiner Absolutheit zu produzieren. Den einen Fall bezeichnet man als passives, den anderen als aktives absolutes Gehör (vgl. Heaton et al. 1999, 504; Vitouch 2006, 139; Gruhn 2008[3], 186; Elmer et al. 2015; Stadler Elmer 2015a, 138 f). Nach Jäncke (2008, 181) wird diese Fähigkeit erweitert durch das Erkennen, „ob ein bekanntes Musikstück in der richtigen Tonart gespielt oder gesungen wird." Laut Mottron et al. (1999, 486; vgl. Sacks 1995, 621; 2008, 141 ff) hat, bezogen auf die Gesamtbevölkerung, eine Person von 10.000 ein absolutes Gehör. Besonders häufig ist das natürlich bei Musikern anzutreffen, etwa bei 10-20 % der Musiker (vgl. Jäncke 2006a, 81). Interessant ist vielleicht, dass es dies Fähigkeit nicht nur bei Menschen, sondern auch bei Tieren gibt (vgl. Spitzer 2002, 230 f).

Vom relativen Gehör spricht man dann, wenn bei einem Menschen die Fähigkeit besteht, „das Intervall zwischen zwei Tönen angeben zu können oder zu einem vorgegebenen Ton einen zweiten in einem bestimmten ebenfalls vorgegebenen Abstand zu singen" (a. a. O., 230; vgl. Jourdain 2001, 149; Stadler Elmer 2015a, 138). Die meisten Menschen besitzen ein relatives Gehör. Es ist „ein mühsam erworbenes Gut" (Jourdain 2001, 149), das sich erst im Laufe des Lebens voll entwickelt.

Jäncke (2008, 183) weist darauf hin, dass „die Wurzeln des absoluten Gehörs […] bislang noch weitgehend unbekannt (sind).“ Ausgeschlossen werden weder genetische Prozesse noch früh eingeleitete Lern- und Erfahrungsprozesse (vgl. Schwarzer 2000, 63 f; Altenmüller 2002, 22; Schlaug/Gaab 2003, 128 ff; Vitouch 2006, 139; Edwards/Hodges 2008[2], 14; Klöppel/Altenmüller 2013[6], 193).

Mittlerweile lässt sich allerdings sagen, dass das Geheimnis des absoluten Gehörs gelöst zu sein scheint. In einer Studie mit 24 zwei bis sechsjährigen Kindern konnte Sakariba (2014) in einer Langzeitstudie nachweisen, dass sich die Fähigkeit absolut zu hören über einen Zeitraum von maximal 1,5 Jahren erlernen lässt. Alle anderen bis dahin vermuteten Theorien können demnach getrost fallen gelassen werden (vgl. Anders Ericcson/Pool 2016, 15).

> „Das zeigt eindeutig, dass das absolute Gehör keineswegs nur ein paar wenigen Glücklichen vergönnt, sondern eine Fähigkeit ist, die so ziemlich jeder unter den richtigen Umständen und mit Training erwerben kann“ (ebd.).

Richtig bleibt der Sachverhalt, dass ein entsprechendes Training frühzeitig beginnen muss. Dass Kinder, die in einem musikalischen Elternhaus groß werden, hier im Vorteil sind, ist zu vermuten.

Also noch einmal: Jeder Mensch hat unter den oben genannten Bedingungen und auf der Grundlage der Plastizität seines Gehirns die Möglichkeit, das absolute Gehör zu erwerben bzw. zu entwickeln (vgl. a. a. O., 17). „Wer vor dem Alter von sechs Jahren mit dem richtigen Training beginnt, hat gute Chancen, das absolute gehör zu entwickeln“ (a. a. O., 275 vgl. Kap. 5.8.4).

Der Tatbestand des absoluten Gehörs lässt sich hirnorganisch nachweisen (vgl. Abb. 26-28; Spitzer 2002, 243 f; Jäncke 2006a, 81; Altenmüller 2002, 22; 2009, 102 ff; Levitin 2009a, 246 f; Wengenroth et al. 2013: Elmer et al. 2015), obwohl damit nicht gesagt ist, dass das absolute Gehör genetisch bedingt ist. Nach Jäncke (2006a, 81) wird vermutet, dass sich im linksseitigen Planum temporale „spezialisierte neuronale Netzwerke ausgebildet haben“, die dies ermöglichen (vgl. Abb. 26). Hinzu kommen Auffälligkeiten im primären auditorischen Kortex (vgl. a. a. O., 82; Klöppel/Altenmüller 2013[6], 194). Letztlich aber gilt immer noch: „Die neurobiologischen Grundlagen des absoluten Gehörs sind immer noch umstritten“ (Altenmüller 2009, 103; vgl. Gruhn 2008[3], 187).

Die Theoriebildung zu diesem Themenbereich sieht auch die Möglichkeit einer frühen musikalischen Unterweisung vor, in deren Folge sich das absolute Gehör entwickelt (s. O.) (vgl. Jourdain 2001, 151; Spitzer 2002, 229 ff, 238 f; Chin 2003; Jäncke 2006a, 82; 2008, 185 ff; Vitouch 2006, 139 f; Sacks 2008, 117, 147, 186). Mottron et al. (1999, 486) und Ross/Marks (2009) stehen dieser Theorie jedoch ambivalent gegenüber. Ihrer Meinung nach handelt es sich hier um eine Kann-Möglichkeit, aber kein Muss. Ross et al. (2003) vertreten die Meinung, dass eine musikalisches Training nicht notwendig ist für die Entwicklung eines absoluten Gehörs. Vitouch (2006, 139) zufolge existiert ein kritisches Zeitfenster in den ersten sechs Lebensjahren, doch auch hier spielt das Zusammenwirken von genetischen und umweltbedingten Faktoren eine Rolle (vgl. Kap.1.3). Er spricht in diesem Zusammenhang auch mit Blick auf eine musikalische Frühförderung von einem harten Plastizitätslimit: „Training bis zu einem gewissen Alter verleiht diese kognitive Fähigkeit, späteres Training ist zwecklos" (ebd.; vgl. Chin 2003). Nach Klöppel/Altenmüller (2013$^{6}$, 193) gilt es als sicher, dass absolutes Hören „besonders bei frühem intensiven Kontakt mit Musik auftritt."

Sacks (1995, 621) konnte noch vor zwanzig Jahren behaupten, dass sich das absolute Gehör vor dem fünften Lebensjahr entwickelt und unabhängig von der Musikalität des jeweiligen Menschen ist. Mittlerweile ist auch Sacks bereit, seine Aussagen mit Blick auf die weitergehende Forschung zu relativieren (vgl. Sacks 2008, 147 ff). Diesbezügliche Erkenntnisse gehen inzwischen so weit, dass von einer universellen Existenz des absoluten Gehörs im Säuglingsalter ausgegangen werden kann, die aber im Zuge der Sprachentwicklung eingeschränkt werden muss (vgl. a. a. O., 151; Spitzer 2002, 238 ff; Jäncke 2008, 185; Altenmüller 2009, 105;). Altenmüller (2009, 105) sieht aber auch die Möglichkeit, dass die Existenz des absoluten Gehörs abhängig ist von einer frühzeitigen altersgerechten musikalischen Unterweisung und einem intensiven Üben (vgl. Klöppel/Altenmüller 2013$^{6}$, 193). Die Fähigkeit, absolut zu hören verliert sich aber wieder, d. h. es kommt nicht zu einer Stabilisierung im Gedächtnis, wenn eine „geeignete musikalische Unterweisung" (a. a. O., 194) ausbleibt.

Will man sich an den seit einiger Zeit wieder aufgeflammten Diskussionen um die entwicklungspsychologischen Zeitfenster beteiligen (vgl. Kap. 1.4), so ist davon auszugehen, dass der entscheidende Zeitraum eher vor dem sechsten Lebensjahr liegt. Nach dem elften/zwölften Lebensjahr „kann das absolute Gehör meist nicht mehr erworben werden" (Altenmüller 2009, 105; Anders Ericcson/Pool 2016, 18). Man geht davon aus, dass es mehr absolut hörende Kinder als Erwachsene gibt. Unabhängig davon gilt das Vorhandensein absoluter Hörfähigkeit im

Gegensatz zu einer gut entwickelten relativen Hörfähigkeit, zumindest unter Musik- und Neurowissenschaftler im Vergleich zur Alltagstheorie, nicht als Zeichen von Musikalität oder gar musikalischer Hochbegabung.

Ein Zusammenhang, auf den ich hier nur kurz eingehen will, betrifft den zwischen Blindheit und absolutem Gehör (vgl. Sacks 2008, 186 f). Demnach weisen ca. 60 % der blinden Musiker ein absolutes Gehör auf. Die Erklärung liegt darin, dass das Areal für das Sehen sich dem auditiven Areal und dem Tastsinn zur Verfügung stellt. „Zu einer solchen Neuverteilung kann es auch dann kommen, wenn die Blindheit zu einem späteren Zeitpunkt des Lebens einsetzt“ (a. a. O., 186). Trotzdem muss gesagt werden, dass „die neuronalen Korrelate, die den musikalischen Fähigkeiten blinder Menschen zugrunde liegen, noch nicht exakt und vollständig bestimmt worden“ (a. a. O., 187) sind.

Mit Blick auf Untersuchungen zum absoluten Gehör bleibt nach Stadler Elmer (2105, 13) folgender Sachverhalt zu berücksichtigen:

> „Trotz einer großen Anzahl von Studien zum absoluten Gehör scheint es bisher keine musikethnologischen Studien zu geben, welche andere Tonsysteme als das abendländische berücksichtigen.“

## 4.8 Musik und Emotion

„Die Auffassung, dass Musik und Emotionen auf besondere Weise miteinander verbunden sind, bezeichnet einen Allgemeinplatz“ (Seibert 2016, 119). Die große und wichtige Bedeutung des Verhältnisses von Musik und Emotionen, die bereits in der Antike formuliert wurde (vgl. ebd.), sei es nun bezogen auf die Wahrnehmung von Musik, das aktive oder passive Musikhören, das aktive Musizieren, dessen Betrachtung Teile der Musikpsychologie sind, zeigt sich u. a. in den folgenden Zitaten aus dem Zeitraum 2000 bis 2016, die ich hier bewusst an den Anfang dieses Kapitels stellen will:

> „Music has commonly been conceptualized in an intimate connection with emotionality because musical experience, perceptual or productive, can mediate human feelings even in cases where a verbal mediation fails” (H. Papoušek 2000, 40).

> „Kaum ein anderes Kommunikationsmittel kann so starke emotionale Reaktionen auslösen“ (Altenmüller 2002, 18).

“Musik […] öffnet […] das Tor in die Welt der Gefühle“ (Bethge 2003, 55).

„Music experience is intimately related to its emotional appeal. […] Musical effects on emotions may be universal and also unique, depending on individual expertise“ (Peretz/Sloboda 2005, 409).

“There is a general consensus that music is capable of arousing deep and significant emotion in those who interact with it” (Sloboda 2008$^{5}$, 203).

„Es besteht überhaupt kein Zweifel, dass Musik ein hervorragendes Mittel ist, um unterschiedlichste Emotionen hervorzurufen“ (Jäncke 2008, 271).

„A primary function of musical performance is to express emotions to others“ (Flohr/Trevarthen 20082, 73).

„Die Musik nimmt insofern eine Sonderstellung unter den Künsten ein, als sie vollkommen abstrakt und gleichzeitig zutiefst emotional ist. Sie besitzt nicht die Fähigkeit, etwas Besonderes oder Äußeres darzustellen, aber sie vermag auf einzigartige Weise innere Zustände oder Gefühle zu Ausdruck zu bringen. Musik kann direkt zum Herzen sprechen; sie bedarf keiner Vermittlung“ (Sacks 2008, 330).

„Das Singen als die einfachste und frühste Form des Musizierens ist darauf ausgerichtet, in den Menschen Emotionen auszulösen und bereits erlebte Gefühlzustände wiederum zu vergegenwärtigen“ (Stadler Elmer 2008, 145).

„Emotional responses to music are a very common phenomenon because music surrounds us everywhere“ (Egermann 2009, 36).

“Numerous studies have shown that music is a powerful means to induce emotions” (Egermann et al. 2009, 346; Juslin/Västfjäll 2008, 560, 563 ff).

“Wir wissen inzwischen, dass durch Musik geförderte und ausgebildete emotionale Intelligenz dazu führen kann, mehr mit dem Herzen zu denken, Gefühle zu steuern und sie als sinnvolle Ergänzung zur Ratio einzusetzen. […] Musik bietet per se beides: *ratio und emotio*” (Bastian 2012, 41).

„Zweifellos ist Musik in der Lage, besonders starke Emotionen hervorzurufen“ (Altenmüller/Bernatzky 2015, 222).

„Mit dem Begriff der ‚musikalischen Emotion’ oder des ‚musikalischen Gefühls’ sollen […] jene Affekte bezeichnet werden, die auf irgendeine Weise von Musik ausgelöst und beeinflusst werden“ (Seibert 2016, 181).

Seibert (2016, 182) gibt zudem zu bedenken, dass man schon (mit)bedenken muss, auf welche Musik sich die folgenden Ausführungen beziehen. So beziehen sich seine Ausführungen auf die ‚reine Musik', also Instrumentalmusik. Denn nur so kann ausgeschlossen werden, dass Emotionen durch einen Text oder eine Handlung ausgelöst werden können.

Trotz dieser eben das Verhältnis von Emotionen und Musik positiv darstellenden Zitate, soll hier nicht verschwiegen werden, dass das Verhältnis von Musik und Emotion im Rahmen der wissenschaftlichen Literatur eher kontrovers diskutiert wird (vgl. Seifert/Kim 2006, 1061; Juslin/Västfjäll 2008, 559 f; Seibert 2016). Den Grund dafür sehen Juslin/Västfjäll (2008, 560) darin, dass dem Wie innerhalb des Verhältnissen bisher nicht genug Aufmerksamkeit geschenkt wurde. Ich werde darauf weiter unten zu sprechen kommen.

Des Weiteren sind die diesbezüglichen „neurobiologischen und anthropologischen Grundlagen" (Altenmüller/Bernatzky 2015, 222) dieses Verhältnisses noch nicht hinreichend erforscht.

Seifert/Kim (2006, 1061) sehen in dem Bedeutungszuwachs der Neurowissenschaften und deren Untersuchungen zu Musik und Emotion, dass die Sache Musik hier verloren gehen könnte. Zudem vermissen sie die Berücksichtigung bisheriger wissenschaftlicher Forschungen, Erkenntnisse, Theorien und Gedanken zu diesem Themenfeld, die bis in das 18. Jahrhundert zurückreichen.

Es ist nicht so, dass Musik uns nur umgibt, sondern Bezug nehmend auf ein Forschungsprojekt gaben z. B. 64 % der Probanden an Musik zu hören, weil diese Einfluss darauf hat, wie sie sich fühlen. D. h. Musik hat jedenfalls einen Einfluss auf die Stimmungslage von Menschen (vgl. Feldmann 1998, 88 f; Koelsch 2015) und zwar nicht erst bei Jugendlichen und Erwachsenen, sondern bereits bei Kleinkindern (vgl. Trehub et al. 2015). Dabei handelt es sich um ein Phänomen, das nicht erst seit kurzer Zeit bekannt ist. Erwähnt sein hier die Aspekte Musik und Macht, Liebes- und Lieblingslieder und besonders Wiegenlieder genannt (vgl. Spitzer 2002, 380 ff). Letztere „stehen in einem engen Zusammenhang mit den Emotionen der Eltern den Kindern gegenüber und haben ganz offensichtlich eine bindende und zugleich beruhigende Funktion" (a. a. O., 386; vgl. Kap. 2). Viele Lieblingslieder sind mit emotionalen Erfahrungen aus dem persönlichen Leben verbunden. Neurobiologisch gesprochen „spricht (man) von sogenannten episodischen Assoziationen zwischen einem ganz bestimmten Gedächtnisinhalt und ganz bestimmter Musik" (a. a. O., 387).

Neben der emotionalen gibt es noch die metaphorische Assoziation, bei der durch die Klangeigenschaften der Musik emotionale Bezüge z. B. zu singenden Vögeln geweckt werden (ebd.).

Prinzipiell muss zwischen Emotionen unterschieden werden, die durch die Musik repräsentiert werden und solchen, die durch die Musik ausgelöst werden (vgl. Seibert 2016, 182, 229 ff). Beide können voneinander abweichen, sich sogar widersprechen. Des Weiteren besteht auch die Möglichkeit, dass die Musik gar kein Gefühl ausdrücken will, sie aber dennoch beim Hörer ein solches auslöst (vgl. a. a. O., 183 ff).

„Die emotionale Wirkung von Musik wird häufig auch als die wichtigste Begründung für die Beliebtheit musikalischer Aktivitäten genannt“ (Altenmüller/Bernatzky 2015, 222, 226) und das nicht erst seit heute (vgl. Friedrich u. a. 2015, 338). Menschen hören z. B. Musik nicht nur, um durch sie quasi rezeptiv in eine bestimmte Stimmung versetzt zu werden, sondern sie hören und/oder machen Musik, um sich selbst in eine bestimmte Stimmung zu versetzen, d. h. um Gefühle hervorzurufen, sie zu intensivieren, zu verstärken (vgl. Jäncke 2008, 237; Kreutz et al. 2008; Sloboda 2008[5], 215; Knoche 2009, 71; Seibert 2016, 119) oder aber auch, um z. B. negative Gefühle zu kompensieren. In einer Untersuchung aus dem Jahr 1991 konnte Sloboda folgende emotionale Reaktionen, die durch Musik hervorgerufen werden, extrahieren (vgl. Spitzer 2002, 389; Thayer/Faith 2001; Juslin/Västfjäll 2008, 562 ff):

| *Körperliche Reaktion* | *Mittelwert* | *Anteil der Versuchspersonen mit diesen Erfahrungen (in Prozent)* |
|---|---|---|
| Gänsehaut, die eiskalt den Rücken hinunterläuft | 3,08 | 90 |
| Lachen | 2,80 | 88 |
| Kloßgefühl in der Kehle | 2,68 | 80 |
| Tränen | 2,65 | 85 |
| Gänsehaut | 2,40 | 62 |
| Herzklopfen | 2,31 | 67 |
| Gähnen | 2,15 | 58 |
| Magensensationen | 2,11 | 58 |
| sexuelle Erregung | 1,56 | 38 |
| Zittern | 1,51 | 31 |
| Erröten | 1,46 | 28 |
| Schwitzen | 1,44 | 28 |

Abbildung 28: Spitzer 2002, 389

Ganz deutlich wird hier in der Tabelle, dass die emotionalen Reaktionen, die sich auf Musik hin einstellen, auch körperliche Reaktionen hervorrufen können (vgl. Altenmüller et al. 2008, 64; Vieillard 2008, 58).

Entwicklungspsychologisch betrachtet weiß man heute, dass sich „die Fähigkeit, Emotionen in der Musik wahrzunehmen und diese durch Musik auszudrücken, […] sich während der Kindheit (entwickelt)“ (Friedrich u. a. 2015, 339). Bereits mit dem Eintritt in die Grundschule kann davon ausgegangen werden, dass sich das Verhältnis im Erkennen und Ausdrücken von Emotionalität und Musik bei Kindern nicht wesentlich von dem bei Jugendlichen und Erwachsenen unterscheidet (vgl. ebd.).

Welche Emotionen aber letztlich durch welche Musik bei wem und wie hervorgerufen werden, hängt ab von den individuellen Vorerfahrungen, von Persönlichkeitseigenschaften oder der momentanen Stimmung (vgl. Spitzer 2002, 391; Altenmüller et al. 2008, 66; Vieillard 2005; 2008, 58) und der Entwicklung (vgl.

Schubert/McPherson 2009). Zu klären wäre noch, inwieweit das Verhältnis Musik und Emotion letztlich kulturabhängig oder –unabhängig ist (vgl. Sievers et al. 2013). Letztlich bleibt auch die Frage, ob das Verhältnis von Musik und Emotion nicht evolutionär bedingt ist (vgl. Mallik et al. 2017).

Das Maß an Emotionalität wird im Weiteren u. a. dadurch mitbestimmt, ob es sich um einen Profi oder um einen Laien handelt. Profis beziehen demnach mehr musikalische Elemente in ihr Erleben mit ein als dies bei Laien der Fall ist. Ein weiterer, nicht zu unterschätzender Faktor ist die Zeit (vgl. Bigand et al. 2005).

Unabhängig von einer nicht zu leugnenden individuellen Komponente, scheint es aber auch so zu sein, dass bestimmte Musiken, vielleicht sogar bestimmte Tonfolgen (vgl. Spreckelmeyer et al. 2013), bestimmte Gefühle auslösen können, wie anhand von Test gezeigt werden konnte (vgl. Vieillard 2008, 58 f), unabhängig davon, ob es sich um Profis oder Laien handelt. Interessant ist dabei, dass Emotionen in der Musik schon nach dem Hören weniger Takte bestimmt werden konnten (vgl. a. a. O., 59).

Auch Gembris (1998, 102) hebt die Bedeutung der Musik als Helfer für die Bewältigung von Gefühlen heraus. Musik kann demnach helfen, u. U. auch unabhängig vom Alter, aber unter Berücksichtigung der Möglichkeit des Lernens (vgl. a. a. O., 294 ff), Gefühle, die sich oftmals verbal nur sehr schwierig vermitteln lassen, stimmlich, instrumental oder hörend (vgl. a. a. O., 337 ff), musikalisch auszudrücken, zu vermitteln zu bewältigen, zu verfeinern, zu erregen und auszudrücken (vgl. H. Papoušek 2000, 40). Angesprochen ist hier die Möglichkeit, dass sich durch Musik Emotionen auch regulieren lassen (vgl. Friedrich u. a. 2015, 342 ff). Es dürfte klar sein, dass sich die Möglichkeiten der Emotionsregulation bei Erwachsenen, Jugendlichen und Kindern auf unterschiedliche Weise zeigen. Wichtig ist hier aber der Sachverhalt, dass diese Möglichkeit überhaupt besteht. So lassen sich z. B. Stresserfahrungen und Ängste über Musik wesentlich beeinflussen (vgl. a. a. O., 348 ff; Kap. 3.8).

Ein weiterer wichtiger Aspekt betrifft die soziale Komponente, dass durch Musik ein Gefühl der Einheit erzeugt werden kann, was sowohl im sozialen, religiösen und kulturellen als auch im militärischen Bereich und im Arbeitsbereich bekannt ist und eingesetzt wird. Letzteres ist auch historisch belegt. Jourdain (2007, 160) hebt besonders den kommunikativen und sozialen Aspekt hervor:

> „Wenn Musik wirklich entstanden ist, um Sozialkontakte zu stärken und Konflikte zu lindern, dann verdankt sie ihre Existenz den Emotionen, denn durch das Verstärken oder Besänftigen von Emotionen treten wir mit unseren Mitmenschen in Verbindung; und irgendwie verkörpert Musik solche Emotionen."

Koelsch (2012, 201) nennt sieben Gründe, warum es sich lohnt, auch aus neurowissenschaftlicher Sicht sich mit dem Verhältnis von Emotionen und Musik auseinanderzusetzen:

- Musik ist in der Lage, starke Gefühle hervorzurufen
- Musik ist ein Medium, um gemischte Gefühle zu untersuchen
- Musik ist in der Lage, ein weites Spektrum an Gefühlen hervorzurufen
- Das Verhältnis von Musik und Emotion hat eine große Bedeutung für die Musiktherapie
- Musikhören und Musikmachen haben eine große Bedeutung für Untersuchungen der Beziehung zwischen Emotion und Aktion (Handlung)
- Musik kann helfen, die Dauer eines emotionalen Prozesses zu bestimmen
- Musik ist ein Medium, mit dessen Hilfe das Verhältnis zwischen Emotionen und sozialen Faktoren untersucht werden kann (vgl. Koelsch 2005c, 412).

Will man jedoch das Verhältnis von Musik und Emotionen wissenschaftlich erforschen, tun sich auch Schwierigkeiten auf (vgl. Koelsch 2012, 204):

- Die Wirkung bestimmter Musik auf den Menschen ist individuell zu betrachten
- Probanden sollten ähnlich vertraut sein mit unterschiedlichen Musikstücken oder Musikstilen
- „It is often challenging to control for the musical and acoustical parameters that differ between pieces used to control for different experimental conditions" (ebd.)
- Einige Emotionen sind mit anderen Stimuli besser untersucht oder können besser untersucht werden als mit Musik.

Dass die Verhältnisse letztlich komplizierter sind als unser Alltagwissen zu glauben vermag, belegen z. B. Egermann (2009, 39 ff), Sloboda (2008[5], 203 ff, 213 ff, 225 ff), Sloboda/Juslin (2005, 779 ff), Juslin (2011) und Koelsch (2012, 204 ff) sehr anschaulich, wobei sich besonders Juslin mit dem Feld Musik und Emotion über die Beantwortung - auch unter Berücksichtigung neurowissenschaftlicher Erkenntnisse - von sieben Fragen auseinandersetzt.

Dennoch: Das Thema Musik und Emotion ist zwar historisch betrachtet schon länger Thema (musik-)wissenschaftlicher insbesondere musikpsychologischer und musikästhetischer Auseinandersetzung (vgl. Bethge 2003; Frauchiger 2003; Juslin/Västfjäll 2009, 561; Stoffer 2008; Vieillard 2008, 60; Weixler 2009; Krause/Oberhaus 2012a, 11), allerdings noch nicht so sehr innerhalb der heutigen Musikwissenschaft (vgl. Spitzer 2002, 379), eine Aussage, die sich aber nach Durchsicht einschlägiger Literatur so nicht ohne weiteres bestätigen lässt (vgl. Feldmann 1998, 84 ff; Peretz/Sloboda 2005; Sloboda/Juslin 2005; Seibert 2016). Dass die Forschungslage zu diesem Themenbereich aber insgesamt gesehen noch relativ dünn (vgl. Jäncke 2008, 239; Krause/Oberhaus 2012a, 11 f), aber auch sehr unterschiedlich ist (vgl. Seibert 2016, 183 ff), hängt sicherlich auch damit zusammen, dass die emotionale Komponente vor nicht gar zu langer Zeit ausgeschlossen wurde, ein Umstand, der von Sloboda/Juslin (2005, 767) noch 2005 beklagt wurde, sich aber mittlerweile geändert zu haben scheint (vgl. Krause/Oberhaus 2012, 12).

Genauer betrachtet lassen sich zwei Aspekte feststellen. Wenn auch das Verhältnis Musik und Emotion in der Psychologie eher vernachlässigt wurde, so war und ist es in der Philosophie seit über 100 Jahren in der Diskussion über Ästhetik verankert. Zum anderen spielt die ästhetische Diskussion innerhalb der Musikwissenschaft weniger eine Rolle als die um die Emotionen, die durch Musik ausgedrückt werden.

Fragt man nach den Gründen der Vernachlässigung (vgl. Juslin/Sloboda 2004[4], 4), so lassen sich schon einige nennen. Erstens bestehen Schwierigkeiten Emotionen unter Laborbedingungen zu studieren. Ein wichtiger Grund, die Emotionen aus dem wissenschaftlichen Diskurs auszuschließen, war die Individualität psychischer Reaktionen, die sich eben nicht verallgemeinern ließen und somit wissenschaftlich nicht fassbar waren (vgl. Spitzer 2002, 380; Eschrich et al. 2005). Ein weiterer Grund ist die Dominanz der kognitiven Psychologie, die sowohl die Psychologie als solche als auch die Musikpsychologie betrifft. Des Weiteren wird argumentiert, dass es sich bei der Thematik einfach um ein schwieriges Gebiet handelt. Als letzten Grund nennen Juslin/Sloboda (2004[4], 4 f) dann noch die Tatsache, dass die Themen Hörgewohnheiten und Reden über Musik das Feld dominieren. Ein weiterer Grund könnte sein, dass schlicht die Bedeutung der Musik im alltäglichen Leben unterschätzt wurde (vgl. Juslin/Sloboda 2004[4]a, 81). „Aesthetic emotions – emotional reactions to film, dram, music, or painting – have never been in the ‚mainstream' of psychology" (ebd.).

Es ging vor der kognitiven Wende in der Psychologie, die mit einer Hinwendung zum Individuum verbunden war (vgl. Feldmann 1998, 91), darum, „emotionale Reaktionen bei Diskussionen über Musik explizit auszuschließen" (Spitzer 2002, 379). Spitzer spricht in diesem Zusammenhang von „einem überzogenen Anspruch an Wissenschaftlichkeit, die mit Emotionsfreiheit verwechselt" (ebd.) wurde. Ein solches Meinungsbild besteht heute nicht mehr.

Dass das Verhältnis Musik und Emotion „nicht nur innerhalb der Musikpraxis, sondern auch im Rahmen der theoretischen Betrachtung von Musik" (Seibert 2016, 120) besonders heute stark thematisiert wird, deutet darauf hin, dass „den Emotionen für das Verständnis von Musik" (ebd.) eine Schlüsselrolle zugewiesen wird.

Nicht nur in der Musikwissenschaft bzw. der Musikpädagogik, wo die Erforschung des Verhältnisses von Musik und Emotion mittlerweile fest etabliert zu sein scheint, sondern in vielen anderen Wissenschaftsbereichen ist das das Interesse an der Erforschung von Emotionen stark gestiegen (vgl. a. a. O., 120 ff).

Nach Koelsch (2005d, 106) ist Musik „ein ideales Werkzeug zur Erforschung von Emotionen, v. a. weil Musik eben in der Lage ist, starke Emotionen interindividuell konsistent zu evozieren." Trotzdem beklagt auch er, dass es bisher wenige Studien auch im Bereich bildgebender Verfahren gibt. Juslin/Sloboda (2004[4]a, 81) sehen dagegen, dass sich die Situation langsam ändert. Sie gehen sogar so weit zu behaupten, darin eine gewisse Modeströmung zu sehen. Trotzdem bleibt ihrer Meinung nach für die Zukunft noch viel zu tun (vgl. a. a. O., 96 ff). Neuere Untersuchungen zum Thema stammen z. B. von Altenmüller/Kopiez (2005), Lehmann (2005), Altenmüller et al. (2007), Altenmüller/Kopiez (2013) und Altenmüller et al. (2014).

Koelsch (2012, 204 ff) zufolge konkurrieren innerhalb der Forschung zwei Standpunkte: Einerseits geht man davon aus, dass Musik ein weites Spektrum an Emotionen auslösen kann, andererseits hält man die durch Musik ausgelösten

Emotionen für künstliche, obwohl mittlerweile als erwiesen gilt, dass körperliche und gefühlsmäßige Reaktionen auslöst werden, wobei unterschiedliche Mechanismen eine Rolle spielen können (vgl. Juslin/Västfjäll 2008; Altenmüller/Kopiez 2013, 54).

Zu Beginn des Kapitels über Emotionen (vgl. Kap. 3.5) war von unterschiedlichen Zugangsweisen zum Verständnis der Emotionen die Rede. Juslin/Sloboda (2004[4]a, 76 ff) unterscheiden hier vier Zugangsweisen: The categorical approach, the dimensional approach, the prototype approach and the vitality effects. Die letzte dieser vier Zugangsweisen, die Theorie der Vitalitätsaffekte (vgl. Stern 2011), scheint teilweise relevant zu sein für die Beziehung sowohl zur Musik (vgl. Juslin/Sloboda 2004[4]a, 79; Bunt/Pavlicevic 2004[4], 194) als auch zur Musiktherapie. Vitalitätsaffekte, die in erster Linie die dynamische Ebene einer Beziehung hervorheben, spielen eine bedeutende Rolle in der frühen Mutter-Kind-Beziehung und in der Musik(therapie). Ein Begriff, der auch in der Musik von Bedeutung ist, ist der der Abstimmung (attunement). Das Nicht-Vorhandensein dieser Abstimmung wird oft in Zusammenhang gebracht mit der Symptomatik tiefgreifender Entwicklungsstörungen.

Auch Juslin/Västfjäll (2008, 563) gehen der Frage nach, wie Musik Emotionen hervorruft. Hier unterscheiden sie sechs psychologische Mechanismen, die sich im Laufe der Evolution (Phylogenese), aber auch ontogenetisch herausgebildet haben könnten und von deren Zusammenwirken sie annehmen, dass sie mit ihrer Hilfe erklären können, wie Musik im alltäglichen Leben Emotionen hervorruft:

- *brain stem reflexes:* Die Emotion wird hervorgerufen durch eine fundamentale musikalische Charakteristik innerhalb eines Stückes, z. B. der Lautstärke.
- *evaluative conditioning:* Die Emotion wird hervorgerufen durch eine Passung mit einem anderen positiven oder negativen Stimulus, z. B. löst die Musik Erinnerungen an ein anderes Ereignis aus.
- *emotional contagion:* Die Emotion wird dadurch hervorgerufen, dass der Hörer den emotionalen Ausdruck einer Musik wahrnimmt und sie das entsprechende Gefühl in ihm auslöst, z. B. traurige wirkende Musik löst Trauer aus.

- *visual imagery:* Die Emotion wird dadurch hervorgerufen, dass die Musik mit inneren Bildern verbunden wird, z. B. die Vorstellung einer bestimmten Landschaft.
- *episodic memory:* Eine Emotion wird dadurch ausgelöst, dass sie mit einem früheren Ereignis verbunden wird, z. B. die Musik beim ersten Kuss.
- *musical expectancy:* Die Emotion wird dadurch hervorgerufen, weil der Hörer einen bestimmten Fortgang der Musik erwartet, z. B. bezogen auf harmonische Wendungen, die, wenn sie nicht eintreten, Erstaunen hervorrufen.

Für die ontogenetische Entwicklung setzen sie einen Zeitrahmen vom pränatalen Erleben bis hin zum elften Lebensjahr (vgl. a. a. O., 569). Für die psychologischen Mechanismen setzen sie Schlüsselregion im Gehirn an, die am ehesten mit den entsprechenden Mechanismus verknüpft sind. Nach den Aussagen der Autoren lassen sich auch Beziehungen herstellen zu anderen Emotionen (vgl. a. a. O., 571 ff). Zudem eröffnet sich hier auch ein Feld für Musiktherapie.

Nach Sacks (2008, 330) nimmt die Musik unter den Künsten eine Sonderstellung ein, da sie einerseits völlig abstrakt ist, andererseits aber zutiefst emotional. Wie schon andere Autoren, so stellt auch er fest: „Sie vermag auf einzigartige Weise innere Zustände oder Gefühle zum Ausdruck zu bringen. Musik kann direkt zum Herzen sprechen; sie bedarf keiner Vermittlung“ (ebd.; vgl. Knoche 2009, 72; Meyer 2009, 28 ff). Solche Äußerungen, so sympathisch sie sein mögen, erschweren letztlich eine wissenschaftliche Auseinandersetzung, die ohnehin problembeladen erscheint (vgl. Juslin/Sloboda 2004$^4$a, 82).

Hodapp (2003, 213) zufolge ist es zum einen bis heute ein Rätsel, wie musikalische Gefühlswirkungen entstehen, zum anderen kann die Frage nach der Wirkung der emotionalen Kraft der Musik nicht eindeutig beantwortet werden.

Dennoch: „*Gefühle sind ein wichtiger Bestandteil musikalischer Erfahrungen*“ (Kreutz 2008, 548; vgl. Spitzer 2002, 387), in erster Linie unseres individuellen (vgl. Hodapp 2003, 214), aber auch unseres sozialen Erlebens (vgl. Egermann 2009, 43 ff). Auch hierbei handelt es sich um Erkenntnisse, die zum einen nicht neu sind, sondern, was die individuelle Seite betrifft, teils bis in biblische Zeiten zurückreichen, und die zweitens auch noch kulturübergreifend sind, aber kulturspezifischen Ausformungen und Darstellungsregeln unterliegen (vgl. Hodapp

2003, 219; Jäncke 2008, 239 f). Andere Untersuchungen zeigen, dass bestimmte Musik kulturübergreifend ähnlich empfunden werden, dass sich aber die Bilder, die durch die Emotionen ausgelöst werden, durchaus kulturell unterscheiden können (vgl. Fritz et al. 2013).

Auch die Erkenntnis, dass Musik eine ‚Sprache des Herzens, des Gefühls' sei, ist nicht neu und bildet heute noch den Grundtenor aller diesbezüglichen Theorien. Aus dieser Erkenntnis heraus wurde auch schon in früheren Kulturen die Musik sowohl pädagogisch als auch therapeutisch benutzt. Dennoch führt diese Debatte zeitweise ein Schattendasein, sodass die Behauptung, es handele sich um eine musikwissenschaftlich vernachlässigtes Thema (vgl. Spitzer 2002, 379), vor wenigen Jahren wohl noch stimmen mochte, aber aus heutiger Sicht so nicht mehr stehen bleiben kann.

Die Bedeutung der Beziehung zwischen Mensch, Musik und Emotion hat wie gesagt schon immer eine Rolle gespielt und tut dies auch weiterhin, was sich auch in den letzten 50 bis 60 Jahren in der wissenschaftlichen Literatur niederschlägt (vgl. Bruhn/Oerter/Rösing 1993; Bruhn/Rösing 1998; Gembris 1998; Spitzer 2002, 379; Bethge 2003; Juslin/Sloboda 2004$^4$a, 83 ff, 91 ff; Jäncke 2008, 237 ff; Kreuz 2008; Kreutz et al. 2008; Egermann et al. 2011; Lamont/Eerola 2011; Krause/Oberhaus 2012; Perlovsky 2012; Altenmüller/Bernatzky 2015). So ist eigentlich Kreuz (2008, 566) zuzustimmen, wenn er den Fortschritt bei der Erforschung musikalischer Emotionen besonders in den letzten 10 Jahren unter interdisziplinären Aspekten hervorhebt, wobei dem neurowissenschaftlichen Aspekt besondere Bedeutung zukommt (vgl. Kreutz/Lotze 2008$^2$, 146).

Es ist eben doch schwer, bei einem solchen Thema den subjektiven Faktor auszuschließen. „Die Beziehungen zwischen Musikwahrnehmung, Kognition und Emotion sind weitgehend von der Einstellung des Musikhörers abhängig" (Harrer 1993, 597 f). Emotionale Wirkungen der Musik zeigen sich, nach Hodapp (2003, 214), eben auf verschiedenen Ebenen menschlichen Verhaltens und Erlebens und sind zudem sowohl von subjektiven als auch von objektiven Faktoren bestimmt (vgl. a. a. O., 226 f; Kreutz/Lotze 2008$^2$, 160 f; Sacks 2008, 315).

Molnar-Szakacs/Overy (2006, 238) sehen in der Möglichkeit der emotionalen Berührung durch Musik etwas, durch das sich Musik definiert, und in der Tatsache des Musikhörens einen der Punkte, warum Menschen Musik hören, eben um ihre Emotionalität zu erfahren oder zu verändern. Es ist zudem davon auszugehen, dass die individuelle Erfahrung im praktischen und/oder hörenden Umgang mit Musik sowohl das emotionale Empfinden des Hörers als auch des Musikers beeinflusst und verändert. Darüber hinaus ist zu berücksichtigen, dass emotionale Reaktionen auf Musik seit der frühsten Kindheit existieren und kulturell unabhängig sind (vgl. ebd.; Kreutz/Lotze 2008², 156 ff).

Des Weiteren ist davon auszugehen, dass sich eine emotionale Berührtheit durch Musik sowohl in der Mimik als auch in der Gestik ablesen lässt und damit Bestandteil sozialer Kommunikation ist. Aber eine emotionale Berührtheit stellt sich nicht immer automatisch ein. Sacks (2008, 328) schreibt dazu: „Die Macht der Musik [...] muss sich unbemerkt bei uns einschmuggeln, muss spontan als Gunst oder Gnade kommen“. Sie muss in mir etwas auslösen, nur dann können die Emotionen wirken.

Flohr/Trevarthen (2008², 73 f) heben nicht zuletzt im Anschluss an Jaques-Dalcroze die Bedeutung des Verhältnisses von Bewegung und Emotion hervor:

> „All music begins with movement, and all music has a social function. Movement is excited by emotion and by sharing of emotion.”

Schon vor über 20 Jahren schrieb Rösing (1993, 579), dass „die emotionale Komponente von Musik als einer *Sprache der Gefühle* [...] in den verschiedenen Kulturen und Epochen eine unendliche Differenzierung des Ausdrucks (zeigt), die mit sprachlichen Mitteln nicht adäquat wiedergegeben werden kann“ (vgl. auch Altenmüller/Kopiez 2005, 175 ff). Die Schwierigkeiten beginnen eigentlich dort, wenn es darum geht, den Begriff der Emotion genauer zu fassen (vgl. Kap. 3.1).

Sowohl an der Begriffs- als auch an der Theoriebildung sind unterschiedliche wissenschaftliche Disziplinen beteiligt. Erste empirische Untersuchung zum Themenbereich Musik und Emotion stammen von Huber aus dem Jahr 1923 (vgl. Rösing 1993, 583). Dominierten in den früheren Jahren biologische, psychologische, psychophysiologische und auch sozialwissenschaftliche Theorien das Feld, so kommt heute den neurowissenschaftlichen Ansätzen erhöhte Bedeutung zu (vgl. Hodapp 2003, 223 ff; Altenmüller/Kopiez 2005; Spitzer 2002, 379; Koelsch ; 2012; Jäncke 2008, 237 ff; Kreutz 2008, 552 ff; Kreutz/Lotze 2008², 146). Die Bedeutungszumessung geschieht aus zwei Gründen:

> „Zum einen sind alle körperlichen und mentalen Prozesse im zentralen Nervensystem repräsentiert, und psychische und körperliche Reaktionen auf Musik sind ursächlich mit neuronalen Vorgängen im zentralen Nervensystem verknüpft. Zum andern stellt die Struktur des Gehirns [...] zugleich seine evolutionäre Entwicklung dar. Es lassen

> sich darin also Ebenen der Wahrnehmung sowie des Denkens, Handelns und Fühlens nach strukturellen und funktionalen Gesichtspunkten unterscheiden. Es zeigt sich, dass emotionale Reaktionen auf Musik Hirnareale weit unterhalb der Hirnrinde einschließen, die evolutionsgeschichtlich mit dem Übergang zwischen Reptilien und reptilienartigen Säugetieren vor mehr als 180 Millionen Jahren verbunden sind" (Kreutz 2008, 552; vgl. Jourdain 2001, 377 ).

Generell lässt sich sagen, dass „die über Jahrhunderte hinweg entwickelten Vorstellungen von musikalischen Ausdrucksmodellen [...] sich mit vorliegenden empirischen Studien [...] tatsächlich untermauern lassen" (Rösing 1993, 586 f). Auch Kreutz (2008, 552) kann aus seiner Sicht bestätigen, „dass jedem einzelnen dieser Ansätze in bestimmten Bereichen des Musikerlebens Bedeutung zukommt."

Schwierigkeiten bestehen hinsichtlich einer möglichen Verallgemeinerung, da es sich bei einer emotionalen Reaktion auf Musik um ein sehr subjektives Ereignis handelt, das sowohl von vergangenen Erfahrungen als auch von gegenwärtigen Empfindungen getragen wird, somit nicht verallgemeinbar und u. U. deshalb auch schwer zu händeln ist (vgl. Altenmüller/Kopiez 2005, 168; Lehmann 2005, 186 ff).

Jäncke (2008, 240) gibt zu bedenken, dass bei der Betrachtung des Verhältnisses von Musik und Emotion „zwischen der *emotionalen Bewertung* von Musik und dem durch die Musik *hervorgerufenen Gefühl*" differenziert werden muss. Auch wenn sich beide synchron entwickeln, können sie sich doch erheblich unterscheiden. So ist es möglich, dass ich Musik emotional positiv bewerte, aber sie dennoch keine Gefühle in mir hervorruft. Dieser Sachverhalt veranlasst Jäncke zu der Vermutung, dass eine emotionale Bewertung von Musik eher kognitiv gesteuert wird, während eine emotionale Empfindung anders, jedenfalls nicht kognitiv gesteuert wird (vgl. ebd.).

Zu bedenken bleibt, dass in der Musikpsychologie zwischen einer kognitivistischen und einer emotivistischen Position unterschieden wird (vgl. Altenmüller 1013b, 190). Die kognitivistische Position geht davon aus, dass durch die Musik keine Emotionen ausgelöst werden, sondern „nur in dieser weise vom Hörer klassifiziert und bewertet" (ebd.) werden. Im Gegensatz dazu gehen die emotivistischen Theorien davon aus, dass durch die Musik „direkt Emotionen erzeugt" (ebd.) werden.

Wie sieht es überhaupt aus mit der Entwicklung emotionaler musikbezogener Präferenzen? Ist es z. B. wirklich so, dass Konsonanzen mit positiven Emotionen belegt werden und Dissonanzen mit negativen? Diesbezüglich Untersuchungen bei Erwachsenen zeigen, dass dies nicht unbedingt der Fall ist. Was hier wohl eher eine Rolle spielt, sind bisherige Erfahrungen. Babys beispielsweise reagieren auf Konsonanzen mit erhöhter Aufmerksamkeit, während sie bei Dissonanzen ehr motorisch aktiv werden, wobei bekannt ist, dass bei unangenehmen Gefühlen die motorische Aktivität zunimmt (vgl. a. a. O., 244). Da das Hörvermögen, wie schon erwähnt, bereits pränatal bis zu einem gewissen Grad ausgebildet ist (vgl. Lecanuet 2000; H. Papoušek 2000, 45 f; M. Papoušek 2000; Kowal-Summek 2006, 133 ff; Decker-Voigt 2008, 12 ff; Levitin 2009a, 283 ff; Parncutt 2009; Bührer 2015; Altenmüller 2015b), liegt die Vermutung nahe, dass dies auch für die entsprechenden neuronalen Strukturen gilt (vgl. Jäncke 2008, 245; Webb et al. 2015). Damit verbunden wäre dann auch die Tatsache, dass emotionale Strukturen hinsichtlich der Wahrnehmung von Konsonanzen oder Dissonanzen bereits kurz nach der Geburt ausgebildet sind (vgl. Brattico/Jacobsen 2009, 309) und sich als neurophysiologisch Reaktionen in unterschiedlichen Hirnarealen nachweisen lassen (vgl. a. a. O., 309 ff). Nach Saccuman/Scifo (2009, 297) besitzen Neugeborene eine hohe Sensibilität bezüglich musikalischer Informationen. „From the first days of life, music appears to play an important role for emotional, cognitive, and social development" (ebd.).

Hinsichtlich der Empfindung von Dissonanzen unterscheidet Jourdain (2001, 135 ff) drei Erklärungsmuster (vgl. Brattico/Jacobsen 2009, 311; Dellacherie et al. 2009). Die neurologische Erklärung bezieht sich auf die Funktionsweise der Cochlea, bei der es im Fall von Dissonanzen zu Überlagerungen kommt, die eine eindeutige Frequenzwahrnehmung behindern. Die zweite Erklärung, die physikalische, sieht in der Dissonanz ein Phänomen der Schwebung. Durch Überlagerungen von Schwingungen entsteht in gewissen Abständen eine Intensitätsmaximierung, die sich nur innerhalb gewisser Frequenzen akustisch trennen lassen. Wird die Frequenz erhöht, entstehet „eine Art akustischer Reibung" (Jourdain 2001, 137), die als Dissonanz wahrgenommen wird. Die dritte Form, die strukturelle, basiert auf nicht üblichen „harmonischen Beziehungen zwischen Tönen einer Skala" (a. a. O., 138), bei denen das Gehirn Schwierigkeiten mit der Verarbeitung hat. Sie, d. h ihre Empfindung, ist abhängig von kultureller Erfahrung, vom formalem Training (vgl. a. a. O., 140) oder vielleicht sogar von der Art der Präsentation (vgl. Drösser 2009; Spahn 2009).

Brattico/Jacobsen (2009, 311) gehen davon aus, dass hinsichtlich der Grundgefühle wie Furcht, Freude und Trauer eine kulturübergreifende Wahrnehmung besteht und diese Gefühle somit gegebenenfalls, wenn auch schwächer als im realen Leben, automatisch ausgelöst werden. Abzugrenzen von diesen Grundgefühlen sind nach Meinung der Autoren ästhetische Gefühle, die sich z. b. nur auf die Musik beziehen. Des Weiteren heben sie hervor, dass die ästhetischen Gefühle mit dazu beitragen unseren alltäglichen emotionale Haushalt zu regulieren (vgl. a. a. O., 312). Hinzu kommt, dass die ästhetischen Gefühle je nach den individuellen Hörgewohnheiten unterschiedliche Bereiche des Gehirns aktivieren (vgl. a. a. O., 312 ff).

> „The interaction between the moment-by-moment aesthetic experience of music […], past listening biography […], and individual psychological, cognitive, and sociocultural factors could explain the variance in subjective musical preference" (a. a. O., 314).

Ein weiterer wichtiger Bereich, den Koelsch (2012, 208 ff) innerhalb der Emotionen fasst, und der auch besonders pädagogisch relevant erscheint, ist der der sozialen Funktion von Musik, die eben auch emotionsauslösend wirkt.

> „Music making is an activity involving several social functions. The ability, and the need, to engage in these social functions is part of what makes us human, and emotional effects of engaging in these functions include experiences of reward, fun, joy and happiness“ (a. a. O., 208; vgl. Vieillard 2008, 61).

Ausgehend von seinem neurokognitiven Modell der Musikwahrnehmung (vgl. Koelsch/Schröger 2008; Koelsch 2012, 89 ff) spricht Koelsch an dieser Stelle von den sieben Cs, die die sozialen und emotionalen Bezüge charakterisieren:

- „When individuals make music, they come into *contact* with each other" (Koelsch 2012, 208). Für ihn stellt sich der zwischenmenschliche Kontakt als ein Grundbedürfnis des Menschen dar. Die Bedeutung des sozialen Kontakts sieht er als Grundvoraussetzung für die Teilhabe an anderen sozialen Funktionen und auch als Grundvoraussetzung einer weiterführenden Musikwahrnehmung.
- „Music automatically engages *social cognition*“ (a. a. O., 209). Dabei geht es nicht nur um das Musik hören und den

gedanklich dahinter liegenden Intentionen, sondern auch um das Musik machen.

- „Music making can engage *co-pathy* in the sense that inter-individual emotional states become more homogeneous […] thus decreasing conflicts and promoting cohesion of a group" (ebd.). Mit Blick auf positive Emotionen kann gesagt werden, dass sie oftmals beim gemeinsam Musizieren oder Musikhören entstehen. Der Begriff ‚co-pathy` soll hier die soziale Funktion von Emphatie hervorheben.
- „Music always involves *communication*" (a. a. O., 210). Angesprochen sind hier nicht nur die Gemeinsamkeiten von Sprache und Musik, sondern auch die Bedeutung der Musik in der Therapie als Mittel oder Medium nonverbaler Kommunikation.
- „Music making also involves *coordination* of actions" (ebd.). Diese Koordination, z. B. beim Tanzen ist verbunden mit einem guten Gefühl, nicht erst bei Jugendlichen oder Erwachsenen, sondern bereits bei Kindern ab 2,5 Jahren
- „A convincing musical performance by multiple players is only possible if it also involves *cooperation* between players" (a. a. O., 211). Diese Kooperation ist grundsätzlich mit einem positiven Gefühl verbunden.
- "As an effect, music leads to increased **social** *cohension*" (ebd.). Auch hier spielen die positiven Gefühle eine entscheidende Rolle.

Die Gefühle, die durch die Musik geweckt werden, stehen im Zusammenhang mit den Überlebensfunktionen des Menschen, haben für das Individuum grundlegend vitale Bedeutung und führen, neurobiologisch betrachtet, zu dauernden Veränderungen der Hirnstruktur (vgl. Altenmüller/Bernatzky 2015, 229 ff). Von daher betont Koelsch auch immer wieder die Bedeutung der Musik für die Therapie (vgl. Koelsch 2012, 212; Altenmüller/Bernatzky 2015, 232 ff).

Abgesehen von der sozialen Funktion der Emotionen, hebt Koelsch zudem hervor, dass diesen Funktionen auch emotionale Prinzipien unterliegen, durch die Emotionen als Antwort auf Musik hervorgerufen werden.

Hinsichtlich der neuronalen Verarbeitung lässt sich sagen, dass dem Hippokampus, dem Temporallappen und der Amygdala hier besondere Bedeutungen zukommen. Gleichzeitig zeigen Untersuchungen an dementiell Erkrankten, dass Musikerinnerung und emotionale Bewertung von Musik in unterschiedlichen Hirnarealen verarbeitet wird (vgl. Koelsch 2005c, 413).

Aus pädagogischer Sicht ist im Weiteren interessant, dass sich die Fähigkeit zum Erfassen emotionaler Bedeutung in der Musik frühzeitig entwickelt (vgl. Sloboda 1989; 1991in Rösing 1993, 586; Hodapp 2003, 219, 228; Trainor/Schmidt 2003, 318 ff; Jäncke 2008, 240 ff; Vieillard 2008, 60), u. U. aber „mit dem Stellenwert der Musik im Elternhaus zusammenhängt" (Gembris 1998, 298; Koelsch 2005c, 413; Jäncke 2008, 246 ff) und damit auch erfahrungsabhängig ist. Hinzu kommt, dass wir Musik, die wir öfters gehört haben, prinzipiell emotional positiver bewerten, und dies unabhängig vom Bildungsstand der Versuchspersonen als auch von der bisherigen Musikerfahrung, was auch unter dem Begriff *positive Voreingenommenheit* diskutiert wird (vgl. Jäncke 2008, 247). Des Weiteren ist hervorzuheben, dass sich die emotionale Berührtheit durch Musik durch ein soziales Feedback beeinflussen lässt (vgl. Egermann et al. 2009, 348 f)

Ausgehend von den Bedeutungen von Erfahrungen, die ein Mensch im Laufe seines Lebens macht, ist die Feststellung von Jäncke (a. a. O., 249), dass emotionale Bezüge zur Musik individuellen Veränderungen, also Entwicklungen unterliegen, nicht verwunderlich (vgl. Trainor/Schmidt 2003, 318 ff). Als Aspekte, die einen Einfluss ausüben können, nennt er (vgl. Jäncke 2008, 249):

- „Aktivitäten beim Musikhören
- aktuelle Stimmungslage des Hörenden
- Persönlichkeitsmerkmale des Hörenden
- vorübergehende Schwankungen der Anforderungen an die Musik
- lebenszeitliche Schwankungen
- historisch-kulturelle Schwankungen."

Pädagogisch interessant ist, dass Musikhören bei Arbeitsvorgängen bei Erwachsenen zu einer gehobenen Stimmung führt, während gleichzeitig die kognitive Kontrolle und die geistige Präsenz abnehmen (vgl. a. a. O., 250), was möglicherweise darauf hindeutet, dass sich Musik einerseits einsetzen lässt, um die Stimmung und andererseits die geistige Wachheit zu beeinflussen (vgl. a. a. O., 250 f).

Ein weiterer pädagogischer Aspekt besteht darin, dass, nach Adachi/Trehub (1998 in Hodapp 2003, 219), bereits vier- bis zwölfjährige Kinder in der Lage sind, Emotionen auslösende Variablen wie Tempo, Lautstärke und Artikulation gezielt zu verwenden, um bestimmte Emotionen auszulösen, was ich aus eigener musikpädagogischer Praxis heraus nur bestätigen kann. „Wenn Sensibilität für Musik eine so früh vorhandene, elementare, zutiefst humane Eigenschaft darstellt, birgt Sensibilität für Musik vielleicht auch das Potential in sich, Sensibilität in zwischenmenschlichen Beziehungen, Empathie zu fördern“ (Hodapp 2003, 228; vgl. Egermann 2009, 43 ff). Generell lässt sich sagen, dass die Bedeutung der Emotionen für das Verständnis und die Einwirkung auf den Lernprozess von Relevanz ist und dass ausgehend von den musikalischen Strukturen hier ein weiterführender Prozess in Gang gesetzt werden kann (vgl. Kreutz/Lotze 2008$^{2}$, 147).

Eine ganz andere pädagogisch relevante Bedeutung erwächst u. U. aus der momentanen Vormachtstellung neurowissenschaftlicher Ansätze (vgl. Kreutz/Lotze 2008$^{2}$), die sich am ehesten unter dem Begriff einer musikpädagogischen Neurodidaktik fassen lässt (vgl. u. a. Gruhn 2005; Caspary 2006$^{2}$; Gruhn/Rauscher 2008$^{2}$a; Petrat 2014). Kritisch dazu äußert sich u. a. Hartogh (2005a).

Aus neurowissenschaftlicher Sicht ist es erst einmal interessant zu wissen, dass Musik „dieselben Hirnbereiche aktiviert, die auch Emotionen verarbeiten“ (Vieillard 2008, 60 f). Aufgrund neuerer neurowissenschaftlicher Erkenntnisse zur Bedeutung der Beziehungen zwischen Musik und Emotionen lässt sich mittlerweile mit Hilfe bildgebender Verfahren zeigen, welche Partien des Gehirns sich durch Musik anregen lassen (vgl. Altenmüller 2002; Spitzer 2002, 394 ff; Bethge 2003; Trainor/Schmidt 2003; Goydke et al. 2004; Altenmüller/Kopiez 2005; Molnar-Szakacs/Overy 2006, 238; Jäncke 2008; Juslin/Västfjäll 2009, 562; Kreutz/Lotze 2008$^{2}$; Koelsch 2012, 219 ff). „Grundsätzlich kann festgehalten werden, dass beim Hören von emotionaler Musik das limbische System besonders stark aktiviert ist“ (Jäncke 2008, 260; vgl. Altenmüller 2002; Koelsch 2005; 2012, 219 ff; 2014; Altenmüller et al. 2008, 67; Petrat 2014, 74). Des Weiteren kommt es zur Ausschüttung von Endorphinen und damit zur Entstehung von Glücksgefühlen (vgl. Altenmüller et al. 2007; Gelitz 2010, 20 f; Altenmüller/Kopiez 2013, 52, 55 ff; Koelsch 2014, 43; Petrat 2014, 93 ff). Dabei ist es nicht so wichtig, dass die Musik vorher bekannt ist. Wichtig ist nur, dass sie gefällt.

Nach Hartogh (2005a, 39) handelt es sich beim musikalischen Erleben und bei der musikalischen Erfahrung nicht um „akustische Datenverarbeitung“, sondern um einen schöpferischen Vorgang.

> „Beim Verstehen von Musik konstruieren wir Sinnstrukturen, die im situativen Kontext unser Hörbedürfnis befriedigen. Diese Konstruktion von Bedeutung ist höchst individuell, wie es divergierender Musikgeschmack offensichtlich macht“ (ebd.).

Koelsch (2014, 43) spricht in diesem Zusammenhang vom Spaß-System im Gehirn, das dadurch aktiviert wird. Aber es handelt sich nicht nur um das Spaß-System, sondern es werden emotionale Zentren im Hippokampus aktiviert, „die ein soziales Element enthalten, als sanft, zart und positiv erlebt werden, und oft mit Begriffen wie ‚Freude’ oder ‚Glück’ bezeichnet werden, oder auch mit Begriffen wie ‚gerührt sein’ oder ‚bewegt sein’“ (ebd.).

Interessant ist, dass auch mit Blick auf das sogenannte ‚Gänsehautgefühl’, d.h. dass das Hören bestimmter Musikstücke, bei den betreffenden Personen, die von Altenmüller/Kopiez (2013, 56; 2015, 17) als Musik zugewandter, sozialer und emotionaler bezeichnet werden, u. U. entsprechende Gefühle des Schauern und/oder Fröstelns, aber auch andere Gefühlsregungen auslösen kann (vgl. Spitzer 2006c, 137 f; Vitouch 2006, 145; Altenmüller 2014d; Altenmüller et al. 2008; Drösser 2010; Altenmüller 2012b in Unterstell 2012, 15 f; Ottenschläger 2012; Altenmüller 2013b 190 f; Altenmüller/Bernatzky 2015, 227, ff; Altenmüller/Kopiez 2015, 20: Linnemann u. a. 2016). Abgesehen davon, dass die Verbindung Musik – Gänsehautgefühl individuell zu betrachten ist (vgl. Altenmüller/Kopiez 2015, 21 ff), zeigte sich, dass bei Gänsehautgefühlen jene Gehirngebiete aktiviert wurden, die auch für die Empfindung eines Glücksgefühls verantwortlich sind und die „im Zusammenhang mit Verstärkungsprozessen auftreten“ (Jäncke 2008, 262; vgl. Grewe et al. 2005; 2009; Koelsch 2009, 376; Altenmüller/Kopiez 2013, 53, 55), so auch beim Lernen. Ereignisse, die mit Gänsehaut-Erlebnissen einhergehen, werden „verstärkt in das Langzeitgedächtnis überführt“ (Altenmüller/Kopiez 2013, 55; 2015, 20; vgl. Altenmüller 2014a, 27). Es handelt sich im weitesten Sinne um Bereiche Orbito- und Präfrontalkortex.

Altenmüller/Kopiez (2015, 20) geben zu bedenken, dass Chill-Reaktionen nicht nur bei Menschen, sondern auch bei Tieren auftreten. Zudem können sie durch unterschiedliche Wahrnehmungsreize, also nicht nur durch das Hören von Musik, ausgelöst werden. Als dritter Punkt wäre zu berücksichtigen, dass Chill-

Reaktionen nicht nur durch positive, sondern durchaus auch durch negative Erlebnisse ausgelöst werden können (vgl. a. a. O., 21). Als Faktoren, „die diese positiven Chill-Reaktionen fördern“ (ebd.), nennen die Autoren folgende Faktoren:

- „die plötzliche strukturelle Veränderung der Musik,
- der Anfang von was Neuem,
- die Erhöhung der Lautstärke im hohen Register,
- die Verknüpfung mit positiven emotionalen Erinnerungen,
- eine allgemeine Vorliebe für das betreffende Musikgenre“ (ebd.).

Unangenehm empfundene Musik wird dagegen im Hippokampus und der Amygdala verarbeitet (vgl. Jäncke 2008, 263; vgl. Abb. 16). Im Hinterkopf muss aber klar sein, dass dies unabhängig ist vom jeweiligen Genre der Musik. Dennoch zeigen die Untersuchungen, besonders die von Koelsch, dass auch noch weitere Hirnbereiche aktiviert werden, die eher weniger mit emotionalen Reaktionen zu tun haben (vgl. ebd.).

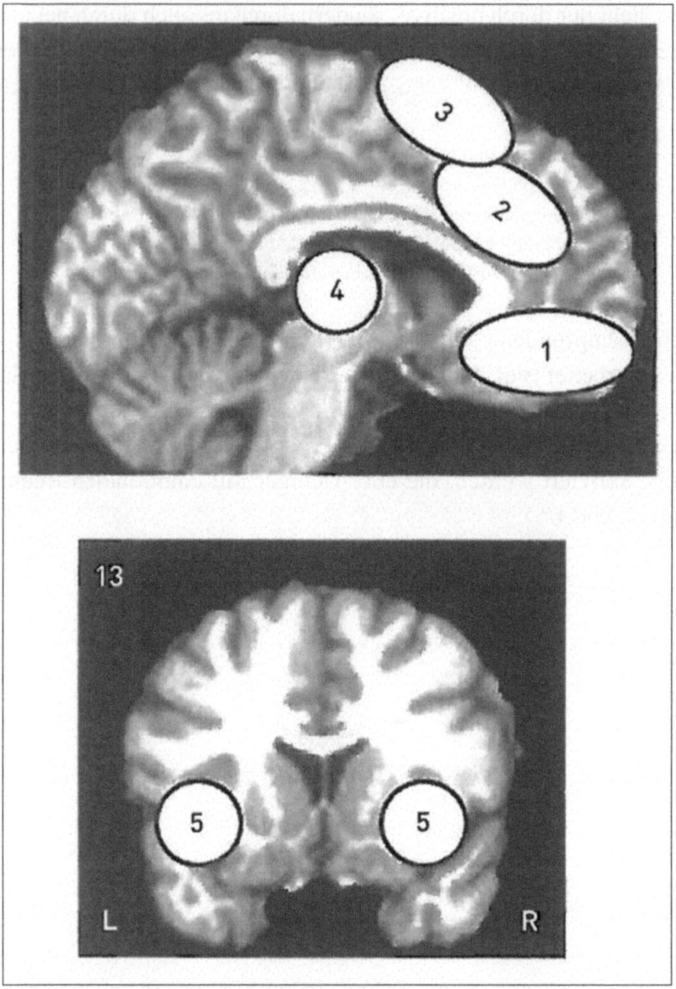


Abbildung 29: Jäncke 2008, 264

Erläuterungen der Grafik: „Zusammengefasste Darstellung der Hirngebiete, die beim Hören sehr angenehmer Musik stärker durchblutet sind. [1]: Orbitofrontalkortex [OFC] – dehnt sich seitlich aus zum ventralen Stratium [Nucleus accumbens], [2]: anteriores Cingulum [AC], [3]: supplementärmotorisches Areal [SMA], [4]: Thalamus, [5]: Insel“ (a. a. O., 264).

Insgesamt gesehen lässt sich Altenmüller et al. (2007, 62) folgendes Modell einer Chill-Reaktion aufstellen:

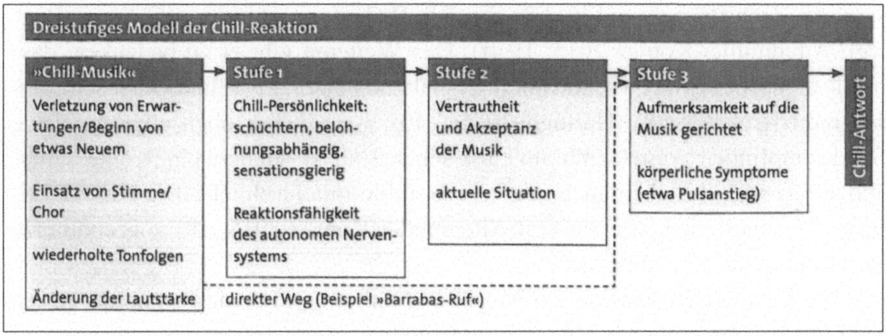


Abbildung 30: Altenmüller et al. 2007, 62

„Bei empfindsamen und sozialen Personen" (a. a. O., 23) treten Chill-Reaktionen häufiger auf. Anzumerken bleibt weiterhin, dass Chill-Reaktionen beim Hören von Musik „überhaupt nur bei 70 % der Bevölkerung" (Altenmüller/Kopiez 2015, 21) und auch dort eher selten auftreten und in Abhängigkeit von Berufsgruppen zu sehen sind. Des Weiteren sind sie „flüchtig und nicht einfach reproduzierbar" (ebd.) und sind kontextabhängig.

Hinsichtlich der Entstehung von Chill-Reaktionen gibt es unterschiedliche Theorien, die im Zusammenhang mit der evolutionären Entwicklung des Menschen und der Musik zu sehen sind (vgl. a. a. O., 23 ff).

Altenmüller et al. (2006, 265) konnten 2002 belegen, dass emotional positiv bewertete Musik eher in der linken Hirnhälfte Aktivierungen auslöst, während unangenehm empfundene Musik sich gleichmäßig auf beide Hirnhälften verteilt.

> „Zusammenfassend ist festzustellen, dass angenehme und unangenehme Musik charakteristische Netzwerke von Nervenzellen aktiviert. Diese Netzwerke spielen auch in verschiedenen Lernprozessen und bei der Vermittlung von Verstärkung und Belohnung eine zentrale Rolle. Deshalb werden diese Netzwerke auch als Verstärkernetzwerke bezeichnet" (a. a. O., 267).

Die Wirksamkeit dieser Netzwerke zeigt sich unabhängig vom Genre und dem Interpreten der Musik und unabhängig von Alter der Person.

Hartogh (2005a, 40) gibt hier zu bedenken, dass sich ästhetisches Erleben von Musik nicht auf neuronale Belohnungszentren reduzieren lässt, „sondern schließt auch eine erkenntnisästhetische Ebene ein, auf der wir ästhetische Zeichen und Symbole dechiffrieren und in differierende Bedeutungszusammenhänge stellen“ (vgl. Altenmüller/Kopiez 2015, 19 ff). Des Weiteren gibt er zu bedenken, dass sich ästhetisches Erleben schon allein deshalb nicht auf „Lust- und Glücksempfinden reduzieren (lässt)“ (Hartogh 2005a, 40), weil dieses oben angesprochene Glücksempfinden „kein Gefühl im klassischen Sinn ist, sondern ein ‚Kontextempfinden'“ (ebd.), das eben auch negative Gefühle miteinschließt. Die Unterscheidung der Emotionen, wie sie von Altenmüller/Kopiez 2015, 19) vorgenommen wird, scheint dem zu entsprechen.

Das Fazit der Diskussion um Musik und Emotion lässt sich wohl am besten wie folgt zusammenfassen: Keiner wird wohl bestreiten, dass es diese Zusammenhänge gibt. Doch sie auf einfache Verhältnisse zu stufen, wäre fatal. Je nachdem, von welcher Seite aus ich auf das Verhältnis blicke, zeigen sich andere, neue, bisher wenig beachtete Aspekte.

## 4.9 Kreativität

Der Begriff der Kreativität ist trotz aller Definitionsversuche auch heute noch nicht eindeutig zu fassen (vgl. Kowal-Summek 2006, 364). Kossolapow (1993, V) beispielsweise spricht bereits in den 1990er von einer „Inflationierung des Begriffs“ aufgrund mangelnder historischer Reflexion. Dennoch gab und gibt es immer wieder Versuche, Ordnung in das Begriffschaos zu bringen. So unterscheidet Oerter 1971 in seiner *Psychologie des Denkens*, um hier eine Unterscheidung exemplarisch zu erwähnen, in Anlehnung an die drei Bereiche der Kultur zwischen einem künstlerischen, einem sachlich-wissenschaftlichen und einem sozialen Kreativitätsbegriff. Aber auch das ist nur eine von vielen Unterscheidungen.

Ebenso wie es keine einheitliche Definition gibt, gibt es auch keine einheitliche Theorie der Kreativität. Ganz allgemein lassen sich nach Taylor mal *vier Aspekte des Kreativitätsbegriffs* (1962) bzw. festmachen: die Person, der Prozess, das Produkt und die Umwelt. An anderer Stelle (Zöller 1973, 25 f; 1974b, 81 f) unterscheidet Taylor *fünf Ebenen der Kreativität* (1973/74) (vgl. Kowal-Summek 2006, 364 f).

Ausgehend von diesen vier Aspekten bzw. fünf Ebenen bei Taylor unterscheidet Ulmann (1968, 20 ff) *drei verschiedene Gruppen von Forschungsansätzen*: die denkpsychologischen Ansätze, die sowohl den Aspekt des Prozesses als auch den des Produkts enthalten, die persönlichkeits- und die umweltorientierten Ansätze. Was sich hier, aber auch bei anderen Autoren schon zeigt, ist, dass jeder Versuch einer Systematisierung der Ansätze zur Kreativität nur vorübergehenden Charakter haben kann, da eine eindeutige Zuordnung nicht möglich zu sein scheint. Erschwerend für die Klärung des Kreativitätsbegriffs und -phänomens kommt hinzu, dass die von verschiedenen Disziplinen entwickelten Konzepte kein einheitliches Bild ergeben (vgl. Ulmann 1968, 20 ff).

Kreative Prozesse generell kennzeichnen sich zum einen durch „das Aufbrechen alter Strukturen und die Schaffung von etwas Neuem" (Müller-Braunschweig 1977, 823; vgl. Jäncke 2008, 319). Nach Landau (1974, 61 ff in Ribke 1995, 226) lassen sich aus den verschiedenen Vorstellungen zur Beschreibung eines kreativen Prozesses als Grundkonsens folgende vier Phasen benennen:

1. Vorbereitungsphase: ein Problem wird bemerkt und es werden Informationen gesammelt;
2. Inkubationsphase: das Problem wird verarbeitet, wobei Lösungsmöglichkeiten weitestgehend unzensiert und unbewusst durchgespielt werden;
3. Einsichts-/Illuminationsphase: verschiedene Ideen tauchen auf und aus dem Material der beiden vorhergegangenen Phasen verdichtet sich eine Lösungsmöglichkeit;
4. Verifikationsphase: die gefundene Lösung wird ausgeformt und überprüft.

Kreatives Tätigsein weist Merkmale auf, die entweder die schöpferische Leistung oder die kreative Persönlichkeit betreffen (vgl. Rauchfleisch 1986, 105). Eines der Merkmale für die schöpferische, kreative Leistung ist die Neuartigkeit derselben, wobei diese Neuartigkeit nicht nur das Neue, sondern auch das Originelle im Umgang mit bereits Vorhandenem meint. Ein weiteres Merkmal ist dann das Überraschende, z. B. im Hörer, der mit einer originellen Lösung bzw. Komposition vertraut gemacht wird. Diese Überraschung basiert einerseits auf der Originalität, andererseits ist sie Ergebnis eines Gewahrwerdens einer Feldunabhängigkeit der kreativen Aktivität. Damit verbunden ist auch eine sogenannte Ambiguitätstoleranz als Fähigkeit, spannungsreiche, unübersichtliche, nicht sofort lösbare Situationen zu ertragen. Dies gilt dann z. B. im Bereich der Musik nicht nur für den Komponisten, sondern ebenso für den Interpreten und den Hörer. Weitere Merkmale sind für Rauchfleisch (1990, 1117) eine nach außen wirkende Leichtigkeit der Komposition, eine innere Richtigkeit sowie eine Konsequenz hinsichtlich der Gestaltung. Ein Merkmal, das nur für wenige Werke und mit dem Werke Beschäftigte gilt, ist die Forderung „wegweisend für die Zukunft (zu – L. K.-S.) sein" (ebd.).

In Anlehnung an Preiser (1976, 67 ff in Fudickar 1985, 29 f) lassen sich von 200 in der Literatur genannten folgende *sieben Persönlichkeitsmerkmale* hervorheben, die für die kreative Persönlichkeit (anscheinend) bestimmend sind. Das erste Merkmal, *psychische Gesundheit und Ich-Stärke*, verweist erneut auf die Diskussion um das Verhältnis Kreativität und Neurose. Das zweite Merkmal, *Energiepotential*, weist darauf hin, dass kreative Menschen aufgrund eines eher nicht der Norm entsprechenden Verhaltens eine große Lebensenergie benötigen. Ein weiteres Merkmal, *Neugier und Explorationsverhalten*, weist hin auf eine offene Einstellung gegenüber Impulsen aus der Umwelt. Das vierte Merkmal, *Triebbestimmtheit und kontrollierte Regressionsfähigkeit*, verweist explizit auf die Bedeutung psychoanalytischer Theorien. Auch das fünfte Merkmal, eine *erhöhte Konflikt- und Frustrationstoleranz*, verweist auf psychoanalytische Theorien. *Kreative bevorzugen*, und das ist das sechste Merkmal, *die Komplexität gegenüber der überschaubaren Darstellung*. Siebtens sind sie *feldunabhängig*, d. h. sie sind sozial introvertiert, sich selbst genügend, weniger sozial und religiös gebunden. Inwieweit es sich hier um eine Stärke oder um eine Schwäche handelt, bleibt offen.

Neben diesen Persönlichkeitsmerkmalen gibt es auch „*intellektuelle Charakteristika*" (Ulmann 1968, 45), die die kreative Persönlichkeit kennzeichnen. Die Untersuchungen Guilfords gelten hier als die maßgeblichen. Die Tatsache, dass Guilford in seinem letzten Modell mehr als 120 Intelligenzfaktoren postuliert, legt den Schluss nahe, „dass Kreativität kein einheitlicher Komplex ist" (a. a. O., 51), sondern dass sich bestimmte Merkmale eher zufällig auf alle Menschen verteilen. Damit ist aber auch die Frage nach dem, was Kreativität ist, nicht zu beantworten. Es zeigt sich weiterhin, dass bei einer Anzahl von mehr als 120 Faktoren wahrscheinlich auch die Möglichkeit besteht, den Kreativitätsbegriff situativ zu ändern.

Das, was zu einem bestimmten Zeitpunkt als kreativ angesehen wird, wird u. U. zu einem späteren Zeitpunkt als banal entlarvt (vgl. a. a. O., 56).

Geht man der *Rolle der Umwelt im kreativen Geschehen* nach, so lässt sich ein möglicher Einfluss auf den kreativen Prozess oder auf das kreative Produkt untersuchen (vgl. Ulmann 1968, 54 ff). Der kreative Prozess kann schon dadurch beeinflusst werden, dass bestimmte Erkenntnisse bereitgestellt werden oder eben nicht. Ein weiterer Einfluss geschieht durch das gesellschaftliche Wertesystem, das den kreativen Prozess beeinflusst. Dies wird besonders dann geschehen, wenn das Produkt zur Diskussion steht. Inwieweit ein Produkt ein kreatives Produkt ist, hängt von dem Zeitpunkt seines Erscheinens und seinem etwaigen Nutzen ab. Es hängt im Weiteren davon ab, ob die dahinterstehende Idee „in angemessener Form kommuniziert wird“ (a. a. O., 57). Dazu gehört z. B. auch die Bereitschaft der Gesellschaft, durch den Künstler dargestellte Probleme anzunehmen oder nicht. Es zeigt sich ganz deutlich, dass es sich hier um eine Wechselbeziehung zwischen dem Kreativen und der jeweiligen Umwelt handelt. „Je unselbständiger und bildsamer, d. h. je jünger, naiver ein Individuum ist, umso größer ist der unmittelbare Einfluss der Umwelt“ (Fudickar 1985, 47), sowohl der weiteren wie auch besonders der näheren.

Von größter Bedeutung für die Entwicklung eines kreativen Verhaltens gilt die Zeit der primären Sozialisation. Entscheidender Faktor ist hier das Vertrauen, die Geborgenheit als Basis einer darauf aufbauenden Selbständigkeit und Selbstverantwortung. Als entscheidende Kontra-Indikatoren, als Hemmfaktoren der Kreativität gelten Ängstlichkeit, Depressionen, autoritäre Strukturen und Konformitätsdruck (vgl. Seiffge-Krenke 1974, 137; Fudickar 1985, 54 ff; Koumides 1993, 174 f). Sie verhindern ein Zugehen und ein Überprüfen der Tragfähigkeit eigener kreativer Strategien. Kreatives Verhalten wird dann möglich, wenn die Wechselbeziehung zwischen Innen und Außen, zwischen Subjekt und Objekt erkannt und unterstützt wird. Ein Weg, kreatives Verhalten aufzubauen und zu fördern, führt über das Spiel (vgl. Oerter 1971², 307, 351 ff, 374, 378 f, 383, 387; Kap. 5.6.2.2).

In diesen Zusammenhang passt die Bemerkung von Andreas (1993, 524), wonach die (musikalische) Kreativitätsentwicklung in der Grundschulzeit gebremst wird, nicht zuletzt durch „die systematische Schulung konvergenten Denkens und die Anpassung an das tradierte Musikwissen.“ Andreas spricht im Weiteren davon, dass dadurch bei den meisten Kindern deren Kreativität überlagert und behindert wird. Ein anderer Grund, der sowohl bei Erwachsenen als auch bei Kindern kreatives Handeln behindert, liegt in einer „Mystifizierung der Kreativität“ (ebd.).

Auch von entwicklungspsychologischer Sicht wird eine Beeinträchtigung der Kreativität durch den Beginn der Schulzeit bestätigt (vgl. Oerter 1971², 358 f, 366, 374, 379). Gleichzeitig wird aber herausgestellt, dass es sich um eine vorübergehende Beeinträchtigung handelt, die sich unter positiven Umweltbedingungen im Zuge des Aufkommens des Bedürfnisses nach Selbstverwirklichung wieder löst. Die ehemals kindliche „spontane Aktivität im Sinne des operant behavior gewinnt hier auf einer höheren Ebene wieder Terrain“ (a. a. O., 359). Was für den Jugendlichen gilt, hat auch für den Erwachsenen seine Bedeutung. Vorausgesetzt die Kreativität wurde nicht vollkommen verschüttet, so gewinnt sie denn auch für den Erwachsenen, der nach Selbstverwirklichung strebt, an Bedeutung.

Insgesamt gesehen lassen sich im Anschluss an Oerter (a. a. O., 396) folgende Grundaussagen über das Verhältnis von Kreativität und Mensch machen:

1. Jeder Mensch ist kreativ.
2. Kreativität ist für die Persönlichkeitsentwicklung jedes Einzelnen notwendig.
3. Menschen unterscheiden sich hinsichtlich der Art und Ausprägung der Kreativität.
4. Die Kreativität jedes Einzelnen ist innerhalb gewisser Grenzen durch verschiedene Maßnahmen förderbar.
5. Die Maßnahmen zur Förderung der Kreativität sollten sich an der Spielhaltung des Kleinkindes orientieren (vgl. ebd.): Spontaneität, Flexibilität, Offenheit, allgemeine Neugier und emotionale Ansprechbarkeit.
6. Ziel einer Kreativitätsförderung ist es, „die Spielhaltung des Kleinkindes bei vielen [...] späteren Formen der Aktivität“ (ebd.) zu erhalten und deren Hemmung durch institutionalisierte Erziehungsprozesse zu verhindern.

### *4.9.1 Kreativität und Musik*

Vollmer (1980, 68) zufolge taucht „der Terminus Kreativität in der Musikpädagogik“ vor 1966 nicht auf, obwohl der Zugang zu amerikanischen pädagogischen Kreativitätskonzepten ein leichtes gewesen wäre. Die Entwicklung des Kreativitätsbegriffs in der Musikpädagogik unterliegt in den folgenden Jahren einer Entwicklung, auf die ich an anderer Stelle ausführlich eingegangen bin (vgl. Kowal-Summek 2006, 381 ff).

Die weithin beklagte Verwässerung des Kreativitätsbegriffs zeigt sich auch auf dem musikalischen Gebiet. So unterscheidet Rauchfleisch (1986, 103 f) drei Fassungen musikalischer Kreativität. In einer engen Fassung musikalischer Kreativität ist nur der Komponist, der das Neue, das Neuartige in den Mittelpunkt stellt, kreativ. Berücksichtigt man jedoch „Einfallsreichtum, Flexibilität und Offenheit auch ungewöhnlichen Lösungen gegenüber“ (a. a. O., 104; vgl. Rauchfleisch 1990, 1116), so erscheint in einer weiteren Fassung auch der Interpret musikalischer Werke als kreativ (vgl. Rauchfleisch 1990, 1117). Insofern auch das Hören von Musik als aktiver Vorgang begriffen wird, der sich mit emotionalen Vorgängen verbindet und so bestimmte subjektiv bedeutsame Reaktionen auslöst, erscheint auch der Musikhörer in einer nochmals erweiterten Fassung als kreativ.

Auch Andreas (1993, 521) beklagt „die übergroße Anwendungsbreite des Begriffs Kreativität“, der eben „vom einfachsten selbsttätigen Spielen bis hin zur Kompositionstätigkeit eines Beethoven (reicht).“ Eine Möglichkeit, hier strukturierend einzugreifen, sieht er in einer Hierarchisierung des Gegenstandsbezugs. Eine enge Fassung (grau unterlegte Felder) umfasst dabei das, was „üblicherweise [...] als schöpferische bzw. künstlerische Leistung“ (ebd.) gilt, während die einfach umrahmten Felder schon ein erweitertes Verständnis widerspiegeln, indem sie noch die reproduktive Komponente miteinschließen. Alles andere dagegen beschreibt Vorstufen bzw. Nebenfelder kreativen Handelns (vgl. Abb. Andreas 1993, 522):

Generierung musikalischer Strukturen

| **Gegenstandsbezug (Valenz)** | **musikalisches Handeln** rezeptiv | reproduktiv | produktiv: improvisieren | produktiv: komponieren |
|---|---|---|---|---|
| *subjektiv:* 1. impressiv/ expressiv | Musik neu erleben | spielerisches Nachahmen und «frei spielen» | «frei spielen» | «frei spielen» |
| 2. produktiv | Musik hören lernen (z. B. Formen erkennen) | technisch gut realisieren | technisch richtig (schematisch) improvisieren | handwerklich richtig komponieren (Übung) |
| 3. erfinderisch | Entdecken subjektiv neuer Elemente | subjektiv neu interpretieren | subjektiv neu improvisieren | subjektiv neu komponieren |
| *objektiv:* 4. erneuernd: systemimmanent | kulturell neue und bedeutende Werkdeutung (z. B. Kritiker) | kulturell neu und bedeutend interpretieren | kulturell neu und bedeutend improvisieren | kulturell neu und bedeutend komponieren |
| 5. erneuernd: system-transzendierend | kulturell neues und bedeutendes Bezugssystem für die Musikrezeption erfinden | kulturell neue und bedeutende Reproduktionsform erfinden | kulturell neue und bedeutende Improvisationsformen erfinden | kulturell neue und bedeutende Kompositionsform erfinden |
| *abstrakt:* 6. gleichgültig | Musik hören als Mittel zum Zweck (z. B. Lautsprechertest) | musizieren als Lohnarbeit | improvisieren als Lohnarbeit (z. B., um Zeit zu füllen) | komponieren als Warenproduktion (z. B. Jingle für die Werbung) |

Abbildung 31: Andreas 1993, 522

Ende der 1960er Jahre setzte im Zusammenhang mit der Curriculumrevision auch „allmählich eine Neuorientierung des Schulfachs Musik ein“ (Gruhn 1993, 321). Im Laufe der darauf folgenden Jahre wurden immer wieder neue Konzepte entwickelt, die allesamt bemüht waren, die Frage zu beantworten, „welches der Bildungsauftrag des Faches sei und was es unter den gegenwärtigen gesellschaftlichen und schulischen Bedingungen leisten könne“ (ebd.), und denen der Musikunterricht damals manche Anregung verdankte und auch heute noch verdankt.

„Im Gefolge der Wissenschaftsorientierung insgesamt“ (a. a. O., 325) rückt auch die Musikdidaktik an die allgemeine Didaktik heran und übernimmt zunehmend die dort entwickelten „neuen, handlungsleitenden Unterrichtsprinzipien“ (ebd.), zu denen neben der Schülerorientierung der Handlungsorientierung auch die Kreativitätserziehung gehört (vgl. Kowal-Summek 2006, 381 ff).

Die *Kreativitätserziehung*, die wie schon gesagt im Zuge der Wissenschaftsorientierung der Musikdidaktik entstanden war, brachte Konzepte heraus, die sich „zunehmend als Gegensteuerung gegenüber der Vorstellung wissenschaftsorientierter Verfahren“ (Gruhn 1993, 330) erwiesen und die dadurch erneut einer Polarisierung zwischen wissenschaftlichen und kreativen im Sinne von schöpferischen Verfahren zuarbeiteten.

Im Zuge des Heraufziehens einer „neuen Bildungskrise“ (Haefner 1982 in Gruhn 1993, 368) und im Zusammenhang mit der Entwicklung und Ausbreitung neuer Technologien Anfang der 1980er Jahre gewinnen der Kreativitätsbegriff und die Musikerziehung als Bestandteil eines kreativen Bereichs neue Bedeutung. Die Problematik zeigt sich darin, dass der Musikerziehung und der Kreativität „nur eine eher sozialtherapeutische Kompensationsfunktion“ (a. a. O., 370) als Gegenstück zu einer mehr wissenschaftlichen Elitebildung zugesprochen werden. Musikerziehung dient einerseits der Verschleierung gesellschaftlicher Zustände und verkommt andererseits zu einer Art Beschäftigungstherapie. Gruhn warnt davor, dass dem gesamten kreativen Bereich erneut eine kompensatorische statt einer komplementären Funktion zukommt.

Bezogen auf eine pädagogische Verwendung des Kreativitätsbegriffs insgesamt beklagt Vollmer (1980, 165) den undifferenzierten Sprachgebrauch, der quasi jede Tätigkeit als Kreativität bezeichnet, wodurch der Begriff (musik-)pädagogisch uninteressant wird. Des Weiteren äußert sie Zweifel hinsichtlich „der Verwirklichung musikalischer Kreativität im ‚Einstundenfach‘ Musik“ (ebd.).

Die Verbindung zum Spiel (vgl. Kap. 5.6.2.2) äußert z. B. Regner (1974, 55), wenn er schreibt: „Spiel ist Erfindung, Raum für kreatives Verhalten.“ *Kompositionen*, nicht nur Improvisationen, *„und erfundenes Spiel sind Ergebnisse kreativen Verhaltens*“ (a. a. O., 56). Regner geht davon aus, dass hier das Spiel nicht nur als Phänomen, als Medium, sondern als didaktisches Prinzip gemeint ist. Seine Vorstellungen eines kreativen Unterrichts berühren die Gedanken eines projektorientierten und fächerübergreifenden Unterrichts.

Nach Keller (1974, 68 f), der sich auf die fünf Ebenen der Kreativität nach Taylor bezieht (s. o.), dürften für die musikpädagogische Arbeit im vorschulischen Bereich die beiden ersten Ebenen ausreichen. Theoretisch würden hier die verbale Improvisation und ein Bewusstmachen der auf der ersten Stufe genommenen Motive zur Anregung kompositorischer Phantasie ausreichen. Dennoch ist es möglich, auch elementares Instrumentarium mit einzubeziehen. Letztlich sieht er dieses als didaktisches Problem der „Auswahl und Beschränkung des klanglichen und formalen Materials“ (a. a. O., 69). Die Beschränkung auf die ersten beiden Ebenen der Kreativität erscheint mir keineswegs hinreichend zu sein, um den Erfordernissen einer musikalischen Früherziehung zu genügen. Die Differenzierung des erworbenen Materials setzt sich auf der erfinderischen Ebene fort, wenn es darum geht, mit bereits bekannten Elementen zu operieren und neue Beziehungen herzustellen auf der Basis einer umfassenden Exploration der musikalischen Umwelt.

„Die heutige Kreativitätsforschung nimmt einen ausgewogenen Standpunkt ein, indem sie zahlreiche Facetten der Kognition, Persönlichkeit und der jeweiligen Lebensumstände berücksichtigt“ (Jourdain 2001, 234).

Was die Musik betrifft, geht man einer positiven Einwirkung und einem Zusammenspiel folgender Faktoren aus. „Hohe Intelligenz, gute Ausbildung und dauerndes Training, grenzenlose Unterstützung, die richtige Persönlichkeit aus Antrieb, Mut und Rebellion und das Glück, in einer Zeit geboren zu sein, die das Talent vervollkommnet“ (ebd.; vgl. Aamodt/Wang 2012, 237 ff).

Gerade mit Blick auf die Musikpädagogik ist es wesentlich, dass die heutige Kreativitätsforschung nicht am Genie hängen geblieben ist, sondern davon ausgeht, dass in Abhängigkeit von den oben genannten Faktoren letztlich „jeder fähig ist, zu komponieren“ (ebd.), was durchaus mit Blick auf die Entwicklung der frühen Kindheit und die Aussagen der Entwicklungs- und Motivationspsychologie nur bestätigt werden kann (vgl. Jourdain 2001, 235).

### *4.9.2 Kreativität und Neurowissenschaften*

Welche Aufgabe haben kreative Ansätze in den Neurowissenschaften? Sie „verfolgen in erster Linie das Ziel, die Funktions- oder Arbeitsweise des Gehirns während kreativer Denkprozesse zu analysieren“ (Neubauer/Fink 2006, 97).

Es gibt bislang nur wenige Studien, die sich mit kreativen Prozessen auf neurowissenschaftlicher Ebene im Allgemeinen und „kreativen Aspekte(n) des Musizierens hirnphysiologisch bzw. neurophysiologisch“ (Jäncke 2008, 319) im Besonderen auseinandersetzen (Bengtsson et al. 2007; Limb/Braun 2008; Gibson et al. 2008). Insofern kann man Seither-Preisler/Schneider (2016, 385) zustimmen, wenn sie feststellen, dass „sich die neurowissenschaftliche Kreativitätsforschung noch in ihren Anfängen (befindet).“

Hinzu kommt, dass sich die Kreativitätsforschung bisher eher mit kreativen Akten als mit Langzeitprozessen beschäftigt hat, was u. a. daher rührt, dass Kreativität weniger als überdauerndes Merkmal als vielmehr „transistente Phase menschlichen Verhaltens“ (Neubauer/Fink 2006, 101) gesehen wird, quasi künstlich zum Zweck der Kreativitätsförderung hergestellt wird. Dazu passt die Anmerkung von Gibson et al. (2008, 163), dass die meisten Forschungen zur Kreativität Labormessungen sind und man von daher nicht weiß, wie sich das Verhalten im wirklichen Leben zeigt.

Die Studie von Limb/Braun (2008) lässt sich dahingehend zusammenfassen, dass die unterschiedlichen Aktivitäten im mittleren Frontalkortex und in den seitlichen Teilen als Charakteristika einer spontanen musikalischen Kreativität gesehen werden können (vgl. a. a. O., 6). Die Studie von Limb/Braun unterschied sich von der von Bengtsson et al (2007) u. a. dahingehend, dass Limb/Braun (2009, 6), der Meinung sind, dass eine Untersuchung von Jazz-Pianisten eher eine natürliche Situation erzeugen könnte.

Die Studie von Gibson et al. (2008) lässt sich mit Bezug auf das erste Experiment dahingehend zusammenfassen, dass Musiker verglichen mit Nichtmuskern Vorteile zeigen hinsichtlich konvergentem und divergentem Denken und hinsichtlich der Intelligenz. Zurückgeführt werden diese Ergebnisse auf ein frühes und intensives Musiktraining, das letztlich zu veränderten Hirnstrukturen geführt hat, was wiederum der Kreativität förderlich zu sein scheint. Bezüglich des zweiten Experiments zeigt sich eine Überlegenheit der Musiker hinsichtlich der bilateralen

Nutzung im Frontalkortex. Die Aussagekraft der untersuchen wird u. a. eingeschränkt durch eine geringe Zahl der Probanden.

Seither-Preisler/Schneider (2016, 385) referieren Studien, die zeigen, dass bei kreativen Menschen „besonders weiträumige Verbindungen zwischen verschiedenen Hirnarealen bestehen." Wie schon Lind/Baum (2008) (s. o.) betonen, scheint den Funktionen des Frontalkortex dabei eine besondere Rolle zuzukommen. Mit Blick auf die Aktivität der Alphawellen im Frontalkortex kann davon ausgegangen werden, dass sich diesbezüglich Aktivitäten steigern lassen, also einem Übeprozess unterliegen. Des Weiteren ist zu beachten, dass die Aktivitäten im Frontalkortex nicht, wie man es erwarten könnte, deaktiviert werden, sondern eine führende Rolle übernehmen und sich zeitweise nach außen hin abschotten. „Damit wäre Kreativität eine besondere Form der geistigen Konzentration, die im Gegensatz zur Intelligenz nicht dazu dient, klar definierte Probleme mit einer richtigen Lösung zu bewältigen, sondern in komplexen Situationen neue Zusammenhänge zu erkennen und ungewöhnliche Wege zu beschreiten" (a. a. O., 386). Unter Berücksichtigung der neuronalen Prozesse künstlerisch-kreativer Leistungen sprechen sie von „einer dynamischen Balance zwischen Öffnung und Fokussierung, welche sich im Gehirn als Wechselspiel" (a. a. O., 386 f) zeigt. Eine kreative Persönlichkeit wäre demnach eine, die dieses Wechselspiel „ja nach Anforderung" (a. a. O. 387) beherrscht.

Kritisch anzumerken bleibt hier die Frage nach dem, was Intelligent eigentlich ist bzw. wie Intelligenz im Allgemeinen und musikalische Intelligenz im Besonderen von dem jeweiligen Forscher gesehen wird (vgl. Beardsley 1999; Gardner 1999; Gottfredson 1999; Grabowski 1999; Wilhelm 1999; Yam 1999; Altenmüller 2006b, 12 ff; Seither-Preisler/Schneider 2016, 384 f).

Insgesamt gesehen sind die bisherigen Erkenntnisse bisher jedoch relativ dürftig und lassen sich daher nicht verallgemeinern. Sie zeigen, dass für kreatives Denken „eine gleichmäßige, eher geringe Aktivierung unterschiedlicher Areale des Kortex der kreativen Inspiration förderlich" (Neubauer/Fink 2006, 101) sind und dass es bei der Lösung kreativer Aufgaben zur Aktivierung unterschiedlicher Areale kommt.

Ausgehend von den doch eher mageren Ergebnissen ist es nicht weiter verwunderlich, wenn die folgenden Angaben einer gewissen Spekulation nicht entbehren.

Mit Jäncke (2008, 321) ist davon auszugehen, dass „für die Auslösung und Kontrolle verschiedener kreativer Akte (das Zusammenspiel dreier Hirnsystem) verantwortlich (ist)“ (ebd.). Dazu zählen „das limbische System, große Teile des Stirnhirns und schließlich der Schläfenlappen“ (ebd.). Kreative Akte allgemein und musikalische Akte im Besondern lassen sich nach Jäncke etwa so erklären (vgl. a. a. O., 323):

- Es müssen musikalische Informationen vorliegen, die im Schläfenlappen gespeichert sind. Dies sind verschiedenste auditorische Informationen, Musiksequenzen, Rhythmen etc.
- Diese Informationen müssen angemessen vom Stirnhirn kontrolliert werden, um dann sinnvoll abgerufen werden zu können. Zu viel hemmende Beeinflussung des Stirnhirns schränkt den ungehinderten Abruf ein (kreative Blockade). Bei zu wenig Kontrolle des Stirnhirns erfolgt der Abruf unkontrolliert und fehlerhaft.
- Das limbische System und die angeschlossenen Hirngebiete versorgen das Stirnhirn und den Schläfenlappen mit der nötigen Energie, um die abgerufenen Informationen umzusetzen.

Das Ineinandergreifen der unterschiedlichen Hirnsysteme lässt sich wie folgt grafisch darstellen:

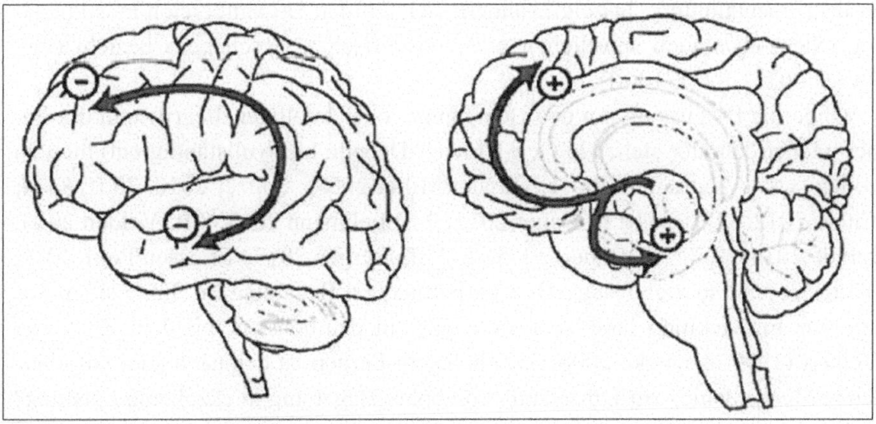

Abbildung 32: Jäncke 2008, 323

Erläuterungen: links: Sich gegenseitig hemmende Verbindung zwischen Stirnhirn und Scheitellappen; rechts: Sich gegenseitig erregende Verbindung zwischen limbischen System und Stirnhirn (vgl. a. a. O., 323).

Die Tatsache, dass Musik in unterschiedlichen Arealen des Gehirns repräsentiert wird, lässt die Vermutung zu, dass ausgehend von der Einzigartigkeit eines jeden Gehirns es auch zu unterschiedlichen Teilleistungen im Bereich Musik kommen kann und dass sowohl ständiger und intensiver Gebrauch als auch permanente Übung die entsprechenden Areale vergrößert (vgl. a. a. O., 324 f; Jourdain 2001, 237). Leistungsfähigkeiten in dem einen oder anderen (Teil-)Bereich sind immer gebunden an einen letztlich doch „mühsamen Aufbau neuronaler Netzwerke" (Jourdain 2001, 238).

## 4.10 Zum Begabungsbegriff

Dass der Begabungsbegriff oder besser das Thema (Hoch-)Begabung auch in der Musik(Pädagogik) seit dem 16. Jahrhundert immer wieder auftaucht, liegt nach Lehmann (2013, 6) daran, „dass unsere klassische Musikkultur immer noch stark aus dem 18. und 19. Jahrhundert lebt und wir im Erklären von individuellen Leistungsunterschieden gerne in Ermangelung besserer Erklärungen auf angeborene Dispositionen spekulieren statt auf pädagogisch vermittelte Entfaltungsmöglichkeiten des Schülers." Anzumerken bleibt hier, dass sich diese Diskussion nicht erst im Instrumentalunterricht zeigt, sondern sich auf den Gesamtbereich musikpädagogischen, aber auch sportlichen und künstlerischen Geschehens bezieht (vgl. Dweck 2015[5], 82 ff, 100ff).

Ohne die Diskussion um den Begabungs- oder Intelligenzbegriff und die immer wieder dahinter stehende Gen-Umwelt-Debatte hier vollständig entfalten zu wollen (vgl. Altenmüller 2001c; Hassler/Miller 2008[2]; Spitzer 2010, 76 ff, 83 ff; Hüther 2012, 114 ff; 116 ff; Bauer 2013, 9 ff; Lehmann 2013, 8 ff; Velden 2013; Berndt 2014[10], 137 ff; Bauer 2015, 137 ff; Berger 2015; Ericsson/Pool 2016, 285 ff), sei nur so viel gesagt: Das Verhältnis von Begabung im Sinne einer Anlage zur Entwicklung lässt sich vielleicht am deutlichsten mit dem Zitat von Weinert (1999 in Jäncke 2008, 332) belegen: Lernen ist demnach „der entscheidende Mechanismus zur Umsetzung von hoher Begabung in exzellente Leistung" (vgl. Gruhn 2008[3], 219). Es kommt dabei allerdings auf das richtige Lernen an.

Faktoren, die diesen Lernprozess beeinflussen, sind u. a. Persönlichkeitsmerkmale (Ausdauer, Wille), Fähigkeiten wie Konzentration und Aufmerksamkeit, (intrinsische) Motivation, Freude am Tun und die Lebensumstände, in denen ein Mensch heranwächst. Doch auch in dieser Aufzählung sind schon wieder Faktoren genannt, die wiederum einem Lernprozess unterliegen, sodass letztlich die Wechselwirkung aller Anlage- und Umwelt-Faktoren der Wahrheit am nächsten kommt (vgl. Duckworth 2017, 79 ff).

> „Menschliche Leistungen sind immer das Produkt vielfältiger Prozesse, die in komplizierter Art und Weise ineinandergreifen, sich gegenseitig bedingen und möglicherweise zu einer explosiven Mischung von Leistungen werden, deren Zustandekommen uns zunächst unbegreiflich erscheint" (Jäncke 2008, 333; vgl. Berndt 2014[10], 139 ff, 143 ff).

> „Die Frage, inwieweit eine bestimmte Eigenschaft [...] von den Genen oder der Umwelt abhängt, lässt sich somit allgemein nicht beantworten. [...] Es liegt [...] vielmehr eine klassische *Wechselwirkung* vor, eine *Interaktion* von zwei Faktoren, und ein solcher Sachverhalt schließt aus, dass man ein einfaches prozentuales Verhältnis der Haupteffekte angeben kann" (Spitzer 2002, 319; vgl. Berger 2015).

> „Die Gene machen dem Menschen nur ein Angebot, das er selbst ausgestalten kann" (Berndt 2014[10], 140). An anderer Stelle heißt es dazu: „Die Gene sind die Bühne, auf der der Mensch tanzen kann" (a. a. O:, 184).

> „Die *Regulation der Genaktivität* unterliegt in hohem maße situativen Einflüssen und wird überwiegend nicht vererbt. Sie richtet sich nach den aktuellen Umweltbedingungen" (Bauer 2013, 9). Des Weiteren gilt es zu beachten, „dass individuelle Erfahrungen im Organismus Reaktionsmuster ausbilden können, sie einen Einfluss auf die Regulation der Genaktivität in zukünftigen Situationen haben" (ebd.; vgl. a. a. O., 20 ff).

Wesentlich in dieser Debatte sind die daraus folgenden (pädagogisch relevanten) Konsequenzen und Schlüsse, die der Einzelne für sich daraus zieht, und die sowohl das Selbstbild (vgl. Dweck 2015[5]) als auch das Fremdbild, das Bild, das ich mir von dem Anderen mache, prägen. Mit Blick auf den Einsatz möglicher Testverfahren zur Ermittlung musikalischer Begabung gibt Stadler Elmer (2015, 134) folgendes zu bedenken:

> „Für musikalische Entwicklung gibt es kein Testverfahren, das den Anspruch an einen Entwicklungstest genügen würde, das also einen allgemeinen Entwicklungsverlauf abbildet."

Dafür sind die Entwicklungsverläufe zu unterschiedlich und von zu vielen nicht vorhersehbaren Einflussfaktoren abhängig (vgl. a. a. O., 135; Dweck 2015$^5$, 69 ff).

Unabhängig von einem Nachdenken über Begabung und Intelligenz, bleibt immerhin noch zu berücksichtigen, dass es *die* Intelligent nicht gibt, sondern es gibt unterschiedliche Theorien zu Begabung und Intelligenz, die es im Vorfeld zu befragen und zu analysieren gäbe (vgl. Spektrum der Wissenschaft Spezial 1999; Altenmüller 2001c).

Interessant ist in diesem Zusammenhang, dass die Entwicklung des IQ-Tests durch Binet nicht etwa das Ziel hatte, einen unveränderlichen Intelligenzquotienten zu bestimmen, sondern dass er dazu dienen sollte, Lernschwächen aufzudecken, um neue Lernmethoden zu entwickeln, mit denen dann bessere Leistungen erzielt werden könnten (vgl. Dweck 2015$^5$, 13). Binet war zutiefst davon überzeugt, „dass schulische Bildung einen tiefgreifenden Einfluss auf die Intelligenz der Kinder habe" (ebd.).

Die Gen-Umwelt-Debatte lässt sich letztlich meiner Meinung nach mit folgender Aussage von Bauer (2013, 11) auf den Punkt bringen:

> „Organismus und Umwelt, Gene und ihre Umgebung bilden eine ‚Einheit des Überlebens' […]. Die Frage ‚Gene oder Umwelt', über die auch heute noch begeistert gestritten wird, ist daher unsinnig. Beide funktionieren nur gemeinsam" (vgl. Bauer 2015, 137 ff).

Das gilt auch mit Blick auf die musikalische Begabung (vgl. Hallam 2009). Zudem lässt sich hier erst einmal ganz allgemein festhalten:

> „Unmusikalische Menschen gibt es eigentlich gar nicht" (Koelsch in Bernard 2015, 43).

Letztlich aber gilt mit Bezug auf die musikalische Begabung: „Wir wissen derzeit überhaupt nicht, ob musikalische Begabung […] mit ganz bestimmten anatomischen Merkmalen zusammenhängt" (Jäncke 2008, 346).

Des Weiteren ist zu berücksichtigen, dass besonders in der Frage nach der musikalischen, aber auch hinsichtlich der künstlerischen und sportlichen Begabung mit Blick auf finanzielle Investitionen immer auch ein ökonomischer Unterton mit schwingt (vgl. Spitzer 2002, 320; 2010, 91; Oerter 2003, 451; Mischel 2015, 106).

Bei der Expertiseforschung handelt es sich um „einen relativ neuen Bereich der Psychologie" (Ericsson/Pool 2016, 23), in dem Experten untersucht werden hinsichtlich des Erwerbs ihrer Leistungen. Den Autoren zufolge handelt es sich dabei um eine Methode, eine Reihe allgemeiner Prinzipien, deren Befolgung dann zu dem entsprechenden Ergebnis führt. Es geht dabei um Prinzipien, die von jedem angewendet werden können, „der sich auf irgendeinem Gebiet verbessern möchte" (a. a. O., 25).

Der Expertise-Ansatz geht davon aus, dass „in der Regel zehn Jahre intensiver Auseinandersetzung mit einem bestimmten Bereich notwendig sind, um vom Novizen zum Experten mit entsprechend hohen Leistungen zu gelangen" (Spitzer 2002, 332; vgl. Hofbauer 2017). Die Faktoren, die hier von Bedeutung sind, lauten u. a.: früher Beginn, sehr gute Unterweisung, eine sehr hohe (Selbst-)Motivation, Leidenschaft, emotionale Bindung (an Musik und/oder Instrument), Lernbereitschaft, Bereitschaft zur (zeit-)intensiven Auseinandersetzung mit dem Instrument in unterschiedlichen Zusammenhängen, z. B. Orchester, musikbezogene Freizeiten etc., Übung und Wiederholung. Ein weiterer Faktor, der durchaus mit den eben genannten in Wechselwirkung steht, betrifft das Selbstbild und die damit einhergehende Selbsterkenntnis und Selbsteinschätzung (vgl. Dweck 2015[5]). „Die Bedeutung dieser Faktoren kann man gar nicht hoch genug einschätzen" (Levitin 2009a, 250; vgl. Oerter 2003; Gruhn et al. 2003, 486; Schlaug et al. 2005; Altenmüller 2006b, 10 f; Sacks 2008, 115 f; Jäncke 2009, 92; Ivaldi 2011; Lehmann 2013, 10).

Entscheidend mit Blick auf die Instrumentalausbildung scheint dabei die (Übe-) Zeit bis zum 18.-20. Lebensjahr zu sein. Nach Meinung unterschiedlicher Expertenaussagen ist hier die Rede von 7.500-10.000 Stunden (vgl. Jäncke 2009, 91; Spitzer 2002, 316; Gruhn et al. 2003, 485 f; Ericsson/Ward 2007; Spychiger 2009, 8; O'Neill 2011, 33; Altenmüller/Jabusch 2014, 30; Paulus 2015, 46; Ericsson/Pool 2016, 139 ff, 161 ff). Levitin (2009a, 248) gibt zu bedenken, dass sich diese Zahlen nicht nur auf das Instrumentalspiel beziehen, sondern dass in jeder Profession erst die entsprechende Übung zur Meisterleistung führt (vgl. Spitzer 2002, 336; Luerweg 2014; Macnamara et al. 2014; Paulus 2015). Übung meint hier nicht das Musizieren aus Spaß, sondern Übung wird hier verstanden als hartes und konsequentes Training (vgl. Paulus 2015, 46; Ericsson/Pool 2016, 250 ff). Dass die Übezeit einen entscheidenden, wenn nicht gar den entscheidenden Faktor, auch unter Berücksichtigung einer künstlerischen Verantwortung, darstellt, konnte in mehreren Untersuchungen nachgewiesen werden (vgl. Schlaug et al. 2005; Levitin 2009a, 247). „Das lässt darauf schließen, dass Übung der entscheidem Geist dabei sein, und es sollte auch Spaß machen" (a. a. O., 327; vgl. Ribke 2003; Ericsson/Pool 2016, 349).

## 4.11 Zusammenfassung

- Die Frage nach dem Verhältnis von Neurowissenschaften und Musik(pädagogik) ist seit Beginn des 21. Jahrhunderts ungebrochen.
- Ausgangspunkt dieses Interesses war der ‚Mozart-Effekt' und die sich daran anschließende Debatte um die Möglichkeit von Transfereffekten.
- Es besteht ein Gegensatz zwischen der Seriosität der wissenschaftlichen Untersuchungen und deren Interpretation in der Öffentlichkeit.

- Hinsichtlich der wissenschaftlichen Untersuchungen lässt sich zwischen Längs- und Querschnittuntersuchungen differenzieren.
- Viele der ohnehin wenigen Längsschnittuntersuchungen weisen erheblich Mängel auf und bleiben hinsichtlich ihrer Wirkmechanismen unklar.
- Eine Forderung nach weiteren Längsschnittuntersuchungen bleibt bestehen.
- Ergebnisse von Querschnittuntersuchungen stellen Momentaufnahmen dar.
- Ergebnisse von Querschnittuntersuchungen treffen keine Aussagen hinsichtlich intraindividueller Unterschiede.

- Musizieren ist eine der anspruchsvollsten Leistungen des menschlichen Zentralnervensystems (Altenmüller).
- Bei der Verarbeitung von Musik im Gehirn eines Menschen handelt es sich um einen individuellen Prozess, der nicht zuletzt hinsichtlich einer Musikpädagogik sowohl in Abhängig-

keit von individuellen Voraussetzungen, individuellem Vorwissen und Fähigkeiten als auch von kulturellen Gegebenheiten zu sehen ist.

- In diesen musikbezogenen Verarbeitungs- und Repräsentationsprozess sind viele unterschiedlichen Hirnstrukturen eingebunden.
- Weder ein identifizierbares typisches Musik- noch ein Rhythmusareal sind im menschlichen Gehirn vorhanden. In jedem Fall handelt es sich um ein Zusammenwirken unterschiedlicher Areale.

- Beide Hirnhälften arbeiten unterschiedlich, aber bei keiner Funktion übt nur eine Seite Einfluss aus (funktionelle Hemisphärensymmetrie oder funktionelle Lateralisierung).
- Dennoch lassen sich, wenn man ins Detail geht, Unterschiede, aber auch Gemeinsamkeiten feststellen.
- Es bestehen Unterschiede zwischen weiblichen und männlichen Gehirnen.
- Hinsichtlich der Repräsentation von Musik und Sprache im Gehirn gibt es sowohl Unterschiede als auch Gemeinsamkeiten.
- Musik und Sprache beeinflussen sich gegenseitig, wobei die Verhältnisse sich nicht auf einfache Aussagen reduzieren lassen, bzw. bezogen auf das Verhältnis von Singen und Sprechen eher komplex sind.
- Repräsentationen von Musik im Gehirn zwischen Profis und Laien unterscheiden sich.
- Zusammenfassend lässt sich sagen, dass nach derzeitiger Forschungslage eine Zuweisung der sprachlichen und musikalischen Kompetenzen zu einer Hirnhälfte unzulässig erscheint.

- Bei dem Gedächtnis des Menschen handelt es sich um ein dynamisches Gesamtsystem, das aus mehreren einzelnen Teilen besteht.

- Neue Informationen werden soweit wie möglich mit bereits vorhandenen verknüpft.
- Bezogen auf die Speicherdauer und -kapazität lassen sich Ultrazeit-, Kurzzeit- und Langzeitgedächtnis voneinander unterscheiden.
- Das Langzeitgedächtnis lässt sich weiter unterteilen in einen bewussten und einen unbewussten Anteil, die ihrerseits weiter unterteilt werden können.
- Ein Expertengedächtnis, das als Netzwerk, in dem unterschiedliche Anteile ineinandergreifen, verstanden werden muss, bildet sich auf der Grundlage einer intensiven Beschäftigung mit einer Materie.
- Da es im Gehirn kein Musikzentrum gibt, wird Musik in unterschiedlichen Arealen abgespeichert.
- Im Fall des Musizierens werden all diese oder die jeweils benötigen Anteile wieder aktiviert.

- Die Entwicklung der musikalischen Wahrnehmung verläuft in der Regel unbewusst.
- An dem Prozess einer musikalischen Wahrnehmung sind unterschiedliche Hirnareale beteiligt.
- Musikalische Wahrnehmung ist ein komplexer Prozess.
- Jede musikalische Wahrnehmung ist von der individuellen musikbezogenen Vorerfahrung und Erwartungen des Wahrnehmenden abhängig.
- Der musikalische Wahrnehmungsprozess beginnt bereits pränatal.
- Musiker unterscheiden sich von Nichtmusikern in allen Belangen der Musikwahrnehmung.
- Die unterschiedliche Musikwahrnehmung bei Musikern im Vergleich mit Nichtmusikern zeigt sich in unterschiedlichen Hirnstrukturen.

- Diese Veränderungen, die beide Hemisphären und unterschiedliche Areale betreffen, fallen umso deutlicher aus, je früher mit dem musikalischen Training begonnen wurde.

- Absolutes Gehör: Die Fähigkeit, die Tonhöhe eines gehörten Tones zu bestimmen (passiv) oder einen genannten Ton in seiner Absolutheit zu produzieren (aktiv).
- Relatives Gehör: Die Fähigkeit ein "Intervall zwischen zwei Tönen angeben zu können oder zu einem vorgegebenen Ton einen zweiten in einem bestimmten vorgegebenen Abstand zu singen" (Spitzer 2002, 230).
- Die Frage nach kultureller Abhängigkeit bleibt unberücksichtigt.
- Die meisten Menschen besitzen ein relatives Gehör.
- Die Wurzeln des absoluten Gehörs sind weitgehend unbekannt (Jäncke).
- Der Tatbestand des absoluten Gehörs lässt sich hirnorganisch nachweisen.
- Hinsichtlich der Ursachenforschung bestehen unterschiedliche Theorien.

- Trotz vieler positiver Rückmeldungen wird das Verhältnis von Musik und Emotion wissenschaftlich weiterhin kontrovers diskutiert. Eine diesbezügliche Forschungslage wird als eher dünn beschrieben.
- Schwierigkeiten bestehen dahingehend, dass sich Emotionen und ihre Wirkung nicht unter Laborbedingungen erzeugen lassen.
- Neurowissenschaftlich zeigt sich, dass Musik nicht nur Emotionen auslöst, sondern bis auf die körperliche Ebene (Gänsehautfaktor) wirkt.
- Das Verhältnis von Musik und Emotion ist zum einen von individuellen Entwicklungsprozessen und musikbezogenen Er-

fahrungsprozessen abhängig, zum anderen vom Grad musikalischer Professionalität.

- Musik kann helfen Emotionen in vielfältiger Weise auszudrücken.
- Inzwischen existieren verschiedene Modelle, die das Verhältnis von Musik und Emotion (neuro-)wissenschaftlich beschreiben können.

- Kreativität ist ein schillernder Begriff zu dem es keine einheitliche Definition gibt.
- Dennoch gibt es unterschiedliche Auffassungen über Kreativität.
- Kreativität ist ein Phänomen, dass individuellen Entwicklungsprozessen zugrunde liegt.
- Bezugnehmend auf dem unterschiedlichen Sprachgebrauch ist auch das Verhältnis von Kreativität und Musik schwer zu bestimmen. Infolge dessen bestehen unterschiedliche Theorien nebeneinander.
- Kreativität erscheint als Phänomen, das von unterschiedlichen Faktoren abhängt.
- Bezugnehmend auf die Neurowissenschaften existieren nur wenige Untersuchungen, die sich der Kreativität widmen.

- Musikalische Begabung ist das Produkt eines Wechselspiels zwischen genetischen und umweltbedingten Faktoren.
- Entscheidenden Einfluss hat wohl ein frühzeitiger Beginn gezielter musikalischer Aktivitäten als auch eine ausreichende Übezeit. Doch ist davon auszugehen, dass gerade die Übezeit wiederum durch eine Vielzahl nur individuell zu bestimmender unterschiedlicher Faktoren, von denen wohl die Motivation ein wesentliches Moment ist, geprägt ist.

# 5 Neurowissenschaften und Musikpädagogik

„Die Klärung der neurobiologischen Grundlagen musikalischen Lernens könnte dann einen wichtigen Beitrag zum Verständnis der prozeduralen und situativen Bedingungen für erfolgreiches Lernen liefern" (Gruhn 2013, 4), wenn sich Lernen „in den neuronalen Bahnen durch Aufbau und Änderung von Repräsentationen vollzieht, dann müssen sich Lernprozesse auch als Änderung der neuronalen Aktivitätsmuster darstellen lassen" (Gruhn 2008[3], 65; vgl. Gruhn 2003b, 43; Klöppel/Altenmüller 2013[6], 197). Dies gilt für alle Lerngebiete, also auch für die Musik (vgl. Thaut et al. 2005; Gruhn/Rauscher 2008[2]b, 274).

> „Wie Musik bei einem Menschen repräsentiert ist, wird von der Summe dessen bestimmt, was er bisher auf musikalischem Gebiet gelernt hat – seine auditive ‚Lernbiografie'" (Altenmüller 2002, 25).

Hinsichtlich der Wissenspräsentation wird dabei zwischen der Vermittlung von Sachverhalten (deklarativem Wissen, Wissen über Musik) und pozeduralem Können (Handlungswissen, Vollzug von Musik) unterschieden (vgl. Gruhn/Rauscher 2008[2]b, 274; Roth 2011[4], 102 ff; Gruhn 2013, 7; Hartung 2014, 74 ff, 88 ff). Nach Roth (2011[4], 103) geht diese Unterscheidung auf den Amerikaner Squire zurück, der sie erstmals 1987 traf.

Das deklarative Gedächtnis lässt sich dann noch weiter unterteilen „in ein *episodisches Gedächtnis* und ein *Wissens*- bzw. *Faktengedächtnis*" (ebd.). Das episodische Gedächtnis umfasst sowohl das autobiografische und das Kontext- als auch das Quellengedächtnis (vgl. a. a. O., 103 f; Köber/Habermas 2016). Das Faktengedächtnis dagegen umfasst alle Kontext unabhängigen Fakten. Ebenso gehört dazu das Bekanntheits- und Vertrautheitsgedächtnis. All diese Formen „können ineinander übergehen" (Roth 2011[4], 104). Für das Lernen folgt daraus, „dass man ein zu vermittelndes Wissen soweit möglich in detailreiche Episoden verpacken […] muss, die dann schnell und gut bei den Zuhörern in deren episodischem Gedächtnis hängen bleiben" (ebd.).


L. Kowal-Summek, *Neurowissenschaften und Musikpädagogik*,
Edition Centaurus – Psychologie, https://doi.org/10.1007/978-3-658-21004-5_6

Sowohl das assoziative als auch das prozedurale Lernen bezeichnen Aamodt/Wang (2012, 229 f) als Formen nicht-deklerativen Gedächtnisses (vgl. Roth $2011^4$, 105 ff). Es geht um alle Fertigkeiten kognitiver Art wie Fahrradfahren, Klavierspielen oder das Reproduzieren von Wissen. Des Weitern geht es „um die Ausbildung von *Gewohnheiten*" (a. a. O., 106) und Fertigkeiten. Gerade hinsichtlich der Ausbildung von Fertigkeiten verweist Roth (ebd.) auf das Üben (vgl. Kap. 5.8.4) und die damit verbundene Konzentration.

Eine dritte Form des Lernens ist das assoziative Lernen (vgl. ebd.). Beim assoziativen Lernen geht es, wie der Name schon sagt, um die Bildung von Assoziationen, von Erwartungen, die zum Teil mit Emotionen und damit mit Reaktionen der Amygdala verknüpft sind (vgl. a. a. O., 116 ff).

Während beim deklarativen Lernen der Hippocampus und der Kortex beteiligt sind, ist es bei prozeduralen Lernen das Striatum (vgl. a. a. O., 109 ff, 114 f). „Prozedurale Fertigkeiten werden dauerhafter als deklarative Erinnerungen gespeichert" (Aamodt/Wang 2012, 230), wie z. B. das Fahrradfahren. Auch wenn sie die neuronalen Grundlagen des Gedächtnisses immer weiter klären, so gilt doch auch immer noch die Aussage von Roth ($2011^4$, 111), nach der viele Grundlagen der Gedächtnisbildung auch weiterhin noch unklar sind.

Skaggs (2015, 62 f) zufolge müssen die Gedächtnis- und Lernprozesse voneinander unterschieden werden. „Während sich Gedächtnisinhalte möglichst nicht überschneiden sollten, setzt Lernen die Suche nach Gemeinsamkeiten voraus, um daraus Assoziationen abzuleiten (a. a. O., 62). Es handelt sich insofern um komplementäre Lernsysteme, da die Großhirnrinde bemüht ist Verknüpfungen zu festigen, „während der Hippocampus sich darauf beschränkt, neue Erinnerungen abzuspeichern" (a. a. O., 63), auf der Grundlage der Erkenntnis der Neurogenese (vgl. Kap. 1.3). Ist der Speicher voll, lässt das Gehirn im Hippcampus „einfach mehr Neurone sprießen" (a. a. O., 64).

Gerade mit Blick auf Lernprozesse spielt die Kategorie „*Erinnern und Vergessen*" (Roth $2011^4$, 121 ff) eine wichtige Rolle.

> „Tatsache ist erst einmal, dass wir uns nicht mehr an Inhalte des deklarativen Gedächtnisses erinnern können oder dass wir nicht mehr genau wissen, wie wir bestimmte Dinge in ihrem Ablauf, also Inhalte des prozeduralen Gedächtnisses, ‚hinkriegen', und schließlich können Inhalte des emotionalen Gedächtnisses entschwinden und uns nicht mehr aufregen" (a. a. O., 122).

Dagegen spricht, dass wir Menschen eigentlich nichts vergessen können, denn die Großhirnrinde ist in der Lage alles zu speichern. Nach Roth (a. a. O., 123) hat das Vergessen vor allem mit mehreren Sachverhalten zu tun, mit einer Veränderung der Verankerung, mit einer Änderung der Bedeutung, der emotionalen Bewertung und dem Kontext von Fakten oder mit bewusster oder unbewusster Verdrängung (vgl. ebd.). Was dem am besten entgegen wirkt, ist das Wiederholen. Die Wiederholung, der Übeprozess „sorgt wohl dafür, dass Inhalte in etwa in ihrer ursprünglichen Form erhalten bleiben" (a. a. O., 126).

Mit Bezug auf das frühkindliche Lernen unterscheidet Renz-Polster (2011, 12 f) zwei Gleise: die Reifung und das erfahrungsabhängige Lernen. Besonderes Augenmerk richte ich hier auf das erfahrungsabhängige Lernen. „Lernen durch Erfahrung erlaubt es dem Menschen […] Wissen anzuhäufen und von Generation zu Generation weiterzugeben: ein Prozess, der Kultur genannt wird" (a. a. O., 13). Dieses erfahrungsabhängige Lernen orientiert sich schon früh nicht nur an den Eltern, sondern auch an anderen Modellen und Vorbildern. Kern des erfahrungsabhängigen Lernens ist, dass Kinder ihre Fähigkeiten und Kompetenzen vielleicht sogar primär „im täglichen Austausch mit anderen Menschen" (a. a. O., 14) entwickeln (vgl. Kap. 1.4). Grundvoraussetzung aber ist die Entwicklung sozialer Kompetenzen quasi als Voraussetzung allen weiteren Lernens. Weitere Grundvoraussetzungen sieht Frith (in Ayan 2011, 18) im Interesse, in der Motivation und in der Fähigkeit, Wichtiges von Unwichtigem zu unterscheiden. Des Weiteren hebt sie als Lernprinzip die Nachahmung hervor (vgl. Hartung 2014, 94 ff; Kap. 5.6.1).

Eine weitere Unterscheidung des Lernens betrifft die in *privilegiertes* und *nicht privilegiertes* Lernen. Privilegiertes Lernen liegt demnach dann vor, „wenn durch biologische Entwicklungsprogramme festgelegt ist, durch welche Umweltbedingungen bestimmte Lernprozesse ausgelöst werden und auf welche Weise diese Lernprozesse anschließend ablaufen" (BMBF 2007, 30; vgl. Dartsch 2014, 9 ff). Wenn die Autoren davon sprechen, dass z. B. das Sprechen(lernen) und zudem das Erlernen vieler motorischer Fähigkeiten in diesen Bereich fallen (vgl. ebd.), dann gewinnen die neurowissenschaftlichen Erkenntnisse hinsichtlich des Verhältnisses der Entwicklung von Sprache und Musik an Bedeutung (vgl. Kap. 4.4.2; 5.1). Deutlich wird in Kapitel 5.1 aber auch, dass diese Verhältnisse nicht einfach sind. Die in diesem Zusammenhang vielfach geäußerte Ansicht Gruhns, sprachliches Lernen analog dem musikalischen Lernen, zumindest bezogen auf das frühkindliche musikalische Lernen, zu sehen und pädagogisch nutzbar zu machen (vgl. Kap. 5.3; 5.5 und 5.6), gewinnt hier an Bedeutung. Der von E. Gordon entwickelten Lerntheorie (vgl. Kap. 5.2) kommt in diesem Zusammenhang zwar erhöhte Bedeutung zu, doch sollte zum einen der Bogen hier nicht überspannt werden. Zum anderen sollte klar sein, dass mit Blick auf den Entwicklungsstand der Kinder sowohl dem Bindungsverhalten (vgl. Kap. 2) als auch der Bedeutung der Erfahrung (vgl. Kap. 1.4) und der Bedeutung des Spiels (vgl. Kap. 3.3 und 5.6.2) Rechnung getragen wird. D. h., dass auch für den Bereich der Musik(erziehung) die oben erwähnten Umweltbedingungen dann doch zu berücksichtigen bzw. umsichtig zu gestalten sind.

Nicht-Privilegiertes Lernen ist dagegen „nicht biologisch festgelegt“ (BMBF 2007, 30). D. h., es ist nicht klar, „welche Faktoren bestimmte Lernprozesse auslösen und wie diese Lernprozess ablaufen“ (a. a. O., 30 f). Diese Form des Lernens betrifft all die „Inhalte und Fähigkeiten, um deren Vermittlung es im Schulunterricht geht“ (a. a. O., 31). Das Gehirn ist evolutionär nicht auf die Fähigkeiten programmiert, da es sich hierbei um Kulturtechniken handelt, die ganz bestimmten Wissensvoraussetzungen unterliegen, die neurowissenschaftlich nicht angelegt sind, wie z. B. das Instrumentalspiel. Für das Erlernen eines Instruments oder für die Vertiefung musikalischer Kenntnisse und deren Auswirkungen auf das menschliche Gehirn lassen sich neurowissenschaftliche Erkenntnisse heranziehen, aber die konkreten Voraussetzungen, Anforderungen, Methoden, Lernschritte und Lernziele lassen sich neurowissenschaftlich nicht erklären bzw. sind auf solche Erkenntnisse nicht zurückführbar, „weil es sich bei diesen Anforderungen und Lernzielen um kulturelle Faktoren handelt, die außerhalb des Gehirns liegen“ (a. a. O., 32). Es handelt sich um verschiedene Ebenen.

Aufgabe von pädagogisch institutionalisierter Erziehung ist, nicht die Inhalte nicht privilegierten Lernens, sondern deren Grundlagen zu fördern. Es geht also nicht darum, z. B. schulisches Lernen vor zu verlagern (vgl. E. Stern 2004, 534). Das gilt auch für eine musikalische Frühförderung oder Früherziehung.

In einem Grundlagenartikel geht Altenmüller (2007) der Frage nach den neuronalen Auswirkungen auf das musikalische Lernen nach. Demnach ist bereits das Hören von Musik „musikalisches Lernen, denn es fördert auditive Mustererkennung und Gedächtnisbildung“ (a. a. O., 41). Hinsichtlich der Auswirkungen von Gehörbildung ist zu sagen, dass sich natürlich neuronale Veränderungen einstellen (vgl. a. a. O., 41 f), aber entscheidend ist auch der biografische Hintergrund des

Hörenden. „Das heißt, die durch Musik induzierte Gehirnaktivität ist individuell unterschiedlich“ (a. a. O., 42), was Altenmüller gleichzeitig als Rechtfertigung dafür nimmt, von vereinfachenden Modellen Abschied zu nehmen. Sowohl aktives als auch passives Musikhören verändert bzw. aktiviert, koppelt und verschaltet diverse Hirnareale und führt, in Abhängigkeit vom jeweiligen Instrument und einem frühzeitig beginnenden Übeprozess, zu sich stärker (frühzeitiger Beginn) oder schwächer (später Beginn) verändernden Strukturen aufgrund der starken Stimulierung besonders während der Wachstumsphasen (vgl. a. a. O., 43 f). Des Weiteren spielen zahlreiche andere Faktoren, wie räumlich-zeitliche Kontrolle, erhöhte Aufmerksamkeit und Konzentration, wodurch auch noch andere Hirnareale betroffen werden, zu einer synaptischen Dichte in den entsprechenden Bereichen (vgl. a. a. O., 44). Ein weiterer wichtiger Grund im Zusammenhang mit dem Musizieren ist die die Aktivierung des Belohnungssystems und damit die Ausschüttung von entsprechenden Botenstoffen (vgl. ebd.).

Dennoch ist zu bedenken, dass es zu ähnlichen Prozessen immer dann kommt, wenn sich jemand frühzeitig mit einer Sache auseinandersetzt oder auseinandersetzen muss (vgl. ebd.). D. h., dass die eben beschriebenen Prozesse sich nicht nur auf das Musizieren beschränken, sondern immer dann auftreten, wenn es um eine intensive Auseinandersetzung mit einem Gegenstand kommt.

Obwohl die Aussagen von Altenmüller erst einmal als sehr positiv zu bewerten sind, legt er selbst Wert darauf, dass diese Aussagen nichts besagen über mögliche Transfereffekte (vgl. Kap. 6.3.1; 6.3.2) und auch nichts aussagen über mögliche Beteiligung genetischer Komponenten (vgl. Altenmüller 2007, 44). Des Weiteren gibt er zu bedenken, dass einseitige Belastungen, z. B. durch das Instrumentalspiel, durchaus auch mit negativen Auswirkungen verbunden sein können. In diesem Zusammenhang spricht er von dysfunktionaler, maladaptiver Neuroplastizität (vgl. ebd.). Diesen, insbesondere von Altenmüller vertretenen Ansatz innerhalb der MusikMedizin, werde ich hier allerdings nicht weiter verfolgen.

Eine weitere Form des Lernens, die an die Gedanken zum (Musik-)Wahrnehmung anknüpft, betrifft das implizite Lernen. „Gemeint ist damit unsere Fähigkeit, komplexe Informationen zu speichern, ohne dass wir uns dessen bewusst sind“ (Lalitte/Bigand 2008, 70).

Jäncke (2015, 53) spricht in diesem Zusammenhang vom statistischen Lernen. Kennzeichen ist, dass bei diesem Lernen „die Häufigkeit des Darbietens und Vorhandenseins des zu lernenden Materials eine wesentlich Rolle (spielt)“ (ebd.). Je häufiger also ein Ereignis dargeboten wird, desto besser verankert es sich im Gehirn. Interessant ist dabei, dass der Grad der Bewusstheit dabei keine Rolle spielt, was nicht zuletzt auch auf frühkindliche Lernprozesse verweist (vgl. ebd.).

D. h. bisher nicht andockfähige Informationen, z. B. die Grundlagen der seriellen Musik, werden mehr oder weniger unbewusst aufgenommen. Es bilden sich auf der Grundlage der Neuroplastizität in der Folge neue Repräsentationen aus, unabhängig davon, wie die Musik von den Probanden empfunden wird. Dass sich mentale Repräsentationen ausgebildet haben, lässt sich in der Folgezeit daran ablesen, dass sie, ohne dass sich ihre emotionale Einstellung zu der entsprechenden Musik geändert hat, dennoch in der Lage sind, mit der Zeit gewisse Strukturen und Satzbauprinzipien zu erkennen., wodurch sich natürlich auch der Fremdheitsgrad gegenüber dieser Musik ändert.

Ein anderer Aspekt, wo die Bedeutung der Neurowissenschaften von Relevanz sein kann, ist die Frage der Händigkeit, die auch das Instrumentalspiel betrifft. Untersuchungen von Klöppel et al. (2010, 3273 ff) konnten zeigen, dass sich eine erzwungene Rechtshändigkeit in früher Kindheit noch im Erwachsenenalter in unterschiedlichen Bereichen der Hirnstruktur nachweisen lässt und Auswirkungen hat z. B. hinsichtlich der motorischen Kontrolle (vgl. Mengler 2010; Smits 2017).

## 5.1 Musiklernen

Nicht musikalisch zu sein, ist erlernt, denn Musikalität ist eine allgemein menschliche Disposition. Es handelt sich bei dieser Aussage eher um ein soziales oder politisches Statement, als um eine vorfindbare Realität, und sie lässt sich auch nicht mit Blick auf ein Entwicklungspotential und u. U. damit pädagogisch begründen.

Bei Untersuchungen zum musikalischen Lernen befindet man sich „im Schnittfeld mehrerer Disziplinen, vorab der Musikpsychologie und der Musikpädagogik" (Spychiger 2009, 9). Dennoch ist nicht zu leugnen, dass es hier Alltagsvorstellungen gibt, die erst einmal in Richtung eines selbst- oder fremd*organisierten Lernens* gehen und in dessen Mittelpunkt das Üben oder Vorstellungen über musikalische Begabung stehen. Eine andere Art des Lernens beschreibt das *spontane Lernen*. Hier geht es um ein beiläufiges Lernen, „ohne besondere Anstrengung und Absicht" (a. a. O., 10), bei dem aber „der *Einfluss des Milieus* von großer Bedeutung (ist)“ (a. a. O., 11). Stichworte, die hier vorrangig an Bedeutung gewinnen, sind (Selbst-)Anregung und (Selbst-)Motivation. Dass beide Arten des Lernens doch nicht so weit voneinander entfernt sind, lässt sich mit dem Begriff der erzieherischen Haltung beschreiben (vgl. a. a. O., 12), denn es ist davon auszugehen, dass in beiden Fällen eine Absicht zu vermuten ist.

Für die neurowissenschaftliche Perspektive gilt: „Musik ist geradezu zum Paradigma neuronaler Plastizität geworden, weil sich hier besonders gut strukturelle und funktionale Veränderungen in der Hirnstruktur als Folge der vielfältigen kognitiven, motorischen und emotionalen Ansprüche der Musikausübung zeigen lassen“ (Gruhn 2008[3], 189).

Voraussetzung eines musikalischen Lernens ist die Tatsache, dass jeder Mensch eine musikalische Disposition besitzt (vgl. Probst 1975/1981, 81). Im Laufe der Entwicklung geht es um eine Entwicklung dieser Disposition, die u. a. in Abhängigkeit zu sehen ist, von einer anreichernden Umgebung (vgl. Fassbender 2000; H. Papoušek 2000; M. Papoušek 2000; Gordon 2007, 9 ff; Bamberger 2009; Stadler Elmer 2015b, 73 f).

Beim musikalischen Lernen geht es, so Gruhn (2008[3], 65), „um die Bildung *genuin musikalischer* Repräsentationen“ (vgl. Gruhn 2001, 58; 2002a, 51 f; 200b, 77 ff; Kaiser 2004, 19 ff; Schröger 2005, 98; Gruhn/Rauscher 2008[2]b, 275), die sich im Anschluss an Bamberger (1991 in Gruhn 2008[3], 66; vgl. Gruhn 2003a, 72 ff) in figurale, z. B. als Akkordfolge auf der Gitarre, und formale, z. B. das Erkennen der Akkordfolge als Struktur z. B. als Kadenz, Repräsentationen unterscheiden lassen. Formale Repräsentationen lassen sich dann als innere Repräsentation denken, ohne dass ich sie praktisch nachvollziehen muss. Bei der figuralen Repräsentation denke ich also an das Setzen der Finger beim Instrumentalspiel, bei der formalen an die musikalische Struktur, in dem Fall die Kadenz. D. h. die Entwicklung verläuft im günstigen Fall von einer figuralen zu einer formalen Repräsentation (Umkodierung) (vgl. Gruhn 1999, 64 ff; 2003, 77 ff). Dies kann von allein geschehen durch einen selbst initiierten Übe- oder Lernprozess, es kann aber auch das Ergebnis äußerer Interventionen sein. „Musikalisches Verstehen als Ergebnis solcher Kognitionsleistungen beruht dann auf der Aktivierung der durch Lernen gebildeten Repräsentationen“ (Gruhn 2008[3], 68; vgl. 1999, 63 ff). Kritisch zu der von Gruhn favorisierten Annahme von unterschiedlichen Repräsentationen äußert sich Flämig (2003, 3 ff).

Egal welchen Weg ich auch gehe, sicher ist, dass dieser Lernprozess zu kortikalen Veränderungen führt, was sich durch bildgebende Verfahren nachweisen lässt (vgl. auch Gruhn 1999, 66 ff).

Gehen wir einen kleinen Schritt zurück: Was genau ist eine mentale Repräsentation? Nach Ericsson/Pool (2016, 98) handelt es sich dabei um

> „eine mentale Struktur, die einem Gegenstand, einer Idee, einer Informationsreihe oder irgendetwas anderem Konkreten oder Abstrakten entspricht, über das das Gehirn nachdenkt."

Lernen, ganz allgemein betrachtet, besteht demnach „aus der Entwicklung zunehmend effizienter mentaler Repräsentationen, die bei allen möglichen Aktivitäten genutzt werden können" (a. a. O., 99; vgl. a. a. O., 120, 121 ff). Allerdings: Mentale Repräsentationen sind bereichsspezifisch, d. h., „sie sind nur für die Fähigkeit brauchbar, für die sie entwickelt wurden!" (a. a. O., 100). Da sie bereichsspezifisch sind und von daher auch völlig unterschiedlich sein können, „ist es schwierig. eine übergreifende Definition zu finden" (a. a. O., 101). Die Autoren versuchen es dennoch. Im Wesentlichen sind mentale Repräsentationen

> „präexistente Informationsmuster – Tatsachen, Bilder, Regeln, Beziehungen und so weiter – , die im Langzeitgedächtnis verankert sind und genutzt werden können, um in bestimmten Situationen rasch und effektiv zu reagieren. Alle mentalen Repräsentationen ermöglichen trotz der Grenzen des Kurzzeitgedächtnisses die schnelle Verarbeitung großer Informationsmengen" (ebd.). Es handelt sich also um eine „konzeptionelle Struktur [...}, die dazu dient, die üblichen Beschränkungen, die das Kurzzeitgedächtnis der mentalen Verarbeitung auferlegt, zu umgehen" (ebd.).

Für jede mehr oder weniger komplexe Handlung bilden wir mentale Repräsentationen und nutzen diese auch. „Was Experten von allen anderen absetzt, sind Qualität und Quantität ihrer mentalen Repräsentationen" (a. a. O., 102; vgl. a. a. O,., 109, 121 ff; Kap.4.6.2), auch ihre Erfahrung, die letztlich ein vorausschauendes Handeln (Üben) auf der Grundlage einer schnelleren Verarbeitung und Analyse von Informationen ermöglichen. Stimmt eine Leistung nicht mit den Erwartungen überein, müssen gegebenenfalls die mentalen Repräsentationen modifiziert werden. Denn: „Je effektiver ihre Repräsentation ist, desto besser wird ihre Leistung sein" (a. a. O., 120).

Das Herausbilden mentaler Repräsentationen geschieht am besten, „indem man ein Vorbild gibt, das sie reproduzieren und von dem sie lernen können [...].

Menschen müssen etwas versuchen und scheitern – aber stets ein Vorbild parat haben, das ihnen vor Augen führt, wie Erfolg aussieht“ (a. a. O., 346).

Schröger (2005, 98) definiert die auch von Gruhn immer wieder angesprochenen mentalen Repräsentationen mit Bezug auf die Musik als

> „hypothetical entities that guide our processing of music. In other words, how we perceive, understand, and appreciate music in determined not only (even mainly) by the musical input per se, but also by what we do this musical input, in particular and by what we know about music in general. The establishment of a current mental representation of musical information cannot be understood in isolation apart from the listener's neurocognitive architecture of musical knowledge."

Anzumerken bleibt: Die Begrifflichkeit von mentalen Repräsentationen allgemein und deren Gebrauch durch Gruhn ist nicht immer unkritisch hingenommen worden (vgl. Flämig 2003, 5).

Aus pädagogischer Sicht stellen sich nun die Fragen, ob es Lernformen gibt, die „die Aktivierung neuronaler Netze beeinflussen“ (Gruhn 2008[3], 69) und ob sich für die die unterschiedlichen Repräsentationen auch „bestimmte neuronale Korrelate finden lassen“ (a. a. O., 71). Da man mittlerweile weiß, „dass prozedurales, handlungsbezogenes Lernen zu vernetzten mentalen Repräsentationen führt, die langfristig wirksam bleiben und sich selbstorganisiert verändern können, dann sind alle die Verfahren zu favorisieren, die eine solchen Repräsentationsaufbau begünstigen“ (a. a. O., 201; vgl. Gruhn/Rauscher 2008[2]b, 275).

An anderer Stelle spricht Gruhn (1999, 62) davon, dass es darum geht Lernumgebungen zu schaffen, die es Kindern ermöglichen ihr frühzeitig formal angeeignetes Wissen mit intentionalen Bildungsprozessen zu verbinden.

Hinzu kommt, dass sich musikalisches Lernen immer im Zusammenhang mit Bewegung vollziehen sollte, damit sich die mentalen Repräsentationen der Bewegung und des Metrums verbinden (vgl. Gruhn/Rauscher 2008[2]b, 275).

> „Active music making, singing and moving are the primary modes of teaching and learning prior than any kind of verbal explanation. Furthermore, since all learning takes place in an situated and social context, context-dependent learning plays a crucial role for the meaningful learning *of* music instead of *about* music“ (ebd.; vgl. Gruhn 1999, 64; Kostka 2017, 36 f).

Kostka (2017, 37) spricht in diesem Zusammenhang von der Herausbildung „multidimensionaler mentaler Strukturen“ (vgl. a. a. O., 38 ff), die entstehen, wenn musikalisches Lernen mehrkanalig erfolgt. Eine Forderung, die einerseits nicht wirklich neu und andererseits verschiedener Orts auch bereits (musik-)pädagogische Realität ist.

Gruhn (2008[3], 71 ff) beschreibt im Folgenden Untersuchungen zum Musiklernen. Schaut man sich die Ergebnisse an, so wundert es vielleicht nicht, dass prozedurale Lernprozesse hinsichtlich der kortikalen Repräsentation den deklarativen überlegen sind und dass in Abhängigkeit von der Art der Darbietung unterschiedliche kortikale Areale angesprochen werden. Es zeigt sich aber auch, dass Unterschiede bestehen hinsichtlich der Art und Weise des Musiklernens. „Die hier verfolgte Hypothese lautet daher, dass nicht *was*, sondern *wie* wir gelernt haben ausschlaggebend dafür ist, *was* und *wie* wir wahrnehmen. Wir müssen also danach fragen, wie musikalische Repräsentationen im Gehirn zustande und wie sie verarbeitet und gespeichert werden“ (a. a. O., 85 f;). Klar ist, dass es sich bei der Herausbildung der Repräsentationen um einen länger dauernden Prozess handelt, der zudem von mehreren Faktoren abhängig ist und Entwicklungen unterliegt (vgl. Ericsson/Pool 2016, 121 ff). Die Autoren sprechen zudem davon, dass es unterschiedliche Repräsentationen gibt. Sie können sich z. B. auf den Klang, aber auch auf die Übemethode beziehen. Insgesamt gesehen gilt:

> „Je mehr man kann, desto besser sind die mentalen Repräsentationen, desto effektiver kann man üben, um sein Können zu steigern“ (a. a. O., 125).

Wie bei jeder anderen Tätigkeit spielt auch beim Musik machen oder Musik hören oder bei der Bewegung zur Musik die nutzungsabhängige Neuroplastizität eine wesentliche Rolle. D. h. durch musikalische Aktivitäten werden Neuronennetzwerke in unterschiedlichen Arealen in beiden Hemisphären aktiviert. Die entsprechenden Netzwerkverbindungen werden umso stärker, je häufiger sie gemeinsam erregt werden (vgl. a. a. O., 157). Dies geschieht umso intensiver, je „mehr musikalische Vorstellungsbildung betrieben wird“ (a. a. O., 111). Die pädagogische Kunst, wie Gruhn es nennt, besteht darin, Lernsituationen so zu arrangieren, dass sie auf der Basis von realen musikalischen Erfahrungen „zu wirklich musikalischen Vorstellungen führen“ (ebd.). Es geht um das klangliche Geschehen, nicht um ein Lernen abstrakter Begriffe und Schemata. Ähnlich wie bei normalen Sprachen lernen, folgen diese erst später. „Dem expliziten begrifflichen Lernen müsste immer eine erfahrungsbezogenes Lernen vorgeschaltet sein, bei dem mentale Repräsentationen erworben werden können“ (a. a. O., 112; vgl. a. a. O., 210; Janata

2012; Zatorre 2012, 222; Kraus/Strait 2015; Putkinen et al. 2015). D. h. die Erfahrung mit dem Lerngegenstand führt zur Bildung und Differenzierung mentaler Repräsentationen auf deren Grundlage symbolische Erklärungen dann auf einen fruchtbaren Boden fallen. Es handelt sich hierbei um einen individuell zu betrachtenden (Lern-)Prozess.

> „Lernen ist [...] ein interner Prozess der Änderung cerebraler Funktionsabläufe, für den die geeigneten Bedingungen geschaffen, genügend Zeit gelassen und eigene Erfahrungsbildung zugelassen werden muss" (Gruhn 2008[3], 119).

> „Pädagogik ist der Versuch, die Bedingungen für lernbiologisch und neuropsychologisch sinnvolles Lernen bereitzustellen und, wo nötig, durch Interventionen den Lernprozess, d. h. den Umbau der mentalen Repräsentationen in Gang zu setzen" (ebd.).

> Zentrale Aufgaben der Musikpädagogik sind „Aufbau und Veränderung (Erweiterung) der Repräsentationsformen" (a. a. O., 133).

> „Mentale Repräsentationen von Musik sind als individuell angelegt, weit verzweigte und sich rasch ändernde neuronale Netzwerke zu verstehen, die zahlreiche Regionen beider Hirnhälften umfassen können" (Altenmüller 2007[2], 48).

Für das Musiklernen betrifft das die Entwicklung der Tonhöhenunterscheidung ebenso wie die Auseinandersetzung mit dem Takt, dem Metrum und dem Rhythmus.

Wenn Gruhn (Gruhn 2008[3], 139) schreibt, dass „die Wahrnehmung musikalischer Strukturen [...] von dem Entwicklungsstand mentaler Repräsentationen ab(hängt)", wird deutlich, dass es sich hier um einen Entwicklungsprozess handelt, der sich in Abhängigkeit befindet von einer entsprechenden musikalischen Unterweisung, von Hörerfahrungen und vom praktischen, handlungsorientierten Umgang mit Musik. Auf Grund so gemachter neuer Erfahrungen, als Ergebnis eines Entwicklungsprozesses, kommt es dann zur Herausbildung neuer Schemata und veränderter musikalischer Repräsentationen. Erst dann sollten visuelle Hilfen eingesetzt werden und erst dann ist es sinnvoll, „dem repräsentierten musikalischen Phänomen einen Namen zu geben" (Gruhn 2010, 69; vgl. a. a. O., 73). Werden diese zu früh ins Spiel gebracht, verhindern sie, so Gruhn (Gruhn 2008[3], 140), „die Bildung auditiver Wahrnehmung." Der Einsatz visueller Hilfen bevor sich eine musikalische Wahrnehmung herausgebildet hat, führt demnach zu einer „Vernachlässigung musikalischer Repräsentationen" (ebd.) und geschieht seiner Meinung nach nur, um „Lernwege zu verkürzen“ (ebd.), was aber letztendlich nur dazu führt, das wirkliches Verstehen zugunsten gespeichertem Wissen verloren geht.

> „Das Ziel musikalischen Lernens müsste also darauf gerichtet sein, multiple Repräsentationen zu ermöglichen und verschiedenartige Spuren und Pläne anzulegen, damit Musik als Musik auf vielfältige Weise erfahren und verstanden werden kann“ (a. a. O., 141).

So wie kleine Kinder Sprache durch eine natürliche sprachliche Kommunikation mit ihren Bezugspersonen lernen, so sollten sie auch Musik durch eine natürliche musikalische Kommunikation mit ihrer nächsten Umwelt erlernen.

> „Sprache ist eine Folgeerscheinung des Bedürfnisses, zu kommunizieren. Musik ist eine Folgeerscheinung des Bedürfnisses, musikalisch zu kommunizieren. Sprechen ist das Mittel verbaler Kommunikation. Improvisation und Ausführung sind musikalische Kommunikationsmittel. Gedanken sind der Inhalt von Kommunikation. Auditieren ist das Denken in der Musik“ (Tappert-Süberkrüb 1999, 76).

Der Weg, in Abhängigkeit von Intelligenz, Wissen und individueller Vorerfahrung, führt dabei „vom hörenden Umgang über die explorative Erkundung und Übung zur Bildung klanglicher Repräsentationen, die mit musikalisch funktionaler Bedeutung verbunden werden“ (Gruhn 2008[3], 142). Auf der Grundlage musikalischer Repräsentationen bildet sich so über verschiedene Stufen ein musikalisches Denken, indem innerer Vorstellungsbilder mit Bedeutung versehen werden und eine „Erwartungshaltung für kommende Bedeutungen“ (a. a. O., 145) erzeugt wird.

In einer „Langzeituntersuchung zum musikalischen Lernen von Kindern im Alter zwischen 6 Monaten und 5 Jahren“ (Gruhn 2001, 60) konnte gezeigt werden, dass sich der Aufbau musikalischer Repräsentationen nicht unmittelbar im Verhalten der Kinder zeigt, sondern dass die gemachten Erfahrungen erst einmal verarbeitet werden müssen und sich erst zu einem späteren Zeitpunkt in einer vertrauten Umgebung, z. B. dem häuslichen Umfeld als Nebenwirkung z. B. beim kindlichen Spiel zeigen, dann wenn Kinder unbewusst Lautierungen und Melodien in ihr Spiel mit einbeziehen. In jedem Fall aber konnte in der Untersuchung erneut der Zusammenhang von Musik und Bewegung, ein Phänomen, das schon lange theoretisch bekannt ist, wissenschaftlich bestätigt werden.

Hartogh (2005a, 38) gibt zu bedenken, dass die Idee der Repräsentationen wie sie in erster Linie von Gruhn vertreten wird, nicht neu ist. Vielmehr gehört die

Erkenntnis, „dass Begriffe ohne Anschauung leer sind und Wissenserwerb auf Handlungserfahrung aufbaut“ (ebd.) zum didaktischen Grundwissen. Zudem lässt sich aus der Tatsache, dass der figuralen die formale Repräsentation folgt, kein didaktisches Konzept ableiten.

Jenseits aller Theoriebildung wird in einer Studie zu musikalischen Biografien von Wysser, Hofer und Spychiger die Rolle des Pädagogen für die Bedeutung eines lebenslang anhaltenden musikalischen Interesses deutlich. Als Faktoren werden hier genannt:

- „den Unterricht den musikalischen Fähigkeiten der Schüler/innen anzupassen und deren Vorkenntnisse einzubeziehen
- ‚mit Herzblut' gemeinsam singen, niemanden bloßstellen, sondern unterstützen und ermutigen […]
- Instrumente im Unterricht haben
- Aufführungen erarbeiten und durchführen
- musikalisches Interesse der Schüler/innen berücksichtigen […]
- den Unterricht musikalisch vielfältig gestalten […]
- die Schüler/innen den Unterricht mitgestalten lassen
- Unterrichtsstörungen zu verhindern wissen“ (Spychiger 2009, 15).

Dass solche Allgemeinplätze immer wieder genannt werden müssen, zeigt doch auch, dass es um die Praxis des Musikunterrichts wohl nicht zum Besten steht.

## 5.2 Audiation – das Kernelement der musikalischen Lerntheorie von E. Gordon

Wie schon gesagt bezeichnet Audiation den Kernpunkt der Theorie Gordons (vgl. Tappert-Süberkrüb 1999, 76 ff; Spychiger 2009, 19). Es handelt sich bei der Audiation um einen Verstehensprozess, der z. B. bei der Imitation und auch beim Auswendiglernen nicht unbedingt gegeben ist. Die Fähigkeit zur Audiation ist Teil der musikalischen Disposition. Bei der Entwicklung der Audiation handelt es sich um einen länger andauernden Lernprozess, der mit informellen Prozessen beginnt und in formale mündet. Jedes Kind kann die Audiation entwickeln (vgl. Gordon 2007, 19).

Gordon definiert Audiation „als Hörern und Verstehen von Musik, die physikalisch nicht mehr präsent ist. Verstehen meint hierbei die Fähigkeit, das Gehörte in einen musikalischen Gesamtzusammenhang einordnen zu können“ (Tappert-Süberkrüb 1999, 76; Gordon 2007, 19; Jacobi 2011).

*Mentale Bilder* sind dabei die Strukturen im Gehirn, die in Abhängigkeit von der mentalen Repräsentation von Musik eine innere Klangvorstellung ermöglichen. Audiation bezeichnet demnach „die Aktivierung einer erworbenen mentale(n) Repräsentation in der Wahrnehmung von etwas als etwas, die wir Verstehen nennen“ (Gruhn 2008[3], 86; vgl. Gruhn 2010, 60). Oder anders ausgedrückt: Audiation meint die Fähigkeit zur Aktivierung einer oder mehrerer (Netzwerk) mentaler musikalischer Repräsentation und zur Herstellung eines beziehenden Denkens, zur Herstellung einer musikalischen Gestalt (vgl. auch Gruhn 1999, 63 ff; 2008[3], 144), z. B. das gedanklich (innerlich) hörende Hinzufügen eines Grundtons zu einer ‚abgebrochenen‘ Melodie (vgl. Gruhn 2008[3], 153 f). Um dieses leisten zu können, müssen im Vorfeld Grundlagen gelernt worden sein, „d. h. die entsprechenden Repräsentationen müssen im aktiven Umgang erworben sein. Lernen ist somit die Befähigung zur Audiation, die durch die Aktivierung von Repräsentationen möglich wird“ (a. a. O., 87).

Was heißt das für das musikalische Lernen? „Musikalisches Lernen wäre somit auf die Erzeugung und Stabilisierung mentaler Repräsentationen im neuronalen Netz zu richten“ (a. a. O., 88; vgl. a. a. O., 216; 1999, 63). Musikalisches Lernen auf der Basis musikalischer Repräsentationen heißt dann z. B. für das Instrumentalspiel, dass „jeder Ton, jede Melodie, jede harmonische Wendung, die auf einem Instrument gespielt wird, auch innerlich gehört und musikalisch auditiert, also mit musikalischer Bedeutung verbunden (werden muss – L. K.-S.), die man auf Grund des musikalischen Kontextes in der Vorstellung erzeugt“ (Gruhn 2008[3], 90). Der Weg dorthin geht, wie schon eingangs erwähnt, dabei von der figuralen zur formalen Darstellung, was Gruhn auch immer wieder hervorhebt (vgl. a. a. O., 109). Es handelt sich um einen Prozess, der nicht nur das kindliche Lernen kennzeichnet, sondern der sich ebenso bei allen musikalischen Laien wiederfindet, unabhängig vom Alter.

Es besteht ein Unterschied zwischen einer Imitation und der Audiation, auch wenn Imitation „eine unentbehrliche Voraussetzung für das Erlernen von Audiation (ist)“ (Tappert-Süberkrüb 1999, 76). Imitation findet dann statt, wenn etwas Gehörtes unmittelbar wiedergegeben wird, „sich noch im sensorischen Register befindet“ (Gruhn 2008[3], 217). Audiation dagegen erfordert die Aktivierung bereits gebildeter Repräsentationen. Der wesentliche Unterschied zwischen Audiation und Imitation besteht „in der Fähigkeit, die funktionalen Beziehungen zwischen den Einzeltönen zu erfassen und auf eine mental repräsentierte kognitive Struktur zu beziehen“ (ebd.).

Es handelt sich dabei um einen Prozess, nicht wie Gruhn meint um einen Sprung, der auch im Gegensatz zu Gruhns Meinung durchaus methodisch beeinflussbar ist. Die methodische Anleitung, der pädagogische Vollzug ist es, der das Interesse erzeugt und dadurch die Gelegenheit bietet, sich in die musikalische Vorstellung hineinzuversetzen und entsprechende Repräsentationen auszubilden. D. h. die Bildung mentaler musikalische Repräsentationen ist zwar letztlich ein Selbstbildungsprozess, dessen Anleitung aber durch das methodisch-didaktische Geschick eines Lehrers und auf der Grundlage einer altersangemessenen funktionierenden sozialen Beziehung gelingt bzw. angestoßen wird und individuell ausgerichtet ist.

Das besondere Merkmal der Lerntheorie Gordons (vgl. Tappert-Süberkrüb 1999) sieht Gruhn (2010, 84) darin, dass sie „den Schwerpunkt nicht auf den Erwerb manueller Fähigkeiten, sondern auf die Ausbildung des musikalischen Denkens legt.“ Kern des Musikverständnissen Gordons und zentraler Punkt seiner Lerntheorie ist somit die auditive, nicht die kognitive Auseinandersetzung mit Musik.

Gordon sieht und betont die Parallelen zwischen Sprache und Musik. So wie Sprache eine Folgeerscheinung des Bedürfnisse zu kommunizieren ist, so ist Musik eine Folgeerscheinung des Bedürfnissen musikalisch zu kommunizieren (vgl. a. a. O., 76).

„Im Zentrum des Lernprozesses steht die Frage, wie das Kind bei entsprechender Anleitung sein musikalisches Potential nutzt“ (Seeliger 2003, 115). Gemeint ist damit nicht ein irgendwie geartetes Training, sondern „die alltägliche Anwendung und der Gebrauch von Fertigkeiten“ (Gruhn 2010, 82). Des Weiteren stehen im Zentrum des Lehrprozesses die drei großen Phasen der Audiation: „Akkulturation, Imitation und Assimilation“ (ebd.). Letztlich ergeben sich sieben Stufen der vorbereitenden Audiation (vgl. Seeliger 2003, 116; Gordon 2007, 19 ff, 29 ff, 39 ff, 61 ff, 77 ff; Gruhn 2010, 104; 2003, 55):

I. Akkulturation
Alter: von Geburt bis etwa 2–4 Jahre
Das Kind beteiligt sich mit geringem Bewusstsein an seinem musikalischen Umfeld.

1. Absorbieren
   Das Kind nimmt auditiv die Musik wahr und sammelt die Eindrücke.
2. Zufälliges Antworten
   Das Kind bewegt sich oder brabbelt als Antwort auf die Musik; diese Antwort hat keinen direkten Bezug zur gehörten Musik.
3. Absichtsvolles Antworten
   Das Kind versucht seine Laute und Bewegungen mit der gehörten Musik in Beziehung zu bringen.

II. Imitation
Alter: von 2–4 bis 3–5 Jahre
Das Kind beteiligt sich bewusst an seinem musikalischen Umfeld.

4. Ablegen der Egozentrizität
   Das Kind erkennt, dass seine Laute und Bewegungen nicht zu der gehörten Musik passen.
5. „Knacken des Codes"
   Das Kind beginnt, tonale und rhythmische Patterns zu imitieren.

III. Assimilation
Alter: von 3–5 bis 4–6 Jahre
Das Kind beteiligt sich bewusst an seinem musikalischen Umfeld und nimmt seine eigenen Beiträge wahr.

6. Selbstbeobachtung
   Das Kind erkennt die mangelnde Koordination zwischen dem Singen bzw. Sprechen von Patterns und Atmen und Bewegen.
7. Koordination
   Das Kind koordiniert das Singen bzw. Sprechen von Patterns mit dem Atmen und Bewegen.

Abbildung 34: Gordon 1997a, 33

Anzumerken bleibt, dass die Altersangaben, die sich auch bei Gordon (2007, 33) finden, als relativ zu betrachten sind, denn entscheidend ist das musikalische Alter, der Stand der musikalischen Entwicklung, der eben nicht unbedingt mit dem biologischen Alter zusammenfallen muss. Es handelt sich um einen Prozess dessen Voranschreiten in Abhängigkeit von entsprechender informellen und formellen

Anregung zu sehen ist. Die Reihenfolge der Stufen ist unabänderlich. Allerdings können sich auch mehrere Stufen überlappen. „Das Kind befindet sich nicht nur auf einer Stufe, es befindet sich – vor allem später – auf mehreren Stufen gleichzeitig“ (Seeliger 2003, 117).

Gordon (2007, 20) unterscheidet zwischen acht nicht-sequentiellen Typen von Audiation und sechs sequentiell aufeinander folgenden Stufen. Das Wesentlich solcher sequentiellen oder Stufentheorien ist, dass die Folgestufe erst dann zum Tragen kommt, wenn die vorangegangene erfüllt ist. Das Wissen um die Stufen und deren Inhalte ist zwingend notwendig, um die entsprechenden methodischen Schritte planen zu können.

Mit Akkulturation wird das Hineinwachsen in die jeweilige Kultur und damit auch deren Musik bezeichnet. „Sie bildet die Grundlage der musikalischen Entwicklung und ist eine andauernder Prozess“ (Seeliger 2003, 116). Im Zuge der Imitation ist nicht deren Exaktheit das Entscheidende, sondern die Tatsache, dass das Kind zu Imitationen bereit ist. In der Phase der Assimilation geht es darum, dass die Kinder nicht nur die Patterns imitieren, sondern dass sie in der Lage sind, ihnen eine musikalische Bedeutung zu geben.

Was wird am Ende erreicht? Die Kinder „sind nun auf formellen Unterricht, zum Bespiel Instrumentalunterricht, vorbereitet. Sie verstehen die Zusammenhänge der Musik, können zusätzliche, zum Beispiel instrumentalspezifische Anforderungen durch das Auditieren leichter bewältigen und finden dadurch einen größeren Genuss am Musizieren“ (a. a. O., 121).

In vereinfachter Form nennt Gruhn (2010, 85) folgende Stufen:

1. „hören und vokalisieren (singen, sprechen) = Einüben der phonologischen Schleife
2. benennen dessen, was gehört und erkannt wird = verbale Verknüpfung
3. lesen und schreiben = symbolische Codierung.“

Für die Anfänge des musikalischen Lernens sind nach Gruhn (a. a. O., 87) die beiden ersten Stufen von Bedeutung, während die dritte Stufe erst im Schulalter an Bedeutung gewinnt. Der gesamte Lernprozess lässt sich nach zwei Lerntypen unterscheiden, dem Unterscheidungslernen, dass die beiden ersten Stufen, und dem schlussfolgerndem Lernen, das überwiegend die dritte Stufe bestimmt. Das Zusammenspiel der beiden Lernarten zeigt folgende Grafik (Gruhn 2010, 89):

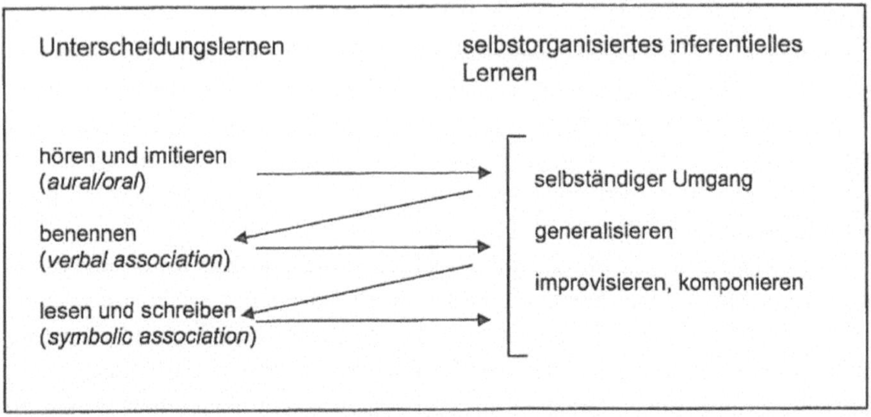


Abbildung 35: Gruhn 2010, 89

Während auf den ersten beiden Stufen ein Lehrer nötig ist, „der etwas vormacht, was nachgemacht werden kann“ (ebd.), unterweist sich der Lerner auf der dritten Stufe quasi selbst „auf der Grundlage bereits erworbener Erfahrungen“ (ebd.), was Gruhn wiederum als Voraussetzung von Audiation sieht.

Wesentlich für das neurowissenschaftliche Verständnis, das dieser Arbeit ja zugrunde liegt ist, dass sich der Prozess der Audiation, d. h. das Erkennen des Gehörten und der Abgleich mit dem bisher Bekannten, neuronal mit Hilfe des EEG nachweisen lässt (vgl. a. a. O., 97 ff).

Mit Bezug auf Jank (2001, 37) weise ich an dieser Stelle nochmals darauf hin, dass die Verbindung von musikalischen Lerntheorien und Entwicklungstheorien nicht zu eindeutigen didaktischen Entscheidungen führen, „sondern sie bilden lediglich einen Rahmen für verschiedenen didaktische Möglichkeiten.“ Dennoch beschreibt Jank sie auch als „unverzichtbar Bezugspunkte für die Entwicklung von Konzepten für den Musikunterricht“ (a. a. O., 38).

## 5.3 Frühkindliches Musiklernen

Die Gedanken zum frühkindlichen Musiklernen stehen erst einmal im Zusammenhang mit der Theorie eines lebenslangen Lernens, die von Baltes und anderen Ende der 1980er und in den 1990er Jahren mit Blick auf die Gerontologie entwickelt wurde. Einen weiteren Strang bilden Ergebnisse aus der Entwicklungspsychologie, die davon ausgehen, dass die kognitive Entwicklung eines Menschen nicht erst mit dessen Geburt beginnt (vgl. Stadler Elmer 2015a, 95 ff). Das, was der Säugling bei der Geburt mitbringt und was die erste Zeit seiner Entwicklung maßgeblich beeinflusst, bezeichnet Stadler Elmer (a. a. O., 95) als „musikalische Grundkompetenzen.“ Dazu gehören sowohl die Wahrnehmung von Schall als auch die Fähigkeiten zu Vokalisationen und Körperbewegungen (vgl. ebd.).

Gerade mit Blick auf die Anfänge des Musiklernens erscheint es mir hier angebracht, das Verhältnis Genetik – Umwelt erneut kurz zu beleuchten. Jeder Mensch bringt hinsichtlich seiner Musikalität, aber natürlich auch in anderen Bereichen, eine genetische Disposition mit auf die Welt. Aber damit die genetische Disposition überhaupt zum Tragen kommt, bedarf sie einer anregenden Umwelt (vgl. Kreusch-Jacob 1993). Erst in dieser Wechselwirkung können sich die angelegten Potentiale entwickeln. Diese Entwicklung ist ein Prozess, der zum einen kulturell und sozial bedingt ist und der zum andern auch in den Händen der Erziehenden liegt (vgl. Hargreaves 2000; Stadler Elmer 2015a, 119 f).

> „Als Gesellschaft und einzelne Erzieher haben wir keinen Einfluss auf die genetische Ausstattung der Kinder; aber als Erzieher und Gesellschaft sind wir verantwortlich dafür, dass eine entsprechende Umgebung die Anregungen bereithält, die das Kind zu seiner Entwicklung braucht. Dabei ist ein Zuviel ebenso schädlich wie ein Zuwenig“ (Gruhn 2014, 99).

Insofern sind musikalische Entwicklungsverläufe grundsätzlich als individuell zu sehen. Sie an einem chronologischen Alter festzumachen, hält Stadler Elmer (2015, 134) nicht zuletzt auch wegen der unterschiedlichen Einflussfaktoren für nicht angemessen.

Auch Gruhn stellt fest, dass es hinsichtlich der frühkindlichen Erziehung, wobei die Musikerziehung keine Ausnahme bildet, zu einem Förderwahn gekommen ist, der alles, was Kinder tun oder tun sollen, unter den Aspekt der Förderung stellt.

> „Kinderspiel sind nicht mehr zum Spielen da, sondern zur Förderung der Feinmotorik, zur Stimulation der Kommunikationsfähigkeit oder zur Unterstützung der räumlichen Vorstellung usw." (Gruhn 2003b, 100).

Unabhängig davon ist eine musikalische Förderung von Kindern sinnvoll „allein schon (wegen – L. K.-S.) der durch Musik angeregten künstlerisch-kreativen und kommunikativen Prozesse" (ebd.). Sollten sich quasi nebenbei emotionale, kognitive und soziale Nebeneffekte einstellen, ist nichts dagegen einzuwenden (vgl. Koelsch 2005b, 366; Stadler Elmer 2008). „Aber sie sind nicht das Ziel, um dessentwillen wir Kinder musikalisch fördern wollen" (Gruhn 2003b, 101). Vielmehr geht es „um die normale taktile, motorische und akustische Stimulation" (a. a. O., 103). In Anlehnung an Gordon (2007, 1) geht es Gruhn hier um eine funktionale anstelle einer intentionalen Erziehung. Einer übertrieben Hektik hinsichtlich einer frühkindlichen Förderung ist auf jeden Fall eine Absage zu erteilen (vgl. ebd.).

> „Man kann das kindliche Lernen nicht forcieren und von außen beschleunigen, sondern muss Kindern eine Lernumgebung mit vielfältigen Erfahrungsmöglichkeiten bieten" (Gruhn 2011, 305).

Musikalische Frühförderung macht demnach auch nur dann einen Sinn, „wenn Kinder tatsächlich auch in einen Gesellschaft hineinwachsen, die an sich selbst ernsthaft den Anspruch stellt, eine wirklich musikalische zu sein" (Krämer 2013, 22 f).

Mit Elschenbroich stimmt Gruhn (2003b, 104 f) darin überein, dass Kinder in den ersten sieben Lebensjahren nach Möglichkeit folgende musikbezogenen Grunderfahrungen gemacht haben sollten:

- sie sollten ihre Singstimme gefunden haben
- sie sollten sich selbst als Musikinstrument erfahren haben und mit anderen Musikinstrumenten in einen Dialog getreten sein
- sie sollten den Rhythmus in den Füssen spüren, „ein Echo hören und erzeugen, Lärm bis zur Schmerzgrenze erlebt haben" (a. a. O., 105)
- sie sollten Stille als Teil der Musik erfahren haben (vgl. Elschenbroich 2001, 214).

Aus diesem (oftmals falsch verstandenen) Bildungs- oder Förderwahn heraus entstehen auch immer wieder neue, auch musikalische Früherziehungsprogramme, deren Zahl kaum noch zu übersehen ist. Nach Gruhn (2014, 100) fehlt aber den meisten Programmen eine jeweils zugrunde liegende explizit formulierte Entwicklungs- und Lerntheorie. Eine umfassende Lerntheorie hält er aber für notwendig an, um ein sinnvolles Vorwärtsgehen didaktisch-methodisch begründen zu können. Eine solche sieht er eben in der Theorie von Gordon (s. o.; Gordon 1997; Gruhn 2011, 303 ff). Das Gegenteil davon wäre seiner Meinung nach purer Aktionismus oder reine Beschäftigungstherapie (vgl. Gruhn 2014, 104).

An anderer Stelle stellt Gruhn (2003a, 84 ff) „sechs Grundprinzipien des frühkindlichen Lernens“ (a. a. O., 84) auf, die seiner Meinung nach mit Blick auf die Entwicklung frühkindlicher Musikalität berücksichtigt werden sollten:

1. *Lernen vollzieht sich in qualitativen Sprüngen*: Eigentlich müsste man hier sagen, dass oftmals nur das Endergebnis eines länger andauernden Prozesses sichtbar wird, und es von daher wie ein Sprung, ein plötzlicher Lernerfolg aussieht.
2. *Lernen braucht Zeit:* Um Erfahrungen machen und diese abspeichern zu können brauchen Kinder Zeit und eine anregende Umgebung.
3. *Lernen ist ein Vorgang, bei dem sich innere Vorstellungen bilden (Audiation):* Wie auch in anderen Bereichen, so sucht auch das Kind mit Bezug auf das musikalische Hören nach Wiedererkennungsmerkmalen, um dem Gehörten einen musikalischen Sinn zu verleihen. „Lernen können wir somit als einen Vorgang bezeichnen, bei dem die Fähigkeit des beziehenden Denkens entwickelt wird“ (a. a. O., 87). Der erste Schritt in diese Richtung führt über die Bildung mentaler Repräsentationen, die nur durch Musik selbst entstehen.
4. *Der Repräsentationsaufbau erfordert Vielfalt und Abwechselung der Hörangebote:* Das Hörangebot sollte vielfältig sein hinsichtlich der musikalischen Beispiele als auch hinsichtlich der musikalischen Parameter, der Harmonik, der Melodik und der Stilistik. Angestrebt ist ein ausgewogenes Verhältnis zwischen Wiederholung und Abwechslung.

5. *Kinder erfahren Raum und Zeit durch Bewegung:* „Vielleicht am wichtigsten ist es, dass alles, was Kinder erfahren und durch Erfahrung lernen, aus körperlichen Aktionen entsteht“ (a. a. O., 89). Dies trifft auch die zeitliche Gestaltung von Musik.
6. *Mit dem Atem aktivieren Kinder eine Hörvorstellung und bereiten ihren Stimmeinsatz vor:* Grundvoraussetzung ist eine bewusste Atemführung, die ihrerseits spielerisch erworben wird.

Spätestens von Geburt an „entwickeln Säuglinge ihre Potentiale, reift und verändert sich ihr Gehirn“ (Gruhn 2011, 296) aufgrund von positiven, emotional akzentuierten, sensorischen und bewegungsmäßigen musikalischen Erfahrungen, die sie tagtäglich machen. Diese Anpassungsprozesse aufgrund von Erfahrungen lassen sich nach Gruhn (ebd.) „durchaus als Lernen bezeichnen“, denn sie führen im Ergebnis „zur Änderung bzw. Verfeinerung“ (a. a. O., 297) musikalischer Repräsentationen. Kinder, die der Musik durch funktionale Erziehung (guidance) näher gebracht wurden, profitieren davon, wenn später formale Erziehungsprozesse (instruction) einsetzen (vgl. Gordon 2007, 1).

Unter Berücksichtigung der vorbereitenden Audiation (vgl. Kap. 5.2), der Tatsache des pränatalen Hörens (vgl. Kreusch-Jacob 1993, 13 ff; Lecanuet 2000; Faienza/Cossu 2003; H. Papoušek 2000, 45 f; M. Papoušek 2000; 2003; 2008[2]; Ribke 2003, 66; Altenmüller 2006a, 59; Kowal-Summek 2006, 133 ff; Decker-Voigt 2008, 12 ff; Flohr/Trevarthen 2008[2], 59, 77 f, 81; Saccuman/Scifo 2009, 297; Gembris 2013[4], 266 ff; Bührer 2015; Altenmüller 2015b), unter Berücksichtigung allgemeiner (vgl. Dornes 2006[8]; Parncutt 2009; Stern 2010[10]) und musikalischer Entwicklungstheorien (vgl. Trehub 2003; Seeliger 2003; Gembris 2007[2]; 2013[4]; Flohr/Trevarthen 2008[2]; Parncutt 2009; Gruhn 2011, 300) und unter Berücksichtigung des Wissens um die Grundlagen, Erkenntnisse und Entwicklung zur frühkindlicher Musikalität (vgl. Gruhn 2001, 60 ff; Saffran et al. 2001; Trehub 2001; 2005; 2009; 2012; Stadler Elmer 2000; 2008; Flohr/Tervarthen 2008[2]; Honing et al. 2009; Parncutt 2009, 3 f; Saccuman/Scifo 2009, 297; Tew et al. 2009; Trehub et al. 2009; Zentner/Eerola 2010; Gembris 2013[4], 269 ff), die den Säugling heute als kompetenten Säugling ausweisen, und deren Bedeutung für eine frühkindliche Musikpädagogik, umfasst das frühe institutionalisierte Musiklernen heute sowohl die Bereiche Musik in der Schwangerschaft und einer Elementaren Musikpraxis in Eltern-Kind-Gruppen als auch den Bereich einer Elementaren Musikpraxis mit Vorschulkindern (vgl. Gruhn 2003b, 103 f; Seeliger 2003; Rebhahn 2008; Rebhahn/Beidinger 2010; Humer 2015). Es ist davon auszugehen, dass es eine weit verbreitete Übereinstimmung bei Pädagogen, Eltern (und auch Politikern) darüber gibt, welche Bedeutung dem frühkindlichen Lernen für die Gesamtentwicklung des Menschen und speziell für die des Kindes zukommt (vgl. Hannon et al. 2012).

Eigentlich sind die Eltern in den ersten Lebensjahren eines Kindes die besten und wichtigsten Lehrer. Dass sie es hinsichtlich der Musik nicht sind, liegt daran, dass sie oftmals selber keine formale oder informelle Unterweisung in Musik erfahren haben und so keine Freude an Musik und Bewegung entwickelt haben (vgl. Gordon 2007, 3). Gordon sieht aber in der Musik, wie auch in den anderen Künsten, eine basale Sprache des Menschen.

Entgegen anderslautender Behauptungen (vgl. Gordon 2007, 2) stellt Gruhn (2014, 99) fest, dass Kinder zwar in den ersten Lebensjahren das größte Lernpotential entwickeln, dass sie aber keineswegs über Zeit- oder Lernfester verfügen, die sich in einem abmessbaren Zeitraum schließen und anschließende Lernprozesse unmöglich machen, sie zumindest erheblich erschweren: "Nichts ist also ein für alle Mal vorbei!" (ebd.; vgl. Gruhn 2011, 296; Kap. 1.4). Andererseits sieht er dennoch, dass in den ersten drei Jahren den Kindern wegen der Neuroplastizität das Lernen besonders leicht fällt, weswegen man diese Zeit nicht ungenutzt verstreichen lassen sollte.

Insofern die Bedeutung des frühkindlichen Musiklernens für die weitere Entwicklung der Musikalität nicht in Frage gestellt zu sein scheint, zeigt sich in Untersuchungen, dass Kinder bei gleicher zeitlicher Unterweisung unterschiedliche Entwicklungen nehmen. Faktoren, die hier eine Rolle spielen, sind die allgemeine Sozialisation und die Enkulturation, zu denen auch das informelle Musikhören und die Hörgewohnheiten zählen, aber auch die Unterschiedlichkeit der musikalischen Unterweisung hinsichtlich Inhalt, Struktur und Ansprache (vgl. a. a. O., 93; Trainor et al. 2012, 129 f).

Untersuchungen konnten aber auch zeigen, dass Kinder gegenüber Erwachsenen hinsichtlich kultureller Prägungen flexibler reagieren und z. B. rhythmische Variationen zwischen westlicher und östlicher Musik allein dadurch besser verarbeiten können, dass sie sich der kulturell anders klingenden Musik hörend nähern (vgl. Hannon et al. 2012, 93 ff; Trainor et al. 2012, 130). Wieder andere Untersuchungen (vgl. Trainor et al. 2012, 130f) konnten belegen, dass sich bei intensiver musikalischer Auseinandersetzung und elterlicher Begleitung kulturell bedingte musikalische Eigenheiten schon bei Kindern im Alter von einem Jahr nachweisen lassen und somit auch weitere Lernprozesse mit beeinflussen. „Enculturation to stylistic norms of expressive performance is an important aspect of musical development“ (a. a. O., 131). Des Weiteren ist davon auszugehen, dass aktives Musizieren die soziale Kooperation und das gesamte soziale Verhalten auch schon bei einjährigen Kindern positive beeinflusst (vgl. a. a. O., 135), wobei der positiven emotionalen Bindung an die Eltern ein große Bedeutung zukommt (vgl. ebd.; Kap. 2). Wesentlich ist dabei, dass sich die frühen, im ersten Lebensjahr stattfindenden musikalischen Interventionen positiv auf die kindliche Hirnentwicklung und auf die musikalische Enkulturation auswirken (vgl. a. a. O., 136).

> „The most obvious candidate is active music making in a social context involving infants and parents” (ebd.).

Doch welche Ziele werden beim frühkindlichen Musiklernen verfolgt? Seeliger (2003, 96) sieht Gordons Hauptanliegen, die sich allerdings auch verallgemeinern lassen, unter anderem darin

- „Kinder so früh wie möglich, d. h. ab der Geburt, mit Musik vertraut zu machen
- dem Kind von Anfang an Musik in Vielfalt und optimaler Qualität anzubieten
- Eltern und Lehrpersonen die Bedeutung des frühen Musiklernens zu erschließen
- aufzuzeigen, dass jedes Kind, jeder Mensch musikalisches Potential besitzt.“

Kinder lernen Sprechen und Singen (und viele andere Dinge) bevor eine systematische Belehrung oder formale Unterweisung stattfindet (vgl. a. a. O., 97; Gruhn 1999, 60, 62 f; Gruhn 2001, 56 f; 2003b, 23; Neumann 2007; Flohr/Trevarthen 2008$^2$, 58 ff; Stadler Elmer 2008; Saccuman/Scifo 2009; Gruhn 2010, 47, 53 ff; 2013, 6). „Diese rein hörende Art des Lernens ist [...] die einzige, über die kleine

Kinder verfügen“ (Gruhn 2010, 47). Im Gegensatz zu Tieren, die durch auditorisches Lernen lernen, d. h. sie können einem Signal ein Verhalten zuordnen, lernen Menschen durch audio-vokales Lernen, „bei dem vokale Strukturen erfasst, imitiert und dann auch selbstständig hervorgebracht und neu kombiniert werden können“ (a. a. O., 48; vgl. Flohr/Trevarthen 2008², 61 ff). Wesentlich ist hierbei die Verbindung zwischen auditivem und motorischem Cortex (phonologische Schleife) (vgl. Gruhn/Rauscher 2008²b, 272). „Über das Hören des selbst hervorgebrachten Eigenklangs und dessen Vergleich mit dem gehörten Fremdklang wird eine so unglaublich feine Kehlkopfsteuerung ermöglicht, dass schließlich der gleiche Ton oder die gleiche Tonhöhe hervorgebracht werden kann“ (Gruhn 2010, 49). Geschieht dies nicht, z. B. durch mangelnde Übung (sozial vermittelte Fehlentwicklung), kommt es zu einem unsauberem Singen.

Nur am Rande sei hier angemerkt, dass die Idee eines musikalischen Lernens ohne systematische Unterweisung von Anfang an zurück geht auf die Gedanken und kritischen Äußerungen zur musikalischen Erziehung in den 1920er Jahren von H. Jacoby (1984), deren praktische Umsetzung Gruhn zum einen bei Kodály und andererseits bei Suzuki sieht. Im Unterschied zu diesen verfolgt Gruhn ein lerntheoretisches und entwicklungsorientiertes Konzept, bei dem „Hören, Imitation und Exploration intensiv genutzt (werden)“ (a. a. O. 54), um jeweils nächste Lernschritte vollziehen zu können.

Entscheidend für Gruhn ist, dass das Kind durch den praktischen Umgang mit Sprache prozedurales an Stelle von deklarativem Wissen erwirbt. „Musikalisches Lernen vollzieht sich auf die gleiche Weise“ (Gruhn 2010, 58; vgl. a. a. O., 73; 2003b, 33 ff, 107 ff; Gordon 2007, 4 ff; Saccuman/Scifo 2009, 298). Auf diese Weise lernen Kinder, mit den zunehmenden Möglichkeiten ihres Stimmapparats zu spielen und zu improvisieren. Dabei entwickeln sie „auf der Grundlage von zahlreichen gehörten und imitierten Formen die allgemeine Fähigkeit, Melodien denken und sich ausdenken zu können, mit Rhythmen in einem bestimmten Metrum zu spielen und sie weiterzuführen“ (Gruhn 2010, 59; vgl. Wigley et al. 2009). So entwickelt sich letztlich aus der Imitation die Audiation (s. o.). Noch einmal: Von Assimilation spricht Gruhn dann, wenn die von den Kindern erzeugten Klänge in bereits bestehende Repräsentationen passen, von Akkommodation spricht er, wenn bestehende Repräsentationen einer Erweiterung bedürfen (vgl. Gruhn 2010, 60).

An anderer Stelle heben Gruhn/Rauscher ($2008^2$b, 272 f) hervor, dass sich effektives Lernen in komplexen Interaktionen am nachhaltigsten vollzieht. Auch Babys sind so in der Lage aus dem tagtäglich Gehörten musikalische Bausteine, hier Rhythmuspattern, wieder zu erkennen.

Mit Bezug auf Gordon geht auch Seeliger (2003, 98) davon aus, dass eine frühe musikalische Unterweisung dazu beitragen kann, dass Kinder „von Anfang an ein Musikverständnis gewinnen können, so wie sie auch ein Sprachverständnis erreichen“ und dass dieses frühe Musiklernen dazu beiträgt, das musikalische Potential, die Fantasie und die Kreativität des Kindes zu entfalten.

So, wie dieser natürlich ablaufende Prozess des Spracherwerbs einer Reihenfolge unterliegt, so unterliegt auch der Prozess des natürlichen Hineinwachsens in die Musik einer Reihenfolge (Sequenz): „Der Lernprozess beginnt mit dem Hören, geht in das Sprechen über und – sehr viel später – folgt das Lesen und das Schreiben“ (a. a. O., 99). Der musikalische Lernprozess folgt analog. Die zentralen Begriffe heißen „Lauschen, Ausprobieren und Imitieren“ (ebd.; vgl. Seifert/Kim 2006, 1065 ff).

Überträgt man diese von der Theorie Gordons massiv geprägte Gedanken auf die Arbeit mit Eltern-Kind-Gruppen, ergeben sich, nach Seeliger (Seeliger 2003, 102 ff), folgende Punkte:

- „Anleitung anstelle schulischen Unterrichts
- Musik in ihrer Vielfalt und Qualität anbieten
- kurze melodische Stücke (*Songs*) und kurze rhythmische Stücke (*Chants*)
- Musik und Bewegung
- persönliche Tonhöhe und persönliches Tempo
- tonale und rhythmische Patterns“ (a. a. O., 102 f).

Die von Gordon gemeinte Anleitung ist eher als Begleitung zu verstehen, die in erster Linie mit einem informellen Lernen zu umschreiben ist. „Entscheidend ist nicht, ob das Kind gerade […] der Musik zuhört oder mit anderem beschäftigt ist. Entscheidend ist nicht, ob das Kind beim Hören ruhig ist oder sich bewegt […]. Entscheidend ist, dass das Kind möglichst viel und unterschiedliche Musik zu hören bekommt […] in angenehmer Lautstärke und von guter Qualität“ (a. a. O., 103). Erst, wenn Kinder von sich aus der Musik zuwenden, werden diese Aktivitäten von der Lehrperson aufgegriffen.

Kinder sollen von Anfang an Musik auch hinsichtlich ihrer Melodik, Harmonik und Metrik in ihrer vollen Breite, Vielfalt und Qualität erfahren. Gerade der Aspekt der Vielfalt bezieht sich nicht nur auf die zu hörende Musik, sondern auch auf die Wahl der Instrumente.

Während Songs kurze melodische auf neutralen Silben gesungene Stücke in möglichst allen Tonarten meinen, sind mit Chants kurze rhythmische Stücke in verschiedenen Taktarten gemeint. Besonders die Songs sollten mit Bewegungen gekoppelt sein, um das Dynamische in der Musik zu verdeutlichen. Anschließende Wiederholungen sollten ‚originalgetreu' sein, um eine Verwirrung bei den Kindern zu vermeiden.

„Musik und Bewegung sind für das Kind eng miteinander verbunden" (a. a. O., 108). Die Bewegung im Sinne Gordons bezieht sich auf die Elemente Zeit (lang – kurz, plötzlich - allmählich), Gewicht (leicht – schwer, fest – zart), Raum (eng – weit) und Fluss (kontinuierlich – unterbrochen). Gerade was die Bewegung betrifft, dienen die Eltern als Vorbild.

„Wenn für das Kind viel gesungen worden ist, beginnt es, sich an der Musik zu beteiligen" (a. a. O., 109). Schwingt sich der Erwachsene in solchen Momenten auf das Kind ein, vermittelt er „emotionales Angenommen- und Verstandenwerden" (ebd.). Auch hinsichtlich des Tempos, ist auf das Kind einzugehen.

Was Kinder in diesem Alter brauchen, bezeichnet Gruhn (a. a. O., 112), wie bereits betont, als *„informelle Anleitung."* Das vielleicht wesentlichste Kennzeichen einer informellen Anleitung ist, dass sie „ohne verbale Erklärung und systematische Übung auskommt" (ebd.). Es geht darum, Musik in erster Linie mit der Stimme und über die Bewegung auf der Grundlage von „Freude, Kreativität und Beziehung" (ebd.) zu erfahren.

Zwangloses Heranführen an Musik bewirkt, dass schon Kinder im Alter von zwei Jahren

> „may enjoy the creation of musical forms of play just for their own amusement, or for sharing with other young children. This leads to the phenomenon of *children's musical culture*, a way of exercising musicality and creating new forms of musical play that may not be much affected by the ideas and practices of the adult world" (Flohr/Trevarthen 2008², 65).

Wesentliches Element ist die ungezwungene Freude im Umgang mit Musik, Gesang und Bewegung für sich selbst, aber auch in Verbindung mit anderen Kindern. Gerade in den Spontangesängen der Kinder wird auch der kommunikative Aspekt frühkindlichen Musizierens deutlich. So wie Sprache der Kontaktanbahnung, dem Informationsaustausch und dem Herstellen einer eigenen Identität dient, so verhält es sich mit den Spontangesängen jüngerer Kinder (vgl. Bjorkvold in Flohr/Trevarthen 2008², 66). Was hier für das Singen und Musizieren gesagt wird, gilt ebenso für die Bewegung (vgl. Flohr/Trevarthen 2008², 69 ff, 82). Dieser spontane, informelle Zugang zur Musik als Ganzes geht für viele Kinder dann verloren, wenn sie (zu früh) mit einer formalen Musikerziehung in Kontakt kommen. Krämer (2013, 25) gibt zu bedenken, dass die meisten musikpädagogischen Frühkonzepte sich stärker an unseren Vorstellungen und Wünschen einer richtigen Musikerziehung und Kindheit orientieren als an dem, „was klanglich möglich wäre (Sachorientierung), bzw., an dem, was Kinder von sich aus wollen (Subjektorientierung)" (a. a. O., 26).

Es soll an dieser Stelle nochmals ausdrücklich betont werden, dass die entwicklungsbedingten Veränderungen hinsichtlich Sprache und Musik neurowissenschaftlich nachweisbar sind (vgl. a. a. O., 72, 74 ff).

## 5.4 Kritische Betrachtung

Ein erster Punkt bezieht sich auf das Verhältnis von Sprache und Musik wie dies bei Gruhn geschieht. Die Tatsache, dass besonders Gruhn in seinen Abhandlungen in Anlehnung an Gordon immer wieder eine Parallele zieht zwischen sprachlicher und musikalischer Entwicklung, ist nicht unwidersprochen bzw. unkommentiert geblieben (vgl. Jank 2001; Flämig 2003).

Nach Jank (2001, 35) handelt es sich bei der Sichtweise, dass sich musikalische wie sprachliche Entwicklung vollziehe, um einen alten Gemeinplatz in der Geschichte der Musikpädagogik. „Ihre musikpädagogische Attraktivität gewinnt diese Analogie-Behauptung wohl nicht zuletzt aus dem heimlichen Versprechen, dass das Musiklernen allen gesunden Kindern ähnlich selbstverständlich und scheinbar mühelos gelingen könnte wie der Spracherwerb" (ebd.). Was hier auch suggeriert wird, ist, dass Sprache und Musik in der alltäglichen kindlichen Entwicklung den gleichen Stellenwert haben, was allerdings nicht der Fall ist.

> „Der ‚natürliche' Spracherwerb hat im Bereich der Musik […] kaum eine Entsprechung: Es gibt kein Pendant dazu in Form eines ‚natürlichen' Musizierens" (ebd.).

Die kulturbedingte Notwendigkeit des Sprechenlernens und die kulturbestimmte Entwicklung der Sprache (vgl. Meyer 2015) findet also keine Entsprechung hinsichtlich des Musiklernens. Eher bietet sich hier der Vergleich mit dem Erlernen einer Fremdsprache an (vgl. Jank 2001, 35 f). Legt man den Vergleich zugrunde, so bestätigt sich einerseits die Bedeutung des frühen Beginns, andererseits wird aber auch deutlich, dass auch ein später Beginn noch zu großen Erfolgen führen kann (vgl. a. a. O., 36). Hieraus ergeben sich dann wiederum Rückfragen an die Theorie der Entwicklung mentaler Repräsentationen so wie Gruhn sie präsentiert.

Des Weitern verweist Jank darauf, dass es unterschiedliche Spracherwerbstheorien gibt und keine dieser Theorien für sich einen Alleinherrschaftsanspruch behaupten kann. Vielmehr ist davon auszugehen, und das trifft auch für die Musik zu, dass weitere soziale und kulturelle Faktoren die Entwicklung beeinflussen. Insgesamt stallt Jank (a. a. O., 37) fest: „Spracherwerbstheorien und Ergebnisse der Spracherwerbsforschung sind – zumindest in unmittelbarer Übertragung – als Modelle für das Musiklernen nicht geeignet.“ Hinzu kommt, dass selbst die Entwicklung des Spracherwerbs an sich bisher nicht vollständig geklärt ist (vgl. Fassbender 2000, 57 ff; Meyer 2015, 22). Was sich wohl sagen lässt ist, dass zu Beginn der Entwicklung Sprache und Musik eine gemeinsame Basis haben, sich jedoch in der weiteren Entwicklung mit Blick auf die spezifische Bedeutung unterschiedlicher akustischer Informationen unterschiedlich entwickeln (vgl. Fassbender 2000, 80; Kap. 4.4.2).

Ein zweiter Punkt bezieht sich auf die grundsätzliche Qualität kindorientierter Musikpädagogik. Die bestmögliche Musikpädagogik für Kinder zu bestimmen, ist kompliziert. Zum einen existiert eine Vielzahl an Theorien und Ansätzen (vgl. Flohr/Trevarthen 2008[2], 86) und zum anderen ist davon auszugehen, dass unter der Berücksichtigung der Individualität des Menschen nicht alles bei allen gleich wirkt (vgl. a. a. O., 84). Es ist vielmehr davon auszugehen, dass keine Theorie und kein Ansatz für sich allein in der Lage sind, alle Phänomene, die mit Entwicklung und Lernen in Verbindung stehen, zu klären (vgl. ebd.).

## 5.5 Gedanken zur allgemeinen und musikalischen Entwicklung

### *5.5.1 Zur allgemeinen Entwicklung*

Die Konsequenz aus dem eben Gesagten ist, und das hat z. B. die Amerikanische *National Association for the Education of Young Children (NAEYC)* getan, unter Berücksichtigung sowohl der individuellen Entwicklung und des individuellen Lernens als auch des sozialen und kulturellen Kontextes wesentliche Prinzipien – insgesamt zwölf – aufzustellen, denen auch eine frühkindliche (Musik-)Erziehung zu genügen hat (vgl. ebd.; NAEYC 2009). Die hier ausgesprochenen Empfehlungen beziehen sich auf Kinder bis zum achten Lebensjahr, betreffen somit das Kleinkind- und Vorschul- als auch das Schulalter.

Natürlich beziehen sich diese Empfehlungen auf eine vorangegangene kritische Analyse der amerikanischen Verhältnisse, und es bleibt die Frage, inwieweit sie sich auf unsere Verhältnisse übertragen lassen und inwieweit sie überhaupt die Musikerziehung betreffen.

Dennoch: In der Arbeit mit Kindern von null bis acht Jahren sind bezüglich der Praxis erst einmal drei Kernbedingungen zu berücksichtigen (vgl. a. a. O., 9 f):

1. Was wissen wir insbesondere als Praktiker über die kindliche Entwicklung und das kindliche Lernen?
2. Was wissen wir über das jeweilige Kind (Individualisierung)?
3. Was wissen wir über den sozialen und kulturellen Hintergrund der Kinder, des jeweiligen Kindes?

Unter Berücksichtigung dieser drei Kernbedingungen ergeben sich für die Autoren die schon oben erwähnten zwölf Prinzipien kindlicher Entwicklung und kindlichen Lernens, die es in der Praxis zu bedenken gilt (vgl. a. a. O., 11 ff):

1. Alle Bereiche der kindlichen Entwicklung – physiologisch, sozial, emotional und kognitive – und des kindlichen Lernens sind wichtig und durchdingen sich wechselseitig.
2. Viele Bereiche kindlichen Lernens und kindlicher Entwicklung folgen festgelegten Strukturen, die es zu kennen und zu berücksichtigen gilt.

3. Entwicklungs- und Lernprozess sind individuell zu betrachten auch hinsichtlich ihrer Interessen und Bedürfnisse.
4. Kindliche Entwicklung und kindliches Lernen ist ein Wechselspiel zwischen Anlage, Umwelt und individueller Erfahrung.
5. Frühkindliche Erfahrungen haben Auswirkungen auf spätere Entwicklungsprozesse. Sie zeigen zudem auf, wo sich Schwierigkeiten entwickeln könnten, haben also einen präventiven Charakter.
6. Kindliche Entwicklung und kindliches Lernen vollziehen sich vom Einfachen zum Komplexen.
7. Kindliche Entwicklung vollzieht sich am besten, wenn eine generelle Sicherheit, Bindungssicherheit (nicht nur zu den primären Bezugspersonen) und ein gutes Verhältnis zu den Peers gegeben ist.
8. Kindliche Entwicklung und kindliches Lernen ist erheblich beeinflusst durch soziale, kulturelle und zunehmend auch religiöse Gegebenheiten.
9. Kindliches Lernen vollzieht sich auf unterschiedlichen Wegen. Von daher ist es für Pädagogen notwendig, ein weitreichendes didaktisch-methodisches Repertoire zu haben.
10. Das kindliche Spiel in all seinen Facetten ist ein wichtiger Weg sowohl hinsichtlich der Entwicklung der kindlichen Selbstregulation als auch hinsichtlich der Anbahnung von Sprache, Kognition und sozialer Kompetenz.
11. Hinsichtlich der kindlichen Entwicklung ist die Konzeption der *Zone der nächsten Entwicklung* (Wygotski oder Vygotskij) zu berücksichtigen.
12. Kindliche Erfahrung beeinflusst die Motivation und damit die Bereitschaft zu lernen.

Aus diesen Prinzipien entwickeln sich hinsichtlich einer gelingenden Praxis folgende Leitlinien, die vom Pädagogen zu berücksichtigen sind (vgl. a. a. O., 16 ff):

1. Schaffen einer Gemeinschaft von Lernenden.
2. Lehren, um die Entwicklungs- und Lernprozesse zu steigern.
3. Erstellen eines angemessenen Lehrplans.
4. Beurteilung kindlicher Entwicklungs- und Lernprozesse.
5. Guter Kontakt zu den Familien der Kinder, um Entwicklungs- und Lernfortschritte angemessen beurteilen zu können.

In ihrer Abhandlung fassen Flohr/Trevarthen (2008[2], 84 f) die Ergebnisse dieser Studie zu vier Punkten zusammen. Demnach lernen Kinder dort am besten, wo sie sich sicher, d. h. sich gebunden fühlen, wo sie auf funktionierende Beziehungen sowohl zu anderen Kindern als auch zu Erwachsenen bauen können und wo sie wissen, dass auf das, was sie für ihre Entwicklung und für ihr Lernen brauchen, auch eingegangen wird, wo sich auf der Grundlage des kindlichen Spiels die Entwicklungsbereiche wechselseitig durchdringen und wo sie als aktive Gestalter der eigenen Entwicklung berücksichtigt werden.

Im Rahmen dieser Gedankengänge bei kommen sowohl der Musik als auch der Bewegung besonders hinsichtlich der sozialen und emotionalen Entwicklung besondere Bedeutungen zu.

> „Adult and infant play with singing, rhythms, and clapping provide a primary social bonding that influence development in the physical, social, emotional, and cognitive domains" (a. a. O., 85).

Unter Berücksichtigung all dieser Grundlagen, ist noch nichts über ein geeignetes Programm gesagt. Tatsache bleibt aber, dass es *das* Programm nicht gibt, sondern dass es eine Vielzahl von Programmen gibt, die diese Grundsätze mehr oder weniger berücksichtigen und sich von standardisierten Programmen eben dadurch unterscheiden, dass sie entwicklungsbezogen arbeiten.

> „Music and music education serve a role in the promotion of the individual well-being, confidence, and social adaption of the young child, and opens the way to a lifelong enjoyment of learning – in making responding to sharing music" (a. a. O., 87).

Anzumerken bleibt, dass die hier geäußerten Gedankengänge wesentlich durch die Entwicklungstheorie von Wygotski (1896-1934) beeinflusst sind (vgl. Brandes 2005; Bodrova/Leong 2007[2]; Mietzel 2007[8], 107 ff). Die Schriften von Wygotski, die erst in den 1980er und 1990er Jahren ins Englische übersetzt wurden, lösten besonders in den USA einen „Vygotskij-Boom" (Keiler 2002 in Brandes 2005, 3) aus, der bis heute anhält und der sich auch in den zentralen Gedanken der Kernbedingungen als auch Leitlinien für die Praxis der Abhandlung der NAEYC widerspiegelt.

Eines der wesentlichen Elemente seiner Theorie ist der Gedanke zur *Zone der nächstmöglichen Entwicklung* (ZdnE), worauf sich auch die Abhandlung der NAEYC bezieht. Nach Wygotski ist das Lernen „ein Werkzeug der Entwicklung" (Mietzel 2007[8], 113). Lernen funktioniert am besten in sozialen Interaktionen, entweder mit Erwachsenen oder mit Gleichaltrigen, die aber in ihrer Entwicklung schon weiter sind. Hinsichtlich der Entwicklung unterscheidet Wygotski zwischen einer erfolgten und einer potentiellen Entwicklung.

> „Die erfolgte Entwicklung bestimmt, was ein Kind ohne Hilfe anderer tun kann, während mit der potentiellen Entwicklung zum Ausdruck gebracht wird, was eine Kind unter Ableitung eines Erwachsenen oder eines Kindes, das im Können etwas voraus ist, tun kann" (Mietzel 2007[8], 115).

Bei der letzteren handelt es sich um die Zone der nächstmöglichen Entwicklung. Die Entwicklung eines Kindes zeigt sich also nicht in dem, was ein Kind kann, sondern dadurch „was es in einem *interaktiven Zusammenhang* zu erfassen vermag" (Brandes 2005, 13). „Was das Kind heute mit Hilfe des Erwachsenen vollbringt, wird es morgen selbstständig tun können" (Wygotski 1987 in Brandes 2005, 13). Das in einer dem Kind angemessenen sozialen Interaktion mit z. B. einem Erwachsenen Geleistete wird „dann zum inneren Besitz des Kindes" (ebd.). Deutlich wird hier, dass es nicht nur eine ZdnE geben kann, sondern dass es in jeder Altersstufe eine solche gibt.

### *5.5.2 Zur musikalischen Entwicklung*

„Über die musikalische Entwicklung gibt es bisher kaum ausformulierte Theorien" (Stadler Elmer 2015a, 186, 194). Gründe hierfür sieht Stadler Elmer (ebd.) u. a. im Gegenstandbereich selbst als auch im vielfach ungeklärten Begriff Musik (vgl. Stadler Elmer 2015b, 74 ff). Des Weiteren liegt es wohl auch daran, dass der Gegenstand Musik lange nicht im Fokus des wissenschaftlichen Interesses lag. Die

Folge davon ist also, dass grundlegende Fragen und Themen hinsichtlich der musikalischen Entwicklung nicht hinreichend ausgearbeitet sind. Das allerdings heißt nicht, dass es keine Theorieansätze gibt (vgl. Stadler Elmer 2015a, 187 ff). Es soll hier im Folgenden aber nicht darum gehen, diese Ansätze im Einzelnen zu beschreiben. Vielmehr will ich mich hier auf ihre „Thesen zur musikalischen Entwicklung" (a. a. O., 194) beziehen:

1. „Musik ist – wie die Sprache – ein generatives System: in einer Kultur werden bestimmte Eigenschaften zu Kategorien gebildet und mit Regeln kombiniert. Kulturspezifische musikalische Konventionen schließen nicht aus, dass es universelle Eigenschaften gibt.
2. Die musikalische Entwicklung ist im Wesentlichen die Aneignung der spezifischen Spielregeln der umgebenden Kultur" (ebd.). Diese erwerben Menschen über ihre sensomotorischen und/oder über ihre körperlichen Möglichkeiten, über ihre Wahrnehmung, besonders aber über ihre musikalischen Erfahrungen. Dieser Prozess beginnt, wie schon mehrfach erwähnt, bereits pränatal (vgl. Altenmüller 2015b).
3. „Die Fähigkeit, vokal zu lernen, ist bei den Menschen – im Vergleich zu den Primaten – besonders ausgeprägt" (Stadler Elmer 2015a, 195). Es ist jedoch „eine ausschließlich menschliche Fähigkeit, die Vokalisation in Singen und Sprechen auszudifferenzieren" (ebd.). Hierbei handelt es sich um einen frühzeitig beginnenden Lernprozess. Er „basiert auf den biologischen Voraussetzungen zur Selbstsynchronisation und interaktiven Synchronisation […], welche Kommunikation ermöglichen, die sich seitens der Bezugspersonen dynamisch dem Entwicklungsstand des Kindes anpasst" (ebd.).
4. „Bereits die frühe Eltern-Kind Interaktion zeichnet sich durch beidseitige Verhaltensbereitschaften (Motivation) aus, gemeinsam positive affektive Erfahrungen als wiederholte Spiele zu etablieren und zu sprachlich-musikalischen Ritualen aufzubauen. […] Die positiven Affekte sind eine natürliche Motivation zu lernen" (ebd.), was sich in Spielen und Ritualen

manifestiert, „die kulturspezifischen Regeln" (ebd.) unterliegen und „durch explizites Anleiten, vor allem durch Vormachen – Nachmachen" (ebd.) tradiert werden.

5. Jede Form von „Musik ist Teil der rituellen Kultur. Im Unterschied zur instrumentellen Kultur, die auf Ergebnisse und Produkte abzielt, konzentriert sich rituelle Kultur auf die geregelte Ausführung der Tätigkeit an sich" (ebd.).
6. „Menschlich Vokalisation entwickelt sich in drei Richtungen: Sprechen, Singen und Kontrolle des vokalen Affektausdrucks" (ebd.) in Abhängigkeit von kulturspezifischen sprachlichen und musikalischen Regeln.
7. Entscheidend für die Entwicklung sind und im Zentrum des Interesses stehen „nicht der Begabungsbegriff oder Altersnormen, sondern die Qualität der Vermittlung – die Musikpraxis und das Anleiten – und die Lernstrategien!" (a. a. O., 195 f).
8. Die „intuitive, elterliche Einführung in die Kultur setzt sich für das Kind fort durch Teilnehmen an gelebter Kulturpraxis in seiner Umgebung und muss, wenn gezielte Lernergebnisse beabsichtigt sind, durch explizites musikalisches Lehren und Lernen ergänzt werden" (a. a. O., 196). Wesentlich ist dabei zwar die Entwicklung einer intrinsischen Motivation, doch erfordert jedes „musikalisches Lernen auch Anstrengung, Disziplin, explizite Anleitung und soziale Unterstützung" (ebd.), unabhängig davon in welche musikalische Richtung es sich entwickelt (vgl. Stadler Elmer 2014a, 3; 2014b, 60 f).

Ausgehend von diesen Thesen bleibt noch die Überlegung nach den Voraussetzungen besonders guter pädagogischer Einrichtungen (vgl. Stadler Elmer 2014a, 1 ff). Auf jeden Fall brauchen sie erst einmal eine „Befriedigung von Grundbedürfnissen" (Stadler Elmer 2015a, 200) und Anregungen zur Befriedigung der eigenen Neugier über das Spiel. Dies kann sowohl im häuslichen Umfeld geschehen als auch in den frühkindlichen pädagogischen Institutionen, soweit diese den qualitativen Ansprüchen genügen (vgl. Stadler Elmer 2014a, 4 ff).

## 5.6 Grundformen (früh-)kindlichen Lernens

Auch in einem Nachdenken über die Grundformen des frühkindlichen Lernens ist zu berücksichtigen, dass das, was Lernen ausmacht, oder das, was Lernen beschreibt, aus unterschiedlichen Perspektiven, aus dem Blickwinkel unterschiedlicher Lerntheoretiker gesehen werden sollte (vgl. Bednorz/Schuster 2002[3]; Winkel et al. 2006; Dartsch 2010, 109 ff; Edelmann/Wittmann 2012[7]). Einerseits ergibt sich daraus, dass es anscheinend *den* Lernbegriff nicht gibt, andererseits kann es natürlich auch sein, dass aus dieser Mannigfaltigkeit der Wunsch nach einer umfassenden Theorie erwachsen kann (vgl. Dartsch 2010,116). Nimmt man es genau, so verweist einen die Suche nach *dem* Begriff des Lernens zurück auf den Weg einer anthropologischen und entwicklungspsychologischen Auseinandersetzung. Dass dabei die Komplexität eher zu- als abnimmt, scheint verständlich angesichts der Vielzahl der ausdifferenzierten anthropologischen und entwicklungspsychologischen Theorien. Stattdessen konzentriere ich mich im Folgenden auf zwei Faktoren, die im Rahmen um das musikbezogene frühkindliche Lernen nicht erst heute (vgl. Kowal-Summek 2006; 2015) an Bedeutung gewonnen haben, die Nachahmung und das Spiel.

Dartsch (2010, 176; 2014a, 12) nennt in Anlehnung an Stadler Elmer (2000) als die zwei wesentlichen Formen (früh-)kindlichen Lernens die frühkindliche Nachahmungsfähigkeit und das Spiel (vgl. Hirler/Stadler Elmer 2010, 541 ff; Stadler Elmer 2014a, 2014b; 2015, 153 ff; Kap. 3.3 und 6.3.5.2). Hirler/Stadler Elmer (2010, 541) bezeichnen beide zudem als entscheidende Entwicklungsmotoren.

### *5.6.1 Zur Bedeutung der Nachahmung*

> „Alles, was wir später können, haben wir von anderen gelernt und dann weiterentwickelt"
> (Hüther 2015b, 25)

„Menschen sind die geborenen Nachahmer" (Parianen 2017, 23) und zwar von Geburt an (vgl. a. a. O., 25 f). Die Bedeutung der Nachahmung besonders für die frühkindliche Entwicklung ist schon spätestens seit des 1940er Jahren bekannt (vgl. Trautner 1992[2], 113). Oerter/Montada (2008[6], 173) bezeichnen die Nachahmung als „eine bedeutsame Form des Lernens beim Menschen“ (vgl. Trautner 1992[2], 114), die es ihm ermöglicht, selbst „komplexe Verhaltensmuster in kurzer Zeit zu erlernen.“ Auch wenn sich die Nachahmung schon bei Säuglingen einstellt, so steht sie z. B. nach Piaget „dem Kind erst im zweiten Lebensjahr als breites Lerninstrument zur Verfügung“ (Oerter/Montada 2008[6], 173 f). Grundvoraussetzung ist die Fähigkeit zur sozialen Interaktion. Im Gegensatz zur häufig landläufigen Meinung, wonach die Nachahmung das eigene Denken ersetzt, sehen sie in der Nachahmung „eine komplexe Leistung“ (a. a. O., 173):

> „Der Nachahmende muss zwischen dem Verhalten des Vorbildes und seinem eigenen Verhalten eine Korrespondenz herstellen. Dazu muss er das Verhalten des anderen mental repräsentieren, im Gedächtnis speichern und daran dann sein eigenes Verhalten organisieren und prüfen“ (vgl. Stadler Elmer 2015a, 153 f).

Diese Vorstellung nähert sich auch der von Wygotski an, der Nachahmung definiert als „eine einsichtige, auf das Verstehen beruhende nachahmende Ausführung einer bestimmten geistigen Operation [...], die das Kind nicht selbstständig ausführt“ (Wygotski 1987 in Brandes 2005, 13), sondern im Zusammenhang einer sozialen Interaktion.

Die Nachahmung ist ein individueller Prozess, an dessen Ende durchaus eine Neuschöpfung stehen kann, denn gerade der Aspekt der Prüfung beinhaltet zu einem späteren Entwicklungszeitpunkt zumindest theoretisch auch die Möglichkeit des Verwerfens oder der Abwandlung (Modellieren) einer einmal getätigten Nachahmung z. B. im Spiel (vgl. Oerter/Montada 2008[6], 189, 439; Stadler Elmer 2015a, 155). Trautner (1992[2], 105) gibt zu bedenken, dass die Übernahme eines beobachteten Verhaltens sowohl willentlich als auch unwillkürlich übernommen werden kann.

Auch aus Sicht der Motivationspsychologie (vgl. Weiner 1994[3], 182) stellt das Beobachtungslernen, wie es dort heißt, eine sinnvolle Strategie dar, denn „jede komplexe menschliche Tätigkeit [...] wird leichter erlernt, wenn man andere Personen bei der Ausführung der betreffenden Handlung beobachten kann.“ Im Anschluss an Liebert und Spiegler (1974 in Weinert 1994[3], 182) umfasst das Beobachtungslernen drei Stadien:

- Man muss der Person, mit der man konfrontiert wird, seine komplette Aufmerksamkeit schenken;

- man muss „sich Wissen über das Verhalten des Modells" (ebd.) aneignen:
- das durch die Beobachtung angeeignete Wissen kann „zur Steuerung nachfolgenden eigenen Verhaltens übernommen werden oder auch nicht" (ebd.; vgl. Mitzel 2007[8], 179).

Nicht alles, was ich gelernt habe (learning), muss ich demnach auch in Handeln umsetzen (performance) (vgl. Weinert 1994 [3], 182). Es besteht also u. U. eine Differenz zwischen Wissen oder Erwerb und Handeln oder Ausführung (vgl. ebd.; vgl. Seidel/Krapp 2014[6], 164). Unterschieden werden muss im Weiteren zwischen sogenannten Live- und symbolischen Modellen. D. h., es macht einen Unterschied, ob ich ein Verhalten bei einer lebenden Person beobachte oder indirekt z. B. über das Fernsehen wahrnehme.

Stadler Elmer (2000, 55) sieht sowohl in der Nachahmung als auch im Spiel „zwei grundlegende Entwicklungsmechanismen, die Akkomodation und die Assimilation", zwei Begriffe bzw. „zwei einander ergänzende Vorgänge", die auf die Entwicklungstheorie von Piaget zurückgehen. Wesentlich ist, dass „bei jedem Strukturbildungsvorgang […] stets beide beteiligt (sind)" (ebd.), jedoch nicht immer in gleichem Maße. Der Akkomodation entspricht die Nachahmung, während die Assimilation eher im Spiel und der Improvisation an Bedeutung gewinnt. Ohne das an dieser Stelle weiter ausführen zu wollen, sei doch angemerkt, dass beide Prozesse und Lernformen nicht nur die gesamte (musikalische) Entwicklung und ein sich daran anknüpfendes (musik-)pädagogische Geschehen in der frühen Kindheit bestimmen. Man denke nur an den Instrumentalunterricht (vgl. Dartsch 2010, 217).

Wie bereits in Kapitel 3.6 ausführlich dargestellt, ist hier Dartsch (2014a, 16) und Oerter/Montada (2008[6], 174) zuzustimmen, wenn sie in der Existenz der Spiegelneurone als Teil der genetischen Ausstattung eines Menschen u. a. die neuronale Grundlage der Nachahmung bzw. des Imitationslernens sehen. Es ist „ein interessanter Aspekt des Beobachtungslernens […], dass es versuchsfreies Lernen (*no-trial* learning) ist. Der Lerner muss das gelernte Verhalten nicht selbst zeigen" (Gage/Berliner 1996[5], 263; vgl. Mietzel 2001[6], 162). Was aber in diesem Zusammenhang nicht vergessen werden darf, ist der Zusammenhang zu den Emotionen (vgl. Kap. 3.4) und dem Bindungsverhalten (vgl. Kap. 2). Nur wenn es hier zu einem stimmigen Zusammenspiel kommt, tritt auch die Bedeutung der Spiegelneurone für Lernprozesse in Kraft. Doch bei aller Euphorie sollte deren Bedeutung für die (Musik-)Pädagogik nicht überschätzt werden.

Dartsch (2014a, 17) verweist mit Recht darauf, dass sich aus theoretischer Sicht hinter der Nachahmung, dem Imitationslernen die Theorie des Modellernens für die Entwicklung der Persönlichkeit, die von Bandura bereits in den 1960er Jahren entwickelt wurde, verbirgt (vgl. Lefrançois 1994[3], 198 ff; Weiner 1994[3], 182; Gage/Berliner 1996[5], 261 ff; Krapp/Weidenmann 2001[4], 158 ff; Mietzel 2001[6], 159 ff; 2007[8], 179 ff; Bednorz/Schuster 2002[3], 96 ff; Winkel et al. 2006; Edelmann/Wittmann 2012[7], 163; Seidel/Krapp 2014[6], 162 ff).

Die sozial-kognitive Theorie von Bandura selbst gliedert sich in zwei Phasen mit jeweils zwei Schritten (vgl. Edelmann/Wittmann 2012[7], 166):

- Aneignungsphase
  - Aufmerksamkeitsprozesse: Aufgrund einer differenzierten Beobachtung entsteht eine Aufmerksamkeitszuwendung. Diese kann ausgehen vom Modell, vom Beobachter selbst und(oder) von einem positiven Beziehungsverhältnis zwischen beiden.

    Interessant ist hier, dass die Sache, der Gegenstand der Aufmerksamkeit anscheinend keine Rolle spielt.
  - Gedächtnisprozesse: „Einmal beobachtetes Modellverhalten kann u. U. erst nach längerer Zeit vom Beobachter offen gezeigt werden“ (ebd.). Vorher muss es gespeichert und kognitiv, bildlich oder sprachlich, verarbeitet werden.
- Ausführungsphase
  - Motorische Reproduktionsprozesse: „Die offene Ausführung des Verhaltens wird gesteuert von der inneren Repräsentation des Modellverhaltens“ (ebd.). Das Modell beeinflusst nicht unmittelbar, sondern über den Weg der der kognitiven Organisation des Beobachters.
  - Verstärkungs- und Motivationsprozesse: werden nicht zuletzt von sichtbaren Fortschritten bzw. von positiven oder negativen Konsequenzen gesteuert (vgl. Trautner

1992[2], 107 ff; Gage/Berliner 1996[5], 264 ff; Mietzel 2001[6], 167 ff; 2007[8], 183 ff; Winkel et al. 2006, 193 ff).

Zudem sehen Edelmann/Wittmann (2012[7], 163) diese Theorie als Vorläufer der Handlungstheorien. Diese gehen schwerpunktmäßig davon aus, dass das Handeln einer Person von innen heraus gesteuert wird. Der Mensch wird hier gesehen als ein willentlich handelndes Subjekt, das aber die Möglichkeit hat, zwischen unterschiedlichen Handlungsstrategien zu wählen und insofern auch für sein Handeln Verantwortung trägt. Ziel der Entwicklung ist hier das Erreichen eines flexiblen Handlungskonzepts.

Nach Tausch/Tausch (1973, 49 in Edelmann/Wittmann 2012[7], 164) stellt das Modelllernen „eine besonders schnelle und effiziente Übernahme von Verhaltensweisen dar, besonders bei der Übernahme komplexer Verhaltensformen im Bereich des sozialen und sprachlichen Verhaltens." Wichtig ist dabei, wie schon eben beschrieben, dass für die Wirksamkeit des Modellernens, die Lerneffekte nicht unbedingt eine reale Person anwesend sein muss, sondern das sich Inhalte auch über Medien vermitteln lassen (vgl. Mietzel 2007[8], 181 f). Es lassen sich drei Lerneffekte unterscheiden (Edelmann/Wittmann 2012[7], 164):

- Der modellierende Effekt: Verhaltensweisen, die beobachtet werden, werden in das eigene Verhaltenrepertoire aufgenommen.
- Der enthemmende oder hemmende Effekt: Bereits verinnerlichte Verhaltensweisen werden in Abhängigkeit von der Reaktion praktiziert oder unterdrückt.
- Der auslösende Effekt: Ein Verhalten wird unmittelbar nach dem Auftreten eines Modells ausgeführt (vgl. Mietzel 2007[8], 182 f).

Unabhängig davon bleibt zu berücksichtigen, dass das Imitationslernen von sogenannten ‚Moderatorvariablen' abhängig ist. Als solche gelten besondere

- Merkmale des Modells bzw. des Modellverhaltens,
- des Beobachters und

- deren Verhältnis zueinander (vgl. Trautner 1992², 110), auch als soziale Zuwendung bezeichnet (a. a. O., 114).

Je stimmiger dieses Verhältnis erscheint, desto eher kann man davon ausgehen, dass Verhalten übernommen wird.

> „Die Konzeption des Lernens am Modell erweist sich in mehrfacher Hinsicht als besonders geeignet für die Betrachtung der menschlichen Entwicklung unter dem Aspekt des Lernens. […] Als gesichert kann gelten, dass überall dort, wo Personen miteinander agieren oder Personen bei der Auseinandersetzung mit bestimmten Aufgaben oder im Umgang mit Objekten beobachtet werden können, ein Lernen durch Beobachtung stattfindet. […] Sehr wahrscheinlich kommt es in allen Bereichen der Entwicklung, bei der Ausbildung motorischer Fertigkeiten, in der kognitiven, emotionalen und sozialen Entwicklung zu einem Beobachtungslernen, soweit jeweils die dazu notwendigen Fähigkeiten und Anreizbedingungen zur Beobachtung und Verarbeitung der betreffenden Modelreize vorausgesetzt werden können" (a. a. O., 115 f).

In der musikalischen Entwicklungspsychologie lassen sich nach Stadler Elmer (2000, 144 ff) und Hirler/Stadler Elmer (2010, 546 ff) vier Stadien der Nachahmung unterscheiden. Stadler Elmer geht von sechs (2000) bzw. sieben (2010) Stufen der musikalischen Entwicklung aus. Auf der ersten Stufe, die sie *frühe Anfänge* bezeichnet, steht die Nachahmung ganz im Zentrum einer erwachenden Kommunikation zwischen dem Säugling und dessen Bezugspersonen. Schon auf der zweiten Stufe zeigt sich eine *verschobene oder verzögerte Nachahmung*, besonders in den kindlichen Monologen oder Vokal-Spielen. Diese verschobene Nachahmung gilt als Zeichen dafür, dass sich bereits mentale Strukturen gebildet haben, die es ermöglichen, dass in den Dialogen Erfahrenes sich in den Monologen wiederfindet (vgl. Bednorz/Schuster 2002³, 101 f). Auf der dritten Stufe kommt es zu Nachahmungen, die erkennen lassen, dass Strukturen zwar schon verinnerlicht sind, die zugrunde liegenden Regeln jedoch nicht erkannt werden. Erst ab der vierten Stufe ist das Kind in der Lage, kurze Melodien und Lieder genau nachzuahmen. Die einzelnen Stufen der musikalischen Entwicklung werden von Stadler Elmer absichtlich nicht mit Altersangaben verbunden, da sie in Abhängigkeit von einer intensiven Zuwendung zu sehen sind.

Im Rahmen frühkindlicher Musikerziehung spielt die Nachahmung in der Theorie von Gordon, im Instrumentalunterricht besonders bei der Suzuki-Methode, aber auch die von Gordon eine wesentliche Rolle (vgl. Dartsch 2014a, 17). Positive Auswirkungen im Sinne des Modelllernens im Rahmen frühkindlicher Musikerziehung finden aber nur dann statt, wenn die musikalischen Anregungen aus dem Unterricht mit in das häusliche Umfeld genommen werden.

Kritisch betrachtet besteht die Gefahr des Verlusts an Originalität und einer Selbstständigkeit des Tuns und Denkens, hinsichtlich des Improvisierens und/oder des eigenen Ausprobierens. Zudem besteht die Gefahr einer unreflektierten Übernahme tradierte kultureller und/oder musikalischer Vorstellungen, wodurch die Entwicklung in Richtung Selbstständigkeit und Individualität im schlimmsten Fall verhindert wird. Sinnvoll erscheint daher eine ausgewogene Balance (vgl. Dartsch 2014a, 18). Prinzipiell ist davon auszugehen, dass die Imitationsbereitschaft mit zunehmendem Alter sinkt (vgl. Bednorz/Schuster, 102)

### *5.6.2 Zur Bedeutung des Spiels*

Folgt man den Aussagen von Ribke (1988) und Stadler Elmer (2015, 17), so sind „viel, ja vielleicht alle kulturellen Errungenschaften [...] ursprünglich aus dem Spiel entstanden." Denn das, „was typisch ist für das Spiel, das ist typisch auch für die Musik. Die wesentlichen Eigenschaften des Spiels treffen auf musikalische Handlungen zu" (ebd.). Von daher erscheint es gerechtfertigt, sich an dieser Stelle erneut dem Spiel zuzuwenden (vgl. March/Young 2009; Kap. 3.4).

#### 5.6.2.1 Grundlagen

Geht man der intensiven Beschäftigung mit dem, was das Spiel ist, was es auszeichnet, was es bedeutet (vgl. Kowal-Summek 2006, 13 ff) nach, so stellt man fest, das die Bestimmung des Spiels nicht so einfach ist, wie es oftmals erscheint. Eine intensive Auseinandersetzung nicht zuletzt mit Blick auf die Verwendung des Spiels in der Musikpädagogik scheint unumgänglich. Hier sollen jedoch nur einige Punkte hervorgehoben werden.

Röhrs (1987, 228) sieht im Spiel „eine zentrale Funktion des Lebendigen", die sowohl für die körperliche als auch die seelisch-geistige Entwicklung bedeutsam ist. Buland (1995, 25) bezeichnet „Spielen als Grundbewegung des Lebens." Schäfer ($2001^2$, 1806) sieht im Spiel einen Verhaltensbereich, der sowohl für höhere Tierarten als auch für Menschen kennzeichnend ist. Nach Müller-Bech (1995, 83) ist Spielen ein anthropologisches Grundphänomen, „ein tief im Menschsein wirkendes Bedürfnis." Spielen ist zwar die wichtigste Aktivität und Ausdrucksform der Kinder (vgl. van der Kooij 1994, 241; Spanhel 1994, 46; Nickel/Schmidt-Denter 1995[5], 131), ist die höchste Kategorie empfundenen Kinderglücks (vgl. Bucher 2001, 37), und behält als Grunderscheinung des Lebens auch in späteren Zeiten seine Bedeutung (vgl. Röhrs 1987, 236; 242). Zudem ist das Spiel als die Form der (kindlichen) Aneignung von Welt und Kultur unumstritten (vgl. Rolff/Zimmermann 1985, 104; Oerter 1987[2]a, 214 f; Röhrs 1987, 228; Einsiedler 1991; Retter 1991, 9 ff; Rumpf 1991; Fritz 1991; Spanhel 1994, 46; Mogel 1994[2], XI, 10 ff, 201; Nickel/Schmidt-Denter 1995[5], 131). Das Spiel ist nicht nur Mittel zur Aneignung von Kultur, sondern es ist selbst Ausdruck einer Kultur (vgl. Stadler Elmer 2015a, 20 ff). Es ist, „soweit es lebendig bleibt, durchaus ihre schöpferische Mitte" (Röhrs 1987, 237). Insofern spielen Kinder auch „nicht Historisches, sondern Typisches und durchaus Gegenwärtiges" (Flitner 1976, 31). Huizinga (in Maurer 1992, 173) formuliert: „Kultur beginnt nicht *als* Spiel und nicht *aus* Spiel, vielmehr *im* Spiel." Das Kind eignet sich jedoch im Spiel nicht nur seine Umwelt oder seine Kultur an, sondern es wirkt in seinem Spiel auf diese zurück. Es handelt sich also um einen Wechselwirkungsprozess (vgl. Mogel 1994[2], 13; 2008[3], 9 f).

Im Rahmen frühkindlicher Pädagogik gewinnen, zumindest im englischsprachigen Raum, die Theorien von Wygotski zunehmend an Bedeutung (vgl. Vygotsky 1933; 1978; Bodrova/Leong 2001; Leong/Bodrova 2012; Bodrova et al. 2013; Stadler Elmer 2015a, 15, 22). Wygotski, der nur bis Anfang der 1930er Jahre lebte, äußerte sich verschiedentlich zur Bedeutung des Spiels, wobei für ihn in erster Linie das Fantasiespiel und das soziale Spiel (Rollenspiel) im Vordergrund standen. Dennoch verbindet er seine eigentlich auf das Schulalter bezogenen Gedanken auch mit denen des vorschulischen kindlichen Spiels:

> „Im Spiel ist das Kind gleichsam eine Kopf größer als in Wirklichkeit. Das Spiel enthält in kondensierter Form, wie im Brennpunkt eines Vergrößerungsglases, alle Entwicklungstendenzen. Im Spiel bemüht sich das Kind gleichsam, eine Stufe höher zu klettern, verglichen mit seinem sonstigen Verhalten. Das Verhältnis zwischen Spiel und Entwicklung ist vergleichbar dem Verhältnis zwischen Unterricht und Entwicklung. Das Spiel geht mit Veränderungen der Bedürfnisse einher und mit allgemeinen Veränderungen des Bewusstseins. Das Spiel ist Quelle der Entwicklung und schafft die Zone der nächsten Entwicklung" (Wygotski 1980 in Brandes 14).

Schon seit vielen Jahren haben sich Menschen Gedanken gemacht, beobachtete Spiele zu systematisieren und Spieltheorien aufzustellen (vgl. Kowal-Summek 2006, 16 ff). Nach van der Kooij (1994, 241) gibt es inzwischen „mehr als 25 differenzierte Theorien über das Spiel." All diese Theorien stehen unter der Frage nach dem Wesen des Spiels. Allerdings: „Der Gang durch die Geschichte der Spieltheorien (wird) zu einem Weg entlang an Bruchstücken, die sich nur selten ergänzen, oft in Widerspruch zueinander stehen oder sich reiben, oft auch verbindungslos und ihrer Widersprüche gar nicht bewusst ohne Relation zueinander bleiben" (Scheuerl 1991[11], 11).

Denkt man an die „Funktionen des Kinderspiels" (Schäfer 2001[2], 1806), so dient das Spiel der Persönlichkeitsentwicklung in individueller sowie in sozialer Hinsicht. Es dient nicht nur der Entwicklung von Kommunikations- und Kooperationsbereitschaft, es übt nicht nur die motorische Koordination und die Konzentrationsfähigkeit, es entwickelt die mimischen, gestischen und sprachlichen Fähigkeiten, es trägt ebenso zum Erkennen und Herstellen von Sinnzusammenhängen bei, fördert besonders die emotional betonte Aussprachefähigkeit, hilft bei der Überwindung von Ängsten und sensibilisiert die Wahrnehmung.

Ein weiterer Aspekt, der hier nicht unberücksichtigt bleiben soll, bezieht sich auf das Verhältnis von Improvisation und Spiel (vgl. Kowal-Summek 2013; 2014). Das Spiel erscheint dabei sowohl aus musiktherapeutischer wie auch aus musikpädagogischer Perspektive als Mittel zur Ermöglichung und dann auch zur Erweiterung von Spielräumen. Sowohl das Spiel als auch die Improvisation drücken sich aus durch „unmittelbar ausgespielte Spontaneität, Impulsivität und Direktheit" (Hegi 2001 in Kowal-Summek 2013, 249). Alle wesentlichen Merkmale des Spiels, auf die auch schon Ribke (1988) hingewiesen hat, finden sich sowohl im Spiel als auch in der Improvisation: Führen, Folgen, Warten können, Zurückhaltung, Experimentieren, Explorieren, Pausen wahrnehmen und einhalten und Stille.

Geht man von den Kategorien der Spielformen aus (vgl. Kowal-Summek 2006, 25 ff; Stadler Elmer 2015a, 18 f) und berücksichtigt deren Weiterentwicklung, so zeigt sich, dass diese letztlich in den unterschiedlichen Bereichen der Kultur wieder zu finden sind: „So erwächst aus dem Funktionsspiel die Gesangs- und Instrumentaltechnik; aus den prototypischen Sozialspielen erwachsen Formen des gemeinsamen Musizierens; aus den Konstruktionsspielen erwächst die Freude an der Komposition; aus den Rollenspielen erwachsen Musical, Operette und Oper; das Regelspiel bildet dagegen die Basis koordinierten gemeinsamen Musizierens;

Kreis- und Tanzspiele bilden die Grundlage für alle differenzierten Formen des Tanzens“ (Kowal-Summek 2006, 40 f).

Aus (spiel-)pädagogischer Sicht scheint es somit durchaus gerechtfertigt, im Spiel einen methodisch-didaktischen Ausgangspunkt sowohl der Elementarpädagogik als auch der elementaren Musikpädagogik zu sehen (vgl. Kowal-Summek 1991, 244; 2006; Beck-Neckermann 2002; Dartsch 2002; 2014a, 12 ff).

### 5.6.2.2 Zur Entwicklung des Spiels

Die Bedeutung des kindlichen Spiels steht im Zusammenhang mit der Selbstentwicklung des Kindes, deren Wurzel bis in die pränatale Zeit zurückreichen (vgl. Papoušek 2003, 25). Ganz allgemein gesprochen stellt das Spiel nachgeburtlich, wie auch schon eingangs gesagt, „ein Grundbedürfnis des Menschen dar […], das […] bis ins Erwachsenalter anhält, obgleich es oft verschüttet ist“ (ebd.). Das Spiel steht hauptsächlich im Zusammenhang mit dem Bedürfnis, sich mit der „Umwelt vertraut zu machen“ (ebd.), diese zu begreifen und auch auf sie einzuwirken (vgl. a. a. O., 27). So betrachtet, „ist das frühkindliche Spiel nicht mehr und nicht weniger als selbstgesteuertes Lernen, selbst bestimmtes, zweckfreies Aufnehmen und Integrieren von Erfahrungen“ (ebd.). Im Spiel erfahrt das Kind seine „Selbstwirksamkeit und Urheberschaft“ (ebd.). Gelingt ihm dies, so kann das Spiel erheblich „zur Entwicklung eines autonomen Selbst beitragen“ (a. a. O., 28).

Voraussetzungen, damit dies gelingt, sieht sie sowohl im körperlichen und seelischen Wohlbefinden, in der Geborgenheit und „Sicherheit in der Beziehung zu seinen wichtigsten Bezugspersonen“ (ebd.). Die Aufgabe dieser Bezugspersonen liegt nicht darin, ein kindgerechte Spiel-Curriculum zu entwickeln, sondern in einer kindgerechten Gestaltung der kindlichen Lebenswelt und einer Unterstützung des in erster Linie selbst gesteuerten Spiel. Papoušek spricht in diesem Zusammenhang von einer eher „intuitiven Verhaltensbereitschaft der Eltern“ (a. a. O., 30), die sich nicht durch „noch so gut durchdachte pädagogische Förderprogramme ersetzen (lässt)“ (a. a. O., 31), zumindest solange sich diese nicht an der kindlichen Neugier und der Eigenaktivität orientieren.

Die wichtigsten Bezugspersonen sind die liebsten Spielpartner des Kindes in dieser Zeit. Kennzeichen dieser und der Zeit darüber hinaus sind Wiederholung und Nachahmung. Insgesamt gesehen hat sie das Spiel als Form oder Methode kindlicher Aneignung von Musik stand vom Anfang an im Mittelpunkt musikalischer Früherziehung (vgl. Kowal-Summek 2006, 327 ff).

Müller (1973, 16) zufolge lässt sich diese Entwicklung hin zu einer musikalischen Früherziehung Ende der 1960er Jahre auf drei voneinander nicht unabhängige Motive zurückführen. Das erste, das politische Motiv resultiert aus Bemühungen im Bildungsbereich aufgrund des Sputnikschocks. Das zweite, das sozialemanzipatorische Motiv lässt sich am ehesten mit dem Begriff Chancengleichheit umschreiben. Das dritte, das wissenschaftliche Motiv basiert in erster Linie auf Erkenntnissen der durch die amerikanische Literatur geprägten Lern- und Entwicklungspsychologie, die gerade die Vorschulzeit als „eine wesentliche Phase kindlicher Lernwilligkeit und Lernfähigkeit" (Wucher 1973, 135) hervorhebt. Man war nicht länger gewillt, diese Entwicklungsphase ungenutzt verstreichen zu lassen. „Musik ist ein Feld [...], in dem sich allgemeine Lernziele konkretisieren können, wobei zugleich musikalisches Vermögen erworben wird; Musik gibt zum zweiten eigene fachliche Lernziele auf, die ihrerseits ebenfalls – in unterschiedlichem Ausmaß – allgemeine Fähigkeiten anregen und unterstützen können" (Abel-Struth 1975², 15).

Wie schon eingangs des Kapitels erwähnt, habe ich mich an anderer Stelle (vgl. Kowal-Summek 2006, 327 ff) ausführlich mit der Entwicklung der Bedeutung des Spiels in der MFE auseinandergesetzt, sodass ich hier lediglich nochmals einige für mich wichtige Aussagen herausstellen möchte.

So sieht Regner seine Aufgabe darin, einen Zusammenhang zwischen Spiel und Erfindung, dem spielerischen Umgang mit Stimme und Instrument, mit Geräusch und Klängen, der allgemeinen Sensibilisierung für Musik und sogar der Vorbereitung auf aktives Musizieren herzustellen (vgl. Regner 1974, 52).Er unterteilt das kindliche Spiel in drei Phasen. Die erste Phase ist „ein Abtasten, ein Begreifen von Materialien" (a. a. O., 53). In einer zweiten Phase werden den Materialien Bedeutungen zugeordnet und erst in der dritten Phase treten Beziehungen auf, die den Spielverlauf bestimmen. Diese Beziehungen können eben einfache Reproduktionen sein, sie können aber auch „Vorstöße in kühnere, abstraktere, irreale Bereiche sein" (ebd.), wobei Regner bewusst an das Verhältnis Spiel – Traum – Märchen denkt. Ergänzt werden diese Spielformen durch bewusst gewählte Gruppenspiele, wie z. B. die Regelspiele und die Rollenspiele. Regner (a. a. O., 55) ist sich sicher, „dass ein großer und wesentlicher Teil des Lebens eines Kindes sich im Spiel verwirklicht." Weiter heißt es: „Die Phantasie des Kindes, die Fähigkeit sich immer wieder neue Bedeutungen, Rollen, Handlungen vorzustellen, wird herausgefordert. Spiel ist Erfindung, Raum für kreatives Verhalten" (ebd.).

Ähnlich dem allgemeinen unterteilt er auch das musikalische Spiel in drei Phasen. In einer ersten Phase kommt es zum Betasten, zum Begreifen von Materialien. In einer zweiten Phase geht es dann um das Vergleichen von Motiven, Linien und Klängen, woraus sich in einer dritten Phase die Tendenz seitens des Komponisten ergibt, das Stück sich entwickeln zu lassen (vgl. a. a. O., 55). Diese Ähnlichkeit zwischen dem kindlichen Spiel und dem Komponieren bringt Regner (a. a. O., 56) auf den Satz: „*Komponierte Musik und erfundenes Spiel sind Ergebnisse kreativen Verhaltens*." Kreatives Verhalten ist nicht zuletzt Ergebnis eines Musikunterrichts, der Erfahrungen mit der Gestaltbarkeit musikalischen Materials ermöglicht. An einen solchen Unterricht stellt Regner (a. a. O., 56 f) zehn Forderungen:

1. „Die ‚Spiel-Einstellung' des Kindes wird nicht nur als seinem Alter entsprechend geduldet, sondern angeregt, gefördert.
2. Der Unterricht bietet Gelegenheit, mit Materialien, Werkzeugen, Elementen, Begriffen, Ideen umzugehen.
3. Der Lehrer schafft eine nicht-autoritäre Lernumgebung.
4. Jeder Ansatz zu einem eigenständigen, selbst-initiierten Ausprobieren, Experimentieren, Lernen wird beachtet.
5. Der Mut zum Experiment, zur Hypothese, zur flexiblen Entscheidung wird belohnt.
6. Ansätze zu kollektiven Produktionen, Gestaltungsversuche in Gruppen verdienen besondere Beachtung und Förderung.
7. Um eine Selbstbewertung zu fördern, schiebt der Lehrer sein Urteil, gelegentlich auch seine Verstärkung auf.
8. Lehrer und Gruppe helfen einzelnen, Fehlschläge und Frustrationen zu überwinden.
9. Durch die Aufgabenstellung, durch Hinweise und Übungen versucht der Unterricht, die Anwendung von Ergebnissen in anderen Bereichen, den Transfer zu üben.
10. Nicht nur das Ergebnis, sondern auch das Verfahren der Produktion, der Zusammenhang mit anderen Teilaufgaben und dem Ganzen sind wichtig."

Was hier bei Regner besonders deutlich wird, ist, dass die unterrichtliche Umsetzung einer positiven Einstellung zum Spiel auch an andere Faktoren gebunden ist, wobei der Einstellung des Lehrers, sicher aber auch der äußeren Bedingung des Unterrichts große Bedeutung beigemessen werden muss.

Ein weiterer wichtiger Einschnitt geht auf die Aussagen zur Bedeutung des Spiels in der Musik auf Juliane Ribke zurück. Auf dem Musikschulkongress 1987 in Heidelberg äußerte sich Ribke (1988) zum Spielbegriff in der MFE. Entscheidender Faktor gerade beim (musikalischen) Spiel ist die intrinsische Motivation und das Aufrechterhalten derselben (Csikszentmihalyi/Schiefele 1993, 208). Wenn dies gelingt, dann werden auch Versuche wie Spiel und Arbeit oder Ernst zu trennen sekundär, da die die Arbeit begleitenden Prozesse „wie Übung, Wiederholung, Verbesserung, Probieren, Scheitern und Von-Neuem-Beginnen" (Ribke 1988, 127) ebenso Bestandteile des kindlichen Spiels sind. Auch Probst (1988, 157) betont das Spiel als kindgemäße Form des Lernens, die besonders in der MFE und Grundausbildung greift. Dennoch geschieht das Spielen hier, aus Lehrersicht, nicht absichtslos. Der Einsatz des Spiels als Unterrichts- und Lernprinzip verlangt vom Lehrer, „Animateur und Spielpartner zu sein und zugleich ‚Lernzielkontrolle' im Kopf zu haben" (ebd.). Probst differenziert im Weiteren zwischen dem Spiel in der MFE und dem in der Grundausbildung: „In der musikalischen Früherziehung (findet der Lehrer – L. K.-S.) ein mehr oder weniger unreflektiertes Spielen mit Lernerfolg, in der musikalischen Grundausbildung ein – spielendes – Lernen" (ebd.). Prinzipiell soll bzw. muss sich das Spiel auch in den Instrumentalbereich hinein fortsetzen (vgl. a. a. O., 158).

Dem Element des Spiels in der MFE kommt auch nach Küntzel-Hansen (1991) eine große Bedeutung zu. Sie bringt ihre jahrzehntelangen Bemühungen auf den Punkt. In der musikalischen Früherziehung geht es um: „Begreifen durch Greifen. Erfahrungen im Spiel nacherleben, spielend und experimentierend Lernprozesse mit Kindern entwickeln" (a. a. O., 20). Die Bedeutung des Spiels zeigt sich vor allem im Vergleich mit den übrigen Feldern der MFE (vgl. a. a. O., 21):

## Elemente des Spiels in der Musikalischen Früherziehung

**Musik und bildende Kunst**

- *Musik und Malen (Zeichnen)*
  - Prägnante Musikstellen mitzeichnen
  - Bilder malen zur Musik
  - Rhythmisches Malen
  - Melodiebögen mitzeichnen
  - Klangfarben malen
- *Improvisieren zu:*
  - Schattenspielen
  - Maskenspielen
  - Handpuppenspielen
  - Bildergeschichten
  - Bilderbüchern
  - Graphiken
  - Dias

**Musik und Spiel**

- *Liedspiele*
  - Rollenlieder
  - Märchenlieder
  - Tanzlieder
  - Liederraten
  - Singspiele
- *Methodische Musikspiele*
  - Notenwürfelspiele
  - Geräusche-Memory
  - Noten-Domino
  - Instrumentenspiele
  - Tierstimmenspiele
  - Geräusche-Würfelspiele
  - Quartettspiele

**Musik und Sprache**

- *auf Instrumenten spielen zu:*
  - Gedichten
  - Geschichten
  - Kasperltheater
  - szenischem Spielen (z. B. Märchen)
  - selbstgemachten Hörspielen
  - Liedern
- *Umtexten von und Klangveränderung zu:*
  - Liedern
  - Rock und Pop
  - Fernsehwerbung
  - Musicals
  - Neuer Musik

**Musik und Bewegung**

- *Rhyth.-musikal. Erziehung*
  - Führen und Folgen
  - Reaktionsspiele
  - Spiele mit Materialien
  - Konzentrationsspiele
  - Bewegungsspiele zur räumlichen Erfassung
- *Bewegung zu komplexer Musik*
  - Improvisierte Bewegung
  - Darstellende Bewegung
  - Spiele mit musikal. „bausteinen“
  - Rhythmusspiele
  - Tanzschritt-Erfindung

Abbildung 36: Küntzel-Hansen 1991, 21

So wie für das Kind außerhalb der MFE der zentrale Weg zur Auseinandersetzung mit der Umwelt das Spiel ist, so soll das Spiel auch zentrales Moment der MFE sein. Im Spiel sieht Küntzel-Hansen (a. a. O., 23) nicht nur eine methodische Hilfe zur Erfassung zentraler Unterrichtsinhalte, sondern auch einen Weg, außermusikalische Ziele wie Konzentration, Ausdauer und soziales Verhalten zu üben). Für die zentralen Inhalte der MFE aber gilt: „Was das Kind in Spiel umsetzt, wird besser behalten, als das, was es nur vom Lehrer gesagt bekommt“ (ebd.).

In ihrer 1987 verfassten, aber erst 1992 als Buch erschienenen Dissertation stellt Jungmair das Elementare in das Zentrum ihrer Arbeit. Letztlich versteht sie darunter in deutlicher Anlehnung an Carl Orff „das *ursprünglich Hervorbringende* [...], das *aus sich selbst Tätige*, das *aus sich Wirkende*, *sich selbst Organisierende*, *sich selbst Erneuernde*, als *sich selbst setzendes Ereignis*“ (Jungmair 1992, 136). Sie sieht hierin sowohl ein Bild eines eigentlich definitorisch nicht zu fassenden Phänomens als auch eine pädagogische Idee, die sich an der Entfaltung „der selbständig aus dem Boden wachsenden Wurzel“ (ebd.) orientiert. Elementare Ereignisse oder Situationen sind – pädagogisch betrachtet – nicht planbar, sie sind auch nicht durch pädagogische Kniffe einleitbar. Dennoch lassen sich solche Prozesse, die zudem noch unbewusst ablaufen, im Menschen fördern, wachrufen. Es gilt, die Spiel- und Entdeckungsfreudigkeit des Kindes wachzurufen, ihm Spielräume zu schaffen, in denen es sich selbst ausprobieren kann. Spielräume schaffen zu helfen, bedeutet jedoch nicht, den Weg ins Regellose zu öffnen. „Gerade im Interesse einer laufend notwendigen Erweiterung des eigenen Spielraumes muss das Kind an Spielregeln und Anerkennen von Grenzen eines Spiels gewöhnt werden.“ Spielregeln ermöglichen erst ein Spiel, das dann durch die Spielenden selbst gestaltet werden muss (vgl. ebd.). Sie begreift die Begrenzung des Spielraumes als eine Art Widerstand, an dem das Kind in der weiteren Entwicklung seine „Ausbildung und Differenzierung von Fähigkeiten und Fertigkeiten (fördert)“ (a. a. O., 206). Der Lehrer erscheint hier als Organisator, als Arrangeur, als Mitspieler und Spielgefährte, der auf der Grundlage einer offenen Unterrichtsplanung in der Lage ist, Spiel, Phantasie und Intuition mit in den Unterricht einzubeziehen (vgl. a. a. O., 199).

Doch noch einmal zurück zum Spielraum. In seiner begrenzten Form bietet er dem Kind Sicherheit, schafft Orientierung, vermittelt Geborgenheit. Er bildet einen Sicherheitsrahmen, aus dem das Kind heraustreten und in den es zurückkehren kann. „Das eigentliche Spiel“, und das gilt für jede Form des Spiels auch innerhalb der MFE, „entwickelt sich dort, wo aus dem eigenen gesicherten Spielraum die neue Idee, ein neuer Akzent das Spiel und seinen weiteren Verlauf bestimmen" (a. a. O., 207). Der im Kindesalter gewonnene Umgang mit dem eigenen persönlichen Spielraum bleibt auch für das Leben des Erwachsenen bestimmend. Ein wesentliches Element spieltheoretischer Betrachtung bei Jungmair, das auch in die MFE hineinwirkt, ist das Erkunden. „Spielend erkundet das Kind, und spielend erweitert es das Erkundete" (a. a. O., 208). Sie sieht hierin eine Art des Lernens, die für Kinder im Alter von drei bis zehn Jahren charakteristisch ist. Erkunden führt zum spielerischen Umgang mit Gegenständen. Daraus entwickelt sich eine Vertrautheit mit dem Gegenstand, die zum Kennenlernen und Ausprobieren auch weiterer Spielmöglichkeiten führt.

Durch Wiederholung, durch Übung, durch spielerisches Üben und übendes Spiel bringt sich der Mensch in (geistigen oder handwerklichen) Besitz des Erkundeten. Insofern liegt es auch im Rahmen musikalischer Früherziehung nahe, „Übungen in Spielsituationen einzukleiden, um durch vielfache Anregung den Übungseffekt zu erzielen" (a. a. O., 210). Mit Bollnow setzt Jungmair von der reinen Übung die Übung in strengeren Sinne ab, bei der es darum geht, Einzelelemente aus dem Zusammenhang zu nehmen, sie isoliert zu üben, um sie dann dem Spielgeschehen wieder einzufügen. Gerade diese Momente tauchen in der MFE häufig auf. Im Üben, das durchaus als äußere Tätigkeit beginnen kann, liegt die Möglichkeit, durch Aufmerksamkeit, Vertiefung und Konzentration die äußere in eine innere Bewegung zu verwandeln. Gerade hier sieht Jungmair (a. a. O., 212) die Möglichkeit einer intensiven Beziehung zwischen Spielen und Üben. Eine dritte Verbindung zum Spiel sieht sie über das Improvisieren und Gestalten. Der Gedanke Carl Orffs „aller Unterricht hat mit der Spielstunde zu beginnen und kommt nur über die Improvisation zu Erfolg und Ziel" (a. a. O., 213), ist und bleibt für sie „eine Art Leitmotiv der Elementaren Musik- und Bewegungserziehung" (ebd.). Während bei der Improvisation die Unmittelbarkeit, die Einmaligkeit und ein aus dem Unbewussten heraus angelegtes Arbeiten im Vordergrund stehen, kennzeichnet sich die Gestaltung durch „klare Strukturierung und Wiederholbarkeit" (a. a. O., 215) sowie durch „inhaltliche wie formale Ausarbeitung" (ebd.). Gerade durch die Prozesse der Gestaltung bekommt das sich in ein Kunst-Werk verwandelnde Spiel bleibenden Charakter (Gadamer). Gadamer spricht in diesem Zusammenhang von der Verwandlung des Spiels in ein Gebilde (vgl. a. a. O., 216). Als Gebilde, als Kunstwerk oder auch als Ding bekommt Musik bleibenden

Charakter und wird der Nur-Persönlichen-Sphäre enthoben (vgl. a. a. O., 217). Letztlich zeigen sich „zwischen Spiel, Improvisation und künstlerischem Gestalten [...] vielerlei Beziehungen und Übergänge" (a. a. O., 215). In Jungmairs Vorstellung zeigt sich ein Weg vom Spiel zum Kunst-Werk, der auch in der MFE seinen Platz hat.

Weitere zentrale Beiträge zum Thema Spiel stammen erneut von Juliane Ribke. In einem Beitrag aus dem Jahr 1993 geht es ihr darum, den Aspekt der Persönlichkeit mit der Lerngeschichte des Menschen zusammenzubringen. Jeder Mensch bildet für sich Nischen, Einbuchtungen in einer sonst geraden Oberfläche, in der er subjektiv bedeutsame Anteile seiner Persönlichkeit aufbewahrt, die sich dem Außenstehenden entziehen und die die Persönlichkeit des Einzelnen weitgehend bestimmen. Die institutionalisierte Lerngeschichte des Menschen besteht in dem Versuch der „Glättung von Fertigkeitsstraßen, die den reibungslosen Umgang mit kulturell akzeptierten Inhalten ermöglichen" (Ribke 1993, 107). Auf diese gesellschaftlich bedeutsamen Vorgänge reagiert das Individuum kompensatorisch mit Nischenbildung sofern es einer Gefahr einer Negation elementarer Ich-Bedürfnisse ausgesetzt ist. Dennoch kommt es im Weiteren zu Austauschprozessen, Lernprozessen und Nischenanteilen, die Ribke als Austausch zwischen bewussten und unbewussten Anteilen des Menschen interpretiert (vgl. a. a. O., 108). „Das, was Heranwachsende in Nischen abdrängen, ist bei Kindern noch unversteckt verhaltensbestimmend" (ebd.). Was entwicklungspsychologisch betrachtet einsetzt, ist ein Sublimierungsprozess, der sich sowohl in sportlichen als auch in kulturellen Aktivitäten äußert. Jeder Mensch hat Grundbedürfnisse psychischer, sozialer und geistiger Art, individuell ist die inhaltliche Ausprägung, die letztlich auch das Selbstbild des Menschen bestimmt. Zudem verfügt jeder Mensch „über alle Voraussetzungen, um die genannten Grundbedürfnisse als Handlungsbedürfnisse wirksam werden zu lassen" (a. a. O., 110). Bei Kindern im Vorschulalter äußert sich das in Phantasie, alogischer Kausalität (magischem Denken), Nachahmung und eben im Spiel, was in der MFE berücksichtigt werden sollte. Ribke (a. a. O., 112) spricht in diesem Zusammenhang von einem erlebnisorientierten pädagogischen Ansatz, „der den Grundbedürfnissen und Handlungsmöglichkeiten des Kindes mit musikalischen Mitteln gerecht werden möchte", der die Lerninhalte, Lernziele und Unterrichtsmethoden an die Bedürfnisstruktur der Kinder anbinden will.

Gedanken zum Zusammenhang von Spiel und Musik gehören für Ribke (1994a) in den Bereich des Nachdenkens über „Methodische Grundlagen der

Musikalischen Früherziehung“ (a. a. O., 117 ff). Kinder sollen „Musik als einen Spielbereich kennenlernen“ (a. a. O., 117). Ihre Zuordnung verschiedener musikalischer Aktivitäten zu den unterschiedlichen Spielkategorien finden hier erneut Erwähnung (vgl. Ribke 1988). Besonders betont aber wird „das freie improvisatorische Spiel mit verschiedenen Parametern“ (Ribke 1994a, 117), dem sie eine wesentlich größere Bedeutung beimisst als „der Erfassung von Einzelelementen und deren symbolischer Abstraktion“ (a. a. O., 117 f).

Seit Anfang der 1990er Jahre entwickelt sich innerhalb der frühkindlichen Musikerziehung durch Juliane Ribke ein neuer Ansatz: die Elementare Musikpädagogik (EMP) (vgl. Kap. 5.7). Sie versteht sich als altersunabhängiger musikerzieherischer Ansatz. „*Altersunabhängig* ist der elementare Umgang mit Musik über Sinne, Körper, Tanz, Stimme, Perkussion; *altersabhängig* sind die Feinauswahl der Inhalte, die Komplexität der Angebote, die Progression, der Reflexionsmodus sowie die Methoden, über die der elementare Umgang mit Musik angestrebt wird“ (Ribke 1994b, 41 f; 1995, 30). Spiele tauchen in der EMP auf zur sensorischen Sensibilisierung. Die sinnenhafte Erfahrung, besonders was den auditiven, kienästhetischen, cutanen und sozialen Sinn betrifft, gelten für Ribke sowohl als Ausgangspunkt und Fundament als auch als Ressource „der sensomotorischen, psychischen, künstlerischen und kreativen Funktionen des Menschen“ (Ribke 1995, 96). Diese Spiele sind nicht an eine bestimmte Unterrichtsphase gebunden, „sondern können prinzipiell in jeder Phase auftauchen“ (a. a. O., 99) zur Motivation, Übung, Vertiefung etc. Ihr Sinn liegt nicht nur in der Differenzierung der Wahrnehmung, sondern auch in einer Differenzierung der Senso- und Psychomotorik, einer kozentrativen Sammlung etc. (vgl. ebd.). Ihr spielerischer Charakter zeigt sich darin, dass der Rahmen, in dem sie stattfinden, frei ist von Bedrohung und Bewertung, dass sie Regeln gehorchen und dass ein Rollentausch möglich ist (vgl. a. a. O., 100). Ein weiterer wesentlicher Beitrag ergibt sich aus dem Zusammenhang mit der sozialen Interaktion innerhalb einer Gruppe. Soziale Interaktion wird als etwas begriffen, das nicht einfach da ist, sondern das eingeleitet und ausgebildet bzw. weiterentwickelt werden muss. „Deshalb müssen interaktive Prozesse im Unterricht als soziale Organisationsformen, in die der Umgang mit musikalischen und bewegungsmäßigen Inhalten eingebunden wird, einen wichtigen Stellenwert haben“ (a. a. O., 163). Die hier bei Ribke angeführten Interaktionsspiele beinhalten verschiedene Interaktionsmodi, die von ihr dann in Beziehung gesetzt werden zu den interaktiven Konstellationen und Spielformen (vgl. a. a. O., 171).

Auch der Umgang mit Objekten (Instrumente, Rhythmikgeräte und andere Materialien) in der EMP vollzieht sich auf vier Anregungsebenen, die teilweise mit Anregungsmuster in Zusammenhang gebracht werden wie sie vom Spiel her bekannt sind. Die vier Aktivierungsebenen lauten im Einzelnen (vgl. a. a. O., 172):

1. „Entwicklung operativen Verhaltens
2. Bewegungsdifferenzierung
3. Lösung und Anbindung von Emotionen
4. Entwicklung musikalischer Vorstellungen“

Für alle vier Punkte lassen sich Parallelen zum Spiel ausmachen. Die von Musik beim Menschen ausgelösten Affekte werden von Ribke (a. a. O., 189) mit spieltheoretischen Aspekten in Verbindung gebracht. Im Rahmen ihrer methodischen Strukturierung des Unterrichts als „Versuch, äußere und innere Vorgänge in ein stimmiges Verhältnis zu bringen“ (a. a. O., 223), einen Spannungsbogen aufzubauen, kommt sie im Nachdenken über die Tätigkeiten der Kinder unter dem Stichwort Differenzierung und Integration erneut auf Aspekte des kindlichen Spielverhaltens zu sprechen (vgl. a. a. O., 224 f):

## Prinzipien der Unterrichtsgestaltung

| | Unterrichtsverlauf, methodische Kette | Psychischer Spannungsbogen | Biomechanische Gestaltungs-bewegungen | Differenzierung und Integration (im Spiel) | | | (Musikalische) Formungs-prinzipien |
|---|---|---|---|---|---|---|---|
| I. | Psychosoziale Basisvoraus-setzungen | Geborgenheit, Akzeptanz erfahren | Verdichtung, Dehnung | Konzentrationsbereitschaft entwickeln | | | Einstimmung |
| II. | Einstieg, Motivation, Problemstellung | Sich auf etwas einlassen, Faszination erleben | Sog, Ausrichtung | wahrnehmen, aufnehmen, annehmen | | | Einleitung, Konstellation |
| III. | Vertiefung des Problembewußt-seins | Aktivität entwickeln, vorstoßen, Schwierigkeiten erleben | Pressung, Stauchung | z.B. sammeln | suchen | explorieren | Entwicklung, Verarbeitung |
| IV. | Entwicklung von Bewältigungs-strategien | Üben, Ideen ent-wickeln, Hinder-nisse beseitigen | Quellung, Pressung, Richtung durch Reibung | reihen, stapeln, mischen | finden, entschlüsseln, rekonstruieren | auswählen, zusammen-stellen | Wiederholung, Kontrastierung, Verknüpfung |
| V. | Lösung, Zustandsverän-derung | Die Situation be-wältigen, Kompe-tenzen einsetzen, Aneignung | Verdichtung, Dehnung | transferieren, variieren | reproduzieren | produzieren, gestalten | Variation, Transposition |
| VI. | Zusammenfassung, Abschluß | Stolz, Befriedigung empfinden Entspannung | | | präsentieren | | Schlußbildung Echo, Nachklang |

Abbildung 37: Ribke 1995, 224/225

Insgesamt gesehen stellt die Arbeit von Ribke (1995) den weitestgehenden Versuch dar, spieltheoretische Konzepte in einem anthropologisch begründeten Ansatz EMP, auf den ich gleich noch gesondert eingehen werde (vgl. Kap. 57), zusammenzubringen.

Bezugnehmend auf den anthropologischen Ansatz und ausgehend von den grundlegenden menschlichen Verhaltensweisen Orientierung, Sinngebung und Kommunikation kommt Ribke (1997, 15) zu der Erkenntnis, dass diese drei Aspekte „zu einer emotionalen, intellektuellen und sozialen Verhaltenseinheit in der anthropologisch bedeutsamen Kategorie *Spiel* zusammen (fließen)." Im Rahmen der EMP wird „die elementare Verhaltenskategorie Spiel" (ebd.) dort freigesetzt, wo man sich den elementaren Erscheinungen im Spiel, d. h. durch „phantasievolle Materialformung, Regelsetzung, Bedeutungszuschreibung, Symbolverständnis, Austausch, Interaktion in einer emotional anregenden und doch planvollen Situation" (ebd.) nähert. Eine weitere Facette des Spiels läuft ausgehend von einer etymologischen Begriffsbetrachtung zum Verhältnis Spiel und Bewegung. Die Wurzeln des Spiels liegen demnach in der Bewegung, im Rhythmus.

Ein Anliegen des 2002 erschienenen „Handbuch(s) der musikalische Früherziehung" (Beck-Neckermann 2002), das sich nicht an die MFE an den Musikschulen anlehnt, sondern den Kindergarten im Blick hat, ist es, ErzieherInnen darin zu unterstützen, „Gelegenheiten, Möglichkeiten und Potentiale des Spielens mit Musik" (a. a. O., 8) im elementarpädagogischen Alltag, d. h. im Kindergartenalltag zu entdecken, zu fördern und zu nutzen. Ganz wesentliche Aspekte für seine Auffassung eines elementarpädagogischen Verständnisses des Spielens mit Musik ergeben sich aus seinem Bild vom Kind, das zugleich entwicklungstheoretische Hintergründe eines Spielens mit Musik beinhaltet. Das Bild vom Kind kann aus folgenden „fünf Annahmen zur Persönlichkeits- und Identitätsentwicklung abgeleitet werden" (a. a. O., 25):

1. Kinder gestalten ihre Entwicklung von Geburt an mit;
2. Persönlichkeitsentwicklung wird gesehen als ganzheitlicher und individueller Prozess;
3. Beziehungen zu den Mitmenschen fördern die Identitätsentwicklung;
4. Spielen ist ein wesentlicher Motor kindlicher Entwicklung;

5. Persönlichkeitsentwicklung ist ein lebenslanger Prozess (vgl. ebd.).

Im Spiel verbindet sich das Kind mit seiner Umwelt. Dieser Kontakt, diese Verbindung vollzieht sich auf drei Ebenen. Auf der ersten Ebene stellt das Kind Kontakt zu sich selber her, zu seinen Wünschen, Vorstellungen und Phantasien. Auf der zweiten Ebene dehnt es diesen Kontakt auf seine Spielkameraden aus. In einem dritten Schritt werden diese Vorstellungen, Wünsche und Phantasien auf die gesamte Lebenswelt ausgedehnt. Im Spiel gestaltet sich dieser Kontakt zur Lebenswelt immer wieder neu.

Eine weitere Orientierung ergibt sich aus der Sichtweise des intermedialen Spiels (vgl. a. a. O., 110 ff). Bezogen auf die unterschiedlichen Medien pädagogischer und musikpädagogischer Arbeit ist das Spiel grenzüberschreitend. „Intermediale Quergänge (sind) sowohl in den Spielhandlungen der Kinder als auch im Wesen der Musik selbst angelegt“ (a. a. O., 111) und müssen von daher auch in das Spielen mit Musik einfließen. Gedacht ist hier an Verbindungen zur Bewegung, Sprache, zu Geschichten, Farben, Figuren, Konstruktions- und Rollenspiel.

Die Ideen und Ansichten, die Konzepte und Ansätze zur MFE entwickelten sich, wie gezeigt werden konnte, seit den späten 1960er und früher 1970er Jahren. Ein Vergleich der unterschiedlichen Konzepte, der hier nicht zu leisten ist, würde sehr deutlich deren Unterschiede hinsichtlich der Ansätze und der lerntheoretischen besonders aber der entwicklungstheoretischen Grundlagen aufzeigen. Damit steht diese Aussage gegen die von Gruhn (2010, 109), der die (lern)theoretischen Bezüge im Rahmen musikalischer Frühpädagogik vermisst. Eine systematische Ausbildung in MFE, die keineswegs „im Schatten der Rhythmik“ (ebd.) steht und die es auch nicht erst seit kurzem gibt, existiert also spätestens seit Mitte der 1970er Jahre.

## 5.7 Elementare Musikpädagogik (EMP)

Da es hinsichtlich der Bedeutung und der Absichten der EMP immer wieder zu Missverständnissen kommt, erscheint es mir sinnvoll, das Konzept der EMP an dieser Stelle zu verdeutlichen.

Seit Mitte der 1990er Jahre etabliert sich an den Musikschulen, Konservatorien und Musikhochschulen des Landes das Konzept der Elementaren Musikpädagogik (EMP) (vgl. Ribke 1995; 2002; Ribke/Metz 2001), auf das ich hier näher eingehen will.

Dass die EMP landläufig als ‚Ersatz' für MFE und Grundausbildung betrachtet wird, liegt wohl eher daran, dass Konzeptionen für einen Unterricht im Jugendalter, für Menschen mit Behinderungen und für alte Menschen so gut wie nicht an den Musikhochschulen zu finden sind. Nähere Erläuterungen zum Konzept erscheinen mir jedoch unausweichlich.

### *5.7.1 Das Konzept der EMP*

EMP ist ein „spartenübergreifendes Fach mit Mehrfachkodierungen, d. h. dass Inhalte über verschiedene Ein- und Ausdrucksmedien erfahren werden" (Ribke 2002, 16), die integrativ zusammenarbeiten. EMP ist, so Ribke (a. a. O., 15), ein „altersunabhängiges Konzept." Es wendet sich als an Menschen aller Altersstufen, behindert oder nichtbehindert, ausgehend „von Eltern-Kind-Gruppen [...] über Kinder im Kindergarten- und Schulalter bis [...] (hin – L. K.-S.) Jugendlichen, Erwachsene(n) und ältere(n) Menschen" (Ribke/Metz 2001, 15; vgl. Ribke 2003, 72).

EMP beschränkt sich keineswegs auf eine Vorstufe der Musikbeschäftigung, sondern so wie sie durch alle Altersstufen läuft, verläuft sie durch alle Könnensstufen, wobei von Anfang an „die aktive Aneignung von Musik, die Ausbildung grundständig musikalischen Verhaltens" (Ribke/Metz 2001, 16) im Vordergrund stehen.

EMP „strebt eine offene musikalische Bildung an, die ihren Wert sozusagen in sich hat" (Niermann 1997, 7 in Ribke/Metz 2001, 16).

EMP dient also nicht, wie dies bei der MFE und Grundausbildung des VdM der Fall ist, der Vorbereitung zum Instrumentalunterricht.

EMP steht „im Spannungsfeld der Persönlichkeitsentwicklung" (Pauls 1997, 30) insofern als es um musikalische und ästhetische Grunderfahrungen und darauf aufbauende Lernprozesse geht, „die die Einheit von Musik, Sprache und Bewegung erlebbar machen, Neugiermotivationen auslösen und entsprechende Bedürfnisse ausbilden" (ebd.).

Der theoretischen Konzeption EMP liegen, bezogen auf den Elementaren Musikunterricht, verschiedene Prinzipien zugrunde (vgl. Seeliger 1997b, 63 ff):

- *Mensch und Musik sind Mittelpunkt des (Unterrichts-)Geschehens.* Der Mensch jeder Altersstufe wird in seiner körperlichen, emotionalen, rationalen, sozialen und kulturellen Ganzheit angesprochen.
- *Musik, Bewegung und Sprache bilden eine Einheit.* In der individuellen menschlichen Entwicklung sind diese drei Elemente miteinander verbunden und beleben sich wechselseitig.
- *Elementares Musiklernen orientiert sich am natürlichen Lernverhalten des zu Unterrichtenden.* Ausgehend von der Wahrnehmung führt der Weg über dem Erleben zum Tun und zum Verstehen.
- *Elementares Musiklernen erfolgt wie Sprache lernen.* Wie beim Sprachlernen vollzieht sich auch das Musiklernen in kleinen Schritten ausgehend vom Hören, über das Experimentieren, Imitieren, Improvisieren, Gestalten, Wiedergeben bis hin zum Interpretieren.
- *Elementarer Musikunterricht ist in erster Linie Gruppenunterricht.* Dennoch geht es um eine Balance zwischen individuellem und gemeinsamen Gestalten und Ausdrücken.
- *Das elementarste Instrument ist der Mensch selbst.* Ausgangspunkt elementaren Musizierens ist der Mensch mit seiner Sprech- und Singstimme, mit seinen Fingern, Händen und Füssen, mit dem ganzen Körper als Klang- und Resonanzkörper.
- *Weitere Instrumente sind Schlaginstrumente, Stabspiele und andere Instrumente mit elementarer Spielweise.* Diese kommen erst allmählich hinzu. Wesentlicher Aspekt ist, dass sie die Klangformen der körpereigenen Instrumente erweitern.
- *Beim Musizieren steht „Klangsatz" vor „Notensatz".* Das aktive Musizieren, das Hören und Gestalten steht vor dem Notieren. Notation wird erfahren als bildlicher, als graphischer Niederschlag von Gedächtnisspuren.

- *Elementares Musizieren ist mehr prozess- als produktorientiert.* Entscheidend ist, was im Moment geschieht. Aufgabe der Lehrperson ist es, den roten Faden festhalten, loslassen oder ihn zu einem Gesamtkunstwerk verweben zu können.
- *Der musizierende Mensch ist Komponist, Zuhörer und Interpret in einem.* Der Mensch erfindet seine Musik, drückt sie stimmlich, bewegungsmäßig oder tänzerisch oder instrumental aus und hört sich selber zu.

Seeliger (a. a. O., 65) selbst bezeichnet diese Prinzipien als die „Säulen im Elementaren Musikunterricht“, die je nach Alter der Gruppenteilnehmer, der Gruppe und/oder der fachlichen Situation variieren.

Mit Salmon (2006a, 125) lässt sich der Ansatz der EMP auch als multi-sensorischer Ansatz bezeichnen. Die praktische Arbeit orientiert sich nicht an einem Lernprogramm wie dies z. B. in der MFE der Fall ist, sondern orientiert sich in der multisensorischen Aktivitäten an den Bedürfnissen und Fähigkeiten der Kinder.

### *5.7.2 Ziele der EMP*

Die *Ziele der EMP* beziehen sich sowohl auf die musikalische Entwicklungsförderung als auch auf die Persönlichkeitsbildung (vgl. Salmon 2006a, 130; Beidinger in Dartsch 2010, 198), sind also sowohl musikalischer als auch außermusikalischer Natur. Allerdings werden diese Ziele nicht separat, sondern in wechselseitiger Durchdringung erreicht. Nach Ribke/Metz (2001, 21) werden „sensorische (n), psychische(n), soziale(n) und motorische(n) Grundbedürfnisse beachtet und mit den musikalische(n) Zielen verwoben.“ Die wechselseitige Durchdringung bzw. das Verweben der Ziele zu gewährleisten, ist Aufgabe der jeweiligen Lehrperson.

*Die spezifischen musikalischen Ziele*, die letztlich auch unter dem Aspekt des Hineinwachsens in und der Auseinandersetzung mit der Kultur zu betrachten sind (vgl. Dartsch 2010, 201), liegen *erstens* im Bereich der Stimme, im variablen Einsatz der Sprache, aber auch im intonierten Singen. *Zweitens* liegen sie im Instrumentalspiel in der Klangerfahrung und im Entwickeln eines eigenen, subjektiven Zugangs zu den verschiedenen Instrumenten. *Als dritter Bereich* ist der der Bewegung zu nennen. Hier es vor allem um ein (Wieder-)Entdecken des Körperbewusstseins, der Bewegungskoordination. Das Spektrum zieht sich aber vom vordergründigen Bewegungsspiel bis hin zu ausgefeilten Balance- und Geschicklichkeitsspielen und -übungen. *Ein vierter Bereich* von Zielen beziehet sich auf die Entwicklung von Klangsensibilität, von aktivem Hinhorchen und –hören; sie beziehen sich auf Klangwahrnehmung verbunden mit Raumwahrnehmung, auf Klanggesten, die zu Bewegungsgesten werden, auf einem Entwurf von Klangbildern, die dann zum gemalten Bild auch als Vorform der Notation führen. *Ein fünfter Bereich* betrifft die Strukturierungsfähigkeit, die Entwicklung allseitig bekannter Formungsprinzipien. Von einfachen Formen ausgehend werden zunehmend komplexe Strukturen aufgebaut. Letztlich aber kann man sagen: „Stimme, Instrument und Bewegung sind in der EMP die zentralen Ausdrucksmittel der Mensch - Musik - Beziehung“ (Ribke/Metz 2001, 23).

Wenn hier auch die einzelnen Zielbereiche nebeneinander stehend aufgelistet werden, so sollte klar sein, dass sich die Ziele zum einen nur erreichen lassen, wenn sie miteinander verwoben, vernetzt sind und wenn sie handelnd emotional besetzt sind. Emotionale Besetzung aber setzt voraus oder beinhaltet, dass sie mit eine individuellen Erleben verbunden sind. Individuelles emotionales Erleben ist eine Grundvoraussetzung dafür, dass sich Inhalte als mentale Repräsentationen im Gehirn strukturell anlegen (vgl. Hüther 2006; 2010[9]; 2011; Janata 2012; Kap. 1.4).

### *5.7.3 Methodik/Didaktik der EMP*

Fragt man nach den *Methoden der EMP* um diese Ziele zu erreichen, so sind mit Ribke/Metz (2001, 24 ff) besonders drei Prinzipien für den methodischen Aufbau hervorzuheben: das Prinzip der Phrasierung, das der inneren Kohärenz und das der dramaturgischen Gestaltung.

*Das Prinzip der Phrasierung* lässt sich in verschiedene Phasen unterteilen. Auf eine Phase der Sensibilisierung, der „Öffnung und der Differenzierung der Sinnessysteme“ (a. a. O., 24) im sozialen Kontext, folgt eine Phase der Exploration, der „selbstgesteuerte(n) Beschäftigung mit einer Sache“ (a. a. O., 25), der sich als drittes eine Phase der Improvisation zu Texten, Bildern o. ä. anschließt, die in einer Phase der Gestaltung mündet, die dem Ganzen Struktur verleiht. Die Phase der Produktion schließt dann den Kreis.

Die einzelnen Phasen folgen dem *Prinzip der inneren Kohärenz*, d. h. sie werden durch einen thematischen erlebnismäßigen bzw. inhaltlichen Bogen zusammengehalten und gehen möglichst organisch ineinander über. Unterrichtsabläufe werden entsprechend der Thematik inszeniert, um inneres Erleben und (äußeres) Handeln zu intensivieren.

Quasi als Ergänzung der beiden anderen Prinzipien steht *die dramaturgische Gestaltung*, die sich z. B. im Aufbau und im Wechsel von Spannung und Entspannung widerspiegelt, die aber auch der Dramaturgie des Märchens, d. h. inhaltlich orientiert, folgen kann (vgl. Kowal-Summek 1998; 2006). Doch bei aller Diskussion um die Methoden der EMP ist klar, dass sich jede Lehrperson ihr individuell gestaltetes Konzept schaffen muss (vgl. Beidinger 2002, 292) und die hier besprochenen Prinzipien lediglich als methodische Hilfsmittel verstanden werden dürfen.

Dartsch (2002, 250) zufolge „arbeitet die Elementare Musikpädagogik spielorientiert, experimentell, kreativ, prozessorientiert, intermedial, körperorientiert, beziehungsorientiert und offen" (vgl. Kowal-Summek 2006). Diese acht Prinzipien stehen in einem allgemeinen Spannungsfeld. Das Besondere dieser Spannung offenbart sich in jeder einzelnen Unterrichtsstunde in Abhängigkeit von der jeweiligen Gruppe, den jeweiligen konkreten Inhalten, deren Planung und Verlauf.

Jenseits der Methodenfrage gilt es zu beachten, dass sich EMP immer wieder neuen Anforderungen, neuen Zielgruppen und Ausgangssituationen anpassen muss. Daher kann es eigentlich kein Konzept oder Unterrichtswerk geben, das zum einen auf die beschriebenen Prinzipien aufbaut und gleichzeitig die sich wandelnden Anforderungen berücksichtigt. Jede Konzeption muss also immer wieder den entsprechenden Umständen angepasst werden.

### *5.7.4 Inhalte der EMP*

Die *Inhalte der EMP* ergeben sich aus den o. g. *Lernfeldern* Horchen und Hören, Wahrnehmen mit allen Sinnen, Singen und Sprechen, Bewegen und Tanzen, Spielen mit elementaren Instrumenten (Körperinstrumente, Schlaginstrumente und Stabspiele), Kennenlernen und Spielen traditioneller Instrumente, Inhalt der Musiklehre kennenlernen (vgl. Seeliger 1997a, 57 ff). Die Zielsetzung, die Methode und die Auswahl der Inhalte richten sich nach dem Erfahrungs- und Entwicklungsstand der jeweiligen Gruppe und deren Mitglieder.

## 5.8 Instrumentalspiel und Instrumentalunterricht

### *5.8.1 Zum Instrumentalspiel*

Der Aspekt der Produktion umfasst alle Formen des aktiven wie rezeptiven Umgangs mit Musik. Produktion meint hier sowohl eine „einfache(n) Betätigung von Musikinstrumenten" (Jäncke 2008, 307), Vorstellungen über Musik als auch das Komponieren im Sinne eines kreativen Tätigseins. Diesbezügliche Erkenntnisse der Neurowissenschaften sind nicht so geartet, dass sich treffsichere Aussagen machen lassen. Vielmehr handelt es sich um Bereiche, zu denen sich Neurowissenschaftler „zuweilen zaghafte Interpretationsmöglichkeiten" (ebd.) erlauben.

„Musizieren ist ein sehr komplexer Prozess, der das Betätigen und Bedienen von Musikinstrumenten in mehr oder weniger unnatürlichen Körperhaltungen beinhaltet" (a. a. O., 307 f; vgl. Altenmüller et al 2000, 47; Lim et al. 2003), was häufig genug zu Erkrankungen führt. Wie schon eingangs erwähnt, soll dieser Aspekt hier aber nicht weiter verfolgt werden.

Das Musizieren selbst ist eine Tätigkeit, „die besonders stark von neuronalen Netzwerken des Frontalhirns kontrolliert wird" (Jäncke 2009, 91; vgl. Kap. 1.1; Zimmermann/Lahav 2012, 180 f). Die erforderlichen exekutiven Funktionen, die benötigt werden, sind: Aufmerksamkeit und Konzentration, Üben und Lernen, Gedächtnis, Planung, soziale Kontrolle, Motivation und vor allem Selbstdisziplin (vgl. Jäncke 2009, 91; Heitkämper 2005/10; Spychiger 2015, 59 ff; Altenmüller/Jabusch 2104; Peschel u. a. 2017).

Eine Beantwortung der Frage, ob man mit dem Musizieren das Frontalhirn trainiert, kann nicht gegeben werden, da es dazu bisher keine stichhaltigen Untersuchungen gibt. Gesichert aber ist, dass sowohl das Instrumentalspiel, immer auch in Abhängigkeit vom jeweiligen Instrument zu sehen (vgl. Welch 2009a, 24; Kopiez et al. 2012), als auch das Singen, sowohl das reale als auch das imaginierte (vgl. Janata 2012; Keller 2012; Zatorre 2012), unterschiedliche Bereiche des Gehirns aktiviert und dauerhaft verändert.

Eine von Jäncke (2009, 92 ff) im Jahr 2003 begonnene Studie zur Überprüfung der oben genannten exekutiven Funktionen im Frontalhirn bei Musikern erbrachte hinsichtlich der Aufmerksamkeit, soweit sie mit herkömmlichen Tests überprüft wurde, keine signifikanten Ergebnisse. Bezogen auf den Motivationsfaktor zeigte sich ein Vorteil der Musiker gegenüber den Nichtmusikern sowohl hinsichtlich der (Leistungs-)Motivation besonders bei Kindern, hinsichtlich der Kreativität als auch des Encodierens und Abrufens von Gedächtnisleistungen. „Offenbar gelingt es Personen mit Musikerfahrungen, den Frontalkortex während des Lernens besser zu aktivieren und deshalb effizienter zu encodieren“ (a. a. O., 96).

Der Frontalkortex durchläuft „einen erfahrungsbedingten Reifungsprozess“ (a. a. O., 97), dessen Spitze im Alter von 11-14 Jahren liegt. Musik könnte demnach ein Mittel der Wahl sein, „um auf elegante Art und Weise die Nervenzellverbände des Frontalkortex zu ‚trainieren‘“ (ebd.).

Was sich allerdings schon jetzt sagen und zeigen lässt ist, dass bereits nach 20 Minuten Instrumentalspiel die Gehirnstruktur zu verändern beginnt und dass nach fünf Wochen Instrumentalspiel sich neue stabile zeitlich überdauernde Strukturen herausgebildet haben (vgl. Altenmüller 2007, 42; Ausilio et al. 2007).

Altenmüller/Jabusch (2014, 30) zufolge, ist Musizieren, selbst das Musikhören auch immer mit Lernen verbunden und diese inneren und äußeren Lernprozesse, die sowohl das Gehör, die Sensomotorik, die Emotionalität und weitere Aspekte betreffen, werden in jedem Fall „Spuren im Nervensystem hinterlassen“ (vgl. Wan/Schlaug 2010; vgl. Lappe et al. 2008). Dass es bereits beim Musikhören zu Veränderungen im Gehirn kommt, belegen verschiedene Untersuchungen (vgl. Brown et al. 2004a; Menon/Levitin 2005).

Zudem stellt das Musizieren besondere Anforderungen an unterschiedliche „psychische Funktionsbereiche, die beim Musizieren effizient zusammenspielen müssen“ (Jäncke 2008, 308; vgl. Baumann et al. 2005; Altenmüller/McPherson 2008², 123 ff). Einer der wesentlichen Bereiche, der hier im Folgenden angesprochen werden soll, betrifft die Motorik.

### *5.8.2 Motorik*

Das ‚Problem’ der Motorik bzw. der motorischen Kontrolle wird beim Instrumentalspiel besonders deutlich, weshalb es auch hier besprochen werden soll. Unbestritten ist: „Die motorischen Leistungen von Musikern sind offensichtlich“ (Jäncke 2008, 150; vgl. Jäncke 2013, 424). Sie betreffen nicht nur das Instrumentalspiel als solches, sondern zeigen sich auch in der Antizipation von motorischen Abläufen (vgl. Jäncke 2006a, 91). Sie sind umso größer und präziser, je früher der Lernprozess begonnen wurde. Das motorische System passt sich der Spielweise des jeweiligen Instruments an, wodurch es u. U. auch zu einem Verlust an Flexibilität in anderen Bereichen kommen kann. Neue Bewegungen werden von Musikern „auf der Basis eines bereits modifizierten neuronalen Netzwerkes" (Jäncke 2006a, 94) gelernt (vgl. Schlaug/Bangert 2008², 104).

Die Darstellung von Bewegungen beim Instrumentalspiel beispielsweise ist auf dem motorischen Kortex (vgl. Abb. 1) nicht so einfach wie gedacht, da an einer Bewegung nicht nur Nervenzellen, sondern auch Muskeln beteiligt sind. „Für den motorischen Cortex bedeutet die Bewegung eines Fingers also Muskelbewegungen im ganzen Arm, es gibt in der Muskulatur keine ‚Bewegungs- Solos'" (Jourdain 2001, 261). Und da die Bewegung eines einzelnen Fingers nicht möglich ist, ohne den Arm oder andere Finger mit zu bewegen, kann man davon ausgehen, dass in einem solchen Moment ganze Netzwerke von Neuronen bei der Arbeit sind.

Zudem werden unterschiedliche Bereiche des motorischen und andere Areale des Kortex aktiviert (vgl. a. a. O., 263 ff; Jäncke 2013, 431 ff). Ein Teil der Bewegungen werden vom prämotorischen Kortex, der neben dem motorischen liegt, gesteuert (vgl. Abb. 1). Für die Planung der Bewegung ist allerdings wieder ein anderer Teil des Gehirns, der Frontallappen zuständig. Die Basalganglien, die sich um den Balken herum gruppieren (vgl. Abb. 2), nehmen Informationen aus vielen Teilen des Gehirns auf und leiten sie an die Entsprechenden Stellen weiter. Ihre eigentliche Aufgabe aber besteht darin, die Körperhaltung beim Instrumentalspie zu kontrollieren. Alle Bewegungen werden dann letztlich von Kleinhirn (vgl. Abb. 1) koordiniert, das trotz seiner geringen Größe mehr Nervenzellen (hat) als der Rest der Gehirns zusammen" (Jourdain 2001, 267).

Laut Spitzer (2002, 215) ist „Rhythmische Bewegung im Bereich der Musik [...] letztlich nur zu verstehen vor dem Hintergrund physikalischer Bewegung realer Körper", wobei der wichtigste Körper unser eigener ist. Auch dieser Prozess ist individuell und zudem kultur- und übeabhängig zu betrachten.

„Bewegungen passieren nicht einfach so, selbst wenn sie uns nicht bewusst sind. Bewegungen werden vorbereitet und geplant" (Jäncke 2013, 446). Vor jeder Bewegung findet also immer „ein komplizierter Ablauf von psychischen Prozessen statt" (a. a. O., 447). Jäncke (ebd.) nennt hier folgende Schritte:

- „Aufbau der Motivation, eine Bewegung auszuführen
- Auswahl der Aufgabe

- Definition des Bewegungsziels
- Auswahl der ausführenden Handlung
- Wahl des entsprechenden Kommandos
- Auswahl der passenden Parameter für die motorischen Kommandos
- letzte Überprüfung, ob alles korrekt ausgewählt wurde
- Start der Bewegung
- das Bewegungsergebnis muss verarbeitet werden und es müssen für die folgende Bewegung anhand der festgestellten Fehler und Unzulänglichkeiten Anpassungen vorgenommen werden."

Es lässt sich eine Dreigliederung erkennen: Bewegungsvorbereitungsprozesse – Bewegung – Bewegungsnachbereitungsprozesse. Allein in der Auflistung von Jäncke wird schon deutlich, dass unterschiedliche Hirnareale am Zustandekommen von Bewegungsabläufen beteiligt sind.

Unabhängig von einem bestimmten Instrument ist davon auszugehen, dass es sich beim Instrumentalspiel um hierarchisch angeordnete Bewegungsabläufe handelt, die einzeln beherrscht und dann zusammengeführt werden müssen, wodurch letztlich eine Bewegungssequenz entsteht, die durch ein Kommando abgerufen werden kann. Das Erlernen dieser kombinierten Bewegungsabläufe, die sich in der Kindheit auf Grund der Neuroplastizität leichter entwickeln als zu späteren Entwicklungszeitpunkten (vgl. Altenmüller /McPherson 2008[2,] 126 ff) und die sich natürlich als Strukturen im Gehirn niederschlagen (vgl. Pantev et al. 2003b), sieht Jäncke als Lernprozess. „Lernen ist somit ein mühevoller und intensiver Weg, sich Brauchbares und Notwendiges anzueignen und Unnützes zu vergessen" (Jäncke 2008, 309). Im Zuge dieses Lernprozesses geht es auch darum, durch intensives Üben Bewegungsabläufe zu automatisieren und letztlich den Kontrollaufwand zu reduzieren z. B. durch mentales Üben (vgl. Altenmüller/McPherson 2008[2]), da das Gehirn „nur über eine beschränkte […] Kontrollkapazität verfügt" (Jäncke 2008, 309). Wird weniger geübt, so verringert das den Grad der Automatisierung.

Mit Bezug auf die Bewegungskontrolle spricht Jäncke (2013, 424) von einem motorischen Transformationsprozess, der sich als „Kette von Befehlen im Nervensystem" verstehen lässt. Es handelt sich um einen Transformationsprozess in dessen Verlauf es zu mehreren Teiltransformationen kommt.

- „Motoneurone feuern (Neurophysiologie)
- Muskeln kontrahieren (Mechanik)

- Glieder bewegen sich (Kinematik)
- Werkzeuge werden betätigt (Werkzeuggebrauch)
- Kontrolle des Bewegungserfolgs“ (ebd.).

Lahav et al. (2005) konnten nachweisen, dass das passive Hören eines gerade gelernten Stücks die beim Üben aktivierten Hirnareale ebenfalls aktiviert. Es findet also ein Lernprozess statt. Hinzu kommt, dass einmal gelernte Bewegungsabläufe in weiter mittig gelegene Arealen des Gehirns abgespeichert werden und so wieder Platz frei wird für neu zu Lernendes und andere wichtige Funktionen.

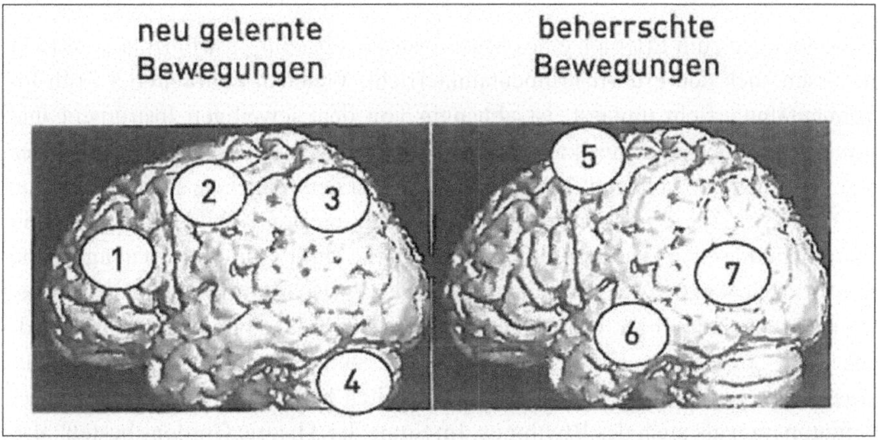


Abbildung 38: Jäncke 2008, 311
Erläuterungen: 1= Präfrontalkortex, 2 = Prämotorkortex, 3 = Parientallappen, 4 = Kleinhirn, 5 = supplementärmotorisches Areal, 6 = Gyrus temporalis medius, 7 = Gyrus angularis (vgl. Abb. 19).

Abgesehen von einigen Ausnahmen bei denen auch die Füße von Bedeutung sind (Schlagzeug, Blasinstrumente, Orgel), kommt beim Musizieren auf Instrumenten den Händen eine besondere Bedeutung zu. Insofern ist es nicht verwunderlich, wenn schon beim Hören eines Instruments die dazugehörigen Areale, auf denen die Hände bzw. die einzelnen Finger, die zum Spiel des jeweiligen Instruments nötig sind, repräsentiert sind, mit ausgelöst werden (vgl. Spitzer 2002, 296 f; Koelsch 2003, 76 f; Schlaug/Bangert 2008², 109 f; Zimmermann/Lahav 2012,

179 f). Es handelt sich hierbei um eine Koppelung, die schon nach wenigen Minuten auch bei ungeübten Spielern auftritt und auch noch im Erwachsenenalter auftritt.

Dazu passt auch die Erkenntnis von Levitin (2009a, 189), wonach Musik hören und die Vorstellung Musik zu hören sich in der Gehirnaktivität nicht unterscheiden. „Das deutete darauf hin, dass für die Wahrnehmung die gleichen Gehirnregionen verwendet werden wie für die Erinnerung“ (ebd.).

### *5.8.3 Zum Instrumentalunterricht*

Die Gedanken zum Erlernen eines Musikinstruments, zum Instrumentalunterricht umfassen auch den Früh-Instrumentalunterricht. Welchen Zeitraum der Früh-Instrumentalunterricht umfasst, ist abhängig von dem jeweiligen Instrument und vom allgemeinen und musikalischen Entwicklungsstand des jeweiligen Kindes (vgl. McPherson/Davidson 2009). Ein wenig anders dagegen sieht es Gordon (2007, 103): „There is no correct chronological age for a child to begin taking instrumental lessons. Far more important than the child's chronological age is the child's musical age.“ Angesprochen ist hier der Fortschritt im Rahmen der vorbereitenden Audiation bzw. das Absolvieren eines Lehrgangs im Rahmen frühkindlicher Musikerziehung. Kinder, die nicht sauber singen können und sich nicht zur Musik bewegen können, werden Schwierigkeiten haben sowohl hinsichtlich der Tonintonation als auch des Rhythmus. Im Sinne der Theorie Gordons besteht also durchaus die Möglichkeit, dass ein dreijähriges Kind schon für den Instrumentalunterricht bereit ist, während ein zehnjähriges Kind dies noch nicht ist (vgl. a. a. O., 104).

Bei der Wahl des Instruments sollte sich die Entscheidung nach der Bevorzugung des Klangs eines Instruments (durch das Kind) richten, nicht jedoch nach der Vorstellung der Eltern. Der Instrumentalunterricht sollte nicht nur das Arbeiten am Instrument, sondern ebenso die Arbeit an der Fortführung der Audiation umfassen (vgl. a. a. O., 105).

Die Kritik am herkömmlichen Instrumentalunterricht seitens Gruhn ($2008^3$; 2010) bezieht sich darauf, dass es hier lediglich um eine „Konditionierung für und das Training von Bewegungsabläufen“ (Gruhn $2008^3$, 163) geht, ohne das „im gleichen Maß das musikalische Verständnis“ (ebd.) für die zu spielenden Stücke erzeugt oder die Audiation weiter geführt wird. Eigentlich müsste von Beginn des Instrumentalunterrichts an die Audiation dem „Erwerb der musikalischen Sprechfähigkeit der künstlerischen Darstellungsfähigkeit vorausgehen“ (ebd.). Die dafür geeigneten Mittel sieht Gruhn in Anlehnung an Gordon in der Bewegung, im Singen und der Schulung der Atmung.

Jeder so verstandene Instrumentalunterricht ist eigentlich Musikunterricht, „in dem es neben den und über die technischen Fertigkeiten hinaus immer auch um das musikalische Verstehen und Mitteilen geht“ (a. a. O., 223). Das zentrale Feld eines solchen Instrumentalunterrichts ist die Improvisation als Mittel zur Herausbildung musikalischer Repräsentationen, nicht jedoch die Fingerfertigkeit am Instrument (vgl. Gruhn 2010, 118 f). Instrumentalunterricht sollte daher wie schon gesagt ebenfalls immer Musikunterricht sein. „Vielleicht täte es auch dem Einstieg in den frühen Instrumentalunterricht gut, sich nicht allein vom Leistungsgedanken leiten zu lassen, sondern sich wieder stärker den primären Zielen des Instrumentallernens zuzuwenden“ (a. a. O., 120).

Im Sinne der Lerntheorie Gordons „vollzieht sich instrumentales Lernen nach den gleichen Prinzipien, die für den Aufbau des musikalischen Denkens gelten“ (a. a. O., 121). Es geht also primär um die Entwicklung des ‚inneren' Instruments.

Aus der Sicht Gruhns muss sich jedoch jeder Lehrer im Vorfeld entscheiden, wo er seinen Schwerpunkt setzen will: im möglichst raschen Erwerb eines künstlerischen Repertoires oder im Aufbau musikalischer Repräsentationen. Bei letzterem handelt es sich aber um einen länger andauernden Prozess u. U. auch auf Kosten des Repertoires (vgl. Gruhn 2008[3], 166; vgl. Gruhn 2010, 100).

Eine Verbindung zwischen dem Instrumentalunterricht, hier der Suzuki-Methode, und der Hirnforschung stellt auch Heitkämper (2005/10) her. Ausgehend von der Tatsache des pränatalen Hörens und dem „grundlegenden Einfluss der ersten Umgebung auf die Gehirnentwicklung“ (a. a. O., 1) des Kindes legt er die Verantwortung in die Hände der primären Bezugspersonen. Die Begriffe, denen in diesem Zusammenhang besondere Bedeutung zukommt, heißen: positive Lernatmosphäre, Lernen mit Neugier und Faszination, positive Anregung und Anstrengung, Motivation, Nachahmung, Wiederholung, lustvolles und spielerisches Üben (vgl. a. a. O., 2 f) und Kreativität im Sinne einer „Befreiung von noch so perfekten Nachahmen“ (a. a. O., 3) zum Zweck der Herausbildung einer eigenständigen Persönlichkeit. Jedem ist klar, dass es sich dabei um einen langandauernden pädagogisch akzentuierten Wechselwirkungsprozess handelt, der letztlich das Selbstbild prägt (vgl. Dweck 2015[5], 200 ff). Doch dazu gleich mehr.

Ein weiterer wichtiger Bereich, der sich positiv auf die Vernetzung der Nervenzellen auswirkt, ist die Bewegung, in der er auch einen wesentlichen Faktor zur Herausbildung der Intelligenz sieht. Des Weiteren führen die notwendigen Bewegungen beim Instrumentalspiel zu einer besseren Vernetzung beider Hirnhälften, wie schon oben beschrieben.

Gruhn (2003b, 122) verweist darauf, dass ein frühzeitiger Beginn für die instrumentale Ausbildung nicht immer von Vorteil sein muss. Dies ist z. B. dann der Fall, wenn Kinder das Üben als Zwang empfinden. „Was hinsichtlich der motorischen Plastizität in den Jahren der Reifung verloren geht, gewinnt das ältere Kind an kognitiven Strukturen, an Einsicht und Eigenverantwortung hinzu“ (a. a. O., 122 f).

Verallgemeinernd lässt sich als erstes Ergebnis festhalten, dass die kortikale Repräsentation der am Instrumentalspiel beteiligen Gliedmaßen sich dahingehend verändert, dass diese sich, auch in Abhängigkeit von der Hängigkeit, vergrößert (vgl. Altenmüller 2006a, 62; Jäncke 2008, 339). Dieses als „kortikale Reorganisation“ (a. a. O., 336) bezeichnete Phänomen fällt umso größer aus, je früher mit dem Instrumentalspiel begonnen wurde (vgl. a. a. O., 336 f) und es zeigt sich ein deutlicher Unterschied zwischen Profis und Laien (vgl. Schlaug et al. 2005), aber auch zwischen Kindern, die frühzeitig mit dem Instrumentalspiel und Erwachsenen, die erst später damit begonnen haben (vgl. Bailey/Penhune 2012; Altenmüller 2014b, 156 f; 2015, 106 f).

Interessant in diesem Zusammenhang sind auch die Ergebnisse der Forschung von Schwoch et al. (2013). Sie konnten nachweisen, dass ein zehn Jahre andauernder Instrumentalunterricht noch 30 Jahre nach Abbruch desselben positiv auf die neuronale Verarbeitung von Sprache auswirkt (vgl. Strait et al. 2013). Das korrespondiert mit den Aussagen, dass schon kurzzeitig ausgeübtes Instrumentspiel bleibende Veränderungen im Gehirn nach sich sieht.

Weitere Untersuchungen konnten zeigen, dass aktives Musizieren positive Auswirkungen hat auf den Alterungsprozess des Gehirns und besonders auf das Hören (vgl. Anderson et al. 2014; Kraus/Anderson 2014; Kraus/White-Schwoch 2014).

Grundsätzlich lässt sich also sagen, dass neuroplastische Anpassungsprozesse auch bei älteren Menschen anzutreffen sind. Allerdings sind sie „gegenüber Jugendlichen in der Intensität abgeschwächt“ (Altenmüller 2014b, 157; vgl. 2008b, 37). Als Bereiche, die von Veränderungen betroffen sind, nennt er die Neurone und die neuronalen Verbindungen, die Wahrnehmung und das Gedächtnis, die motorische Kontrolle und die Affekte, und Veränderungen hinsichtlich der Wirkung der Neurotransmitter (vgl. ebd.).

Diese Prozesse können bei älteren Menschen u. a. zu einer Abnahme der intrinsischen Motivation und zu einem generellen Nachlassen der Aktivität bis hin zu einem „Rückzug in die Einsamkeit“ (a. a. O., 158) führen, was er jedoch als „genau die falsche Konsequenz“ (Altenmüller 2008b, 38) bezeichnet, da sich dadurch die Abbauprozesse ehr noch verstärken.

### *5.8.4 Üben*

Einer der wesentlichen Aspekte des Instrumentalspiels bzw. des Erlernen eines Instruments, von dem auch eben schon kurz die Rede war, ist das Üben. Egal auf welchem Niveau man musizieren will, man kommt nicht umhin zu üben. Die innere Einstellung zum Üben aber ist hier wie auch bei allen anderen Dingen, in denen man Höchstleistungen erzielen will, mitbestimmend. Mitbestimmend heißt, dass eine genetische Anlage (Disposition) nicht geleugnet werden soll. Tatsache aber ist, dass intensives Üben die Plastizität des Gehirns, und sie ist die eigentliche Gabe, durch intensives Üben, egal auf welchem Gebiet ich mich bewege, verändert wird.

> „Auf jedem Gebiet nutzen die effektivsten, wirkungsvollsten Übungsmethoden die Anpassungsfähigkeit des menschlichen Körpers und Geistes aus, um Schritt für Schritt die Fähigkeit zu entwickeln, Dinge zu tun, die bisher unmöglich erschienen“ (Ericsson/Pool 2016, 37).

Den „Schlüssel zur Steigerung jeglicher Leistungsfähigkeit“ sehen die Autoren (a. a. O., 55) darin, „mentale Strukturen zu entwickeln, die es einem ermöglichen, effektiv mit einer großen Menge an Informationen umzugehen.“ Dass das nicht der einzige Faktor ist bzw. sein kann, leuchtet ein. Andere müssen hinzukommen, vor allem geeignete Persönlichkeitsmerkmale die sich über die Zeit entwickeln in Wechselwirkung zwischen genetischer Disposition, Kultur- und Umwelteinflüssen (vgl. Duckworth 2017, 79 ff, 93 ff, 197 ff).

Übe ich freiwillig, weil ich einsichtig bin, oder übe ich, weil ich üben muss oder soll. Im letzteren Fall erscheint es mir als eine Pflicht mehr denn als Einsicht in eine Notwendigkeit. Ein frühzeitiger Beginn mit dem Instrumentalspiel, verbinden mit einer richtigen Einstellung und der Berücksichtigung der jeweils geeigneten Methode zum Üben scheinen in vielen Fällen die Knackpunkte beim Erlernen eines Instruments und bei der Herausbildung entsprechender mentaler Repräsentationen zu sein.

Die Tatsache, dass ‚richtiges' Üben nicht zu einem entsprechenden Ergebnis führt, sehen Ericsson/Pool (2016, 326) u. a. in einer selbsterfüllenden Prophezeiung. D. h., Eltern oder Lehrer sprechen einem Kind von vornherein die Fähigkeiten ab, was wiederum mangelnden Einsatz zur Folge hat. Es kann aber auch sein, dass man bei nicht so hoch entwickelten Fähigkeiten erweiterten Zuspruch erhält, der dann zu erweiterten Leistungsergebnissen führt „Auch die ist eine selbsterfüllende Prophezeiung" (a. a. O., 327).

Wie dem auch sei: Üben und Musizieren auf hohem Niveau ist, nach Altenmüller (2008b, 35; 2007$^2$, 47; 2014b, 155) und Altenmüller/Jabusch (2014, 31; 2016a, 52; 2016b, 49), „eine der anspruchsvollsten Leistungen des menschlichen Zentralnervensystems", wobei sich die notwendigen Zusammenhänge je nach Lernphase allmählich aufbauen (vgl. Duerden/Laverdure-Dupont 2008). Hinzu kommt, dass die „neuronalen Grundlagen dieses Vorgangs […] bisher erst in Ansätzen verstanden (sind)" (Altenmüller/Jabusch 2016a, 52), durch neuere Forschungsarbeiten aber zunehmend präzisiert werden können (vgl. van Vugt et al. 2014). Unbestritten ist allerdings, „dass Musizieren nahezu alle Hirnareale beansprucht" (Altenmüller/Jabusch 2016a, 52, 54 ff; 2016b, 50). Altenmüller (2014b, 155) sieht in dem Übeprozess die „Voraussetzung für die geordnete und fehlerarme Bewältigung derart vielschichtiger Informationsverarbeitungsprozesse" (vgl. Altenmüller 2008, 36; Altenmüller/Jabusch 2016b, 50). Durch den jahrelangen Übeprozess, der nicht zuletzt durch häufiges Wiederholen und kritischer Überprüfung entsprechender Stücke gekennzeichnet ist, werden die notwendigen Fertigkeiten erworben, „die für die Beherrschung eines Instruments oder für das Singen notwendig sind" (Altenmüller 2014b, 155; vgl. 2008b, 36; 2008c, 11; 2015, 107; Ericsson/Pool 2016, 79 f, 130 ff) und es bilden sich die entsprechenden überdauernden Gedächtnissysteme heraus. Übung und daraus folgende Leistung stehen anscheinend in einem linearen Zusammenhang (vgl. Spychiger 2009, 8). Wesentlich ist dabei, dass es sich um einen individuellen Prozess handelt. Es handelt sich dabei zudem nicht um einen einmaligen Prozess, sondern der längerfristige Erhalt der Systeme erfordert ständiges Üben unter Berücksichtigung altersbedingter „spezifischer Anpassungsvorgänge“ (Altenmüller 2014b, 155).

> „Hirnphysiologisch ist dieser Vorgang dadurch gekennzeichnet, dass neuronale Netzwerke der tief im Innern des Gehirns gelegene Basalganglien nach und nach Funktionen der Großhirnregionen übernehmen und damit frische Ressourcen für die Aufnahme neuer Informationen schaffen“ (ebd.; vgl. BMBF 2007, 89 ff).

> „Man liegt also nicht falsch, wenn man die Anpassungen des Nervensystems an geistiges Training mit Anpassungsvorgängen der Muskulatur an körperliches Training vergleicht“ (Altenmüller 2008b, 37).

Musizieren und Üben allgemein betrachtet gelten „als starker Anreiz für plastische Veränderungen des Zentralnervensystems“ (Altenmüller 2014b, 155 f; 2015, 112 ff; vgl. 2008b, 36; 2008c, 12; Altenmüller/Jabusch 2016b, 57 ff; Ericsson/Pool 2016, 80 f). Die neuroplastische Wirkung den Instrumentalspiels beschreibt Altenmüller (2002, 24 f) an anderer Stelle, wenn er feststellt, dass bereits nach 20 Minuten üben sich die Aktivitätsmuster der Hörrinde zu verändern beginnen (vgl. Bangert/Altenmüller 2003; Altenmüller 2006a, 62; Altenmüller/Jabusch 2016a, 56; 2016b, 56; Jäncke 2015, 55, 60 f). Bereits nach drei Wochen intensiven Übens sind die entsprechenden Hirnregionen schon soweit verändert, dass selbst das Spiel auf stummen Tasten (eines Klaviers) Aktivitäten in den entsprechenden Hirnregionen ausgelöst werden (observatives Üben, mentales Üben) (vgl. Altenmüller $2007^2$, 58; Altenmüller/Jabusch 2016a, 56 f; 2016b, 56 f). Nach fünf Wochen waren die Veränderungen bereits stabil (vgl. Altenmüller 2006a, 62; $2007^2$, 55 f; 2014b, 159; 2015, 113 f; Klöppel/Altenmüller $2013^6$, 197). Es zeigt sich zudem, dass sich durch intensives Üben sensorische Hirnaktivitäten miteinander vernetzen (vgl. Altenmüller $2007^2$, 56 ff). So löst z. B. das Hören von Musik Aktivitäten im motorischen Kortex aus. Ähnliches passiert beim Beobachten von Musikern während des Spiels.

Aus den bisherigen Erkenntnissen können wir Altenmüller (s. o.) zustimmen, wenn er sagt, dass das Musizieren das Ergebnis eines komplexen und vielschichtigen neuronalen Verarbeitungsprozesses ist. Die Voraussetzung dafür, damit dieser Prozess möglichst fehlerfrei abläuft, ist das Üben. Während des Übens werden all „die sensomotorischen, auditiven und die visuell integrativen Fertigkeiten erworben“ (ebd.), die für einen möglichst fehlerfreien Ablauf notwendig sind. Zugleich werden die entsprechenden Gedächtnissysteme angelegt. Für teils nicht mehr bewusst kontrollierbare schnelle Passagen bilden sich z. B. motorische Steuerprogramme (Repräsentationen) (vgl. Altenmüller /Jabusch 2016a, 53; 2016b, 50). Gerade wegen des Erwerbs von Fertig- und Fähigkeiten bezeichnet Spitzer (2002, 315) das Üben als eine Vorgang des prozeduralen Lernens. Altenmüller/Jabusch (2016a, 53 f; 2016b, 51 f) sehen hier einen dreistufigen Prozess, bei dem das prozedurale Lernen die zweite Stufe darstellt. Der erste Schritt ist das Einüben, der dritte das Erstellen eines Steuerungsprogramms. Durch intensives Übern verändert sich aber nicht nur die Struktur der Nervenzellverbindungen, sondern die gesamte Struktur des Gehirns (vgl. Altenmüller/Jabusch 2016a, 57). Dies umso nachhaltiger, je früher mit dem Üben begonnen wird (vgl. Ericsson/Pool 2016, 82; Altenmüller/Jabusch 2016b, 58).

Mit Spitzer (2014, 73) lässt sich das Erlernen des Übens auch als Erlernen von Selbstkontrolle, als „Kontrolle, die wir durch aktive Denkprozesse über unser Handeln haben können“, begreifen. Den Wert der Selbstkotrolle, die eben auch für den Lernprozess von so großer Bedeutung ist, schätzt er fast noch höher ein, als den Zusammenhang zur Intelligenz (vgl. ebd.).

> „Selbstkontrolle hat etwas damit zu tun,
> - ein bestimmtes Ziel aktiv zu halten,
> - etwas anderes, das einen dabei ablenken würde, nicht zu tun, und
> - mit dem Ziel aktiv und flexibel umzugehen, um in jeder Situation das sinnvolle Ziel zu haben und damit das jeweils Richtige zu planen und zu tun“ (ebd.).

Als ‚Sitz' der Selbstkontrolle nennt Spitzer (a. a. O., 74) das Frontalhirn. „Der Präfrontale Cortex befähigt den Menschen, über den Tag hinaus zu denken und sich längerfristige Ziele zu setzen“ (Bauer 2015, 73). Die Frage, ob sich das trainieren lässt, beantwortet er mit einem Ja, aber nur „wenn man früh mit dem Training beginnt“ (Spitzer 2014, 74). Vor allem aber ist hier die Hilfe der Eltern gefragt (vgl. v. Gutzeit 2015, 155). Sie sind es, die ihren Kindern mit geeigneten Methoden (vgl. Spitzer 2014, 83 ff) und „mit der Kreativität und Fantasie des Kindes“ (a. a. O., 89) helfen sollten, „*bei der Sache zu bleiben*“ (a. a. O., 77). Auch Spector et al. (2014) konnten anhand von Untersuchungen belegen, dass gerade bei jüngeren Kindern das Eingebundensein der Eltern hinsichtlich der Motivation und der Freude beim Üben die Entwicklung der motorischen Fähigkeiten positiv beeinflusst.

Bauer (2015, 71) ist die Selbstkontrolle Folge einer gelungenen Selbststeuerung (vgl. Mischel 2015, 274 ff). Wie bereits in Kap. 1.1 dargelegt, handelt es sich hierbei aber um einen Erziehungs- und Entwicklungsprozess, der u. U. viele Jahre in Anspruch nimmt, dessen Gelingen aber mit einem Glücksgefühl, mit „einem hohen Lustfaktor“ (Bauer 2015, 71) verbunden ist. Bauer (a. a. O., 69) betont hier den dialektischen Charakter einer Erziehung zur Selbstkontrolle:

> „Kinder und Jugendliche sollen lernen, sie selbst zu sein und sich zu steuern. Gerade dafür aber brauchen sie pädagogischen Widerstand, der sie zwingt, sich mit ihren Impulsen und suchtartigen, auf schnelle Bedürfnisstillung abzielenden Verhaltenstendenzen auseinanderzusetzen.“

Dies kann aber nur gelingen auf der Grundlage gute pädagogischer Beziehungen, denn „gute Beziehungserfahrungen sind eine unabdingbare Voraussetzung für die neurobiologische Entwicklung des Gehirns“ (ebd.). Diese kennzeichnen sich mit Blick auf das Üben durch eine verlässliche Zuwendung und einem Heraustreten aus den Beziehungen, „sodass Raum für persönliches Wachstum und Entwicklung bleibt“ (ebd.). Die pädagogische Kunst sowohl der Eltern als auch der Lehrer besteht darin, einerseits als Pädagogen präsent zu sein und andererseits Freiräume zu ermöglichen, „die sich wiederholenden notwendigen Ablösungsprozesse zulassen und ertragen“ (a. a. O., 70). Entscheidend ist hier eine gute, eine gesunde Balance (vgl. a. a. O., 74 ff).

Der von Bauer eben angesprochene Lustfaktor bezieht sich nicht nur auf die Sache, mit der man sich auseinandersetzt und mit deren Beschäftigung man den Lustfaktor steigert, sondern es bezieht sich auf die Gestaltung des Lebens schlechthin. Er zeigt sich in der „Vorwärtsentwicklung der eigenen Person“ (a. a. O., 73) ebenso wie in der „Erschließung neuer Möglichkeitsräume und (dem) Entstehen von Zukunft und Lebenssinn“ (ebd.). Auch hier ist eine ausreichend gute Balance die Voraussetzung (vgl. a. a. O., 74 ff). Während sich oben die gute Balance im Verhältnis von Personen zueinander zeigt, spielen hier nicht immer einfach zu durchschauende gesellschaftliche Kräfte eine nicht unerhebliche Rolle (vgl. a. a. O., 77 ff, 93 ff).

Bauer (a. a. O., 88) geht sogar noch einen Schritt weiter, wenn er davon spricht, dass Menschen nicht nur eine Vorstellung über ihr Zukunft haben, sondern dass sie ein „Zukunfs*bedürfnis*“ haben, das sich nicht zuletzt darin äußert, über die eigene Zukunft nachzudenken und auch über sie zu reden. Dies kann sich auch auf den aus dem Instrumentalunterricht oder der Leistung erwachsenen Wunsch Instrumentalmusiker oder Musikpädagoge zu werden beziehen. Negative Zuschreibungen dagegen erhöhen die Selbstzweifel, wirken auf den präfrontalen Kortex und verringern das Maß an Selbststeuerung (vgl. a. a. O., 106 ff).

Selbstkontrolle und Selbststeuerung sind Eigenschaften, die stark von der Motivation für eine Sache, für das Erreichen eines Ziels abhängen. Ihre Entwicklung, und hier wird die Möglichkeit eines pädagogischen Einflusses deutlich, wird stark von in der Regel erwachsenen Vorbildern beeinflusst, bevor sie zu Persönlichkeitsmerkmalen einer Person werden (vgl. Mischel 2015, 282).

> „Selbstkontrolle umfasst mehr als nur Entschlossenheit; sie erfordert Strategien und Einsichten sowie Ziele und Motivation, damit Willenskraft leichter aufgebaut werden kann und Beharrlichkeit an sich als Belohnung empfunden wird“ (a. a. O., 291)

Altenmüller, Bauer und Mischel betonen zudem, dass der Übeprozess nicht rein kognitiv zu betrachten, sondern dass die emotionale Komponente nicht zu unterschätzen ist. Sowohl die kognitiven wie auch die emotionalen Komponenten der Willenskontrolle und damit letztlich der Selbstkontrolle kann man „lernen, verbessern und gezielt nutzen“ (a. a. O., 291).

Die hier angesprochenen Aspekte der Selbstkotrolle und der Selbststeuerung unterliegen einem Entwicklungsprozess, der letztlich auch das Selbstbild prägt, das ich von mir habe. Selbstbilder, und damit auch alle anderen Aspekte, die sich auf das sich entwickelnde Selbst beziehen, sind erlernbar (vgl. Dweck 2015[5], 200 ff) und unterliegen damit auch pädagogischen Prozessen durch Eltern und Lehrer. Wesentlich scheint mir dabei zu sein, dass oftmals unterschwellige Botschaften positive und negative Auswirkungen auf den Überprozess haben. Anregungen, die z. B. den Arbeitseifer der Kinder hervorheben, haben demnach langfristig positiver Auswirkungen als solche, die auf das Hervorheben z. B. der Intelligenz basieren. Während der Arbeitseifer der dynamischen Sichtweise unterliegt, unterliegt ein Hervorheben der Intelligenz der statischen Denkweise. Gleiches gilt für den Umgang mit Misserfolgen und Erfolgen. Es geht um konstruktive Kritik oder konstruktives Loben, denn dadurch gibt man dem Schüler bzw. dem Kind ein Mittel an die Hand, die Dinge „selbst in die Hand zu nehmen“ (a. a. O., 209).

Aus der Kenntnis der Zusammenhänge heraus kommt Altenmüller zu folgender hirnphysiologischen Definition:

> *„Üben ist eine zielgerichtete musikalische Betätigung, die dem Erwerb, der Verfeinerung und dem Erhalt sensomotorischer, auditiver, visueller, struktureller und emotionaler Repräsentationen von Musik dient*“ (Altenmüller 2007², 47). *„Dabei ist es nicht unbedingt nötig, dass gesungen oder am Instrument gearbeitet wird, denn Üben kann als ‚mentales Üben' die rein gedankliche Aktivierung und Verfeinerung dieser Repräsentationen bezeichnen*“ (Altenmüller/Jabusch 2016a, 52 f).

Altenmüller ergänzt diese Aussage um den Sachverhalt, dass Üben nicht nur auf die praktische Arbeit am Instrument bezieht, sondern auch das mentale Üben, „die intensive Vorstellung von Bewegungsabläufen ohne deren praktische Ausführung“ (Altenmüller 2007², 58; vgl. Pohl 2007²; Hartung 2014, 209 ff) als strukturbildend mit einbezieht. Voraussetzung ist hierbei allerdings eine Fokussierung der Aufmerksamkeit.

Schon nach wenigen Minuten instrumentalen Übens oder Singens kommt es zu Veränderungen der entsprechenden mentalen Repräsentationen. Länger andauerndes Üben stabilisiert diese Veränderungen, es kommt „zu spezifischen neurophysiologischen Anpassungen des Zentralnervensystems mit nachhaltigen Veränderungen verschiedener Hirnfunktionen und sogar der Hirnstruktur“ (a. a. O., 48). Es handelt sich hierbei um eine Prozess, der nach Altenmüller (a. a. O., 54) in drei Schritten abläuft:

- Grobjustierung der am Übeprozess beteiligten Sinne
- Ökonomisierung und Koordination durch prozedurales Üben und Lernen (learning by doing)
- Stabilisierung der neuronalen Repräsentationen.

Es handelt sich, wie schon eben gesagt, beim Üben um einen zunehmenden Prozess der Verfeinerung.

> „Üben mit Aufbau von Feinmotorik besteht immer in einer Hemmung der ursprünglich angelegten Grobmotorik“ (ebd.).

‚Richtiges' Üben sollte zudem drei Punkte berücksichtigen:

- Pausen und Schlaf helfen bei der hirnorganischen Verarbeitung des Geübten (Reminiszenzeffekt).
- Weniger ist manchmal mehr. Durch ein 'Überüben' einzelner Stellen oder ganzer Stücke nimmt die feinmotorische Leistung ab (Penelope-Effekt).
- Fokale Dystonie: „Verlust der feinmotorischen Kontrolle aufgrund unwillkürlicher muskulärer Verkrampfungen" (a. a. O., 62). Rückfall in die Grobmotorik aufgrund „einer Störung der zentralnervösen sensomotorischen Steuerprogramme" (ebd.; vgl. Klöppel/Altenmüller 2013[6], 259 ff).

Aus den Funktionsweisen des Gehirns beim Üben lassen sich verschiedene Regel ableiten, die sich unabhängig vom Instrument berücksichtigen lassen (vgl. Altenmüller 2007[2], 63 f; Altenmüller/Jabusch 2014, 32 f). Altenmüller (2007[2], 63) spricht in diesem Zusammenhang von einem „Entwurf einer *‚Neurodidaktik des Übens'.*" Allerdings empfiehlt er, diese besonders mit Blick auf die Jahrhunderte alten Erfahrungen der unterschiedlichen Pädagogen mit Vorsicht zu genießen. „Diesem kumulativen empirischen Expertenwissen der Pädagogen als Neurowissenschaftler was entgegenzusetzen, fällt schwer" (ebd.). Von daher sind die folgenden Regeln auch nicht als unbedingt neu zu bezeichnen (vgl. Dweck 2015[5], 220 ff). Ihr Zweck besteht u. U. auch nur darin, „den erfahrenen Pädagogen in seinem bewährten Vorgehen zu bestärken" (ebd.; vgl. Altenmüller/McPherson 2008[2], 138 f; Altenmüller/Jabusch 2016a; 2016b, 62):

1. *Ein Instrument spielt man*
   Dem Übeprozess sollte etwas Spielerisches, etwa Kreatives, das in Richtung Forschen und Experimentieren geht „anhaften: Erkunden von Klänge, Ausprobieren von Fingersätzen, Suchen nach Lösungen" (Altenmüller/Jabusch 2014, 32).
2. *Üben wird durch Üben erlernt*
   Üben ist ein selbstorganisierter Prozess, dessen Gestaltung auch Zeit beansprucht. Fortschritte beim Üben lassen sich folglich auch nicht erzwingen (vgl. ebd.).

3. *Erst ein Ziel setzen*
   Es ist wichtig, sich wenige, aber konkrete und nachvollziehbare Ziele zu setzen und seine Aufmerksamkeit auf diese Ziele zu fokussieren.
4. *Bei Anzeichen von Ermüden nicht mehr weiterüben*
   Die sinnvolle Übezeit wächst natürlich mit dem Fortschritt auf dem Instrument. Dennoch sollte eine Übeeinheit mit Blick auf motorische Leistungen und mit Blick auf die Konzentration nicht länger als 45 Minuten dauern.
5. *Pausen und Schlafen gehören zum Üben*
   Wie schon gesagt, stellt das Üben am Instrument eine Höchstleistung dar. Insofern ist es verständlich, dass Entspannungspausen den Gesamtprozess begleiten. Ein andere Punkt betrifft die Abspeicherungsprozesse im Gehirn, die auch ihre Zeit brauchen.
6. *Auch das Hören von Musik und das Beobachten von Musikern gehört zum Üben*
   „Durch das Spiegelneuronensystem werden beim Hören und Beobachten von Musikern unsere eigenen sensomotorischen Steuerprogramme angesprochen und es wird die neuronale Grundlage des Imitierens geschaffen“ (a. a. O., 33).
7. *Mentales Üben spart viel Zeit am Instrument*
   Wie ja schon länger bekannt, aber jetzt eben auch neurowissenschaftlich belegt, werden durch mentales Üben die neuronale Repräsentationen verfeinert. Mentales Üben ist ein Vorgang, der sich u. U. auch schon beim Erlerne des Auswendigspielens eines Stückes anbahnt
8. *Zeitnahes Üben unterschiedlicher Werke ist wahrscheinlich langfristig effizienter*
   Durch das Üben „unterschiedlicher Bewegungsformen“ (Altenmüller/Jabusch 2016a, 61) wird wahrscheinlich schneller gelernt.
9. *Die langsame und schnelle Ausführung musikalische Bewegungen beruht auf unterschiedlichen sensomotorischen Programmen*

Von daher scheint es sich zu lohnen, von vornherein ein wenig schneller zu üben und die zu übenden Abschnitte sinnvoll zu untergliedern. Es scheint so zu sein, dass langsames uns schnelles Üben unterschiedliche Programme anspricht (vgl. a. a. O., 62).

*10. Üben mit Freude führt zu besseren Ergebnissen*
Die Entwicklung sensomotorischer Präzision ist im hohen Maße abhängig von der Motivation. „Für das tägliche Üben ist daher von größter Bedeutung, trotz der aufzubringenden Disziplin die Freude an der Musik zu bewahren" (ebd.).

Unabhängig von dem von Altenmüller aufgestellten 10-Punkte-Plan findet man natürlich auch andere Vorgehensweisen, z. B. bei Ericsson/Pool (2016, 148 ff, 150 ff). Die Autoren bezeichnen ihre Konzeption als ‚gezieltes Üben', das sich durch folgende Merkmale kennzeichnet (vgl. a. a. O., 44 ff):

- Gezieltes Üben hat konkrete, klar umrissene Ziele
- Gezieltes Üben ist fokussiertes Üben
- Gezieltes Üben braucht Feedback
- Gezieltes Üben erfordert das Verlassen der einen Komfortzone.

Als Grundzüge ‚bewussten Lernens' nennen die Autoren folgende (vgl. a. a. O., 148 ff):

- Bewusstes Lernen entwickelt Fähigkeiten
- Bewusstes Lernen beinhaltet exakt formulierte, konkrete Ziele
- Bewusstes Lernen verlangt volle Aufmerksamkeit und bewusstes Handeln
- Bewusstes Lernen beinhaltet Feedback
- Bewusstes Lernen erzeugt mentale Repräsentationen
- Bewusstes Lernen beinhaltet Ausbau und Veränderung der zu erlernenden Fähigkeit.

Neben diesen Konzeptionen gibt es eine Vielzahl unterschiedlicher Methoden, die mit Sicherheit auch zielgerichtet und erfolgversprechend sind.

Musizieren und/oder das Erlernen eines Instruments ist jenseits des Erlernens einer Instrumentaltechnik ein emotionaler Kommunikationsprozess, „die aus dem Augenblick schöpft und als Medium davon lebt, was der Spieler aus seinem Inneren mitzuteilen hat“ (Altenmüller $2007^2$, 64), verbunden auch mit entsprechenden Hormonausschüttungen (vgl. a. a. O., 60), der im Wesentlichen durch das Vorhandensein von Freude und Motivation beim Spielen gespeist wird. Dieser emotionale Raum, den Altenmüller hier anspricht, das Innere des Spielers, dies sind Dinge, „die man nicht üben kann und die ihre Zeit brauchen“ (a. a. O., 64).

Diesem Aspekt des Emotionalen widmet sich besonders Petrat (2013; 2014a; 2014b). Ausgangspunkt seiner Überlegungen ist es, dass Glücksgefühle nicht nur synaptische Stärkungen bewirken, sondern dass sie helfen Gedächtnis- und Lernprozesse zu steigen und die Konzentrationsbereitschaft der Schüler zu erhöhen (vgl. Petrat 2013, 28). In diesem Zusammenhang stellt er folgende Thesen auf (vgl. a. a. O., 29 ff):

1. *Glück resultiert im Gehirn aus einem komplex angelegten Belohnungssystem.* Diese erste These beinhaltet eigentlich nur die bereits bekannte Tatsache, dass Verarbeitungen von Musik im Gehirn auf eine gut funktionierende Architektur der Neurone treffen und dass der Neurotransmitter Dopamin hier von Bedeutung ist.
2. *Glücksgefühle begünstigen Lern- und Gedächtnisprozesse.* Im Gehirn ankommende Wahrnehmungen werden nach den Prinzipien richtig oder falsch, bzw. bekannt oder unbekannt einsortiert. Bestehende Repräsentationen werden so verstärkt oder neue werden aufgebaut. Die daran beteiligten Komponenten der emotionalen Bewertung und des Vergleichs sind auch bereits bekannt.
3. *Glücksgefühle sind meistens stark auch mit körperlichen Reaktionen verknüpft.* Angesprochen ist hier z. B. das Gänsehautgefühl, aber auch Gefühle, die Menschen begleiten, wenn sie etwas geschafft haben, eine Leistung, egal in welchem Bereich, vollbracht haben.

4. *Glücksgefühle fördern die funktionelle Architektur unseres Musikgehirns.* Die hier getroffenen Aussagen korrespondieren im Prinzip mit den unter Punkt 1 und 2 gemachten Aussagen.
5. *Glück ist der Motor unserer Motivation.* Auslöser für Motivation ist die Neugier. Sie „dient dazu, neue Orientierungen zu gewinnen, den Handlungsradius und den Erfahrungshorizont zu erweitern und individuell abzusichern“ (a. a. O., 30).
6. *Glücksgefühle benötigen stets neue Impulse.* Diese sind vielleicht als Voraussetzungen für neue Orientierungen zu sehen.
7. *Eine glückliche Verfassung fördert das künstlerische Selbstwertgefühl.* Dies gilt nicht nur aber auch mit Blick auf das eigene Musizieren und dem damit verbundenen Selbstwertgefühl, der Leistungsfähigkeit, der Konzentration und der Aufmerksamkeit.

Wie schon mehrfach betont, ist eine der wesentlichen Erkenntnisse aus den Neurowissenschaften eine nicht zu vernachlässigende Beteiligung der Emotionen am Lerngeschehen. Dies wiederum wirft ein Schlaglicht auf die Bedeutung der Motivation beim Erlernen eines Instruments (vgl. Altenmüller 2002, 23 f).

Welche Konsequenzen folgen daraus für die Musik- und besonders für die Instrumentalpädagogik? Als erstes nennt Petrat hier die positive Haltung des Pädagogen, die sich z. B. darin äußert, dem Schüler soweit wie möglich ein positives Feedback hinsichtlich seiner Fähigkeiten und Stärken zu geben, ihn hinsichtlich neuer Stücke neugierig zu machen und seine Vorfreude zu wecken. Ein weiterer Punkt betrifft die emotionale Seite der Musik, die allzu häufig zugunsten der Technik vernachlässigt wird. Soweit wie möglich sollten diese emotionalen Aspekte an Erfahrungen der Schüler anknüpfen, um „den musikalischen Wahrnehmungsradius zu erweitern und lebendiger zu musizieren“ (Petrat 2013, 32), was sich besonders auf den Einsatz von Mimik und Gestik bezieht. Weitere Perspektiven betreffen die Leistungsfunktion, die zuerst einmal davon ausgeht, dass der Mensch etwas leisten, etwas schaffen will. Damit ihm dies auch zu seiner eigenen Zufriedenheit gelingt, scheint es unabdingbar, Eigeninitiative und Selbstständigkeit zu fördern, statt zu gängeln. Ein letzter Punkt betrifft das gemeinsame Musizieren, in dem sich viele der vorangegangenen Aspekte miteinander verbinden. (vgl. a. a. O., 33).

Von Gutzeit (2015, 156) betont in diesem Zusammenhang erst einmal die Mitarbeit der Eltern. Ein weiterer Punkt betrifft die Lehrkräfte, die die Kinder altersgemäß unterrichten sollen. Die Überzeit sollte sukzessiv ausgedehnt werden. Wichtig ist das tägliche Üben, damit es letztlich eine Selbstverständlichkeit erlangt.

Was das Üben angeht, geht Petrat (2014a, 119 ff) sogar noch einen Schritt weiter und stellt eine sogenannte Top-Ten-Liste auf, deren Einhaltung durch den Pädagogen nicht zuletzt aufgrund der Berücksichtigung neurowissenschaftlicher Erkenntnisse zu glücklichen Schülern im Instrumentalunterricht führt:

- Optimistische Grundhaltung finden
- Fähigkeiten entdecken und Stärken einbringen
- Vorfreude und Neugier wecken und an Bekanntes andocken
- Über Emotionen schneller zum Ziel
- Expressiv sein: sich extravertierter verhalten
- Den Körper in Bewegung versetzen
- Etwas schaffen
- Eignen Entscheidungen treffen
- Aus der Isolation ausbrechen: gemeinsam Musik machen

Nach seiner Meinung handelt es sich dabei nicht nur um subjektive Faktoren, sondern es gibt „objektiv fixierbare Komponenten, aus denen Glücksgefühle entstehen“ (Petrat 2014b, 27). Dazu entwickelt er folgendes Schaubild:

Abbildung 39: Petrat 2014b, 27

Diese zu berücksichtigen, ist Aufgabe der Musikpädagogik im Allgemeinen und des Instrumentalunterrichts im Besonderen. Die hier vielleicht bei dem Einen oder Anderen anklingenden Anflug von Banalität hält Petrat Erkenntnisse der Neurowissenschaften entgegen, die dazu beitragen, eine glücksfördernden und gehirngerechten Instrumentalunterricht zu erteilen (vgl. Petrat 2014a, 79 ff: 2014b):

1. Vielseitige Erfahrungseinheiten und Verarbeitungsmodi ermöglichen
2. Das zu spielende Musikwerk mit zusätzlichen Assoziationen verknüpfen
3. Unterricht und Werkauswahl an musikalische Vorerfahrungen anknüpfen
4. Musikalische Strukturen erkennen und reflektieren
5. Viel Gelegenheit zur Wiederholung geben
6. Stets musikalischen Kontext herstellen
7. Lernziele möglichst klar benennen, begründen und in die Unterrichtssystematik integrieren
8. Neugier erhalten und fördern
9. Lernen in Bewegung
10. Emotionen reflektieren.

Auch seine didaktischen Tipps zur „Förderung motorischer Fähigkeiten" (Petrat 2014a, 90) basieren auf neurologischen Erkenntnissen (vgl. a. a. O., 90 ff):

1. Mit physiologischen Bedingungen angemessen umgehen:
   - mit Wiederholungen arbeiten
   - bei Ermüdungserscheinungen stoppen
   - mit dem Adrenalinausstoß effektiver umgehen
2. Lernen, beim Musizieren mit eventuellen Störungen fertig zu werden, auch an unvorhergesehene Ereignisse gewöhnt sein:
   - ab und an unter erschwerten Bedingungen üben
   - musikalisch präsent sein
   - Kontrollverlust vermeiden
3. Künstlerisches Selbstkonzept optimieren bzw. eigenen Selbstwert (wieder-)herstellen:

   - individuelle Zielsetzung
   - Perfektionslevel überprüfen
   - Erfolgserlebnisse sammeln
   - Mut zum eigenen Ausdruck
4. Ängsten entgegenwirken:
   - Druck lokalisieren
   - Probleme relativieren
   - Individuellen Sicherheitslevel stabilisieren
   - Das emotionale Management verbessern
   - Desensibilisierung durch positive Zielorientierung
   - Sich der künstlerischen Fähigkeiten bewusst werden.

Eine weitere Frage betrifft das künstlerische Musizieren. Dir zentrale Frage bezogen auf den Unterricht lautet: „Wie können Schüler im Unterricht gefördert werden, damit Musik auch für die zu einem künstlerischen Erlebnis wird?“ (a. a. O., 108). Folgende Ebenen sind demnach für ein pädagogisch angemessenes Vorgehen von Bedeutung:

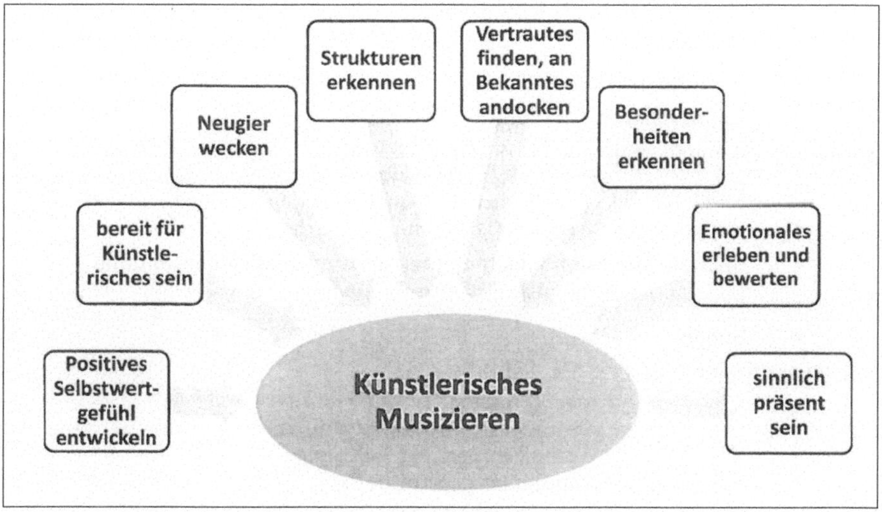


Abbildung 40: Petrat 2014a, 109

Positives Selbstwertgefühl entwickelt man am besten dadurch, dass man ein positives Feedback gibt, positive Gedanken fördert und Erfolge registriert und benennt (vgl. Altenmüller 2007[2], 61). Des Weiteren erscheint es sinnvoll, dass sich der Lehrer als Fremdbekräftiger zunehmend überflüssig macht (vgl., Petrat 2014a, 110 ff).

Bereit für Künstlerisches sein, beinhaltet folgende Perspektiven (vgl. a. a. O., 112 f):

- Grundeinstellung und Flexibilität
- Gesprächsbereitschaft
- Positive Ausstrahlung
- Mit dem Lieblingsstück beginnen
- Den Körper auf Musik einstellen
- Angemessene Technik
- Individuelles Einspielprogramm

Neugier weckt man am besten durch (vgl. a. a. O., 113 f):

- Konzerte, CDs
- Abwechselung im Unterricht
- Spontaneität
- Instrument erkunden
- Improvisieren

Strukturen erkennen (vgl. a. a. O., 114):

- Passende Werkauswahl
- Regelmäßigkeiten herausfinden
- Sich auf die Suche nach elementaren musikalischen Parametern machen
- Singen

Vertrautes finden (vgl. a. a. O., 115):

- Körperliches Spielgefühl
- Assoziationen herstellen
- Spielerische Grundhaltung vermitteln

Besonderheiten erkennen (vgl. a. a. O., 115 f):

- Abweichungen registrieren
- Herausragende Merkmale entdecken

- Intensitäten spüren
- Bewegungsgestus
- Atmosphäre
- Freiräume
- Bewusste Veränderungen herstellen
- Spannungsbögen erkennen

Emotionales Erleben (vgl. a. a. O., 116 f):

- Individuelle Bedeutung
- Emotionale Beschreibung

„Künstlerische Wahrnehmung setzt eine besondere sinnliche Präsens voraus" (a. a. O., 117), die auch die voran genannten Merkmale betrifft.

Ein Aspekt, den Spitzer (2010, 166) anspricht, der vielleicht als Folge betrachtet werden kann, ist der der Selbstwirksamkeit. „Wer ein Instrument lernt, der bemerkt rasch, dass er besser wird, wenn er sich Mühe gibt. Übung macht den Meister, das erfährt jeder, der schon einmal wirklich geübt hat – was auch immer." Man wird besser und man braucht keinen, „der es einem sagt" (ebd.). Aufgrund der Selbstwirksamkeit kommt es zu einer Generalisierung des Erlebens: „Man merkt, dass es geht, in irgendeinem Bereich, und probiert es in anderen Bereichen. Und ist plötzlich erfolgreich" (ebd.).

Damit das Glück und die Motivation auch wirklich erhalten bleiben, geben Altenmüller/Jabusch (2016, 62 f) dem Pädagogen zehn Hinweise mit auf den Weg:

1. *Durch freundliche Anweisungen in ermutigender Atmosphäre wird die Lernbereitschaft gestärkt und eine offene Kommunikationsbasis geschaffen.*
   Dies gilt besonders für den Beginn des Gesangs- oder Instrumentalunterrichts, also für den ersten Lehrer.
2. *Instruktionen sollten auf ein bis zwei Schlüsselbegriffe beschränkt werden.*
   Nur wenige Hinweise können gleichzeitig berücksichtigt werden.
3. *Die Aufmerksamkeit sollte auf die Effekte der Sing- und Spielbewegungen gelenkt werden.*

Nicht der Körper des Schülers, sondern die Klanggestaltung stehen im Vordergrund.

4. *Bei Demonstrationen durch den Lehrer sollte dem Schüler zuvor gesagt werden, worauf er bei der Demonstration zu achten hat.*
   So kann sich der Schüler auf das Wesentliche konzentrieren.
5. *Rückmeldungen durch den Lehrer sollten nicht zu detailliert, nicht zu oft und nicht zu schnell nach dem Vorspiel des Schülers erfolgen.*
   Dies geschieht vor allem, um die Gedächtnisleistungen des Schülers nicht übermäßig zu strapazieren. Weniger ist in dem Fall mehr.
6. *Extrinsisches Feedback kann als Hilfestellung zum Erlernen einer eigenständigen Bewegungsbewertung eingesetzt werden.*
   Extrinsische Motivation kann sich positiv auswirken, wenn sie nicht zu häufig erfolgt.
7. *Gleichzeitiges auditives Feedback kann eine sehe effektive Lernhilfe sein.*
   Mitspielen seitens des Lehrers wirkt sich positiv auf das Spiel des Schülers aus.
8. *Um die musikalische Ausführung im Detail zu verbessern, sind Hinweise und Übungen nach dem Prinzip der rotierenden Aufmerksamkeit nützlich.*
   Es erscheint günstig, sich immer nur auf wenige Parameter zu beschränken.
9. *Es ist günstig, mit dem Schüler im Unterricht das Üben zu trainieren und seine häusliche Übestrategien regelmäßig zu hinterfragen.*
   Hier sollten u. U. auch die Eltern mit einbezogen werden.
10. *Lehren lernt man auch durch Lehren!*
    Das richtige Lehren stellt sich beim Lehrer am ehesten ein durch eine Berücksichtigung emotionaler Komponenten.

„Die erfolgreichen ‚Lehr- und Lernstrategien' sind demnach nicht als Gebote, sondern als inspirierende Anregungen für eine kreative Unterrichtsgestaltung zu verstehen" (a. a. O., 63). Musizieren als Form nonverbaler, aber auch emotionaler

Kommunikation lebt von der Kraft der inneren Bilder, die nicht zuletzt auf Grundlage von Erfahrungen sich erst im Laufe der Zeit herausbilden (vgl. a. a. O., 64). Dass scheinen mir in diesem Zusammenhang die wichtigsten Aussagen zu sein.

Ohne diesen Gedankengang hier vollständig ausbreiten zu wollen, will ich doch kurz darauf hinweisen, dass die Frage nach dem Glück nicht so einfach zu beantworten zu sein scheint, bzw. auch durchaus differenzierter betrachtet werden kann (vgl. Glomp 2017; Retzbach 2017b).

### *5.8.5 Notation*

Ein weiterer Bereich, der meistens erst mit Beginn des Instrumentalspiels an Bedeutung gewinnt, weshalb er auch erst hier angesprochen wird, ist der der Notation, das Notenbild, das Spiel nach Noten und damit die Verbindung visueller und auditiver Wahrnehmung.

Sowohl visuelle als auch auditive Umweltreize werden von einem Menschen nur aufgenommen, wenn die darin enthaltenen Informationen von Bedeutung sind, also funktional werden (vgl. Schwarzer 2006, 104). Voraussetzung ist in jedem Fall, dass bei dem entsprechenden Menschen die Möglichkeit, diese Reize zu verarbeiten, gegeben ist, was in der Regel bereits in früher Kindheit der Fall ist (vgl. Stewart et al. 2003 in Schlaug/Bangert 2008$^{2}$, 109).

Schwarzer (2006, 107) unterscheidet in diesem Zusammenhang zwischen analytischer und holistischer Wahrnehmung (vgl. Schwarzer 2000, 68 ff). Die analytische Wahrnehmung definiert sich dadurch, dass eine Fokussierung auf Einzelmerkmale gelegt werden kann. Diese Form der Wahrnehmung differenziert sie dann in eine konsistent und eine inkonsistente analytische Wahrnehmung. Konsistent analytisch ist eine Wahrnehmung dann, wenn das Merkmal, auf das ich mich konzentriere, gleich bleibt. Inkonsistent analytisch ist sie dann, wenn das Merkmal wechselt. Holistisch ist die Wahrnehmung dann, wenn ich das Ganze, die Gesamtgestalt wahrnehme.

Die Ergebnisse verschiedener Untersuchungen hinsichtlich visueller und auditiver Wahrnehmung zeigen, dass sowohl Kinder als auch Erwachsene, bezogen auf den musikalischen Bereich, eher analytisch wahrnehmen, auch wenn sie sich auf unterschiedliche Merkmale beziehen. Kinder konzentrieren sich demnach eher auf Aspekte wie Klangfarbe und Lautstärke, Erwachsene dagegen eher auf die melodische Kontur. Bezogen auf den visuellen Bereich dominiert bei den Kindern die analytische Wahrnehmung, während es bei den Erwachsenen die holistische Wahrnehmung ist. Die holistische akustische Wahrnehmung nimmt dann bei Kindern zu und dominiert bei Erwachsenen, wenn es sich bei dem dargebotenen Stimulus um ein Wiegenlied oder eine Marschmelodie handelt.

Insgesamt zeigt sich, dass sowohl bei Kindern als auch bei Erwachsenen mit zunehmendem Alter die holistische Wahrnehmung zunimmt. Nach Schwarzer (2006, 112) besteht hier auch ein Zusammenhang zwischen einer holistischen Wahrnehmung und dem Bedeutungsgehalt, vielleicht könnte man auch sagen der Vertrautheit der Wahrnehmung. Dies wiederum ließe hinsichtlich des Überprozesses beim Musizieren Rückschlüsse zu auf eine zunehmende Vertrautheit mit dem zu übenden Material.

Rein praktisch gesehen, handelt es sich bei dem Erlernen der Notenschrift um das Erlernen einer Kulturtechnik, die „ihrem Wesen nach anspruchsvoll und beschwerlich (ist)“ (Spychiger 2009, 18). Sinnvoll erscheint sie nur dann, wenn sie nicht Selbstzweck ist, sondern auch tatsächlich praktisch gebraucht und angewandt wird.

Ein Aspekt, der auch in diesem Zusammenhang betrachtet werden kann, dem ich mich hier aber nicht ausführlich widme, betrifft das Vom-Blatt-Spiel und die dabei ablaufenden Prozesse. Wie wohl nicht anders zu erwarten, ist auch diese Fähigkeit stark vom Übeprozess abhängig (vgl. Rosemann et al 2015).

### *5.8.6 Tiefensensibilität*

Ein weiterer Bereich, der innerhalb der Instrumentalpädagogik an Bedeutung gewinnt, ist der des Körpergefühls, der Tiefensensibilität (Kinästhesie). Dieser Sinn „ist zwar häufig nicht bewusst, hat aber trotzdem eine zentrale Bedeutung für die exakten und raschen Bewegungsabläufe des Musizierens“ (Klöppel/Altenmüller 2013[6], 200). Die Berücksichtigung dieses Sinns, zu dem Klöppel/Altenmüller (a. a. O., 201 ff) den Stellungssinn, den Bewegungssinn und den Kraft- und Muskelsinn zählen, spielt nicht erst, aber besonders in der modernen Instrumentalpädagogik vor allem mit Blick auf Haltungsfehler zunehmend eine wichtige Rolle. Den Autoren zufolge liefert die Tiefensensibilität drei Wahrnehmungsqualitäten, die mit Blick auf die Instrumentalpädagogik von Bedeutung sind (vgl. a. a. O., 211):

- Gelenkstellungen zu empfinden und zu reproduzieren
- Bewegungen zu fühlen und zu kontrollieren
- Den Kraftaufwand der Muskulatur spüren und zu dosieren; die Muskelspannung wahrzunehmen und willentlich zu beeinflussen.

In den drei Punkten deutet sich schon an, dass sich auch die Tiefensensibilität üben lässt, was auch von den Autoren ausgearbeitet ist, hier aber nur Erwähnung finden soll (vgl. a. a. O., 104 ff).

In seiner Lerntheorie, die in der derzeitigen Musikpädagogik eine besondere Rolle spielt, müsste sich Gordon auch mit der Problematik des Übens beschäftigt haben (vgl. Süberkrüb 2007²). Sucht man die entsprechenden Stelle in seinem Werk, so wird man „schon bald und wenig erfolgreich aufgeben“ (a. a. O., 9), weil sich explizit keine Aussagen zu diesem Bereich finden lassen. „Die Schlussfolgerung, dass Üben in Gordons musikalischer Lerntheorie nicht von Bedeutung ist, wäre jedoch zu kurz gegriffen“ (ebd.).

Gordons Gedanken zum Üben stehen vielmehr im Zusammenhang mit denen zur Audiation (vgl. Kap. 5.2). Je mehr ein Schüler audiert, desto kürzer ist seine Übezeit am Instrument. Gordon selbst schreibt dazu: „Much can be learned away from a musical Instrument if children are able to audiate what they have practiced or what they intend to practice“ (Gordon 1990, 106 in Süberkrüb 2007², 242). So verstanden meint Üben hier „die Entwicklung des Instruments im Kopf” (Süberkrüb 2007², 243). Erst dann wird das innerlich Gehörte auf das Instrument übertragen. Um das Ganze praktikabel zu machen, unterscheidet Gordon sechs Stufen des Audierens und acht unterschiedliche Stufen musikalischer Beschäftigung, die sich letztlich in „Fertigkeiten-Lernsequenzen“ zusammenführen lassen (vgl. a. a. O., 245). In ihnen beschreibt Gordon „die systematische Anleitung von Lernfähigkeiten mit dem Ziel eigenständiger Lern- und Übekompetenz“ (ebd.). Dem Ganzen liegen zwei Lernprinzipien zugrunde: das auf vier Ebenen stattfindende unterscheidende und das auf weiteren drei Ebenen stattfindende schlussfolgernde Lernen. Das leitende Prinzip des unterscheidenden Lernens ist die Nachahmung.

Die letztlich hier erworbenen Fähigkeiten bilden dann die Grundlage des schlussfolgernden Lernens. Der Schüler wird zunehmend in die Eigenständigkeit entlassen (vgl. a. a. O., 246 ff). Dazu entwickelte Süberkrüb (a. a. O., 255) folgende Grafik, bei der die verbale Assoziation geteilt erscheint:

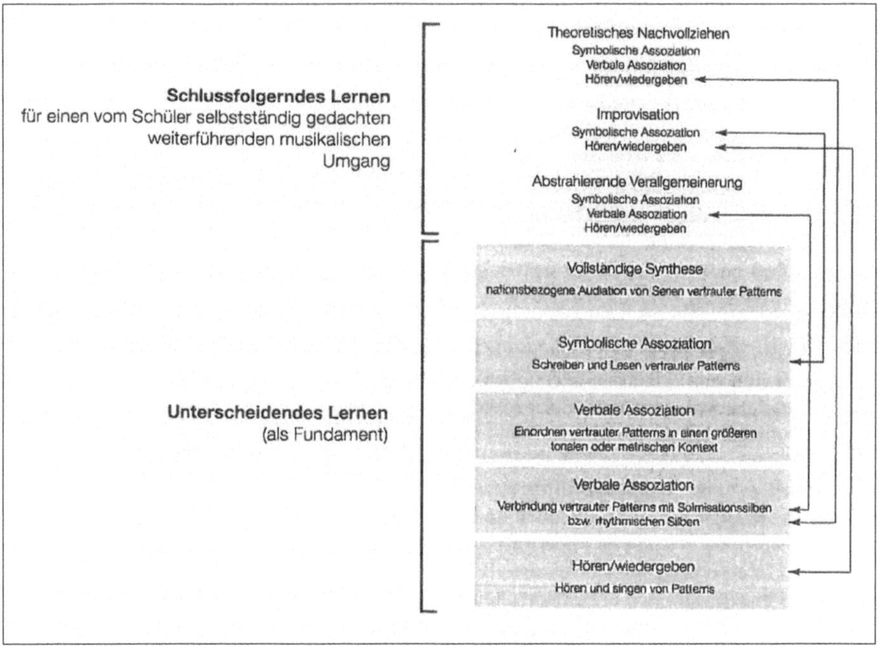


Abbildung 41:Süberkrüb 2007[2], 255

Nach Süberkrüb (a. a. O., 262) handelt es sich hierbei insgesamt um eine Methode, die sowohl für den instrumentalen Einzel- als auch für den instrumentalen Gruppenunterricht geeignet ist. Des Weiteren ist sie auch übertragbar auf den Bereich der EMP.

## 5.9 Gesang – Musik und Sprache

Verarbeitungsprozesse von Musik und Sprache weisen an vielen Stellen Gemeinsamkeiten aber auch Unterschiede auf (vgl. Kap. 4.4.2). Letztere treten besonders dann zutage, wenn man die musikalische Wahrnehmung nicht als ganzheitliches Geschehen begreift, sondern sich einzelnen Komponenten, einzelnen Parametern zuwendet (vgl. Sallat 2017, 69 ff).

In ihrer Abhandlung befasst sich Trollinger (2010) besonders sowohl mit dem Verhältnis von Sprache und Musik als auch mit daraus folgenden pädagogischen Konsequenzen für das Singen, das Lernen von Liedern (vgl. Welch 2009b).

Singen wie auch Musizieren beansprucht das ganze Gehirn. Konzentriert man sich jedoch auf einzelne Aspekte, so spielen wie auch beim Musizieren unterschiedlich Bereiche eine besondere Rolle.

So werden z. B. unterschiedliche Bereiche aktiviert, ob ich mich auf das Erlernen der Melodie oder den Text eines Liedes konzentriere (vgl. Kreutz 2014, 42, 45). In der pädagogischen Praxis zeigt sich dieser Sachverhalt darin, dass das Erlernen eines Liedes immer wieder mal mit Schwierigkeiten verbunden ist. Wird die Melodie gelernt, leidet der Text und umgekehrt. Je häufiger die Schüler ein Lied singen, desto besser prägen sich Melodie und Text ein. Im Weiteren ist davon auszugehen, dass Singen auch die Entwicklung von Sprache positiv beeinflusst.

Die daraus folgenden pädagogischen Konsequenzen lauten, dass es sinnvoll erscheint, erst die Melodie, dann den Text eines Liedes zu lernen. Diese Reihenfolge sollte sich umkehren, wenn die Melodie sehr komplex erscheint.

Hinsichtlich der Bedeutungszuschreibung zwischen den Elementen Musik und Sprache gibt es, nach Stadler Elmer (2015a, 144), „zwei unvereinbare Standpunkte", die es im Zuge dieser Diskussion mit zu beachten gilt. Während der eine davon ausgeht, dass die Sprache im Vordergrund steht und sich in Folge dessen mehr auf den Text und dessen Bestandteile konzentriert, geht der andere davon aus, dass die musikalischen Elemente, in erster Linie die Parameter, im Fokus der Aufmerksamkeit stehen (vgl. a. a. O., 153 ff).

Unterschiedliche Bereiche des Gehirns werden aktiviert ob ich mich auf die grammatikalen Strukturen (Broca Areal) oder Vokabeln (Wernicke Areal) einer Sprache konzentriere. So wie die Repräsentationen für Sprache sich im Gehirn durch das Erlernen einer neuen Sprache erweitern und differenzieren, so geschieht das auch beim Kennenlernen von Musik aus unterschiedlichen Kulturen. Pädagogisch hilfreich erscheint es hier, einen spielerischen Umgang mit unterschiedlichen Sprachen und Musik aus unterschiedlichen Kulturen zu pflegen.

Klangfarbe ist ein Element, das sowohl in der Sprache als auch in der Musik von Bedeutung ist. Insofern ist es wichtig, dass der Pädagoge sowohl ein Vorbild ist hinsichtlich des Singens als auch hinsichtlich der Artikulation des Textes.

Im Anschluss an Halpern (1988 in Kreutz 2014, 34 f) vertritt auch Kreutz (2014, 35) die Ansicht, dass wir die Melodie uns bekannter Lieder oder von solchen, die uns besonders gut gefallen, „als rhythmisch-melodisches Ganzes", als Gestalt abspeichern und „nur über diesen Gesamteindruck gelangen wir zu des Details" (ebd.), etwa den Einzeltönen. In Anlehnung an die Gestalttheorie spricht er hier von der Gestaltqualität einer Melodie, die dem Gesetz *Das Ganze ist mehr als die Summe seiner Teile* gehorcht (vgl. ebd.).

Sprache (Geschichten) und Gesang haben sowohl mit Bezug auf familiäre als auch kulturelle Traditionen eine enge Verbindung, die sich letztlich auch neuroplastisch betrachtet positiv niederschlägt (vgl. Cooper 2010, 24; Kreutz 2014, 36). So konnte in unterschiedlichen Studien gezeigt werden, dass Babys, die als Feten musikalisch stimuliert worden waren, ihre Vokalisationen eher strukturierten als Babys, bei denen das nicht der Fall war (vgl. Cooper 2010, 24; Stadler Elmer 2015a, 101 ff). Hinzu kommt, dass sie eine breitere Bandbreite bei ihren Vokalisationen (vgl. Cooper 2010, 25) und dann später auch ihres Vokabularschatzes haben (vgl. a. a. O., 26). Wenn hier von Geschichten die Rede ist, so liegt der Schwerpunkt eindeutig auf Märchen (vgl. Kowal-Summek 2006, 440 ff). Hervorzuheben ist in diesem Zusammenhang die Bedeutung der sozialen Situation, die sich sowohl beim gemeinsamen Singen als auch beim Vorlesen und Geschichten erzählen einstellt. Es handelt sich hierbei um Vorgehensweisen, die ihre Bedeutung nicht nur in der Vorschule haben, sondern sich auch auf schulische Lernprozesse positiv auswirken (vgl. Cooper 2010, 24).

Die Frage nach der Methodik unter Berücksichtigung der neurowissenschaftlichen Erkenntnisse stellt Kenney (2009; 2010). Es geht also um die Möglichkeiten eines Brain-Based-Teaching (vgl. Kap. 3). Es zeigt sich, dass es letztlich mit Blick auf die Verarbeitungsmechanismen des Gehirns sinnvoller ist, (Bewegungs-)Lieder als Ganzes zu präsentieren, statt sie häppchenweise zu verarbeiten (vgl. Kenney 2010, 31). Zwar entsteht so erst einmal ein gewisses Chaos im Gehirn, doch entwickelt es aufgrund seiner Plastizität über die Wiederholung und in Koppelung mit Bewegung Strukturen das Chaos in Ordnung zu verwandeln, was die folgenden Grafiken verdeutlichen. Links zeigt die Situation des Chaos, rechts die der Ordnung:

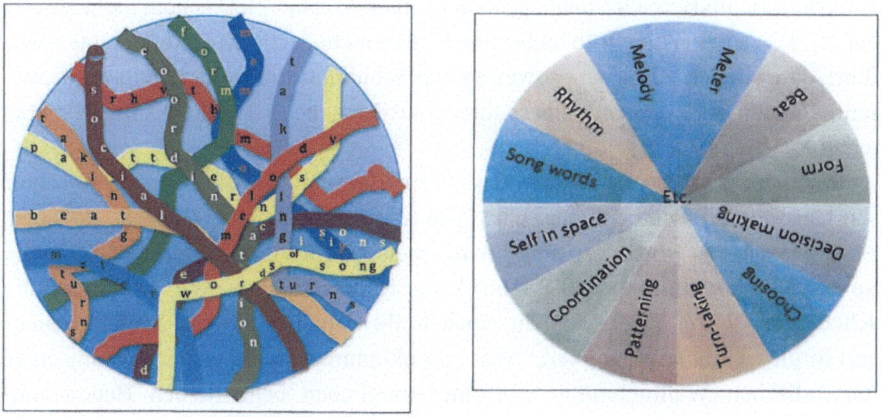


Abbildung 42: Kenney 2009, 25 f

Letztlich münden Kenney's Gedanken in drei Regeln, die es beim Brain-Based Teaching zu berücksichtigen gilt (vgl. Kenney 2010, 31 f):

1. Ein Lied wird am besten gelernt, indem man es wiederholt hört bis es schließlich das ganze Lied mitsingen kann.
2. Die Wiederholung muss für den Lerner eine Bedeutung haben. Einfaches Wiederholen wird auf die Dauer langweilig. Deshalb ist es sinnvoll, das Lied z. B. mit unterschiedlichen Bewegungen zu koppeln. Die Bewegung dient letztlich als Vehikel, um das Lied im Gedächtnis zu behalten.
3. Die größte Effektivität wird erreicht, indem das Lied als Ganzes erfahren wird und der Lerner wichtige Strukturen im Ganzen erkennt, mit vollzieht und letztlich auch benennt.

## 5.10 Schulischer Musikunterricht

„In wohl keinem anderen Schulfach sind derart heterogene Voraussetzungen anzutreffen wie im Bereich Musik“ (Stadler Elmer 2015b, 72). Das liegt nicht zuletzt daran, dass eine schon früh einsetzende außerschulische Musikerziehung dazu führt, dass Kinder, zumindest soweit es den Schuleintritt betrifft, bereits eine „wesentliche und stark prägende Phase ihrer (musikalischen – L. K.-S.) Biografie hinter sich (haben)“ (ebd.).

Dennoch ist nicht zu leugnen, dass der herkömmliche Musikunterricht schon seit längerem kritisch betrachtet wird. Die Kritik äußert sich z. B. darin, dass hier zwar Wissen über Musik vermittelt wird, aber von „der Einübung *in* musikalische Sprechfähigkeit“ (Gruhn 2008[3], 166) keine Rede sein kann. Was in der Schulischen Musikausbildung geschieht, umschreibt Gruhn (ebd.) mit „guter Absicht und sorgloser Ahnungslosigkeit.“ Was ausgeklammert bleibt, ist der Vorrang einer musikalischen Wahrnehmung vor einer möglichen begrifflichen Benennung. „Musiktheoretische Kenntnisse stehen daher immer am Ende eines Lernprozesses. Eine Theorie ordnet und erklärt nur, was phänomenal bereits bekannt ist“ (a. a. O., 168; vgl. Haefeli 1998, 137).

Schulischer Musikunterricht bedeutet erst einmal, dass Musiklernen in einem von Heterogenität gezeichneten Klassenverband stattfindet. Nach Gruhn (2008[3], 222) stellt „die pädagogische Maxime individueller Führung in einem heterogenen Feld […] den Gleichbehandlungsgrundsatz der allgemeinbildenden Schule in Frage.“ Folgt man dem Grundsatz einer ernstgemeinten individuellen Förderung, so sollten bzw. sich müssten die Leistungsunterschiede eher vergrößern als verkleinern. In jedem Fall sollten aber die Lehrer darauf vorbereitet werden, individuelle Förderung anzustreben durch einen methodisch differenzierten und differenzierenden Unterricht. Spychiger (2015, 50) zufolge bietet Musikunterricht in einer heterogenen Gruppe „die Chance des gemeinsamen Lernens und sie ist die Art des Musiklernens, die am üblichsten ist.“ Dieser Heterogenität Herr zu werden, sieht sie als Aufgabe des verantwortungsbewusst handelnden Lehrers, der allerdings von Beruf her schon um diese Situation weiß.

Ohne diesen Gedanken hier weitergehend verfolgen zu wollen, sehe ich in der Heterogenität auch eine Chance mit Blick auf die Inklusion.

Doch kommen wir zurück zu den Gedanken um die Methodik. Haeferli (1998, 138) beispielsweise verweist hier auf entdeckende Methoden oder Verfahren, da sie an das explorierende Verhalten von Kindern anschließen und zu den auch von Gruhn immer wieder hervorgehobenen mentalen bzw. musikalischen Repräsentationen führen würden.

Jahre zuvor stellt Gruhn (1999, 68 ff) Grundbedingungen auf, die einen erfolgreichen schulischen Musikunterricht bzw. einem erfolgreichen musikalischen Lernprozess auf der Grundlage neurowissenschaftlicher Erkenntnisse zugrunde liegen müssen:

- Struktur der Lernorganisation: „Wichtiger als die Anordnung der Inhalte […] und die Wahl bestimmter Methoden […] ist dabei die Orientierung an der *sequentiellen Anordnung der Lernschritte*“ (a. a. O., 69; vgl. Tappert-Süberkrüb 1999, 79 ff). Diese unbedingte „sequentielle Lernarrangement“ (Gruhn 1999, 69) ist entscheidend für den Lernerfolg. Ausgangspunkt ist dabei die „klangliche Hörerfahrung“ (ebd.) und die gestisch Bewegungserfahrung, gefolgt von sprachlichen und symbolischen Darstellungsformen.
- „Für den Aufbau einer sicheren klanglichen Vorstellung (muss) die Funktion der *phonologischen Schleife* berücksichtigt werden“ (ebd.). D. h. klangliches Geschehen und Hören müssen in einen Rückkopplungsprozess eintreten. Hier kommt Gordons Audiation ins Spiel. Dieser Rückkopplungsprozess insgesamt erzeugt dann eine „bi- oder multi-repräsentative Verankerung“ (ebd.). des musikalischen Geschehens im Gehirn. Es bilden sich also unterschiedliche mentale Repräsentationen aus.
- Das dritte Prinzip betrifft das „*Prinzip von Wiederholung und Variation*“ (ebd.). Wichtig ist die Tatsache, dass das Gehirn mit Blick auf Klassifikationen und Schemata mehr aus Unterscheidungen als durch dauerndes Wiederholen lernt. Letztlich geht es um den Aufbau eines musikalischen Vokabulars durch das Musizieren. Benennungen folgen erst danach.

Flohr (2010, 16 ff) zufolge lernen Kinder in der Grundschule am besten in Musik, wenn sie mit Bewegung verknüpft ist, wenn der kindliche Bewegungsdrang in

Verbindung mit Emotionen und Kommunikation auf kreative Weise aufgegriffen wird, was auch als Appell an die Pädagogen begriffen werden kann. Hinzu kommt eine freier Umgang und ein freies Spiel mit Musikinstrumenten (Improvisation). Frei bedeutet hier keineswegs, dass jeder machen kann, was er will. Frei heißt in diesem Zusammenhang: „frei von verbindlichen stilistischen Vorgaben" (Gagel/Schwabe 2013, 9), wie sie sich z. B. im Jazz oder in der Barockmusik finden. Frei bezieht sich auch auf die Wahl des Materials. Gemeint ist der Klang an sich, „*jeder* Klang, *jedes* Geräusch, *alles* was klingt, sofern ich es als Spieler für ‚passend' erachte" (a. a. O., 8). Gemeint ist die Improvisation (vgl. Kowal-Summek 2013).

Im Gegensatz zum herkömmlichen Unterricht setzt Improvisation unmittelbar und voraussetzungslos an der musikalischen Gestaltung an. „Notwendige und zu erwerbende Eigenschaften und Fähigkeiten sind hierbei: Offenheit für Ungewöhnliches, Wachheit, die Bereitschaft zu lauschen, zu experimentieren, zu interagieren. Daraus entsteht die Fähigkeit musikalisch zu gestalten" (ebd.). Die Verbindungen zu Spiel und zur Nachahmung sind offensichtlich (vgl. Flohr 2010, 17).

In ihrer Abhandlung hebt Spychiger (2015, 53 ff) besonders drei Elemente hervor, die sie als kennzeichnend für das kindliche Lernen sieht und die dem Leser bekannt vorkommen müssten: die Nachahmung oder Imitation, die Wiederholung und den Einbezug der Bewegung in den Lernprozess. Besonders die Nachahmung bezeichnet sie keineswegs als primitiv, sondern als „archaische und ursächliche Form des Lernens" (a. a. O., 54). In der Wiederholung sieht sie das Element, das zur Ausbildung mentaler Repräsentationen beiträgt. Die immanente Verbindung von Musik und Bewegung sieht sie sogar evolutionsgeschichtlich begründet (vgl. a. a. O., 55; Kap. 5.6.1).

In seiner kürzlich erst erschienenen Abhandlung setzt sich Kostka (2017) ebenfalls mit den Möglichkeiten einer Neurodidaktik für den schulischen Musikunterricht auseinander. Letztlich kommt er über den Weg einer durchaus lesenswerten Auseinandersetzung mit den Grundlagen zu „16 Prinzipien neurodidaktischen Musikunterrichts" (a. a. O., 207 ff), die es mit Bezug auf die Lernprozesse zu bedenken gibt. Aus diesen 16 Prinzipien folgen 16 neurodidaktische Lernwege, wobei dem Prinzip der Bewegung eine besondere Rolle zukommt. Es bildet sozusagen die Grundlage und damit die „Basis für alle späteren Wege des Lernens im Musikunterricht" (a. a. O., 215).

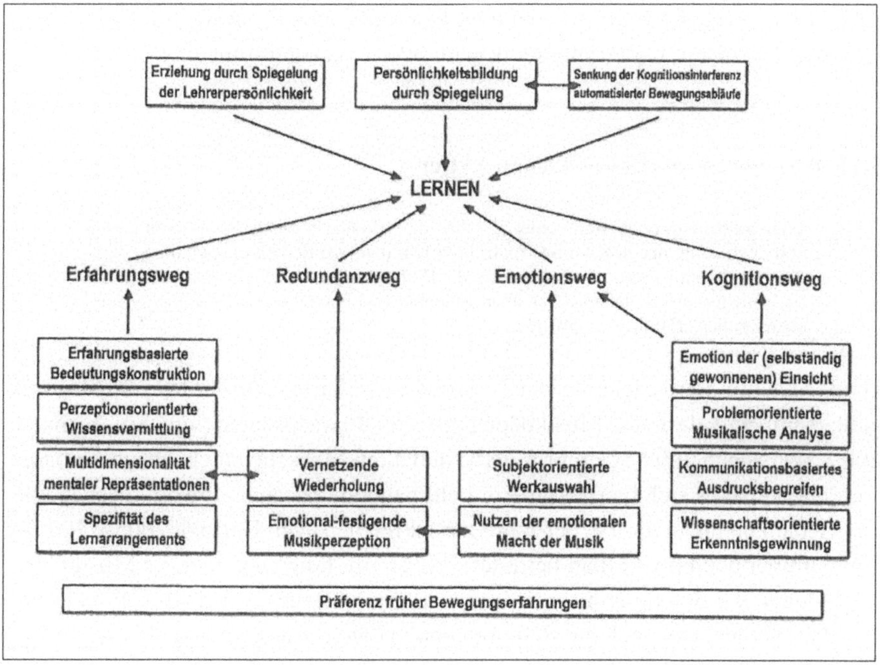


Abbildung 43: Kostka 2017, 215

Kostka verweist in diesem Zusammenhang darauf, dass natürlich kein Lehrer alle Prinzipien gleichzeitig anwenden kann. Zudem bleibt zu bedenken, dass sowohl die Biografie als auch die jeweilige Lehrerpersönlichkeit in diesem Zusammenhang zu berücksichtigen sind. Ein weiterer Faktor betrifft die Unterschiedlichkeit der Schüler bzw. der Lerngruppen. Letztlich will Kostka seine 16 Prinzipien keinesfalls als Dogma verstanden wissen. „Vielmehr bieten jene aufgestellt neurodidaktischen Prinzipien einen Pool didaktisch sinnvoller Leitgedanken für den Musikunterricht, auf den nach individuellen Bedürfnissen und Voraussetzungen zugegriffen werden kann“ (a. a. O., 213). Des Weiteren gilt: Jedes der 16 Prinzipien hat „seinen didaktischen Eigenwert“ (ebd.). Zudem besteht auch die Möglichkeit, unterschiedliche Prinzipien miteinander zu kombinieren. Kostka (a. a. O., 218) versteht diese Grafik nicht nur als Zusammenfassung der 16 Prinzipien, sondern

„als Orientierungshilfe für die Planung, Durchführung und Reflexion bestimmter Unterrichtsstunden, Unterrichtssequenzen oder Unterrichtseinheiten."

## 5.11 Musizieren im (Erwachsenen-)Alter

> „Wie oft heißt es noch, wenn einer 70 Jahre alt ist, könne er nichts Neues mehr lernen und auch keine neuen Kontakte mehr knüpfen, dann sei der Zug abgefahren. Stattdessen müssen wir uns nun fragen, wie die Bedingungen aussehen sollten, damit wir auch im fortgeschrittenen Alter überraschende und bereichernde Erfahrungen machen können" (Hüther 2015b, 25).

Da es hier um die Bedeutung der Neurowissenschaften für die Musikpädagogik geht, kann und darf die Musikpädagogik bei Erwachsenen (vgl. Spiekermann 2009; Walsleben 2009²; Gembris 2015) und alten Menschen nicht ausgeschlossen werden, zumal es sich hierbei um ein Feld handelt, das sich, obwohl diesbezügliche Gedanken bis in die 1970er Jahre zurückreichen (vgl. Hartogh 2005b, 100 ff), heute immer noch im Aufbau befindet. Wie so oft, hing auch hier die Musikpädagogik lange der demographischen Entwicklung hinterher. Dennoch soll nicht unerwähnt bleiben, dass sich die Bemühungen in den letzten Jahren mehr als verdoppelt haben. Die Zahl der Erwachsenen und der Senioren, die sich dem Instrumentalspiel zuwenden, steigt ständig und liegt laut Statistik der Musikschulen zurzeit bei ca. 10 % (vgl. Altenmüller 2015a, 103). Die Gründe sind dabei sehr unterschiedlicher Natur. Das Spektrum reicht von „Anfänger(n), Wiedereinsteiger(n) oder kontinuierlich Lernenden" (Spiekermann 2009², 49).

Die in diesem Kapitel angesprochene Thematik, soweit sie sich nicht auf die Musikpädagogik mit Erwachsenen ab ca. 55 Jahren bezieht, sieht Schuppert (2014, 149) an der „Schnittstelle zwischen Musikphysiologie/Musikermedizin und Musikpädagogik" (vgl. Schuppert 2015), während Hartogh (2005b) und Tüpker/Wickel (2009², 7) die Schnittstelle zwischen Musikpädagogik und Geragogik hervorheben.

Wickel/Hartogh (2008, 41) geben zu bedenken, dass Altern ein Prozess ist, „bei dem viele Faktoren eine Rolle spielen." Dieser Prozess wird bestimmt durch biologische und psychologische Faktoren auf der einen, und gesellschaftliche Zuschreibungen auf der anderen Seite (vgl. ebd.).

Wie bereits in Kapitel 1.4 ausgeführt, kennzeichnet sich der Alterungsprozess durch neuronale Veränderungen, die unterschiedliche Bereiche betreffen. Spahn (2011, 15 f) nennt hier die Lernfähigkeit, körperliche Voraussetzungen, das psychische Befinden und nicht zuletzt häufige Erkrankungen. Je nach Häufigkeit und Intensität können diese Veränderungen zu einer Abnahme an Aktivität bis hin zum Rückzug führen (vgl. Altenmüller 2008b, 38). „Hier kann das aktive Musizieren beitragen, Wahrnehmung, Denken, motorische Fähigkeiten zu üben und positive Emotionen zu erzeugen“ (Altenmüller 2014b, 158; vgl. 2008b, 38). Bedingt durch die lebenslange Neuroplastizität können dadurch Alterungsprozesse zumindest verlangsamt, wenn nicht „sogar wieder rückgängig gemacht werden“ (Altenmüller 2014b, 158; vgl. 2008b, 38)!

Auch Spahn (2008, 143 ff; 2011, 17) sieht im Musizieren gesundheitsfördernde Chancen für ältere Menschen. Unterschiedlich Studien belegen, dass Musizieren für ältere Menschen positive Auswirkungen hat auf die allgemeinen Vitalität und Lebensfreude, auf die Gedächtnisleistung, das Wahrnehmen und Denken, auf die motorischen Fähigkeiten, auf die Emotionen, auf die Reduzierung von Ängsten und Depressionen und auch hinsichtlich der Demenzerkrankung. (vgl. Spahn 2011, 17 f). Hartogh (2005b, 31 ff) spricht in diesem Zusammenhang auch von erfolgreichem Altern (vgl. Wickel/Hartogh 2008, 41). Spahn (2008, 147; 2011, 18) geht sogar so weit, dass sie das Musizieren älteren Menschen ärztlicherseits empfehlen kann. Letztlich aber geht es auch um eine sinnvolle Freizeitgestaltung (vgl. Walsleben 2009[2]).

Altenmüller (2008b, 38; 2014b, 159) referiert eine Studie, die beweist, dass 6monatiger Instrumentalunterricht bei Senioren zu einer des Arbeitsgedächtnisses „und exekutiver Funktionen, wie Planung und Steuerung“ führte, wenn sie denn bei der Sache blieben, spricht sich auch weiterhin dem Instrumentalspiel widmeten. Angesprochen sind hier die Transferwirkungen.

Da die Aspekte der Musikmedizin hier nicht weiter berücksichtigt werden sollen, lässt sich hinsichtlich der Neurogenese im Alter erst einmal folgendes Resümee ziehen (vgl. a. a. O., 161):

1. „Auch in höherem Alter passt sich das Nervensystem an die Anforderungen an, die mit dem Erlernen eines Instrumentes einhergehen.

2. Diese Anpassungsvorgänge können dem natürlichen Altern des Nervensystems teilweise entgegenwirken.
3. Musizieren stellt für die Menschen einen Situation der ‚angereicherten Umgebung' dar. Mit größter Wahrscheinlichkeit wird man bei Menschen die gleichen Veränderungen finden, die in Untersuchungen an Tieren bewiesen wurden. Eine angereicherte Umgebung führt zu höherer Synapsendichte, zu vermehrtem Wachstum von Nervenzellfortsätzen und zu einem höheren Gehirngewicht.
4. Die Konsequenz daraus ist, dass es nicht nur nie zu spät ist, sondern dass sich das Erlernen eines Instrumentes auch in höherem Erwachsenenalter günstig auf die geistige Entwicklung und die geistige Leistungsfähigkeit auswirkt."

Hinsichtlich der pädagogischen Herangehensweise warnt Altenmüller (a. a. O., 162) vor überzogenen Selbstansprüchen, zu hohen Erwartungen an das Lerntempo und zu großem Ehrgeiz auf beiden Seiten. Dies führt nur zu Frustrationen bis hin zu Depressionen, was sich wiederum negativ auf die neuronale Plastizität auswirken würde. Was hier von Altenmüller nur indirekt angesprochen wird, lässt sich unter dem Begriff Alterstheorien fassen, mit dem und mit denen sich besonders Hartogh (2005b, 26 ff), aber auch Spiekermann (2009, 58 ff) und Sobirey (2008) auseinandergesetzt haben. Es zeigt sich hierbei, dass besonders hinsichtlich einer musikpädagogischen Grundeinstellung und Herangehensweise zwischen defizit- und ressourcenorientierten Ansätzen unterschieden werden muss. Letztlich gilt:

> „Es ist nie zu spät ein Instrument zu lernen, wenn wir nicht den Leistungsgedanken in den Mittelpunkt der Musik stellen, sondern uns fragen, was die Musik einem Menschen geben kann, wobei sie ihm helfen, was sie ihm ermöglichen kann, wozu er sie braucht" (Tüpker 2009$^{2}$, 13).

Spahn (2008, 147; 2011, 18) konkretisiert die Aussagen Altenmüllers, indem sie für das Musizieren mit älteren Menschen „ein spezifisches didaktisch-methodisches Vorgehen" fordert (vgl. Spiekermann 2009, 75 ff). In diesem Zusammenhang sprechen sie, besonders aber Hartogh und Wickel von Musikgeragogik (vgl. Hartogh 2005; Hartogh/Wickel 2008; Tüpker/Wickel 2009$^{2}$; Wickel/Hartogh 2008; 2011; Schönherr/Kallós 2012), deren Ziele nicht in der Profikarriere, sondern unter Berücksichtigung individueller biografischer Erfahrungen (vgl. Hartogh 2005, 91 ff; Spiekermann 2009, 31 ff, 43 ff) „im Bereich des positiven Erlebens und der Zufriedenheit“ (Spahn 2011, 18; vgl. 2008, 148; Gembris 2011, 285) aber auch in der Musik selber liegen (vgl. Gembris 2011, 286).

Wickel/Hartogh (2008, 42) sehen in der Musikgeragogik eine eigenständige Disziplin, „da sich aufgrund des fortgeschrittenen Alters ihrer Klientel und den damit verbundenen psychischen und physischen Veränderungen [...] andere didaktische und methodische Schwerpunkte in der Musikpädagogik ergeben“ als dies bei Kindern und Jugendlichen der Fall ist.

Als Punkte, die im Rahmen instrumentalpädagogischer Aktivitäten zu berücksichtigen sind, nennt Spahn (2008, 147) folgende:

- Beachtung von Lernschwierigkeiten
- Nicht zu große Anzahl von Informationen
- Klare und einfache Informationen
- Höhere Störanfälligkeit
- Ausreichende Wiederholungen einplanen
- Körperliche und psychische Verfassung berücksichtigen auch bei der Instrumentenwahl
- Personenzentriertes statt konzeptorientiertem Vorgehen.

Gembris (2008, 20; 2011, 291) sieht in diesem Zusammenhang die Notwendigkeit sowohl körperlicher und mentaler (vgl. 2001, 291) als auch musikalischer (2008, 21; 2011, 291) Kompensationsstrategien, die es im individuellen Fall von pädagogischer Seite zu berücksichtigen gilt.

Die Aussagen von Spahn und Gembris legen nahe, sich im Vorfeld pädagogischer Aktivitäten grundlegend mit der musikalischen Entwicklung im Erwachsenenalter auseinander zu setzen (vgl. Gembris 2008; 2011; 2013[4], 365 ff, 405 ff).

Ansätze, Vorgehen und Projekte einer sinnvollen praktischen musikgeragogischen Arbeit in unterschiedlichen Arbeitsfeldern finden sich besonders bei Wickel/Hartogh (2011), Tüpker/Wickel (2009[2]).

## 5.12 Suggestopädie

„Die Suggestopädie (Suggestionspädagogik) wurde in den 60er-Jahren von dem bulgarischen Arzt und Pädagogen Lozanov entwickelt“ (Quast 2005, 90). Es handelt sich dabei um eine Methode, die erst einmal auf das Lernen im Fremdsprachenunterricht angewandt wurde, sich aber später auf andere Bereiche ausdehnte. Nach Quast versteht man unter dem Begriff Suggestion in der Suggestopädie

- „die mehr oder weniger unbewusste Informationsübertragung
- einen konstanten kommunikativen Faktor (Man geht davon aus, dass Suggestion immer wirkt, wenn Kommunikation stattfindet)“ (ebd.).

Jäncke (2008, 201) zufolge handelt es sich um eine Methode, bei der versucht wird, durch „die kombinierte und simultane Verwendung von visuellen, auditiven und kinästhetischen Reizen [...] den Lernprozess zu optimieren.“

Innerhalb dieses Systems hat der Umgang mit in erster Linie rezeptiv und reproduktiv präsentierter Musik einen besonderen Stellenwert: Musik dient als Mittel, um unbewusstes, den Körper harmonisierendes und angstfreies Lernen hervorzurufen (vgl. Quast 2005, 90). Dass es dabei auch zu einer Entwicklung ästhetischer Genussfähigkeit auf der Grundlage der gehörten Musik (Klassik, Barock) kommt bzw. kommen kann, ist quasi ein Nebenprodukt.

Vermittelt wird die Suggestopädie über verschiedene Übungen, die im musikpädagogischen Feld keine Fremdworte sind; Fantasiereisen, Lernkonzerte und Rhythmisierungen z. B. des Unterrichts, Vermittlung von Lerninhalten über rhythmischen Klatschen bzw. Sprechen.

Auch wenn diese Methode vom wissenschaftlichen Standpunkt aus nicht zweifelsfrei ist (vgl. Jäncke 2008, 203 f), kann doch positiv festgehalten werden, dass die Menschen, die sich der Suggestopädie versuchsweise stellten, insgesamt von subjektivem Wohlbefinden während des Lernprozesses berichteten.

Im Rahmen einer Betrachtung über Neurowissenschaften und Musik spielt die Suggestopädie u. a. deshalb eine Rolle, weil sie „seit Anbeginn auf neurophysiologische und neuropsychologische Erklärungsmuster zurück(greift)“ (a. a. O., 202). Dies allerdings geschieht schon seit einem frühen Zeitpunkt, nämlich schon in den 1960er Jahren, und das ist einer Hauptkritikpunkte (vgl. a. a. O., 206), als eigentlich zu der Zeit noch gar keine wesentlichen Erkenntnisse über den Zusammenhang von Musik und Neurowissenschaften vorlagen. Insofern sind die durch

Lozanov aufgestellten Hirnaktivierungen durch insbesondere klassische Musik mehr spekulativer Natur als wissenschaftlich erwiesen.

Wissenschaftlich erwiesen ist dagegen, dass die Aktivierung der Hirnaktivität durch Musik allgemein von den Vorerfahrungen der betreffenden Person (mit Musik), der Gesamtpersönlichkeit und der momentanen Stimmung abhängig ist. Des Weiteren ist die Hirnaktivität in Abhängigkeit zu sehen von dem Verlauf eines Musikstücks (vgl. a. a. O., 208).

Untersuchungen hinsichtlich des Zusammenhangs von Musik und Arbeit (vgl. a. a. O., 210 ff; Hellbrück 2008, 24) erbrachten keine eindeutigen Befunde bzw. ließen einen Interpretationsspielraum offen. Bezüglich eines möglichen Zusammenhangs von Musik und Lernen sind die Aussagen positiv, auch wenn sie von bestimmten Rahmenbedingungen abhängen (vgl. Jäncke 2008, 212 ff). So konnte in verschieden Untersuchungen gezeigt werden, dass als angenehm empfundene und ruhige Musik jedweder Couleur positive Effekte zeigt hinsichtlich folgender Bereiche:

- „allgemeiner Intelligenz
- Universitäre Prüfungsleistungen
- Rechenleistungen
- Leseverständnis
- Vokabellernen
- Räumliche Wahrnehmungsleistungen“ (a. a. O., 213).

Zu berücksichtigen ist allerdings, dass die Untersuchungen bei Erwachsenen eher ernüchternd waren (vgl. a. a. O., 218), während sie bei Kindern und Menschen mit Behinderungen eher positiv waren (vgl. a. a. O., 219). „Einfach nur Musik hören, dann lernt man besser – so einfach ist es nicht“ (ebd.; vgl. Hellbrück 2008, 23 f). Nach einer Untersuchung von Kämpfe et al. (2010) bei Erwachsenen stört Musik im Hintergrund den Leseprozess und hat einen negativen Einfluss auf Gedächtnisleistungen. Die Fehlerquote kann sich in Abhängigkeit von der Art der Musik bis zu 30 % erhöhen (vgl. Hellbrück 2008, 23). Positive Effekte zeigen sich dagegen hinsichtlich der Wahrnehmungen von Emotionen und bei sportlichen Aktivitäten und hinsichtlich des Tempos, in dem Aktivitäten erledigt werden.

Prinzipiell ist zu berücksichtigen, dass durch die Verbindung Musikhören und Ausführung einer anderen Tätigkeit von Gehirn zwei Prozesse gleichzeitig zu bearbeiten sind, was per se nicht unproblematisch ist und durchaus zu zeitweiligen Aufmerksamkeitsverschiebungen zwischen Primär- und Sekundärtätigkeit kommen kann mit entsprechenden Auswirkungen (vgl. Jäncke 2008, 214 ff), besonders dann, wenn beide Tätigkeiten eigentlich die gleiche Aufmerksamkeit benötigen würden oder aber, wenn uns die Musik so fasziniert, dass man sich ihr nicht entziehen kann (vgl. a. a. O., 217).

## 5.13 Musikpädagogik und Integration/Inklusion

### *5.13.1 Zur Integration/Inklusion*

Ich glaube es ist verständlich, wenn an dieser Stelle nicht die historische Entwicklung und die aktuelle Diskussion in Gänze, sondern nur partiell wiedergegeben werden kann. Die derzeitige Diskussion um Inklusion im pädagogischen Raum insgesamt wird zum Teil sehr kontrovers geführt.

Aus allgemein-, aber auch aus sonderpädagogischer Sicht steht, spätestens seit dem 26.3.2009, der Unterzeichnung der UN-Behindertenrechtskonvention durch die BRD, das Thema Inklusion an erster Stelle. Vielfach wird dabei der seit den späten 1970er Jahren wirksame Begriff der Integration einfach durch den der Inklusion ersetzt, ohne dass über die Inhalte, die durchaus verschieden sind, nachgedacht wird. Dabei sind die Unterschiede keineswegs marginal.

> „Während die Integration in erster Linie die Anpassung des Individuums an bereits bestehende Strukturen meint, bezeichnet die Inklusion die Anpassung aller notwendigen Strukturen an das Individuum" (vgl. Kowal-Summek 2010).

Die Integrationsdebatte ist nun schon seit Jahren im Gang und sie wird kritisch, teils sehr kritisch sowohl von Eltern und Lehrern als auch von Theoretikern begleitet. Im Zuge der Auseinandersetzung bildeten sich viel Ideen, Ansätze, Konzepte, Konzeptionen und Theorien heraus (vgl. Kluge u. a.2015; Feuser 2017).

Das für mich wesentliche Konzept der Inklusion, in seiner Radikalität für mich ungebrochen, stammt von Feuser. Bereits in den 1980er Jahren entwickelte er im Zusammenhang mit der Integration von Menschen mit Behinderungen in Kindertagesheimen (vgl. Feuser 1984) seine Grundgedanken, die weit über das damalige Verständnis von Inklusion hinausgingen und eigentlich schon damals das beschreiben, was heute unter Inklusion verstanden wird.

> „Integration heißt demnach, „dass alle Kinder an/mit einem gemeinsamen Gegenstand in Kooperation miteinander auf dem jeweiligen Entwicklungsniveau spielen und lernen“ (a. a. O., 18; vgl. Feuser 2013, 126).

Ein Gegenstand, eine Sache ist also so aufzubereiten, dass jeder Lerner nach seinen Maßgaben aktiv am Lernprozess beteiligen und damit sein eigene Entwicklung vorantreiben kann.

Aufbauend auf dieser Definition entwickelte Feuser sieben „allgemeine Aspekte und Prinzipien der Integration“ (Feuser 1984, 18):

1. Die Entwicklung eines jeden Menschen ist „nur im sozialen Kontext, also durch Interaktion, Kommunikation und Kooperation verstehbar, aufbaubar und beeinflussbar“ (ebd.).
2. Integration von Menschen mit Behinderungen verlangt die „Entwicklung eines neuen gesellschaftlichen und individuellen Bewusstseins“ (ebd.).
3. „Integration bedeutet die Regionalisierung und Dezentralisierung des Gesundheits-, Sozial- und Bildungswesens“ (a. a. O., 20).
4. „Integration bedeutet die Gewährung aller für die Gesundheit, Erziehung und Bildung erforderlichen Hilfen und fachlichen Qualitäten in allen Lebensbereichen und zu allen Altersstufen […], in denen sie benötigt werden“ (a. a. O., 21).
5. „Integration bedeutet nicht nur die Aufhebung der Segregation und Verteilung negativer sozial-gesellschaftlicher Lasten auf behinderte, sondern auch die Aufhebung der psychischen Verkrüppelung Nichtbehinderter durch ihre Einschränkung auf die herrschende Normalitäts- und Leistungsorientiertheit“ (ebd.).
6. „Integration bedeutet weder die Anpassung Behinderter an die Normen der Nichtbehinderten noch die Reduzierung der Entwicklungsmöglichkeiten der Nichtbehinderten auf ein für alle erreichbares Niveau, sondern die Wiederherstellung ihrer zerstörten sozial-gesellschaftlichen und individuellen (Identität) Einheit“ (a. a. O., 22).

7. „Integration ist nicht ein einmal erreichter Zustand, sondern ein gesellschaftlich-sozialer Prozess, der ständig neu vollzogen werden muss." (a. a. O., 24).

Anders geht es nicht. „Inklusionismus" nennt Feuser (2013, 124) es dann, wenn in diesem Zusammenhang die Notwendigkeit eines tief greifenden Strukturwandels des gesamten Bildungswesens nicht gesehen wird, gesehen werden will und wenn es weiterhin darum geht, auf der Bühne zwar Inklusion zu inszenieren, im Hintergrund aber weiterhin zu selektieren, z. B. durch die Schaffung sogenannter Restschulen (vgl. ebd.).

Ein sich auf den o. g. Aspekten aufbauendes Verständnis von Bildung und Erziehung beschreibt er wie folgt (Feuser 1984, 29):

> „Erziehung ist der Ausdruck der Strukturierung der Tätigkeit der Kinder mit dem Ziel größerer Realitätskontrolle und Bildung ist Ausdruck der Biographie (der Gesamtheit der Handlungskompetenzen, der Fähigkeiten, Fertigkeiten und Kenntnisse, der Bedürfnisse und der Motive) im Sinne der aktiven Selbstorganisation."

Menschliches Lernen, das sich als Prozess über die Gesamtheit der Lebensspanne erstreckt, bildet zum einen die Basis der Persönlichkeitsentwicklung, zum anderen vollzieht sich Lernen „im Sinne der Gesetzmäßigkeiten menschlicher Entwicklung als eine spezifische Tätigkeit unter besonderen gesellschaftlichen Bedingungen" (ebd.).

Ein weiterer Begriff, der hier ins Spiel kommt, ist der der Teilhabe. „Es geht um das Verhältnis dessen, was eine Mensch will, was ein Mensch kann und was ihm gewährt wird an Zugängen, Ressourcen und Unterstützung, um realisieren zu können, was er will" (Feuser 2013, 128) und inwieweit er sein Wollen eigenständig, aus eigener Kraft realisieren kann. Teilhabe steht im Spannungsverhältnis zu individuellen Wünschen und in erster Linie gesellschaftlich und institutionell bedingten Möglichkeiten der Realisierung. Nicht die Institutionen an sich „definieren das Bedingungsfeld von Teilhabe und sind insofern ein Primärfaktor ihrer Ermöglichung oder Unterbindung" (a. a. O., 130), sondern die in den Institutionen arbeitenden Menschen. Zum entscheidenden Faktor werden somit die sozialen Beziehungen. Die Möglichkeiten der Teilhabe und damit die Chancen individueller Entwicklung werden also definiert oder sind „abhängig von Dialog, Kommunikation und sozialem Verkehr“ (Jantzen 2011, 6) und den damit einhergehenden sozial und individuell akzentuierten emotionalen Bindungen.

### *5.13.2 Zur Musikpädagogik*

Die Diskussion um Integration/Inklusion macht auch vor der Musikpädagogik nicht halt. Auffallend ist hier für mich, dass im Zuge dieser Diskussion bereits seit Jahrzehnten bestehende Grundgedanken nicht aufgegriffen werden. Interessant ist dabei, dass sich diese Diskussion nicht im Rahmen schulischer Musikerziehung entfachte, sondern im Bereich der außerschulischen Musikerziehung. Für mich ist sie eindeutig mit dem Namen und der Person von Werner Probst verbunden, den Merkt (2013, 1) auch als einen „Pionier der Kulturellen Bildung für Menschen mit Behinderung“ bezeichnet. Dass es gerade er war, der die Diskussion in Gang setzte, liegt wohl daran, dass er in beiden Bereichen, der Schulmusik und der außerschulischen Musik, zu Hause war.

Die für mich zentralen Thesen, die ihn auch zum Pionier inklusiver Musikerziehung machen, formulierte er bereits 1975 (vgl. Probst 1975/1981, 81):

> „1) Der Mensch ist grundsätzlich in der Lage, Musik jeder Gattung und Ausprägungsart zu erleben.
> 2) Dabei gibt es graduelle Unterschiede
> a) in der Intensität des Musikerlebens
> b) in der Beherrschung von Techniken
> c) im Erfassen und Verbalisieren von Musik.“

Die oben genannten Thesen von Probst sind für mich in ihrer Radikalität vergleichbar mit der Konzeption von Feuser. Die von Probst formulierten Thesen treffen auf alle Menschen, behindert oder nicht behindert, alt oder jung, zu und sie decken sich voll und ganz mit den bisherigen Erkenntnissen der Neurowissenschaften.

Probst bezog diese Thesen mit Blick auf die Etablierung der Musik in der Sonderpädagogik. Sie bilden aber ebenso die Grundlage für die von ihm Ende der 1970er Jahre in Angriff genommene Herausbildung des heute noch in Theorie, Praxis und Ausbildung sehr erfolgreichen Konzepts *Instrumentalspiel mit Men-*

*schen mit Behinderungen an Musikschulen* (vgl. Probst 1991). Ausgangspunkt der Überlegungen war seiner Zeit, dass Menschen mit Behinderungen bis dato an Musikschulen nicht vertreten waren. Probst gelang es in den folgenden Jahren mit finanzieller Unterstützung seitens des Bundes und des Landes, über das Modell einer Kooperation zwischen Sonderschulen und Musikschule und einer damit verbundenen berufsbegleitenden Weiterbildung von Musikschullehrern, diesen Bereich neu in den Musikschulen des Verbandes deutscher Musikschulen (VdM) zu integrieren und zu etablieren. Dieser Bereich ist heute aus der Musikschularbeit nicht mehr wegzudenken.

Die Gegenwart zeigt, dass sich diese Konzeption, die ursprünglich ‚nur' für den Instrumentalbereich entwickelt wurde, sich mittlerweile auf den gesamten Bereich der Musikschularbeit ausgeweitet hat. Sie betrifft also den Grundbereich ebenso wie den Instrumentalunterricht und die Ensemble- und Bandarbeit. Das damals von Probst eingeleitete Kooperationsmodell umfasst heute Sonderschulen aller Förderschwerpunkte. Zudem hat sich die Arbeit ausgeweitet sowohl auf nachschulische Institutionen (Werkstatt für angepasst Arbeit) als auch auf den Bereich der Kulturellen Bildung insgesamt.

Ohne Übertreibung lässt sich feststellen, dass sich hier seit Jahren, wenn nicht seit Jahrzehnten ein Modell inklusiver Musikpädaogik entwickelt und in der Praxis mehr als nur bewährt hat. Davon zeugen nicht zuletzt großen Events kultureller inklusiver Musikarbeit His (Hannover), Dis und Domo (Dortmund) und Fis (Fürth), deren Ursprung letztlich auf das Wirken und Handeln von Probst und seinen Mitstreitern zurückzuführen sind.

## 5.14 Zusammenfassung

- Jeder Mensch besitzt aufgrund individueller Lernprozesse eine individuelle Lernbiografie.
- Erlerntes (musikbezogenes) Wissen wird in unterschiedlichen Gedächtnissystemen abgespeichert.
- Es lassen sich unterschiedliche Lernformen unterscheiden.

- Nicht musikalisch zu sein, ist erlernt.
- Jeder Mensch besitzt eine musikalische Disposition.

- Musikalisches Lernen ist ein Lern- und Entwicklungsprozess.
- Durch altersgerechtes musikalisches Lernen bilden sich musikalische Repräsentationen.
- Alle einmal in Gang gesetzten Lernprozesse führen zu kortikalen Veränderungen (nutzungsabhängige Neuroplastizität).

- Kernelement der zurzeit favorisierten Lerntheorie von Gordon ist die Audiation durch die als Folge eines auf aktivem Umgang basierenden Lernprozesses mentale Bilder als mentale Repräsentationen im Gehirn entstehen.
- Audiation ist ein sich über mehrere Stufen aufbauender nicht vom biologischen Alter abhängiger Lernprozess, wobei die Reihenfolge der einzelnen Stufen unabänderlich ist.
- Wesentlich ist, dass sich der Prozess aus dem praktischen Tun entwickelt.
- Die Theorie von Gordon ist nicht unwidersprochen geblieben (vgl. Kap. 5.4).

- Die jedem Menschen innewohnende musikalische Disposition bedarf einer möglichst früh beginnenden, aber behutsamen Anregung im Sinne einer taktilen, motorischen und akustischen Stimulation durch die jeweilige soziale und kulturelle Umwelt.
- Jede Form von Förderwahn gilt es dabei zu vermeiden.
- Aktives und freudvolles Handeln sollte dabei in jedem Fall vor systematischer Belehrung und formaler Anweisung stehen.

- Die Empfehlungen der NAEYC bieten unter Berücksichtigung der drei Kernbedingungen und der darauf aufbauenden Prinzipien eine gute Grundlage für die Gestaltung einer kindgerechten an der Entwicklung des Individuums ausgerichteten Musikerziehung.

- Als Grundformen des (früh-)kindlichen Musiklernens zeigen sich sowohl die Nachahmung als auch das kindliche Spiel.
- Gerade die Bedeutung des Spiels als *die* Form kindlichen Lernens, die sich im Rahmen der musikalischen Erziehung über Jahrzehnte zurückverfolgen lässt, kann dabei nicht genug betont werden.

- Die Elementare Musikpädagogik erweist sich im Rahmen der Diskussion als eine Konzeption, die alters- und fächerübergreifend an Bedeutung gewinnt und die den oben angeführten Kriterien genügt.

- Musizieren ist eine Tätigkeit, die besonders stark von den neuronalen Netzwerken des Frontalhirns, die einem erfahrungsbedingten Reifungsprozess unterliegen, kontrolliert wird.
- Großen Einfluss üben die in Kap. 3 genannten Faktoren aus.
- Wie schon in Kap. 4.3 betont, wirken beim aktiven, aber auch passiven Musizieren die unterschiedlichsten Areale des Gehirns zusammen.
- Zur Entwicklung einer ganzheitlichen Musikalität gehört es, dass der Instrumentalunterricht mehr umfasst als das reine Instrumentalspiel. Angesprochen sind hier sowohl die Bewegung als auch der Gesang.
- Ein wesentliches Element der Instrumentalausbildung betrifft das Üben, das zu plastischen Veränderungen innerhalb der Hirnstruktur führt.
- Intensives Üben führt schon nach kurzer Zeit zu nicht mehr veränderbaren Strukturen in den entsprechenden Hirnregionen.
- Der Übeprozess ist ein über Jahre auf der Basis wohlwollender Bindung und Pädagogik dauernder Prozess des Erlernens der Selbststeuerung, der Selbstkontrolle.

- Selbststeuerung und Selbstkontrolle sind Eigenschaften, die stark von der Motivation für eine Sache, für das Erreichen eines Ziels abhängen.
- Selbststeuerung und Selbstkontrolle unterliegen einem Entwicklungsprozess, der letztlich auch das sich zunehmend entwickelnde Selbstbild prägt.
- Ein ganz wesentlicher Aspekt im Zusammenhang mit dem Erlernen eines Instruments, also auch dem Übeprozess ist die emotionale Eingebundenheit, die sich im Idealfall als Glücksgefühl oder als Flow förderlich auf den gesamten Lern- und Übeprozess auswirkt.
- Ein weiterer Aspekt betrifft das Eingebundensein körperlicher Wahrnehmung und einer damit verbundenen Kontrolle der Bewegungen.
- Die aus den Forschungen der Neurowissenschaften resultierenden Erkenntnisse wirken sich durchaus positiv auf die Gestaltung von Lern- und Übeprozesse aus, gehen aber insgesamt gesehen nicht über die Erkenntnisse hinaus, die guten Pädagogen bisher bereits geläufig waren bzw. sind.
- Dies gilt auch für den Aspekt der Notation.
- Insgesamt gesehen ist davon auszugehen, dass es auch für den Bereich des Übens unterschiedliche Theorien gibt, die je nach Erkenntnissen und Erfahrungen des einzelnen Pädagogen Anwendung finden.

- Singen wie auch Musizieren beansprucht das ganze Gehirn. Schaut man allerdings auf einzelne Aspekte, so spielen wie auch beim Musizieren einzelne Bereiche eine besondere Rolle.
- Hinsichtlich der vorrangigen Bedeutungszuweisung und der Präsentation von Text und Musik beim Gesang herrscht keine Einigkeit. Es gibt unterschiedliche Theorien.
- Die Strukturiertheit des Gehirns nimmt in Abhängigkeit vom Zeitpunkt des Beginns der Förderung jeweils unterschiedliche Grade an.

- Frühes auch musikalisch akzentuiertes Vokalisieren fördert nicht nur die Sprachentwicklung, sondern auch die Musikalität.
- Die Krise des herkömmlichen schulischen Musikunterrichts, soweit er überhaupt stattfindet, zeigt sich auch in der Forderung nach Individualisierung des Unterrichts, wodurch der Gleichbehandlungsansatz der allgemein bildenden Schule in Frage gestellt wird.
- Musik und Bewegung in Verbindung mit freiem Spiel und Improvisation sollten im Vordergrund stehen und möglichst eine Einheit bilden.

- Aktives Musizieren im Alter führt wie in jedem Alter zu neuronalen Veränderungen und verzögert altersbedingt Abbauprozesse.
- Das Nervensystem eines Menschen passt sich auch im Alter noch den Anforderungen an, die durch das Musizieren gestellt werden.
- Aktives Musizieren im Alter hebt die Lebensfreude und die Vitalität, fördert die Gedächtnisleistung, das Wahrnehmen und das Denken.
- Was sich allerdings verändert ist das Lerntempo und die Gesamtleistung.
- Erforderlich ist ein spezifisches didaktisches Vorgehen unter Berücksichtigung individueller biografischer Erfahrungen.

- Die Methode der Suggestopädie versucht durch simultane Verwendung unterschiedlicher Reize Lernprozesse zu optimieren.
- Die Aktivierung der Hirnaktivität beruht auf musikalische Vorerfahrungen der Person, der Gesamtpersönlichkeit sowie der momentanen Stimmung. Hierbei handelt es sich auch um die Faktoren, die ein Lernen unter Musikeinfluss einwirken.

- Unabhängig davon bleibt zu berücksichtigen, dass eine Ausführung mehrer Tätigkeiten gleichzeitig, hohe Anforderungen an die Hirnaktivität stellt.

- Unter Berücksichtigung der Thesen zur Musikalität von Probst, der Aussagen zur Neurogenese und Neuroplastizität und der Inklusionsgedanken von Feuser kann ein didaktisch-methodisches Nachdenken über eine Musikerziehung von Menschen mit Behinderungen nicht mehr ausgeschlossen werden.
- Die derzeitige Praxis zeigt, dass es in der Musikpädagogik bereits zu Ausformungen gekommen ist, die man sich für andere Bereiche nur wünschen kann.

# 6 Resümee: Was bleibt?

Die zentrale Frage dieses Kapitels lautet: Was bringen die bisher gewonnenen Erkenntnisse der Neurowissenschaften für die Pädagogik im Allgemeinen und für die Musikpädagogik im Besonderen? Es geht also um den Erkenntniswert neurowissenschaftlicher Ergebnisse für die Musikpädagogik.

Hodges (2010, 3) zufolge sind in den letzten Jahren tausende von Artikel zu Neurowissenschaft erschienen und es werden täglich mehr, aber nur wenige beschäftigen sich überhaupt mit Lehr-Lernprozessen, insbesondere mit solchen, die sich auf musikbezogene Lehr- und Lernprozesse beziehen.

Eher kurz als ausführlich geht es in einem ersten Schritt um eine kritische Betrachtung der Erkenntnisse der Neurowissenschaften verbunden mit einer ebenso kritischen Betrachtung der Wahrnehmung durch die Öffentlichkeit. In einem zweiten Schritt geht es dann speziell um die Erkenntnisse der Neurowissenschaften mit Bezug auf die Pädagogik. In einem dritten Schritt geht es dann um deren Bedeutung für die Musikpädagogik.

## 6.1 Zu den Neurowissenschaften im Allgemeinen

Im Jahre 2004, vierzehn Jahre nach dem Ausruf der „Dekade des Gehirns" durch G. Bush sen. (vgl. Schleim 2014, 50) erschien in der Zeitschrift Gehirn & Geist (2004, 30 ff) das sogenannte Manifest zur Hirnforschung im 21. Jahrhundert, in dem sich elf führende Neurowissenschaftler zur Gegenwart und Zukunft der Hirnforschung äußerten. Das Manifest stieß seinerzeit, neutral formuliert, sowohl im In- als auch im Ausland auf eine große Resonanz, auch wenn Walter (in Künzel 2014, 61) die Ernsthaftigkeit des Manifests bestreitet.

Obwohl damals wie heute noch viele offene Fragen existieren, äußerten sich die Autoren schon 2004 sowohl zu musikbezogenen Erkenntnissen als auch zu pädagogischen Fragen. Auch wenn sie gleichzeitig bestätigten, dass die Regeln,


L. Kowal-Summek, *Neurowissenschaften und Musikpädagogik*,
Edition Centaurus – Psychologie, https://doi.org/10.1007/978-3-658-21004-5_7

nach denen das Gehirn arbeitet, bisher nicht einmal in Ansätzen vollständig verstanden werden, konnten sie dennoch feststellen, dass „die molekularen und zellulären Faktoren, die der Lernkapazität zu Grunde liegen" (Gehirn & Geist 2004, 33), so gut begriffen werden, dass sie sich in der Lage sahen „beurteilen können, welche Lernkonzepte – etwa für die Schule – am besten an die Funktionsweise des Gehirns angepasst sind" (ebd.). Gleichzeitig stellt man fest, dass die neuronalen Mechanismen, nach denen kognitive Leistungen funktionieren, noch nicht erkannt sind. Hinzu kommt außerdem die Erkenntnis, dass die Organisation eines Gehirns, das Zusammenspiel genetischer Faktoren und Umweltfaktoren so individuell ist, dass eine Vergleichbarkeit eigentlich nicht gegeben ist. Wie will man diese sich hier offenbarenden Widersprüche lösen? Man wünscht sich einen intensiven Dialog zwischen den Geisteswissenschaften und den Neurowissenschaften, „um gemeinsam ein neues Menschenbild zu entwerfen" (a. a. O., 37) und um die jeweiligen Zuständigkeitsbereiche klar zu trennen.

„Kann das Gehirn das Gehirn verstehen?" fragt Eckoldt (2013) in seinen Gesprächen mit Neurowissenschaftler. In diesen Gesprächen geht es auch immer wieder um das 2004 erschienene Manifest. Die heutigen Reaktionen der damaligen Autoren fallen dabei rückblickend sehr unterschiedlich aus. Von der Malsburg (in Eckoldt 2013, 110), einer der Autoren des Manifests, bezeichnet es aus heutiger Perspektive als „Konglomerat von Meinungen verschiedener Leute." Deutlich wird in den Gesprächen, dass sich mittlerweile doch einige Dinge weiter entwickelt haben, aber dennoch bleiben auch heute noch Unklarheiten, die Roth (in Eckoldt, 121) vielleicht am besten auf den Punkt bringt: „Je mehr man erfährt, desto komplizierter werden die Zusammenhänge."

Im Jahr 2014, zehn Jahre nach dem Manifest, kommt es erneut zu einem kleinen Resümee. Es zeigt sich, dass auch weiterhin Lücken bestehen, sodass auch heute immer noch „keine umfassende Theorie des Gehirns" (Roth in Könneker/Ayan 2014, 67; vgl. Singer in Eckoldt 2013, 214) existiert. Mittlerweile herrscht u. a. auch die Einsicht, dass nur eine interdisziplinäre Forschung weiterhilft, denn „Neurobiologen allein können das Gehirn nicht erklären" (Roth in Könneker/Ayan 2014, 69).

Zum anderen Teil werden Anmaßungen und Übergriffe in anderen Bereichen (vgl. Künzel 2014; Schleim 2014, 52 ff; Wilhelm 2014a; Ayan 2015) kritisch diskutiert und gegebenenfalls auch zurückgewiesen. Die Zahl der Neuroskeptiker, „eine wachsende Zahl von Laien, aber auch Forschern, die neurowissenschaftliche

Erklärungsansprüche argwöhnisch betrachten“ (Ayan 2015, 39), nimmt zu (vgl. Falkenberg 2012; Schleim 2012; Hasler 2013[3]). Deren Vorwürfe, so Ayan (2015, 40 ff) lassen sich wie folgt zusammenfassen:

1. Hirnforscher reduzieren den Menschen auf seine Biologie: „Eine konsequent neurobiologische Sichtweise birgt die Gefahr, dass wir jede menschliche Regung, selbst Liebe, Mitgefühl oder Glaube, als bloßes Neuronenfeuern abtun“ (a. a. O., 40). Das gilt auch für die Persönlichkeit, die Intelligenz und Aspekte des Lernens.
2. Hirnforscher übertreiben, um Aufmerksamkeit zu erregen und um Forschungsgelder einzutreiben.
3. Die Medien sind schuld am Neuro-Hype. „Die Misere der Hirnforschung (ist) in erster Linie ein Vermittlungsproblem“ (a. a. O., 42), das nicht zuletzt durch unangemessene Berichterstattung in den Medien gefördert wird und falsche bzw. übertrieben Begehrlichkeiten fördert (siehe Mozart-Effekt) (vgl. O’Connor et al. 2012, 220). McCabe/Castel (2008) sprechen in diesem Zusammenhang von einer Tendenz innerhalb der Laienpresse und der Öffentlichkeit die Ergebnisse der Hirnforschung vereinfacht darzustellen und deren Ergebnisse falsch zu interpretieren (vgl. O’Connor et al. 2012, 220). Dabei ist zu bedenken, dass die Erkenntnisse der Neurowissenschaften und deren Interpretation Konsequenzen dahingehend haben, wie Menschen sich sehen, was sie von sich denken und wie sie sich verhalten. Den Massenmedien obliegt eine große Verantwortung, denn „(they) are the main vectors in the transmission of scientific research“ (ebd.).
4. Hirnforscher verwenden falsche Begriffe. Mag sein, dass die Begriffe nicht unbedingt falsch sind, aber häufig sind die Darstellungen im Sinne einer „laiengerechten Vermittlung“ (Ayan 2015, 43) vereinfacht und führen dadurch zu falschen bzw. unangemessenen Annahmen, und sei die Zahl der Probanden noch so klein und die Ergebnisse wenig signifikant und ohne

Relevanz, sie werden veröffentlicht (vgl. Button et al. 2013). Gefordert wird eine gesunde Selbstkontrolle.

Als weitere Kritikpunkte ließen sich folgende Sachverhalte anführen:

- Viele Erkenntnisse werden unter künstlichen Bedingungen (Laborbedingungen) gewonnen und werden somit „der Vielfalt und Komplexität des Alltags außerhalb des Labors nur bedingt gerecht" (Wolf 2016a, 48).
- „Die ungemeine Komplexität im zwischenmenschlichen Miteinander droht im Labor verloren zu gehen" (a. a. O., 49).
- Das menschliche Gehirn ist „bei einem ‚echten' Austausch mit einem anderen Menschen auf ganz vielen Ebenen gefordert" (ebd.).
- „Die individuellen Unterschiede zwischen Menschen stellen eine der größten Hürden für die Übertragung der Ergebnisse auf den Alltag dar" (a. a. O., 51; vgl. Parsons 2015).

Zudem existiert seit kurzem ein Papier, das sich aus der Kritik an den Neurowissenschaften auf einer interdisziplinären Konferenz im November 2014 (Mind the Brain! Neuroscience in Society) entwickelt hat: „9 Ideen für eine bessere Neurowissenschaft" (Bareither et al. 2015). Die Punkt sind folgende:

1. Strengere Qualitätskriterien für die Forschung. Manche Wissenschaftler gehen mittlerweile davon aus, dass die Ergebnisse der Neuroforschung bis zu 80 % falsch sind, weil das Forschungsdesign auf Grund dessen sie erzielt und interpretiert werden, unvollständig oder gar falsch ist. Zudem bleibt die Frage der Übertragbarkeit von Tierforschung auf den Menschen und die oft geringe Zahl der Probanden ein Problem.
2. Mehr Transparenz. Viele Ergebnisse werden erst gar nicht veröffentlicht. Meist dann, wenn sie negative Ergebnisse liefern, was wiederum zu Verzerrungen führt.
3. Mehr Replikationsstudien. Erst nach mehreren Wiederholungen einer Studie lässt sich eine Aussage bekräftigen oder

entkräften. Mit Replikationsstudien lassen sich keine Meriten verdienen und entsprechende Studien werden oft nicht finanziert.

4. Bessere Ausbildung in statistischen Methoden. Auf Grund mangelnder methodischer Kenntnisse haben viele Ergebnisse keinerlei Aussagekraft.
5. Ein neues Anreizsystem für gute Wissenschaft. Eines, das nicht nur die finanzielle Seite im Blick hat.
6. Das wissenschaftliche Publikationssystem verändern. Nicht nur ein positives Ergebnis, sondern der Forschungsansatz und der Forschungsgegenstand sollte von Interesse sein.
7. Die Hirnforschung im gesellschaftlichen Kontext sehen. Hier geht es darum, dass die gesellschaftliche Bedeutung der Forschung im Blickpunkt stehen sollte, was aber bisher nicht immer der Fall ist.
8. Mehr (selbst)kritische Berichterstattung. „Viele neurowissenschaftliche Befunde werden in den Medien voreilig, überzogen oder einfach falsch dargestellt“ (Connie St Louis in Bareither et al. 2015, 48). An diesem Dilemma sind aber nicht nur die Medien, sondern auch die Forscher selbst beteiligt.
9. Eine Theorie des Gehirns. Diese erhält man letztlich nur auf der Basis einer interdisziplinären Zusammenarbeit. „Nur in der gemeinsamen Arbeit kann es gelingen, das Gehirn zu verstehen“ (Bareither et al. 2015, 49).

Warum die Gesamtsituation dennoch nicht besser ist, liegt nach Meinung der Autoren einerseits „im starren politisch-ökonomischen System“ (ebd.), andererseits aber auch bei den Forschern selbst.

Als Reaktion auf das Manifest von 2004 ist auch das *Memorandum ‚Reflexive Neurowissenschaft'* aus dem Jahr 2014 (vgl. Schnabel 2014; Tretter et al. 2014) zu sehen, in dem 15 namhafte Wissenschaftler sich zur Situation der Neurowissenschaften zehn Jahre nach dem Manifest äußern, eine kritische Bilanz ziehen und eben eine „neue, *diskursive* und *reflexive* (nachdenkliche) *Neurowissenschaft*“ (a. a. O., 1) fordern, „die auch ihre eigenen Grundlagen hinterfragen und ihre Grenzen erkennen kann“ (ebd.).

Die Autoren um Tretter sehen zwar, dass das Manifest von 2004 ein wichtiger Schritt in die richtige Richtung war, dass aber Erwartungen geweckt wurden, deren Ergebnisse einer Bilanzierung nach zehn Jahren nicht standhalten. Rein wissenschaftlich betrachtet, ist dieser Sachverhalt schon schlimm genug, schlimmer aber ist, dass an die Ergebnisse der Neurowissenschaften gesellschaftliche und politische Erwartungen geknüpft wurden und immer noch werden (vgl. O'Connor et al. 2012).

Was eben, wie oben angemerkt, immer noch fehlt, ist eine differenzierte und übergreifende Gesamttheorie (vgl. Tretter et al. 2014, 3). Diese aber ist nur durch Interdisziplinarität zu erreichen. „Das aber setzt voraus, dass sowohl Geisteswissenschaftler den empirischen Wissenschaften offen gegenüberstehen müssten, wie sich auch die Hirnforscher von den Spuren einer Missachtung gegenüber den nicht-experimentellen Wissenschaften befreien sollten" (a. a. O., 4).

Seit 2013 läuft in Europa das mit 1,19 Milliarden subventionierte *Human Brain Project*, an dem „mehr als 80 europäische und internationale Institute und Institutionen […] beteiligt (sind)" (Monyer/Gessmann 2015, 228), mit dem Ziel, den sogenannten *Mind-Code* zu entschlüsseln. Das dazu in den USA laufende Parallelprojekt, das mit 300 Millionen Dollar finanziert wird, nennt sich *Brain Initiative* und steht in Nachfolge *Human Genome Project*, mit dessen Hilfe der Gen-Code entschlüsselt wurde. Ziel des amerikanischen Projekts ist es, „die Aktivität eines jeden Neurons im Gehirn zu berechnen und nachzuverfolgen" (ebd.). Ziel des europäischen Projekts, an dem unterschiedlich Fachrichtungen beteiligt sind und deren unterschiedliche Interessen es zu koordinieren gilt, ist es, „ein Computermodell zu erstellen, in dem die gesamten Aktivitäten des Gehirns simuliert werden" (ebd.) kann.

Ob diese Vorhaben gelingen können und werden, steht noch in den Sternen, zumal zwischen den unterschiedlichen Fachrichtungen, bezogen auf das europäische Projekt, schon jetzt keine Einigkeit hinsichtlich der Verfahren, der Ziele und der Verwendbarkeit möglicher Ergebnisse besteht. Auf jeden Fall zeigt sich hier abermals die Bedeutung, die der gesamten Entschlüsselung der menschlichen Spezies beigemessen wird.

Zum Schluss allerdings bleibt die Frage nach dem Sinn solcher Unternehmungen. Kann der absolut gläserne Mensch wirklich der Wunsch, das Ziel sein (vgl. a. a. O., 232 ff) und welche Aufgabe kommt dann dem Gedächtnis zu (a. a. O., 237 ff)?

## 6.2 Zu den Neurowissenschaften und ihr Verhältnis zur Pädagogik

Ich konzentriere mich hier erst einmal auf die Aspekte, die sich auf die Pädagogik im Allgemeinen beziehen.

Die Erkenntnisse der Neurowissenschaften sind immens. Fast täglich kommen neue Teilerkenntnisse hinzu und ein Ende, wie oben beschrieben, ist nicht abzusehen. Das, was bisher zutage gefördert wurde und in Zukunft noch hinzukommt, lässt uns, die Öffentlichkeit und die Laien, vielfach staunend zurück. Ich würde mal behaupten, dass es keinen Menschen gibt, der hier noch einen Gesamtüberblick über die Forschungsergebnisse hat.

Über den Nutzen dieser Erkenntnisse für die einzelnen Wissensbereiche, das gilt auch für die Pädagogik im Allgemeinen und für die Musikpädagogik im Besonderen, herrscht Unklarheit. Schlussfolgerungen, die aus den neurowissenschaftlichen Erkenntnissen hinsichtlich der Pädagogik und besonders der Musikpädagogik gezogen werden, gleichen oftmals Schnellschüssen. Ganz sicherlich ist es auch nicht im Interesse der Neurowissenschaften, dass sich die Musikpädagogik über deren Erkenntnisse definiert und dadurch ihre Existenz rechtfertigt. Doch wird man diesen Eindruck manchmal nicht los. Was also bleibt?

Göppel (2013, 83) gibt zu bedenken, dass sich hinsichtlich der Frage, „wem [...] in dem komplexen Themenfeld Kindheit, Jugend, Lernen und Erziehung Expertise zugetraut wird“, eine Verschiebung hin zu den Erkenntnissen der Neurowissenschaften und deren Vertreter stattgefunden hat (vgl. Rose 2012, 45). Dies ist nach Schumacher (2006, 168) und Göppel (2013, 97) nicht zuletzt auch auf „das zeitliche Zusammentreffen“ von Neuro-Boom und PISA-Schock zurückfüh ren. Diese ‚Verlagerung' betrifft sowohl die Wahrnehmung in der Öffentlichkeit als auch das Bemühen der Hirnforscher selbst. Es betrifft aber auch ganz massiv sowohl das Interesse der Eltern und auch der Pädagoginnen und Pädagogen (vgl. a. a. O., 86).

Gerade mit Blick auf die bildgebenden Verfahren sieht Strack (2009, 69) die Gefahr, dass die Bedeutung der geistigen Prozesse und die Frage nach dem Wie eben dieser auch individuelle zu betrachtenden geistigen Prozesse zugunsten der Frage nach dem individuell unabhängigen Wo aufgrund bildgebender Verfahren der Neurowissenschaften in den Hintergrund tritt (vgl. Hasler 2013[3], 39 ff).

Ziehe (2013, 68) spricht mit Blick auf die sich veränderten Wahrnehmungsstrukturen von einer sich wandelnden oder bereits gewandelten Hintergrundüberzeugung. Es handelt sich hierbei um „eine tief fundierte Art von ‚Wissen', das unsere Motive, Erwartungen und Handlungen anleitet, ohne dass wir uns dessen im Alltag bewusst sind" (ebd.; vgl. Göppel 2013, 85). Sie bilden „einen nicht gewussten, impliziten Wirkungszusammenhang" (Ziehe 2013, 69), auf dem dann aber „unser bewusstes, explizites und im Alltag thematisiertes Wissen (fußt)" (ebd.) und das sich auch sprachlich niederschlägt (vgl. Göppel 2013, 86).

Will man das Ganze aber wieder auf die Füße stellen, so sollte man nach den „tatsächlich erzielten Fortschritte(n)" (ebd.) der Neurowissenschaften fragen, sich gleichzeitig „die möglichen Verkürzungen, Vereinseitigungen und Ausblendungen" (ebd.) vor Augen führen (vgl. Gehirn & Geist 2012, 38 ff; Rose 2012) und vor allem die pädagogischen Implikationen, besonders mit Blick auf die Adressaten, die Kinder und Jugendlichen, „gründlich reflektieren" (Göppel 2013, 86 f).

Die Neurowissenschaft kann „aus einer individuelle, Lebens-, Lern- und Beziehungsgeschichte" (a. a. O., 94) heraus keine „Aussagen über zu erwartende spezifische neuronale Niederschläge" (ebd.) ableiten und sie kann umgekehrt „aus den Erfassung der neuronalen Aktivität eines bestimmten Gehirns" (ebd.) nicht „auf die psychische Konfliktlage, die Denkmuster oder die Lernpotentiale seines ‚Trägers'" (ebd.) schließen. Des Weiteren kann sie keine Auskunft geben „über die Lernpotentiale, die Lernhemmungen und die sinnvollen Förderansätze im Hinblick auf das einzelne Kind" (a. a. O., 95).

Gerade was die Lernhemmungen betrifft widerspricht dem Schumacher (2006, 174 ff). Neurowissenschaftliche Befunde können demnach gerade für (sonder-)pädagogische Überlegungen Sinn machen, „weil sich mit ihnen Unterschiede herausfinden lassen, die auf der Verhaltenbeobachtung nicht beobachtbar sind" (vgl. Wolf 2016b). Angesprochen sind hier Fälle, bei denen es um Lern-, Leistungs- und/oder Entwicklungsstörungen geht. Doch darf aus der Betrachtung *„pathologischer Fälle"* (a. a. O., 176) nicht automatisch auf die Kompetenzen der Neurowissenschaften „für die Gestaltung von Lerngelegenheiten im normalen Schulunterricht" (ebd.) geschlossen werden. Ein Vorwurf, den sich auch schon S. Freud gefallen lassen musste.

Zudem muss berücksichtigt werden, dass die Neurowissenschaften als Erklärungsmodell hinzugezogen werden können, dass sie aber „keine Aussagen darüber machen, wie Trainings- und Unterrichtsmaßnahmen inhaltlich gestaltet sein müssen, um Leistungsstörungen zu beseitigen" (a. a. O., 177). Dafür sind die Aussagen der Neurowissenschaften *„prinzipiell* zu unterbestimmt" (ebd.).

Gerade hinsichtlich der Aussagen zu den Lernkonzepten im Manifest von 2004 stellt Schleim (2014, 51) fest, dass die diesbezügliche Aussage „2004 genauso falsch (war), wie sie es heute ist. Ihr fehlt es nicht nur an empirischen Belegen, sondern auch an theoretischer Plausibilität." Was eben gutes Lernen ausmacht, „zeigt sich letztlich in Situationen, in denen es auf das Gelernte ankommt" (ebd.). Um das aber zu verstehen oder beurteilen zu können, „brauchen wir das Wissen um die neuronalen Hintergründe also nicht zwingend" (ebd.). Was die Neurowissenschaften aber können ist, „Wissen über jene Mechanismen zu liefern, die mit anderen Methoden nicht feststellbar sind, und so helfen, Lernmodelle zu optimieren" (ebd.). D. h., sie können das Wissen der Erziehungswissenschaftler und Lernpsychologen ergänzen, jedoch keinesfalls ersetzen (vgl. Ayan 2015, 39).

Baumert et al. (2004 in BMBF 2007, 115 f) nennen bereits 2004 sechs Bedingungen, die die Rahmenbedingungen für einen guten Unterricht darstellen. Dabei ist es erst einmal unabhängig, ob es sich um schulischen Unterricht oder um außerschulischen Unterricht handelt. Wesentlich ist dabei, dass sich keine dieser Bedingungen direkt aus Erkenntnissen der Hirnforschung ableiten lässt:

- „Verständnisvolles Lernen ist ein aktiver individueller Konstruktionsprozess, in dem Wissensstrukturen verändert, erweitert, vernetzt, hierarchisch geordnet und neu generiert werden. Entscheidend für verständnisvolles Lernen ist die aktive mentale Verarbeitung, die sich in der handelnden Auseinandersetzung mit der sozialen oder natürlichen Umwelt oder im Umgang mit Symbolsystemen vollzieht.
- Verständnisvolles Lernen ist sinnstiftend, indem neue Zusammenhänge erschlossen werden, die Wissen organisieren oder ordnen. Dazu gehört, dass der Gegenstand für die Lernenden ein Mindestmaß an intellektueller und/oder praktischer Bedeutung besitzt.
- Verständnisvolles Lernen ist von den individuellen kognitiven Voraussetzungen, vor allem aber vom bereichsspezifischen Vorwissen abhängig. Umfang und Organisation der verfügbaren Wissensbasis entscheiden über Qualität und Leichtigkeit des Weiterlernens.
- Verständnisvolles Lernen erfolgt trotz aller Systematik stets auch situativ und kontextuiert. Wissen wird in der Regel in sozialen Kontexten erworben und trägt die Besonderheit des sozialen Erwerbzusammenhangs in sich. Die Situiertheit begrenzt oft die Anwendbarkeit erworbenen Wissens. Um den Anwendungsbereich zu erweitern, ist eine Variation der Erwerbs- und Anwendungskontexte notwendig.
- Verständnisvolles Lernen wird durch Motivation und metakognitive Prozesse (z. B. Planung, Kontrolle, Bewertung) reguliert.
- Verständnisvolles Lernen wird durch kognitive Entlastungsmechanismen unterstützt. Dazu gehören die durch multiple Repräsentationen förderbare Herausbildung informationsreicher Wisseneinheiten, die als Ganzes erinnert und

abgerufen werden können (Chunks), sowie die Automatisierung von Handlungsabläufen und Denkvorgängen“ (ebd.).

## 6.3 Zu den Erkenntnissen der Neurowissenschaften für die Musikpädagogik

Den Ausgangspunkt der Diskussion um die Bedeutung der Erkenntnisse der Neurowissenschaften für die Musikpädagogik bilden der Mozart-Effekt und die sich daran anschließende Debatte um mögliche Transferleistungen und Transferwirkungen von Musik, wobei die Frage nach der Intelligenz im Vordergrund zu stehen scheint (vgl. Altenmüller 2001c; Jäncke 2008; Bastian 2012, 54 ff). Insofern widme ich mich erst einmal diesem Kapitel, bevor es dann um weiter um die Bedeutung der Neurowissenschaft für die Musikpädagogik geht.

### *6.3.1 Transfereffekte*

Als Transfer bezeichnet Stern (2009, 125 f) „die erfolgreiche Anwendung angeeigneten Wissens bzw. erworbener Fähigkeiten im Rahmen einer neuen, in der Situation der Wissens- bzw. Fertigkeitsaneignung noch nicht vorgekommenen Anforderung.“

Die Frage nach den Transferwirkungen von Musik im Allgemeinen und des Mozart-Effekts im Speziellen fragt nach der Wirkung von Musik, des Musikhörens oder Musikmachens in erster Linie bezogen „auf andere kognitive und emotionale“ (Altenmüller 2007, 45 ff) und /oder soziale Leistungen (vgl. Altenmüller 2006a, 65 ff; 2006b, 7 ff; Gruhn 2003a, 65; 2003b, 112 ff; BMBF 2006; 2009; Catterall/Rauscher 2008[2]; Moreno et al 2009; Trainor et al. 2009, 133 f; Hallam 2010; Rittelmeyer 2010; Bastian 2012, 39 ff, 46 ff, 54 ff; Chobert et al. 2012; Elmer et al. 2012; Khemthong et al. 2012; Roden et al. 2012; Hille/Schupp 2013; Tierney/Kraus 2013, 14985 f; Hille/Schupp 2014; Knigge 2014; Koelsch 2014; Kreutz 2014, 119 ff; Degé/Schwarzer 2015; Seither-Preisler/Schneider 2015; Landry/Champoux 2016).

Dass Musik Wirkungen auf den Menschen ausübt, braucht hier nicht mehr diskutiert zu werden, da es durch viele historische und auch literarische Zeugnisse belegt ist. Klar ist aber auch, „dass es *die* Wirkung *der* Musik auf *den* Menschen a priori nicht gibt. Jede Verabsolutierung […] ist ein hypothetisches Konstrukt, das die Komplexität der empirischen Wirklichkeit kaschiert“ (Bastian 2012, 39 f). Und weiter heißt es: „Empirischer Forschung kann allgemeine Probleme immer nur an einer begrenzten Stichprobe in einem spezifischen sozikulturellen Kontext mit ausgewählten Methoden für einen bestimmten Zeitraum untersuchen“ (a. a. O., 40).

Dennoch: Nachweisbar sind sowohl psychologische als auch physiologische Wirkungen von Musik auf den Menschen (vgl. März 2007, 149 ff; Rittelmeyer 2010). Letztere betreffen z. B. „Atmung und Herzfrequenz, Muskeltonus und Blutdruck“ (Gruhn 2003b, 113; vgl. Kreutz 2014, 122 ff). Koelsch (2014, 41) zufolge haben „Musik und Musikmachen […] diverse positive Effekte“, die inzwischen auch durch etliche Studien belegt sind (vgl. Jäncke 2008, 96 ff; 2015, 57) und die ihre Bedeutung nicht nur für die Musikpädagogik sondern auch für die Musiktherapie haben. Auch Wehrum et al. (2009) sehen, das es positive Wirkungen der Musik auf unterschiedliche Lebensbereiche durchaus gibt, „aber die genauen Mechanismen, durch welche diese Effekte hervorgerufen werden, sind noch weitestgehend unerforscht.“ Koelsch (2104, 41) fasst diese Effekte als salutogenetische Faktoren zusammen:

- Heilsame Faktoren
- Wahrnehmung
- Aufmerksamkeit
- Gedächtnis
- Kognitive Prozesse/Intelligenz
- Handlung(sprozesse)
- Emotion(sregelung)
- Soziale Funktion/Ästhetik (vgl. März 2007, 149 ff; Hüther 2003; 2008, 76 ff; Hille/Schupp 2014).

Trotz aller Wirkungen, die Musik u. U. auf den Menschen hat, ist und kann Musik kein Mittel sein, das „in allen Situationen hilft und Kinder fördert wie eine Musikament“ (Bastian 2012, 41). Musik ist kein Allheilmittel.

Die Tatsache, dass gerade im Zusammenhang mit Musik bzw. Musik machen, wozu auch der Gesang zu zählen ist, auf Transferleistungen abgezielt wird, hängt, nach Vitouch et al. (2009, 137), damit zusammen, dass Musik als Teil der schönen Künste vor einem Dilemma steht: „Die schönen Künste gehören seit jeher zum

Kanon. Ja gelten manchen gar als Apex des Menschen. […] Sie sind aber in der strikt utilitaristischen Betrachtung einer ökonomisch geprägten Welt, vom professionellen Kunstbereich abgesehen, nicht unmittelbar zu etwas nutze. Künstlerische Betätigung ist also schöner, aber nutzloser Zeitvertreib: Für so etwas ist in modernisierten, schlank und zukunftsfähig gemachten, stromlinienförmig gemachten Curricula kein Platz." Ein Nachweis möglicher Transferwirkungen würde also der Musik und dem Musikunterricht helfen, der „allesdurchdringende(n) Nützlichmachung ein Schnippchen zu schlagen. […] Das wäre wunderbar. Dann wäre die Musik gerettet. Sie wäre nicht nur schön und gut, sondern auch nützlich" (ebd.).

Altenmüller (2007, 45) verweist darauf, dass solche Bemühungen und diesbezügliche Untersuchungen und Versuche nicht unbedingt neu sind, in der Regel aber mit großen methodischen Schwierigkeiten verbunden und zudem kostenintensiv sind und die Ergebnisse, er bezieht sich hier auf Interventionsstudien aus den 1990er und den früher 2000er Jahren, die höchstens schwach signifikant waren, den Aufwand letztlich nicht rechtfertigen (vgl. a. a. O., 46; Vitouch 2006, 142; Knigge 2014, 46 f; Degé 2015, 28).

Spychiger (2006, 119) gibt mit Blick auf musikpädagogische Forschungen zu bedenken, „dass die Sicherheit der Ergebnisse mit steigendem methodologischen Niveau der Studien" oftmals abnimmt.

Wie steht es denn nun um mögliche Transferwirkungen? Die anschließende Frage müsste dann nach der Art des Transfers fragen, denn Stern (2009, 126) verweist darauf, dass „es immer wieder Versuche gegeben (hat), verschiedene Arten des Transfers voneinander abzugrenzen." Diesbezüglich gibt es mittlerweile unterschiedliche Modelle (vgl. a. a. O., 126 f). Jäncke (2008, 15), der ebenfalls auf die unterschiedlichen Transferbegriffe aufmerksam macht, unterscheidet in diesem Zusammenhang sechs Formen eines möglichen Transfers (vgl. auch Jäncke 2015, 58):

Tabelle 1: Jäncke 2015, 58

| | |
|---|---|
| Positiver Transfer | erleichtert das nachfolgende Lernen |
| Negativer Transfer | erschwert das nachfolgende Lernen |
| Proaktive Hemmung | beeinträchtigt das Behalten und die Wiedergabe eines später gelernten Inhalts |

| | |
|---|---|
| Retroaktive Hemmung | ein früher gelernter wird durch einen später gelernten Inhalt beeinträchtigt |
| Lateraler Transfer | die Anwendung einer erlernten Fähigkeit auf ähnliche Situationen gleicher Komplexität |
| Vertikaler Transfer | eine Übertragung der Anwendung einer Fähigkeit auf einen komplexeren Vorgang |

Abgesehen von dieser Differenzierung der Transfereffekte ist zu berücksichtigen, dass zum einen die Grundlagen solcher Transfereffekte nicht eindeutig geklärt sind. Zum anderen lassen sich solche möglichen Transfereffekte nicht von bereits „gelernten Assoziationen [...] zwischen verschiedenen Lerninhalten" (ebd.) trennen. Insgesamt heißt dies zunächst nicht, dass es keine Transfereffekte gibt, wohl aber dass diese äußerst differenziert und mit Vorsicht zu betrachten sind, worauf z. B. auch Gruhn (2003b, 115) verweist.

Hinsichtlich einer Überprüfung von möglichen Transfereffekten gerade bei Kindern und Jugendlichen gibt es methodische Fallstricke, auf die Altenmüller (2006a, 66; 2006b, 15 ff; 2007, 45) mit Bezug auf Behne hinweist. Der ‚Hawthorne-Effekt' besagt in diesem Zusammenhang, dass alleine durch die Tatsache, an einem psychologischen Versuch teilzunehmen, die Leistungsmotivation steigert. Der ‚Pygmalion-Effekt' besagt, dass dies auch Auswirkungen bei den Lehrern dahingehend hat, dass diese sich besonders engagieren. Ein dritter Punkt betrifft die Häufigkeit des Musikunterrichts. Es sollte klar sein, dass durch verstärkten Musikunterricht die Leistungen der Schüler sowieso positiv beeinflusst werden (vgl. Altenmüller 2006a, 66).

Insbesondere die in diesem Zusammenhang häufig zitierte ‚Bastian-Studie' aus dem Jahr 2000 konnte hinsichtlich möglicher dauerhaft wirkender Transfereffekte keine positiven Aussagen machen. „Insgesamt ist die Bilanz dieses Schulversuchs ernüchternd. Eindeutige langfristige Transfereffekte für sprachliche, logisch-mathematische und räumliche Intelligenz fanden sich nicht" (Altenmüller 2007, 45 f; vgl. 2001c, 7; 2006a, 67; 2006b, 16 ff; Knigge 2014, 46).

Eine an 35 Schweizer Musikklassen über drei Jahre durchgeführte Studie hinsichtlich der Untersuchung kognitiver Transferleistungen konnte „keine Unterschiede in der Intelligenzentwicklung“ (Spychiger 2006, 118) nachweisen.

Im Gegensatz zu der letzten Aussage geht Altenmüller (2012 in Unterstell 2012, 16) davon aus, dass sich bestimmte Bereiche durch das aktive Musizieren verbessern lassen: „Gedächtnis, Koordination, Einfühlungsvermögen.“

Stern (2009, 125) zufolge zeigen insbesondere psychologische Forschungen, „dass gerade auch Lernstrategien, das Selbstkonzept sowie Lern- und Leistungsmotivation in dieser Weise bereichsspezifisch sind.“ D. h., die in einem Zusammenhang entwickelten Strategien, z. B. das Erlernen eines Trillers zwischen den Tönen a und b auf der Gitarre, lässt sich übertragen auf das Üben des Trillers zwischen c und cis (Nahtransfer), aber diese Art des Transfers lässt sich nicht ohne weiteres auf das Erlernen z. B. mathematischer Fähigkeiten übertragen (Ferntransfer) (vgl. Vitouch et al. 2009, 138). So vertritt auch Altenmüller (2006a, 67) die Ansicht, dass sich „der Einfluss des Musizierens auf kognitive Leistungen“ am besten Im Einzel-Instumentalunterricht nachweisen lässt. Es gilt somit der Satz: „Echter Ferntransfer ist also typischerweise heiß ersehnt, aber rar“ (Vitouch et al. 2009, 139). Angesprochen ist hier besonders der kognitive Transfer.

Wenn auch diese eben genannten Bereiche u. U. weit auseinander liegen, so gibt es mittlerweile ebenfalls Untersuchungen, die zeigen, dass „Menschen, die in einem bestimmten Bereich Höchstleistungen erbringen, […] sich in anderen – teilweise sogar angrenzenden – Bereichen als lediglich durchschnittlich (erweisen)“ (Stern 2009, 129), was u. U. wiederum ein Beweis für das Konzept musikalischer Teilbegabungen wäre.

Von dem oben genannten kognitiven unterscheiden Vitouch et al. (2009, 140 ff) den konativen, sekundären Transfer, der sich in erster Linie auf Aspekte der Selbstregulation und Selbstwirksamkeit bezieht. Im Einzelnen nennen die Autoren folgende mögliche Aspekte (vgl. a. a. O., 142), die sich aber im Rahmen einer Transfer-Forschung nur schwerlich nachweisen lassen (vgl. Altenmüller 2007, 47):

1. Beharrlichkeit
2. Dominanz
3. Engagement
4. Erfolgszuversicht

5. Flexibilität
6. Flow
7. Furchtlosigkeit
8. Internalität
9. Kompensatorische Anstrengung
10. Leistungsstolz
11. Lernbereitschaft
12. Schwierigkeitspräferenz
13. Selbstständigkeit
14. Selbstkontrolle
15. Statusorientierung
16. Wettbewerbsorientierung
17. Zielsetzung (vgl. Vitouch et al. 2009, 142).

Die hier von Vitouch und Mitarbeitern aufgezeigten Variablen beziehen sich eher auf die Gesamtpersönlichkeit eines Menschen, was sich auch in einer Studie von Corrigall et al. (2013, 8) zu bestätigen scheint. Nicht auszuschließen ist hier allerdings, dass die oben genannten Variablen im Zusammenhang mit kognitiven Fähigkeiten und der Motivation stehen (vgl. a. a. O., 8 f).

Nach Jäncke (2009, 91) handelt es sich beim Musizieren um eine Tätigkeit, „die besonders stark von neuronalen Netzwerken des Frontalhirns kontrolliert wird." Als Aspekte, die beim Musizieren besonders angesprochen werden, nennt Jäncke (ebd.) folgende:

- Aufmerksamkeit und Konzentration
- Lernen
- Gedächtnis
- Soziale Kontrolle
- Planung
- Motivation
- Selbstdisziplin (vgl. BMBF 2009; Bastian 2012, 41).

Dennoch lässt sich die Frage, ob der Frontalkortex durch das Musizieren besonders geübt wird, nicht beantworten, da es „derzeit keine stichhaltigen experimentellen Untersuchungen zu diesem Thema gibt" (Jäncke 2009, 91). Des Weiteren gibt es auch „keine substantiellen wissenschaftlichen Befunde, die belegen, dass Musiker grundsätzlich motivierter, selbstkontrollierte und aufmerksamer sind" (a. a. O., 92) als andere Menschen. Außerdem müsste das Zusammenspiel vieler der genannten Faktoren mit berücksichtigt werden.

Für den pädagogischen Bereich ist davon auszugehen, dass „Transferleistungen nicht ohne gezielte Interventionen zu erwarten sind" (Vitouch et al. 2009, 132). D. h., das bereits „bestehendes Wissen nicht automatisch zur Bewältigung neuer Anforderungen herangezogen wird, sondern nur dann, wenn es speziell dafür aufbereitet wurde" (ebd.; vgl. Vitouch 2006).

Spychiger (2006, 123) stellt fest, dass in der Lernpsychologie die Frage nach möglichen Transferwirkungen wenig geklärt ist. Zudem konstatiert sie, dass es im wissenschaftlichen Bereich wesentlich mehr Hinweise darauf gibt, das Lern- und Gedächtnisleistungen eher „situativ und domänenspezifisch funktionieren, als dass Leistungen aufgrund von Transfer zustande kommen" (ebd.).

Zu positiven Transferwirkungen hinsichtlich der Persönlichkeitsentwicklung und der sozialen Entwicklung scheint es nur dann zu kommen, wenn es sich dabei freudige (lustvolle) und lohnende Erfahrung handelt, was wiederum nicht zuletzt mit der Qualität des pädagogischen Umgangs zusammenhängt (vgl. Hallam 2010; Corrigall et al. 2013; Hüther 2015b, 26).

Die allgemeinen Gedanken zeigen, dass die Diskussion um mögliche Transferleistungen oftmals sehr kurzsichtig geführt wird. Levitin (2009a, 287) bringt die Diskussion um die Transferwirkung von Musik, die oftmals ein Unwohlsein besonderer Art hervorruft, meiner Meinung nach auf den Punkt:

> „Ich persönlich fand das ganze Tamtam etwas abstoßend, weil es implizierte, dass man sich nicht um Musik um ihrer selbst willen beschäftigen sollte, sondern nur dann, wenn sie dazu beitrug, dass man bei anderen ‚wichtigeren' Dingen bessere Leistungen erzielte. Stellen Sie sich vor, wie absurd es klänge, wenn man den Spieß umdrehen würde. Wenn ich behauptete, Mathematik zu lernen, verbessere die musikalischen Fähigkeiten – würden Politiker deswegen die Mathematik mit Finanzspritzen fördern? In staatlichen Schulen wird Musik oftmals stiefmütterlich behandelt und bei finanziellen Engpässen als erstes Fach geopfert. Häufig wird versucht, Musik aufgrund ihrer positiven Begleiterscheinungen zu rechtfertigen, anstatt ihre Daseinsberechtigung darin zu sehen, dass sie an sich ein Gewinn ist."

Eine nicht weniger treffendere Aussage findet sich bei Altenmüller (2006b, 21):

> „Musik und Musizieren brauchen keine vordergründige Legitimation, denn hoffentlich niemand würde auf die absurde Idee kommen, Musik zu machen, um intelligent

> zu werden. Nein, Musik ist eine menschliche Notwendigkeit und Teil unseres Lebens. Musik ist ein wesentliches Mittel zur Kommunikation von Emotionen und zur Organisation zwischenmenschlicher Bindungen. [... ] Heute gehört der Umgang mit Musik in unsere Gesellschaft, weil Musik eine der wenigen Möglichkeiten darstellt, Zugang zu den Dimensionen des Unaussprechlichen zu finden.“

Auf der anderen Seite gilt der Ausspruch von Greenspan (1999 in Gruhn 2003a, 68): „Viewing a great painting or listening to a profoundly moving piano concert produces a sense of intellectual joy that is satisfying in and of itself.”
Sollte jemandem daran gelegen sein, mit Hilfe der Musik die allgemeine Intelligenz zu heben, “music would not to be the tool of choice” (Catterall/Rauscher 2008[2], 198).

Auch Spychiger (in Schamuhn 2012, 97 ff) kommt hinsichtlich der Transferwirkung von Musik bezogen auf Möglichkeiten hinsichtlich der Intelligenzentwicklung durch erweiterten Musikunterricht und auch hinsichtlich einer möglichen Steigerung des Sozialverhaltens durch Musikunterricht zu eher ernüchternden Ergebnissen (vgl. Gruhn 2003b, 115 f; Altenmüller 2006b, 8 f; 2007, 40; Schellenberg 2009; Hille/Schupp 2013, 7 ff; 2014).

Dass eigentlich die Auseinandersetzung um Transfereffekte bisher eher enttäuschend verläuft, heißt nicht, dass es sie nicht vielleicht doch gibt, doch ist die Forschung noch lange nicht soweit (vgl. BMBF 2006, 149 ff; Vitouch 2006, 147; Altenmüller 2007, 47 f) endgültige Aussagen treffen zu können.

Für unseren Kulturkreis ist beispielsweise davon auszugehen, dass durch verstärktes aktives Musizieren sich u. a. auch die visuellen Leistungen verbessern (vgl. Jäncke 2008, 96 ff), was ja letztlich erst einmal mit Blick auf das Notenlesen nicht uninteressant ist.

In diversen Untersuchungen konnte zudem nachgewiesen werden, dass musizierende Menschen zudem ein besseres räumliches Verständnis besitzen als nichtmusizierende (vgl. Jäncke 2008, 113 ff). Die Frage, warum bzw. wozu wir eigentlich Rauminformationen benötigen, führt zu der Erkenntnis, dass räumliche Leistungen – z. B. Orientierung und effiziente Bewegungsgestaltung – häufig mit dem Visuellen verbunden sind (visuell-räumliche Kopplung) und für Musiker von großer Bedeutung sind. Allerdings muss diese Verbindung gelernt und geübt werden – je früher, desto ausgeprägter – und ist, soweit sie sich auf das Instrumentalspiel bezieht, in Abhängigkeit zu sehen vom jeweiligen Instrument und der bisher entwickelten Abrufstruktur. Bei Rotationsaufgaben – Erkennen unterschiedlicher Raumlagen – konnte zudem mit Hilfe bildgebender Verfahren festgestellt werden, dass bei Musikern anders als bei Nichtmusikern ein zusätzlicher Bereich, das Broca-Areal, aktiviert wird. „Dieser Befund zeigt, dass Musiker offenbar andere neurophysiologische Strategien einsetzen, um das Problem des mentalen Rotierens zu lösen“ (a. a. O., 130; Fadiga et al. 2009, 452 ff). Auch wenn die Erklärungen für diesen Sachverhalt noch nicht gegeben werden kann, geht die Vermutung dahin, dass der Sachverhalt mit der visuell-motorischen Kopplung zusammenhängt (vgl. Fadiga et al. 2009, 451 f).

Erst einmal lässt sich feststellen, dass hirnanatomisch gesehen „vielfältige Beziehungen zwischen dem Musizieren und Rechnen herzustellen sind“ (Jäncke 2008, 142). Dass viele Querschnittuntersuchungen daher einen positiven Bezug zwischen Musizieren und Rechnen herstellen, ist nicht weiter verwunderlich, auch wenn Jäncke (a. a. O., 144) immer wieder darauf verweist, dass viele dieser Studien methodische Mängel aufweisen.

Interessant aber ist in diesem Zusammenhang, dass Schüler eines Musikgymnasiums im Gegensatz zu denen eines Mathematikgymnasiums in Rechenaufgaben schlechter abschnitten. Das wiederum verweist eher auf das Expertengedächtnis und den damit im Zusammenhang stehenden Übeprozessen.

Aufgrund der Herausbildung eines Expertengedächtnisses und den damit verbundenen neuronalen Netzwerken, ist es vielleicht auch nicht verwunderlich, dass Musiker und Nichtmusiker unterschiedliche Hirnstrukturen zum Lösen von Rechenaufgaben nutzen (vgl. a. a. O., 145 f).

Es soll trotz der bisher eher eigentlich mageren Erkenntnisse nicht verschwiegen werden, dass einige Langzeitstudien aus den letzten Jahren hinsichtlich möglicher Transferleistungen intensiven Instrumentalspiels zu positiven Ergebnissen kommen. Die Frage bleibt aber, inwieweit sich die dort gewonnenen Erkenntnisse verallgemeinern lassen.

Eine Langzeitstudie von Roden et al. (2012, 6 f) erbrachte bei Kindern im Grundschulalter nach wöchentlich 45 Min. Instrumentalunterricht (Gruppenunterricht) über einen Zeitraum von 18 Monaten eine erhöhte verbale Gedächtnisleistung. Altenmüller (2006a, 67 f) gibt zu bedenken, dass sich positive Auswirkungen von Musikunterricht auf Gedächtnisleistungen nicht nur bei Kinder und Jugendlichen, sondern auch bei Erwachsenen und Senioren zeigen.

Eine relativ neue Langzeitstudie von Hille/Schupp (2013) stellt dagegen fest, dass die kognitiven Fähigkeiten bei Jugendlichen, die über eine längeren Zeitraum, die Rede ist hier von neun Jahren, Instrumentalunterricht haben, besser sind als die bei solchen ohne Instrumentalunterricht. Sie gehen davon aus und belegen dies auch durch diverse Tests, dass Musik sowohl die kognitiven, aber auch nicht kognitiven Fähigkeiten, z. B. das Sozialverhalten in Gruppen, zweimal mehr fördern als Sport, Theater oder Tanz (vgl. a. a. O., 3).

Positive Transfereffekte sieht Jäncke (2009, 95 f) hinsichtlich der Kreativität und hinsichtlich des Abrufens von Gedächtnisleistungen und damit der Nutzung des Frontalkortex verglichen mit Nicht-Musizierenden. Die Begründungen aber sind auch seiner Meinung nach mit Vorsicht zu genießen (vgl. a. a. O., 96). Nicht geklärt ist auch, ob Musik hier die einzige oder effektivste Möglichkeit darstellt (vgl. a. a. O., 97).

In einer seiner Abhandlung unterscheidet Gruhn (2008[3], 94) zwischen nahen und fernen Transfer-Effekten. Nahe Transfer-Effekte beziehen sich auf den gleichen Bereich. So könnte melodisches Instrumentalspiel u. U. melodisches Sprechen fördern, aber fragt man nach solchen Effekten, die sich auf ganz andere, ferne nicht-musikalische Bereiche beziehen, so muss man feststellen, „dass man auf der Grundlage der gegenwärtigen Forschungsergebnisse trotz der großen Fülle an wissenschaftlichen Arbeiten noch nicht von generellen, robusten Transfer-Effekten der Musik sprechen kann" (a. a. O., 97; vgl. Jäncke 2006b, 35). Hier gilt es vielmehr „Fakten und Mythen, Wunsch und Wirklichkeit" (Gruhn 2008[3], ebd.) auseinanderzuhalten.

Nach einer Analyse unterschiedlicher Studien zu möglichen Transfereffekten von Musik und Musikunterricht kommt auch Jansen-Osmann (2006, 8) zu dem Ergebnis, dass Musik zwar die kognitive Leistungsfähigkeit fördert, aber die Effekt so klein sind, dass man davon ausgehen muss, dass sie auch durch andere Aktivitäten erzeugt werden können.

Zum anderen sieht er „im Verweis auf mögliche Transfer-Effekte [...] die Gefahr, das Eigenständige und besondere musikalischen Lernens zu verkennen. Denn musikalisches Lernen hat es primär mit Musik und nicht mir sozialer Kompetenz, kognitiver Leistungssteigerung und analytischer Denkfähigkeit zu tun" (Gruhn 2008[3], 168). Die genuin musikpädagogische Aufgabe, und darin kann man ihm nur beipflichten, liegt darin, „die den Anlagen gemäße musikalische Begabung soweit zu fördern, dass musikalisches Verstehen und musikalische Ausdrucksfähigkeit verbessert und verfeinert werden" (a. a. O., 169).

Jenseits einer Diskussion um die Frage *Macht Musik schlau?* sieht Degé (2015, 28) in der Musik bzw. dem Musikunterricht ein Förderpotential für Bereiche, die nicht in der Musik selbst liegen. „Mit Förderpotential ist in diesem Fall gemeint, dass der Musikunterricht oder das gemeinsame Musikzieren an manchen Stellen gezielt eingesetzt werden kann, um bestimmt Entwicklungen zu unterstützen“ (ebd.). Degé denkt hier an den „Bereich der sprachlichen Fähigkeiten“ (ebd.), konkret an ein ‚Training' zur Verbesserung der phonologischen Bewusstheit bei Kinder im Vorschulalter (vgl. ebd.; Degé/Schwarzer 2011; 2015) zusätzlich zu anderen Maßnahmen, etwa „zu bereits existierenden Förderprogrammen“ (Degé 2015, 28). Den Vorteil sieht sie darin, dass über die Freude am Musizieren zusätzlich die phonologische Bewusstheit gefördert wird (vgl. Jäncke 2015, 57 f; Kap. 5.1).

Im Rahmen der hier anstehenden Diskussion um die Möglichkeiten von Transferwirkungen kommt sie zu einem eher versöhnlichen Schluss:

> „Es kann festgehalten werden, dass es sich lohnt, die Frage nach außermusikalischen Effekten des Musikunterrichts zu stellen. Wenn man veröffentlichte Studienergebnisse kritisch betrachtet und nicht auf unrealistische Wirkungen hofft, kann Musikunterricht durchaus an entsprechenden Stellen gezielt zur Förderung eingesetzt werden. Allerdings sollten wir dabei nicht aus den Augen verlieren, Kinder für Musikunterricht zu begeistern, damit sie musizieren können“ (Degé 2015, 28.; vgl. Vitouch 2006, 146 f; Degé/Schwarzer 2015, 371).

### *6.3.2 Der Mozart-Effekt*

Der Mozart-Effekt, ein inzwischen patentierter Begriff (vgl. Spitzer 2002, 137), der von Alfred Tomatis 1991geprägt wurde ( vgl. Sorensen 2008, 2; Lilienfeld et al. 2011, 55) und dessen Phänomen Rauscher, Shaw und Ky (1993; 1995) in die Welt brachten, geht davon aus, dass „ein kurzzeitig fördernder Einfluss passiven Hörens von zehn Minuten Mozart-Musik [...] auf verschiedene intellektuelle Leistungen“ (Jäncke 2008, 24; vgl. Petsche 1997, 93; Schellenberg 2001, 357; 2003, 432 ff; Guéguen 2008; Drösser 2014, 31), insbesondere auf das räumliche Denken stattfindet (vgl. Gruhn 2003a, 61; Jansen-Osmann 2006, 1 f; Levitin 2009a, 286 ff). Die Untersuchung von Rauscher und Kollegen aus den 1990er Jahren bezog sich auf Untersuchungen bei Studierenden. Ein ähnliches Ergebnis stellte sich aber auch bei Untersuchungen mit Vorschulkindern ein (vgl. Petsche 1997, 93 f).

Die Ergebnisse dieser und weitere Versuche aus dem Umfeld von Rauscher und seinen Mitarbeitern schlugen sowohl in der Fachwelt wie auch bei Laien wie eine Bombe ein und wurden besonders im pädagogischen Feld sowohl von Eltern als auch Lehrern „begierig auf(gegriffen)“ (Jäncke 2008, 33), und in der Wissenschaft sehr kontrovers diskutiert, wobei das Ergebnis der Untersuchung von Rauscher lediglich eine kurzfristige Anhebung im räumlichen Denken bei Studenten nachwies, aber nichts „über die Auswirkung von Mozarts Musik auf Kinder“ (Lilienfeld et al. 2011, 56) aussagte (vgl. Catterall/Rauscher 2008$^2$, 173). Die Ergebnisse wurden dennoch insbesondere in den Medien unzulässig dahingehend verallgemeinert, dass Musik die allgemeine Intelligenz fördere (vgl. Schellenberg 2001; 2003). „Diese Behauptung wurde von Rauscher und Kollegen selbst nie aufgestellt“ (Jäncke 2008, 39; vgl. Catterall/Rauscher 2008$^2$, 174, 186 f).

Des Weiteren war zu beobachten, dass in der Darstellung der Ergebnisse seitens der Presse Fakten eingeschleust wurden, die niemals wissenschaftlich untersucht worden waren (vgl. Lilienfeld et al. 2011, 56).

Die Kommerzialisierung begann 1997 (vgl. Bruer 2000, 82 ff; Sorensen 2008, 3). In den USA beispielsweise, genauer in Georgia erhielt „jede Mutter bei der Geburt eine Klassik-CD, im selben Jahr wurde in Florida ein Gesetz erlassen, dass jeder Kindergarten jeden Tag klassische Musik spielen musste, ja nicht nur das, selbst Gefängnisinsassen mussten Mozart hören“ (Jansen-Osmann 2006, 2; vgl. Altenmüller 2001c; Vitouch 2006, 138; Sorensen 2008, 2; Aamodt/Wang 2012, 248 f; Schamuhn 2012, 96; Drösser 2014, 31). Die doch mehr oder minder unreflektierten Auswüchse hinsichtlich der Bedeutung des Mozart-Effekts werden hier sichtbar. Dies besonders unter der Tatsache, dass „es bis zu diesem Zeitpunkt noch keine einzige Arbeit (gab), die die Wirkung des Hörens von Musik auf die kognitive Entwicklung bei Kindern untersuchte“ (Jansen-Osmann 2006, 2; vgl. Schellenberg 2001, 355). Selbst Rauscher distanzierte sich von Maßnahmen, die den Mozart-Effekt mit frühkindlicher Entwicklung in Zusammenhang brachten (vgl. Bruer 2000, 84).

Laut Gruhn (2003a, 68) „zeigt die Debatte um den Mozart-Effekt in der westlichen Welt die gesellschafts- und bildungspolitische Brisanz der unmittelbaren Verknüpfung wissenschaftlicher Erkenntnisse mit pragmatischen fachpolitischen Zielen.“

Abgesehen davon, dass Forschungsansätze im psychologischen und pädagogischen Raum mit unterschiedlichen Stärken und Schwächen behaftet sind (vgl. a. a. O., 36), besteht der Königsweg (via regia – Freud) zur Verifizierung von Untersuchungsergebnissen darin, den Versuch von anderen Forschern unter (möglichst) gleichen Bedingungen wiederholen zu lassen. In unterschiedlicher Form ist dies auch hier geschehen (vgl. a. a. O., 36 ff; Gruhn 2003a, 66; Jansen-Osmann 2006, 3 ff). Nach Gruhn (2003a, 66) sind zum Nachweis des Mozart-Effekts in den darauffolgenden Jahren insgesamt 67 Untersuchungen herangezogen worden. „dabei zeigte sich, dass keine der untersuchten Studien den Mozart-Effekt vollständig replizieren konnte“ (a. a. O., 66 f; vgl. Sorensen 2008, 3). Eine Auswertung und ein Vergleich aller dabei aufgestellten Ergebnisse führt letztlich zu dem Ergebnis, „dass das kurzfristige passive Hören einer Mozart-Sonate keinen allgemeinen leistungssteigernden Effekt auf verschiedene kognitive Funktionen ausübt“ (Gruhn 2003a, 39; vgl. Lilienfeld et al. 2011, 57 f; BMBF 2006, 11 ff). Hinzu kommt noch, dass der angestrebte Effekt sich nicht nur auf die Musik Mozarts beschränkt (vgl. Gruhn 2003a, 67).

Eine Untersuchung von Hetland (in Jäncke 2008, 41ff) konnte dagegen zeigen, dass das Hören von Mozart-Musik zwar das räumliche Denkvermögen steigert, gleichzeitig konnte sie aber auch zeigen, dass dieser Effekt auch mit anderen Musikstücken bewirkt werden kann. Vielleicht lässt sich hier auch die Frage nach der Musikpräferenz bzw. nach dem Charakter der Musik stellen (vgl. Jäncke 2008, 50 ff). So konnte gezeigt werden, dass es nicht die Musik ist, die den gewünschten Effekt bringt, sondern der damit bei den Hörern verbundene Erregungszustand, der allerdings wiederum abhängig ist von „den gerade empfundenen Gefühlen und Emotionen“ (a. a. O., 52) und denen, die sich beim Hören einstellen, die sich dann ihrerseits auf die im Anschluss der Höraufgabe zu erbringenden Leistung auswirken. „Wahrscheinlich haben die durch das Musikhören hervorgerufenen Emotionen einen viel bedeutenderen Einfluss auf die nach dem Musikstück erbrachten Leistungen in kognitiven Tests“ (a. a. O., 53; vgl. Lilienfeld et al. 2011, 58; Schellenberg/Hallam 2005, 203). Zudem muss berücksichtigt werden, dass Gefühle und Emotionen im Allgemeinen und beim Musikhören im Besonderen von den individuellen Vorerfahrungen und dem Musikgeschmack der bestreffenden Person abhängen (vgl. Jäncke 2008, 53 ff).

Catterall/Rauscher ($2008^2$, 174) zufolge gab es nur sechs Studien, die sich mit dem Mozart-Effekt auseinandergesetzt haben. Zusammenfassend lässt sich sagen, dass alle Studien zu unterschiedlichen Ergebnissen kamen und die Ergebnisse die volle Bandbreite von einer Bestätigung bis hin zur Ablehnung umfassten.

Jansen-Osmann (2006, 6) geht von 29 Studien zum Mozart-Effekt aus. Die dort gefundenen Ergebnisse zeigen in lediglich sechs Studien erwähnenswerte Ergebnisse, in den anderen konnten sich die Ergebnisse nicht nachweisen lassen. Für sie ist somit klar, „dass es sich bei dem Mozart-Effekt um eine wissenschaftliche Legende handelt“ (ebd.)

Altenmüller (2013a, 70) gibt zu bedenken, dass hinsichtlich des Mozart-Effekts nicht die Musik von Mozart das entscheidende Kriterium sein, sondern die Tatsache, dass durch das Hören der Musik es zu einer gesteigerten Erregung im Gehirn gekommen sei (Arousal-Effekt). Ein gleicher Effekt lässt sich erreichen, wenn man Kindern eine spannende Geschichte vorliest. Auch hier führt die steigende Erregung zum besseren Abschneiden bei Denkaufgabe. Fazit: „Das hat nicht primär etwas mit Musik zu tun, sondern mit dem allgemeinen Erregungsniveau“ (ebd.; vgl. Altenmüller 2006a, 60; Jansen-Osmann 2006, 5; Jäncke 2011, 161; Schamuhn 2012, 96 f).

„Sagen wir es klar und deutlich: Nach den vorliegenden Daten gibt es keinen Mozart-Effekt, d. h. keine besondere Wirkung bestimmter Musikstücke auf die Intelligenz“ (Spitzer 2002, 138). Etwas vorsichtiger, aber Tenor gleich drückt Gruhn (2003a, 67) den Sachverhalt aus: „Eine allgemeine Aussage, dass klassische Musik im Allgemeinen oder Mozarts Musik im besonderen die kognitiven Leistungen generell verbessere, ist somit nach derzeitigem Wissen ebenso wenig zulässig wie die Annahme, dass Musik eine Langzeitwirkung auf das räumliche Denken ausübe.“ Mit Bezug auf die Folgeuntersuchungen stellt auch Altenmüller (2007, 41) fest, dass dem Mozart-Effekt, wenn überhaupt, nur eine eingeschränkte Bedeutung zukommen kann (vgl. Altenmüller 2006b, 19 f). Und Jäncke (2011, 161) konstatiert: „Der viel besprochene Mozart-Effekt konnte wissenschaftlich nicht bestätigt werden. […] Es existiert demzufolge kein spezifischer Effekt des kurzzeitigen Hörens von Mozart-Musik auf kognitive Leistungen“ (vgl. Duke 2000; Lerch 2000). Infolge dessen muss „der Mozart-Effekt in seiner ursprünglichen Form und Interpretation ad acta gelegt werden“ (ebd.). Sorensen (2008, 3) spricht in diesem Zusammenhang von Mozart's Requiem.

> *„Der Mozart-Effekt beruht folglich nicht auf einer dauerhaften Steigerung der allgemeinen Intelligent oder der Verbesserung einzelner kognitiver Leistungen, sondern allein darauf, dass die Versuchspersonen durch das Hören der Musik kurzfristig in einen besonders leistungsbereiten Zustand versetzt werden“* (BMBF 2006, 16).

Unabhängig vom ‚Mozart-Effekt' bleibt aber festzustellen, dass dadurch ein allgemeines Interesse an dem Verhältnis von Musik und Kognition erneuert wurde (vgl. Schellenberg 2001, 362 ff; Jansen-Osmann 2006, 6 ff; Catterall/Rauscher 2008², 174 ff).

Und dennoch: Nach Schellenberg/Hallam (2005, 207) existiert ein positiver Zusammenhang zwischen Musikhören und kognitiven Leistungen, getestet bei zehn bis elfjährigen Kindern, dann, wenn die Musik positiv bewertet wurde, die Probanden sie genießen konnten, sie ihren Geschmack traf.

Im Zentrum steht hier die Frage, ob es sinnvoll ist, während des Lernens Musik zu hören. Es geht also um das passive Musikhören. Eine eindeutige Antwort auf diese Frage gibt es nicht. „Hierbei müssen unbedingt die individuellen kognitiven Unterschiede zwischen Menschen, aber insbesondere auch die sozialen, alters- und bildungsbezogenen Unterschieden berücksichtigt werden" (Jäncke 2008, 198). Jeder Form vereinfachter Modelle ist erst einmal eine Absage zu erteilen.

Wie das Beispiel zeigt, kann der Musik dabei sowohl als Hinweisreiz als auch als Kontext eine Bedeutung zukommen. D. h. aber auch, dass Musik, unabhängig vom Genre, in der Lage ist, „den Abruf von Kerninformationen zu verbessern" (a. a. O., 223), was bereits empirische belegt ist (vgl. a. a. O., 223 ff). Was sich allerdings (negativ) auswirkt, ist, wenn das Tempo der Musik beim Lernen erheblich abweicht von der beim Abruf. „Das bedeutet, dass das Musiktempo offenbar einen weitaus größeren Einfluss als Hinweisreiz ausübt, als das Musikgenre" (a. a. O., 227).

Mit Hilfe bildgebender Verfahren konnte des Weiteren gezeigt werden, dass Informationen, die gesungen statt gesprochen werden, das gleiche kortikale Aktivitätsmuster auslösen, „das für optimales Lernen typisch ist" (a. a. O., 232).

### *6.3.3 Neurowissenschaften und Musikpädagogik*

Generell lässt sich erst einmal sagen: Das Verhältnis der Musikpädagogik zu der Bedeutung der Erkenntnisse der Neurowissenschaften ist nicht unproblematisch (vgl. Krämer 2013, 21). Zum einen sehen die Praktiker nicht immer den wirklichen Sinn, zum anderen werden von vielen Musikpädagogen zur Begründung eines Musikunterrichts häufig neurowissenschaftliche Erkenntnisse herangezogen bzw. instrumentalisiert. Das gilt besonders für den schulischen, aber auch den außerschulischen Musikunterricht bis hin zur musikalischen Frühförderung (vgl. a. a. O., 22).

Argumentiert wird dabei häufig mit der Vorstellung zeitlich begrenzter Lernfenster (vgl. Kap. 1.4). Die anfänglich damit verbundene Euphorie hat sich inzwischen gelegt. Pauen (in Krämer 2013, 22) sieht in der Vorstellung von einem Zeitfenster eine bildliche Vereinfachung. Ihrer Meinung nach ist eher davon auszugehen, dass es sich um ein komplexes Zusammenspiel unterschiedlicher Bereiche, um Teilkompetenzen handelt, die letztlich für ein Zusammenspiel aller Teile verantwortlich sind. Zudem stellt sie „die pädagogische Funktionalisierbarkeit solcher Zeitfenster generell in Frage" (Krämer 2013, 22; vgl. Pape 2005, 4 f). Was nützen einem denn die dort aufgenommenen Informationen, wenn sie später nicht mehr gebraucht würden. Zudem ist nicht davon auszugehen, dass in unserer reizüberfluteten Welt die Gefahr bestehen würde, dass Lernfenster nicht gefüllt würden.

Letztlich sind die verschiedenen Aspekte der Neurowissenschaft im Feld der musikpädagogischen Bezugsdisziplinen nur einige unter vielen (vgl. Krämer 2013, 21). Der vielleicht wichtigste Unterschied ist der, dass Naturwissenschaften, zu denen auch die Neurowissenschaften gehören, nach Allgemeingültigkeit suchen, während der Weg der Pädagogik und damit auch der Musikpädagogik nach Individualisierung, nach Subjektivierung strebt. Krämer (a. a. O., 24) spricht „von einer subjektiven Wende" innerhalb der Pädagogik, nicht zuletzt mit Blick auf eine immer heterogener werdende Gesellschaftsstruktur lassen sich kaum noch verallgemeinerbare Aussagen hinsichtlich der Lernfähigkeiten, der Motivation und einer daraus ableitenden pädagogischen Vorgehensweise ableiten (vgl. ebd.).

Nach Osborne (2012, 69) ist es so, dass die Früchte der neurowissenschaftlichen Musikforschung mittlerweile Bedeutung erlangen nicht nur in der Musikpädagogik, sondern auch in der Musiktherapie und in der MusikMedizin. Zu einer Überschneidung kommt es im Bereich der Musik in der Sonderpädagogik. Er spricht davon, dass Musik besonders dort Bedeutung gewinnt, wo Kinder in Konflikte geraten, mit sich oder der Umwelt. An dieser Stelle hebt er besonders die Bedeutung der Musik als Mittel der Kommunikation und ihre Rolle in der Regulierung der Emotionalität hervor (vgl. a. a. O., 72). Die Bedeutung der Musik sieht er demnach in der individuellen Kreativität, in der Entwicklung des Selbstausdrucks, des Glaubens an sich selbst und der Selbstwirksamkeit (vgl. a. a. O., 73).

Klar ist, dass die Hirnforschung sowohl zu den bildungspolitischen als auch den inhaltsanalytischen Fragen der Musikpädagogik nichts sagen kann (vgl. Gruhn 2011, 305; 2013, 4). Des Weiteren ist auch klar, dass ihre Erkenntnisse sich ebenfalls „nicht unmittelbar auf den Musikunterricht anwenden lassen" (Gruhn 2013,

4). Auch hinsichtlich künstlerischer und ästhetischer Aspekte kann sie nicht zu Rate gezogen werden (vgl. ebd.). Mögliche Verbindungen beider Professionen betreffen

> „im Wesentlichen den Bereich des Musiklernens, also die Vorgänge der Wahrnehmung und Kognition, die Motorik des Instrumentalspiels und deren mögliche Störungen, die Bildung mentaler Repräsentationen aller auf Musik gerichteten Tätigkeiten, die Speicherung von Gedächtnisinhalten sowie die Verknüpfung musikalischer Wahrnehmung mit Emotionen" (ebd.), doch „konkrete Handlungsanleitungen kann sie im Einzelfall nicht geben. Die methodische Umsetzung der Ziele und Inhalte bleibt allein die genuine Domäne der Musikdidaktik." (a. a. O., 5).

Gruhn (a. a. O., 4) entwirft dazu folgendes Schaubild, das den Sachverhalt hervorragend darstellt:

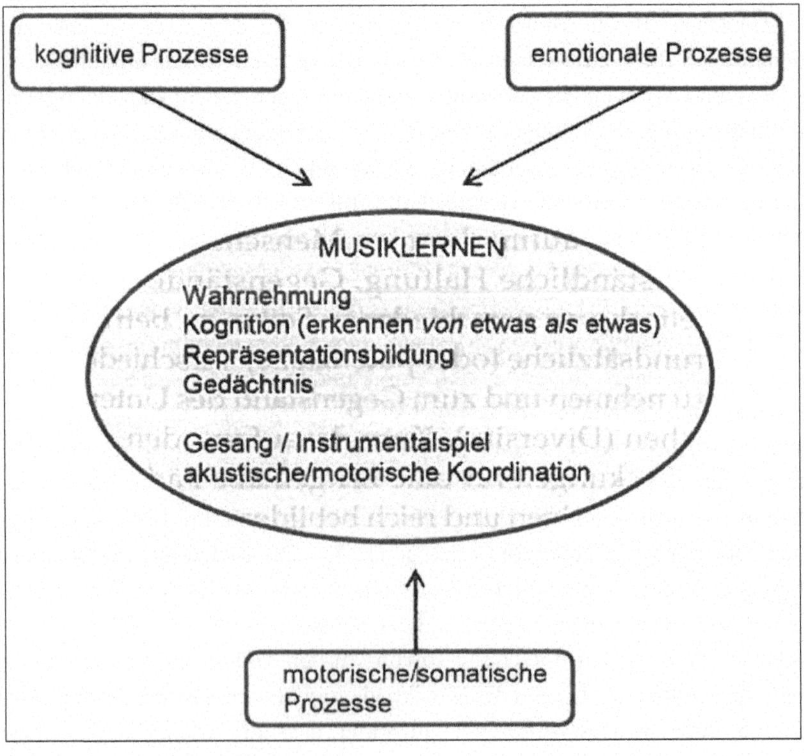


Abbildung 44: Gruhn 2013, 4

Was also können die Neurowissenschaften der Musikpädagogik letztlich geben? „Neurobiologisches Wissen kann dazu dienen, die eigene unterrichtliche Handlungskompetenz durch die Rückbindung an neurobiologisches Wissen zu vertiefen" (a. a. O. 5), hinsichtlich

1. der „neuronalen Prozesse der Informationsverarbeitung" (ebd.)
2. der „physiologischen und neurofunktionalen Grundlagen der Bildung und Vernetzung mentaler Repräsentationen" (ebd.)
3. des allgemeinen Grundwissens „über die Struktur und Funktion des Gedächtnisses" (ebd.)
4. der „Bedeutung und Erregung von Aufmerksamkeit durch Neuheit und Bedeutsamkeit zur Stiftung von
5. Motivation und emotionaler Betroffenheit sowie" (ebd.)
6. des Verständnisses „der fundamentalen Bedeutung der Motorik für das Lernen, insbesondere" (ebd.) des Erwerbs „von Sprache und Musik von der musikalischen Gestik bis zur exekutiven Bewegungssteuerung bei Instrumentalspiel" (ebd.).

An anderer Stelle (Gruhn 2011, 305) heißt es:

> „Das Wissen darüber, wie Lernprozesse ablaufen, wie mentale Repräsentationen entstehen und wie man deren Bildung unterstützen kann, ist für die unterrichtliche Vermittlung von Nutzen, kann aber nicht die pädagogische und didaktische Entscheidung über eine kindgerechte Lernkultur ersetzen."

Krämer (2013, 21) sieht die Bedeutung der neurowissenschaftlichen Forschung in Bezug auf das Lernen in fünf Punkten. Er betont

- „den entscheidenden Einfluss des emotionalen Lernklimas" (ebd.)
- die Bedeutung einer „Einbettung und Vernetzung von Lerngegenständen" (ebd.)
- „die Notwendigkeit des Wiederholens und Übens" (ebd.)
- „die hohe Wirksamkeit der Vorbildfunktion" (ebd.)

- die „Tatsache, dass Lernen auch ohne Lehren stattfindet" (ebd.).

Mit Bezug auf die Musikpädagogik im Besonderen liefern die Erkenntnisse der Neurowissenschaften Grundlagen, die letztlich auch die Frage nach dem direkten Nutzen dieser Erkenntnisse offen lässt. Jeder populistischen Forderung auf der Basis ‚Musik macht schlau' ist jedenfalls eine Absage zu erteilen. Ein Musikunterricht lässt sich nicht mit Hilfe neurowissenschaflicher Argumentationslinien begründen, sondern nur mit der „Einzigartigkeit und der Unaustauschbarkeit der Musik als Bildungsgegenstand" (a. a. O., 23).

Hodges (2010, 5 ff) formuliert 15 Komponenten, die die Beziehung zwischen neurowissenschaftlichen Erkenntnissen und Lehr-Lernprozessen verdeutlichen:

- Aktiv statt passiv lernen: Aktivierung des audiomotorischen Netzwerks; Lernen mit Spaß. Die Aufgabe des Lehrers besteht darin, beide Elemente in seinem Unterricht zu berücksichtigen. Bezogen auf die Musik bedeutet es erst einmal mehr zu musizieren.
- Lernen aktiviert das Belohnungszentrum: Dies passiert allerdings nur dann, wenn Lernen Spaß macht. Für den Pädagogen geht es darum, seinen Stoff mit Spaß und Freude zu vermitteln und ähnliche Gefühle in seinen Schülern zu erzeugen.
- Jedes Lernen ist emotional gefärbt: Lernen sollte grundsätzlich mit positiven Emotionen (Flow) verbunden sein. Um dieses zu erreichen, sollt der Pädagoge in der Lage sein, seinen Lerngegenstand so zu präsentieren, dass er in den Augen des Lerners für dessen individuelle Persönlichkeitsentwicklung als bedeutsam erscheint. Hier kommt es zu einer Verbindung der bisher genannten Punkte.
- Neuroplastizität: Alles, was ich erfahre, was ich lerne, verändert die Struktur meines Gehirns. Dies geschieht in einem besonderen Maße durch das Musizieren (s. o.). Für den Pädagogen gilt es hier, die individualisiert Förderung zu berücksichtigen.

- Synapsenbildung: Von Beginn an das breite Spektrum der Welt-Musik präsentieren. Dies führt zur Herausbildung und Verstärkung entsprechender synaptischer Verbindungen.
- Sowohl genetische Prozesse als auch von außen kommende Lernprozesse führen zu Veränderungen im Gehirn. Zu berücksichtigen sind hier wiederum individualisierte Lernprozesse.
- Berücksichtigung der Entwicklungs- und Lernfenster. Trotzdem sollte sich der Pädagoge im Klaren darüber sein, dass sich Zeitfenster nie schließen, sondern Lernprozesse höchstens erschweren. Wichtig erscheint dies auch im Hinblick auf Über- und Unterforderung von Schülern (vgl. Kap. 1.4).
- Das Gehirn ist ausgebildet, Muster zu erkennen. Je mehr Muster ich in einem Lerngegenstand erkenne, desto vertrauter wird er mir und desto mehr erscheint mir Lernen als sinnvoll.
- Der Großteil der Lernprozesse vollzieht sich in sozialer Interaktion. Wesentlich ist hierbei, dass der Pädagoge als positives Modell erscheint.
- Lernen vollzieht ist am effektivsten, wenn es in Gruppen passiert. Hier bietet sich geradezu das Musizieren in Gruppen an.
- Emphatie ist ein wesentlicher Aspekt eines sowohl individualisierten als auch gemeinschaftlichen sozialen und emotionalen Lernens.
- Lernprozesse sind in der Regel multisensorisch. Lerngegenstände sollten ebenfalls multisensorisch präsentiert werden. Musik und Bewegung bieten hier das beste Beispiel.
- Lernen erfordert und schult das Gedächtnis. Für den Pädagogen gibt es hier vier Lernstrategien, die aus Sicht der Neurowissenschaften das Gedächtnis schulen:
    - Wiederholung
    - Herstellen persönlicher Beziehungen zum Lerngegenstand
    - Zeit geben zur Verarbeitung des Gelernten
    - Informationen in kleinen und sinnvollen Einheiten bündeln.

- Sinneseindrücke erfolgen rasch, doch das Herstellen sinnvoller Einheiten und Sinnzusammenhänge braucht seine Zeit. Pädagogen sollten deshalb Pausen oder kreative Phasen einlegen, um den Schüler Zeit zur Reflexion oder zur Erholung zu geben (vgl. Pape 2005, 12 ff).

Unter Berücksichtigung des Zusammenhangs zwischen neurowissenschaftlichen und lerntheoretischen Erkenntnissen bezüglich des Musiklernens entsteht folgende grafische Darstellung (vgl. a. a. O., 10), die sich mit den anschließenden Erläuterungen (vgl. a. a. O., 11) wie folgt liest:

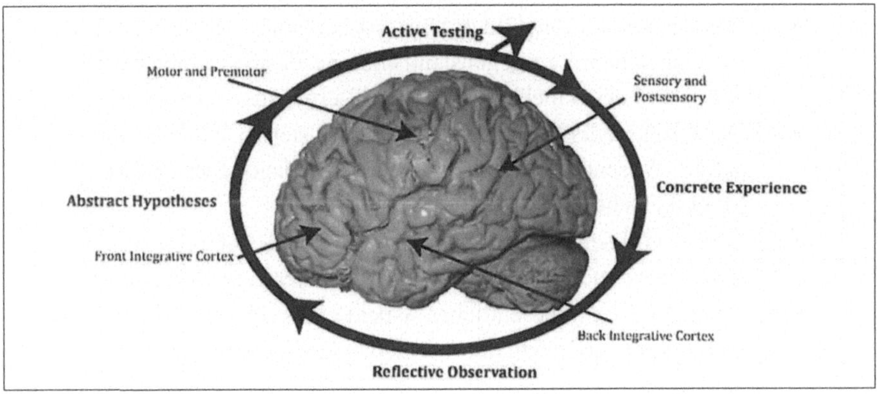

**Learning cycle:** Concrete experience
**Brain region:** Sensory cortex. Primary sensory areas feed into convergence zones located in the parietal lobes.
**Activity:** Integration of information from hearing, seeing, touching, tasting, and smelling into coherent whole.
**Musical example:** Students observe their music teacher as she sings an unfamiliar song to them.

**Learning cycle:** Reflective observation
**Brain region:** Back integrative cortex; temporal lobes.
**Activity:** Memory formation, understanding language, identification of objects, faces, and motion.
**Musical example:** As the teacher repeats the song, students begin to commit portions of the melody and rhythm to memory. They understand the words of the song and the people and events reflected in the lyrics.

**Learning cycle:** Abstract hypothesis
**Brain region:** Front integrative cortex; frontal lobes.
**Activity:** Short-term memory, problem solving, creating plans for action, making judgments and evaluations.
**Musical example:** As musical phrases resonate in short-term memory, students internally rehearse the music and the words. They begin to prepare themselves to sing the song.

**Learning cycle:** Active testing
**Brain Region:** Motor cortex.
**Activity:** Carries out action plans formulated by the front integrative cortex.
**Musical example:** Students sing the song, repeating phrases after the teacher's model. After each repetition, their performance more nearly approximates the correct version.

Abbildung 45: Hodges 2010, 10/11

Hodges (2010, 11) gesteht ein, dass dieser „learning cycle“ einfach erscheint und dass die Prozesse, die im Gehirn ablaufen, in der Realität wesentlich komplizierter sind. Des Weiteren gesteht er ein, dass seine geäußerten Unterrichtsideen sich nicht unterscheiden von dem, wie ein guter Pädagoge schon immer gehandelt hat. Die bisherigen Erkenntnisse der Neurowissenschaften reichen nicht aus, um revolutionäre Veränderungen innerhalb der Pädagogik respektive der Musikpädagogik zu bewirken. Er sieht drei Stufen:

1. Gute (Musik-)Pädagogen haben bisher effektive Lernstrategien entwickelt, die jetzt
2. durch die Erkenntnisse der Neurowissenschaften gestützt bzw. abgesichert werden können, aber es wird
3. der Tag kommen, an dem die Erkenntnisse der Neurowissenschaften sich vertieft haben und dann eventuell die Möglichkeit oder die Notwendigkeit besteht, die bisherigen Lernstrategien zu überprüfen.

Tatsache bleibt in jedem Fall, dass das Gehirn bereits frühzeitig auf Musik reagiert. Neurogenetisch betrachtet verläuft die Entwicklung der Musikalität, der musikalischen Wahrnehmung, wie die des Gehirns insgesamt, von hinten nach vorne. Insgesamt gesehen ist davon auszugehen, dass der gesamte Entwicklungsprozess sowohl von individuellen sensorischen Erfahrungen als auch von individuumsbezogenen sozialisations- und kulturbedingten Faktoren abhängig ist.

## 6.4 Zusammenfassung

- Ausruf der ‚Dekade des Gehirns' durch G. Bush sen. im Jahre 1990
- Im Jahr 2004 erschien das Manifest zur Hirnforschung im 21. Jahrhundert, in dem sich elf führende Neurowissenschaftler sehr optimistisch zur Bedeutung der Neurowissenschaften für die Gegenwart und die Zukunft der Hirnforschung äußerten.
- Zehn Jahre nach Erscheinen des Manifests erschien 2014 ein erstes eher ernüchterndes Resümee

- Bis heute existiert noch keine umfassende Theorie des Gehirns.
- Gefordert wird eine interdisziplinäre Forschung, denn Neurobiologen alleine, so die mittlerweile entstandene Einsicht, können das Gehirn in seiner Komplexität nicht erklären.
- Dies beinhaltet auch ein Anerkennen unterschiedlicher Forschungsmethoden.
- Früher (2004) getätigte Anmaßungen und Übergriffe in andere Bereiche, wozu auch der Bereich der (Musik-)Pädagogik gehört, werden heute (2104) kritisch diskutiert bzw. zurückgewiesen.
- Die Zahl der Skeptiker nimmt zu.
- Die größte Misere der Hirnforschung ist das Vermittlungsproblem ihrer Erkenntnisse, die zudem durch eine unangemessene Berichterstattung in den Medien als auch durch Begehrlichkeiten anderer Professionen, auch der Musikpädagogik gefördert wurde.
- In der Konsequenz erschien ebenfalls 2014 eine Schrift, die in neun Schritten zu einer besseren Neurowissenschaft führen soll. Wesentlich ist hierbei sowohl das Hinterfragen der eigenen Grundlagen als auch das Erkennen von Grenzen.

- Über den Nutzen der Erkenntnisse für die einzelnen Wissensbereiche, hier besonders die Pädagogik und die Musikpädagogik, herrscht Unklarheit.
- Schlüsse, die bisher gezogen wurden, gleichen oftmals Schnellschüssen. Gründe hierfür liegen nicht zuletzt im zeitlichen Zusammentreffen von PISA-Schock und Neuro-Boom.
- Gefragt ist eine gründliche Reflexion der neurowissenschaftlichen Erkenntnisse mit Blick auf die Adressaten.
- Zu berücksichtigen sind dabei u. a. die individuelle Lebens-, Lern und Beziehungsgeschichte eines jeden Menschen, seine derzeitige psychische Konfliktlage, seine Denkmuster, seine

Lernpotentiale und -hemmungen als auch die daraus resultierenden Förderansätze.

- Neurowissenschaften können keine konkreten Aussagen machen hinsichtlich konkreter Unterrichtsmaßnahmen.
- Neurowissenschaften können das bisherige Wissen pädagogische relevanter Grundlagenwissenschaften ergänzen, nicht jedoch ersetzen.

- Transferwirkungen von Musik fragen nach den Wirkungen von Musik auf andere kognitive oder emotionale und/oder soziale Leistungen.
- Mögliche Transferwirkungen bedürfen einer Differenzierung hinsichtlich des Begriffs Transfer (Jäncke).
- *Die* Wirkung *der* Musik auf *den* Menschen gibt es nicht. Jede Verabsolutierung ist ein hypothetisches Konstrukt (Altenmüller).
- Ergebnisse empirischer Forschung basieren auf einer Stichprobe an einer speziellen Klientel zu einem bestimmten Zeitpunkt (Altenmüller).
- Positive Wirkungen von Musik auf den Menschen sind mittlerweile belegt.
- Diesbezügliche Forschungsergebnisse sind aber besonders hinsichtlich ihrer Aussagekraft immer wieder mit Vorsicht zu genießen.
- Musik ist kein Allheilmittel.
- Die Suche nach den Wirkungen von Musik auf den Menschen steht im Zusammenhang mit den Legitimationsbemühungen des Musikunterrichts im Allgemeinen.
- Mögliche Transferleistungen sind ohne gezielte Interventionen nicht zu erwarten.
- Möglicher Transfer wird zudem durch die Qualität der Erfahrung bestimmt.

- Der Mozart-Effekt, dessen Erforschung bis in die 1990er Jahre zurückreicht, belegt angeblich einen kurzfristigen positiven Einfluss von klassischer Musik (Mozart) auf unterschiedliche intellektuelle Leistungen.
- Die Ergebnisse von Rauscher et al. wurden von der Presse und der Öffentlichkeit begierig ausgegriffen und verallgemeinert.
- Die Folge waren unreflektierte Auswüchse hinsichtlich der Bedeutung der Forschung von Rauscher et al., besonders auch in der Musikpädagogik.
- In der Folge konnten die Ergebnisse der Untersuchung von Rauscher et al. in etlichen Folgeuntersuchungen nie wieder vollständig wiederholt werden
- Die Intelligenz fördernde Wirkung des Mozart-Effekts gilt heute als wissenschaftlich nicht haltbar.
- Die Diskussion um den Mozart-Effekt erneuerte das Interesse an dem Verhältnis von Musik und Kognition.

- Das Verhältnis der Musikpädagogik zu der Bedeutung der Erkenntnisse der Neurowissenschaften ist nicht unproblematisch.
- Letztlich sind die verschieden Aspekt der Neurowissenschaft im Feld der musikpädagogischen Bezugdisziplinen nur einige unter vielen.
- Der größte Bedeutungsunterschied liegt wohl darin, dass die Neurowissenschaft als Naturwissenschaft nach Allgemeingültigkeit sucht, während die Pädagogik und auch die Musikpädagogik das Individuum im Blick haben.
- Neurowissenschaften können sowohl zu bildungspolitischen als auch zu inhaltsanalytischen Fragen der Musikpädagogik nichts sagen.
- Die Erkenntnisse der Neurowissenschaft lassen sich nicht unmittelbar auf den Musikunterricht übertragen.

- Die Erkenntnisse der Neurowissenschaft können dazu dienen, die eigene unterrichtliche Handlungskompetenz durch eine Rückbindung an neurobiologisches Wissen zu vertiefen.
- Die Erkenntnisse der Neurowissenschaft haben Bedeutung mit Blick auf Grundlagen von Lehr- und Lernprozessen, das Lernklima, Übeprozesse etc. (Krämer 2013; Hodges 2010).

## Literaturverzeichnis

Aamodt, S./Wang, S. (2012): Welcome to your Child's Brain. Die Entwicklung des kindlichen Gehirns von der Zeugung bis zum Reifezeugnis. C. H. Beck Verlag. München

Abecasis, D. et al. (2009): Brain Lateralization of Metrical Accenting in Musicians. In: Dalla Belle (Ed.): 2009, 74 ff

Abel-Struth, S. (Hg.) (1975$^2$): Musikalischer Beginn in Kindergarten und Vorschule Bd. 2: Praktikum. Regensburg

Ackerman, H./Wildgruber, D./Riecker, A. (2006): ‚Singing in the (b)rain: cerebral correlates of vocal music performance in humans. In: Altenmüller et al. (Hg.): 2006, 205 ff

Adamek, M. S./Darrow, A.-A. (2010$^2$): Music in Special Education. 2nd Edition. Published by The American Music Therapy Association. Silver Spring. USA

AEMP (Arbeitskreis Elementare Musikpädagogik) (Hg.): Elementare Musikpädagogik in Ausbildung und Beruf. Mannheim 1997. Symposionsbericht

Ahne, A. (2007): Streit um die Krippe. In: Gehirn & Geist 11/07, 16 ff

Ahnert, L. (2004a): Bindung und Bonding: Konzepte früher Bindungsentwicklung. In: Ahnert (Hg.): 2004, 63 ff

Ahnert, L. (2004b): Bindungsbeziehungen außerhalb der Familie: Tagesbetreuung und Erzieherinnen-Kind-Bindung. In: Ahnert (Hg.): 2004, 256 ff

Ahnert, L. (2006): Entwicklungs- und Sozialisationsrisiken bei jungen Kindern. In: Fried/Roux (Hg.): 2006, 75 ff

Ahnert, L. (2007): Alles eine Frage der Bindung. In: Die Zeit, Nr. 39, 44

Ahnert, L. (Hg.) (2004): Frühe Bindung. Entstehung und Entwicklung. Ernst Reinhardt Verlag. München/Basel

Ahnert, L./Schnurrer, H. (2006): Krippen. In: Fried/Roux (Hg.): 2006, 302 ff

Akers, K. G. et al. (2014): Hippocampal Neurogenesis Regulates Forgetting During Adulthood and Infancy. In: Science, Vol. 344, 5/2014, 598 ff


L. Kowal-Summek, *Neurowissenschaften und Musikpädagogik*,
Edition Centaurus – Psychologie, https://doi.org/10.1007/978-3-658-21004-5

DOI: 10.1126/sinces.1248903 (Zugriff: 16.7.2014)
Albani, C. u. a. (2002): Zum Zusammenhang von Bindungsprototypen und zentralen Beziehungsmustern. In: Psychother. Psych. Med. 2002, T67 ff
Altenmüller, E. (2001a): How Many Music Centres Are in the Brain? In: Zatorre/Peretz (Ed.): 2001, 273 ff
Altenmüller, E. (2001b): Apollo in uns. Wie das Gehirn Musik verarbeitet. In: üben und musizieren 2/01, 30 ff
Altenmüller, E. (2001c): Macht Musik intelligent? In: mip Journal 2/01, 4 ff
Altenmüller, E. ($2001^3$): Apollo in uns. Wie das Gehirn Musik verarbeitet. In: Elsner/Lüer (Hg.): $2001^3$, 87 ff
Altenmüller, E. (2002): Musik im Kopf. In: Gehirn & Geist 1/2002, 18 ff
Altenmüller, E. (2003a): How many music centres are in the brain. In: Peretz/Zatorre (Hg.): 2003, 346 ff
Altenmüller, E. (2003b): Die Einflüsse von Musikerziehung auf das Gehirn. In: Gebauer/Hüther 2003, 76 ff
Altenmüller, E. (2006a): Neuronale Auswirkungen musikalischen Lernens im Kindes- und Jugendalten und Transfereffekte auf Intelligenzleistungen. In: BMBF (Hg.): 2006, 59 ff
Altenmüller, E. (2006b): Musikalisches Lernen und Hirnentwicklung. http://www.clubofrome.de/schulen/schulen/downloads/altenmueller_musikalisches_lernen_hirnentwicklung.pdf (Zugriff: 12.1.2015)
Altenmüller, E. ($2007^2$): Hirnphysiologische Grundlagen des Übens. In: Mahlert (Hg.): $2007^2$, 47 ff
Altenmüller, E. (2007): Macht Musik Schlau? Zu den neuronalen Auswirkungen musikalischen Lernens im Kindes- und Jugendalter. In: Musikphysiologie/Musikmedizin 14/2-3, 2007, 40 ff
Altenmüller, E. (2008a): Vorwort. In: Jäncke 2008, 9 f
Altenmüller, E. (2008b): Es ist nie zu spät: Zur Neurobiologie des Musizierens im Alter. In: VdM (Hg): 2008, 35 ff
Altenmüller, E. (2008c): Lernen - Ein Leben lang! Aber wie? In: Das Orchester 6/08, 10 ff
Altenmüller, E. (2008d): Neurology of musical Performance. In: Clinical Medicine Vol. 8, No. 4, August 2008, 410 ff
Altenmüller, E. (2009): Musik hören – Musik entsteht im Kopf. In: Sentker/Wigger (Hg.): 2009, 83 ff

Altenmüller, E. (2013a). Macht Musik intelligent? In: Gehirn & Geist Serie Kindesentwicklung Nr. 8, 70 f

Altenmüller, E. (2013b): Warum bewegt uns Musik? In: Forschung & Lehre 37/2013, 190 ff

Altenmüller, E. (2014a): Wann löst Musik eine Gänsehaut aus? In: Gehirn & Geist 3/14, 27

Altenmüller, E. (2014b): Wie lernen Senioren? Mechanismen der Hinplastizität beim Musikunterricht im Alten. In: Musikphysiologie Musikermedizin 3/2014, 154 ff

Altenmüller, E. (2014c): Musik ist das Brot unseres Geistes – nicht nur die schönste Nebensache der Welt. In: FAZ, 19. November 2014, Nr. 269, S. N 2

Altenmüller, E. (2014d): Wann verursacht Musik eine Gänsehaut? In: Spektrum Kompakt Musik 2016, 53 f

Altenmüller, E. (2015a): Wie lernen Senioren? Mechanismen der Hirnplastizität beim Musikunterricht im Alter. In: Gembris (Hg.): 2015, 103 ff

Altenmüller, E. (2015b):Am Anfang war das Neuron. Interview mit Prof. Dr. Eckart Altenmüller. In: Stricker (Hg.): 2015, 26 ff

Altenmüller, E. (2015c): Mit den Ohren die Welt erkunden. Interview mit Prof. Dr. Eckart Altenmüller. In: Stricker (Hg.): 2015, 42 ff

Altenmüller, E. (2015d): Was Hänschen nicht lernt. Interview mit Prof. Dr. Eckart Altenmüller. In: Stricker (Hg.): 2015, 47 ff

Altenmüller, E. (2105e): Schlaf, Kindlein, schlaf: Wiegenleider. Interview mit Prof. Dr. Eckart Altenmüller. In: Stricker (Hg.): 2015, 50 ff

Altenmüller, E./Ayan, S. (2012): Macht Musik intelligent? In: Spcktrum Kompakt Intelligenz 1/2016, 25 ff

Altenmüller, E./Bernatzky, G. (2015): Musik als Auslöser starker Emotionen. In: Bernatzky/Kreutz (Hg.): 2015, 221 ff

Altenmüller, E./Grossbach, M. (2003a): Singen – die Ursprache? Zur Hirnphysiologie des Gesanges. In: Bundesverband Deutscher Gesangspädagogen (Hg.): Belcanto bis Belting – Stimme und Stil. Dokumentation 2002. Verlag Dr. Kovač. Hamburg 2003, 58 ff

Altenmüller, E. /Grossbach, M. (2003b): Singen – eine Ursprache? Zur Hirnphysiologie des Gesangs. In: üben und musizieren 3/03, 34 ff

Altenmüller, E./Jabusch. H.-C. (2014): Musik lernen – Musik machen. Was sind optimale Bedingungen aus neurowissenschaftlicher Sicht? In: Musikphysiologie Musikmedizin 1/2014, 30 ff

Altenmüller, E./Jabusch, H.-C. (2016a): Zur Hirnphysiologie des Übens: ein Update. In: Musikphysiologie und Musikermedizin 2016, Nr. 2, Jg. 23, S. 51 ff

Altenmüller, E./Jabusch, H.-C. (2016b): Neurowissenschaftliche Grundlagen des Musizierens. In: Busch, B. (Hg.): Grundwissen Instrumentalpädagogik. Ein Wegweiser für Studium und Beruf. Breitkopf & Härtel. Wiesbaden 2016, 49 ff

Altenmüller, E./Kopiez, R. (2005): Schauer und Tränen: Zur Neurobiologie der durch Musik ausgelösten Emotionen. In: Bullerjahn, C./Gembris, H./Lehmann, A. C. (Hg.): Musik: gehört, gesehen und erlebt. Festschrift Klaus Ernst Behne zum 65. Geburtstag. Monographie des Instituts für Musikpädagogische Forschung der Hochschule für Musik und Theater Hannover. Hannover. S. 159 ff

Altenmüller, E./Kopiez, R. (2013): Starke Emotionen und Gänsehaut beim Musikhören: Evolutionäre und musikpsychologische Aspekte. In: Diller (Hg.): HörKultur. 16. Multidisziplinäres Kolloquium der GEERS-STIFTUNG am 13. und 14. Februar 2012. Schriftenreihe Bd. 19. In: Zeitschrift für Audiologie Sonderheft Nr. 1/2013, 51 ff

Altenmüller, E./Kopiez, R. (2015): Starke Emotionen und Gänsehaut beim Musikhören: eine neue Theorie zum evolutionären Ursprung der Musik. In: Musikpsychologie Musikermedizin 2015, Nr. 1, Jg. 22, 14 ff

Altenmüller, E./McPherson, G. ($2008^2$): Motor Learning and Instrumental Training. In: Gruhn/Rauscher (Ed.): $2008^2$, 121 ff

Altenmüller, E./Schuppert, M. (2017): Neues zu den Amusien – ein Update. In: Musikpysiologie und Musikermedizin 2017, Nr. 1, JG. 24, 3 ff

Altenmüller, E./Willich, S. N. (Hg.) (2014): Klang, Körper und Gesundheit. Warum Musik für die Gesellschaft wichtig ist. Wißner Verlag. Augsburg

Altenmüller, E. et al. (1997): Musiklernen. Pädagogische Auswirkungen neurobiologischer Grundlagenforschung. In: Scheidegger/Eiholzer (Hg.): 1997, 97 ff

Altenmüller, E. et al. (2000): The impact of music education on brain networks: evidence from EEG-studies. In: International Journal of Music Education, 2000, 35, 47 ff

Altenmüller, E. et al. (2001): Mozart in Us: How the Brain Processes Music. In: Medical Problems of Performing Artists, Vol. 15, No. 3, 99 ff

Altenmüller, E. et al. (2002): Hits to the left, flops to the right: different emotions during listening to music are reflected in cortical lateralisation patterns. In: Neuropsychology 40 (2002), 2242 ff

Altenmüller, E. et al. (Hg.) (2006): Music, Motor Control and the Brain. Oxford University Press. New York

Altenmüller, E. et al. (2007): Der Gänsehaut-Faktor. In: Gehirn & Geist 1-2/07, 58 ff

Altenmüller, E. et al. (2008): Auf der Jagd nach dem "Chill". In: Gehirn & Geist Dossier: Kunst und Musik 3/2008, 62 ff

Altenmüller, E. et al. (2012a): Introduction to *The neurosciences and Music IV: Learning and Memory*. In: Overy et al. (Ed.): 2012, 1 ff

Altenmüller, E. et al. (2014): Play it again Sam: brain correlates of emotional music recognition. In: frontiers of Psychology, February 2014, Vol.5, Article 114, 1 ff

Anderson, S. et al. (2014): Partial maintenance of auditory-based cognitive training benefits in older adults. In: Neuropsychologia 62 (2014), 286 ff

Andrade, P. E. (2003): Brain tuned to music. In: Journal of the Royal Society of Medicine. Vol. 96, June 2003, 284 ff

Andreas, R. (1993): Kreativität. In: Bruhn u. a. (Hg.): 1993, 520 ff

Arao, H. et al. (2008): Discrete cortical regions associated with the musical beauty of major and minor chords. In: Cognitive, Affective & Behavioral Neuroscience 2008, 8 (2), 126 ff

Arnold, M. (2009²): Brain-Based Learning and Teaching – Prinzipien und Elemente. In: Herrmann (Hg.): 2009², 182 ff

Asendorpf, J. B. (2003³): Temperament. In: Keller (Hg.): 2003³, 775

Auerbach, L./Stumme, W. (Hg.) (1974): Musikalische Grundausbildung. Beiträge zur Didaktik. (Die Musikschule Bd. III). Schott Verlag. Mainz

Ausilio, A. D. et al. (2007): Cross-modal plasticity of the motor cortex while listening to a rehearsal musical piece. In: European Journal of neuroscience, Vol. 24 (2006), 955 ff

Austin, J. et al. (2009): Developing motivation. In: McPherson (Ed.): 2009, 213 ff

Avanzini, G. et al. (Ed.) (2003): The Neurosciences and Music (Annals of the New York Academy of Sciences Vol. 999). The New York Academy of Sciences. New York

Avanzini, G. et al (Ed.) (2005): The Neurosciences and Music II: From Perception to Performance (Annals of the New York Academy of Sciences Vol. 1060). The New York Academy of Sciences. New York

Ayan, S. (2011): Natürliche Pädagogik. Ein Gespräch mit Uta Frith. In: Gehirn & Geist. Serie Kindheitsentwicklung Nr. 6, 16 ff

Ayan, S. (2013): Besser Lernen. In: Gehirn & Geist 10/2013, 30 ff

Ayan, S. (2015): Unter Verdacht. In: Gehirn & Geist 2/2015, 38 ff

Aydin, K. et al. (2005): Quantitative Proton MR Spectroscopic Findings of Cortical Reorganisation in the Auditory Cortex of Musicians. In: Am J Neuroradiol 26: January 2005, 128 ff

Baer, U. (2005): Neurowissenschaften, Säuglingsforschung und Therapie. Summaries – Anregungen – Folgerungen. Affenkönig Verlag. Neukirchen-Vluyn

Baer U. (2005a): Hirn und Erleben. Neurowissenschaften und Therapie: Grundlegungen, Folgerungen, Anregungen. In: Baer, U.: 2005, 5 ff

Baer, U. (2005b): Erlebend in der Welt. Säuglingsforschung und die Folgen. In: Baer, U.: 2005, 74 ff

Baer, U. (2005c): Neues vom Neuro (1). In: therapie kreativ 43, 11/05, 65 ff

Baer, U. (2005d): Neurowissenschaften, Säuglingsforschung und Therapie. Summaries, Anregungen, Folgerungen. Affenkönig Verlag. Neukirchen-Vluyn

Baer, U. (2006): Neues vom Neuro (2). In: therapie kreativ 44, 03/06, 62 ff

Baer, U. (2012): Kreative Leibtherapie. Das Lehrbuch. Semnos Verlag. Neukirchen-Vluyn

Baer, U./Frick-Baer, G. (2009²): Das ABC der Gefühle. 2. Aufl. Affenkönig Verlag. Neukirchen-Vluyn

Baer, U./Frick-Baer, G. (2012): Das Wunder der Geborgenheit. Beltz Verlag. Weinheim/Basel

Baer, U./Frick-Baer, G. (2014): Das große Buch der Gefühle. Beltz Verlag. Weinheim/Basel

Bamberger, J. (2009): What develops in musical development? In: McPherson (Ed.): 2009, 69 ff

Bangert, M. (2006): Brain activation during piano playing. In: Altenmüller et al. (Hg.): 2006, 173 ff

Bangert, M./Altenmüller, E. (2003): Apollos Gabe und Fluch – Funktionelle und dysfunktionelle Plastizität bei Musikern. In: NEURO*forum* 2/03, 4 ff

Bangert, M. et al. (2006): Shared networks for auditory and motor processing in professional pianists: Evidence from fMRI conjunction. In: NeuroImage 30 (2006), 917 ff

Bardin, J. (2013): Alles zu seiner Zeit. In: Gehirn & Geist 1-2/2013, 52 ff

Bareither, I. (2014): Eine Bildergeschichte des Gehirns. In: Gehirn & Geist 5/2014, 40 ff

Bareither, I. et al. (2015): 9 Ideen für eine bessere Neurowissenschaft. In: Gehirn & Geist 2/2015, 45 ff

Bartens, W. (2015): Ei Stoff fürs Miteinander. In: Gehirn & Geist 6/2015, 26 ff

Bastian, H. G. (2012): Musik(v)erziehung – Denkimpulse. Gedanken – Thesen – Aphorismen – Metaphern – Bonmots. Ein etwas anderes Sach- und Lesebuch zur Musikpädagogik. Wißner Verlag. Augsburg

Bastian, H. G./Kreutz, G. (Hg.) (2003): Musik und Humanität. Interdisziplinäre Grundlagen für (musikalische) Erziehung und Bildung. Schott Verlag. Mainz u. a.

Bauer, J, ($2006^2$): Spiegelneurone. Nervenzellen für das intuitive Verstehen sowie Lehren und Lernen. In: Caspary (Hg.): $2006^2$, 36 ff

Bauer, J. ($2007^6$): Warum ich fühle, was du fühlst. Intuitive Kommunikation und das Geheimnis der Spiegelneurone. 6. Aufl. Wilhelm Heyne Verlag. München

Bauer , J. (2007): Unser flexibles Erbe. In: Gehirn & Geist, Nr. 9, 2007, 58 ff

Bauer, J. ($2009^2$a): Kleine Zellen, große Gefühle – wie Spiegelneurone funktionieren. In: Herrmann (Hg.): $2009^2$, 49 ff

Bauer, J. ($2009^2$b): Erziehung als Spiegelung. In: Herrmann (Hg.): $2009^2$, 109 ff

Bauer, J. ($2011^5$): Prinzip Menschlichkeit. Warum wir von Natur aus kooperieren. 5. Aufl. Hoffmann und Campe Verlag. Hamburg

Bauer, J. (2013): Das Gedächtnis des Körpers. Wie Beziehungen und Lebensstile unsere Gene steuern. Aktualisierte und erweiterte Ausgabe. Piper Verlag. München/Zürich

Bauer, J. (2015): Selbststeuerung. Die Wiederentdeckung des freien Willens. Blessing Verlag. München

Bauer-Delto, A. (2012): Wenn Stress unter die Haut geht. In: Spektrum Kompakt Stress 4/2015, 18 ff

Baumann, S. et al. (2005): A Network for Sensory-Motor Integration. What Happens in the Auditory Cortex during Piano Playing without Acoustic Feedback? In: Avanzini et al. (Ed.): 2005, 186 ff

Beardsley, T. (1999): Missbrauch einer Kurve. In: Spektrum der Wissenschaft – Spezial 3/99: Intelligenz, S. 32 ff

Becker, N. (2010): Neuronale Plastizität als Grundlage von Lernprozessen. In: Leu/von Behr (Hg.): Forschung und Praxis der Frühpädagogik. Ernst Reinhardt Verlag. München/Basel 2010, 28 ff

Beck-Neckermann, J. (2002): Handbuch der musikalischen Früherziehung. Theorie und Praxis für die Arbeit in Kindertageseinrichtungen. Herder Verlag. Freiburg/B.

Bednort, P./Schuster, M. (2002[3]): Einführung in die Lernpsychologie. 3.,völlig neu bearbeitete und erweiterte Auflage. Ernst Reinhardt Verlag. München/Basel

Beebe, B. u. a. (2002): Koordination von Sprachrhythmus und Bindung. Systemtheoretische Modelle. In: Brisch u. a. (Hg.): 2002, 47 ff

Behne, K.-E. (Hg) (1981): Musikalische Sozialisation. (Musikpädagogische Forschung Bd. 3). Laaber Verlag. Laaber

Behne, K.-E./Lehmkuhl, P. (1987): EEG-Korrelate des Musikerlebens, Teil 1: Forschungsstand und Untersuchungsplan. In: Musikpsychologie. Jahrbuch der DGM Bd. 4, 1987, 49 ff

Beidinger, W. (2002): Vom Erlebnis zum Ergebnis. Elementare Musikpädagogik als methodenintegrierendes Konzept. In: Ribke/Dartsch (Hg.): 2002, 279 ff

Bentivoglio, A. (2003): Musical Skills and Neural Functions. The Legacy of the Brains of Musicians. In: Avanzini et al (Ed.): 2003, 234 ff

Berger, R. (2015): Genetik der Intelligenz. Versteckspiel im Genom. In: Spektrum Kompakt Intelligenz 1/2016, 29 ff

Bergmann, O./Huttner, H. (2015): Aus der Trickkiste der Neuroarchäologen. In: Gehirn & Geist 10/2015, 54 ff

Bermudez, P./Zatorre, R. J. (2005): Differences in Gray Matter between Musicians and Nonmusicians. In: Avanzini et al. (Ed.): 2005, 395 ff

Bermudez, P. et al. (2009): Neuroanatomical Correlates of Musicianship as Revealed by Cortical Thickness and Voxel-Based Morphometry. In: Cerebral Cortes, July 2009, 19: 1583 ff

Berndt, C. (2014[10]): Resilienz. Das Geheimnis der psychischen Widerstandskraft. 10. Aufl. Deutscher Taschebuch Verlag. München

Bernard, E. (2015): Melodien für Körper und Geist. In Gehirn & Geist 1/2015, 38 ff

Bernatzky, G./Kreutz, G. (Hg.) (2015): Musik und Medizin. Chancen für Therapie, Prävention und Bildung. Springer Verlag. Wien

Berninger, B./Götz, M. (2011): Nachwuchsförderung im Gehirn. In: Gehirn & Geist Basiswissen 2/11, 44 ff

Bernius, V. (Hg.) (2012): Sinfonie des Lebens. Funkkolleg Musik. Die gesendeten Beiträge. Schott Verlag. Mainz

Bernius, V./Rüsenberg, M. (Hg.) (2011): Sinfonie des Lebens. Funkkolleg Musik Bd. 1. Schott Verlag. Mainz

Besson, M./Friederici, A. (2005): Language and Music – A Comparison. In: Avanzini et al. (Ed.): 2005, 57 f

Besson, M./Schön, D. (2001): Comparison between Language and Music. In: Zatorre/Peretz (Ed.): 2001, 232 ff

Bethge, P. (2003): Das Tor zur Emotion. In: SPIEGEL Spezial ‚Die Entschlüsselung des Gehirns' 4/99, 54 ff

Bey, C./Zatorre, R. J. (2003): Recognition of Interleaved Melodies. An fMPI Study. IN. Avanzini et al. (Ed.): 2003, 152 ff

Bherer, L. (2015): Cognitive plasticity in older adults: effects of cognitive training and physical exercise. In: The Neurosciences and Music V. Ann. N. Y. Acad. Sci. 1337 (2015) 1 ff

Bigand, E. (2003): More About the Musical Expertise of Musically Untrained Listeners. In: Avanzini et al. (Ed.): 2003, 304 ff

Bigand, E. et al. (2005): The Time Course of Emotional Responses to Music. In: Avanzini et al. (Ed.): 2005, 429 ff

Bigand, E. et al. (2015): The Neurosciences and Music V. The New York Academy of Sciensce.

Binkofski, F. (2007): Das Denken der Anderen. Wie die „Theory of Mind" unser soziales Miteinander bestimmt. In: Gehirn & Geist 11/07, 82

Blackburn, E./Epel, E. (2013): Verkappte Gefahr. In: Gehirn & Geist 11/2013, 68 ff

Blakemore, S.-J./Frith, U. (2006): Wie wir lernen. Was die Hirnforschung darüber weiß. Deutsche Verlags-Anstalt. München

Bodrova, E./Leong, D. J. (2001): Tools of the Mind. A Case Study of Implementing the Vygotskian Approach in American Early Childhood and Primary Classrooms.
www.ibe.unesco.org (Zugriff 01.06.2015)

Bodrova, E./Leong, D. J. (2003): Do Play and Foundational Skills Need to Compete for the Teacher's Attention in an Early Childhood Classroom? In: Young Children on the Web. May 2013, 1 ff

Bodrova, E./Leong, D. J. (2007²): Tools of the Mind. The Vygotskian Approach to Early Childhood Education. 2nd Ed. Pearson Education, Inc., Upper Saddle River, New Jersey 07458

Bodrova, E. et al. (2013): Play and Self-Regulation. Lessons from Vygotskiy. In: American Journal of Play, vol. 6, no. 1

Boeing, N./Winzer, S. (2015/16): Ich weiß, wie Du Dich fühlst. In Zeit Wissen 12/15-1/16, Nr. 1, 44 ff

Böhme, G. (2008²): Auditive Verarbeitungs- und Wahrnehmungsstörungen. 2., vollständig überarbeitete Auflage. Verlag Hans Huber. Bern

Bonney, H. (Hg.) (2011): Neurobiologie für den therapeutischen Alltag. Auf den Spuren Gerald Hüthers. Vandenhoeck & Ruprecht. Göttingen

Bortz, J./Döring, N. (2006⁴): Forschungsmethoden und Evaluation für Human- und Sozialwissenschaftler. 4., überarbeitete Auflage. Springer Verlag. Heidelberg

Bowlby, J. (2001⁴): Frühe Bindung und kindliche Entwicklung. 4. neu gestaltete Aufl. Ernst Reinhardt Verlag. Basel

Brown, S. (2001): Are Music and Language Homologues? In: Zatorre/Peretz (Ed.): 2001, 372 ff

Bowlby, J. (2006): Bindung (Bindung und Verlust Bd. 1). Ernst Reinhardt Verlag. München

Brandes, H. (2005): Lev S. Vygotskij und die elementarpädagogische Reformdebatte heute. Studientexte aus der Evangelischen Fachhochschule für Soziale Arbeit Dresden (FH) 2005:3
http://www.ehs-dresden.de/fileadmin/hochschule/Veroeffentlichungen/Studientexte/Studientext_2005-03_Brandes.pdf (Zugriff: 18.5.2015)

Brandler, S./Rammsayer, T. H. (2003): Differences in Mental Abilities between Musicians and Non-Musicians. In: Psychology of Music 2003; 31: 123 ff

Brattico, E./Jacobsen, T. (2009): Subjective Appraisal of Music. Neuroimaging Evidence. In: Dalla Bella et al. (Ed.): 2009, 308 ff

Brattico et al. (2003): Cortical Correlates of Acquired Deafness to Dissonance. In: Avanzini et al (Ed.): 2003, 158 ff

Brattico, E. et al. (2009): The origins of the aesthetic enjoyment of music – A review of the literature. In: Musicae Scientiae 2009 13: 15 ff

Braun, A. K./Bock, J. (2008²): Born to Learn: Early Learning Optimizes Brain Function. In: Gruhn/Rauscher (Ed.): 2008², 27 ff

Braun, A. K. (2009²): Wie Gehirne laufen lernen, oder: „Früh übt sich wer ein Meister werden will". In: Herrmann (Hg.): 2009², 134 ff

Braun, A. K./Helmeke, C. (2004): Neurobiologie des Bindungsverhaltens: Befunde aus der tierexperimentellen Forschung. In: Ahnert (Hg.): 2004, 281 ff

Braun, A. K./Meier, M. (2004): Wie Gehirne laufen lernen oder: „Früh übt sich, wer ein Meister werden will!" In: Zeitschrift für Pädagogik, JG. 50, Heft 4, 507 ff

Bretherton, I. (2002): Konstrukt des inneren Arbeitsmodells. Bindungsbeziehungen und Bindungsrepräsentationen in der frühen Kindheit und im Grundschulalter. In: Brisch u. a. (Hg.): 2002, 13 ff

Briesch, K.-H. (2012⁷): Bindungsstörungen, ihre Folgen und Möglichkeiten der Therapie. In: Gebauer/Hüther (Hg.): 2012⁷, 64 ff

Briesch, K.-H. (2014): „Bindung ist emotionale Nahrung, die uns am Leben hält." Interview von Anne –Ev Ustorf mit K.-H. Briesch. In: Psychologie heute Mai 2014, 22 ff

Briesch, K.-H. u. a. (Hg.) (2002): Bindung und seelische Entwicklungswege. Grundlagen, Prävention und klinische Praxis. Klett-Cotta. Stuttgart

Brose, N./Kolb, L. (2011): Synapsen – Kontaktstellen im Rampenlicht. In: Gehirn & Geist Basiswissen 2/11, 6 ff

Brown, J. L./Pollitt, E. (1996): Mangelernährung, Armut und geistige Entwicklung. In: Spektrum der Wissenschaft 4/1996, 56 ff

Brown, S. (2000): The „Musilanguage" Model of Music Evolution. www.sfu.ca/psyc/brown/musilanguage.pdf (Zugriff: 24.9.2014)

Brown, S. et al. (2004a): Passive music listening spontaneously engages limbic and paralimbic system. In: NeuroReport Vol. 15, No 13, September 2004, 2033 ff

Brown, S. et al. (2004b): The song system of the human brain. In: Cognitive Brain Research 20 (2004) 363 ff

Bruer, J. T. (2000): Der Mythos der ersten drei Jahre. Warum wir lebenslang lernen. Beltz Verlag. Weinheim/Basel

Bruhn, H./Rösing, H. (Hg.) (1998): Musikwissenschaft. Ein Handbuch. Rowohlt Enzyklopädie. Reinbek

Bruhn, H. u. a. (Hg.) (1993): Musikpsychologie. Ein Handbuch. Rowohlt Enzyklopädie. Reinbek

Brust, J. C. M. (2001): Music and the Neurologist. A Historical Perspective. In Zatorre/Peretz (Ed.): 2001, 143 ff

Bucher, A. (2001): „Die Kinder sind nicht mehr so glücklich wie wir.“ Kindheitsglück aus der Sicht von ErzieherInnen. In: Behneken, I./Zinnecker, J. (Hg.): Kinder – Kindheit - Lebensgeschichte. Ein Handbuch. Seelze-Velber. 2001, 33 ff

Buchheim A./Strauß, B./Kächele, H. (2002): Die differenzielle Relevanz der Bindungsklassifikation für psychische Störungen. In: Psychother. Psych. Med. 2002, 128 ff

Bührer, C. (2015): Im Rhythmus der Mutter. Interview mit Prof. Dr. C. Bührer. In: Stricker (Hg.): 2015, 15 ff

Buland, R. (1995): Die Musik, das Spiel, der Ernst, das Spielerische … Ein Denkweg zur Begriffsklärung. In: Stampfl, I. (Hg.): Musik als Spiel. Musikpädagogik – Musiktheater – Improvisation. München 1995, 25 ff

Bundesministerium für Bildung und Forschung (BMBF) (Hg.) (2006): Macht Mozart schlau? Die Förderung kognitiver Kompetenzen durch Musik (Bildungsforschung Bd. 18). Bonn/Berlin.

Bundesministerium für Bildung und Forschung (BMBF) (Hg.) (2007): Lehr-Lern-Forschung und Neurowissenschaften – Erwartungen, Befunde, Forschungsperspektiven (Bildungsforschung Bd. 13). Bonn/Berlin

Bundesministerium für Bildung und Forschung (BMBF) (Hg.) (2009): Pauken mit Trompeten. Lassen sich Lernstrategien, Lernmotivation und soziale Kompetenzen durch Musikunterricht fördern? (Bildungsforschung Bd. 32). Bonn/Berlin

Bunt, L./Pavlicevic, M. ($2004^4$): Music and Emotion; perspectives from Music Therapy. In: Juslin/Sloboda (Hg.): $2004^4$, 181 ff

Button, K. S. et al. (2013): Power failure: why small sample size undermines the reliability of neurosciences. In: Nature reviews/Neuroscience, Vol. 14, May 2013, 365 ff

Cameron, D. J./Grahn, J. A. (2014): Neuroscientific Investigations Of Musical Rhythm. In: Acoustic Australia Vol. 42, No. 2, August 2014, 111 ff

Canli, T. (2007): Der Charakter-Code. In: Hirn & Geist. Nr. 9/2007, 52 ff

Capps, L. et al. (1992): Understanding of Simple and Complex Emotions in Non-retarded Children with Autism. In: J. Child Psychol. Psychiat. Vol. 33, No. 7, 1169ff

Carlile, S. (2014): Active Listening: Speech Intelligibility In Noisy Environments. In: Acoustic Australia, Vol. 42, No. 2, August 2014, 90 ff

Carey, D. et al. (2015): Generality and specificity in the effects of musical expertise on perception and cognition. In: Cognition 137 (2015), 81 ff

Caspary, R. ($2006^2$a): Dopamindusche im Klassenzimmer. Vorwort. In: Ders. (Hg.): $2006^2$, 7 ff

Caspary, R. (Hg.) ($2006^2$): Lernen und Gehirn. Der Weg zu einer neuen Pädagogik (Herder Spektrum Bd. 5763). 2. Aufl. Herder Verlag. Freiburg

Catterall, J. S./Rauscher, F. H. ($2008^2$): Unpacking the Impact of Music on Intelligence. In: Gruhn/Rauscher (Ed.): $2008^2$, 171 f

Chakravarty, M. M./Vuust, P. (2009): Musical Morphology. In: Dalla Bella et al. (Ed.): 2009, 79 ff

Chen, J. L. et al. (2005): Tapping in Synchrony to Auditory Rhythms. Effect of Temporal Structure on Behaviour and Neural Activity. In: Avanzini et al. (Ed.): 2005, 400 ff

Chen, J. L. et al. (2009): The Role of Auditory and Premotor Cortex in Sensorimotor Transformations. In: Della Bella et al. (Ed.): 2009, 15 ff

Chin, C. S. (2003): The Development of Absolute Pitch: A Theory Concerning the Role of Music Training at an Early Development Age and Individual Cognitive Style. Psychology of Music 2003; 31, 155 ff

Chipman, S. F. (1986): Integrating three perspectives on learning. In: Friedman/Klivington/Peterson (Ed.): The Brain, Cognition, and Education. Academic Press Inc. Orlando 1986, 203 ff

Chobert, J. Et al. (2012): Twelve Months of Active Musical Training in 8- to 10-Year-Old Children Enhances the Preattentive Processing of Syllabic Duration and Voice Onset Time. In: Cerebral Cortex 2014 Apr;24(4): 956 ff doi: 10.1093/cercor/bhs377. Epub 2012 Dec 12 (Zugriff: 14.10.2014) www.pnas.org/cgi/doi/10.107/pnas.1207989109 (Zugriff: 9.7.2014)

Cooper, S. (2010): Lighting up the Brain with Songs and Stories. In: General Music Today 2010 (23), 24 ff

Corrigall, K. A./Trainor, L. J. (2009): Effects of Musical Training on Key and Harmony Perception. In: Dalla Bella et al. (Ed.): 2009, 164 ff

Corrigall, K. A. et al. (2013): Music training, cognition, and personality. In: Frontiers in Psychology, April 2013; Vol. 4; Article 222

Costa-Giomi, E. (2003): Young Children's Harmonic Perception. In: Avanzini et al. (Ed.): 2003, 477 ff

Cousineau, M. et al. (2012): The basis of musical consonance as revealed by congenital amusia. http://www.pnas.org/content/109/48/19858.full (Zugriff: 14.12.2015)

Cross, I. (2001): Music, Cognition, Culture and Evolution. In: Zatorre/Peretz (Ed.): 2001, 28 ff

Csikszentmihalyi, M./Schiefele, U. (1993): Die Qualität des Erlebens und der Prozess des Lernens. In: Z. f. Päd., 39. Jg. 1993, Nr. 2, 207 ff

Cuddy, L. L. et al. (2005): Musical Difficulties Are Rare. A Study of "Tone Deafness" among University Students. In: Avanzini et al (Ed.): 2005, 311 ff

Dalla Bella, S. (2009): Introduction. Disorders of Singing in Healthy Individuals. In: Dalla Bella et al. (Ed.): 2009, 97 f

Dalla Bella, S. et al. (Ed.) (2009): The Neurosciences and Music III: Disorders and Plasticity (Annals of the New York Academy of Sciences Vol. 1169). The New York Academy of Sciences. New York

Dalla Bella, S. et al. (2012): Memory disorders and vocal performance. In: Overy et al. (Ed.): 2012, 338 ff

Damasio, A. R. (2001[6]): Descartes' Irrtum. Fühlen, Denken und das menschliche Gehirn. 6. Auflage. dtv. München

Damasio, A. (2011): Selbst ist der Mensch. Körper, Geist und die Entstehung des menschlichen Bewusstseins. Siedler Verlag. München

Dartsch, M. (2002): Elementare Musikpädagogik im anthropologischen Spannungsfeld. In: Ribke, J./Dartsch, M. (Hg.): 2002, 311 ff

Dartsch, M. (2010): Mensch, Musik und Bildung. Grundlagen einer Didaktik der Musikalischen Früherziehung. Breitkopf & Härtel. Wiesbaden/Leipzig/Paris

Dartsch, M. (2013): Neurodidaktik und musikalische Bildung. In: Diskussion Musikpädagogik 58/13, 9 ff

Dartsch, M. (Hg.) (2014): Musik im Vorschulalter. Dokumentation. Arbeitstagung des Bayerischen Musikrats 2013. Bosse Verlag. Kassel

Dartsch, M. (2014a): Musiklernen im Vorschulalter. Grundfragen und Tendenzen. In: Dartsch (Hg.): 2014, 9 ff

Davidson, R. (2013): Der emotionale Stil: Welche Gefühle steuern Ihr Leben? In: Psychologie heute, Februar 2013, 20 ff

Davidson, R./Begley, S. (2012); Warum wir fühlen, wie wir fühlen. Wie die Gehirnstruktur unsere Emotionen bestimmt – und wie wir darauf Einfluss nehmen können. Arkana Verlag. München

Decker-Voigt, H.-H. (2008): Mit Musik ins Leben. Ernst Reinhardt Verlag. München/Basel

Decker-Voigt, H.-H./Weymann, E. (Hg.) (2009²): Lexikon Musiktherapie. 2., überarb. und erw. Auflage. Hogrefe. Göttingen u. a.

Deeg, J. (2016): Wie der geist erwacht. In: Gehirn & Geist 11/2016, 40 ff

Degé, F. (2015): Die nächste Studie kommt bestimmt. Macht Musikunterricht intelligenter und sollten wir uns das wirklich fragen? In: NMZ 2/15, Februar 2015, 28

Degé, F./Schwarzer, G. (2011): The effect of a music program on phonological awareness in preschoolers. In: Frontiers in Psychology. June 2011; Vol. 2; Article 124

Degé, F./Schwarzer, G. (2015): Musik und kognitive Entwicklung. In: Bernatzky/Kreutz (Hg.): 2015, 359 ff

Deliège, I./Davidson, J. W. (Ed.) (2011): Music and the Mind. Essays in honour of John Sloboda. Oxford University Press. New York

Deliège, I./Sloboda, J. (Ed.) (2000): Musical Beginners. Origins and Development of Musical Competence. Reprint. Oxford University Press. New York

Dellacherie, D. et al. (2009): The Birth of Musical Emotion, A Depth Electrode Case Study in a Human Subject with Epilepsy. In: Dalla Bella et al. (ed.): 2009, 336 ff

Demorest, S. M./Osterhout, L. (2012): ERP responses to cross-cultural melodic expectancy violations. In: Overy. et al. (Ed.): 2012, 152 ff

Dermietzel, R. (2011): Elektrische Synapsen – Es geht auch ohne Chemie. In: Gehirn & Geist Basiswissen 2/11, 11 ff

Detterman, D. K. (2104): Introduction to the intelligence special issue on the development of expertise: is ability necessary? In: Intelligence 45(2014) 1-3, 1 ff

Diamond, A. et al. (2007): Preschool Program Improves Cognitive Control. In: Science Vol. 318, Nov. 2007, 1387 ff

Dietrich, A./Ayan, S. (2017): "Vom Wahrnehmen direkt zur Handlung. In: Gehirn & Geist 4/2017, 19 ff

Di Pellegrino, G. et al. (1992): Understanding motor events: a neurophysiological study. In: Esp Brain Res (1992) 91, 176 ff

Donnay, G. F. et al. (2014): Neural Substrates of Interactive Musical Improvisation: An fMRI Study of 'Trading Fours' in Jazz. In: PLoS ONE 9(2) e88665. DOI: 10.1371/journal.pone.0088665 (Zugriff: 5.5.2014)

Donner, S. (2012): Gliazellen: Unterschätzter Klebstoff. www.dasgehirn.info/entdecken/glia/gliazellen-unterschaetzter-klebstoff-3637/print (Zugriff: 22.2.2017)

Donner, S. (2017): Vor der Geburt. In: Psychologie heute 9/2017, 72 ff

Dornes, M. (1993): Der kompetente Säugling. Die präverbale Entwicklung des Menschen. Fischer Taschenbuch Verlag. Frankfurt/M.

Dornes, M. ($2006^8$): Die frühe Kindheit. Entwicklungspsychologie der ersten Lebensjahre. 8. Aufl. Fischer Taschenbuch Verlag. Frankfurt/M.

Drake, C./Ben El Heni, J. (2003): Synchronizing with Music: Intercultural Differences. In: Avanzini et al. (Ed.): 2003, 429 ff

Drösser, C. (2009): Zu schräg für unser Gehirn. In: Die Zeit 2009, Nr. 43, 37 www.zeit.de/2009/43/N-Musik-und-Hirn/komplettansicht (Zugriff: 12.1.2015)

Drösser, C. (2010): Der Gänsehaut-Effekt. Warum erzeugt Musik überhaupt Gefühle? Einige Erklärungsversuche der Wissenschaft. In: Zeit online http://www.zeit.de/2010/35/Musik-Wissenschaft (Zugriff: 12.1.2015)

Drösser, C. (2014): Machen Töne schlau? In. Die Zeit Nr.26/2014, 31 f

Duckworth, A. (2017): Grit. Why passion and resilience are the secrets to success. Vermilion. UK

Duerden, E. G./Laverdure-Dupont, D. (2008): Practice Makes Cortex. In: The Journal of Neuroscience, August 27, 2008-28(35), 8655 ff

Duke, R. A. (2000): The Other Mozart Effect: An open Letter to Music Educators. In: Applications of Research in Music Education 2000; 19: 9 ff

Duke, R. A. et al. (2009): Effects of Early and Late Rest Breaks during Training on Overnight Memory Consolidation of a Keyboard Melody. In: Dalla Bella et al. (Ed.): 2009, 169 ff

Dweck, C. (2015[5]): Selbstbild. Wie unser Denken Erfolge oder Niederlagen bewirkt. 5. Aufl. Piper Verlag. München u. a.

Eckoldt, M. (2013): Kann das Gehirn das Gehirn verstehen? Gespräche über Hirnforschung und die Grenzen unserer Erkenntnis. Carl-Auer-Systeme Verlag. Heidelberg

Edelmann, W. (2000[6]): Lernpsychologie. 6., vollständig überarbeitete Auflage. Verlagsgruppe Beltz. Weinheim

Edelmann, W./Wittmann, S. (2012[7]): Lernpsychologie. 7., vollständig überarbeitete Auflage 2012. Beltz Verlag. Weinheim

Edwards, R. D./Hodges, D. A. (2008[2]): Neuromusical Research: An Overview of the Literature. In: Gruhn/Rauscher (Ed.): 2008[2], 1 ff

Egermann, H. (2009): Musical influences Listeners' Emotion – A Review on Evidence from Psychological and Physiological Research. In: Jahrbuch Musiktherapie 5, 35 ff. Reinhart Verlag. Wiesbaden

Egermann, H. et al. (2009): Social Feedback Influences Musically Induced Emotions. In: Dalla Bella et al. (Ed.): 2009, 346 ff

Egermann, H. et al. (2011): Does music listening in a social context alter experience? A physiological and psychological perspective on emotion. In: Musicae Scientiae 15(3), 307 ff

Egle, J. (2009): Gehirngerechtes Lehren und Lernen – worauf Lehrer/innen achten müssen. In Schulmagazin 5-10, 2009, heft 7/8, 71 ff

Egle, J. (2010): Was heißt gehirngerecht lehren und lernen? In: SEMINAR 2/10, 160 ff

Egle, J. (2011): Wie Lernen gelingt und (wieder) Spaß macht. In: Pädagogische Rundschau 65 (2011), 467 ff

Egle, J. (2013): Zur Bedeutung von Person und Beziehung für gelingendes Lernen. In: SEMINAR 4/13, 44 ff

Einsiedler, W (1991): Das Spiel der Kinder. Zur Pädagogik und Psychologie des Kinderspiels. Klinkhardt Verlag. Bad Heilbrunn

Ekman, P. (2009): Können wir beeinflussen, was uns emotional werden lässt? In: Sentker/Wigger (Hg.): Schaltstelle Gehirn. Denken, Erkennen, Handeln. Spektrum Akademischer Verlag. Heidelberg. S. 113 ff

Ekman, P. (2010²): Gefühle lesen. Wie sie Emotionen erkennen und richtig interpretieren. 2. Aufl. Spektrum Akademischer Verlag. Heidelberg

Elbers, M. (2015): Nahrung für neue Nervenzellen. In: Gehirn & Geist 2/2015, 58 ff

Elmer, S. et al. (2012): Neurofunctional and Behavioral Correlates of Phonetic and Temporal Categorization in Musically Trained and Untrained Subjects. In: Cerebral Cortex March 2012; 22:650 ff

Elmer, S. et al. (2015): Bridging the Gap between Perceptual and Cognitive Perspectives on Absolute Pitch. In: The Journal of Neuroscience, January 7, 2015-35(1), 366 ff

Elschenbroich, D. (2001): Weltwissen der Siebenjährigen. Wie Kinder die Welt entdecken können. Verlag A. Kunstmann. München

Elsnser, N./Lüer, G. (Hg.) (2001³): Das Gehirn und sein Geist. 3. Auflage. Wallstein Verlag. Göttingen

Endres, M. (2001⁴): Vorwort zu Bowlby: 2001⁴, 7 f

Entringer, S. (2012): Lässt uns Stress schneller altern? In: Spektrum Kompakt Stress 4/2015, 16 ff

Ericsson, K. A./Ward, P. (2007): Capturing the Naturally Occurring Superior Performance of Experts in the Laboratory. In: Current Directions in Psychological Science Vol. 16, No. 6, 346 ff

Ericsson, K. A./Pool, R. (2016): TOP. Die neue Wissenschaft vom bewussten Lernen. Pattloch Verlag. München

Ernst, H. (2014): Konzentrieren Sie sich! In: Psychologie heute. Februar 2014, 20 ff

Eschrich, S. et al. (2005): An Investigation in Episodic Memory for Music. In: Avanzini et al. (Ed.): 2005, 438 ff

Essmann, C./Acker-Palmer, A. (2011): Feinmechanik des Gehirns. In: Gehirn & Geist Basiswissen 2/11, 56 ff

Evers, S. (2005): Hirnphysiologische Grundlagen der Musikwahrnehmung. In: de la Motte-Haber (Hg.): Musikpsychologie. Laaber Verlag. Laaber 2005, 40 ff

Facius, A. (2014): Was, wenn ein Hörgerät nicht (mehr) hilft? In: SPEKTRUM HÖREN 2/2014, 11 ff

Fadiga, L. et al. (2009): Broca's Area in Language, Action, and Music. In: Dalla Bella et al. (Ed.): 2009, 448 ff

Faienza, C./Cossu, G. (2003): Introductory Remarks on Musical Beginnings: Ten Years Later. In Avanzini et al (Ed.): 2003, 392 ff

Falkenberg, B. (2012): Mythos Determinismus. Wieviel erklärt uns die Hirnforschung? Springer Verlag. Heidelberg u. a.

Fassbender, C. (2000): Infants' auditory sensitivity towards acoustic parameters of speech and music. In: Deliège/Sloboda (Ed.): 2000, 56 ff

Feldmann, M. (1998): Erwartungsdiskrepanz und emotionales Erleben von Musik. Georg Olms AG. Hildesheim

Feuser, G. (1984): Gemeinsame Erziehung behinderter und nichtbehinderter Kinder im Kindertagesheim. Ein Zwischenbericht. Herausgegeben von: Diakonisches Werk Bremen e. V. Bremen

Feuser, G. (2013): Integrative Heilpädagogik – eine Fachdisziplin im Wandel. In: Behindertenpädagogik 2/2013, 121 ff

Feuser, G. (Hg.) (2017): Inklusion – ein leeres Versprechen? Zum Verkommen eines Gesellschaftsprojekts. Psychosozial-Verlag. Gießen

Fichtner, B. (2014): Spiel und Spielen als Möglichkeitsraum für die Entwicklung von Kindern. In: Frühförderung interdisziplinär 3/14, 138 ff

Finn, E. S. et al. (2015): Functional connectome fingerprinting: identifying individuals using patterns of brain connectivity. In: Nature Neuroscience Vol. 18, Number 11, November 2015, 1664

Fischer, L. (2017): Das Gehirn ist viel aktiver als bisher bekannt. www.spektrum.de/news/das-gehirn-ist-viel-aktiver-als-bisher-bekannt/1441090 (Zugriff: 13.3.2017)

Fitch, W. T. (2005): The Evolution of Music in Comparative Perspective. In: Avanzini et al. (Ed.): 2005, 29 ff

Flämig, M. (2003): Aufbauender Musikunterricht und konstruktive (analytische) Begründung http://home.arcor.de/zf/zfkm/flaemig4.pdf (Zugriff: 15.9.2014)

Flitner, A. (1976): Spiel und Erfindung des Kindes. In: Halbfas, H. u. a. (Hg.): Spielen, Handeln und Lernen. Stuttgart 1976, 19 ff

Flitner, A. (Hg.): (1988[5]): Das Kinderspiel. Neuausgabe. München

Flohr, J. W. (2010): Best Practice for Young Children's Music Education: Guidance from Brain Research. In: General Music Today 2010 23, 13 ff

Flohr, J. W./Trevarthen, C. (2008[2]): Music Learning in Childhood. Early Developments of a Musical Brain and Body. In: Gruhn/Rauscher (Ed,): 2008[2], 53 ff

Florio, M. et al. (2015): Human-specific geneARHGAP11B promotes basal progenitor amplification and neocortex expansion. In: Science, 27 March 2015, Vol. 347, Issue 6229, 1465 ff

Folta, K. (2010): Neurobiologische Erkenntnisse zum frühkindlichen Lernen: Implikationen für die frühkindliche Bildung? In: Forum für Kinder und Jugendarbeit 4/2010, 39 ff

Fonagy, P. (2002): Ist Bindungssicherheit angeboren? Befunde aus der Zwillingsforschung. In: Brisch u. a. (Hg.): 2002, 277 ff

Fooken, I. (2016): Psychologische Perspektiven der Resilienzforschung. In: Wink (Hg.): 2016, 13 ff

Förstl, H. (Hg.) (2007): Theory of Mind. Neurobiologie und Psychologie sozialen Verhaltens. Springer Verlag. Heidelberg

Frahm, J. (2001[3]): Zur materiellen Organisation menschlichen Denkens: Magnetresonanz-Tomographie des Gehirns. In: Elsner/Lüer (Hg): 2001[3], 53 ff

Fraley, R. C. et al. (2013): Interpersonal and Genetic Origins of Adult Attachment Styles: A Longitudinal Study From Infancy to Early Adulthood. In: Journal of Personality and Social Psychology. http://www.psy.miami.edu/faculty/dmessinger/c_c/rsrcs/rdgs/attach/adult.attach.origins.fraley.jpsp.2013.pdf (Zugriff 2.6. 2014)

Frances, A. (2014): Normal. Gegen die Inflation psychiatrischer Diagnosen. DuMont Buchverlag. Köln

Franklin, M. S. et al. (2008): The effects of musical training on verbal memory. In: Psychology of Music 2008 36: 353 ff

Frauchinger, U. (2003): Musik als Sprache der Seele. In: Landau, A./Stulz, P. (Hg.): Musik und Medizin. Zwei Künste im Dialog. Chronos Verlag. Zürich. 2003, 155 ff

Frazzetto, G. (2012): Was es heißt zu fühlen. In: Gehirn & Geist 11/2012, 56 ff

Frick-Baer, G. (2009): Aufrichten in Würde. Methoden und Modelle leiborientierter kreativer Traumatherapie. Affenkönig Verlag. Neukirchen-Vluyn

Friebe, R. (2016): Hormesis. Das Prinzip der Widerstandskraft. Wie Stress und Gift uns stärker machen. Hanser Verlag. München

Fried, L./Roux, S. (Hg.) (2006): Pädagogik der frühen Kindheit. Handbuch und Nachschlagewerk. Beltz Verlag. Weinheim/Basel

Friederici, A. D. (2001[3]): Sprache und Gehirn: Zur Neurobiologie der Spachverarbeitung. In: Elsner/Lüer (Hg.): 2001[3], 71 ff

Friederichs, E.(2014): Wahrnehmungsverarbeitungsprozesse in Gehirn und Körper. In: Kindernetzwerg e.V. (Hg.): 2014, 11 ff

Friedrich, E. K. u. a. (2015): Musizieren und Emotionsregelung bei Grundschulkindern. In: Bernatzky/Kreutz (Hg.): 2015, 337 ff

Friedrich, H. (2014): Bausteine für Beziehungen. Beziehungen mit Kindern gestalten. In: klein&groß 5/14, 12 ff

Fritz, H. (2013): From Understanding to Appreciating Music Cross-Culturally. In: PloS One, September 2013/Vol. 8/Issue 9/e72500 http://www.plosone.org/article/fetchObject.action?uri=info%3Adoi%2F 10.1371%2Fjournal.pone.0072500&representation=PDF_(Zugriff: 2.6.2014)

Fritz, J. (1991): Theorie und Pädagogik des Spiels. Eine praxisorientierte Einführung. Weinheim/München

Fritz, J. ($1993^3$): Methoden des sozialen Lernens. 3., erg. Auflage. Juventa Verlag. Weinheim/München

François, C. et al. (2012): Cognitive and methodological considerations on the effects of musical expertise on speech segmentation. In: Overy et al. (Ed.): 2012, 108 ff

Fuchs, M. (Hg.) (2015): Musikdidaktik Grundschule. Theoretische Überlegungen und Praxisvorschläge. Helbling. Innsbruck u. a.

Fudickar, M. (1985): Kreativitätstraining in der Schule. Erfolgreiche Methoden zur Steigerung der Kreativität am Beispiel eines Unterrichtsversuchs. Essen

Fujioka, T. et al. (2009): Beta and Gamma Rhythms in Human Auditory Cortex during Musical Beat Processing. In: Dalla Bella et al. (Ed.): 2009, 89 ff

Gaab, N./Schlaug, G. (2003): Musicians Differ from Nonmusicians in Brain Activation despite Performance Matching. In: Avanzini et al. (Ed.): 2003, 385 ff

Gaab et al. (2005): Neural Correlates of Rapid Spectrotemporal Processing in Musicians and Nonmusicians. In: Avanzini et al. (Ed.): 2005, 82 ff

Gabrieli, J. D. E./Bunge, S. A. (2017): Die neuronalen Spuren der Armut. In: Gehirn & Geist 9/2017, 48 ff

Gage, N. L./Berliner, D. C. ($1996^5$): Pädagogische Psychlogie. 5., vollständig überarbeitete Auflage. Beltz*PVU*. Weinheim

Gagel, R./Schwabe, M. (Hg.) (2013): expressiv & explOHRativ. Musikalische Improvisation in der Schule. Books on Demand. Norderstedt

Gärtner, H. et al. (2013): Brain morphometry shows effects of long-term musical practice in middle-aged keyboard players. In: Frontiers in Psychology, September 2013, Vol. 4, Article 636

Gallese, V. et al. (1996): Action recognition in Premotor cortex. In: Brain (1996), 119, 593 ff

Gardner, H. (1999): Vielerlei Intelligenzen. In: Spektrum der Wissenschaft – Spezial 3/99: Intelligenz, S. 24 ff

Gasenzer, E. R. (2009): Musik liegt im Gehirn. Neurologie und Medizin des Musizierens. Tectum Verlag. Marburg

Gaser, C./Schlaug, G. (2003): Gray Matter Differences between Musicians and Nonmusicians. In: Avanzini et al. (Ed.): 2003, 514 ff

Gassen H. G. (2008): Das Gehirn. Wissenschaftliche Buchgesellschaft. Darmstadt.

Gebauer, K./Hüther, G. (Hg.) (2002): Kinder suchen Orientierung. Anregungen für eine sinn-stiftende Erziehung. Patmos Verlag. Düsseldorf/Zürich.

Gebauer, K./Hüther, G. (Hg.) (2003): Kinder brauchen Spielräume. Perspektiven für eine kreative Erziehung. Patmos Verlag. Düsseldorf/Zürich

Gebauer, K./Hüther, G. (Hg.) ($2012^7$): Kinder brauchen Wurzeln. Neue Perspektiven für eine gelingende Entwicklung. 7. Aufl. . Patmos Verlag. Düsseldorf/Zürich

Gebauer, K./Hüther, G. ($2012^7$a): Vorbemerkung: Ohne Wurzeln fällt man um … In: Gebauer/Hüther (Hg.): $2012^7$, 7 ff

Gebel, B. et al. (2013): Instrument specific brain activation in sensorimotor and auditory representation in musicians. In: NeuroImage 74 (2013), 37 ff

Gerhardt, S. (2006): Die Kraft der Elternliebe. Wie Zuwendung das kindliche Gehirn prägt. Walter Verlag. Düsseldorf

Gehirn & Geist (2012): Metamorphose im Kopf. In: Gehirn & Geist 12/2012, 13

Gehirn & Geist (2013): Vom Vöglein zum Stier. In: Gehirn & Geist 11/2013, 10

Gehirn & Geist (2014a): Verschieden vernetzt. In: Gehirn & Geist 3/2014, 12

Gehirn & Geist (2014b): Ohne Umweg. In: Gehirn & Geist 12/2014, 12

Gehirn & Geist (2015a): Themenschwerpunkt: Musik als Medizin. Forscher entdecken die Heilkraft von Gesang, Melodie und Rhythmus. Heft 1/2015, 38 ff, 44 ff, 50 f

Gehirn & Geist (2015b): Glia: Viel mehr als ein Gerüst. In: Gehirn & Geist 8/2105, 50 f

Gelitz, C. (2010): Sag mir, was Du magst, und ich sage Dir, wer Du bist! In: Gehirn & Geist 9/2010, 14 ff

Gembris, H. (1998): Grundlagen musikalischer Begabung und Entwicklung. Wißner Verlag. Augsburg

Gembris, H. (2007²): Grundlagen musikalischer Begabung und Entwicklung. 2., aktualisierte Auflage. Wißner Verlag. Augsburg

Gembris, H. (2008): Musik im Erwachsenenalter: Entwicklungspsychologische Befunde und praktische Perspektiven. In: VdM (Hg): 2008, 11 ff

Gembris, H, (2011): Aktives Musizieren im Alter verbessert die Lebensqualität. In: Loritz u. a. (Hg.): 285 ff

Gembris, H. (2013⁴): Grundlagen musikalischer Begabung und Entwicklung. 4., unveränderte Auflage. Wißner Verlag. Augsburg

Gembris, H. (Hg.) (2015): Musikalische Begabung und Alter(n). LIT Verlag. Berlin/Münster

Gennatas, E. D. et al. (2017): Age-Related Effects and Sex Differences in Gray matter Density, Volume, Mass, and Cortical Thickness from Childhood to Young Adulthood. In: J. of Neurosci,, May 17, 2017, 37(20): 5065 ff

Geyer, S./Turner, R. (2014): Karten vom lebenden Gehirn. In: Gehirn & Geist 5/2014, 48 ff

Gibson, C. et al. (2008): Enhanced divergent thinking and creativity in musicians: A behavioral and near-infrared spectoscopy study. In: Brain and Cognition 69 (2009), 162 ff. doi:10.1016/j.bandc2008.07.009_(Zugriff: 28.04.2014)

Gielas, A. (2013): Ein bisschen Aberglaube schadet nicht – im Gegenteil. In: Gehirn & Geist 1/2013, 20 ff

Gielas, A./Traue, H. C. (2014): Das ABC der Mimik. In: Gehirn & Geist 12/2014, 46 ff

Gloger-Tippelt, G. (2004): Individuelle Unterschiede in der Bindung und Möglichkeiten ihrer Erhebung bei Kindern. In: Ahnert (Hg.): 2004, 82 ff

Glomp, I. (2014): Warum wir viel mehr spielen sollten. In: Psychologie heute. Februar 2014, 66 ff

Glomp, I. (2015): Schöner Stress. In: Psychologie heute 8/15, 19 ff

Glomp, I. (2017): Besser als Glück. In Psychologie heute 7/17, 64 ff

Godøy, R. I. et al. (2016): Exploring Sound-Motion Similarity in Musical Experience. In: Journal of New Music Research 2016, Vol. 45, 201 ff

Goldstein, E. B. (2015[9]): Wahrnehmungspsychologie. Ein Grundkurs. 9. Auflage. Springer Verlag. Berlin/Heidelberg

Göppel, R. (2013): Vom „polymorph-perversen Triebwesen“ zum „polytent-neuronalen Lernwesen“. Die Modernisierung des Bildes der Kindheit unter dem Einfluss der modernen Hirnforschung. In: Ahrbeck, B. et al. (Hg.): Strukturwandel der Seele. Modernisierungsprozesse und pädagogische Antworten (Jahrbuch für Psychoanalytische Pädagogik 21). Psychosozial-Verlag. Gießen 2013, 83 ff

Gordon, E. E. (2007): A Music Learning Theory for Newborn and Young Children. GIA Publications, Inc. Chicago

Gosselin, N. et al. (2009): Impaired Memory for Pitch in Congenital Amusia. In: Dalla Bella et al. (Ed.): 2009, 270 ff

Gottfredson, L. S. (1999): Der Generalfaktor der Intelligenz. In: Spektrum der Wissenschaft – Spezial 3/99: Intelligenz, S. 24 ff

Goydke, K. N. et al. (2004): Changes in emotional tone and instrumental timbre are reflected by the mismatch negativity. In: Cognitive Brain Research 21 (2004), 351 ff

Grabowski, J. (1999): Von Tests zu Intelligenmodellen. In: Spektrum der Wissenschaft – Spezial 3/99: Intelligenz, S. 36 ff

Grahn, J. A. (2009): The Role of the Basal Ganglia in Beat Perception. Neuroimaging and Neuropsychological Investigations. In: Dalla Bella et al. (Ed.): 2009, 35 ff

Greenfield, S. (2003[2]): Reiseführer Gehirn. 2. Aufl. Spektrum Akademischer Verlag. Heidelberg/Berlin

Grewe, O. et al. (2005): How Does Music Arouse „Chills“? Investigating Strong Emotions, Combining Psychological, Physiological and Psychoacoustical Methods. In. Avanzini et al. (Ed.): 2005, 446 ff

Grewe, O. et al. (2009): Chills as an Indicator of Individual Emotional Peaks. In: Dalla Bella et al. (Ed.): 2009, 351 ff

Griffiths, T. D. (2001): The Neural Processing of Complex Sounds. In: Zatorre/Peretz (Ed.): 2001, 133 ff

Grimault, S. et al. (2009): Load-dependent Brain Activity Related to Acoustic Short-term Memory for Pitch. In: Dalla Bella et al (Ed.): 2009, 273 ff

Grossbach, M./Altenmüller, E. (2002): Neurophysiologische Forschungsansätze zur Zeitverarbeitung in der Musik. In: Gruhn, W. (Hg.): 2002, 109 ff

Grossmann, K. E. (2004): Theoretische und historische Perspektiven der Bindungsforschung. In: Ahnert (Hg.): 2004, 21 ff
Grossmann, K. E. u. a. (2002): Bindungsbeziehungen und Bewertung von Partnerschaft. Von früher Erfahrung feinfühliger Unterstützung zu späterer Partnerschaftsrepräsentation. In: Brisch u. a. (Hg.): 2002, 125 ff
Grossmann, K. E. u. a. (2003[3]a): Die Bindungstheorie: Modell, entwicklungspsychologische Forschung und Ergebnisse. In: Keller (Hg.): 2003[3], 223 ff
Grossmann, K. E. u. a. (2003[3]b): Internalisierung unterschiedlicher kindlicher Bindungserfahrungen und ihre klinische Relevanz. In. Keller (Hg.): 1153 ff
Grossmann, K. E./Grossmann, E. (2012[7]): Das eingeschränkte Leben. Folgen mangelnder und traumatischer Bindungserfahrung. In: Gebauer/Hüther (Hg.): 2012[7], 35 ff
Groussard, M. et al. (2009): Neural Correlates Underlying Musical Semantic Memory. In: Dalla Bella et al. (Ed.): 2009, 278 ff
Gruber, M. J. et al. (2014): States of Curiosity Modulate Hippocampus-Dependent Learning via the Dopaminergic Circuit. In: Neuron 84, 486 ff, October 22, 2014
Gruhn, W. (1999): Wie denkt, hört und lernt der „ungeschulte Kopf"? In: Diskussion Musikpädagogik 2/1999, 60 ff
Gruhn, W. (1993): Geschichte der Musikerziehung. Hofheim/Darmstadt
Gruhn, W. (2001): Musikalische Lernstadien und Entwicklungsphasen beim Kleinkind. In: Diskussion Musikpädagogik 9/2001, 54 ff
Gruhn, W. (2002a): Von musikalischen Lernfeldern, Intelligenz und Expertise. Musikpädagogische Forschungsprojekte aus der Lernpsychologie. In. Gruhn, W. (Hg.): 2002, 51 ff
Gruhn, W. (2002b): Das Musikalische Im Kinde. In: Stiller, B. et al. (Hg.): Spielräume Musikvermittlung. Konzerte für Kinder entwickeln – gestalten – erleben. ConBrio Verlagsgesellschaft. Regensburg 2002, 67 ff
Gruhn, W. (2003a): Gibt es kognitive Transfereffekte der Musik? Der Mozart-Effekt – Wunsch und Wirklichkeit. In: Landau/Stulz (Hg.): 2003, 61 ff
Gruhn, W. (2003b): Kinder brauchen Musik. Musikalität bei kleinen Kindern entfalten und fördern. Beltz Verlag. Weinheim/Basel/Berlin
Gruhn, W. (2005): Die Schwierigkeit mit den Transfer-Effekten der Musik. In: Bullerjahn, C. u. a. (Hg.): Musik: gehört, gesehen und erlebt. Festschrift Klaus Ernst Behne zum 65. Geburtstag. Monographie des Instituts für Musikpäda-

gogische Forschung der Hochschule für Musik und Theater Hannover. Hannover 2005, 221 ff

Gruhn, W. (2008³): Der Musikverstand. Neurobiologische Grundlagen des musikalischen Denkens, Hörens und Lernens. 3., völlig neu überarb. Auflage. Georg Olms Verlag. Hildesheim/Zürich/New York

Gruhn, W. (2010): Anfänge des Musiklernens. Eine lerntheoretische und entwicklungspsychologische Einführung. Georg Olms Verlag. Hildesheim/Zürich/New York

Gruhn, W. (2011): Am Anfang ist das Ohr. In: Loritz u. a. (Hg.): 2011, 296

Gruhn, W. (2013): Anmerkungen zum Verhältnis von Neurowissenschaften und (Musik)Pädagogik. In: Diskussion Musikpädagogik 58/13, 4 ff

Gruhn, W. (2014): Lerntheoretische Ansätze für das Musiklernen im Vorschulalter. In: Dartsch (Hg.): 2014, 99 ff

Gruhn, W. (Hg.) (2002): Aspekte musikpädagogischer Forschung. Bosse Verlag. Kassel

Gruhn, W./Rauscher, F. H. (Ed.) (2008²): Neurosciences in Music Pedagogy. 2nd Printing. Nova Biomedical Books. New York

Gruhn, W./Rauscher, F. H. (2008²a): Perface. In: Gruhn/Rauscher (Ed.): 2008², vii ff

Gruhn, W./Rauscher, F. H. (2008²b): The Neurobiology of Learning: New Approaches to Music Pedagogy. Conclusions and Implications. In: Gruhn/Rauscher (Ed.): 2008², 267 ff

Gruhn, W. et al. (2003): Do Mental Speed and Musical Abilities Interact? In: Avanzini et al. (Ed.): 2003, 485 ff

Guéguen, N. (2008): Der Mozart-Effekt. In: Gehirn & Geist Dossier: Musik und Kunst 3/2008, 74 f

Guski, R. (1989): Wahrnehmung. W. Kohlhammer GmbH. Stuttgart/Berlin/Köln

Gutzeit, R. v. (2015): Früh übt sich? – Der erste Instrumentalunterricht. Interview mit R. v. Gutzeit. In: Stricker (Hg.): 2015, 155 ff

Haefeli, A. (1998): Vom pädagogischen Eros. Die Kunst, das Musiklehren zu lieben. HBS Nepomuk. Aarau

Hair, N. L. et al. (2015): Association of Child Poverty, and Academic Achievement. In: JAMAPediatr.2015:169(9)

Hallam, S. (2009): Musicality. In: McPherson (Ed.): 2009, 93 ff

Hallam, S. (2010): The power of music: Its impact on the intellectual, social and personal development of children and young people. In: International Journal of Music education 28(3), 269 ff DOI: 10.1177/0255761410370658_(Zugriff: 21.10. 2014)

Halpern, A. R. (2001): Cerebral Substrates of Musical Imagery. In: Zatorre/Peretz (Ed.): 2001, 179 ff

Halpern, A. R. (2012): Dynamic aspects of musical imagery. In: Overy et al. (Ed.): 2012, 200 ff

Hannon, E. E. et al. (2012): Effects of perceptual experience on children's and adults' perception of unfamiliar rhythms. In: Overy et al. (Ed.): 2012, 92 ff

Hanser, H./Ayan, S. (2011): Frischer Wind ins Klassenzimmer. Ein Streitgespräch mit E. Stern und U. Herrmann. In: Gehirn & Geist. Serie Kindesentwicklung Nr. 6, 46 ff

Hanson, J. L. et al. (2013): Family Poverty Affects the Rate of Human Infant Brain Growth. In: PLoS one, December 2013, Vol. 8, Issue 12, e080954

Hardy, J. H. III et al. (2017): Outside the box: Epistemic curiosity as a predictor of creative problem solving and creative performance. In: Personality and Individual Differences 104 (2017) 230 ff

Hargreaves, D. (2000): The development of artistic and musical competence. In: Deliège/Sloboda (Ed.): 2000, 145 ff

Harrer, G. (1993): Beziehung zwischen Musikwahrnehmung und Emotionen. In: Bruhn, H./Oerter, R./Rösing, H. (Hg.) (1993): Musikpsychologie. Ein Handbuch. Rowohlts Enzyklopädie. Reinbek 1993, 588 ff

Hartogh, T. (2005a): Vernetzt Mozart die Gehirnhälften? Über Sinn und Unsinn neurobiologischer Forschungsergebnisse in der Musikpädagogik. In: Zeitschrift für kritische Musikpädagogik. http://home.arcor.de/zf/zfkm/05-hartogh.pdf (Zugriff:17.1.2010)

Hartogh, T. (2005b): Musikgeragogik – ein bildungstheoretischer Entwurf. Musikalische Altenbildung im Schnittfeld von Musikpädagogik und Geragogik. Wißner Verlag. Augsburg

Hartogh, T./Wickel, H. H. (2008): Musizieren im Alter. Arbeitsleder und Methoden. Schott Verlag. Mainz u. a. www.home.arcor.de/zf/zfkm/05-hatogh.pdf (Zugriff: 9.10.2014)

Hartung, R. (2014): Gehirngerechtes Musiklernen im Instrumentalunterricht. Erkenntnisse der Neurobiologie und ihre Umsetzung in die Praxis. Musikverlag Burkhard Muth. Fernwald

Hasler, F. (2013³): Neuromythologie. Eine Streitschrift gegen die Deutungsmacht der Hirnforschung. 3., unveränderte Auflage. transcript Verlag. Bielefeld

Hassler, M. (2000): Die Musikerpersönlichkeit aus neurobiologischer Sicht. In: Behne, K.-E. et al. (Hg.): Musikpsychologie. (Jahrbuch der DGM Bd. 15: Die Musikerpersönlichkeit. Hogrefe. Göttingen u. a. 2000, 47 ff

Hassler, M./Miller, L. K. (2008²): Neuroscientific Aspects of Giftedness and Musical Talent. In: Gruhn/Rauscher (Ed.): 2008², 203 ff

Hauschild, J. (2013): Der Stress vergangener Zeiten. In: Psychologie heute. März 2013, 11

Heaton, P. et al. (1999): A Pseudo-savant: A Case of Exeptional Musical Splinter Skills. In: Neurocase, Vol. 5, 503 ff

Heimlich, U. (1993): Einführung in die Spielpädagogik. Eine Orientierungshilfe für sozial-, schul- und behindertenpädagogische Handlungsfelder. Kohlhammer Verlag. Bad Heilbrunn

Heinemann, H. (2015): „Entspannung ist häufig langweilig" Ein Interview von K. Siekmann. In: Psychologie heute 8/15, 26 f

Heitkämper, P. (2005/10): Die musikalische Erziehungsmethode Shinichi Suzukis und die moderne Gehirnforschung.
http://www.muenster.org/suzuki/heitk.htm (Zugriff: 02.03.2014)

Hellbrück, J. (2008): Das Hören in der Umwelt des Menschen. In: Bruhn/Kopiez/Lehmann
(Hg.): Musikpsychologie. Das neue Handbuch. Rowohlt Verlag. Reinbek 2008, 17 ff

Hendricks, K. S./McPherson, G. E. (2010): Early stages of musical development: Relationships between sensory integration dysfunction, parental influence, and musical disposition of a three-year-old 'maestro'. In: International Journal of Music Education 2010 (28), 88 ff. www.ijm.sagepub.com/content/28/1/88 (Zugriff: 20.10.2014)

Herholz, S. C. et al. (2009) Imagery Mismatch Negativity in Musicians. In: Dalla Bella et al. (Ed.): 2009, 173 ff

Herrmann, U. (2004): Gehirnforschung und die Pädagogik des Lehrens und Lernens: Auf dem Weg zu einer Neurodidaktik?. In : Zeitschrift für Pädagogik, Jg. 50, Heft 4, 471 ff

Herrmann, U. (2006²): Lernen findet im Gehirn statt. Die Herausforderungen der Pädagogik durch die Gehirnforschung. In: Caspary (Hg.): 2006², 85 ff

Herrmann, U. (2008): Lernen – vom Gehirn aus betrachtet. In: Gehirn & Geist 12/08, 44 ff

Herrmann, U, (Hg.) (2009²): Neurodidaktik. Grundlagen und Vorschläge für gehirngerechtes Lehren und Lernen. 2., erweiterte Aufl. Belt Verlag. Weinheim/Basel

Herrmann, U. (2009²): Neurodidaktik – neue Wege des Lehrens und Lernens. In: Ders. (Hg.): 2009², 9 ff

Herrmann, U. (2011): Lernen – vom Gehirn aus betrachtet. In: Gehirn & Geist. Serie Kindesentwicklung No 6, 40 ff

Hesse, E./Main, M. (2002): Desorganisiertes Bindungsverhalten bei Kleinkindern, Kindern und Erwachsenen. Zusammenbruch von Strategien des Verhaltens und der Aufmerksamkeit. In: Brisch u. a. (Hg.): 2002, 219 ff

Hickok, G. (2009): Eight Problems for the Mirror Neuron Theory of Action Understanding in Monkeys and Humans. In: Journal of Cognitive Neuroscience 2009 Jul; 21:7, 1229 ff

Hey, M./Müller-Deile, J. (2014): Was, wenn ein Hörgerät nicht (mehr) hilft? In: SPECTRUM HÖREN 1/2014, 30 ff

Hickok, G. (2015): Warum wir verstehen, was andere fühlen. Der Mythos der Spiegelneuronen. Hanser Verlag. München

Hille, A./Schupp, J. (2013): How learning a musical instrument affects the development of skills. SOAPpapers on Multidisciplinary Panal Data Research, No. 591
http://hdl.handle.net/10419/83992 (Zugriff: 28.04.2014)

Hille, A./Schupp, J. (2014): How learning a musical instrument affects the development of skills. In: Economics of Education Review 44 (2014), 56 ff

Hirler, S./Stadler Elmer, S. (2010): Musik und Rhythmik. In: Kinder erziehen, bilden und betreuen. Lehrbuch für Ausbildung und Studium. Cornelsen/Scriptor. Berlin/Düsseldorf 2010, 534 ff.

Hodapp, V. (2003): Musik als Sprache der Gefühle: Zur Psychophysiologie musikalischer Gefühlswirkungen. In: Bastian/Kreutz (Hg.): 2003, 213 ff

Hodges, D. A. (2009): The Musical Brain. In: McPherson (Ed.): 2009, 51 ff

Hodges, D. A. (2010): Can Neuroscience Help Us Do a Better Job of Teaching Music? In: General Music Today 2010 23, 3 ff

Hodges, D. A. et al. (2005): The Integration of Visual and Auditory Information in Musical Experiences. In: Avanzini et al. (Ed.): 2005, 175 ff

Höfler, M. (2016): Bewältigungskapazität als Bildungsauftrag. Resilienz aus der Perspektive der Erwachsenenbildung. In: Wink (Hg.): 2016, 101 ff

Hofbauer, V. C. (2017)_ Motivation von Musiklehrern. Zum Einfluss der Motivation und Expertise auf die Stressbewältigung. Springer Verlag. Wiesbaden

Höltershinken, D. (1977): Frühkindliche Erziehung und Kindergartenpädagogik. Freiburg

Höltershinken, D. (1977a): Das Spiel und seine Voraussetzungen. In: Ders. (Hg.): 1977, 147 ff

Honing, H. (2012): Without it no music: beat induction as a fundamental musical trait. In: Overy et al. (Ed.): 2012, 85 ff

Honing, H. et al. (2009): Is Beat Induction Innate or Learned? Probing Emergent Meter Perception in Adults and Newborns using Event-related Brain Potentials. In: Dalla Bella et al. (Ed.): 2009, 93 ff

Hopffgarten, a. v. (2012): Seelische Abwehrkraft. In: Spektrum Kompakt Stress 4/2015, 35 ff

Hopffgarten, A. v./Müller, M (2013): Vom Embryo zum Erwachsenen: Wie sich das Gehirn entwickelt. In: Gehirn & Geist 12/2013, 48 f

Hüther, G. (2001): Die neurologische Verankerung von Erfahrungen und ihre Auswirkungen auf das spätere Verhalten. http://www.lptw.de/archiv/vortrag/2001/huether_gerald.pdf (Zugriff: 25.09.2012)

Hüther, G. (2001[3]): Die neurobiologische Verankerung von Erfahrung. In: Elsner/Lüer (Hg.): 2001[3], 105 ff

Hüther, G. (2002): Wohin, wofür, weshalb? Über die Bedeutung innerer Leitbilder für die Hirnentwicklung. In: Gebauer/Hüther (Hg.): 2002, 20 ff

Hüther, G. (2003): Ebenen salutogenetischer Wirkungen von Musik auf das Gehirn. In: musiktherapeutische Umschau online: www.musiktherapie.de/fileadmin/user_upload/.../huether_neuro.pdf (Zugriff: 30.9.2014)

Hüther, G. (2004): Die Bedeutung sozialer Erfahrungen für die Strukturierung des menschlichen Gehirns. In: Zeitschrift für Pädagogik, Jg. 50, Heft 4, 487 ff

Hüther, G. ($2006^2$): Voraussetzungen für gelingende Bildungsprozesse aus neurobiologischer Sicht. In: Caspary (Hg.): $2006^2$, 70 ff

Hüther, G. (2008): Die Bedeutung von Musikerfahrungen für die Herausbildung und Stabilisierung komplexer neuronaler Beziehungsmuster im menschlichen Gehirn. In: Dartsch (Hg.): Eltern-Kind-Gruppen an Musikschulen. VdM Verlag Bonn, 2008, 71 ff

Hüther, G. ($2008^4$): Die Macht der inneren Bilder. Wie Visionen das Gehirn, den Menschen und die Welt verändern. 4. Aufl. Vandenhoeck & Ruprecht. Göttingen

Hüther, G. ($2009^2$a): Die Bedeutung sozialer Erfahrungen für die Strukturierung des menschlichen Gehirns. In: Herrmann (Hg.): $2009^2$, 41 ff

Hüther, G. ($2009^2$b): Die Ausbildung von Metakompetenzen und Ich-Funktionen während der Kindheit. In: Herrmann (Hg.): $2009^2$, 99 ff

Hüther, G. ($2010^9$): Bedienungsanleitung für ein menschliches Gehirn. 9. Aufl. Vandenhoeck & Ruprecht. Göttingen

Hüther, G. (2011): Was wir sind und was wir sein könnten. Ein neurobiologischer Mutmacher. S. Fischer Verlag. Frankfurt/M.

Hüther, G. (2012): Paradigmenwechsel in den Life Sciences. In: Hüther/Spannbauer (Hg.): Connectedness. Warum wir ein neues Weltbild brauchen. Verlag Hans Huber. Bern 2012, 103 ff

Hüther, G. ($2012^2$): Vorwort. In: Zimpel: $2012^2$, 7 f

Hüther, G. ($2012^7$): Die Bedeutung emotionaler Sicherheit für die Entwicklung des kindlichen Gehirns. In: Gebauer, K./Hüther, G. (Hg): $2012^7$, 15 ff

Hüther, G. ($2012^{11}$): Biologie der Angst. Wie aus Stress Gefühle werden. 11. Aufl. Vandenhoeck & Ruprecht. Göttingen

Hüther, G. (2013): „So wie bisher kann es nicht weitergehen!" In: Eckoldt, M.: 2013, 47 ff

Hüther, G. (2015a): Etwas mehr Hirn, bitte. Eine Einladung zur Wiederentdeckung der Freude am eigenen Denken und der Lust am gemeinsamen Gestalten. Verlag Vandenhoeck & Ruprecht. Göttingen

Hüther, G. (2015b): „Die Einzelkämpferphase ist vorbei." Ein Interview von B. Schöneberger mit G. Hüther. In: Psychologie heute 6/2015, 23 ff

Hüther, G. (2016): Mit Freude lernen – ein Leben lang. Verlag Vandenhoeck & Ruprecht. Göttingen

Hüther, G./Bonney, H. (2011[11]): Neues vom Zappelphilipp. ADS verstehen, vorbeugen und behandeln. 11. Aufl. Walter Verlag. Mannheim

Hüther, G./Hauser, U. (2012): Jedes Kind ist hoch begabt. Die angeborenen Talent unserer Kinder und was wir aus ihnen machen. Albrecht Knaus Verlag. München

Hüther, G./Krems, I. (2008): Das Geheimnis der ersten neun Monate. Unserer frühen Prägungen (Beltz Taschenbuch Bd. 907). Beltz Verlag. Weinheim/Basel

Hüther, G./Quarch, C. (2016): Rettet das Spiel. Weil Leben mehr als Funktionieren ist. Hanser Verlag. München

Humer, P. (2015): Tönen und tanzen bei der Hebamme. Interview mit P. Humer. In: Stircker (Hg.): 2015, 31 ff

Huotilainen, M. et al. (2009): Brain Research Reveals Automatic Musical Memory Functions in Children. In: Dalla Bella et al. (Ed.): 2009, 178 ff

Hutchinson, S. et al. (2003): Cerebellar Volume of Musicians. In: Verebral Cortex, Sep. 2003; 13, 943 ff

Hyde, K. L. et al. (2009a): The Effects of Musical Training on Structural Brain Development. A Longitudinal Study. In: Dalla Bella et al. (Ed.): 2009, 182 ff

Hyde, K. L. et al (2009b): Musical Training Shapes Structural Brain Development. In: The Journal of neuroscience, March 11, 2009, 3019 ff

Hyde, K. L./Peretz, I. (2003): "Out- of-Pitch" but Still "In-Time". An Auditory Psychological Study in Congenital Amusic Adults. In: Avanzini et al. (Ed.): 2003, 173 ff

Iacoboni, M. (2009): Woher wir wissen, was andere denken und fühlen. Die neue Wissenschaft der Spiegelneuronen. Deutsche Verlags-Anstalt. München

Ingalhalikar, M. et al. (2014): Sex differences in the structural connectome of the human brain. In: PNAS, January 14, 2014, vol.111, no.3, 832 ff

Ivaldi, A. (2011): Routes to adolescent musical expertise. In: Deliège/Davidson (Ed.): 2001, 205 ff

Jabusch, H.-C. et al. (2009): The influence of practice on the Development of motor skills in pianists: A longitudinal Study in a selected motor task. In: Human Movement Science 28 (2009), 74 ff

Jacobi, B. S. (2011): Kodály, Literacy, and the Brain: Preparing Young Music Students to Read Pitch on the Staff. In: General Music Today 25(2), 11 ff

Jacoby, H. (1984): Jenseits von ‚Musikalisch' und ‚Unmusikalisch'. Die Befreiung der schöpferischen Kräfte dargestellt am Beispiel der Musik. Christiansen Verlag. Hamburg

Jäncke, L. (2006a): Musik als Motor der Plastizität. In: BMBF (Hg.): 2006, 78 ff

Jäncke, L. (2006b): From cognition to action. In: Altenmüller et al. (Hg.): 2006, 25 ff

Jäncke, L. (2006c): The motor representation in pianists and string players. In: Altenmüller et al. (Hg.): 2006, 153 ff

Jäncke, L. (2007): Hinter den Kulissen des Geistes. In: Gehirn & Geist 11/07, 60 ff

Jäncke, L. (2008): Macht Musik schlau? Neue Erkenntnisse aus den Neurowissenschaften und der kognitiven Psychologie. Verlag Hans Huber. Bern

Jäncke, L. (2009): Planung, Handlung und Selbstkontrolle. Der Frontalkortex und die Musik. In: BMBF (Hg.): 2009, 88 ff

Jäncke, L. (2011): Macht Musik schlau? Folgerungen aus den Neurowissenschaften. In: Bernius/Rüsenberg (Hg.): 2011, 159 ff

Jäncke, L. (2012): The dynamic audio-motor system in pianists. In: Overy et al. (Ed.): 2012, 246 ff

Jäncke, L. (2013): Lehrbuch Kognitive Neurowissenschaften. Verlag Hans Huber. Bern

Jäncke, L. (2014): Das plastische Hirn. In: Lernen & Lernstörungen, 3 (4), 227 ff

Jäncke, L. (2015): Musik und Hirnplastizität. In: Bernatzky/Kreutz (Hg.): 2015, 49 ff

Jäncke, L. (2016[2]): Ist das Gehirn vernünftig? Erkenntnisse eines Neuropsychologen. 2., unveränderte Auflage. Hogrefe Verlag. Bern

Jäncke, L. (2017): Selbst ist das Hirn. In: Gehirn & Geist 4/2017, 52 ff

Jansen-Osmann, P. (2006): Der Mozart-Effekt – Eine wissenschaftliche Legende? Oder: Der Einfluss von Musik auf die Kognitive Leistungsfähigkeit. In: Musik-, Tanz- und Kunsttherapie, 17 (1), 1 ff

Janata, P. (2012): Acuity of mental representations of pitch. In: Overy et al. (Ed.): 2012, 214 ff

Jank, W. (2001): Ist Musiklernen wie Sprechenlernen? In: Musik & Bildung 3/01, 31 ff

Janter, P. (2005): Brain Networks That Track Musical Structure. In: Avanzini et al. (Ed.): 2005, 111 ff

Jantzen, W. (2011): Behinderung und Inklusion www.basaglia.de/Artikel/Moskau%202011-korr-neu.pdf (Zugriff: 13.10.2015)

Jeismann, B. (2013): Musik und Hörschädigung – Klangwelten. In: Spektrum Hören 2/13, 29 ff

Jentschke, S. et al. (2005): Investigating the Relationship of Music and Language in Children. Influences of Musical Training and Language Impairment. In: Avanzini et al. (Ed.): 2005, 231 ff

Jiang, J. et al. (2016): The mechanism of music for reducing psychological stress: music preference as a mediator. In: The Arts in Psychotherapy 48 (2016(), 62 ff

Jiménez. F. (2015): Geteiltes Gedächtnis. In: Welt am Sonntag Nr. 41, 11.10.2015

Jourdain, R. (2001): Das wohltemperierte Gehirn. Wie Musik im Kopf entsteht und wirkt. Spektrum Akademischer Verlag. Heidelberg/Berlin

Jourdain, R. (2007): Vom Schall ... zur Ekstase. In: Sentker, A./Wigger, F. (Hg.): 2007, 153 ff

Jungmair, U. (1992): Das Elementare. Zur Musik- und Bewegungserziehung im Sinne Carl Orffs. Schott Verlag. Mainz

Juslin, P. N. (2011): Music and emotion: seven questions, seven answers. In: Deliège/Davidson (Hg.): 2011, 113 ff

Juslin, P. N./Sloboda, J. A. (Hg.) ($2004^4$): music and emotion. Theory and research. 4th Reprint. Oxford University Press.

Juslin, P. N./Sloboda, J. A. ($2004^4$a): Psychological Perspectives on Music and Emotion. In: Juslin/Sloboda (Hg.): $2004^4$, 71 ff

Juslin, P. N./Västfjäll, D. (2008): Emotional responses to music: The need to consider underlying mechanisms. In: Behavioral and Brain Sciences 2008: 31, 559 ff

Kaiser, H. J. (2004): Wieviel Neurobiologie braucht die Musikpädagogik? Fragen – Einwürfe – Verständigungsversuche. In: Pfeffer/Vogt (Hg.): 2004, 16 ff

Kämpfe, J. et al. (2010): The Impact of background music on adult listeners: A meta-analysis. In: Psychology of Music DOI: 10.1177/0305735610376261 (Zugriff: 5.5.2014)

Kahl, R. (2006): Manfred Spitzer und sein neues pädagogisches Testament. In: Spitzer 2006, 8 ff

Kashdan, T. B./Steger, M. F. (2007): Curiosity and pathways to well-being and meaning in life: Traits, states, and everyday behaviors. In: Motiv. Emot. (2007) 31: 159 ff

Kast, B. (2009): Ich fühle, also bin ich. In: Sentker/Wigger (Hg.): 2009, 131 ff

Keck, T. et al. (2013): Synaptic Scaling and Homeostatic Plasticity in the Mouse Visual Cortex In Vivo. In: Neuron 80, 327-334, October 16, 2013 http://ac.els-cdn.com/S0896627313007526/1-s2.0-S0896627313007526-main.pdf?_tid=88edfd16-ea55-11e3-b870-00000aab0f01&acdnat=1401714064_741560c97cd47b5d0b891b355903d44f (Zugriff: 2.6.2014)

Keilmann, A. Frühe Diagnosen von Hörschäden. In: Leonhardt (Hg.): 2012, 96 ff

Keller, H. (2003³): Handbuch der Kleinkindforschung. 3., korrigierte, überarb. u. erw. Aufl. Verlag Hans Huber. Bern u. a.

Keller, H. (2004): Kultur und Bindung. In: Ahnert (Hg.): 2004, 110 ff

Keller, P. E. (2012): Mental imagery in music performance: underlying mechanisms and potential benefits. In: Overy et al. (Ed.): 2012, 206 ff

Keller, W. (1974): Zur Didaktik und Methodik der musikalischen Erfindungs- und Improvisationsübung im Vorschulalter. In: Institut für Frühpädagogik (Hg.): Musik und Bewegung im Elementarbereich. München

Khalfa, S. et al. (2003): Effects of Relaxing Music on Salivary Cortisol Level after Psychological Stress. In: Avanzini et al. (Ed.): 2003, 374 ff

Kheirbek, M./Hen, R. (2015): Zu viel Gespür für Gefahr. In: Gehirn & Geist 10/2105, 48 ff

Khemthong, S. et al. (2012): Effect of Musical Training on Reaction Time: A Randomized Control Trial in Thai Elderly Individuals. In: Music and Medicine www.sagepub.com/content/4/1/16 (Zugriff: 14.10.2014)

Kim, P. et al. (2013): Effects of childhood poverty and chronic stress on emotion regulatory brain function in adulthood. In: PNAS /November 1, 2013/ vol. 110/no.46 http://www.pnas.org/content/110/46/18442.full.pdf+html?with-ds=yes (Zugriff 2.6.14)

Kindernetzwer e. V. (Hg.) (2014): Wahrnehmungsstörungen bei Kindern und Jugendlichen. Aschaffenburg

Kindler, H./Grossmann, K. (2004): Vater-Kind-Bindung und die Rollen von Vätern in den ersten Lebensjahren ihrer Kinder. In: Ahnert (Hg.): 2004, 240 ff

Klann-Delius, G. (2002): Bindung und Sprache in der Entwicklung. In: Brisch u. a. (Hg.): 87 ff

Klann-Delius, G. (2004): Die sprachliche Formatierung von Beziehungserfahrungen. In: Ahnert (Hg.): 2004, 162 ff

Klöppel, S. et al. (2010): Nurture versus Nature: Long-Term Impact of Forced Right-Handness on Structure of Pericentral Cortex and Basal Ganglia. In: The Journal of neuroscience, March 3, 2010 – 30(9), 3271 ff

Klöppel, R./Altenmüller, E. ($2013^6$): Die Kunst des Musizierens. Von den physiologischen und psychologischen Grundlagen zur Praxis. 6., überarbeitete Auflage. Schott Verlag. Mainz

Klüwer, R. (2009): Eine kleine Meditation über einen Ton. In: Jahrbuch Musiktherapie 5, 9 ff. Reichert Verlag. Wiesbaden

Kluge, S. u. a. (Red.) (2015): Inklusion als Ideologie (Jahrbuch für Pädagogik 2015). Peter lang Verlag. Frankfurt/M.

Knauf, T. u. a. (2006): Wahrnehmung, Wahrnehmungsstörungen und Wahrnehmungsförderung im Grundschulalter. W. Kohlhammer GmbH. Stuttgart

Knigge, J. (2014): Transfereffekte, Kompetenzen oder ästhetische Erziehung? In: Diskussion Musikpädagogik 62, 2/2014, 45 ff

Knoche, A. (2009): Affektregulierung als Ziel der musiktherapeutischen Arbeit mit Borderline-Patienten im Rahmen der Dialektisch-Behavioralen Therapie. In. Jahrbuch Musiktherapie 5, 59. Reichert Verlag. Wiesbaden

Köber, C./Habermas, T. (2016): Erzähl dein Leben. In: Gehirn & Geist 1/2016, 26 ff

Koelsch, S. (2002): Bach Speaks: A Cortical "Language-Network" Servesthe Processing of Music. In: NeuroImage 17, 956 ff doi:10.1006/nimg.2002.1154 (Zugriff: 201.2015)

Koelsch, S. (2003): Auch Nicht Musiker sind musikalisch. Untersuchungen zum Gehirn von Musikern und Nichtmusikern. In: Landau/Stulz (Hg.): 2003, 71 ff

Koelsch, S. (2005a): Neural substrates of processing syntax and semantics in music. In: Current Opinion in Neurobiology 2005, 12; 1 ff www.sciencedirect.com (Zugriff: 12.1.2015)

Koelsch, S. (2005b): Ein neurokognitives Modell der Musikperzeption. In: Musiktherapeutische Umschau 26, 4 (2005), 365 ff

Koelsch, S. (2005c): Investigating Emotion with Music. Neuroscientific Approaches. In: Avanzini et al. (Ed.): 2005, 412 ff

Koelsch, S. (2005d): Neurokognition der Musik. In: Jochims, S. (Hg.): Musiktherapie in der Neurorehabilitation. Internationale Konzepte, Forschung und Praxis. Hippocampus Verlag. Bad Honnef 2005, 93 ff

Koelsch, S. (2009): A Neuroscientific Perspective on Music Therapy. In: Dalla Bella et al. (Ed.): 2009, 374 ff

Koelsch, S. (2012): Brain and Music. Wiley-Blackwell Publication. Oxford

Koelsch, S. (2015): Music-evoked emotions: principles, brain correlates, and implications for therapy. In: The Neurosciences and Music V. Ann. N. Y. Acad. Sci. 1337 (2015) 193 ff

Koelsch, S./Großmann, T. (2003): Neurophysiologie der Musikwahrnehmung bei Kindern. In: Bastian/Kreutz (Hg.): 2003, 135 ff

Koelsch, S. et al. (2000): Brain Indices of Music Processing: „Nonmusicians" are Musical. In: Journal of Cognitive Neuroscience 12:3, 520 ff

Koelsch, S. et al. (2002): Preattentive musicality of the human brain. In: Psychphysiology 39, 38 ff doi: 10.1017.S004857720102011X_(Zugriff: 12.1.2015)

Koelsch, S. et al. (2003): Children Processing Music: Electric Brain Responses Reveal Musical Competence and Gender Differences. In: Journal of Cognitive Neuroscience 15:5, 683 ff

Koelsch, S. et al. (2004a): Adults and children processing music: An fMRI study. doi:10.1016/j.neuroimage.2004.12.050_(Zugriff: 12.1.2015)

Koelsch, S. et al. (2004b): Music, language and meaning: brain signatures of semantic processing. In: Nature Neuroscience Vol. 7/Number 3/March 2004, 302 ff

Könneker, C./Ayan, S. (2014): "Mich wundert, wie zahm wir waren." Ein Gespräch mit dem Manifest-Mitinitiator Gerhard Roth und der Hirnforscherin Katrin Amunts. In Gehirn & Geist 3/2014, 64 ff

Kooij, v. d. R. (1994): Pädagogik und Spiel. In: Roth, L. (Hg.): Pädagogik. Handbuch für Studium und Praxis. Studienausgabe. München 1994, 241 ff

Kopiez, R. et al. (2011): No disadvantage for left-handed musicians: The relationship between handedness, perceived constraints and performance-related skills in string players and pianists. In: Psychology of Music 2012 40:357 ff www.pom.sagapub.com/content/40/3/357 (Zugriff: 14.10 2104)

Korff, C. v. (2014): „Ein Kind braucht seine Freiheit." In: Der Spiegel Wissen 1/2014, 118 ff

Korittko, A. (2011): „Unser Gehirn ist eigentlich ein soziales Konstrukt". Ein Gespräch mit Prof. Dr. Gerald Hüther und Lutz-Ulrich Besser über Haltungen, gehalten werden und Überleben in traumatischem Stress. In: Bonney (Hg.): 2011, 135 ff

Kossolapow, L. (1993): Einführung in Pädagogik/Erziehungswissenschaft über Kreativitätsforschung bezogen auf Projektunterricht. In: Koumides 1993, 21 ff

Kostka, A. (2017): Neurodidaktik für den Musikunterricht. Tectum Verlag. Marburg

Koumides, G. (1993): Handlungsspielräume zur Förderung von Kreativität. Konzeption für das Unterrichtsfach Erziehungswissenschaft in der Sekundarstufe II. R. G. Fischer Verlag. Frankfurt/M.

Kowal-Summek, L. (1991): Spielen in der elementaren Musikerziehung – (k)ein Problem. In: Musik in der Schule 1991, Heft 4, 241 ff

Kowal-Summek, L. (1998): Märchen-Spiel und Märchen-Lied aus psychoanalytischer Sicht. Ein Weg zum inneren Erleben. Theoretische Grundlagen und ein Beispiel aus der musikalischen Früherziehung: „Die Bremer Stadtmusikanten" (erw. u. kor. Fassung). In: Zeitschrift für Erlebnispädagogik 1998, 17. Jg., Heft 9, 47 ff

Kowal-Summek, L. (2006): Spiel und Musik in der musikalischen Früherziehung unter besonderer Berücksichtigung psychoanalytischer Erkenntnisse. Centaurus Verlag. Herbolzheim

Kowal-Summek, L. (2010): Grundgedanken zur UN-Behindertenkonvention (BRK). Vortrag, gehalten auf der VdM-Tagung „Hauptsache dabei(?)" – Musikpädagogische Praxis im Spannungsfeld von Integration und Inklusion. Berlin 29.-31.10.2010: http://www.musi-integrativ.de/literatur.pdf

Kowal-Summek, L. (2013): Die Bedeutung der Improvisation in der Musikpädagogik und Musiktherapie. In: Eichhorn/Keden (Hg.): Musikpädagogik und Musikkulturen. Festschrift für Reinhard Schneider. Allitera Verlag. München 2013, 233 ff

Kowal-Summek, L. (2014): Die Bedeutung der Improvisation in der Musiktherapie. In: Steffen-Wittek, M./Dartsch, M. (Hg.): Improvisation. Reflexionen und Praxismodelle aus Elementarer Musikpädagogik und Rhythmik (ConBrio Fachbuch Bd. 18). ConBrio Verlag. Regensburg 2014, Seite 125 ff

Kowal-Summek, L. (2015): Die wollen „nur“ spielen. Interview mit Dr. Ludger Kowal-Summek. In: Stricker (Hg.): 2015, 120 ff

Krämer, O. (2013): Wie viel Gehirn brauchen wir? Gedanken zum Verhältnis zwischen Neurowissenschaften und Musikpädagogik. In: Diskussion Musikpädagogik 58/13, 21 ff

Kral, A. (2012): Frühe Hörerfahrung und sensible Phasen. In: Leonhardt (Hg.): 2012, 26 ff

Krapp, A. (2005): Emotion und Lernen – Beiträge der Pädagogischen Psychologie. In: Z. f. Päd., Jg. 2005, Heft 5, 603 ff

Krapp, A./Weidenmann, B. (Hg.) (2001[4]): Pädagogische Psychologie. Ein Lehbuch. 4., vollständig überarbeitete Auflage. Beltz*PVU. Weinheim*

Krapp, A. u. a. (2014[6]): Motivation und Emotion. In: Seidel/Krapp (Hg.): 2014[6], 193 ff

Kraus, N. et al. (2009): Experience-induced Malleability in Neural Encoding of *Pitch*, *Timbre*, and *Timing*. In: Dalla Bella et al. (Ed.): 2009, 543 ff

Kraus, N. et al. (2012): Cognitive factors shape brain networks for auditory skills: spotlight on auditory working memory. In: Overy et al. (Ed.): 2012, 100 ff

Kraus, N. Anderson, S. (2014): Music Benefits across Lifespan: Enhanced Processing of Speech in Noise. In: Hearingreview. Com. August 2014, 18 ff

Kraus, N./White-Schwoch, T. (2014): Music Training: Lifelong Investment To Protect The Brain From Aging And Hearing Loss. In: Acoustics Australia Vol. 42, No 2, August 2014, 117 ff

Kraus, N. et al. (21014a): Music Enrichment Programs Improve the Neural Encoding of Speech in At-Risk Children. In: The Journal of Neuroscience, September 3, 2014-34(36), 11913 ff

Kraus, N. et al. (2014b): Auditory Learning through active engagement with sound: biological impact of community music lessons in at-risk children. In: Frontiers in Neuroscience, November 2014, Vol. 8, Article 351 doi: 10.3389/fnins.2014.00351 (Zugriff: 17.11.2014)

Krause, C. (2014): Bezugspersonen und Bindungsgestalter. Aspekte positiver Bindung. In: klein&groß 5/14, 20 ff

Krause, M./Oberhaus, L. (Hg.) (2012): Musik und Gefühl. Interdisziplinäre Annäherungen in musikpädagogischer Perspektive. Olms Verlag. Hildesheim u. a.

Krause, M./Oberhaus, L: (2012a): Einleitung. In: Dies. (Hg.): 2012, 11 ff

Krenz, A. (2012): „Warum macht das Kind das nur?“ Lebenseindrücke suchen ihren Ausdruck. In: klein&groß 11-12/12, 50 ff

Krenz, A. (2014): Bindung schafft Bildung. Warum sichere Bindungserfahrungen so unersetzlich für die kindliche Persönlichkeitsentwicklung sind. In: klein&groß 5/14, 7 ff

Kreusch-Jacob, D. (1993): Keine Angst vor falschen Tönen. Wie Kinder die Musik und ihr Instrument entdecken. Kösel Verlag. München

Kreutz, G. (2008): Musik und Emotion. In: Bruhn/Kopiez/Lehmann (Hg.): Musikpsychologie. Das neue Handbuch. Rowohlt Verlag. Reinbek 2008, 548 ff

Kreutz, G. (2014): Warum Singen glücklich macht. Psychosozial-Verlag. Gießen

Kreutz, G./Lotze, M. ($2008^2$): Neuroscience of Music and Emotion. In: Gruhn/Rauscher (Ed.): $2008^2$, 145 ff

Kreutz, G. et al. (2008): Using Music to induce emotions: Influences of musical preference and absorption. In: Music and Psychology Research Vol 36(1), 101 ff

Kreuzer, K. J. (Hg.) (1983): Handbuch der Spielpädagogik. Bd. 2. Düsseldorf

Kreuzer, K. J. (1983a): Gedanken über das Verhältnis pädagogischer Institutionen zum Spiel. In: Ders. (Hg.): 1983, 3 ff

Krüger, R. (2009): Problem mit der Verarbeitung und Artikulation emotionaler Zeichen bei Menschen mit Autismus-Spektrum-Störung (ASS). Eine Annäherung auf neurobiologischer Grundlage. In: behinderte menschen 4/09, 40 ff

Krumhansl, C. L. (2003): Experimental Strategies for Understanding the Role of Experience in Music Cognition. In: Avanzini et al. (Ed.): 2003, 414 ff

Kuck, H. et al. (2003): Brain Processing of Meter and Rhythm in Music. Electrophysiological Evidence of a Common Network. In: Avanzini et al. (Ed.): 2003, 244 ff

Kuhbandner, C./Müller, M. (2016): Der lange Weg zur Erinnerung. In: Gehirn & Geist 8/2016, 52 f

Küntzel-Hansen, M. (1991): Musikspiel im Elementarbereich. Methodische Hilfen für den Musikunterricht. In: Musik & Bildung 1991, 23. Jg., Heft 1, 20 ff

Künzel, J. (2014): Hirnforschung: “Pessimismus ist angemessen.” Ein Gespräch mit dem Neurowissenschaftler und Philosophen H. Walter. In: Psychologie heute, Juni 2014, 60 ff

Kullmann, K. (2015): Dranbleiben, bitte! In: Der Spiegel 11/2015, 104 ff

Kuusikko, S. et al. (2009): Emotion Recognition in Children and Adolescents with Autism Spectrum Disorders. In: J Autism Dev Disord (2009), 39: 938-945

Ladwig, K.-H./Oswalt, I: (2016): Stress. In: Deutsche Herzstiftung (Hg.): Psychischer und sozialer Stress. Frankfurt/M.

Lahav, A. et al. (2005): The Power of Listening. Auditory-Motor Interactions in Musical Training. In: Avanzini et al. (Ed.): 2005, 189 ff

Lalitte, P/Bigand, E. (2008): Liebe Sie Boulez? In: Gehirn & Geist Dossier: Musik und Kunst 3/2008, 68 ff

Lamont, A./Eerola, T. (2011): Music and Emotion: Themes and development. In: Musicae Scientiae 15(2), 139 ff

Landau, R./Stulz, P. (Hg.) (2003): Musik und Medizin. Zwei Künste im Dialog. Chronos Verlag. Zürich

Landry, S. P./Champoux, F. (2017): Musicians react faster and are better multisensory integrators. In: Brain and Cognition 111 (2017), 156 ff

Langer, G. (2005): Neuronal Mechanisms Underlying the Perception of Pitch and Harmony. In. Avanzini et al. (Ed.): 2005, 50 ff

Lappe, C. et al. (2008): Cortical Plasticity Induced by Short-Term Unimodal and Multimodal Musical Training. In: The Journal of Neuroscience, September 24, 2008, 28 (39): 9632 ff

Large, E. W./Snyder, J. S. (2009): Pulse and Meter as Neural Resonance. In: Dalla Bella et al. (Ed.): 2009, 46 ff

Large, E. W./Tretakis, A. E. (2005): Tonality and Nonlinear Resonance. In: Avanzini et al. (Ed.): 2005, 53 ff

Lecanuet, J.-P. (2000): Prenatal auditory experience. In: Deliège/Sloboda (Ed.): 2000, 3 ff

Leconte-Lambert, C. (2001): Aufgewacht und aufgepasst! In: Gehirn & Geist. Serie Kindheitsentwicklung Nr. 6, 28 ff

Lee, K. M. (2009): Selective Subcortical Enhancement of Musical Intervals in Musicians. In: The Journal of Neuroscience, May 6, 2009; 29:5840 ff

Lefrançois, G. R. (1994³): Psychologie des Lernens. 3., unveränderte Auflage. Springer Verlag. Berlin u. a.

Lefrançois, G. R. (2015⁵): Psychologie des Lernens. 5. Auflage. Springer Verlag. Berlin/Heidelberg

Lehmann, A.C. (2005): Zum Zusammenhang zwischen der Intensität des emotionalen Musikerlebens und dem affektiven Erleben von Alltagssituationen. In:

Bullerjahn, C:/Gembris, H./Lehmann, A. C. (Hg.): Musik: gehört, gesehen und erlebt. Festschrift Klaus Ernst Behne zum 65. Geburtstag. Monographie des Instituts für Musikpädagogische Forschung der Hochschule für Musik und Theater Hannover. Hannover. S. 181 ff

Lehmann, A. C. (2013): Musikalische Wunderkinder. Stand der Forschung zu einer seltenen Spezies. In: Üben & Musizieren 2/13, 6 ff

Lehmann, S. (2007): Bewegung und Sprache als Wege zum musikalischen Rhythmus. (Osnabrücker beiträge zur Musik und Musikerziehung Bd. 5, hrsg. von Müßgens/Gieseking). Electronic Publishing. Osnabrück

Lengning, A./Lüpschen, N. (2012): Bindung. Ernst Reinhardt Verlag. München/Basel

Lennroot, R. K./Giedd, J. N. (2006): Brain Development in children and adolescents: Insights from anatomical magnetic resonance imaging. In: Neuroscience and Biobehavioral Reviews 30 (2006) 718 ff

Lenzen, M. (2013): Von Hirn zu Hirn. In: Gehirn & Geist 12/2013, 50 ff

Leong, D. J./Bodrova, E. (2012): Assessing and Scaffolding Make-Believe Play. In: Young Children, January 2012, 28 ff

Leonhardt, A. (2003): Symptomatik, Ätiologie und Diagnostik bei Beeinträchtigungen der auditiven Wahrnehmung. In: Leonhardt/Wember (Hg): 2003, 304 ff

Leonhardt, A. (2012): Anatomische und physiologische Grundlagen des Ohres. In: Dies (Hg.): 2012, 16 ff

Leonhardt, A. (Hg.) (2012): Frühes Hören. Hörschädigungen ab dem ersten Lebenstag erkennen und therapieren. Ernst Reinhardt Verlag. München

Leonhardt, A./Wember, F. B. (Hg.) (2003): Grundfragen der Sonderpädagogik. Bildung – Erziehung – Behinderung. Ein Handbuch. Beltz Verlag. Weinheim/Basel/Berlin

Leonhard, L. A. et al. (2015): Differential effects of socioeconomic status on working and procedural memory systems. In: Frontiers in Human Neuroscience, October 2015, Vol. 9, Article 554

Lerch, D. (200): The Mozart Effect: A Closer Look http://lrs.ed.uiuc.edu/students/lerch1/edpsy/mozart_effect.html (Zugriff: 14.1.2015)

Levitin, D. J. (2009a): Der Musik-Instinkt. Die Wissenschaft einer menschlichen Leidenschaft. Spektrum Akademischer Verlag. Heidelberg

Levitin, D. J. (2009b): The Neural Correlates of Temporal Structure in Music. In: Music and Medicine 2009, 1, 9 ff

Lichtman, J. u. a. (2016): Im Dschungel der Neurone. In: Gehirn & Geist 12/2016, 55 ff

Lieb, K. (2017): Resilienz lässt sich trainieren. In: Gehirn & Geist 11/2017, 18 ff

Liégeois-Chauvel, C. et al. (2001): Intracerebral Evoked Potentials in Pitch Perception Reveal a Functional Asymmetry of the Human Auditory Cortex. In: Zatorre/Peretz (Ed.): 2001, 117 ff

Lilienfeld, S. O. et al. (2011): Warum Mozart Babys nicht schlauer macht. 25 populäre Irrtümer der Psychologie. Wissenschaftliche Buchgesellschaft (WBG). Darmstadt

Lim, V. K./Altenmüller, E. (2003): Musicians' Cramp: Instrumental and Gender Differences. In: Medical Problems of Performing Artists, Vol 18, No 1, March 2003, 21 ff

Linke, D. B. (2004): Wie stimmt man eine gehirn? Ein Beitrag zur non-modularen Pädagogik. In: Pfeffer, M./Vogt, J. (Hg.): 2004, 6 ff

Linnemann, A. et al. (2016): Der Einfluss des habituellen Chill-Erlebens auf die stressreduzierende Wirkung von Musik bei chronischen Schmerzpatientinnen. In: Auhagen u. a. (Hg.): Musikpsychologie – Musik und Gesundheit. Hogrefe Verlag. Göttingen 2016, 95 ff

Linneweh, K. (2002): Stresskompetenz. Der erfolgreiche Umgang mit Belastungssituationen in Beruf und Alltag. Beltz Verlag. Weinheim/Basel

Limb, C. J./Braun, A. R. (2008): Neural Substrates of Spontaneous Musical Performance: An fMRI Study of Jazz Improvisation.
PloS ONE 3(2): e1679.doi:10.1371/journal.pone.0001679 (Zugriff: 28.04.2014)

Lohaus, A./Ball, J./Lißmann, I. (2004): Frühe Eltern-Kind-Interaktion. In: Ahnert (Hg.): 2004, 147 ff

Lopez, L. et al. (2003): Musicians and Nonmusicians. A Neurophysiological Approach. In: Avanzini et al. (Ed.): 2003, 124 ff

Lorenzer, A. (2006): Szenisches Verstehen. Zur Erkenntnis des Unbewussten. (Kulturanalysen Bd. 1). Tectum Verlag. Marburg

Loritz, M. D. (2011): Wie verändert Musizieren das Gehirn? In: Loritz u. a. (Hg): 2011, 309 ff

Loritz, M. D. u. a. (Hg.) (2011): Musik – Pädagogisch – Gedacht. Reflexionen, Forschungs- und Praxisfelder. Festschrift für Rudolf-Dieter Kraemer. Wißner Verlag. Augsburg

Luby, J. et al. (2013): The Effects of Poverty on Childhood Brain Development. The Mediating Effect of Caregiving and Stressful Life Events. Doi:10.1001/jamapediatrcs.2013.3139 (Zugriff: 30.08.2017)

Luerweg, F. (2014): Auch Wunderkinder müssen üben. In: Psychologie Heute 12/2014, 12

Lyons-Ruth, K. u. a. (2002): Desorganisierte Kinder und ihre Mütter. Modelle feindselig-hilfloser Beziehungen. In: Brisch u. a. (Hg.): 2002, 249 ff

Macedonia, M. (2013): Mit Händen und Füßen. In: Gehirn & Geist 1-2/2013, 32 ff

Mackey, A. P et al. (2015): Neuroanatomical Correlates of the Income-Achievement Gap. In: Psychological Science 2015, Vol. 26(6), 925 ff

Macnamara, B. N. et al. (2014): Deliberate Practice and Performance in Music, Games, Sports, Education, and Professions: A Meta-Analysis. In: Psychological Science 2014 25, 1608 ff

März, M. (2007): Die Auswirkungen musikalischer Förderung in der frühen Kindheit auf die Entwicklung schulrelevanter Basiskompetenzen. Ein präventiver Ansatz zur Vermeidung drohrnder Lernschwierigkeiten. Verlag Dr. Kovač. Hamburg

Madeja, M. (2015): Die Schule erzieht junge Menschen, keine Gehirne. In: FAZ, 4. März 2015, Nr. 53, S. N 2

Magne, C. et al. (2003): Prosodic and Melodic Processing in Adults and Children. In: Avanzini et al. (Ed.): 2003, 461 ff

Mahlert, U. (2007²): Handbuch Übern. Grundlagen – Konzepte – Methoden. 2. Auflage. Breitkopf & Härtel. Wiesbaden u. a.

Main, M. (2002): Organisierte Bindungskategorien von Säugling, Kind und Erwachsenem. Flexible bzw. unflexible Aufmerksamkeit unter bindungsrelevantem Stress. In: Brisch u. a. (Hg.): 2002, 165 ff

Mallik, A. et al. (2017): Anhedonia to music and mu-opioids: Evidence from the administration of naltrexone. Scientific Reports/7:41952/DOI:1038/srep41952

March, K./Young, S. (2009): Musical play. In: McPherson (Ed.): 2009, 289 ff

Marozeau, J. et al. (2014): Cochlear Implant Can Talk But Cannot Sing In Tune. In: Acoustics Australia, Vol. 42, No. 2, August 2014, 131 ff

Maurer, F. (1992): Lernen und Spiel als Selbst- und Weltbemächtigung. In: Altenberger, H./Maurer, F. (Hg.): Kindliche Welterfahrung in Spiel und Bewegung. Sportpädagogische Perspektiven. Bad Heilbrunn 1992, 165 ff

McAuley, J. D. et al. (2012): Tempo mediates the involvement of motor areas in beat perception. In: Overy et al. (Ed.): 2012, 77 ff

McCabe, D. P./Castel, A. D. (2008): Seeing is believing: The effect of brain images on judgments of scientific reasoning. In: Cognition 107 (2008), 343 ff

McMahon, E. et al. (2012): Auditory brain development in premature infants: the importance of early experience. In: Overy et al. (Ed.): 2012, 17 ff

McPherson, G. E./Davidson, J. W. (2009): Playing an instrument. In: McPherson (Ed.): 2009, 331 ff

McPherson, G. E. (Ed.) (2009): The Child as Musician. A handbook of musical development (2006). Reprint 2009. Oxford University Press. New York

Mehlig, R./Vetter, H.-J. (Hg.): Kinder im Treffpunkt Musikschule. Spiel mit Instrumenten – Instrumentenspiel. Dokumentation zum Musikschulkongress `87. Heidelberg 08.-10.05.1987. Gustav Bosse Verlag. Regensburg

Meier, S. (2012): Frühe Hörgeräteversorgung. In: Leonhardt (Hg.): 2012, 113 ff

Mengler, W. (2010): Musizieren mit links. Linkshändiges Instrumentalspiel in Theorie und Praxis. Schott Verlag. Mainz u. a.

Menon, V./Levitin, D. J. (2005): The rewards of music listening: Response and physiological connectivity of the mesolimbic system. In: NeuroImage 28 (2005), 175 ff

Merchant, H./Honing, H. (2014): Are non-human primates capable of rhythmic entertainment? Evidence for the gradual audimotor evolution hypothesis. In: Frontiers in Neuroscience January 2014, Vol. 7, Article 274

Meyer, A. (2013): Das Rätsel der Rhythmen. In: Geist & Gehirn 10/2013, 66 ff

Meyer, A. (2015): So kommen die Wörter in den Kopf. In: Gehirn & Geist 7/2015, 20 ff

Meyer, H. (2009): Gefühle sind nicht behindert. Musiktherapie und musikbasierte Kommunikation mit schwer mehrfachbehinderten Menschen. Lambertus Verlag. Freiburg/B.

Meyer, M. et al. (2012): Musical expertise induces neuroplasticity of the planum temporale. In. Overy et al. (Ed.): 2012, 118 ff

Minimayr, N. (2012): Wie Gehirn und Körper lernen. Die Bedeutung der aktuellen Erkenntnisse der Neurobiologie im Bezug auf das Lernen unter besonderer

Berücksichtigung des Potentials der Musik- und Bewegungspädagogik/Rhythmik. Re Di Roma-Verlag. Remscheid

Mischel, W. (2015): Der Marshmallow Test. Willensstärke, Belohnungsaufschub und die Entwicklung der Persönlichkeit. Siedler Verlag. München

Mithen, S. (2009): The Music Instinct. The Evolutionary Basis of Musicality. In: Dalla Bella et al. (Ed.): 2009, 3 ff

Mietzel, G. (2001[6]): Pädagogische Psychologie des Lehren und Lernens. 6., korrigierte Auflage. Hogrefe. Göttingen u. a.

Mietzel, G. (2007[8]): Pädagogische Psychologie des Lehren und Lernens. 8., überarbeitete und erweiterte Auflage. Hogrefe. Göttingen u. a.

Mogel, H. (2008[3]): Psychologie des Kinderspiels. Von frühsten Spielen bis zum Computerspiel. 3., aktualisierte und erweiterte Auflage. Springer Verlag. Heidelberg

Molnar-Szakacs, I./Overy, K. (2006): Music and mirror neurons: from motion to 'e'motion. In; SCAN (2006) 1, 235 ff http://scan.oxfordjournals.org/content/1/3/235.full.pdf+html (Zugriff: 15.12.2015)

Monyer, H./Gessmann, M. (2015a): Von wegen *Tiefschlaf*. In: Gehirn & Geist 10, 2015, 60 ff

Monyer, H./Gessmann, M. (2015b): SDas geniale Gedächtnis. Knaus Verlag. München

Moreno, S./Besson, M. (2005): Influence of Musical Training on Pitch. In: Avanzini et al. (Ed.): 2005, 93 ff

Moreno, S. et al. (2009): Musical Training Influences Linguistic Abilities in 8-Year-Old Children: More Evidence for Brain Plasticity. In: Cerebral Cortex March 2009;19: 712 ff

Motte-Haber, H. de la (2005): Modelle der musikalischen Wahrnehmung, Psychophysik – Gestalt – Invarianten – Mustererkennen – Neuronale Netzt – Sprachmetapher. In. Dies (Hg.): Musikpsychologie. Laaber Verlag. Laaber 2005, 55 ff

Mottron, L. et al. (1999): Absolute Pitch in Autism: A Case Study. In: Neurocase,. Vol. 5, 485 ff

Müller, K. (1973): Vorschulerziehung und Frühpädagogik. In: Noll. G./Suder, A. (Hg): 1973, 15 ff

Müller, K. (2015): Neue Nervenzellen demontieren alte Erinnerungen. In: Spektrum Kompakt Gedächtnis 6/2015, 25 ff

Müller, S. (2013): „Kein Gehirn gleicht dem anderen." Ein Gespräch mit Steve Ayan. In Gehirn & Geist 7-8/2013, 44 ff

Müller-Bech, W. (1995): Musica et homo ludens. In: Stampfl, I. (Hg.): Musik und Spiel. Musikpädagogik – Musiktheater – Improvisation. Deutscher Tonkünstlerverband. München 1995, 81 ff

Müller-Braunschweig, H. (1977): Aspekte einer psychoanalytischen Kreativitätstheorie (1975). In: psyche, 31. Jg., heft 31, 821 ff

Münte, T. F. et al. (2002): The musicians' brain as a model of neuroplasticity. In: Nature Reviews, Neuroscience, Vol. 3, June 2002, 473 ff

Münte, T. et al. (2003): Specialization of the Specialized. Electrophysiological Investigations in Professional Musicians. In: Avanzini et al. (Ed.): 2003, 131 ff

Musacchia, G. et al. (2007): Musicians have enhanced subcortical auditory and audiovisual processing of speech and music. In: PNAS, October 2007, Vol. 104, No 40, 15894 ff
http://www.ncbi.nlm.nih.gov/pmc/articles/PMC2000431/pdf/zpq15894.pdf

Musall, B./Pieper, D. (2014): Leben in der Kribbelzone. Ein Interview mit dem Kinderarzt und Wissenschaftler H. Ranz-Polster. In: DER SPIEGEL WISSEN 1/2014, 12 ff

NAEYC (National Association for the Education of Young Children) (2009): Developmentally Appropriate Practice in Early Childhood Programs Serving Children from Birth through Age 8.
www.naeyc.org/files/naeyc/file/PSDAP-pdf (Zugriff 2.6.2014)

Nauck-Börner, C. (1984): Gedächtnisrepräsentation von Musik: Analogie oder aussagenartige Kodierung? In: Musikpsychologie. Jahrbuch der Deutschen Gesellschaft für Musikpsychologie Bd. 1. 1984, 93 ff

Naughton, C. (2016): Neugier. So schaffen sie Lust auf Neues und Veränderung. Econ Verlag. Berlin

Neubauer, A. C./Fink, A. (2006): Kreativität aus neurowissenschaftlicher Perspektive. In : BMBF (Hg.): 2006, 96 ff

Neumann, E. (2007): Ergebnisse der Hirnforschung und ihre Bedeutung für den Musikunterricht.

http://musikdidaktik-online.de/medien/01%20Positionen%20-%20Standpunkte,%20leitende%20Auffassungen%20und%20grunds%E4tzliche%20Konsequenzen/14%20Lernforschung%20und%20Musikunterricht.pdf (Zugriff: 9.10.2014)

Neumann, K. (2012): Neugeborenen-Hörscreening. In: Leonhardt (Hg.): 2012, 80 ff

Nickel, H./Schmidt-Denter, U. (1995[5]): Vom Kleinkind zum Schulkind. Eine entwicklungspsychologische Einführung für Erzieher, Lehrer und Eltern. 5., überarb. u. erg. Aufl. München/Basel

Nirkko, A./Kristeva, R. (2006): Brain activation during string playing. In: Altenmüller et al. (Ed.): 2006, 189 ff

Noll. G./Suder, A. (Hg) (1973): Musik im Vorschulalter. Dokumentation der Studientagung Musikalische Früherziehung. Würzburg 11.-14.05.1973. Bosse Verlag. Regensburg

Nolte, N./Pott, W./Pauli-Pott, U. (2006): Schlafstörungen und Bindungsqualität im Kleinkindalter. In: Psychother. Psych. Med. 2006, 154 ff

Nguyen, S. et al. (2009): Tonal Language Processing in Congenital Amusia. In: Dalla Bella et al. (Ed.): 2009, 490 ff

O'Connor, C. et al. (2012): Neuroscience in the Public Sphere. In: Neuron 74, April 26, 2012, 220 ff

OECD (Hg.) (2004): Die Politik der frühkindlichen Betreuung, Bildung und Erziehung in der Bundesrepublik Deutschland. Ein Länderbericht der Organisation für wirtschaftliche Zusammenarbeit und Entwicklung (OECD) vom 26.11.2004

Oehler, R. (2012): Wie verarbeitet das Gehirn Musik? Neurowissenschaftliche Grundlagen. In: Bernius (Hg.): 2012, 22 ff

Oerter, R. (1971[2]): Psychologie des Denkens. 2. Auflage. Ludwig Auer Verlag. Donauwörth

Oerter, R. (1982[19]): Moderne Entwicklungspsychologie. Donauwörth

Oerter, R. (1987[2]): Spiel und kindliche Entwicklung. In: Oerter, R. Montada, L. (Hg.): Entwicklungspsychologie. 2., neu bearb. Aufl. Beltz Verlag. Weinheim

Oerter, R. (2002[5]): Kindheit. In: Oerter/Montada (Hg.): 2002[5], 209 ff

Oerter, R. (2003): Biological and Psychological Correlates of Exceptional Performance in Development. In: Avanzini et al. (Ed.): 2003, 451 ff

Oerter, R. (2008$^6$): Kultur, Ökologie und Entwicklung. In: Oerter/Montada (Hg.): 2008$^6$, 85 ff

Oerter, R./Montada, L. (Hg.) (1987$^2$): Entwicklungspsychologie 2., neubearb. Auflage. Beltz Verlag. München/Weinheim

Oerter, R./Montada, L. (Hg.) (1998$^4$): Entwicklungspsychologie. 4., korrigierte Auflage. Beltz PVU. Weinheim

Oerter, R./Montada, L. (Hg.) (2002$^5$): Entwicklungspsychologie. 5., vollst. überarb. Auflage. Beltz/*PVU*. Weinheim/Basel/Berlin

Oerter, R./Montada, L. (Hg.) (2008$^6$): Entwicklungspsychologie. 6., vollst. überarb. Auflage. Beltz/*PVU*. Weinheim/Basel/Berlin

Ohnishi, T. et al. (2001): Functional Anatomy of Musical Perception in Musicians. In: Cerebral Cortex, August 2001; 11: 754 ff

O'Neill, S. A: (2011): Developing a young musician's growth mindset: the role of motivation, self-theories and resiliency. In: Deliège/Davidson (Ed.): 2011, 31 ff

Osborne, N. (2012): Neurosciences and "real world" practice: music as a therapeutic resource for children in zones of conflict. In: Overy et al. (Ed.): 2012, 69 ff

Osterkamp, J. (2014): Wie chronischer Stress das Herzinfarktrisko erhöht. In: Spektrum Kompakt Stress 4/2015, 24 ff

Ottenschläger, E. (2012): Wie entsteht Gänsehaut? Musik und Emotionen. In: Bernius (Hg.): 2012, 83 ff

Overy, K. (2012): Making Music in a group: synchronization and shared experience. In: Overy et al. (Ed.): 2012, 65 ff

Overy, K./Avanzini, G. (2009): Introduction. Music, Language, and Motor Programming: A Common Neural Organization? In: Dalla Bella et al. (Ed.): 2009, 446 f

Overy, K. et al. (2005): Examining Rhythm and Melody Processing in Young Children Using fMRI. In: Avanzini et al (Ed.): 2005, 201 ff

Overy, K. et al. (Ed.) (2012): The Neurosciences and Music IV: Learning and Memory (Annals of the New York Academy of Sciences Vol. 1252). The New York Academy of Sciences. New York

Paetsch, M. (2010): Warum Gefühle so wichtig sind. In: GEO Wissen Nr.45, 26 ff

Pallesen, K. J. et al. (2005): Emption Processing of Major, Minor, and Dissonant Chords. A Functional Magnetic Resonance Imaging Study. In: Avanzini et al. (Ed.): 2005, 450ff

Palmer, C. (2005): Time Course of Retrieval and Movement Preparation in Music Performance. In: Avanzini et al. (Ed.): 2005, 360 ff

Palmer, C. et al. (2012): Sensorimotor mechanisms in music performance: actions that go partially wrong. In: Overy et al. (Ed.): 2012, 185 ff

Pantev, C. (2009): Introduction. Musical Training and Induced Cortical Plasticity. In: Dalla Bella et al. (Ed.): 2009, 131 f

Pantev, C. et al. (2001): Representational Cortex in Musicians. Plastic Alterations in Response to Musical Practice. In: Zatorre/Peretz (Ed.): 2001, 300 ff

Pantev, C. et al. (2003a): Representational Cortex in Musicians. In: Peretz/Zatorre (Hg.): 2003, 382 ff

Pantev, C. et al. (2003b): Music and Learning-Induced Cortical Plasticity. In: Avanzini et al. (Ed.): 2003, 438 ff

Pantev, C. et al. (2009): Auditory-Somatosensory Integration and Cortical Plasticity in Musical Training. In: Dalla Bella et al. (Ed.): 2009, 143 ff

Pape, W. (2005): Gehirn und Musik. Anmerkungen zur musikbezogenen Gehirnforschung.
www-sapm-samples.de/Samples4/pape.pdf (Zugriff: 3.3.2015)

Papoušek, H. (2000): Musicality in infancy research: biological and cultural origins of early musicality. In: Deliège/Sloboda (Ed.): 2000, 37 ff

Papoušek, M. (2000): Intuitive parenting: a hidden source of musical stimulation in infancy. In: Deliège/Sloboda (Ed.): 2000, 88 ff

Papoušek, M. (2003): Spiel und Kreativität in der frühern Kindheit. In: Gebauer/Hüther (Hg.): 2003, 23 ff

Papoušek, M. (2008$^2$): Vorwort. In: Plahl, C./Koch-Temming, H. (Hg.): Musiktherapie mit Kindern. Grundlagen – Methoden – Praxisfelder. 2., aktualisierte Auflage. Verlag Hans Huber. Bern

Parianen, F. (2017): Woher soll ich wissen, was ich denke, bevor ich höre, was ich sage? Die Hirnforschung entdeckt die großen Fragen des Zusammenlebens. Rowohlt Verlag. Reinbek

Parncutt, R (1997): Pränatale Erfahrung und die Ursprünge der Musik. In: Janus/Haibach (Hg.): Seelisches Erleben vor und während der Geburt. LinguaMed Verlags-GmbH. Neu-Isenburg 1997, 225 ff

Parncutt, R. (2009): Prenatal Development. In: McPherson (Ed.): 2009, 3 ff

Parsons, L. M. (2001): Exploring the Functional Neuroanatomy of Music Performance, Perception and Comprehension. In: Zatorre/Peretz (Ed.): 2001, 211 ff

Parsons, T. D. (2015): Virtual Reality for Enhanced Ecological Validity and Experimental Control in the Clinical, Affective and Social Neurosciences. In: frontiers in Human Neuroscience, December 2015, Vol. 9, Article 660

Partanen, E. et al. (2013): Prenatal Music Exposure Induces Long-Term Neural Effects. In: PLoS One 8(19) e78946 doi:10.1371/journal.pone.0078946 (Zugriff: 29.04.2014)

Pascual-Leone, A. (2001): The brain That Plays Music and Is Changed by It. In: Zatorre/Peretz (Ed.): 2001, 315 ff

Pascual-Leone, A. (2003): The brain that makes music and is changed by it. In: Peretz/Zatorre (Ed.): 2003, 396 ff

Passynkova, N. et al. (2005): Left Auditory Cortex Specialization for Vertical Harmonic Structure of Chords. In: Avanzini et al. (Ed.): 2005, 454 ff

Patel, A. D. (2003): Rhythm in Language and Music. Parallels and Differences. In: Avanzini et al. (Ed.): 2003, 140 ff

Patel, A. D. (2005): The Relationship of Music to the Melody of Speech and to Syntactic Processing Disorders in Aphasia. In: Avanzini et al. (Ed.): 2005, 59 ff

Patel, A. D. (2009): Experimental Evidence for Synchronization to a Musical Beat in a Nonhuman Animal. In: Current Biology 19, May 26, 2009, 827 ff

Patel, A. D. (2012): The OPERA hypothesis: assumptions and clarifications. In: Overy et al. (Ed.): 2012, 124 ff

Patel, A. D. (2014): The Evolutionary Biology of Musical Rhythm: Was Darwin Wrong? In: PLOS Biology. March 2014, Vol. 12, Issue 3, e1001821

Pauen, S. (2004): Zeitfenster der Gehirn- und Verhaltensentwicklung: Modethema oder Klassiker? In: Zeitschrift für Pädagogik,. Jg. 50, Heft 4, 521 ff

Pauen, S. ($2009^2$): Zeitfenster der Gehirn- und Verhaltensentwicklung: Modethema oder Klassiker? In: Herrmann (Hg.): $2009^2$, 31 ff

Pauli, C. (2015): Das Gehirn. Wie wir denken, fühlen, handeln. Fackelträger Verlag. Köln

Paulus, J. (2015): Übung macht den Meister! Wirklich? In: Psychologie heute 12/2015, 46 ff

Pecenka, N./Keller, P. E. (2009): Auditory Pitch Imagery and Its Relationship to Musical Synchronization. In: Dalla Bella et al. (Ed.): 2009, 282 ff

Penhune, V. et al. (2005): The Effect of Early Musical Training on Adult Motor Performance. Evidence for a Sensitive Period in Motor Learning. In: Avanzini et al. (Ed.): 2005, 265 ff

Peschel, S. K. V. u. a. (2017): Biografische und behaviorale Einflussfaktoren auf die sensomotorischen Präzision am Klavier bei Kindern und Jugendlichen. In: Musikphysiologie und Musikermedizin 2017, Nr. 1, Jg. 24, 12 ff

Peretz, I. (2001): Brain Specialization for Music. New Evidence from Congenital Amusia. In: Zatorre/Peretz (Ed.): 2001, 153 ff

Peretz, I. et al. (2009): Music Lexical Networks. The Cortical Organization of Music Recognition. In: Dalla Bella et al. (Ed.): 2009, 256 ff

Peretz, I./Sloboda, J. (2005): Music and the Emotional Brain – Introduction. In: Avanzini et al. (Ed.): 2005, 409 f

Peretz, I./Zatorre, R (2001): The cognitive Neuroscience of Music. Oxford University Press. New York

Perlovsky, L. (2012): Cognitive function, origin, and evolution of musical emotions. In: Musicae Scientiae 16(2), 185 ff

Persellin, D. (2010): Brain-Based Education in General Music: Are We There Yet? In: General Music Today 2010 23(2), 2

Petrat, N. (2013): Glückliche Schüler/innen kommen weiter. In: Diskussion Musikpädagogik 58, 2/2013, 28 ff

Petrat, N. (2014a): Glückliche Schüler musizieren besser! Neurodidaktische Perspektiven und Wege zum effektiven Musikmachen. Wißner Verlag. Augsburg

Petrat, N. (2014b): Von der Kraft der positiven Ausstrahlung. In: NMZ 11/14, 27

Petsche, H. (1987): Gehirnvorgänge beim Musikhören und deren Objektivierung durch das EEG. In: Musikpsychologie. Jahrbuch der Deutschen Gesellschaft für Musikpsychologie Bd. 4. 1987, 7 ff

Petsche, H. (1997): Musikalität im Blickwinkel der Hirnforschung. In: Scheidegger/Eiholzer (Hg.): 1997, 81 ff

Pfau, M. L./Russo, S J. (2014): Peripheral and central mechanisms of stress resilience. In: Neurobiology of Stress 1 (2015), 66 ff

Pfeffer, M./Vogt, J. (Hg.) (2004): Lehren und Lernen als Thema der Musikpädagogik. Sitzungsbericht 2002 der Wissenschaftlichen Sozietät Musikpädagogik. LIT Verlag. Münster

Pfordresher, P. Q. (2012): Musical training and the role of auditory feedback during performance. In: Overy et al. (Ed.): 2012, 171 ff

Platel, H. (2005): Functional Neuroimaging of Semantic and Episodic Musical Memory. In: Avanzini et al. (Ed.): 2005, 136 ff

Platz, F. et al. (2014): The influence of deliberate practice on musical achievement: a meta-analysis. In: Frontiers in Psychology June 2014/Vol.5/Article 646

Pöppel, E. (2012): „Unser Gehirn altert überhaupt nicht." In. GEO WISSEN Nr. 50/2012, 112 ff

Pohl, C. A. ($2007^2$): Mentales Üben. In: Mahlert (Hg.): $2007^2$, 287 ff

Preissl, H. et al. (2013): Botschaften vom werdenden Leben. In: Gehirn & Geist. Serie Kindheitsentwicklung Nr. 8, 2013, 77 ff

Pressnitzer, D. et al. (2005): Music to Electric Ears: Pitch and Timbre Perception by Cochlear Implant Patients. In: Avanzini et al. (Ed.): 2005, 343 ff

Probst, W. (1975/1981): Musik als Unterrichtsgegenstand und therapeutisches Mittel in der Sonderpädagogik. In: Kemmelmeyer/Probst (Hg.): Quellentexte zur Pädagogischen Musiktherapie. Gustav Bosse Verlag. Regensburg 1981, 80 ff

Probst, W. (1988): Hört das Spiel auf, wenn es ernst wird? Musikschulkongress des VdM in Heidelberg: Anmerkungen zum Thema. In: Mehlig/Vetter (Hg.): 1988, 157 f

Probst, W. (1991): Instrumentalspiel mit Behinderten. Ein Modellversuch und seine Folgen. Schott Verlag. Mainz u. a.

Psychologie heute (2014): Multitasking? Vergiss es! In: Psychologie heute. Februar 2014, 28 ff

Puig, J. et al. (2012): Predicting Adult Physical Illness From Infant Attachment: A Prospective Longitudinal Study. In: American Psychological Association 0278-6133/13/$12.00
DOI:10.1037/a0028889 (Zugriff: 28.5.2014)

Putkinen, V. et al. (2015): Promises of formal and informal musical activities in advancing neurocognitive development throughout childhood. In: The Neurosciences and Music V. Ann N. Y. Acad. Sci. 1337 (2015) 153 ff

Quast, U. (2005): Leichter lernen mit Musik. Theoretische Prämissen und Anwendungsbeispiele für Lehrende und Lernende. Verlag Hans Huber. Bern u. a.

Quester, R. (2008): Prävention, Rehabilitation, Integration im Fokus von Neurologie, Humanwissenschaften und Recht. Hippocampus Verlag. Bad Honnef

Raine, A. et al. (2002): Stimulation Seeking and Intelligence: A Prospective Longitudinal Study. In: Journal of Personality and Social Psychology 2002, Vol. 82, No.4, pp 663 ff

Raschle, N. et al. (2012): Pediatric neuroimaging in early childhood and infancy: challenges and practical guidelines. In: Overy et al. (Ed.): 2012, 43 ff

Rauch, J. (2008): Das Gen, das Sprache schafft. In Bild der Wissenschaft 5/2008, 30 ff

Rauchfleisch, U. (1986): Mensch und Musik. Versuch eines Brückenschlags zwischen Psychologie und Musik. Amadeus Verlag. Winterthur

Rauchfleisch, U. (1990): Psychoanalytische Betrachtungen zur musikalischen Kreativität. In: psyche, 44.Jg., Heft 44, 1112 ff

Rauh, H. (1998$^2$): Frühe Kindheit. In: Oerter/Montada (Hg.): 1998$^2$, 167 ff

Rauh, H. (2002$^5$): Vorgeburtliche Entwicklung und Frühe Kindheit. In: Oerter/Montada (Hg): 2002$^5$, 131 ff

Rauschecker, J. P. (2001): Cortical Plasticity and Music. In: Zatorre/Peretz (Ed.): 2001, 330 ff

Rauschecker, J. P. (2003): Functional organization and plasticity of auditory cortex. In: Peretz/Zatorre (Ed.): 2003, 357 ff

Rauschecker, J. P. (2005): Neural Encoding and Retrieval of Sound. In: Avanzini et al. (Ed.): 2005, 125 ff

Rauscher, F. H./Shaw, G. L./Ky, K. N. (1993): Music and spatial task performance. In: Nature 365, 611

Rebhahn, M. (2008): Worum geht es in einer Eltern-Kind-Gruppe? In: Dartsch, M. (Hg.): Eltern- Kind-Gruppen an Musikschulen. Grundlagen, Materialien, Unterrichtsgestaltung (Arbeitshilfe des VdM). VdM Verlag. Bonn 2008, 7 ff

Rebhahn, M./Beidinger, W. (2010): EMP in Eltern-Kind-Gruppen. In: VdM (Hg.): Bildungsplan für die Grundstufe. VdM Verlag. Bonn 2010, 29 ff

Regner, H. (1974): Spiel und Erfindung. In: Auerbach/Stumme (Hg.): 1974, 52 ff

Reinhardt, S. (2014): Kindheit ist nicht das ganze Leben. In: Psychologie heute. Februar 2014, 10

Renz-Polster, H. (2011): Frühförderung – evolutionär gesehen. In: Gehirn & Geist. Serie Kindesentwicklung Nr. 6, 12 ff

Renz-Polster, H./Hüther, G. (2013): Wie Kinder heute wachsen. Natur als Entwicklungsraum. Ein neuer Blick auf das kindliche Lernen, Fühlen und Denken. Beltz Verlag. Weinheim/Basel

Retter, H. (Hg.) (1991): Kinderspiel und Kindheit in Ost und West. Spielförderung, Spielforschung und Spielorganisation in einzelnen Praxisfeldern – unter besonderer Berücksichtigung des Kindergartens. Bad Heilbrunn

Retzbach, J. (2017a): Stress, lass nach! In: Gehirn & Geist 4/2017, 18 ff

Retzbach, J. (2017b): Sinn schlägt Glück. In: Gehirn & Geist 8/2017, 12 ff

Retzbach, J. (2017c): Kleines Hirn ganz groß. In: Gehirn & Geist 11/2017, 40 ff

Ribke, J. (1988): Elementare Musikerziehung – ein Kinderspiel? In: Mehlig, R./Vetter, H.-J. (Hg.): 1988, 127 ff

Ribke, J. (1993): Nischen als Ausgangs- und Endpunkt musikdidaktischer Zieldiskussion. In: Petrat, N. (Hg.): Musikalische Bildung in Zwischenräumen. Symposionsbericht Musikalische Früherziehung/Grundausbildung Hamburg. Schott Verlag. Mainz 1993, 107 ff

Ribke, J. (1994a): Musikalische Früherziehung. In: Richter, C. (Hg.): Handbuch der Musikpädagogik Bd. 3 (Instrumental- und Vokalpädagogik 2: Einzelfächer). Kassel u. a. 1994, 94 ff

Ribke, J. (1994b): Annäherung an das Elementare. Einige Aspekte der musikalischen Erziehung im vorschulischen Alter. In: NMZ, 43. Jg., Heft 5, 41 ff

Ribke, J,. (1995): Elementare Musikpädagogik. Persönlichkeitsbildung als musikerzieherisches Konzept. ConBrio Verlag. Regensburg

Ribke, J. (1997): Elementare Musikpädagogik in Gegenwart und Zukunft. In: AEMP (Hg.): 1997, 11 ff

Ribke, J. (2002): Elementare Musikpädagogik – Versuch einer Standortbestimmung. In: Ribke/Dartsch (Hg): 2002, 15 f

Ribke, J. (2003): Ästhetische Bildungsprozesse als Resonanz früher Lebenserfahrung. In: Petrat, N. u. a. (Hg.): Mit Spaß dabei bleiben. Musikästhetische Erfahrungen aus der Perspektive der Forschung. Die Blaue Eule. Essen 2003, 64 ff

Ribke, J./Dartsch, M. (Hg.): Facetten Elementarer Musikpädagogik. Erfahrungen - Verbindungen – Hintergründe. ConBrio Verlag. Regensburg

Ribke, J./Metz, J. (2001): Elementare Musikpädagogik. In: Helms/Schneider/Weber (Hg.): Praxisfelder der Musikpädagogik. Gustav Bosse Verlag. Kassel 2001, 15 ff

Richter, C. (1975): Musik als Spiel. Orientierung des Musikunterrichts an einem fächerübergreifenden Begriff. Ein didaktisches Model. Wolfenbüttel/Zürich

Riecker, A. et al. (2000): Opposite hemispheric lateralization effects during speaking and singing at motor cortex, insula and cerebellum. IN: NeuroReport, Vol 11, No 9, 26 june 2000, 1997 ff www.ncbi.nlm.nih.gov/pubmed/10884059 (Zugriff: 24.9.2014)

Riggs, N. R. et al. (2006): The Mediational Role of Neurocognition in the Behavioral Outcomes of a Social-Emotional Prevention Program in Elementary School Students. In: Prevention Science, Vol. 7, No. 1, March 2006

Rittelmeyer, C. (2010): Warum und wozu ästhetische Bildung? Über Transferwirkungen künstlerischer Tätigkeiten. Ein Forschungsüberblick. Athena Verlag. Oberhausen

Rittner, S. (2009²c): Stimmung. In: Decker-Voigt/Weymann (Hg.): 2009², 497 ff

Rizzolatti, G./Sinigaglia, C. (2012⁴): Empathie und Spiegelneurone. Die biologische Basis des Mitgefühls. 4. Aufl. Suhrkamp Verlag. Frankfurt/M.

Rönnau-Böse, M./Fröhlichh-Gildhoff, K. (2015): Resilienz und Resilienzforschung über die Lebensspanne. Verlag W. Kohlhammer. Stuttgart

Roden, I. et al. (2012): Effects of a school-based instrumental music program on verbal and visual memory in primary school children: a longitudinal study. In: frontiers in Psychology 12/2012/Vol.3/Aricle 572 Doi:10.3389/fpsyg.2012.00572 (Zugriff: 28.04.2014)

Röder, B. (2015): Wenn das Gehirn sich formen lässt. In: FAZ, 23. September 2015, Nr. 221, S. N 2

Röhrs, H. (1987): Vom Sinn des Lebens-Spiels (1984). In: Ders.: Schlüsselfragen der inneren Bildungsreform. Entwicklung, Tendenzen Perspektiven. Peter Lang Verlag. Frankfurt/M. 1987, 228 ff

Rösing, H. (1993): Musik und Emotion. In Bruhn u. a. (Hg.): 1993, 579 ff

Rötter, G. (2005): Musik und Emotion. Musik als psychoaktive Substanz – Musikalischer Ausdruck – Neue experimentelle Ästhetik – Emotionstheorien – Funktionale Musik. In: de la Motte-Haber, H./Rötter, G. (Hg.) (2005):

Musikpsychologie (Handbuch der Systematischen Musikwissenschaft Bd. 3). Laaber-Verlag. Laaber S. 268 ff

Rolff, H.-G./Zimmermann, P. (1985): Kindheit im Wandel. Eine Einführung in die Sozialisation im Kindesalter. Weinheim/Basel

Rollett, B. (2002[5]): Frühe Kindheit, Störungen, Entwicklungsrisiken, Förderungsmöglichkeiten. In: Oerter/Montada (Hg.): 2002[5], 713 ff

Romero, R. R. et al. (2017): Socioeconomic Status and Reading Disability: Neuroantomy and Plasticity in Response to Inervention. In: Cerebral Cortex, 2017, 1 ff

Rosa, H. (2013): Eine Art von Begehren nach Welt. Ein Gespräch. In Gehirn & Geist 1/2013, 34 ff

Rose, N. (2012): „Mancher leidet am Gehirn-Übertreibungssyndrom." Ein Interview von S. Ayan. In: Gehirn & Geist 4/2012, 44 ff

Rosemann, S. et al (2015): The art of sight-reading: Influence of practice, playing tempo, complexity and cognitive skills on the eye-hand span in pianists. In: Psychology of Music 2015, 1 ff

Ross, D. A. (2003): Absolute Pitch Does Not Depend on Early Musical Training. In: Avanzini et al. (Ed.): 2003, 522 ff

Ross, D. A./Marks, L. E. (2009): Absolute Pitch in Children prior to the beginning of Musical Training. In: Dalla Bella et al. (Ed.): 2009, 199 ff

Roth, G. (2004): Warum sind Lehren und Lernen so schwierig? In: Zeitschrift für Pädagogik, Jg. 50, Heft 4, 296 ff

Roth, G. (2006[2]): Möglichkeiten und grenzen von Wissensvermittlung und Wissenserwerb. Erklärungsansätze aus Lernpsychologie und Hirnforschung. In: Caspary (Hg.): 2006[2], 54 ff

Roth, G. (2007): „Das Ich ist eine Einbahnstraße." Spiegel-Gespräch. In: Der Spiegel 35, 07, 124 ff

Roth, G. (2011[4]): Bildung braucht Persönlichkeit. Wie Lernen gelingt. 4. Auflage. Klett-Cotta. Stuttgart

Roth, G. (2013[8]): Persönlichkeit, Entscheidung und Verhalten. Warum es so schwierig ist, sich und andere zu ändern. 8., Auflage. Klett-Cotta. Stuttgart

Roth, G. (2015): Wie das Gehirn die Seele formt. In: FAZ, 5. August 2015, Nr. 179, S. N 2

Roth, G./Strüber, N. (2014): Wie das Gehirn die Seele macht. Klett-Cotta. Stuttgart

Rudolph, U. (2003): Motivationspsychologie. Beltz Verlag. Weinheim/Basel/Berlin

Rudolph, U. (2013³): Motivationspsychologie Kompakt. 3., vollständig überarbeitete Auflage. Beltz Verlag. Weinheim/Zürich

Rumpf, H. (1991): Siel – Arten der Kulturaneignung. In: Schneider, R. (Hg.): Perspektiven schulische Musikerziehung in den 90er Jahren. Gustav Bosse Verlag. Regensburg 1991, 34 ff

Saccuman, M. C./Scifo, P. (2009): Using MRI to Characterize the Anatomy and Function of the Auditory Cortex in Infancy. In: Dalla Bella et al. (Ed.): 2009, 297 ff

Sachser, N. (2004): Neugier, Spiel und Lernen: Verhaltensbiologische Anmerkungen ur Kindheit. In: Zeitschrift für Pädagogik, Jg. 50, Heft 4, 475 ff

Sachser, N. (2009²): Neugier, Spiel und lernen: Verhaltensbiologische Anmerkungen zur Kindheit. In: Herrmann (Hg.): 2009², 19 ff

Sacks, O. (1995): Musical Ability. In: Science, Vol. 268, 621

Sacks, O. (2008): Der einarmige Pianist. Über Musik und das Gehirn. Rowohlt Verlag. Reinbek

Särkämö, T. et al. (2009): Amusia and Cognitive Deficits after Stroke. In: Dalla Bella et al. (Ed.): 2009, 441 ff

Saffran, J. R. (2003): Musical learning and Language Development. In: Avanzini et al. (Ed.): 2003, 397 ff

Sakariba, A. (2014): A longitudinal Study of the process of acquiring absolute pitch: A practical report of training with the ‚Chord identification method'. In: Psychology of Music 2014, Vol.42(1) 86 ff

Sallat, S. (2008): Musikalische Fähigkeiten im Fokus von Sprachentwicklung und Sprachentwicklungsstörungen. Schulz-Kirchner Verlag. Idstein

Sallat, S. (2014): Struktur, Entwicklung und Verarbeitung von Sprache und Musik. In: Aphasie und verwandte Gebiete/Aphasie et domaines associés No 1/2014, 15 ff

Sallat, S. (2017): Musiktherapie bei Sprach- und Kommunikationsstörungen. Ernst Reinhardt Verlag. München/Basel

Salmon, S. (2006a): Musik als Weg zum Dialog bei hörbeeinträchtigten Kindern. In: Dies. (Hg.): 2006, 119 ff

Salmon, S. (Hg.) (2006): Hören – Spüren – Spielen. Musik und Bewegung mit gehörlosen und schwerhörigen Kindern. Reichert Verlag. Wiesbaden

Salter Ainsworth, M. D. (2001[4]): Weitere Untersuchungen über die schädlichen Folgen der Mutterentbehrung. In: Bowlby: 2001[4], 159 ff

Sammler, D. et al. (2009): Overlap of Musical and Linguistic Syntax Processing: Intercranial ERP Evidence. In: Dalla Bella et al. (Ed.): 2009, 494 ff

Samson, S. et al. (2001): Cerebral Substrates for Musical Temporal Process. In: Zatorre/Peretz (Ed.): 2001, 166 ff

Samson, S./Peretz, I. (2005): Effects of Prior Exposure on Music Liking and Recognition in Patients with Temporal Lesions. In: Avanzini et al. (Ed.): 2005, 419 ff

Saße, D. (2013): Musik prägt Hirn schon im Mutterleib. http://www.wissenschaft-aktuell.de/artikel/Musik_praegt_Hirn_schon_im_Mutterleib1771015589378.html (Zugriff: 29.04.2014)

Saum-Aldehoff, T. (2016): Ein Rhythmus, wo jeder mitmuss. In: Psychologie heute 11/2016. 52

Schaarschmidt, T. (2015): Was hat sie, was er nicht hat? In Gehirn & Geist 12/2015, 46 ff

Schäfer, G. E. (1995): Bildungsprozesse im Kindesalter. Selbstbildung, Erfahrung und Lernern in der frühen Kindheit (Grundlagentexte Pädagogik). Juventa Verlag. Weinheim/München

Schäfer, G. E. (2001[2]): Spiel. In: Otto, H.-V./Thiersch, H. (Hg.): Handbuch Sozialarbeit Sozialpädagogik. 2., völlig überarb. u. aktualisierte Aufl. Neuwied/Kriftel 2001, 1806 ff

Schäfer, G. E. (1995): Phantasie und Wirklichkeit. Bildungsprozesse im Kindesalter. Juventa Verlag. Weinheim/München.

Schamuhn, D. (2012): Macht Musik schlau? Musik und Intelligenz. In: Bernius (Hg.): 2012, 94 ff

Scheidegger, J./Eiholzer, H. (Hg.) (1997): Persönlichkeitsentfaltung durch Musikerziehung (Wege – Musikpädagogische Schriftenreihe Bd. 10). Musikedition Nepomuk. Aarau

Schellenberg, E. G. (2001): Music and Nonmusical Abilities. In: Zatorre/Peretz (Ed.): 2001, 355 ff

Schellenberg, E. G. (2003): Does exposure to music have beneficial side effects? In: Peretz/Zatorre (Ed.): 2003, 430 ff

Schellenberg, G. (2009): Musikunterricht, geistige Fähigkeiten und Sozialkompetenzen: Schlussfolgerungen und Unklarheiten. In: BMBF (Hg.): 2009, 114 ff

Schellenberg, E. G./Hallam, S. (2005): Music Listening and Cognitive Abilities in 10- and 11-Year-Olds: The Blur Effect. In: Avanzini et al. (Ed.): 2005, 202 ff

Scheuerl, H. (1973): alte und neue Spieltheorien. In: Flitner, A. (Hg.): 1988[5], 32 ff

Scheuerl, H. (1990[11]): Das Spiel. Untersuchungen über sein Wesen, seine pädagogischen Möglichkeiten und Grenzen. Bd. 1. 11., überarb. Neuausgabe. Weinheim/Basel

Scheuerl, H. (1991[11]): Das Spiel- Theorien des Spiels. 11., überarb. u. erg. Neuausgabe. Weinheim/Basel

Schirp, H. (2006[2]): Neurowissenschaften und Lernen. In: Caspary (Hg.): 2006[2], 99 ff

Schlaug, G. (2001): The brain of musicians. In: Peretz/Zatorre (Ed.): 2001, 366 ff

Schlaug, G. (2006): Brain structure of musicians: executive functions and morphological implications. In: Altenmüller et al. (Ed.): 2006, 141 ff

Schlaug, G. (2009): Introduction. Listening to and Making Music Facilitates Brain Recovery Processes. In: Dalla Bella et al. (Ed.): 2009, 372 f

Schlaug, G./Bangert, M. (2008[2]): Neural Correlates of Music Learning and Understanding. In: Gruhn/Rauscher (Ed.): 2008[2], 101 ff

Schlaug, G./Gaab, N. (2003): Das musizierende Gehirn. Strukturelle und funktionelle Unterschiede zwischen Musikern und Nicht-Musikern. In: Bastian/Kreutz (Hg.): 2003, 120 ff

Schlaug, G. et al. (2009a): Training-induced Neuroplasticity in Young Children. In: Dalla Bella et al. (Ed.): 2009, 205 ff

Schlaug, G. et al. (2009b): Evidence for Plasticity in White-Matter Tracts of Patients with Chronic Broca's Aphasia Undergoing Intence Intonation-based Speech Therapy. In. Dalla Bella et al. (Ed.): 2009, 385 ff

Schleim, S. (2012): Die 7 größten Neuromythen. In: Gehirn & Geist 4/2012, 38 ff

Schleim, S. (2014): Zu viel versprochen. In: Gehirn & Geist 4/2014, 50 ff,

Schnabel, U. (2014): Die große Neuro-Show. In: Die Zeit 9/2014, 38

Schneider, P. et al. (2002): Morphology of Henschl's gyrus reflects enhanced activation in the auditory cortex of musicians. In: nature neuroscience, Vol. 5, No. 7, July 2003, 688 ff

Schneider, P. et al. (2005): Structural, Functional, and Perceptual Differences in Henschl's Gyrus and Musical Instrument Preferences. In: Avanzini et al. (Ed.): 2005, 387 ff

Schneider, W./Lindenberger, U. (Hg.) (2012[7]): Entwicklungspsychologie. 7., vollständig überarbeitete Auflage. Beltz Verlag. Weinheim

Schölmerich, A./Lengning, A. (2004): Neugier, Exploration und Bindungsentwicklung. In: Ahnert (Hg.): 2004, 198 ff

Schön, D./Besson, M. (2003): Audiovisual Interactions in Music Reading. A Reaction Times and Event-Related Potentials Study. In: Avanzini et al. (Ed.): 2003, 193 ff

Schön, D. et al. (2005): Musical and Linguistic Processing in Song. In: Avanzini et al. (Ed.): 2005, 71 ff

Schönherr, C./Kallós, C. (2012): „Ich bin wieder jung geworden". Musik, Sprache, Bewegung. Künstlerisch-pädagogische Angebote für Menschen in hohem Alter. DVD. Carl Orff-Institut für Elementare Musik- und Tanzpädagogik. Salzburg

Schönwiesner, M. et al. (2005): Spectral and Temporal Processing in the Human Auditory Cortex – Revisited. In: Avanzini et al. (Ed.): 2005, 89 ff

Schore, A. N. (2003[3]): Zur Neurobiologie der Bindung zwischen Mutter und Kind. In: Keller (Hg.): 2003[3], 49 ff

Schröger, E. (2005): Mental Representations of Music – Combining Behavioral and Neuroscience Tools. Introduction. In: Avanzini et al. (Ed.): 2005, 98 f

Schubert, C./Luerweg, F. (2017): Wie Stress und krank macht. In: Psychologie heute 2/2017, 40 ff

Schubert, E./McPherson, G. E. (2009): The perception of emotion in music. In: McPherson (Ed.): 2009, 193 ff

Schulkind, M. D. (2009): Is Memory for Music Special? In: Dalla Bella et al. (Ed.): 2009, 216 ff

Schulze, K./Koelsch, S. (2012): Working memory for speech and music. In: Overy et al. (Ed.): 2012, 229 ff

Schumacher, J. u. a. (2004): Perzipiertes elterliches Erziehungsverhalten und partnerbezogene Bindungsmuster im Erwachsenenalter. In: Psychother. Psych. Med. 2004, 148 ff

Schumacher, K. (1999): Musiktherapie und Säuglingsforschung. Peter Lang Verlag. Frankfurt/M.

Schumacher, K./Calvet, C. (2008): Synchronisation. Musiktherapie bei Kindern mit Autismus. Vandenhoeck & Ruprecht. Göttingen

Schumacher, R. (2006): Die prinzipielle Unterbestimmtheit der Hirnforschung im Hinblick auf die Gestaltung schulischen Lernens. In. Sturma, D. (Hg.): Philosophie und Neurowissenschaften. Suhrkamp Verlag. Frankfurt/M. S. 167 ff

Schuppert, M. (2014): Rückschritt mit Fortschritt – Musizieren und Alter(n) aus Sich der Musikermedizin. In: Musikphysiologie Musikermedizin 3/2014, 144 ff

Schuppert, M. (2015): Musizieren und Alter(n) aus Sich der Musikermedizin. In: Gembris (Hg.): 2015, 125 ff

Schuster, K.-M. (2006): Rahmenpläne für die Bildungsarbeit. In: Fried/Roux (Hg.): 2006, 145 ff

Schwarzer, G. (2000): Musikalische Wahrnehmungsentwicklung: Wie Kinder Musik hören. In: Musikpsychologie. Jahrbuch der DGM Bd. 15. 2000, 60 ff

Schwarzer, G. (2006): Parallelen musikalischer und visueller Informationsverarbeitung im Kindesalter. In: BMBF (Hg.): 2006, 104 ff

Schwing, R. (2011): Liebe, Neugier, Spiel – Wie kommt das Neue in die Welt? In: Bonney (Hg. ): 2011, 11 ff

Schwoch, T. W. et al. (2013): Older Adults Benefit from Music Training early in Life: Biological Evidence from Long-Term Training-Driven Plasticity. In: The Journal of Neurosciences, November 6,2013 – 33(45): 17667 ff

Seeliger, M. (1997a): „Das Elementare Musikrad." In: AEMP (Hg.): 1997, 56 ff

Seeliger, M. (1997b): Elementare Musikpädagogik (EMP) für alle Altersstufen. In: AEMP (Hg.): 1997, 63 ff

Seeliger, M. (2003): Das Musikschiff. Kinder und Eltern erleben Musik. Von der pränatalen Zeit bis ins vierte Lebensjahr (ConBrio Fachbuch Bd. 10). ConBrio Verlagsgesellschaft. Regensburg

Seibert, C. (2016): Musik und Affektivität. Systemtheoretische Perspektiven für ein transdisziplinäre Musikforschung. Velbrück Wissenschaft. Weilerswist

Seidel, T./Krapp, A. (Hg.) (2014[6]): Pädagogische Psychologie. 6., vollständig überarbeitete Auflage. Beltz Verlag. Weinheim/Basel

Seifert, U./Kim, J. H. (2006): Musical meaning: Imitation and empathy. https://www.researchgate.net/publication/238735182_Musical_meaning_Imitation_and_empathy (Zugriff: 3.6.2015)

Seiffge-Krenke, I. (1974): Probleme und Ergebnisse der Kreativitätsforschung. Hans Huber Verlag. Bern/Stuttgart/Wien

Seither-Preisler, A./Schneider, P. (2015): Positive Effekte des Musizierens auf Wahrnehmung und Kognition aus neurowissenschaftlicher Perspektive. In: Bernatzky/Kreutz (Hg.): 2015, 375 ff

Sentker, A./Wigger, F. (Hg.) (2007): Rätsel Ich. Gehirn, Gefühle, Bewusstsein. Springer Verlag. Berlin/Heidelberg. Zeitverlag G. Bucerius GmbH & Co. KG

Sentker, A./Wigger, F. (Hg.) (2009): Schaltstelle Gehirn. Denken, Erkennen, Handeln. Spektrum Akademischer Verlag. Heidelberg.

Seung, S. (2013): Kein Neuron ist eine Insel. In: Gehirn & Geist 5/2013, 44 ff

Sievers, B. et al. (2013): Music and Movement share a dynamic structure that support universal expressions of emotion. www.pnas.org/cgi/doi/pnas.1209023110 (Zugriff: 9.7.2014)

Singer, W. (2002): Was kann ein Mensch wann lernen? In: Killius, N./Kluge, J./Reisch, L. (Hg.): Die Zukunft der Bildung. Edition Suhrkamp. Frankfurt/M. 2002, 78 ff. Ebenfalls erschienen in: Singer, W.: Der Beobachter im Gehirn. Essays zur Hirnforschung. Suhrkamp Taschenbuch Wissenschaft. Frankfurt/M. 2002, 43 ff

Singer, W. (2003a): Bindungsprobleme. Neurobiologische Überlegungen. Audio-CD. Supposé Köln

Singer, W. (2003b): Ein neues Menschenbild? Gespräche über Hirnforschung. Suhrkamp Taschenbuch Wissenschaft. Frankfurt/M.

Singer, W. (2003c): Unser Gehirn: ein Produkt der Erziehung? In: Ders.: 2003b, 97 ff

Singer, W. (2003d): „In der Bildung gilt: Je früher, desto besser“ In: Ders.: 2003b, 110 ff

Singer, W. (2004): Musische Bildung muss spätestens im Kindergarten beginnen. In: Welck, K. v./Schweizer, M. (Hg.): Kinder zum Olymp! Wege zur Kultur für Kinder und Jugendliche. Wienand Verlag. Köln S. 22 ff

Singer, W. (2014): Erst kommt das Denken, dann die Kunst. In: FAZ, 17. September 2014, Nr. 216, S. N 2

Skaggs, W. (2015): Nachwuchs fürs Gedächtnis. In: Gehirn & Geist 7/2015, 60 ff

Skoe, E./Kraus, N. (2012): A Little Goes a Long Way: How the Adult Brain Is Shaped by Musical Training in Childhood. In: The Journal of Neuroscience, August 22, 2012, 32 (34): 11507 ff

Sloboda, J. ($2008^5$): Exploring the Musical Mind. Cognition, Emotion, Ability, Function. Oxford. 5. Reprint. University Press. Oxford

Sloboda, J. A./Juslin P. N. (2005): Affektive Prozesse: Emotionale und ästhetische Aspekte musikalischen Verhaltens. In: Stoffer, T. H./Oerter, R. (Hg): Allgemeine Musikpsychologie. Hogrefe Verlag. Göttingen u. a. S. 767 ff

Sloboda, J. A. et al. (2005): Quantifying Tone Deafness in the general Population. In: Avanzini et al. (Ed.): 2005, 255 ff

Smits, R. (2017): Linkshänder – Geschick und Geschichte einer Begabung. Anaconda Verlag. Köln

Snyder, J. S. et al. (2009): Introduction. Rhythms in the Brain: Basic Science and Clinical Perspectives. In: Dalla Bella et al. (Ed.): 2009, 13 f

Sobirey, W. (2008): "Defizitmodell" oder "Neues Alter"? In: VdM (Hg.): 2008, 7 ff

Sorensen, L. (2008): Mozart on the Brain. http://www.cs.rutgers.edu/~biglars/Mozart.html (Zugriff: 12.1.2015)

Spahn, C. (2009): Zu schräg – für wen? www.zeit.de/2009/45/N-Musik-Replik/komplettansicht (Zugriff: 21.1.2015)

Spahn, C. (2008): Instrumentales Musizieren im Alter. In: Gembris, H. (Hg.): Musik im Alter. Soziokulturelle Rahmenbedingungen und individuelle Möglichkeiten. Verlag Peter Lang. Frankfurt/M. u. a. 2008, 139 ff

Spahn, C. (2011): Instrumentales Musizieren im Alter. In: Wickel, H. H./Hartogh, T. (Hg.): 2011, 14 ff

Spanhel, D. (1994): Spielräume für Kinder. Eine gemeinsame Aufgabe von Eltern, Lehrern und Sozialpädagogen. In: unterrichten/erziehen 13. Jg., Heft 1, 46 ff

Spangler, G./Grossmann, K. E./Schieche, M. (2002): Psychobiologische Grundlagen der Organisation des Bindungsverhaltenssystems im Kleinkindalter. In: Psychologie in Erziehung und Unterricht. 49 (2002), 102 ff

Spector, J. T. et al. (2014): Biographic and behavioral- factors are associated with music-related motor skills in children pianists. In: Human Movement Science 37 (2014), 157 ff

Spreckelmeyer, K. N. (2013): Preattentive processing of emotional musical tones: a multidimensional scaling and ERP study. In: Frontiers in Psychology, September 2013, Vol. 4, Article 656

Spiekermann, R. (2009): Erwachsene im Instrumentalunterricht. Didaktische Impulse für ein Lernen in der Lebensspanne. Schott Verlag. Mainz

Spitzer, M. (2000): Geist im Netz. Modelle für Lernen, Denken und Handeln. Spektrum Akademischer Verlag. Heidelberg

Spitzer, M. (2002): Musik im Kopf. Hören, Musizieren, Verstehen und Erleben im neuronalen Netzwerk. 8. unveränderter Nachdruck 2008 der 1. Aufl. Schattauer. Stuttgart

Spitzer, M. (2003): Nervensachen. Perspektiven zu Geist, Gehirn und Gesellschaft. 1. Nachdruck 2004 der 1. Aufl. Schattauer. Stuttgart

Spitzer, M. (2006): Lernen. Die Entdeckung des Selbstverständlichen. Hrsg. von R. Kahl . Archiv der Zukunft. Hamburg

Spitzer, M. (2006a): Lernen. Die Entdeckung des Selbstverständlichen. In Ders.: 2006, 23 ff

Spitzer, M. (2006b): Lernen: Medizin für die Schule. Ein Extrakt. In: Ders.: 2006, 51 ff

Spitzer, M. (2006c): Vom Sinn der Sinnlichkeit. Zur Neurobiologie der Musik. In: Kilger, G. (Hg.): macht musik. Musik als Glück und Nutzen für das Leben. Wienand Verlag. Köln 2006, 132 ff

Spitzer, M. ($2006^2$): Medizin für die Schule. Plädoyer für eine evidenzbasierte Pädagogik. In: Caspary (Hg.): $2006^2$, 23 ff

Spitzer, M. ($2009^6$): Lernen. Gehirnforschung und die Schule des Lebens. 6. Aufl. Spektrum Akademischer Verlag. Heidelberg

Spitzer, M. (2010): Medizin für die Bildung. Ein Weg aus der Krise. Spektrum Akademischer Verlag. Heidelberg

Spitzer, M. (2012a): Digitale Demenz. Wie wir uns und unsere Kinder um den Verstand bringen. Droemer Verlag. München

Spitzer, M. (2012b): Gedanken, Gefühle, Bilder, Handlungen. In: Mentale Stärke. Das Buch zum Wiener Kongress. Verlag für mentale Stärke. Wien 2012, 25 ff

Spitzer, M. (2014): Rotkäppchen und der Stress. (Ent-)Spannendes aus der Gehirnforschung. Schattauer. Stuttgart

Spitzer, M. (2016): Stunting: Gehirnentwicklung, Status und Statur. Zur Bedeutung der ersten tausend Tage im leben eines Menschen. In: Nervenheilkunde 7-8/2016, 516 ff

Springer, S. P./Deutsch, G. ($1998^4$): Linkes/Rechtes Gehirn. 4. Aufl. Spektrum Akademischer Verlag. Heidelberg/Berlin

Spychiger, M. (2006): Ansätze zur Erklärung der kognitiven Effekte musikalischer Betätigung. In: BMBF (Hg): 2006, 113 ff

Spychiger, M. (2009): „Man kann nur das aus dem Ärmel schütteln, was vorher da hineingesteckt wurde“. Strukturen und Entwicklungen im Forschungsfeld des musikalischen Lernens. In: Auhagen, W. u. a. (Hg.): Musikpsychologie – Musikalisches Gedächtnis und musikalisches Lernen (Jahrbuch der Deutschen Gesellschaft für Musikpsychologie Bd. 20). Hogrefe. Göttingen u. a. 2009, 7 ff

Spychiger, M. (2015): Lernpsychologische Perspektiven für eine grundschulspezifische Musikdidaktik. In: Fuchs, M. (Hg.): 2015, 50 ff

Stadler Elmer, S. (2000): Spiel und Nachahmung. Über die Entwicklung der elementaren musikalischen Aktivitäten. HBS Nepumuk. Aarau

Stadler Elmer, S. (2014a): Musik in der Frühen Bildung. Ein Konzept. Forschungsbericht der Hochschule Luzern – Musik 8

Stadler Elmer, S. (2014b): Bildungsakzent Musik für kleine Kinder – das Konzept Bamukki. In: Dartsch (Hg.): 2014, 58 ff

Stadler Elmer, S. (2015a): Kind und Musik. Das Entwicklungspotential erkennen und verstehen. Springer-Verlag. Heidelberg

Stadler Elmer, S. (2015b): Musik – Lernen und Entwicklung. In: Fuchs, M. (Hg.): 2015, 72 ff

Staresina, B./Köhler, S. (2017): Die neuronale Zeitmaschine. In: Gehirn & Geist 5/2017, 50 ff

Steele, C. J. et al. (2013): Early Musical Training and White-Matter Plasticity in the Corpus Callosum: Evidence for a Sensitive Period. In: The Journal of Neuroscience, January 16, 2013, 33(3), 1282 ff

Stelzhammer-Reichhardt, U. (2006): Zwischen Musikpädagogik und Naturwissenschaft – Einblicke in die Erforschung der Musikwahrnehmung des (hörgeschädigten) Menschen. In: Salmon (Hg.): 2006, 107 ff

Stern, D. (1979): Mutter und Kind. Die erste Beziehung. (Das Kind und seine Entwicklung hrsg. von J. Bruner, M. Cole und B. Lloyd). Klett-Cotta. Stuttgart

Stern, D. ($1995^3$): Tagebuch eines Babys. Was ein Kind sieht, spürt, fühlt und denkt. 3. Aufl. Piper Verlag. München

Stern, D. ($2003^8$): Die Lebenserfahrung des Säuglings. 8. Aufl. Klett-Cotta. Stuttgart

Stern, D. ($2010^{10}$): Die Lebenserfahrung des Säuglings, 10. Aufl. Klett-Cotta. Stuttgart

Stern, D. N. (2006): Nachwort. In: Bowlby: 2006, 341 ff

Stern, D. NB. (2011): Ausdrucksformen der Vitalität. Brandes & Apsel. Frankfurt/M.

Stern, E. (2004): Wie viel Hirn brauch die Schule? In: Zeitschrift für Pädagogik, Jg. 50, Heft 4, 531 ff

Sternberg, R. J. (1999): Wie intelligent sind Intelligenztests? In: Spektrum der Wissenschaft – Spezial 3/99: Intelligenz, S. 12 ff

Stewart, L. (2005): A Neurocognitive Approach to Music Reading. In: Avanzini et al. (Ed.): 2005, 377 ff

Stewart, L. et al. (2003): Becoming a Pianist. An fMRI Study of Musical Literacy Acquisition. In: Avanzini et al. (Ed.): 2003, 204 ff

Stiefel, K. M. (2015): Die Antennen der Nervenzellen. In: Gehirn & Geist 11/2015, 62 ff

Stiefel, K. M. (2017): Chaos auf der Autobahn. In: Gehirn & Geist 2/2017, 74 ff

Stoffer, T. (2008): Kurze Geschichte der Musikpsychologie. In Lehmann/Kopiez (Hg.): 25 Jahre Gesellschaft für Musikpsychologie (1983-2008). Eine Festschrift im Auftrag der DGM. Institut für musikpädagogische Forschung. Hannover 2008, 45 ff

Strack, F. (2009): Bildgebung in der Krise. In: Gehirn & Geist 4/09, 69

Strahler, J. (2017): Was die Psyche wachsen lässt. In: Gehirn & Geist 11/2017, 12 ff

Strait, D. L. et al. (2009): Musical Experience Promotes Subcortical Efficiency in Processing Emotional Vocal Sounds. In: Dalla Bella et al. (Ed.): 2009, 209 ff

Stricker, I. (Hg.) (2015): Ganz Ohr! Musik für Kinder. Institut für musikpädagogische Forschung. Hmtm Hannover

Süberkrüb, A. ($2007^2$): „Üben" in der musikalischen Lerntheorie von Edwin E. Gordon. In: Mahlert (Hg): $2007^2$, 242 ff

Suess, G. J./Hantel-Quitmann, W. (2004): Bindungsbeziehungen in der Frühintervention. In: Ahnert (Hg.): 2004, 332 ff

Tang, C. et al. (2017): Intonational speech prosody encoding in the human auditory cortex. In: Science 357, 797 ff (2017)

Tappert-Süberkrüb, A. (1999): „Music Learning Theory". Edwin Gordons Theorie des Musiklernens. In: Diskussion Musikpädagogik 2/1999, 75 ff

Target, M. u. a. (2002): Bindungsrepräsentanzen bei Schulkindern. Entwicklung des Bindungsinterviews für Kinder. In: Brisch u. a. (Hg.): 2002, 109 ff

Taylor, J. B. (2010): Mit einem Schlag. Wie eine Hirnforscherin durch ihren Schlaganfall neue Dimensionen des Bewusstseins entdeckt. MensSana Verlag. München

Tenzer, E. (2013): Weiter, immer weiter. In: Psychologie heute. März 2013, 38 ff

Tervaniemi, M. (2009): Musicians – Same or Different? In: Dalla Bella et al. (Ed.): 2009, 151 ff

Tervaniemi, M. et al. (2012): Expertise in folk music alters the brain processing of Western harmony. In: Overy et al. (Ed.): 2012, 147 ff

Tew, S. et al. (2009): Neural Representation of Transposed Melody in Infants at 6 Month of Age. In: Dalla Bella et al. (Ed.): 2009, 287 ff

Thaut, M. (2003): Neural Basis of Rhythmic Timing Networks in the Human Brain. In: Avanzini et al. (Ed.): 2003, 364 ff

Thayer, J. F./Faith, M. L. (2001): A Dynamic Systems Model of Musically Included Emotions. Physiological and Self-Report Evidence. In: Zatorre/Peretz (Ed.): 2001, 452 ff

Thivissen, P. (2017): Ruhig Blut. In: Gehirn & Geist 11/2017, 20 ff

Thome, C. et al. (2014): Axon-Carrying Dendrites Convey Privileged Synaptic Input in Hippocampal Neurons. In: Neuron 83, September 2014, 1418 ff

Tierney, A./Kraus, N. (2013): The Ability to Move to a Beat is Linked to the Consistency of Neural Responses to Sound. In: The Journal of Neurosciences, September 18, 2013 – 33(38): 14981 ff DOI:10.1523/JNEUROSCI.0612-13.2013 (Zugriff.: 28.04.2014)

Tillmann, B. (2005): Implicit Investigations of Tonal Knowledge in Nonmusician Listeners. In: Avanzini et al. (Ed.): 2005, 100 ff

Tillmann, B. (2014): Pitch Processing In Music And Speech. In: Acoustic Australia, Vol 42, No. 2, August 2014, 124 ff

Tomaino, C. M. (2010): Recovery of Fluent Speech Through a Musician's Use of Prelearned Song Repertoire: A Case Study. In: Music and medicine 2(2), 85 ff

Trainor, L. J. (2012): Musical experience, plasticity, and maturation: issues in measuring developmental Change using EEG and MEG. In: Overy et al. (Ed.): 2012, 25 ff

Trainor, L. J./Schmidt, L. A. (2003): Processing Emotions induced by Music. In: Peretz/Zatorre (Ed.): 2003, 310 ff

Trainor, L. J. et al. (2003): Effects of Musical Training on the Auditory Cortex in Children. In: Avanzini et al. (Ed.): 2003, 506 ff

Trainor, L. J. et al. (2009): Understanding the Benefits of Musical Training. Effects on Oscillatory Brain Activity. In: Dalla Bella et al. (Ed.): 2009, 133 ff

Trainor, L. J. et al. (2012): Becoming musically enculturated: effects of music classes for infants on brain and behaviour. In: Overy et al. (Ed.): 2012, 129 ff

Tramo, M. J: (2001a): Neurobiological Foundations for the Theory of Harmony in Western Tonal Music. In: Zatorre/Peretz (Ed.): 2001, 92 ff

Tramo, M. J. (2001b): Music of the Hemispheres. In: Science 5, January 2001, Vol. 291, No. 5501, 54 ff

Tramo et al. (2005): Neurophysiology and Neuroanatomy of Pitch Perception: Auditory Cortex. In: Avanzini et al. (Ed.): 2005, 148 ff

Trautner, H. M. ($1992^2$): Lehrbuch der Entwicklungspsychologie Bd. 1: Grundlagen und Methoden. 2., überarbeitete und ergänzte Auflage. Verlag Hogrefe. Göttingen u. a.

Trehub, S. E. (2001): Musical Predispositions in Infancy. In: Zatorre/Peretz (Ed.): 2001, 1 ff

Trehub, S. E. (2003): Toward a Developmental Psychology of Music. In: Avanzini et al (Ed.): 2003, 402 ff

Trehub, S. E. (2005): Introduction. In: Avanzini et al. (Ed.): 2005, 198 ff

Trehub, S. E (2009): Infants as musical connoisseurs. In: McPherson (Ed.): 2009, 33 ff

Trehub, S. E. (2012): Behavioral methods in infancy: pitfall of single measures. In: Overy et al. (Ed.): 2012, 37 ff

Trehub, S. E. et al. (2009): Infants Detect Cross-modal Cues to Identity in Speech and Singing. In: Dalla Bella et al. (Ed.): 2009, 508 ff

Tretter, F. et al. (2014): Memorandum "Reflexive Neurowissenschaft" www.psychologie-heute.de/home/lesenswert/memorandum-reflexive-neurowissenschaft
(Zugriff: 14.2.2015)

Trehum, S. E. et al. (2015): Musical affect regulation in infancy- In: The Neurosciences and Music V. Ann. N Y. Acad. Sci. 1337 (2915) 186 ff

Treue, S. (2015): Wie sehen wir die Welt? www.dasgehirn.info/entdecken/grosse-fragen-1/wie-sehen-wir-die-welt-4894
(Zugriff: 24.10.2016)

Trollinger, V. L. (2010): The Brain in Singing and Language. In: General Music Today 2010, 23, 20 ff

Tüpker, R. (2009²): Musik bis ins hohe Alter. In: Tüpker/Wickel (Hg.): 2009², 12 ff

Tüpker, R./Wickel, H. H. (Hg.) (2009²): Musik bis ins hohe Alter. Fortführung, Neubeginn, Therapie. 2. Auflage. Books on Demand. Norderstedt

Ullén, F. et al. (2005): Neural Control of Rhythmic Sequences. In: Avanzini et al. (Ed.): 2005, 368 ff

Ulmann, G. (1968): Kreativität. Neue amerikanische Ansätze zur Erweiterung des Intelligenzkonzepts. Weinheim/Berlin

Unterstell, R. (2012): Neuronenreich nach Noten. Ein Interview mit E. Altenmüller. In: Forschung 2/2012, 14 ff

Van Vugt , F. T. et al. (2014): Playing beautifully when you have to be fast: spatial and temporal symmetries of movement patterns in skilled piano performance at different tempi. In: Exp Brain Res (2014) 232, 3555 ff

VdM (Verband deutscher Musikschulen) (Hg.) (2008): Musik – Ein Leben lang. Grundlagen und Beispiele. VdM Verlag. Bonn

Velten, M. (21013): Hirntod einer Idee. Die Erblichkeit der Intelligenz. V & R unipress. Göttingen

Vieillard, S. (2005): Töne mit Tiefenwirkung. In: Gehirn & Geist 3/05, 28 ff

Vieillard, S. (2008): Töne mit Tiefenwirkung. In: Gehirn & Geist Dossier: Kunst und Musik 3/2008, 58 ff

Vitouch, O. (2006): Kognitive Einflüsse musikalischer Aktivitäten: Die Frage des Transfers. In: BMBF (Hg.): 2006, 138 ff

Vitouch, O./Bischof, B./Wieser, M. (2009): Konativer Transfer: Vom Know-What zum Know-How? In: Bundesministerium Für Bildung und Forschung (BMBF) (Hg.): 2009, 137 ff

Vollmer, S. (1980): Die Rezeption des Kreativitätsbegriffs durch die Musikpädagogik. Mainz

Vollmer, I. (1981): Zur Rezeption des Kreativitätsbegriffs in der Musikpädagogik. In : Behne (Hg): 1981, 233 ff

Vuust, P. et al. (2012): Practiced musical style shapes auditory skills. In: Overy et al. (Ed.): 2012, 139 ff

Walsleben, B. (2009²): Im fortgeschrittenen Alter ein Instrument lernen. In: Tüpker/Wickel (Hg.): 2009², 42 ff

Walzer, K. (2012): Ein leben im Flow. In: Mentale Stärke. Das Buch zum Wiener Kongress. Verlag für mentale Stärke. Wien 2012, 171 ff

Wassmann, C. (2010²): Die Macht der Emotionen. Wie Gefühle unser Denken und Handeln beeinflussen. 2. Aufl. Wissenschaftliche Buchgesellschaft. Darmstadt

Wan, C. Y./Schlaug, G. (2010): Music Making as a Tool for Promoting Brain Plasticity across the Life Span. In: The Neuroscientist 16(5), 566 ff DOI: 10.1177/1073858410377805 (Zugriff: 21.10.2014)

Webb, A. R. et al. (2015): Mothers's voice and heartbeat sounds elicit auditory plasticity in the human brain before full gestation. In: Pnas, March 10, 2015, Vol. 112, No. 10

Weber, E. W. (1999): Die vergessene Intelligenz. Die Musik im kreis menschlicher Anlagen. Musikverlag Pan AG. Zürich

Wehrum, S. et al. (2009): Positive Wirkungen von Musik auf Lernverhalten und Emotion. In: BMBF (Hg.): 2009, 148 ff

Weigmann, K. (2013): Die Intelligenz des Körpers. In: Gehirn & Geist 1-2/2013, 26 ff

Weigmann, K. (2014): Tierisches Taktgefühl. In: Gehirn & Geist 11/2014, 70 ff

Weiner, B. (1994³): Motivationspsychologie. 3. Auflage. Beltz. Psychologie Verlags Union. Weinheim

Weiss, M. W./Bidelman, G. M. (2015): Listening to the Brainstem: Musicianship Enhances Intelligibility of Subcortical Representation for Speech. In: The Journal of Neuroscience, January 28, 2015-35(4), 1687 ff

Weixler, B. (2009): J. S. Bach, barocke Affektenlehre und Musiktherapie – Versuch einer Zusammenführung. In: Jahrbuch Musiktherapie 5. Rerichert Verlag. Wiesbaden 2009, 127 ff

Welch, G. F. (2009a): Neuropsychobiological Features of musical behaviour and development. In: Kokkidou, M./Dionyssiou, Z. (Ed.): Proceedings of the 6th International Conference of the Greek Society for Music Education. Music: trains, educates, heals. Thessaloniki 2009, 24 ff

Welch, G. F. (2009b): Singing and vocal development. In: McPherson (Ed.): 2009, 311 ff

Wengenroth, M. et al. (2013): Increased Volume and Function of Right Auditory Cortex as a Marker for Absolute Pitch. In: Cerebral Cortex doi:10.1093/cercor/bhs391_(Zugriff: 14.10.2014)

Westerhoff, N. (2011): Neurodidaktik auf dem Prüfstand. In: Gehirn & Geist. Serie Kindesentwicklung Nr. 6, 32 ff

White-Schwoch, T. et al. (2013): Older Adults Benefit from Music Training Early in Life: Biological Evidence for Long-Term Training-Driven Plasticity. In: The Journal of neurosciences, November 6, 2013-33(45):17667-17674 http://www.jneurosci.org/content/33/45/17667.full.pdf+html (Zugriff: 2.6.2014)

Wicht, H. (2010a): Hirnstamm – Zu Besuch in der Technikzentrale. In: Gehirn & Geist Basiswissen 2/10, 38 ff

Wicht, H. (2010b): Zwischenhirn und Thalamus – Im Vorzimmer der Macht. In: Gehirn & Geist Basiswissen 2/10, 44 ff

Wicht, H. (2010c): Limbisches System – Immer im Kreis herum. In: Gehirn & Geist Basiswissen 2/10, 48 ff

Wicht, H. (2010d): Kleinhirn – Schön – Schöner – Cerebellum In: Gehirn & Geist Basiswissen 2/10, 56 ff

Wicht, H. (2010e): Großhirnrinde – Ein Gyrus für alle Fälle. In: Gehirn & Geist Basiswissen 2/10, 60 ff

Wicht, H. (2010f): Hippocampus – Seltsamer Fisch im Kopf. In: Gehirn & Geist Basiswissen 2/10, 65 ff

Wickel, H. H./Hartogh, T. (2008): Musikgeragogik. In: VdM (Hg.): 2008, 41 ff

Wickel, H. H./Hartogh, T. (Hg.) (2011): Praxishandbuch Musizieren im Alter. Projekte und Initiativen. Schott Verlag. Mainz u.a.

Wigley, C. et al. (2009): Motor Timing and Precursor Literacy Skills in Very Young Children. In: Dalla Bella et al. (Ed.): 2009, 512 ff

Wikipedia: Neurodidaktik http://de.wikipedia.org/wiki/Neurodidaktik (Zugriff: 09.10.2012)

Wilhelm, B. et al. (2011): Zur Synapse bitte! In: Gehirn & Geist Basiswissen 2/11, 16 ff

Wilhelm, K. (2008): Vom Tierlaut zum Menschenwort. In: Bild der Wissenschaft 5/2008, 20 ff

Wilhelm, K. (2014a): Die frühe Kindheit und der späte Schmerz. In: Psychologie heute, Mai 2014, 26 ff

Wilhelm, K. (2014b): „Viel heiße Luft." Ein Gespräch mit dem Psychologen und Suchtexperten Felix Tretter. In: Psychologie heute Mai 2014, 60 ff

Wilhelm, K. (2017): Warum sich Neugier lohnt. In: Gehirn & Geist 2/2017, 30 ff

Wilhelm, O. (1999): Was Testwerte bedeuten. In: Spektrum der Wissenschaft – Spezial 3/99: Intelligenz, S. 31 ff

Willmann, U. (2016a): Stress – Ein Lebensmittel. Pattloch Verlag. München

Willmann, U. (2016b): Schöner Stress. In: Die Zeit 18/2016, 31 f

Willms, H. (2004): Ist Musik die Sprache der Gefühle? In: Zeitschrift für Musik-, Tanz- und Kunsttherapie 15 (3) 113 ff

Wilson, M. (2010): The re-tooled mind: how culture re-engineers cognition. In: SCAN (2010) 5, 180 ff

Winerman, L. (2013): „Meditation ist eine Einweisung in den Geist". Ein Gespräch mit Richard Davidson. In: Psychologie heute, Februar 2013, 28 ff

Wink, R. (Hg.) (2016): Multidisziplinäre Perspektiven der Resilienzforschung Springer Verlag. Wiesbaden.

Wink, R. (2016): Resilienzperspektive als wissenschaftliche Chance. Eine Einstimmung zu diesem Sammelband. In: Ders. (Hg.): 2016, 1 ff

Winkel, S. et al. (2006): Lernpsychologie. Verlag F. Schöningh. Paderborn

Wirth, W./Zihl, J. (2012): Neuropsychologie des frühen Hörens und seiner Störungen. In: Leonhardt (Hg.): 2012, 47 ff

Witte, S. (2017): In: GEO WISSEN Nr. 59, 2017, 72 ff

Wolf, A. (2015): Commitment. Ja sagen zur eigenen Entscheidung. In: Psychologie heute 10/2015, 24 ff

Wolf, C. (2009): Langzeitfolgen – Dauernd unter Strom. In: Spektrum Kompakt Stress 4/2015, 12 ff

Wolf, C. (2016a): An der Realität vorbei. In: Gehirn & Geist 8/2016, 46 ff

Wolf, C. (2016b): Neuro-Orakel. In. Gehirn & Geist 1/2016, 48 ff

Wolf, C. (2017a): Ein neuer Atlas des Gehirns. In: Gehirn & Geist 2/2107, 48 ff

Wolf, C. (2017b): Hirn unter Druck. In: Gehirn & Geist 4/2017, 12 ff

Wolfangel, E. (2016): Macht Musik intelligent? In: Spektrum – Die Woche 13/2016. Zudem in Das Gehirn 8/2016, 4 ff

Wong, P. C. M. et al. (2009): Effects of Asymmetric Cultural Experiences on the Auditory Pathway. Evidence from Music. In: Dalla Bella et al. (Ed.): 2009, 157 ff

Wong, P. C. M. et al. (2012): Effects of mono- and bicultural experiences on auditory perception. In: Overy et al. (Ed.): 2012, 158 ff

Wörster, W. (2014): Spiel, der notwendige Möglichkeitsraum für Kinder. In: Frühförderung interdisziplinär 3/14, 131ff

Wucher, P. (1973): Modell-Programm „Musikalische Früherziehung“ für 4 – 6 jährige Kinder des Verbandes deutscher Musikschulen. In: Noll/Suder (Hg.): 1973, 135 ff

Wustmann, C. (2003³): Was Kinder stärkt. Ergebnisse der Resilienzforschung und ihre Bedeutung für die pädagogische Praxis. In: Fthenakis, W. E. (Hg): Elementarpädagogik nach PISA. 3. Auflage. Herder Verlag. Freiburg/B. 2003³, 106 ff

Wustmann, C. (2004): Resilienz. Widerstandsfähigkeit von Kindern in Tageseinrichtungen fördern. Beltz Verlag. Weinheim/Basel

Yam, P. (1999): Was ist Intelligent? In: Spektrum der Wissenschaft – Spezial 3/99: Intelligenz, S. 6 ff

Yuste, R./Portera Cailliau, C. (2005): Neuronaler Ringelreihen. In: Gehirn & Geist 7-8/2005, 68 ff

Vygotsky, L. (1933): Play and its role in the Mental Development of the Child. www.marxists.org/aechive/vygotsky/works/1933/ play (Zugriff: 15.12.2015)

Vygotsky, L. (1978): The Role of Play in Development. In: Mind in Society, pp 92 ff, Cambridge, MA: Harvard University Press

Zarate, J. M./Zatorre, R. J. (2005): Neural Substrates Governing Audiovocal Integration for Vocal Pitch Regulation in Singing. In: Avanzini et al. (Ed.): 2005, 404 ff

Zarius, K.-H. (1985): Konsequenzen und Perspektiven. In. Ders. (Hg.): Musikalische Früherziehung. Grundfragen und Grundlagen. Schott Verlag. Mainz

Zatorre, R. J. (2001): Neural Specializations for Tonal Processing. In: Zatorre/Peretz (Ed.): 2001, 193 ff

Zatorre, R. J. (2012): Beyond auditory cortex: working with musical thoughts. In: Overy et al. (Ed.): 2012, 222 ff

Zatorre, R. J./Peretz, I. (Ed.) (2001): The Biological Foundations Of Music (Annals of the New York Academy of Sciences Vol. 930). New York

Zatorre, R. J./Peretz, I. (2001a): Perface. In: Dies. (Ed.): 2001, ix f

Zentner, M. R. (2004): Der Einfluss des Temperaments auf das Bindungsverhalten. In: Ahnert (Hg.): 2004, 175 ff

Zentner, M./Eerola, T. (2010): Rhythmic engagement with music in infancy. www.pnas.org/cgi/doi/10.1073/pnas.1000121107 (Zugriff: 9.7.2014)

Zeug, K. (2017): Ich schaffe das! In: Zeit Wissen 5/2017, 22 ff

Ziehe, T. (2013): Die Modernisierung der Hintergrundüberzeugungen Jugendlicher und die Konsequenzen für das schulische Lernen. In: Ahrbeck, B. et al. (Hg.): Strukturwandel der Seele. Modernisierungsprozesse und pädagogische Antworten (Jahrbuch für Psychoanalytische Pädagogik 21). Psychosozial-Verlag. Gießen 2013, 67 ff

Zimmer, R. ($2005^4$): Handbuch der Sinneswahrnehmung. Grundlagen einer ganzheitlichen Bildung und Erziehung. 4. Aufl. der überarbeiteten Neuausgabe (16. Gesamtauflage). Herder Verlag. Freiburg/B.

Zimmermann, E./Lahav, A. (2012): The multisensory brain and its ability to learn music. In: Overy et al. (Ed.): 2012, 179 ff

Zimpel, A. F. ($2012^2$): Lasst unsere Kinder spielen! Der Schlüssel zum Erfolg. 2. Aufl. Vandenhoeck & Ruprecht. Göttingen

Zipse, L. et al. (2012): When right is all that is left: plasticity of right-hemisphere tracts in a young aphasic patient. In: Overy et al. (Ed.): 2012, 237 ff

Zulauf-Logoz, M. (2004): Die Desorganisation der frühen Bindung und ihre Konsequenzen. In. Ahnert (Hg.): 2004, 297 ff